ESTATUTO DA ORDEM DOS ADVOGADOS
ANOTADO E COMENTADO

FERNANDO SOUSA MAGALHÃES
Advogado

ESTATUTO DA ORDEM DOS ADVOGADOS

ANOTADO E COMENTADO

6.ª EDIÇÃO

ALMEDINA

ESTATUTO DA ORDEM DOS ADVOGADOS
ANOTADO E COMENTADO

AUTOR
FERNANDO SOUSA MAGALHÃES

EDITOR
EDIÇÕES ALMEDINA, SA
Av. Fernão Magalhães, n.° 584, 5.° Andar
3000-174 Coimbra
Tel.: 239 851 904
Fax: 239 851 901
www.almedina.net
editora@almedina.net

PRÉ-IMPRESSÃO | IMPRESSÃO | ACABAMENTO
G.-C. GRÁFICA DE COIMBRA, LDA.
Palheira – Assafarge
3001-453 Coimbra
producao@graficadecoimbra.pt

Junho, 2010

DEPÓSITO LEGAL
313327/10

Biblioteca Nacional de Portugal – Catalogação na Publicação

ORDEM DOS ADVOGADOS

Estatuto da Ordem dos Advogados : anotado
e comentado / Fernando Sousa Magalhães.
6ª ed. – (Códigos anotados)
ISBN 978-972-40-4260-2

I – MAGALHÃES, Fernando de Sousa

CDU 347
061

PLANO DA OBRA

1. Preâmbulo:

   1.1. Nota Introdutória (1.ª Edição)
   1.2. Breves notas à 6.ª edição

2. Texto do EOA (Lei 15/2005, de 26 de Janeiro de 2005) –Anotado e Comentado

3. Legislação Profissional Complementar:

   3.1. Decreto-Lei 229/2004 de 10/12/2004 – Sociedade de Advogados (Anotada)
   3.2. Lei 49/2004 de 24/08/2004 – Actos Próprios dos Advogados (Anotada)
   3.3. Lei 34/2004, de 29/07/2004 – Acesso ao Direito e à Justiça (Republicação com as alterações da Lei 47/08/2007)
   3.4. Decreto-Lei 71/2005, de 17/03/2005 – Apoio Judiciário – Litígios Transfronteiriços
   3.5. Portaria n.° 1085A/2004 de 31/08/2004 – Prova e Apreciação da Insuficiência Económica (com as alterações da Lei 47/2007 de 28/08/2007)
   3.6. Portaria n.° 10/2008 de 3/01/2008 – (Regulamenta a Lei n.° 34/2004 de 29/07, na redacção dada pela Lei 47/2007, de 28/08)
   3.7. Portaria n.° 210/2008, de 29/02/2008 – (Alterações à Portaria n.° 10/2008 de 3/01/2008)
   3.8. Portaria n.° 1386/2004 de 10/11/2004 e Tabela de honorários para a protecção jurídica
   3.9. Portaria n.° 1085B/2004, de 31/08/2004 – Modelos para a Protecção Jurídica
   3.10. Portaria n.° 288/2005 de 21/03/2005
   3.11. Decreto-Lei 131/2009 de 1/6/09 – Adiamento de actos processuais em casos de maternidade, paternidade e luto

1.1.

NOTA INTRODUTÓRIA À 1.ª EDIÇÃO

Este trabalho é dedicado aos Advogados Estagiários.

Para eles prioritariamente se destina e por eles surgiu a ideia da sua realização.

É por isso um trabalho de recolha e selecção de anotações e comentários motivado pela sua eventual utilidade como instrumento de formação e preparação para os testes de aferição e exames finais nacionais, onde a Deontologia Profissional vem desde há muito assumindo papel nuclear e fundamental.

Tem-se procurado salientar e aprofundar, com progressiva intensidade, que o conhecimento e o respeito pela Deontologia Profissional constituem uma verdadeira condição de sobrevivência da nossa profissão, já que aí residem, pela sua especificidade, os factores distintivos que diferenciam os Advogados dos demais profissionais da área do Direito.

Na Deontologia Profissional assenta, em boa verdade, a essência da nossa identidade e na sua permanente realização a dignificação da nossa função social.

O combate da Ordem dos Advogados neste domínio tem sido tenaz e constante.

Com orgulho e sem falsa modéstia me reconheço entre aqueles que nunca rejeitaram esforços nessa árdua tarefa, já que a minha participação activa na organização e funcionamento do estágio e da formação em geral foi sempre encarada como prioritária ao longo de 21 anos de ininterruptas funções institucionais em diversos órgãos nacionais e distritais da Ordem dos Advogados.

Os saberes adquiridos, que procuro partilhar com quantos entendam útil este trabalho, são assim fruto de milhares de horas de formação em sala, calibradas e moldadas no cadinho da troca de ideias e de experiências, onde não poucas vezes ideias feitas cederam passo a conceitos inovadores, por mérito da irreverência e inconformismo dos que aportavam à profissão.

Reconheço, agradecido, o meu próprio enriquecimento pessoal e profissional, fruto deste contínuo convívio com Advogados Estagiários, com quem todos temos o dever de partilhar oportunidades e conhecimentos na dignificação da Advocacia, e porque o dever de solidariedade não é um valor deontológico marginal.

Sei ainda que muito dos jovens Advogados com quem trabalhei ao longo desta saga pelos rumos da formação, também sentem genuinamente esse enriquecimento, afirmando e recordando a importância da Deontologia Profissional na formação inicial sempre que nos encontramos, voluntária ou involuntariamente, nos passos cruzados da profissão.

São porém saberes incompletos os que transmito, desde logo condicionados pela natureza da obra e pela sua preocupação didáctica.

Poderá e deverá, por conseguinte, esta edição ser futuramente revista e melhorada, até porque assenta no texto de um novo Estatuto, com introdução de algumas soluções de rotura em relação ao regime anterior, o que exigirá uma sedimentação através da acção da doutrina e da jurisprudência dos órgãos disciplinares e jurisdiscionais da Ordem dos Advogados e dos próprios Tribunais, a que teremos de estar atentos.

Acresce que, sob pena de perda de oportunidade, esta 1.ª edição do Estatuto é posta à disposição dos interessados na sua utilização quando já se anunciam, embora que para data futura incerta, alterações a alguns Regulamentos internos da Ordem dos Advogados como corolário necessário deste novo Estatuto, como sejam os casos do Regulamento Disciplinar e o Regulamento Geral da Formação, o que, ao suceder, implicará a necessidade de uma revisão a algumas notas e comentários deste Estatuto, introduzidas nesta edição com referência aos textos regulamentares ainda em vigor.

Porto, Junho de 2005

1.2.

BREVES NOTAS A 6.ª EDIÇÃO

O ano decorrido após a 5.ª edição veio reforçar o nosso empenhamento na manutenção de um constante esforço de aprofundamento e contributo para o aperfeiçoamento dos nosso Estatuto como factor essencial para a preservação dos valores da Advocacia e para a coesão dos seus profissionais, porquanto constitui ele, sem dúvida, um património adquirido e consolidado que lhe confere uma relevância fundamental na dignificação do papel dos Advogados e do seu contributo para a resolução dos endémicos problemas que vão assolando, sem soluções à vista, a administração da Justiça.

É com esta preocupação que se apresenta esta 6.ª edição, sem com ela se perder de vista a finalidade matriz que deu origem ao projecto que cremos consolidado no seio da Classe pela receptividade, que tanto nos honra, das edições anteriores, ou seja, a de continuarmos a crer que, no âmbito desse património, devemos defender intransigentemente e melhorar progressivamente a formação inicial e contínua, de forma responsável e exigente, mas sempre solidariamente, de todos quantos se pretendem realizar, pessoal e profissionalmente, na "melhor profissão do Mundo".

Não tendo sido particularmente intensa a produção doutrinária e jurisprudencial no ano transacto, nem mesmo assim se deixou de seleccionar e recolher alguns acórdãos e pareceres que, de acordo com o critério do comentador, mais evidência revelaram para a ponderação crítica dos nossos estatutos profissional e deontológico, ambos em constante evolução.

Já com relação aos novos diplomas legais e regulamentos internos, operou-se a inclusão do inovador e louvável regime legal atinente à consagração do direito dos Advogados ao adiamento de actos processuais em casos de maternidade, paternidade e luto, e dos novos textos do Regulamento Nacional de Estágio e do Regulamento da Comissão Nacional de Avaliação, pese embora, como se anotou em local próprio, a publicação do primeiro destes dois textos regulamentares se deva fazer com menção de que o mesmo fere o regime legal do actual Estatuto da Ordem dos Advogados no concernente ao regime de acesso à profissão e ao modelo de estágio, pelo que está sujeito e exposto às iniciativas judiciais assentes na invocação da sua invalidade jurídica.

Porto, Junho de 2010
FERNANDO SOUSA MAGALHÃES

2.

ESTATUTO DA ORDEM DOS ADVOGADOS (•)
Lei 15/2005, de 26 de Janeiro de 2005

TÍTULO I
Ordem dos Advogados

CAPÍTULO I
Disposições gerais

ARTIGO 1.º
Denominação, natureza e sede

1 – Denomina-se Ordem dos Advogados a associação pública representativa dos licenciados em Direito que, em conformidade com os preceitos deste Estatuto e demais disposições legais aplicáveis, exercem profissionalmente a advocacia.

2 – A Ordem dos Advogados é independente dos órgãos do Estado, sendo livre e autónoma nas suas regras.

3 – A Ordem dos Advogados goza de personalidade jurídica e tem sede em Lisboa.

• Este diploma vem substituir o D. Lei 84/84 de 16 de Março de 1984, que serviu de matriz à Advocacia portuguesa ao longo de vinte anos e que, não obstante ter sido objecto de sucessivas alterações motivadas pela necessidade de adaptação da profissão às mutações da sociedade civil e à evolução dos condicionalismos do exercício da profissão, carecia de uma mais profunda revisão. Deve contudo prestar-se uma merecida homenagem ao diploma revogado, que honrou e dignificou a Advocacia portuguesa e constituiu uma marcante inovação, desde logo ao autonomizar a regulamentação da Advocacia das demais funcionalidades judiciárias, até então tratadas em conjunto no anterior Estatuto Judiciário, aprovado pelo D. Lei 44.278 de 14 de Abril de 1962. O Estatuto de 1984, ora revogado, consagrou o Advogado como servidor da Justiça, em contraponto com o primado anterior do Advogado como servidor do Direito (confronte-se o artigo 570.° do Estatuto Judiciário com o artigo 76.° n.° 1 do Estatuto de 1984), assim tendo dado um importante contributo à dignificação da profissão.

Acresce que nele foram consagradas relevantes inovações na regulamentação profissional e deontológica da Advocacia, algumas delas inspiradoras de soluções mais tarde acolhidas no Código Deontológico do C.C.B.E, aprovado, em primeira versão, em 28 de Outubro de 1988 e, mais recentemente, no Código Deontológico dos Advogados Europeus (2006).

Notas:

1. Da análise desta disposição legal, em particular do seu n.° 2, que é afloramento institucional da independência como princípio estruturante da Advocacia, resulta uma opção clara pela organização da profissão no modelo da advocacia colegiada, típica da maioria dos países de tradição continental europeia.

2. O papel e a função dos Advogados, assim como as diversas formas de organização actual da profissão, são fruto de uma longa evolução histórica da Advocacia e dos particulares contornos que esta assumiu nos diversos espaços culturais, sociais e políticos, variando consoante a predominância ou a coexistência equilibrada dos princípios da independência e do interesse público da profissão. Podemos definir na actualidade a existência de três "famílias de advocacia": a Advocacia de Estado, a Advocacia livre e a Advocacia colegiada

3. Para o estudo da evolução histórica da Advocacia pode consultar-se, entre outros, Orlando Guedes da Costa, Direito Profissional do Advogado, noções elementares, edição da Almedina, 2005, Valério Bexiga, O Advogado e a História, Faro 2000, Modesto Barcia Lago, El Ilustre Colegio Provincial de Abogados de Pontevedra en el Marco del Desarrollo Historico de la Abogacia Española, 1999, e Los Abogados y Otras Gentes del Foro, en la consideración popular y literaria ibérica, 2006, José Pereira da Graça, Témis, A Deusa da Justiça, Bastonário Augusto Lopes Cardoso, Da Associação dos Advogados de Lisboa à Ordem dos Advogados, separata da ROA, ano 48.°, Alberto de Sousa Lamy, A Ordem dos Advogados Portugueses, História, Órgãos, Funções, António Arnaut, Iniciação à Advocacia, Coimbra Editora, 2000, José Maria Martinez Val, Abogacia y Abogados, M. Dupin Ainé, Profession D`Avocat, Sebastião Cruz, Direito Romano e Jus Derectum, Zanardelli, L`Avvocatura, 1891, Boucher d`Argis, Histoire Abrégée de l`Ordre des Avocats, Armando Vieira de Castro, da Advocacia, Jacques Hamelin e André Damien, Les Régles de la Profession

d`Avocat, Luís da Silva Ribeiro, A Profissão de Advogado, 1923, Maurice Traves, Les Corporations d`Avocats sous l`Empire Romain, Charles de Fouchier, Régles de la Profession de l`Avocat à Rome, Paris, 1895, J. Veríssimo Álvaro da Silva, Memórias sobre a Forma dos Juízos nos Primeiros Séculos da Monarquia, Oliveira Marques, História de Portugal, Ordenações Afonsinas, Ordenações Manuelinas, Ordenações Filipinas, "O Advogado e a História" de Valério Bexiga" e estudo do autor desta Notas, A Advocacia – Uma Síntese da sua Evolução Histórica, texto distribuído no Conselho Distrital do Porto da Ordem dos Advogados como apoio à formação e publicado nos Cadernos da Universidade Moderna.

4. Segundo certos autores, a Advocacia de Estado terá tido origem na Prússia ao tempo de Frederico O Grande e foi posteriormente adoptada nas "democracias populares" sob a influência da URSS. Os advogados estão obrigatoriamente organizados colegialmente, mas sob a dependência directa do Estado e numa relação hierárquica típica do funcionalismo público. Trata-se de um tipo de organização profissional onde não existe respeito pelo princípio da independência e que está em claro retrocesso após a queda dos regimes comunistas do leste europeu.

5. Na Advocacia livre, praticada nos EUA, Suíça, Noruega e Finlândia, a colegialidade não é obrigatória, ficando os Advogados sob a alçada disciplinar dos Magistrados quando no exercício da actividade judicial. Cabe-lhes um papel de colaboração no aperfeiçoamento do sistema legal (vide o Cânone 8 do American Bar Association). A exigência de ética profissional é condição de aceitação e permanência nas associações profissionais mais respeitadas, pelo que o fiel cumprimento das regras deontológicas, genericamente idênticas, na sua essência, às regras da Advocacia colegiada, é reconhecido, muito pragmaticamente, como factor determinante de uma boa carreira profissional.

6. A Advocacia colegiada surgiu no espaço europeu como forma de compatibilização da independência da Advocacia com o seu cariz de função de interesse público (exercício privado de uma função pública), sendo a inscrição numa entidade tutelar indispensável à aquisição da condição profissional (Ordens, Colegios, Barreaux, etc). Estas entidades ficam por lei responsáveis pela organização e disciplina da profissão e exercem as suas atribuições mediante poderes delegados pelos Estados, que lhes reconhecem autonomia e independência. É hoje o modelo adoptada na maioria dos países europeus e nos de outros continentes que receberam a influência europeia, sendo o modelo de organização em curso nos países de língua oficial portuguesa. Foram já criadas Ordens de Advogados em Angola, Moçambique, Guiné-Bissau e Cabo Verde, sendo esperada e desejada idêntica criação para S. Tomé e Príncipe e Timor. Em Macau subsiste a Associação dos Advogados de Macau, com estatuto próprio.

7. A Ordem dos Advogados Portugueses foi criada pelo Decreto 11.715 de 12 de Junho de 1926, dando corpo a uma reclamação da classe de muitos anos no sentido de ser criada uma instituição capaz de defender a profissão e, simultaneamente, garantir as boas práticas no interesse dos cidadãos, sendo certo que já desde os primórdios do século dezanove ocorreram movimentos associativos privados que foram servindo de semente à futura Ordem e de que são exemplos a Associação Jurídica de Lisboa, a Associação Jurídica de Braga e a Sociedade Jurídica Portuense.

8. O Advogado Luís da Silva Ribeiro, em A Profissão de Advogado, 1923, isto é, três anos antes da data da criação da Ordem, escreveu: "sem organização, sem união, sem disciplina, que só a organização pode dar, a advocacia portuguesa por milagre tem sabido guardar fielmente a dignidade profissional; mas se, honra lhe seja feita, o tem conseguido até hoje, se ainda não desapareceram as tradições de honestidade do foro português, urge evitar que, no futuro, a onda de imoralidade que alastra, o espírito de extrema comercialização que tudo invade atinja uma profissão que só a virtude pode dignamente sustentar, e sendo com honra um grande valor social, sem ela se transformaria num flagelo"

9. No n.° 1 deste artigo 1.°, assume-se definitivamente a qualificação jurídica da Ordem dos Advogados como associação pública, resolvendo-se definitivamente alguma querela sobre o tema, não obstante ter sido já essa a solução resultante, se não de forma expressa em norma, do teor do anterior preâmbulo do D. Lei 84/84 de 16 de Março.

10. Na realidade, a Ordem dos Advogados Portugueses é uma pessoa colectiva de direito público, na espécie de associação pública, que integra a administração autónoma e mediata do Estado e está sujeita às regras do procedimento administrativo quando no exercício das suas atribuições, produzindo actos administrativos recorríveis para os tribunais administrativos, nos termos gerais de direito, exercendo em determinadas situações poderes de autoridade sobre os cidadãos. Vide art. 267.° 3 da CRP, preâmbulo do D. Lei 84/84 de 16 de Março, artigos 6.° n.° 3, 7.°, 8.° do presente diploma e artigo 6.° n.° 2 da Lei 49/2004 de 24/08/04 (lei dos actos próprios dos Advogados) e ainda Marcelo Caetano, Manual de Direito Administrativo, 10.ª edição, II volume, pág. 388, Ac. S.T.J. de 23-5-85 em Bol. 347-227, Ac. do Conselho Superior de 12.12.80, em R.O.A. 41-245, Ac. do S.T.J. de 23-5-85, em Bol. 347-227, Parecer da Procuradoria-Geral da República n.° 9/82 em Bol. 324-377, Rogério Soares, a Ordem dos Advogados, uma Corporação Pública, Revista de Legislação e Jurisprudência 124-161, Diogo Freitas do Amaral, Lições de Direito Administrativo, Curso 1983/84 e Orlando Guedes da Costa, Direito Profissional do Advogado, 7.ª edição págs. 65 a 71.

11. A Ordem dos Advogados, não obstante as autonomias orgânicas conferidas aos seus diversos órgãos distritais e concelhios, é dotada de personalidade jurídica unitária à escala nacional e tem a sua sede em Lisboa, no antigo Palácio da Regaleira, ao Largo de S. Domingos, 14, em instalações inauguradas em 24 de Maio de 1939. Esteve instalada primeiro na Rua da Emenda, onde teve sede a Associação dos Advogados de Lisboa. A Caixa de Previdência dos Advogados e Solicitadores veio a adquirir o Palácio da Regaleira em 26 de Janeiro de 1960, que posteriormente arrendou parcialmente à Ordem, em 6 de Abril de 1977. Aí estão a funcionar presentemente os serviços do Conselho Geral e do Conselho Superior, bem como os da Caixa de Previdência dos Advogados e Solicitadores. Os Conselhos Distritais possuem instalações próprias para funcionamento dos seus serviços administrativos, disciplinares e de formação.

12. Como corolários do princípio da independência, estruturante do nosso edifício deontológico, vejam-se a título exemplificativo os artigos 61.° n.° 3, 64.°, 68.°

3., 76.° 1. e 2., 84.°, 85.° 2 b), 95.° 1 a) e c), 101.°, artigo 208.° da C.R.P., artigo 7.° e 144.° da Lei Orgânica e do Funcionamento dos Tribunais Judiciais e ainda o ponto 2.1 do C.D.A.E. (princípio da independência absoluta).

13. Quanto a afloramentos normativos do princípio de interesse público da profissão são eles ainda mais abundantes, podendo ser referidos, exemplificativamente, os artigos 3.°, 7.°, 8.°, 61.°, 65.°, 67.°, 74.°, 76.° n.° 2, 83.°, 85.°, 87.°, 89.°, 90.°, 95.° 2., 105.° e 115.°. O interesse público da Advocacia decorre do reconhecimento do seu papel como garante da liberdade dos direitos dos cidadãos e da sua função de representante destes junto do poder judicial e da administração pública, sendo por isso essencial no plano da administração da justiça e no desenvolvimento e realização do direito, como foi consagrado constitucionalmente na IV Revisão Constitucional (introdução do artigo 208.° da CRP).

14. Veja-se o estudo sobre a Ordem dos Advogados de autoria de Alberto Luís na ROA, ano 60, Dezembro de 2000, pág. 1473.

15. Para o estudo da história do CCBE – Conselho das Ordens dos Advogados Europeus, leia-se History of the CCBE/May 2005 no site www.ccbe.org/doc/histoire/en/sommaire_en.htm.

16. O C.C.B.E. (Conseil des Barreaux Européens) representa mais de 700.000 Advogados europeus através dos seus órgãos colegiais próprios nos 31 Estados-Membros efectivos e 6 países observadores. O C.C.B.E. foi fundado em 1960 numa época em que as implicações da CEE na profissão de Advocacia começaram a fazer-se sentir e a ser reflectidas com maior profundidade. Para melhor estudo sobre a história do C.C.B.E., leia-se History of the C.C.B.E./May 2005, no site www.ccbe.org/doc/histoire/en/sommaire_en.htm.

17. Em 6 de Abril de 2006, o CCBE, sob a Presidência do Advogado português Manuel Cavaleiro Brandão, apresentou à Comissão Europeia um Parecer sobre o Relatório de 2004 relativo à concorrência nas profissões liberais, onde toma importantes posições sobre a profissão e o seu interesse público, afirmando a certo passo que o CCBE "lamenta que os aspectos não económicos sejam tantas vezes minimizados ou esquecidos nos debates actuais sobre a regulação da profissão da advocacia." E acrescenta-se, "a profissão de Advogado serve a administração da justiça e o Estado de direito. Os seus valores não são essencialmente de natureza económica, considerando o CCBE como sendo uma atitude errónea e simplista assentar uma revisão da profissão unicamente em termos económicos". Pode consultar-se este Parecer na íntegra, em versão de língua francesa, no Portal da Ordem dos Advogados www.oa.pt/conteudos/artigos.

18 Sobre os Princípios Básicos Relativos à Função dos Advogados, veja-se o Anexo á Resolução tomada no VIII Congresso das Nações Unidas para a Prevenção do Crime e o Tratamento dos Delinquentes, de Agosto/Setembro de 1990, in www.oa.pt/conteudos/artigos

19. Para o estudo da Deontologia, no prisma fundamental da prática profissional em França, consulte-se o Código Deontológico de Paris, numa edição do Barreau de Paris e da editora Lamy, de Outubro de 2007.

20. A Advocacia foi honrada e dignificada por forma a não poder deixar de merecer aqui registo e louvor, em acto público de doutoramento do nosso Colega Modesto Barcia Lago, ex-Decano do Colegio de Abogados de Pontevedra e membro do Consello Geral da Abogacia Espanhola, ocorrido em 15 de Fevereiro de 2007, no Pólo de Ourense da Universidade de Vigo, defendendo como tese o tema "Abogacia y Cidadania – Génesis y desarrollo histórico da la Abogacia Ibérica como profésion jurídica", através de uma brilhante exposição da magnífica monografia que sobre o mesmo título constitui verdadeiro hino à Advocacia, facto perante o qual não podemos ficar indiferentes, esperando-se que a Ordem dos Advogados Portugueses corresponda à importância da obra pela sua pronta divulgação.

21. O C.C.B.E, tendo por finalidade essencial a adaptação do texto do seu Código Deontológico aos ditâmes da directiva de 1998 sobre o direito de estabelecimento, aprovou, em sessão plenária de 19 de Maio de 2006, o Código de Deontologia dos Advogados Europeus, o qual, na sua tradução para língua portuguesa, veio a ser objecto de aprovação como regulamento interno pelo Conselho Geral da Ordem dos Advogados, através da Deliberação n.° 2511/2007 (2.ª serie de 7 de Dezembro de 2007). Com esta deliberação foi revogado o Regulamento 25/2001 de 22 de Novembro de 2001, que aprovara, em língua portuguesa, o C.D. do C.C.B.E de 20 de Novembro 1998.

Fica assim definitivamente resolvida com a entrada em vigor do Código de Deontologia dos Advogados Europeus a questão da vigência no nosso direito interno do C.D. do C.C.B.E na sua versão aprovada em plenário do C.C.B.E em 6 de Dezembro de 2002, cuja publicação oficial não chegou a ser efectuada, mas que foi inserido nas três edições anteriores deste Estatuto Anotado e Comentado, em língua portuguesa, por tradução não oficial assumida pelo autor e pelos serviços de estágio do C.D. do Porto.

22. As associações públicas profissionais foram objecto de regulação através da Lei n.° 6/2008 de 13 de Fevereiro, mas este diploma legal apenas é aplicável às associações criadas após a sua entrada em vigor. A denominação de Ordens para estas associações é reservada às que respeitarem as profissões cujo exercício é condicionado à obtenção prévia de uma habilitação académica de licenciatura ou superior. De acordo com o artigo 6.° n.° 1, as associações públicas são criadas por lei, acrescentando o artigo 7.° que os seus estatutos, quando não aprovados por decreto-lei, no respeito da lei, neles devendo constar a matéria da deontologia da profissão, do estágio profissional, processo disciplinar e penas aplicáveis, bem como a e dos colégios de especialidades profissionais, se os houver.

23. Tal como anteriormente, a nova Lei de Organização e Funcionamento dos Tribunais Judiciais – Lei n.º 52/2008 de 28 de Agosto, estabelece no seu artigo 146.° que a Ordem dos Advogados tem direito ao uso exclusivo de instalações nos edifícios dos tribunais judiciais que lhes sejam reservadas pelo presidente do tribunal, podendo, através de protocolo, ser definida a repartição dos encargos, em matéria de equipamentos e de custos com conservação e manutenção.

24. O modelo da Advocacia Colegiada, o papel fundamental da Ordem dos Advogados como associação pública e a defesa da Deontologia como elemento essen-

cial da função do Advogado na óptica dos interesses dos Cidadãos, foram vivamente reafirmados e sustentados como pilares do Estado de Direito nas Conclusões extraídas dos trabalhos do I Congresso Internacional dos Advogados de Língua Portuguesa que se realizou em Lisboa no mês de Março de 2010. Para melhor conhecimento das Conclusões aprovadas nas 3 Sessões Plenárias, veja-se o Portal da OA www.oa.pt

ARTIGO 2.°
Âmbito

1 – A Ordem dos Advogados exerce as atribuições e competências que este Estatuto lhe confere no território de Portugal e está internamente estruturada em sete distritos:

a) Lisboa;
b) Porto;
c) Coimbra;
d) Évora;
e) Faro;
f) Açores;
g) Madeira.

2 – As atribuições e competências da Ordem dos Advogados são extensivas à actividade dos advogados e advogados estagiários nela inscritos no exercício da respectiva profissão fora do território português.

3 – A cada um dos distritos referidos no n.° 1 corresponde:

a) Ao distrito de Lisboa, o distrito judicial de Lisboa, com exclusão das áreas abrangidas pelos distritos dos Açores e da Madeira;

b) Aos distritos do Porto e Coimbra, os respectivos distritos judiciais;

c) Ao distrito de Faro, o distrito, enquanto divisão administrativa, de Faro;

d) Ao distrito de Évora, o respectivo distrito judicial, com exclusão da área abrangida pelo distrito de Faro;

e) Aos distritos dos Açores e da Madeira, as áreas das respectivas regiões autónomas.

4 – As sedes dos distritos são, respectivamente, Lisboa, Porto, Coimbra, Faro, Évora, Ponta Delgada e Funchal.

Notas:

1. Este artigo contém um conjunto de disposições idênticas às do anterior artigo 2.° do Estatuto de 1984, com excepção do anterior n.° 5, que foi eliminado em

função do novo estatuto do território e à inerente perda de jurisdição da Ordem dos Advogados Portugueses sobre os Advogados de Macau que, todavia, se mantêm associados através da Associação de Advogados de Macau, com quem a Ordem dos Advogados Portugueses mantém um Protocolo sobre o regime de estágio, inscrição e transferência de advogados estagiários, que foi revisto e assinado em 18 de Junho de 2003.

2. A Ordem dos Advogados Portugueses, em função do princípio da territorialidade estabelecido neste preceito, exerce jurisdição sobre todos os profissionais nacionais ou estrangeiros que nela se encontrem inscritos ou apenas registados e que exerçam actividade em Portugal, mantendo essa jurisdição, agora por força do princípio da personalidade, mesmo quando o exercício da actividade ocorra no estrangeiro em relação aos advogados nacionais e estrangeiros inscritos em Portugal a título permanente. Vide artigos 61.°, 198.°, 199.°, 200.° e 201.° do EOA.

3. O Código Deontológico dos Advogados Europeus (C.D.A.E.), publicado em anexo, define as regras uniformes aplicáveis a todos os Advogados do espaço económico europeu, qualquer que seja a Ordem de Advogados a que pertençam, tendo ainda por objectivo específico a atenuação das dificuldades resultantes da dupla deontologia. Assim, os Advogados portugueses quando em práticas profissionais trans-fronteiriças, como tal se considerando os contactos com Advogados de outros Estados-Membros da UE ou práticas de actos próprios em território de outro Estado que não o de sua origem, estão obrigados à observância das regras deontológicas que emanam do C.D.A.E.

4. Quanto ao exercício da actividade de Advocacia em Portugal por Advogados estrangeiros veja-se os artigos 194.° 1. (regra geral), artigos 196.° a 202.° (Advogados e Sociedades de Advogados provenientes de Estados Membros da EU) e artigo 194.° 2. (Advogados brasileiros), neste caso devendo ainda consultar-se, quanto a legislação brasileira, o artigo 48.° da Lei 4215 de 27/4/63 – EOAB e o Provimento n.° 37 de 22 de Junho de 1969 do Conselho Federal da OAB.

5. É requisito comum da inscrição em ambas as Ordens de Advogados de Portugal e do Brasil que o titular de diploma com idoneidade bastante para tal tenha efectuado estágio, como se dispõe no artigo 48.° III da citada Lei 4215 e, em Portugal, como se exige pelo artigo 192.° 1 do EOA, sendo certo que o estágio no Brasil pode ser dispensado mediante a submissão ao exame de Ordem. A OAP vem admitindo a inscrição de Advogado em Portugal a cidadãos brasileiros que provem estar validamente inscritos na OAB ou que estejam em condições de ai poderem ser inscritos, deixando mesmo de se exigir a autorização de residência ou a prova de residência efectiva em Portugal, como decorre da deliberação tomada em Conselho Geral de 8 de Novembro de 2003, desde que um Advogado português inscrito se responsabilize e indique o seu domicílio profissional como sendo também o do Advogado brasileiro.

6. Vide sob este tema Orlando Guedes da Costa, Direito Profissional do Advogado, Almedina, 7.ª edição, págs. 107 a 130.

7. O Conselho Distrital de Faro só foi criado com a alteração introduzida ao D. Lei 84/84 de 16 de Março pela Lei 33/94 de 6 de Setembro, já que anteriormente a actual área territorial do CD de Faro estava afecta à jurisdição do CD de Évora, justificando-se esta reforma pela verificação de uma complexa problemática específica da

Advocacia do Algarve e pela enorme extensão territorial do CD de Évora, que dificultava uma actuação eficaz da OA naquela região.

8. O Regulamento de Inscrição de Advogados e Advogados Estagiários – Regulamento n.° 232/2007 de 4 de Setembro de 2007 veio concentrar num só diploma, o que se louva, a matéria regulamentar de inscrições de Advogados e Advogados Estagiários nacionais e estrangeiros, contemplando os diversos regimes acolhidos no EOA, como sejam os Advogados estrangeiros em regime de reciprocidade, os Advogados brasileiros e os provenientes dos Estados Membros da União Europeia, visando ainda a modernização e uniformização dos procedimentos internos da Ordem dos Advogados, em obediência ao princípio da igualdade.

ARTIGO 3.°
Atribuições da Ordem dos Advogados

Constituem atribuições da Ordem dos Advogados:

a) Defender o Estado de direito e os direitos, liberdades e garantias dos cidadãos e colaborar na administração da justiça;

b) Assegurar o acesso ao direito, nos termos da Constituição;

c) Atribuir o título profissional de advogado e de advogado estagiário, bem como regulamentar o exercício da respectiva profissão;

d) Zelar pela função social, dignidade e prestígio da profissão de advogado, promovendo a formação inicial e permanente dos advogados e o respeito pelos valores e princípios deontológicos;

e) Defender os interesses, direitos, prerrogativas e imunidades dos seus membros;

f) Reforçar a solidariedade entre os advogados;

g) Exercer, em exclusivo, jurisdição disciplinar sobre os advogados e advogados estagiários;

h) Promover o acesso ao conhecimento e aplicação do direito;

i) Contribuir para o desenvolvimento da cultura jurídica e aperfeiçoamento da elaboração do Direito;

j) Ser ouvida sobre os projectos de diplomas legislativos que interessem ao exercício da advocacia e ao patrocínio judiciário em geral e propor as alterações legislativas que se entendam convenientes;

l) Contribuir para o estreitamento das ligações com organismos congéneres estrangeiros;

m) Exercer as demais funções que resultem das disposições deste Estatuto ou de outros diplomas legais.

Notas:

1. Neste artigo são genericamente reproduzidas as atribuições previstas no D. Lei 84/84 de 16 de Março, sendo todavia de registar e aplaudir, pelo especial significado que encerra, a alteração introduzida na alínea d), ao incluir a formação inicial e permanente dos Advogados como uma das atribuições fundamentais da Ordem dos Advogados. Vide ainda os artigos 45.° g) e 50.° h) do EOA.

2. Deve também ser assinalada a alteração de redacção da alínea g), que traduz a preocupação de se definir, por um lado, que a Ordem dos Advogados só exerce a acção disciplinar sobre Advogados e Advogados Estagiários, como também que tal acção disciplinar só pode ser exercida pela Ordem, assim se excluindo a possibilidade legal de apreciação da prática profissional dos Advogados e Advogados Estagiários por qualquer outro poder tutelar, designadamente pelas Magistraturas, o que se revela de especial relevância para a interpretação do regime legal das condenações por litigância de má fé instrumental, imputável aos Advogados, nos termos do artigo 459.° do C. P. Civil. Assim, cabendo o exercício da acção disciplinar em exclusivo à Ordem dos Advogados, em caso de indiciação de má fé instrumental deve o Juiz limitar-se a mandar extrair e remeter certidão à Ordem dos Advogados para apuramento da responsabilidade disciplinar, ficando a fixação e graduação das custas, multa e eventual indemnização dependentes dessa apreciação em concreto.

3. Vide, a propósito da nota anterior, as notas 5 e 6 ao artigo 1.°, quanto à caracterização das famílias de advocacia e respectivos regimes de controlo disciplinar dos Advogados.

4. O acesso ao direito é garantido pela Ordem dos Advogados no regime mais amplo da protecção jurídica dos cidadãos mais carenciados, que foi regulado pela Lei 34/2004 de 29 de Julho e demais legislação complementar, e, mais recentemente, pela Lei 47/2007, de 28 de Agosto de 2007.

5. A acção disciplinar atribuída por lei à Ordem dos Advogados é exercida nos termos dos artigos 109.° a 170.° deste Estatuto e do Regulamento Disciplinar, aprovado em sessão plenária do Conselho Superior, de 10 de Setembro de 2002, publicado no DR da II Série n.° 234, com as rectificações publicadas no DR da II Série n.° 192.

6. Uma das tradicionais atribuições da Ordem, no âmbito da defesa dos interesses dos seus membros, é a de tentar obter, mediante parcerias com outras entidades, vantagens ou benefícios para os Advogados e Advogados Estagiários na aquisição de bens ou serviços a terceiros. O conjunto destes benefícios pode ser consultado no website da Ordem – http://www.oa.pt/genericos/default.asp?dc=2696.

7. Deve a Ordem dos Advogados pugnar pelo acesso gratuito por todos os cidadãos, incluindo por via da Internet, a todos os actos e diplomas publicados em Diário da República. Conclusão 7.ª (2.ª secção) aprovada no VI Congresso dos Advogados Portugueses (2005).

8. Deve a Ordem dos Advogados pugnar por um processo sereno e pensado de elaboração das leis com ampla discussão e efectivo esclarecimento e lutar, de forma

permanente e organizada, contra a lei injusta ou iníqua, defendendo, no plano da evolução do direito e da aplicação das leis, as soluções mais justas.

Deve ser sensibilizado o poder político para a necessidade imperativa da Ordem dos Advogados ser efectivamente e em tempo razoável ouvida relativamente aos diplomas legais relevantes, devendo ficar claro aos olhos dos Advogados e da comunidade, em geral, qual o contributo concreto desenvolvido na feitura das leis e qual a posição da Ordem.

A Ordem deve reagir firme e publicamente sempre que não seja ouvida ou as sua soluções não sejam atendidas no processo legislativo. Conclusões 15.ª, 16.ª e 17.ª (2.ª Secção) aprovadas no VI Congresso dos Advogados Portugueses (2005).

9. Deve a Ordem dos Advogados assumir como posição institucional a inconstitucionalidade e ilegalidade de qualquer norma de direito internacional, comunitário e nacional que ponha em causa o instituto do segredo profissional, como seja aquela que imponha aos Advogados o dever/obrigação de comunicar às autoridades policiais ou judiciárias factos ou documentos de que tenham conhecimento ou acesso no exercício da profissão. Conclusão 48.ª (2.ª Secção) aprovada no VI Congresso dos Advogados Portugueses (2005).

10. Deve a Ordem dos Advogados promover junto do Tribunal Constitucional, do Provedor de Justiça e do Presidente da República a declaração de inconstitucionalidade das normas que ponham em causa o instituto do segredo profissional, como seja aquela que imponha aos Advogados o dever/obrigação de comunicar às autoridades policiais ou judiciárias factos ou documentos de que tenham conhecimento ou acesso no exercício da profissão. Conclusão 49.ª (2.ª Secção) aprovada no VI Congresso dos Advogados Portugueses (2005).

11. Deve a Ordem dos Advogados tornar clara e consequente, uma política no plano das relações internacionais, evidenciando as prioridades de acções de concertação na defesa da Advocacia Colegiada no espaço europeu, africano e ibero-americano, perfilhando e revelando as políticas concretas a desenvolver, de apoio às Ordens, Associações de Advogados e Advogados dos Países de Língua Oficial Portuguesa, na defesa da construção de uma matriz comum de Advocacia de Língua Portuguesa, designadamente, tendo em conta as realidades intransponíveis da necessidade de criação de um espaço privilegiado de constante de diálogo com a Advocacia Espanhola e o aprofundamento das relações especiais bilaterais com a Advocacia Brasileira. Conclusão 50.ª (2.ª Secção) aprovada no VI Congresso dos Advogados Portugueses (2005).

12. Devem ser tomadas medidas que contrariem o avanço da criminalidade organizada, com o contributo de todos os elementos da "família judiciária", porém não a troco de perda de direitos liberdades e garantias, antes desenvolvendo novas formas de investigação que combatam este tipo de realidade criminal. Conclusão 62.ª (2.ª Secção). Outras conclusões de grande relevo na defesa dos direitos e garantias foram aprovadas no VI Congresso dos Advogados Portugueses, designadamente no domínio da reforma do processo penal. Veja-se o teor das conclusões 65.ª a 70.ª (2.ª Secção).

ARTIGO 4.°
Previdência Social

A previdência social dos advogados é realizada pela Caixa de Previdência dos Advogados e Solicitadores nos termos das disposições legais e regulamentares aplicáveis.

Notas:

1. Resulta da eliminação do n.° 2 do anterior artigo 3.° do D. Lei 84/84 de 16 de Março, o que constituiu uma opção correcta, já que não cabe à Ordem dos Advogados assegurar a previdência social dos Advogados, mas sim à Caixa de Previdência dos Advogados e Solicitadores, pessoa colectiva distinta da Ordem, criada pelo Decreto-Lei n.° 36.550 de 22 de Outubro de 1947 e que se rege pelo Regulamento da Caixa de Previdência dos Advogados e Solicitadores, aprovado inicialmente pela Portaria 487/83 de 27 de Abril.

2. De salientar que o facto de os Advogados possuírem um regime de previdência próprio e autónomo resultou de uma opção da classe em não aceitar a sua integração no sistema de segurança social dos trabalhadores independentes (cfr. o n.° 5 do artigo 26.° do Decreto Lei 8/82 de 13 de Janeiro).

3. Sobre a Previdência dos Advogados veja-se o "Direito Profissional do Advogado" – 7.ª edição – Dr. Orlando Guedes da Costa – Capítulo XXII, págs. 414 a 424.

ARTIGO 5.°
Representação da Ordem dos Advogados

1 – A Ordem dos Advogados é representada em juízo e fora dele pelo Bastonário, pelos presidentes dos conselhos distritais e pelos presidentes das delegações ou pelos delegados, conforme se trate, respectivamente, de atribuições do Conselho Geral, dos Conselhos Distritais ou das Delegações.

2 – Para defesa de todos os seus membros em todos os assuntos relativos ao exercício da profissão ou ao desempenho de cargos nos órgãos da Ordem dos Advogados, quer se trate de responsabilidades que lhes sejam exigidas, quer de ofensas contra eles praticadas, pode a Ordem exercer os direitos de assistente ou conceder patrocínio em processos de qualquer natureza.

3 – A Ordem dos Advogados, quando intervenha como assistente em processo penal, pode ser representada por advogado diferente do constituído pelos restantes assistentes, havendo-os.

Notas:

1. Quanto às situações não especialmente previstas no n.° 1, deve entender-se que a competência genérica para representação da Ordem cabe ao Bastonário, por força do disposto no artigo 39.° 1. a) e b) do EOA.

2. A matéria constante do n.° 2 está intimamente associada à garantia ou prerrogativa profissional, consagrada aos Advogados no artigo 66.° do EOA, de poderem solicitar a intervenção da Ordem na defesa dos seus direitos ou dos legítimos interesses da classe quando ofendidos.

A Ordem, em função da graduação da importância do valor dos interesses em risco, pode optar por conceder patrocínio em processos de qualquer natureza ou pode, ela própria, assumir uma directa intervenção nessa defesa.

Esta intervenção directa é, por regra, reservada à tutela de princípios deontológicos fundamentais como, por exemplo, o do sigilo profissional, e tanto pode assumir a natureza de uma intervenção principal em processo cível, como a de constituição de assistente em processo penal.

3. A concessão de patrocínio traduz-se na nomeação de um Advogado para assistir e eventualmente representar o Advogado ofendido, mantendo desse patrocínio informada a Ordem dos Advogados, podendo o Advogado nomeado desenvolver a defesa em conjunto com o Advogado mandatado, se o houver.

4. A competência para deliberar sobre a matéria da intervenção institucional da Ordem nos termos desta disposição cabe ao Conselho Geral como decorre do artigo 45.° 1. d) e u) do EOA, embora na prática se venha verificando, dada a urgência de algumas dessas intervenções, que as medidas de protecção são muitas vezes tomadas pelos Conselhos Distritais ou pelos Presidentes dos Conselhos Distritais, sob reserva de ratificação posterior do Conselho Geral.

5. No artigo 8.° n.° 3 do Regulamento Geral da Formação, publicado no DR II Série n.° 05, de 5 de Maio de 2004, referia-se que a representação da Ordem dos Advogados nos eventos internacionais que se relacionem, pelo seu objecto, com interesses específicos do estágio ou a formação dos advogados, cabe ao presidente da Comissão Nacional da Formação, sem prejuízo da competência própria do Bastonário.

6. Nos termos do artigo 4.° n.° 3 do Regulamento Nacional de Estágio, que veio revogar o RGF, "ao presidente da CNEF (Comissão Nacional de Estágio e Formação) cabe, sempre que o Bastonário entender conveniente, a representação da Ordem dos Advogados nos eventos nacionais ou internacionais que se relacionem, pelo seu objecto, com interesses específicos do estágio ou da formação dos advogados", o que corresponde na prática ao anterior artigo 8.° n.° 3 do RGF.

ARTIGO 6.°
Recursos

1 – Os actos praticados pelos órgãos da Ordem dos Advogados no exercício das suas atribuições admitem os recursos hierárquicos previstos no presente Estatuto.

2 – O prazo de interposição de recurso é de 15 dias, quando outro não se encontre especialmente previsto na lei.

3 – Dos actos praticados pelos órgãos da Ordem dos Advogados cabe, ainda, recurso contencioso para os tribunais administrativos, nos termos gerais de direito.

Notas:

1. O prazo geral do recurso hierárquico dos actos praticados pelos órgãos da Ordem dos Advogados era de oito dias no D. Lei 84/84 de 16 de Março.
2. Sobre a jurisdição dos Tribunais Administrativos para fiscalização da legalidade dos actos administrativos praticados pela Ordem dos Advogados, ver a alínea b) do artigo 4.° do Estatuto dos Tribunais Administrativos e Fiscais.
3. A Ordem dos Advogados é uma associação pública integrando a administração indirecta e autónoma do Estado.

ARTIGO 7.°
Correspondência e requisição oficial de documentos

No exercício das suas atribuições legais podem os órgãos da Ordem dos Advogados corresponder-se com quaisquer entidades públicas, autoridades judiciárias e policiais, bem como órgãos de polícia criminal, podendo requisitar, com isenção de pagamento de despesas, documentos, cópias, certidões, informações e esclarecimentos, incluindo a remessa de processos em confiança, nos termos em que os organismos oficiais devem satisfazer as requisições dos tribunais judiciais.

Notas:

1. Vide anotação 13.ª ao artigo 1.°.
2. Na actual redacção deste preceito houve intenção de se deixar clarificado que os sujeitos passivos desta prerrogativa da Ordem dos Advogados são "quaisquer entidades públicas, autoridades judiciárias e policiais, bem como órgãos de polícia criminal" e não somente "entidades públicas e tribunais" como de forma mais redutora constava do anterior artigo 6.° 1. e que permitia interpretações tendentes à limi-

tação do exercício de um direito que o interesse público da profissão reclama como ilimitado.

3. De acordo com Alfredo Gaspar, Estatuto Anotado, quem não satisfizer a requisição da Ordem incorrerá na prática do crime de denegação de justiça, previsto e punido actualmente pelo artigo 369.° do Código Penal.

4. Cfr. artigo 6.° n.° 2 da Lei n.° 49/2004 de 24 de Agosto e anotação 9. ao artigo 63.° do EOA.

ARTIGO 8.°
Dever de colaboração

1 – Todas as entidades públicas, autoridades judiciárias e policiais, bem como os órgãos de polícia criminal, têm o especial dever de prestar total colaboração aos órgãos da Ordem dos Advogados, no exercício das suas funções.

2 – Os particulares, sejam pessoas singulares ou colectivas, têm o dever de colaboração com os órgãos da Ordem dos Advogados no exercício das suas atribuições.

Notas:

1. Ao contrário do que sucedia no Estatuto Judiciário de 1962 (Vide n.ºs 3 e 6 do artigo 658.°) que previa a pena de multa à violação por particulares do dever de colaboração com a Ordem dos Advogados, não existe no actual Estatuto qualquer sanção específica, embora não pareça inadequado o entendimento que tal violação pode corresponder ao crime de desobediência previsto e punido no artigo 348.° do Código Penal, já que a Ordem dos Advogados no desempenho das suas atribuições goza de um verdadeiro poder de autoridade sobre os cidadãos.

2. Na redacção actual desta norma, que corresponde ao anterior n.° 2 do artigo 6.°, esclarece-se que o dever de colaboração é extensivo às entidades públicas, autoridades judiciárias, policiais e órgãos de polícia criminal, assim como aos particulares, sejam pessoas singulares ou colectivas.

CAPÍTULO II
Órgãos da Ordem dos Advogados

SECÇÃO I
Disposições gerais

ARTIGO 9.º
Enumeração

1 – A Ordem dos Advogados prossegue as atribuições que lhe são conferidas neste Estatuto e demais legislação através dos seus órgãos próprios.

2 – São órgãos da Ordem dos Advogados:

a) O Congresso dos Advogados Portugueses;
b) A Assembleia Geral;
c) O Bastonário;
d) O Presidente do Conselho Superior;
e) O Conselho Superior;
f) O Conselho Geral;
g) As assembleias distritais;
h) Os conselhos distritais;
i) Os presidentes dos conselhos distritais;
j) Os conselhos de deontologia;
l) Os presidentes dos conselhos de deontologia;
m) As assembleias de comarca;
n) As delegações e os delegados.

3 – A hierarquia protocolar dos titulares dos órgãos da Ordem dos Advogados é:

a) O Bastonário;
b) O Presidente do Conselho Superior;
c) Os presidentes dos conselhos distritais;
d) Os membros do Conselho Superior e do Conselho Geral;
e) Os presidentes dos conselhos de deontologia;
f) Os membros dos conselhos distritais;
g) Os membros dos conselhos de deontologia;
h) Os presidentes das delegações e os delegados.

Notas:

1. Foram supridas duas claras omissões no elenco dos órgãos da Ordem, ficando agora o painel de todos os órgãos singulares e colectivos completo com a inclusão do Presidente do Conselho Superior e dos Presidentes dos Conselhos de Deontologia que, certamente por lapso, não obstante já então possuírem competências próprias, não constavam do artigo 7.° n.° 1 do D. Lei 84/84 de 16 de Março.

2. O primeiro Congresso realizou-se em Lisboa no ano de 1972 e foi institucionalizado através do D. Lei 84/84 de 16 de Março.

3. Os Conselhos de Deontologia foram criados pela Lei 80/2001 de 20 de Julho, que introduziu a sexta alteração do Estatuto da Ordem dos Advogados, na sequência do entendimento de que seria inconstitucional a concentração num mesmo órgão – conselho distrital – de poderes deliberativos de natureza administrativa e de poderes decisórios de natureza jurisdicional no âmbito do exercício da acção disciplinar.

4. Justificaram-se ainda os Conselhos de Deontologia pelo facto de tal concentração ser causa de grande ineficácia no exercício da acção disciplinar, com inerente quebra do controlo deontológico da Advocacia, o que motivara já os Conselhos Distritais de Lisboa e Porto, onde a pendência processual era mais elevada, à institucionalização de Secções Disciplinares com grande autonomia e serviços próprios, que assim foram directas antecessoras dos Conselhos de Deontologia.

5. Os Conselhos de Deontologia são os únicos órgãos colegiais da Ordem dos Advogados, a par do Congresso (vide artigo 29.° n.° 3) onde os seus membros são eleitos através do método de representação proporcional – vide artigo 10.° n.° 4 – sendo todos os membros dos demais, incluindo o Conselho Superior, eleitos pelo sistema de listas completas, solução que se aplaude face à especial natureza e finalidade do órgão.

6. A estrutura orgânica da Ordem dos Advogados Portugueses reflecte uma tentativa de harmonização do princípio da descentralização de poderes em órgãos distritais, eleitos em assembleia geral distrital, com os poderes centrais exercidos pelos órgãos nacionais eleitos em assembleia geral nacional, através de um complexa rede de autonomias administrativas e financeiras, tecida cumulativamente com relações funcionais hierárquicas, num todo que constitui o corpo da pessoa colectiva a quem a lei atribui personalidade jurídica – vide artigo 1.° n.° 3. Nesta malha institucional coexistem ainda as delegações comarcãs e os delegados, aquelas com uma autolegitimação muito própria, já que não dependem do voto que legitima os demais órgãos nacionais e distritais, sendo dotadas igualmente de fortes autonomias e competências – Vide artigos 56.° a 60.° do EOA.

7. De salientar ainda, que dando corpo à crescente importância das Delegações, são previstas no Estatuto de forma inovadora os Agrupamentos de Delegações, realidade já existente no terreno no Conselho Distrital de Évora, face ao reconhecimento da necessidade de novas funcionalidades intermédias, designadamente para a garantia de implementação de uma rede nacional descentralizada de

formação inicial e permanente, bem como para a total implementação do regime legal do apoio judiciário. Cfr. artigo 44.° do Regulamento Nacional de Estágio (Regulamento 52-A/05 de 1/8/05).

ARTIGO 10.°
Carácter electivo e temporário do exercício dos cargos sociais

1 – Sem prejuízo do estabelecido no artigo 58.°, os titulares dos órgãos da Ordem dos Advogados são eleitos por um período de três anos civis.

2 – Não é admitida a reeleição do Bastonário para um terceiro mandato consecutivo nem nos três anos subsequentes ao termo do segundo mandato consecutivo.

3 – Só são reelegíveis em mandato consecutivo dois terços dos membros dos órgãos colegiais, com excepção dos membros dos conselhos de deontologia.

4 – A eleição para os conselhos de deontologia é efectuada de forma a assegurar a representação proporcional de acordo com o método da média mais alta de Hondt.

Notas:

1. Mantiveram-se os mandatos pelo período de três anos, o que não se afigura como sendo a solução mais aconselhável tendo em conta a necessidade de estabilidade e tempo para a execução de políticas de reforma e a assinalável instabilidade que vem sendo gerada nos trabalhos dos órgãos em exercício com as fases eleitorais que, nos mais recentes processos eleitorais, se têm iniciado a cerca de metade do período do mandato.

2. Seria ainda de ponderar, de acordo com a boa experiência espanhola, a realização das eleições em fase intercalar dos mandatos, decorrendo a segunda fase destes com a participação conjunta de alguns dos novos membros eleitos com outros do mandato cessante, assim se assegurando uma eficaz continuidade das políticas em curso e uma transição de poderes sem quebras de eficácia pelo menor conhecimento dos assuntos pendentes.

3. A ressalva do disposto no n.° 1 do artigo 58.° resulta do facto de os Delegados não serem eleitos mas antes directamente nomeados pelos Conselhos Distritais, pelo que não estão sujeitos à limitação temporal dos mandatos dos demais órgãos da Ordem, sem prejuízo de caducidade das nomeações com a extinção do mandato dos Conselhos Distritais. – Cfr. artigo 50.° alíneas n) e o) do EOA.

4. Em face do disposto no n.° 3, é forçosa a renovação dos órgãos colegiais em cada mandato, com a substituição de, no mínimo, um terço dos seus membros.

ARTIGO 11.°
Eleição dos titulares

1 – Só podem ser eleitos ou designados para quaisquer órgãos da Ordem os advogados com inscrição em vigor e sem qualquer punição de carácter disciplinar superior à advertência.

2 – Para os cargos de Bastonário, vice-presidente do Conselho Geral, Presidente e membro do Conselho Superior, presidentes e vice-presidentes dos conselhos distritais, presidentes dos conselhos de deontologia e membros dos conselhos de deontologia, só podem ser eleitos advogados com, pelo menos, 10 anos de exercício da profissão e, para o Conselho Geral e conselhos distritais, advogados com, pelo menos, cinco anos de exercício da profissão.

Notas:

1. A pena de advertência é a mais leve no elenco das sanções disciplinares – vide artigo 125.° do EOA.

2. Em relação ao regime anterior verifica-se que é agora uniformizado em 10 anos o tempo mínimo de exercício de profissão para elegibilidade aos órgãos da Ordem, com excepção dos Vogais do Conselho Geral e dos Conselhos Distritais para os quais é exigível apenas um mínimo de cinco anos. Esta modificação resulta de uma opção no sentido da dignificação dos Conselhos de Deontologia, cujas funções exigem uma especial sensibilidade e experiência profissional dos seus membros, a par da redução de oito para cinco anos para os vogais do Conselho Geral e dos Conselhos Distritais, como forma de inserção de jovens Advogados nestes órgãos como condição indispensável da renovação da Classe.

3. Deve entender-se que a data do início da antiguidade profissional para os efeitos desta norma corresponde à da inscrição como Advogado, sendo irrelevante o tempo do segundo período de estágio, já que neste período a prática de actos próprios de profissão é tutelada e limitada.

4. Pelo Regulamento de Inscrição de Advogados e Advogados Estagiários – Regulamento 232/2007 de 04 de Setembro de 2007 – deixou de ser causa de suspensão da inscrição a falta de pagamento de quotas com atrasos superiores a 6 meses, como sucedia anteriormente por força do artigo 10.° n.° 1 al) b do revogado Regulamento 29/2002 de 19 de Junho, pelo que deixou igualmente a situação de incumprimento do pagamento das quotas de ter qualquer reflexo na capacidade eleitoral activa e passiva.

5. Têm-se suscitado dúvidas sobre se a medida de suspensão de penas disciplinares prevista no artigo 133.° do EOA, quando aplicável a penas superiores a advertência, afasta a inelegibilidade prevista na parte final do n.° 1. Trata-se de um efeito acessório inerente ao juízo de censurabilidade deontológica próprio da aplicação de

uma pena disciplinar, imposto por lei pela necessidade de garantia, na tutela de interesse público, de que os órgãos da Ordem dos Advogados, pessoa colectiva de direito público, não possam ser servidos por quem não ofereça total adequação deontológica às elevadas exigências éticas dos cargos em causa.

Sou assim de parecer que a medida de suspensão das penas disciplinares não tem qualquer consequência para os fins previstos neste artigo 11.°.

ARTIGO 12.°
Apresentação de candidaturas

1 – Excepto quanto às delegações, a eleição para os órgãos da Ordem dos Advogados depende da apresentação de propostas de candidatura perante o Bastonário em exercício até ao dia 30 de Setembro do ano imediatamente anterior ao do início do triénio subsequente.

2 – As propostas de candidatura a Bastonário, ao Conselho Superior e ao Conselho Geral são subscritas por um mínimo de 500 advogados com inscrição em vigor; as propostas de candidatura aos conselhos distritais e conselhos de deontologia de Lisboa e Porto são subscritas por um mínimo de 200 advogados com inscrição em vigor; e as propostas de candidatura para os restantes conselhos distritais e conselhos de deontologia são subscritas por um mínimo de 20 advogados com inscrição em vigor.

3 – As propostas de candidatura a Bastonário e ao Conselho Geral devem ser apresentadas em conjunto, acompanhadas das linhas gerais do respectivo programa.

4 – As propostas de candidatura ao Conselho Superior, ao Conselho Geral, aos conselhos distritais e conselhos de deontologia devem indicar os candidatos a presidente e a vice-presidentes do respectivo órgão.

5 – As assinaturas dos advogados proponentes devem ser autenticadas pelo Conselho Distrital, pelas delegações da área do respectivo domicílio profissional ou pelo tribunal judicial da respectiva comarca, e serem acompanhadas pela indicação do número da cédula profissional e respectivo conselho emitente, bem como do número, data e entidade emitente do respectivo bilhete de identidade.

6 – As propostas de candidatura devem conter declaração de aceitação de todos os candidatos, cujas assinaturas devem obedecer ao disposto no número anterior.

7 – Quando não seja apresentada qualquer candidatura para os órgãos cuja eleição dependa de tal formalidade, o Bastonário declara sem

efeito a convocatória da assembleia ou o respectivo ponto da ordem do dia e, concomitantemente, designa data para nova reunião no prazo de 90 a 120 dias.

8 – A apresentação das propostas de candidatura tem lugar até 30 dias antes da data designada nos termos do número anterior.

9 – Na situação prevista no n.° 7, os membros em exercício continuam em funções até à tomada de posse dos novos membros eleitos.

10 – Se não for apresentada qualquer lista, o órgão cessante apresenta uma, com dispensa do estabelecido no n.° 2, no prazo de oito dias após a perempção do prazo para a apresentação das listas nos termos gerais.

Notas:

1. Tendo em conta a progressiva complexidade da organização do processo eleitoral, foi antecipado de 31 de Outubro para 30 de Setembro o prazo para apresentação das candidaturas.

2. Proporcionalmente ao aumento do número dos Advogados que compõem a assembleia geral electiva, aumentou-se de 300 para 500 o número mínimo de proponentes para as candidaturas aos órgãos nacionais e de 150 para 200 para os Conselhos Distritais e de Deontologia de Lisboa e Porto, não se revelando compreensível a razão, em sentido oposto, da redução de 30 para 20 em relação aos demais Conselhos Distritais e de Deontologia.

3. Quanto ao processo eleitoral autónomo das Delegações, ver artigos 56.°, 57.° e 58.° do EOA.

4. O Regulamento Eleitoral, que se publica em anexo, – Regulamento 146/07 – aprovado pelo Conselho Geral ao abrigo do disposto na alínea f) do n.° 1 do artigo 42.° do EOA foi republicado no DR II Série n.° 164 de 27 de Agosto de 2007.

5. Considerando a experiência vivida nos mais recentes actos eleitorais, onde a dispersão de candidaturas aos diversos órgãos da Ordem vem permitindo eleições de reduzida representatividade do universo dos votos expressos, será de ponderar, em próxima revisão estatutária, a introdução de um sistema eleitoral a duas voltas, concorrendo à segunda as duas listas mais votadas, em prol do reforço desejável da solidariedade orgânica e funcional da Ordem dos Advogados.

ARTIGO 13.°
Data das eleições

1 – A eleição para os diversos órgãos da Ordem dos Advogados realiza-se entre os dias 15 e 30 de Novembro, em data a designar pelo Bastonário.

2 – As eleições para Bastonário, Conselho Geral, Conselho Superior, conselhos distritais e conselhos de deontologia têm lugar sempre na mesma data.

3 – As mesas eleitorais podem subdividir-se em secções eleitorais.

Notas:

1. Coerentemente com a antecipação da data limite para apresentação das candidaturas, antecipa-se para o período de 15 a 30 de Novembro a data da realização das eleições, o que no regime anterior ocorria entre 1 a 15 de Dezembro.

2. A eleição para todos os órgãos da Ordem, com excepção da dos Delegados ao Congresso e das Delegações, realiza-se assim simultaneamente no mesmo dia eleitoral, ao que ainda acresce nesse dia a eleição para os Advogados que integram a lista da Direcção da Caixa de Previdência dos Advogados e Solicitadores.

3. As mesas eleitorais funcionam, em regra, nas instalações do Conselho Geral e dos Conselhos Distritais, existindo em cada mesa eleitoral uma ou mais secções para os votos por correspondência, modalidade que é preferida pela maioria dos votantes.

ARTIGO 14.º
Voto

1 – Apenas os advogados com inscrição em vigor têm direito de voto.

2 – O voto é secreto e obrigatório, podendo ser exercido pessoalmente, por meios electrónicos quando previstos no regulamento eleitoral em vigor, ou por correspondência, dirigido, conforme o caso, ao Bastonário ou ao presidente do conselho distrital.

3 – No caso de voto por correspondência o boletim é encerrado em sobrescrito, acompanhado de carta com a assinatura do votante autenticada pela forma referida no n.º 5 do artigo 12.º.

4 – O advogado que, sem motivo justificado, não exerça o seu direito de voto, paga multa de montante igual a duas vezes o valor da quotização mensal, a reverter para a Ordem dos Advogados.

5 – A justificação da falta deve ser apresentada pelo interessado, independentemente de qualquer notificação, no prazo de 15 dias a contar da data da votação, por carta dirigida ao conselho distrital respectivo.

6 – Na falta de apresentação de justificação, ou no caso de esta ser considerada improcedente, há lugar ao pagamento da multa referida no

n.º 4 no prazo máximo de 30 dias após a notificação da deliberação que determina a sua aplicação.

7 – A falta de pagamento dá lugar à cobrança coerciva através de processo de execução por custas, constituindo título executivo a certidão da acta de que conste a deliberação de aplicação da multa.

Notas:

1. Introduz-se a possibilidade de voto por meios electrónicos, dependente de prévia regulamentação, o que ainda não se verificou nas eleições para os triénios 2005/2007 e 2008/2010.

2. Regula-se mais detalhadamente o procedimento administrativo decorrente da aplicação da multa por omissão do dever de votar, assim como se altera a entidade destinatária do produto da cobrança das multas, as quais passam a reverter a favor da Ordem dos Advogados em vez da Caixa de Previdência dos Advogados e Solicitadores.

3. O princípio da obrigatoriedade do voto decorre do facto de a Ordem dos Advogados ser uma pessoa colectiva de direito público, prosseguindo interesses de ordem pública cuja satisfação exige uma participação activa e empenhada dos seus membros, com exclusão do direito de abstenção.

4. Por razões similares, constitui dever do Advogado exercer as funções nos órgãos da Ordem para que tenha sido eleito ou designado conforme artigo seguinte – cfr. artigo 86.º b) do EOA.

ARTIGO 15.º
Obrigatoriedade de exercício de funções

Constitui dever do advogado o exercício de funções nos órgãos da Ordem dos Advogados para que tenha sido eleito ou designado, constituindo falta disciplinar a recusa de tomada de posse, salvo no caso de escusa fundamentada, aceite pelo Conselho Superior ou, quanto aos delegados, pelo conselho distrital respectivo.

Notas:

1. Vide notas 3 e 4 do artigo anterior.

2. Por regra, o dever de participação do sócio ou associado nos órgãos das sociedades ou associações de direito privado decorre também da lei e da generalidade dos estatutos, embora este dever assuma particular exigência quando esteja em causa um interesse público, como é o caso da Ordem dos Advogados.

3. Deve assim ser muito apertada a malha da justificação da recusa e só ser admitida em casos especialmente ponderosos.

4. Tais motivos, ao contrário do que actualmente sucede, estavam expressamente previstos no artigo 631.° 1. a) do Estatuto Judiciário:

- Ter completado 60 anos de idade;
- Estar impossibilitado do desempenho regular do cargo;
- Ter domicílio profissional em comarca que não seja a da sede do conselho ou delegação que o cargo pertença,
- Ter desempenhado qualquer cargo pelo mínimo de dois anos no triénio anterior.

ARTIGO 16.°
Renúncia ao cargo e suspensão temporária do exercício de funções

Quando sobrevenha motivo relevante, pode o advogado titular de cargo nos órgãos da Ordem dos Advogados, mediante pedido fundamentado, solicitar ao Conselho Superior a aceitação da sua renúncia ou a suspensão temporária do exercício de funções, salvo quanto aos delegados, que a solicitam ao conselho distrital respectivo.

Notas:

1 Cfr. artigo 86.° b) do EOA. Constitui dever deontológico dos Advogados perante a Ordem o exercício dos cargos para que forem eleitos, pelo que a renúncia deve ser fundamentada e aceite pelo Conselho Superior, salvo nos caso dos Delegados por serem directamente nomeados pelos Conselhos Distritais.

ARTIGO 17.°
Perda de cargos na Ordem dos Advogados

1 – O advogado eleito ou designado para o exercício de funções em órgãos da Ordem dos Advogados deve desempenhá-las com assiduidade e diligência.

2 – Perde o cargo o advogado que, sem motivo justificado, não exerça as respectivas funções com assiduidade e diligência ou dificulte o funcionamento do órgão da Ordem dos Advogados a que pertença.

3 – A perda do cargo nos termos do presente artigo é determinada pelo próprio órgão, mediante deliberação tomada por três quartos dos votos dos respectivos membros.

4 – A perda do cargo de delegado depende de deliberação do con-

selho distrital que o tenha designado, tomada por maioria de três quartos dos votos dos respectivos membros.

Notas:

1. Há quem sustente que a perda do cargo nos termos deste artigo corresponde a uma consequência do apuramento da responsabilidade disciplinar e que, por isso, deverá a deliberação ser tomada após a conclusão do necessário e prévio processo disciplinar. Creio que assim não é, entendendo pelo contrário que a deliberação do órgão é da natureza administrativa e depende de uma avaliação do desempenho no cargo, independentemente da eventual responsabilidade disciplinar. Deverá contudo assegurar-se o direito de defesa em observância do princípio do contraditório, pelo que o visado deverá conhecer concretamente os factos que lhe são imputados, podendo sobre eles pronunciar-se perante os seus pares.

2. A maioria qualificada de três quartos necessária à tomada de deliberação válida sobre a perda do mandato é aferida em relação à totalidade dos membros que integram o órgão e não dos membros desse órgão presentes no momento em que é tomada.

ARTIGO 18.°
Efeitos das penas disciplinares no exercício de cargos

1 – O mandato para o exercício de qualquer cargo electivo na Ordem dos Advogados caduca sempre que o respectivo titular seja punido disciplinarmente com pena superior à de advertência e por efeito do trânsito em julgado da respectiva decisão.

2 – Em caso de suspensão preventiva ou de decisão disciplinar de que seja interposto recurso, o titular punido fica suspenso do exercício de funções até decisão com trânsito em julgado.

Notas:

1. Cfr. artigo 11.° 1. do EOA.

2. Quanto à suspensão preventiva, veja-se o que dispõe o artigo 149.° do EOA e os artigos 34.° 1. a) e 35.° do Regulamento Disciplinar – Regulamento 42/2002.

3. A caducidade do mandato ocorre não só por efeito da pena disciplinar superior à de advertência, como também por força da suspensão da inscrição.

4. Determinando a norma constante do n.° 1 que a caducidade aí prevista se reporta aos mandatos para os cargos electivos, tem de se entender que a caducidade por efeito de pena disciplinar superior a advertência não se verifica em relação aos Delegados, por serem nomeados e não eleitos.

5. Quanto ao elenco das penas disciplinares, cfr. artigo 125.° do EOA.

6. A aplicação de pena disciplinar implica, pela sua natureza, um juízo de censura de natureza deontológica que justifica, como consequência directa e imediata para o infractor, a inelegibilidade para cargos electivos na Ordem dos Advogados, independentemente de a sua execução ter ou não sido objecto de suspensão ao abrigo do artigo 133.° do EOA. Assim, um Advogado condenado em pena definitiva igual ou superior a censura apenas poderá recuperar a sua capacidade electiva em caso de revogação em recurso de revisão – artigo 162.° EOA – ou de superveniente causa de extinção da pena, v.g. por efeito de amnistia.

7. Pelas mesmas razões, sinteticamente referidas na anotação 6 ao artigo 11.°, entendo que ocorre caducidade do mandato em caso de condenação, transitada em julgado, em pena disciplinar superior a advertência, mesmo que a execução de tal pena tenha sido suspensa ao abrigo do artigo 133.° do EOA.

ARTIGO 19.°
Substituição do Bastonário

1 – No caso de escusa, renúncia, perda ou caducidade do mandato por motivo disciplinar ou no caso de morte ou de impedimento permanente do Bastonário, o primeiro vice-presidente do Conselho Geral assume o cargo.

2 – No caso de impedimento permanente, o Conselho Superior e o Conselho Geral, em reunião conjunta, convocada pelo Presidente do Conselho Superior, deliberam previamente sobre a verificação do facto.

3 – Até à posse do novo Bastonário e em todos os casos de impedimento temporário, exerce as respectivas funções, sucessivamente, o primeiro vice-presidente, o segundo vice-presidente ou o terceiro vice-presidente do Conselho Geral, havendo-os, e, na falta destes, o membro escolhido para o efeito pelo Conselho Geral.

Notas:

1. De acordo com a composição do Conselho Geral consagrada no artigo 44.°, poderão neste existir dois a cinco Vice-Presidentes, pelo que a substituição do Bastonário, nos casos previstos no n.° 1, far-se-á automaticamente pelo chamamento ao cargo do 1.° Vice-Presidente, consagrando-se assim uma solução mais objectiva e expedita do que a anterior, que implicava uma eleição em reunião conjunta do Conselho Superior e do Conselho Geral, podendo a escolha recair sobre qualquer membro destes órgãos.

2. Mantém-se contudo uma actuação conjunta dos Conselhos Superior e Geral para aferição e decretação da situação de impedimento permanente do Bastonário.

ARTIGO 20.°
Substituição dos presidentes dos órgãos colegiais da Ordem dos Advogados

1 – No caso de escusa, renúncia, perda ou caducidade do mandato por motivo disciplinar ou morte, e ainda nos casos de impedimento permanente dos presidentes dos órgãos colegiais da Ordem dos Advogados, o primeiro vice-presidente é o novo presidente e, de entre os advogados elegíveis inscritos nos competentes quadros da Ordem dos Advogados, designa um novo membro do referido órgão.

2 – À substituição prevista neste artigo aplica-se o disposto no n.° 2 do artigo anterior quanto à prévia verificação do facto impeditivo.

3 – Até à posse do novo presidente e em todos os casos de impedimento temporário, exercem as funções de presidente, sucessivamente, o primeiro vice-presidente, o segundo vice-presidente ou o terceiro vice-presidente, havendo-os, e, na falta destes, o vogal que vier a ser eleito pelos membros do órgão em causa.

Notas:

1. O sistema de substituição é idêntico, com as necessárias adaptações, ao estabelecido para a substituição do Bastonário, sendo porém de realçar a particularidade da designação de um novo membro para o órgão colegial para preenchimento da vaga, possibilidade essa que se deverá considerar extensiva ao Conselho Geral nos casos previstos no artigo anterior.

ARTIGO 21.°
Substituição dos restantes membros de órgãos colegiais

1 – No caso de escusa, renúncia, perda ou caducidade do mandato por motivo disciplinar ou por morte, e ainda nos casos de impedimento permanente dos membros dos órgãos colegiais da Ordem dos Advogados, à excepção dos presidentes, são os substitutos designados pelos restantes membros em exercício do respectivo órgão de entre os advogados elegíveis inscritos nos competentes quadros.

2 – À substituição prevista neste artigo aplica-se o disposto no n.° 2 do artigo 19.° quanto à prévia verificação do facto impeditivo.

Notas:

1. A designação dos substitutos é nesta hipótese feita pelos restantes membros do órgão, enquanto que na situação regulada no artigo 20.° 1. a designação é feita pelo 1.° Vice-Presidente, que interinamente assume o cargo da presidência.

ARTIGO 22.°
Impedimento temporário

1 – No caso de impedimento temporário de algum membro de órgãos colegiais, o órgão a que pertence o impedido decide sobre a verificação do impedimento e determina a sua substituição.

2 – A substituição do Bastonário e dos presidentes dos órgãos colegiais processa-se na forma estabelecida, respectivamente, no n.° 3 do artigo 19.° e no n.° 3 do artigo 20.°.

3 – A substituição dos restantes membros com cargo específico, quando necessária, é determinada pelos respectivos órgãos.

4 – A substituição temporária dos delegados é decidida pelo respectivo Conselho Distrital.

Notas:

1. Cfr. artigo 16.° do EOA.

2. O titular do cargo deve suscitar a apreciação do seu impedimento temporário nos termos do n.° 1; se o não fizer, fica sujeito à cominação do n.° 2 do artigo 17.° do EOA, ou seja, incorre em violação do dever de assiduidade e de diligência.

ARTIGO 23.°
Mandato dos substitutos

1 – Nos casos previstos nos artigos 19.° a 21.°, os membros substitutos, eleitos ou designados, exercem funções até ao termo do mandato do respectivo antecessor.

2 – Nos casos de impedimento temporário, os substitutos exercem funções pelo período de tempo correspondente à duração do impedimento.

Notas:

1. Corrige-se o lapso que se verificava no artigo 21.° do D. Lei 84/84 de 16 de Março, passando agora a norma a incluir o artigo 20.°, correspondente ao anterior 18.°.

ARTIGO 24.°
Honras e tratamentos

1 – Nas cerimónias oficiais, o Bastonário da Ordem dos Advogados tem honras e tratamentos idênticos aos devidos ao Procurador-Geral da República, sendo colocado imediatamente à sua esquerda.

2 – Para os efeitos previstos no número anterior:

a) O Presidente do Conselho Superior, os membros do Conselho Geral e do Conselho Superior e os presidentes dos conselhos distritais e de deontologia são equiparados aos juizes conselheiros;

b) Os membros dos conselhos distritais e dos conselhos de deontologia são equiparados aos juizes desembargadores;

c) Os membros das delegações, os delegados e os restantes advogados são equiparados aos juizes de direito.

3 – O advogado que exerça ou haja exercido cargos nos órgãos da Ordem dos Advogados tem direito a usar a insígnia correspondente, nos termos do respectivo regulamento.

4 – O advogado que desempenhe ou tenha desempenhado funções nos conselhos da Ordem dos Advogados ou na Caixa de Previdência dos Advogados e Solicitadores, enquanto se encontre no exercício dos cargos e nos seis anos subsequentes, fica isento do dever de prestar quaisquer serviços de nomeação oficiosa.

5 – Em caso de justificada necessidade, o conselho distrital pode fazer cessar a isenção prevista no número anterior.

Notas:

1. Os Advogados participam na administração da justiça (cfr. artigo 6.° n.° 1 da Lei da Organização e Funcionamento dos Tribunais Judiciais – Lei n.° 3/99 de 13 de Janeiro) pelo que lhes é devida, em paridade com as Magistraturas, a correspondente dignidade funcional.

2. Cfr. ainda o artigo 67.° do EOA.

3. O uso da insígnia é regulado pelo Regulamento do Trajo e Insígnia Profissional – Regulamento 31/2006, in DR, 2.ª Série de 26/04/06.

4. Em relação ao regime do artigo 22.° do D. Lei 84/84, estabelecem-se agora as honrarias devidas aos Presidentes e Membros dos Conselhos de Deontologia, passando ainda a ser mencionado expressamente o Presidente do Conselho Superior que certamente por lapso não se referia autonomamente na versão anterior.

ARTIGO 25.°
Títulos honoríficos

O advogado que tenha exercido cargo nos órgãos da Ordem dos Advogados conserva honorariamente o título correspondente ao cargo mais elevado que haja exercido.

Notas:

1. Os Bastonários continuam, conforme a tradição da Ordem, a ser chamados por Bastonários e participam e colaboram com os órgãos em exercício com bastante frequência, designadamente para tomada de decisões em questões mais difíceis e melindrosas – Vide artigo 39.° n.° 4 do EOA.

2. No tocante à acção disciplinar, os ex-titulares dos órgãos da Ordem, gozam de regime excepcional quanto à competência do órgão julgador – Vide artigo 43.° 1. c) e 3. c) e d) do EOA.

SECÇÃO II
Congresso dos Advogados Portugueses

ARTIGO 26.°
Constituição

1 – O Congresso representa todos os advogados com inscrição em vigor, os advogados honorários e ainda os antigos advogados cuja inscrição tenha sido cancelada por efeito de reforma.

2 – Podem ser convidados como observadores delegados de associações de juristas nacionais e estrangeiras e de organizações profissionais de advogados de outros países.

3 – Os membros dos Conselhos Superior, Geral, distritais e de deontologia, das delegações e os delegados participam no congresso, a título de observadores, podendo, nessa qualidade, intervir na discussão sem direito a voto.

Notas:

1. Não obstante a eliminação do n.° 1 do artigo 24.° do D. Lei 84/84, o Congresso continua a reunir ordinariamente de cinco em cinco anos, agora por força do que dispõe o artigo 30.° n.° 1 do EOA.

2. O primeiro Congresso da Ordem dos Advogados Portugueses reuniu com assinalável sucesso em Lisboa no ano de 1972, ainda sem consagração estatutária, após o que se realizaram mais cinco, último dos quais novamente em Lisboa no ano de 2000, onde se extraíram Conclusões que determinaram algumas das soluções agora plasmadas no presente Estatuto.

3. Tendo em conta o disposto no artigo 29.° 1. do EOA, os Advogados Honorários e os que, estando reformados, tenham a sua inscrição cancelada, poderão intervir no Congresso como observadores ou mesmo participantes sem direito a voto, mas não poderão ser delegados.

4. Não parece ferir a norma constante do n.° 2 a possibilidade de concessão da qualidade de observadora à Câmara de Solicitadores, que representa mandatários judiciais que colaboram com os Advogados e são auxiliares da administração de justiça.

5. Considerando-se o teor da anotação 3. deve entender-se como possível e desejável a participação representativa de Advogados Estagiários com o estatuto de observadores.

6. Discorda-se da solução, que já vem do estatuto anterior (vide artigo 24.° 4.), de se atribuir aos membros dos órgãos em exercício a qualidade de observadores, já que entendemos que os meros observadores não devem sequer poder participar activamente nos trabalhos. Assim, já que aqueles membros podem intervir, corresponderá a sua qualidade à de participantes sem direito a voto e não à de meros observadores.

7. O VI Congresso dos Advogados Portugueses realizou-se em Vilamoura, nos dias 17 a 19 de Novembro de 2005 e de algumas das suas principais conclusões damos já nota nesta edição.

8. Sobre o órgão Congresso e seu papel na evolução na Ordem dos Advogados Portuguesa, aconselha-se a leitura do texto elaborado pelo Conselho Distrital de Lisboa a propósito do VI Congresso.

ARTIGO 27.°
Competência

Compete ao Congresso tratar e pronunciar-se sobre:

a) O exercício da advocacia, seu estatuto e garantias;
b) A administração da justiça;
c) Os direitos, liberdades e garantias dos cidadãos;
d) O aperfeiçoamento da ordem jurídica em geral.

Notas:

1. O Congresso apenas pode aprovar "recomendações", que ao Bastonário caberá posteriormente "dar seguimento" – vide artigo 39.° 1. e) do EOA.

2. Alfredo Gaspar, no seu Estatuto Anotado – Jornal do Fundão Editora – sustenta que a intenção do legislador foi a de introduzir o Congresso como órgão máximo da Ordem, com competência para definir vinculativamente as grandes linhas sobre a organização e disciplina da profissão, embora reconheça que do texto, que veio a ser aprovado, semelhante ao que agora se transpõe para o presente EOA, não pode deixar de reconhecer-se que o Congresso não tem competência deliberativa, a qual apenas cabe ao Conselho Geral – cfr. artigo 45.° do EOA.

ARTIGO 28.°
Organização

1 – O Congresso é organizado por uma comissão e um secretariado.

2 – À comissão organizadora compete a elaboração do regulamento do Congresso e o respectivo programa.

3 – Compõem a comissão organizadora do Congresso o Bastonário, que preside, dois representantes designados por cada um dos conselhos da Ordem dos Advogados, os antigos Bastonários e os advogados honorários e, ainda, no caso de o Congresso ser convocado nos termos da alínea b) do n.° 1 do artigo 31.°, dois representantes designados pelos advogados que solicitem a sua realização.

4 – O secretariado do Congresso é o órgão executivo da comissão organizadora.

Notas:

1. De novo, em relação ao modelo de organização anterior, apenas a libertação da comissão organizadora na constituição do secretariado, já que sendo este emanação directa daquela, enquanto seu órgão executivo, passa a poder ser formado sem espartilhos legais.

2. Pelo artigo 25.° n.° 3 do D. Lei 84/84 de 16 de Março, o secretariado não podia ter mais de seis advogados, devendo a sua presidência ser exercida por um dos membros da comissão organizadora.

ARTIGO 29.°
Participação e voto

1 – Os advogados são representados por delegados ao Congresso, eleitos especialmente para o efeito, na área dos respectivos conselhos distritais.

2 – O número de delegados por conselho distrital é proporcional ao número de advogados inscritos no respectivo conselho, devendo corresponder a, pelo menos, um delegado por cada 100 advogados com inscrição em vigor, nos termos a fixar no regulamento do congresso.

3 – Se concorrer mais de uma lista para delegados, a composição representativa de cada conselho distrital é proporcional ao número de votos obtidos por cada uma das listas.

4 – A votação no Congresso é individual por cada delegado presente.

5 – O Bastonário da Ordem dos Advogados tem, por inerência, direito de voto.

6 – As eleições previstas no n.° 1 são realizadas, com as necessárias adaptações, nos termos dos artigos 11.° a 13.° deste Estatuto.

Notas:

1. Tratando-se de um órgão de composição representativa da Classe, entendeu agora o legislador – e bem – estabelecer um mínimo exigível de proporcionalidade entre o número de delegados e de Advogados com inscrição em vigor, sem prejuízo do regulamento do Congresso.

2. Até ao aparecimento dos Conselhos de Deontologia, o Congresso era o único órgão da Ordem com eleição pelo método de representação proporcional – vide nota 5 ao artigo 9.° do EOA.

ARTIGO 30.°
Convocação e preparação

1 – O Congresso dos Advogados Portugueses realiza-se, ordinariamente, de cinco em cinco anos.

2 – O Congresso é convocado pelo Bastonário com uma antecedência mínima de quatro meses, pela forma fixada para a convocação das assembleias gerais.

3 – Nos dois meses seguintes à convocação, o Bastonário promove a constituição da comissão organizadora do Congresso, que procede à elaboração do regulamento e, tendo em conta as sugestões feitas pelos advogados e órgãos da Ordem dos Advogados, estabelece o respectivo programa, do qual devem constar os temas a debater.

Notas:

1. Sem prejuízo de caber ao Bastonário a convocação do Congresso nos termos desta norma, compete ao Conselho Geral deliberar previamente pela sua realização, ao abrigo do disposto no artigo 45.° 1. aa) do EOA.

2. O prazo mínimo da convocatória era de seis meses, pelo que foi agora reduzido para quatro meses – Vide artigo 29.° 1. do D. Lei 84/84 de 16 de Março.

ARTIGO 31.°
Congresso extraordinário

1 – Pode verificar-se a realização de congresso extraordinário, o qual depende:

a) De deliberação tomada em reunião conjunta do Conselho Superior e do Conselho Geral por maioria de dois terços dos votos expressos pelos membros em exercício de cada um destes conselhos;

b) De requerimento da décima parte dos advogados com inscrição em vigor, os quais indicam simultaneamente os seus representantes na comissão organizadora do congresso e os temas que pretendem debater.

2 – À realização de congresso extraordinário é aplicável, com as necessárias adaptações, o disposto nos artigos anteriores.

Notas:

1. Com a introdução do actual n.° 2, fica definitivamente resolvida a dúvida sobre quais os temas que podiam ser objecto da convocação do congresso extraordinário. Remetendo para os "artigos anteriores" esses temas serão forçosamente os que constam do artigo 27.° do EOA.

2. De salientar a modificação do mínimo de uma quinta parte para uma décima parte dos Advogados com inscrição em vigor para a propositura de um congresso extraordinário, facto que se ficou seguramente a dever ao aumento muito significativo do número de Advogados inscritos na Ordem.

SECÇÃO III
Assembleia Geral

ARTIGO 32.°
Constituição e competência

1 – A Assembleia Geral da Ordem dos Advogados é constituída por todos os advogados com inscrição em vigor.

2 – À Assembleia Geral cabe deliberar sobre todos os assuntos que não estejam compreendidos nas competências específicas dos restantes órgãos da Ordem dos Advogados.

Notas:

1. A Assembleia Geral é o órgão hierarquicamente superior e delibera vinculativamente, embora apenas em matérias excluídas das competências dos demais órgãos.

2. Aparentemente ocorre uma incongruência entre este preceito e o do artigo 45.° 1. d) na medida em que neste último também se define a competência residual do Conselho Geral para deliberar "sobre todos os assuntos......... que não estejam especialmente cometidos a outros órgãos da Ordem....". Acrescenta-se porém, na parte final deste preceito, que tal competência do Conselho Geral deve entender-se sem prejuízo da competência da Assembleia Geral, pelo que sendo esta órgão hierarquicamente superior, prevalecem, em caso de colisão, as deliberações que aí forem validamente tomadas.

ARTIGO 33.°
Reuniões da Assembleia Geral

1 – A Assembleia Geral reúne ordinariamente para a eleição do Bastonário, do Conselho Geral e do Conselho Superior, para a discussão e aprovação do orçamento da Ordem dos Advogados e para discussão e votação do relatório e contas da Ordem dos Advogados.

2 – A Assembleia Geral reúne extraordinariamente sempre que os interesses superiores da Ordem dos Advogados o aconselhem e o Bastonário a convoque.

3 – O Bastonário deve convocar a Assembleia Geral extraordinária quando tal lhe for solicitado pelo Conselho Superior, pelo Conselho Geral

ou pela décima parte dos advogados com a inscrição em vigor, desde que seja legal o objecto da convocação e conexo com os interesses da profissão.

Notas:

1. Tal como sucedeu para a convocação do congresso extraordinário, também foi reduzido de um quinto para um décimo dos Advogados inscritos, o número mínimo necessário para petição de uma assembleia geral extraordinária – cfr. artigo 31.° 1. b) do EOA.

2. Com excepção das assembleias gerais ordinárias com fins eleitorais e de aprovação das contas e orçamento, têm sido muito raras as assembleias gerais extraordinárias para outros fins, o que de alguma forma se compreende pelas crescentes dificuldades de organização de reuniões onde podem participar todos os Advogados inscritos, sendo muito problemática, nessas condições, a garantia de formação, de uma forma reflectida e serena, da vontade colectiva, como se exige à tomada de deliberações vinculativas.

3. Pelas razões expostas na parte final da anotação anterior e sendo a Assembleia Geral o órgão máximo da Ordem dos Advogados, entende-se que a mesma só deve ser convocada em situações de crise ou para debate e tomada de deliberações sobre questões fundamentais da profissão, não devendo assim ser vulgarizada pela sua frequente convocação para assuntos que cabem no domínio das competências do Conselho Geral.

ARTIGO 34.°
Reunião da Assembleia Geral ordinária

1 – A Assembleia Geral ordinária para eleição do Bastonário, do Conselho Geral e do Conselho Superior reúne nos termos previstos no artigo 13.°.

2 – A Assembleia Geral destinada à discussão e aprovação do orçamento da Ordem dos Advogados reúne até ao final do mês de Novembro do ano anterior ao do exercício a que diz respeito.

3 – A Assembleia Geral destinada à discussão e votação do relatório e contas da Ordem dos Advogados realiza-se até ao final do mês de Abril do ano imediato ao do exercício respectivo.

Notas:

1. A assembleia geral destinada a à discussão e aprovação do orçamento da Ordem dos Advogados (e já não do Conselho Geral, como se referia anteriormente) deve agora realizar-se até ao final do mês de Novembro. A alteração justifica-se pela

necessidade de consolidação e à uniformização das regras de contabilidade das contas da Ordem, tendo em conta as receitas e despesas do Conselho Geral e dos Conselhos Distritais e a conveniência da existência de um espaço temporal entre a aprovação do orçamento e o início da sua execução.

2. Cfr. artigos 48.° n.° 1 e 175.° do EOA.

ARTIGO 35.°
Convocatórias

1 – As assembleias gerais são convocadas pelo Bastonário por meio de anúncios em que consta a ordem de trabalhos, publicados no portal da Ordem dos Advogados e num jornal diário de cobertura nacional com, pelo menos, 30 dias de antecedência em relação à data designada para a reunião da assembleia que se realiza na sede da Ordem dos Advogados.

2 – Até 20 dias antes da data designada para a reunião das assembleias a que se referem os n.os 2 e 3 do artigo anterior, é comunicado a todos os advogados com inscrição em vigor que os projectos de orçamento e do relatório e contas se encontram disponíveis para consulta no portal da Ordem dos Advogados, podendo as respectivas cópias ser enviadas por correio mediante solicitação do advogado.

3 – Com os avisos convocatórios de assembleias gerais cuja ordem de trabalhos compreenda a realização de eleições são enviados os boletins de voto correspondentes a todos os candidatos admitidos, sem prejuízo da possibilidade de se determinar a realização da votação exclusivamente por via electrónica, com dispensa do envio de tais boletins.

4 – Para efeito de validade das deliberações da assembleia geral, só são consideradas essenciais as formalidades da convocatória referidas no n.° 1.

Notas:

1. Introduzem-se no processo de convocação das assembleias simplificações e adaptações, ajustadas à utilização das novas tecnologias da informática, designadamente da existência de um portal da Ordem, que no triénio 2002/2004 passou a ser um instrumento de primordial importância na comunicação dos actos, e da possibilidade de votação por meios electrónicos.

2. Assim, passou a ser apenas exigível a publicação dos anúncios, cumulativamente à divulgação pelo portal e num jornal diário de cobertura nacional, não sendo obrigatório o envio aos Advogados do projecto de orçamento e do relatório e contas, a não ser quando tal envio for expressamente solicitado.

3. A votação por via electrónica ainda não foi utilizada nas eleições realizadas nos dias 3 de Dezembro de 2004 e 30 de Novembro de 2007.

ARTIGO 36.°
Direito de voto

1 – O voto nas assembleias gerais é facultativo, salvo se para fins electivos e para os previstos nos n.ºs 2 e 3 do artigo 34.°.

2 – O voto, quando facultativo, não pode ser exercido por correspondência, sendo, no entanto, admissível o voto por procuração a favor de outro advogado com inscrição em vigor.

3 – A procuração consta de comunicação digital certificada ou de carta dirigida ao Bastonário com a assinatura do mandante autenticada pela forma referida no n.° 5 do artigo 12.°.

4 – Os advogados residentes nas regiões autónomas podem exercer o direito de voto por correspondência em todas as assembleias gerais ordinárias.

Notas:

1. Deve realçar-se a possibilidade de emissão de procuração por e.mail com assinatura digital certificada, o que já está ao alcance de todos os Advogados.

2. Veja-se o artigo 14.° e as respectivas anotações quanto à obrigatoriedade do voto nas assembleias eleitorais.

ARTIGO 37.°
Executoriedade das deliberações

A executoriedade das deliberações das assembleias gerais depende de prévio cabimento orçamental ou de concessão de crédito extraordinário devidamente aprovado.

Notas:

1. A competência para a elaboração do orçamento e para a abertura de créditos extraordinários cabe ao Conselho Geral, conjuntamente com o Bastonário – cfr. artigos 39.° 1. f) e g) e 45.° q) e r) do EOA.

SECÇÃO IV
Bastonário

ARTIGO 38.°
Presidente da Ordem dos Advogados

O Bastonário é o presidente da Ordem dos Advogados e, por inerência, presidente do Congresso, da Assembleia Geral e do Conselho Geral.

Notas:

1. Considerando a forma de eleição por sufrágio directo e universal e o facto de ser presidente, por inerência, do Congresso, Assembleia Geral e do Conselho Geral, o Bastonário dispõe de um painel de competências muito amplo e representa no plano interno e externo todos os Advogados Portugueses, tendo assim um peso institucional que não tem paralelo na maior parte dos países europeus.

2. Vide sobre as honras e tratamento devidos ao Bastonário o artigo 24.° n.° 1 do EOA.

3. O Bastonário é, ainda por inerência, presidente do Conselho Geral da Caixa de Previdência dos Advogados e Solicitadores – artigo 81.° 1. do respectivo Regulamento.

4. Genericamente, poder-se-á afirmar que o Bastonário dispõe de um conjunto de atribuições que só não abrange as de natureza doutrinária e regulamentar, a cargo do Conselho Geral a que preside, e de natureza disciplinar, entregues aos Conselhos de Deontologia e ao Conselho Superior.

5. Para além do artigo 39.°, cfr. sobre outras competências os artigos 12.° n.° 1, 13.° n.° 1, 30.° n.° 2, 33.° n.° 3, 35.°, 44.°, 46.°, 87.° n.° 4, 88.° n.° 5, 118.° n.° 2, 119.° e 163.° n.° 3 do EOA.

6. Bastonário (Bâtonnier) vem de bâton (bastão), e designava o advogado que em Paris empunhava nas cerimónias o bastão em que pendia a bandeira da confraria de S. Nicolau e que era uma honra atribuída ao que dela se revelasse mais digno. Sobre a origem e desenvolvimento da designação, consultar Alberto Sousa Lamy, Advogados e Juízes na Literatura e na Sabedoria Popular, Vol. I. págs. 182 e segs.

7. Em Portugal, até à tomada de posse do Bastonário eleito em 3 de Dezembro de 2004, teve a Ordem dos Advogados 22 Bastonários, pela seguinte ordem de mandatos: Vicente Monteiro (1927), Martins de Carvalho (1929), Barbosa de Magalhães (1933), Pinto Coelho (1935), Pinheiro Chagas (1937), Carlos Pires (1938), Catanho de Meneses (1941), Acácio Furtado (1942), Sá Nogueira (1944), Morais Carvalho (1947), Palma Carlos (1949), Pedro Pitta (1956), Almeida Ribeiro (1971), Mário Raposo (1974), Carlos Lima (1977), Coelho Ribeiro (1980), Osório de Castro (1984), Lopes Cardoso (1986), Serra Lopes (1989), Castro Caldas (1992), Pires de Lima (1998), José Miguel Júdice (2001), Rogério Alves (2004) e António Marinho e Pinto (2007).

ARTIGO 39.°
Competência

1 – Compete ao Bastonário:

a) Representar a Ordem dos Advogados em juízo e fora dele, designadamente perante os órgãos de soberania;
b) Representar os institutos integrados na Ordem dos Advogados;
c) Dirigir os serviços da Ordem dos Advogados de âmbito nacional;
d) Velar pelo cumprimento da legislação respeitante à Ordem dos Advogados e respectivos regulamentos e zelar pela realização das suas atribuições;
e) Fazer executar as deliberações da Assembleia Geral, do Conselho Superior e do Conselho Geral e dar seguimento às recomendações do Congresso;
f) Promover a cobrança das receitas da Ordem dos Advogados, autorizar despesas orçamentais e promover a abertura de créditos extraordinários, quando necessários;
g) Apresentar anualmente ao Conselho Geral os projectos de orçamento do Conselho Geral e da Ordem dos Advogados para o ano civil seguinte, as contas do ano civil anterior e o respectivo relatório;
h) Promover, por iniciativa própria ou mediante solicitação dos conselhos da Ordem dos Advogados, os actos necessários ao patrocínio dos advogados ou para que a Ordem se constitua assistente, nos termos previstos no n.° 2 do artigo 5.°;
i) Cometer a qualquer órgão da Ordem dos Advogados ou aos respectivos membros a elaboração de pareceres sobre quaisquer matérias que interessem às atribuições da Ordem;
j) Presidir à comissão de redacção da Revista da Ordem dos Advogados ou indicar advogado de reconhecida competência para tais funções;
l) Assistir, querendo, às reuniões de todos os órgãos colegiais da Ordem dos Advogados, só tendo direito a voto nas reuniões do Congresso, da Assembleia Geral e do Conselho Geral e nas reuniões conjuntas deste com o Conselho Superior;
m) Usar o voto de qualidade, em caso de empate, em todos os órgãos colegiais a que presida;
n) Resolver conflitos de competência entre conselhos distritais e delegações que não pertençam ao mesmo distrito;

o) Decidir os recursos interpostos das decisões sobre dispensa de sigilo profissional;

p) Decidir os recursos interpostos das decisões sobre escusas e dispensas de patrocínio oficioso;

q) Interpor recurso para o Conselho Superior das deliberações de todos os órgãos da Ordem dos Advogados, incluindo o Conselho Geral, que julgue contrárias às leis e regulamentos ou aos interesses da Ordem dos Advogados ou dos seus membros;

r) Exercer em casos urgentes as competências do Conselho Geral;

s) Exercer as demais funções que as leis e os regulamentos lhe confiram.

2 – O Bastonário pode delegar em qualquer membro do Conselho Geral qualquer uma das suas competências.

3 – O Bastonário pode, com o acordo do Conselho Geral, delegar a representação da Ordem dos Advogados ou atribuir funções especificamente determinadas a qualquer advogado.

4 – O Bastonário pode ainda consultar os antigos Bastonários, individualmente ou em reunião por ele presidida, e delegar neles a sua representação, incumbindo-os de funções especificamente determinadas.

Notas:

1. As funções atribuídas expressamente nesta norma respeitam à representação da Ordem, à garantia da legalidade, da ética e valores deontológicos, à tutela dos interesses profissionais e às responsabilidades de natureza administrativa.

2. Sobre os poderes de representação, cfr. artigo 5.° e respectivas anotações.

3. Na alínea l) consagra-se o respeito pelas autonomias institucionais conferidas aos Conselhos Distritais e às Delegações.

4. A competência prevista em n) é nova, já que não se encontrava especialmente prevista no artigo 37.° do D. Lei 84/84 de 16 de Março, vindo cobrir uma evidente necessidade de intervenção no plano da harmonização institucional de conflitos.

5. O disposto na alínea o) também já resulta do disposto no artigo 87.° n.° 4 do EOA.

6. Nos termos do artigo 81.° do Regulamente da Caixa de Previdência dos Advogados e Solicitadtores, o Bastonário preside, por inerência, ao Conselho Geral da Caixa.

SECÇÃO V
Presidente do Conselho Superior

ARTIGO 40.°
Competência

Compete ao Presidente do Conselho Superior:

a) Resolver conflitos de competência entre conselhos de deontologia;

b) Diligenciar na resolução amigável de desinteligências entre advogados inscritos em diferentes distritos;

c) Diligenciar na resolução amigável de desinteligências entre advogados que exerçam ou tenham exercido funções de Bastonário, Presidente do Conselho Superior, membros do Conselho Geral ou do Conselho Superior, presidentes dos conselhos distritais, presidentes dos conselhos de deontologia, e membros dos conselhos distritais e dos conselhos de deontologia;

d) Representar a Ordem dos Advogados no âmbito das atribuições do Conselho Superior;

e) Zelar pelo cumprimento da legislação respeitante à Ordem dos Advogados e respectivos regulamentos, bem como pelo cumprimento das competências que lhe são conferidas;

f) Cometer aos membros do Conselho Superior a elaboração de pareceres sobre matérias que interessem aos fins e atribuições da Ordem dos Advogados;

g) Usar de voto de qualidade, em caso de empate, em deliberações do Conselho Superior;

h) Em caso de urgência e de manifesta impossibilidade de reunir, exercer a competência atribuída ao Conselho Superior, devendo dar conhecimento ao mesmo na primeira reunião seguinte;

i) Exercer as demais atribuições que a lei ou os regulamentos lhe confiram.

Notas:

1. Como já fizemos referência em anotação ao artigo 9.° do EOA, a função institucional do Presidente do Conselho Superior é agora reconhecida e dignificada, atribuindo-se-lhe competências próprias. Esta louvável evolução vem ao encontro da relevância que o cargo representa na Ordem dos Advogados, já que dele em parte depende a sanação de divergências no seio da Ordem e a salvaguarda de uma solida-

riedade entre o Conselho Geral e o Conselho Superior no desempenho das respectivas atribuições, embora sem perda da independência que ao Conselho Superior é assegurada, desde logo pela sua legitimação eleitoral própria.

2. Em face do que se refere na nota antecedente, as alíneas a) a c) conferem ao Presidente do Conselho Superior especiais responsabilidades no domínio da harmonização de conflitos.

3. A representação atribuída na alínea d) deve entender-se sem prejuízo da competência própria mais vasta do Bastonário – cfr. artigo 39.° 1. a) do EOA.

4. A competência prevista na alínea e) corresponde a uma função paralela à que cabe ao Bastonário por força da alínea d) do n.° 1 do artigo 39.° do EOA, o que reforça a necessidade de uma constante actuação solidária e complementar entre ambos na defesa da legalidade e do bom funcionamento da Ordem.

5. Na versão inicial do D. Lei 84/84 de 16 de Março, o Bastonário podia convocar o Presidente do Conselho Superior para as reuniões do Conselho Geral ao abrigo do então artigo 41.° n.° 3, mas esta faculdade foi eliminada pela Lei 80/2001 de 20 de Julho, ficando desde então tal possibilidade circunscrita aos Presidentes dos Conselhos Distritais, solução que se mantém – Vide artigo 44.° n.° 3 do EOA.

6. O Presidente do Conselho Superior dispõe de voto de qualidade nos termos do artigo 7.° n.° 1 do Regulamento do Conselho Superior – Regulamento 28/2002 – Vide nota n.° 2 ao artigo 42.° do EOA.

7. Por Deliberação tomada em sessão plenária, de 5 de Junho de 2009, amplamante divulgada à Classe, o Conselho Superior, a propósito do relacionamento institucional no seio da Ordem dos Advogados, realça o objectivo da revisão estatutária, plasmado no artigos 40.° e 43.° do EOA, no sentido de fazer uma clara separação entre o exercício das amplas funções atribuídas ao dignificado Presidente do Conselho Superior e o exercício das competências de natureza jurisdicional cometidas em exclusivo ao Plenário e às Secções do Conselho Superior. Na mesma deliberação esclarece-se ainda o entendimento do Conselho Superior no domínio do correcto relacionamento do Bastonário com o Presidente do Conselho Superior, afirmando-se correctamente, a nosso ver, a necessidade de respeito pela autonomia e independência destes dois órgãos singulares, que são distintos, têm funções diversas e possuem meios próprios e específicos de actuação funcional.

SECÇÃO VI
Conselho Superior

ARTIGO 41.°
Composição

1 – O Conselho Superior é o supremo órgão jurisdicional da Ordem dos Advogados, composto pelo Presidente, com voto de qualidade, por

dois a cinco vice-presidentes e por 15 a 18 vogais, consoante o número de vice-presidente, sendo, pelo menos, cinco inscritos pelo distrito de Lisboa, quatro pelo distrito do Porto e quatro pelos restantes distritos.

2 – Na primeira sessão de cada triénio, o conselho elege, de entre os seus vogais, um ou mais secretários e um tesoureiro.

Notas:

1. Na definição da composição do Conselho Superior optou-se por uma solução aberta no tocante ao número de vice-presidências, condicionando assim o número de vogais, sendo certo que, no total, incluindo o Presidente, o órgão terá 21 membros, contra os vinte que possuía anteriormente. Vide, tb., nota 1. ao artigo 42.° do EOA.

2. Pela conclusão 42.ª (2.ª Secção) do VI Congresso dos Advogados Portugueses (2005) foi aprovada a recomendação de introdução do método de Hondt para a eleição do Conselho Superior.

3. O Conselho Geral, para efeitos de organização do acto eleitoral para o triénio 2008/2010, perfilhou entendimento diferente do que vai acolhido nas anotações 1. aos artigos 41.° e 42.°, tendo interpretado estas normas no sentido de que o Conselho Superior, para poder constituir três Secções de sete membros cada e, simultaneamente, ter um Presidente, já que as Secções serão presididas por Vice-Presidentes, será composto não de 21, mas sim por 22 membros, incluindo o Presidente, impondo a apresentação de listas para o Conselho Superior com este número de Colegas concorrentes.

ARTIGO 42.°
Pleno e secções

1 – O Conselho Superior reúne em sessão plenária e por secções, cada uma delas constituída por sete membros.

2 – O Presidente do Conselho Superior preside às sessões plenárias e pode participar, com direito a voto, nas reuniões das secções, as quais são presididas por cada um dos vice-presidentes.

3 – Sempre que o Presidente do Conselho Superior não esteja presente, o voto de qualidade assiste ao vice-presidente que presida à respectiva reunião.

Notas:

1. O Conselho Superior é constituído por 21 membros incluindo o Presidente. Como resulta da imposição decorrente do n.° 1 que cada secção terá 7 membros, a formação de 3 secções, como é habitual, implicará que o Presidente também integre uma das secções, prática que não vinha sendo corrente.

2. O Conselho Superior dispõe de regulamento próprio – Regulamento n.° 28/2002, aprovado em sessão plenária de 3 de Maio de 2002, publicado no DR II Série n.° 138.

3. De acordo com este Regulamento, o Conselho Superior vem funcionando com 3 Vice-Presidentes e 4 Secretários, e com Secções de 5 membros cada – cfr. artigos 1.° e 2.° do citado Regulamento 28/2002.

4. O Conselho Superior reúne em sessão plenária sempre que convocado pelo Presidente e, em princípio, mensalmente, podendo ainda reunir por secções por convocação do Presidente ou do Vice-Presidente que presidir à secção – cfr. artigo 4.° do Regulamento 28/2002.

ARTIGO 43.°
Competência

1 – Compete ao Conselho Superior, reunido em sessão plenária:

a) Julgar os recursos interpostos das decisões das secções referidas nas alíneas b) e e) do n.° 3;

b) Julgar os recursos das deliberações do Conselho Geral, dos conselhos distritais, e dos conselhos de deontologia;

c) Julgar os processos disciplinares em que sejam arguidos o Bastonário, antigos Bastonários e membros actuais do Conselho Superior ou do Conselho Geral;

d) Deliberar sobre pedidos de escusa, de renúncia e de suspensão temporária de cargo, nos termos dos artigos 15.° e 16.°, e julgar os recursos das decisões dos órgãos da Ordem dos Advogados que determinarem a perda de cargo de qualquer dos seus membros ou declararem a verificação de impedimento para o seu exercício;

e) Deliberar sobre impedimentos e perda do cargo dos seus membros e suspendê-los preventivamente, em caso de falta disciplinar, no decurso do respectivo processo;

f) Fixar a data das eleições para os diversos órgãos da Ordem dos Advogados, quando tal não seja da competência do Bastonário;

g) Convocar assembleias gerais e assembleias distritais, quando tenha sido excedido o prazo para a respectiva convocação;

h) Elaborar e aprovar o seu próprio regulamento;

i) Elaborar e aprovar o regulamento dos laudos sobre honorários;

j) Elaborar e aprovar o regulamento disciplinar;

l) Uniformizar a actuação dos conselhos de deontologia.

2 – Compete ao Conselho Superior e ao Conselho Geral, em reunião conjunta:

a) Julgar os recursos das deliberações sobre perda do cargo e exoneração dos membros do Conselho Superior e do Conselho Geral;

b) Deliberar sobre a renúncia ao cargo de Bastonário;

c) Deliberar sobre os conflitos de competências entre órgãos nacionais e distritais e uniformizar a actuação dos mesmos.

3 – Compete às secções do Conselho Superior:

a) Julgar os recursos das deliberações, em matéria disciplinar, dos conselhos de deontologia;

b) Ratificar as penas de expulsão;

c) Instruir os processos em que sejam arguidos o Bastonário, antigos Bastonários e os membros actuais do Conselho Superior e do Conselho Geral;

d) Instruir e julgar, em 1.ª instância, os processos em que sejam arguidos os antigos membros do Conselho Superior ou do Conselho Geral e os antigos ou actuais membros dos conselhos distritais e dos conselhos de deontologia;

e) Dar laudo sobre honorários, quando solicitado pelos tribunais, pelos outros conselhos ou, em relação às respectivas contas, por qualquer advogado ou seu representante ou qualquer consulente ou constituinte.

Notas:

1. Na versão definitiva do EOA foi eliminada a alínea f) da proposta de lei, que conferia ao Conselho Superior a competência para "conhecer, oficiosamente, ou mediante petição de qualquer advogado, dos vícios das deliberações da assembleia geral, das assembleias distritais e da delegações". Na verdade, levantavam-se dúvidas sobre a constitucionalidade desta competência, que constava da alínea d) do artigo 40.° do D. Lei 84/84 de 16 de Março, embora com argumentação que não se nos afigura convincente. A nosso ver, não se vê que constitucionalmente houvesse qualquer impedimento à fiscalização da legalidade das deliberações tomadas em assembleia geral por um órgão de competência jurisdicional própria, estando este por sua vez sujeito ao controlo judicial através dos Tribunais Administrativos. Vide a propósito, Alfredo Gaspar, nos Estatutos Anotados, Jornal do Fundão, em anotação aos artigos 33.° e 40.° e António Arnaut, em Estatutos da Ordem dos Advogados – Anotado, 6.ª Edição, Coimbra Editora, pág. 45.

2. Algumas das competências que anteriormente cabiam ao Conselho Superior em reunião plenária transitam agora para uma competência partilhada entre o Conselho Geral e o Conselho Superior, em reunião conjunta, como sejam o julgamento de recurso das deliberações sobre perda do cargo e exoneração dos membros do Conse-

lho Superior e do Conselho Geral, a deliberação sobre a renúncia ao cargo do Bastonário, a resolução de conflitos de competências entre órgãos nacionais e distritais e a uniformização destes, em particular dos Conselhos de Deontologia.

3. Quanto às competências das secções, importa focar a ratificação da aplicação da pena disciplinar de expulsão, reintroduzida no elenco das penas disciplinares pela Lei 80/ /2001 – cfr. artigo 125.° 1. f) do EOA e artigo 101.° 1. f) do D. Lei 84/84 de 16 de Março.

4. Totalmente inovadora é a atribuição da competência prevista na alínea e) do n.° 3, referente à emissão de laudo sobre honorários, quando solicitado pelos tribunais, pelos outros conselhos ou, em relação às respectivas contas, por qualquer advogado ou seu representante ou qualquer consulente ou constituinte, competência que até agora era exclusiva do Conselho Geral e que assim é transferida para o Conselho Superior, o que obrigará seguramente a significativas modificações da sua organização e funcionamento. Vide artigo 42.° 1. t) do D. Lei 84/84 de 16 de Março.

5. "1. Só são admissíveis recursos para o Conselho Superior, reunido em pleno, nos casos excepcionais em que este órgão funcione como 2.ª instância; 2. Não é de admitir o recurso interposto para o Conselho Superior reunido em pleno, de deliberação da Secção do Conselho Superior que funcionou como 2.ª instância." – Ac. Cons. Sup. de 18 de Outubro de 1985, em ROA, 46-212.

6. Cfr. Ainda sobre outras competências do Conselho Superior os artigos 166.° e 182.° n.° 5 do EOA.

7. Deve a Ordem dos Advogados desenvolver um programa nacional de informação através dos meios de comunicação social, visando a divulgação pública da Deontologia dos Advogados e até decisões do Conselho Superior e o sentido da "Advocacia preventiva", a fim de se aprofundar e defender a nossa identidade profissional e garantir um adequado conhecimento dessa identidade junto da sociedade civil. Conclusão 5.ª (2.ª Secção) aprovada no VI Congresso dos Advogados Portugueses (2005).

8. Não figura entre as atribuições do Conselho Superior a de se pronunciar, nomeadamente através de pareceres, sobre as matérias que é competente para julgar, sendo que a sua competência consultiva apenas poderá versar sobre matérias que respeitem aos fins ou atribuições da Ordem dos Advogados. Parecer do CS de 23/2/2007.

9. Do conjunto das competências legais do Conselho Superior resulta uma especial responsabilidade no domínio da defesa e da dignificação da Deontologia devendo por isso o órgão assumir um papel dinâmico no seu aprofundamento e divulgação.

SECÇÃO VII
Conselho Geral

ARTIGO 44.°
Composição

1 – O Conselho Geral é presidido pelo Bastonário e composto por dois a cinco vice-presidentes e quinze a dezoito vogais, consoante o número de vice-presidentes, eleitos directamente pela Assembleia Geral, sendo, pelo menos, cinco advogados inscritos pelo distrito de Lisboa, quatro pelo Porto e cinco pelos restantes distritos.

2 – Na primeira sessão de cada triénio o Conselho Geral elege, de entre os seus vogais, um ou mais secretários e um tesoureiro.

3 – O Bastonário pode convocar para as reuniões do Conselho Geral os presidentes dos conselhos distritais, que têm, neste caso, direito de voto e podem fazer-se representar por um membro do conselho respectivo.

Notas:

1. A composição do Conselho Geral é idêntica à do Conselho Superior, mantendo-se o número de 21 membros, incluindo o Bastonário, como já sucedia no regime anterior – cfr. artigo 41.° do D. Lei 84/84 de 16 de Março.

2. Não obstante a norma do n.° 3 residir no nosso estatuto desde a sua primeira versão de 1984, com a alteração introduzida pela Lei 80/2001 (vide nota 5 ao artigo 40.° do EOA), certo é que os Presidentes dos Conselhos Distritais só passaram a ser convocados por regra para o Conselho Geral, nele participando e votando a partir do mandato de 2002/2004.

3. A possibilidade de representação dos Presidentes dos Conselhos Distritais nas reuniões do Conselho Geral decorre precisamente da experiência de participação referida na nota anterior, tendo-se clarificado, perante algumas dúvidas suscitadas, que tal representação só será válida desde que exercida através de outro membro do Conselho respectivo, devendo porém entender-se que em exercício efectivo de funções.

4. A convocação dos Presidentes dos Conselhos Distritais é um instrumento importante para a consolidação dos laços de solidariedade institucional e de reforço da coesão interna da OA, pelo que deveria corresponder a um poder vinculado e não meramente discricionário do Bastonário

ARTIGO 45.º
Competência

1 – Compete ao Conselho Geral:

a) Definir a posição da Ordem dos Advogados perante os órgãos de soberania e da administração pública no que se relacione com a defesa do Estado de direito, dos direitos, liberdades e garantias e com a administração da justiça;

b) Emitir parecer sobre os projectos de diplomas legislativos que interessem ao exercício da advocacia e ao patrocínio judiciário em geral;

c) Propor as alterações legislativas que se entendam convenientes;

d) Deliberar sobre todos os assuntos que respeitem ao exercício da profissão, aos interesses dos advogados e à gestão da Ordem dos Advogados que não estejam especialmente cometidos a outros órgãos da Ordem, sem prejuízo do disposto no n.º 2 do artigo 32.º;

e) Confirmar a inscrição dos advogados e advogados estagiários efectuada preparatoriamente pelo Conselho Distrital respectivo e manter actualizados os respectivos quadros gerais, bem como os dos advogados honorários;

f) Elaborar e aprovar o seu próprio regulamento;

g) Elaborar e aprovar os regulamentos de inscrição dos advogados portugueses, o regulamento de registo e inscrição dos advogados provenientes de outros Estados, o regulamento de inscrição dos advogados estagiários, o regulamento de estágio, da formação contínua e da formação especializada, com inerente atribuição do título de advogado especialista, o regulamento de inscrição de juristas de reconhecido mérito, mestres e outros doutores em direito, o regulamento sobre os fundos dos clientes, o regulamento da dispensa de sigilo profissional, o regulamento do trajo e insígnia profissional e o juramento a prestar pelos novos advogados;

h) Elaborar e aprovar outros regulamentos, designadamente os dos diversos institutos e serviços da Ordem dos Advogados, os relativos às atribuições e competências do seu pessoal e os relativos à contratação e despedimento do pessoal da Ordem dos Advogados;

i) Formular recomendações, de modo a procurar uniformizar, quanto possível, a actuação dos diversos conselhos distritais;

j) Discutir e aprovar os pareceres dos seus membros e os solicitados pelo Bastonário a outros advogados;

l) Fixar o valor das quotas a pagar pelos advogados;

m) Fixar os emolumentos devidos pela emissão de documentos ou práticas de actos no âmbito de serviços da Ordem dos Advogados, designadamente pela inscrição dos advogados estagiários e dos advogados;

n) Nomear os advogados que, em representação da Ordem dos Advogados, devem integrar comissões eventuais ou permanentes;

o) Nomear as direcções dos institutos criados no seio da Ordem dos Advogados;

p) Nomear comissões para a execução de tarefas ou estudos sobre assuntos de interesse da Ordem dos Advogados;

q) Submeter à aprovação da Assembleia Geral o orçamento para o ano civil seguinte, as contas do ano civil anterior e o respectivo relatório sobre as actividades anuais que forem apresentadas pelo Bastonário;

r) Abrir créditos extraordinários quando seja manifestamente necessário;

s) Cobrar as receitas gerais da Ordem dos Advogados quando a cobrança não pertença aos conselhos distritais ou delegações e as dos institutos pertencentes à Ordem dos Advogados e autorizar despesas, tanto de conta do orçamento geral da Ordem como de créditos extraordinários;

t) Arrecadar e distribuir receitas, satisfazer as despesas, aceitar doações e legados feitos à Ordem dos Advogados e administrá-los, se não forem destinados a serviços e instituições dirigidos por qualquer conselho distrital ou delegação, alienar ou onerar bens e contrair empréstimos;

u) Prestar patrocínio aos advogados que hajam sido ofendidos no exercício da sua profissão ou por causa dela, quando para isso seja solicitado pelo respectivo conselho distrital ou delegação e, sem dependência de tal solicitação, em caso de urgência ou se os advogados ofendidos pertencerem ou tiverem pertencido ao Conselho Superior ou ao Conselho Geral;

v) Fixar os subsídios de deslocação dos membros dos conselhos;

x) Deliberar sobre instauração ou defesa em quaisquer procedimentos judiciais relativos à Ordem dos Advogados e sobre a confissão, desistência ou transacção nos mesmos;

z) Aprovar as transferências de verbas e outros créditos extraordinários votados pelo próprio Conselho Geral, pelos conselhos distritais e pelas delegações;

aa) Deliberar sobre a realização do Congresso dos Advogados Portugueses;

bb) Conferir o título de advogado honorário a advogados que tenham deixado a advocacia depois de a haverem exercido distintamente durante 20 anos, pelo menos, e se tenham assinalado como juristas eminentes;

cc) Atribuir a medalha de honra dos advogados a cidadãos nacionais ou estrangeiros que tenham prestado serviços relevantes na defesa do Estado de direito ou à advocacia;

dd) Exercer as demais atribuições que as leis e os regulamentos lhe confiram.

2 – O Conselho Geral pode cometer a qualquer dos seus membros as competências indicadas no número anterior.

Notas:

1. O Conselho Geral ainda não possui regulamento interno próprio.

2. O poder regulamentar previsto na alínea g) acolhe áreas novas onde foi assumida a necessidade de regulamentação. São os casos da formação contínua e especializada, a atribuição do título de advogado especialista não só a advogados, mas também a outros juristas de reconhecido mérito, os fundos de clientes, e dispensa de sigilo profissional.

3. Quanto aos fundos de clientes, veja-se o ponto 3.8 do Código Deontológico do C.D.A.E. e o artigo 97.° do EOA.

4. Sobre a matéria de dispensa do segredo profissional apenas contém o EOA referências directas nos artigos 87.° n.° 4 e 88.° do EOA. Na prática, vem-se verificando que os Presidentes dos Conselhos Distritais e os Bastonários, no uso dos seus poderes conferidos pela parte final do artigo 87.° 4, delegam a competência para a emissão do despacho de autorização noutros membros dos seus conselhos, assim se proliferando diferenças de entendimento em questões essenciais em matéria de sigilo profissional, permitindo decisões antagónicas indesejáveis, facto que vem justificando uma regulamentação uniformizadora de conceitos neste domínio.

5. De notar, como já referimos em anotação ao artigo 43.° do EOA, a eliminação na alínea g) da regulamentação sobre laudos. Na verdade, a competência para a emissão dos laudos foi transferida para o Conselho Superior pelo que, de igual forma, foi transferido para este órgão o poder regulamentar nesta matéria, como expressamente resulta da alínea i) do n.° 1 do artigo 43.° do EOA.

6. Nos termos da alínea u) prevê-se que cabe ao Conselho Geral deliberar sobre a concessão de patrocínio aos advogados ofendidos no exercício da sua profissão ou por causa dele e sob a solicitação dos Conselhos Distritais. Na verdade, esta competência, tendo em conta a urgência com que deve ser exercida, que não se compatibiliza com os procedimentos previstos nesta norma, nem com o distanciamento do Bastonário ao problema concreto que a justifica, é na maior parte das situações exercida de imediato pelos Presidentes dos Conselhos Distritais, que posteriormente pedem ao Bastonário a ratificação da sua actuação. Cfr. ainda sobre este tema os artigos 5.° n.° 2 e 66.° do EOA.

7. O juramento a prestar pelos novos Advogados foi introduzido pela Lei 33/94 de 6 de Setembro. Vide tb. o artigo 20.° n.° 2 do Regulamento Geral da Formação que estabelece que "a entrega da cédula profissional é feita em acto público com prestação de juramento solene, nos termos definidos em conselho geral".

8. Por deliberação de 20 de Abril de 2007, o Conselho Geral aprovou o Regulamento das Medalhas da Ordem dos Advogados – Regulamento 107/2007 in DR 2.ª Série de 6/6/07.

9. Das deliberações do Conselho Geral cabe recurso para o Conselho Superior – Cfr. artigo 43.° 1. b) do EOA.

10. Sobre outras competências atribuídas no EOA ao Conselho Geral, vejam-se os artigos 76.° n.° 5, 79.°, 86.° h), 89.° 2. h), 97.° 2., 99.°, 118.° 2, 174.°, 180.°, 182.° 5., 188.° 1., 188.° 6., 191.° e 193.°, todos do EOA.

11. Quanto à irrecorribilidade dos pareceres emitidos pelos órgãos da Ordem com competência para tal, enquanto actos meramente opinativos, veja-se o Parecer do Conselho Superior aprovado em 17/06/05, sendo relator o Dr. Sérvulo Correia, in www.oa.pt/pareceres

ARTIGO 46.°
Reuniões

O Conselho Geral reúne quando convocado pelo Bastonário, por iniciativa deste ou mediante solicitação, por escrito, da maioria absoluta dos seus membros, pelo menos uma vez por mês.

Notas:

1. Seria de louvar que as reuniões do Conselho Geral se realizassem, com frequência, fora de Lisboa, como forma de descentralização e de criação de laços institucionais mais sólidos com as Delegações e com os Conselhos Distritais.

SECÇÃO VIII
Assembleias distritais

ARTIGO 47.°
Assembleias distritais

Em cada distrito funciona uma assembleia distrital constituída por todos os advogados inscritos por esse distrito e com a inscrição em vigor.

Notas:

1. Cfr. artigo 2.° n.ºs 3 e 4 do EOA.

ARTIGO 48.°
Reuniões das assembleias distritais

1 – As assembleias distritais reúnem ordinariamente para a eleição dos respectivos conselhos distritais e de deontologia, para discussão e aprovação do orçamento dos conselhos distritais e das respectivas contas e relatório de actividades.

2 – As assembleias distritais são convocadas e presididas pelo respectivo presidente do conselho distrital.

3 – À convocação e funcionamento das assembleias distritais é aplicável, com as necessárias adaptações, o regime estabelecido nos artigos 33.° a 36.° do presente Estatuto.

Notas:

1. As assembleias distritais podem ser convocadas pelo Conselho Superior, reunido em plenário, nos casos previstos no artigo 43.° 1. g) do EOA.

2. Embora não esteja expressamente previsto, parece nada impedir a convocação de uma assembleia distrital extraordinária pelo respectivo Presidente do Conselho Distrital ou pelo Bastonário para discussão de assuntos de especial interesse da Ordem e dos Advogados, no âmbito distrital respectivo, por força da remissão para o artigo 33.° do EOA.

SECÇÃO IX
Conselhos distritais

ARTIGO 49.°
Constituição

1 – Em cada um dos distritos referidos no n.° 1 do artigo 2.° funciona um conselho distrital.

2 – Cada conselho distrital é composto por um presidente, ao qual assiste voto de qualidade.

3 – Cada conselho distrital elege um vice-presidente, à excepção dos Conselhos Distritais de Lisboa e Porto que elegem, respectivamente, três

e dois vice-presidentes, sendo ainda eleitos 17 vogais para os Conselhos de Lisboa, 14 do Porto, nove de Coimbra, seis de Évora, cinco de Faro, quatro da Madeira e quatro dos Açores.

4 – Cada conselho distrital elege, no início do triénio, os vogais do conselho que desempenham os cargos de secretário e de tesoureiro.

Notas:

1. Considerando a composição anterior dos Conselhos Distritais, verifica-se que existe um reforço do número de membros no Conselho Distrital do Porto (16/17), no Conselho Distrital de Coimbra (9/11), no Conselho Distrital de Évora (6/8), mantendo os demais Conselhos idêntico número de membros: Lisboa (21), Faro (6), Madeira (6) e Açores (6).

ARTIGO 50.°
Competência

1 – Compete ao conselho distrital, no âmbito da sua competência territorial:

a) Definir a posição do conselho distrital naquilo que se relacione com a defesa do Estado de direito e dos direitos, liberdades e garantias, transmitindo-a ao Conselho Geral;

b) Emitir pareceres sobre os projectos de diplomas legislativos que interessem ao exercício da advocacia e ao patrocínio judiciário em geral, quando tal lhe seja solicitado pelo Conselho Geral;

c) Zelar pela dignidade e independência da Ordem dos Advogados e assegurar o respeito dos direitos dos advogados;

d) Enviar ao Conselho Geral, no mês de Novembro de cada ano, relatórios sobre a administração da justiça, o exercício da advocacia e as relações desta com as magistraturas judiciárias e com a administração pública da respectiva área territorial;

e) Cooperar com os demais órgãos da Ordem dos Advogados e suas comissões na prossecução das respectivas atribuições;

f) Pronunciar-se sobre as questões de carácter profissional;

g) Tomar, quando necessário, as providências tidas por adequadas em relação a toda a documentação profissional existente no escritório do advogado com inscrição em vigor, nos casos em que este faleça ou seja declarado interdito;

h) Promover a formação inicial e contínua dos advogados e advogados estagiários, designadamente organizando ou patrocinando conferências e sessões de estudo;

i) Submeter à aprovação da assembleia distrital o orçamento para o ano civil seguinte e as contas do ano anterior, bem como o respectivo relatório de actividades;

j) Deliberar sobre a instalação de serviços e institutos não administrados directamente pelo Conselho Geral e respeitantes ao respectivo distrito;

l) Receber do Conselho Geral a parte que lhe caiba nas contribuições dos advogados para a Ordem dos Advogados, cobrar directamente as receitas próprias dos serviços e institutos a seu cargo e autorizar despesas, nos termos do orçamento e de créditos extraordinários;

m) Proceder à inscrição dos advogados estagiários e à inscrição preparatória dos advogados, bem como à inscrição definitiva destes últimos, se tal for determinado pelo Conselho Geral;

n) Convocar assembleias de comarca quando tenha sido excedido o prazo para a respectiva convocação e tomar as demais providências necessárias para assegurar o funcionamento permanente das delegações;

o) Coordenar a actividade das delegações e, na falta destas, nomear delegados;

p) Nomear advogado ao interessado que lho solicite por não encontrar quem aceite voluntariamente o seu patrocínio e notificar essa nomeação, logo que realizada, ao requerente e ao advogado nomeado;

q) Julgar a escusa que o advogado nomeado nos termos referidos na alínea anterior eventualmente alegue, e que deve requerer dentro das 48 horas contadas da notificação da sua nomeação ou do facto superveniente que a fundamente;

r) Deliberar sobre o pedido de escusa, de renúncia e de suspensão temporária do cargo, nos termos dos artigos 15.° e 16.°, relativamente aos delegados do respectivo distrito;

s) Elaborar e aprovar o regulamento do respectivo conselho distrital e os relativos às atribuições e competências do seu pessoal;

t) Solicitar informação dos resultados das inspecções efectuadas aos tribunais, serviços do Ministério Público, funcionários judiciais e serviços de registo e notariado instalados na área da sua competência territorial;

u) Aplicar as multas a que se refere o n.° 4 do artigo 14.° deste Estatuto;

v) Exercer as competências que lhe são conferidas por lei relativas aos processos de procuradoria ilícita na área do seu distrito;

x) Exercer as demais atribuições que as leis e os regulamentos lhe confiram.

2 – O conselho distrital pode delegar qualquer das suas competências em algum ou alguns dos seus membros, podendo estes funcionar em comissão.

3 – Ocorrendo a situação prevista no número anterior, qualquer dos membros pode, por sua iniciativa ou imediatamente após a votação na comissão, suscitar a ratificação da decisão ou da deliberação pelo pleno do conselho, caso em que este avoca a competência que tenha delegado.

4 – O conselho distrital pode também delegar nas delegações ou delegados alguma ou algumas das suas competências e deliberar a atribuição de dotações orçamentais a determinadas delegações.

5 – O disposto no número anterior pode ser aplicado a agrupamentos de delegações constituídas nos termos do disposto no artigo 59.°.

Notas:

1. Na alínea c), que corresponde a idêntica alínea do artigo 47.° do D. Lei 84/84, foi eliminada a defesa dos Advogados ofendidos no exercício da profissão e por causa dela, por tal função estar já assegurada e regulada nos artigos 66.°, 5.° n.os 2 e 3 e ainda no artigo 45.° 1. u), todos do EOA.

2. Na alínea d) foi inserido, no âmbito dos relatórios informativos a remeter ao Conselho Geral, o estado do relacionamento com a administração pública, já que aí reside grande parte dos problemas referentes ao exercício da profissão, designadamente no tocante à observância das garantias legais no domínio do especial direito à informação, atendimento preferencial e urbanidade.

3. A competência prevista na alínea f) deve ser entendida sem prejuízo da competência específica atribuída a outros órgãos em determinadas matérias, como por exemplo em matéria de laudos, formação e acção disciplinar.

4. Sobre a alínea l), que corresponde às competências anteriormente previstas nas alíneas m) e n) do artigo 47.° do D. Lei 84/84, deve ver-se o que consta do artigo 175.° do EOA.

5. Quanto à alínea m) cfr. artigos 179.° e segs. do EOA.

6. O papel de coordenação da actividade das Delegações, que agora expressamente resulta da alínea o) reforça o princípio de solidariedade institucional no funcionamento das Delegações na prossecução das linhas orientadoras definidas nos Conselhos Distritais, onde se inserem.

7. O acto de nomear Advogado nas situações previstas na alínea p) resulta do imperativo constitucional de garantia de acesso ao direito e à justiça e não deve confundir-se com o regime de protecção jurídica (apoio judiciário e consulta jurídica gratuita) regulado por lei a benefício dos cidadãos carenciados financeiramente.

8. Veja-se o que dispõe o artigo 43.° do C. P. Civil sobre a nomeação de advogado oficioso a quem não encontre quem voluntariamente aceite o patrocínio.

9. De acordo com a alínea u) fica atribuída aos Conselhos Distritais a compe-

tência para a liquidação e cobrança das multas resultantes da violação do dever de votar.

10. A nova competência prevista na alínea v) decorre da prática já existente de instauração de processos de inquérito para averiguação da prática de actos de procuradoria ilícita por força do artigo 56.° do D. Lei 84/84 de 16 de Março, revogado pela Lei dos Actos Próprios dos Advogados – Lei 49/2004 de 24 de Agosto – artigos 9.°, 10.° e 12.°.

11. Ao abrigo do n.° 2, vêm os Conselhos Distritais garantindo o seu normal funcionamento mediante a instalação de comissões, designadamente comissões executivas que garantem a actividade corrente dos Conselhos entre as suas reuniões ordinárias.

12. Também ao abrigo da delegação de competências referida no n.° 4, desde há muito é corrente a transferência para as Delegações mais actuantes de funções que estão, em princípio, cometidas aos Conselhos Distritais, com especial incidência nas áreas das nomeações oficiosas, apontando o actual Estatuto idêntica política na área do estágio e da formação contínua. Cfr. artigo 191.° n.° 1 do EOA e artigo 60.° do Regulamento Geral da Formação.

13. Entre a alínea q) do n.° 1 deste artigo e o artigo 43.° do C. P. Civil existe uma manifesta contradição quanto ao prazo para invocação da escusa pela Advogado nomeado, facto este decorrente da elevação ao prazo mínimo de cinco dias pelo artigo 6.° n.° 1 a) do D. Lei 329-A/95, de 12 de Dezembro. Todavia, ao manter o prazo de 48 horas, a Lei 15/2005 de 26 de Janeiro, posterior a esse diploma, veio impor este prazo contra o que resulta do C. P. Civil, o que se justifica até pelo facto de estar em causa a prática de um acto dirigido à Ordem dos Advogados e não ao Tribunal, que nesta matéria apenas possui uma competência subsidiária, já que só pode nomear Advogado se o Conselho Distrital o não fizer no prazo de 10 dias – Vide artigo 44.° n.° 2 do C. P. Civil.

SECÇÃO X
Presidentes dos conselhos distritais

ARTIGO 51.°
Competência

1 – Compete ao presidente do conselho distrital, no âmbito da sua competência territorial:

a) Representar a Ordem dos Advogados no âmbito das atribuições do conselho distrital respectivo;

b) Representar os institutos integrados na Ordem dos Advogados que exerçam actividades apenas no respectivo distrito;

c) Administrar e dirigir os serviços do conselho distrital;

d) Velar pelo cumprimento da legislação respeitante à Ordem dos Advogados e respectivos regulamentos e zelar pelo cumprimento das atribuições que lhe são conferidas;

e) Promover a cobrança de receitas do conselho distrital;

f) Apresentar anualmente, até ao final do mês de Agosto, o projecto de orçamento para o ano civil seguinte e, até final de Março, as contas do ano civil anterior e o respectivo relatório;

g) Convocar e presidir às reuniões da assembleia distrital e do conselho distrital;

h) Usar de voto de qualidade, em caso de empate, em deliberações do conselho distrital;

i) Assistir, querendo, às reuniões das assembleias de comarca e das delegações, sem direito a voto;

j) Resolver conflitos de competência entre delegações do respectivo distrito;

l) Prorrogar o período de estágio dos advogados estagiários, nos termos do respectivo regulamento;

m) Autorizar a revelação de factos abrangidos pelo dever de guardar sigilo profissional, quando tal lhe seja requerido, nos termos previstos neste Estatuto;

n) Decidir sobre os pedidos de escusa e dispensa de patrocínio oficioso, apresentados pelos advogados e advogados estagiários do respectivo distrito;

o) Conceder a autorização a que se reporta o n.° 2 do artigo 88.°;

p) Em caso de urgência e de manifesta impossibilidade de reunir, exercer a competência atribuída ao conselho distrital, devendo dar conhecimento do facto ao mesmo na primeira reunião seguinte;

q) Exercer as demais atribuições que a lei e os regulamentos lhe confiram.

2 – O presidente do conselho distrital pode delegar em um ou mais vice-presidentes a competência prevista na alínea l) do número anterior.

3 – O presidente do conselho distrital pode, ainda, delegar qualquer uma das suas restantes competências em algum ou alguns dos seus membros, bem como nas delegações ou nos respectivos delegados, podendo os membros com poderes delegados funcionar em comissão.

Notas:

1. Na alínea f) resolve-se uma clara incongruência da anterior alínea f) do artigo 48.° do D. Lei 84/84, onde se previa a apresentação, em Fevereiro de cada ano, do projecto de orçamento para o ano civil seguinte e, simultaneamente, as contas do ano anterior, o que era materialmente impraticável. O sistema agora estatuído obriga que o orçamento seja concluído em Agosto, tendo em vista sua consolidação no orçamento geral da Ordem, em sintonia com o que se prevê no artigo 39.° 1. g) e 175 n.os 5 e 6 do EOA.

2. A competência anteriormente prevista na alínea g) do artigo 48.° do D. Lei 84/84 no sentido de cometer aos membros do conselho distrital a elaboração de pareceres sobre matérias que interessem aos fins e atribuições da Ordem dos Advogados foi eliminada por se entender que a emissão de tais pareceres não cabem aos Conselhos Distritais por vocação própria mas só a solicitação do Bastonário nos termos do que consta da alínea i) do n.° 1 do artigo 39.° do EOA.

3. A alínea j) contém matéria nova, que na prática já vinha sendo exercida, e que resultava indirectamente da alínea c) do n.° 1 do artigo 48.° do D. Lei 84/84.

4. A competência agora atribuída na alínea n) no domínio do apoio judiciário constitui importação para o EOA da solução prevista no artigo 35.° da Lei 30-E/2000 de 20 de Dezembro e que se mantém pelo artigo 35.° da Lei 34/2004 de 29 de Julho.

5. A delegação genérica de competências permitida pelo n.° 3 deste artigo vem por cobro a uma questão discutida no domínio do D. Lei 84/84 de 16 de Março quanto à possibilidade de o Presidente do Conselho Distrital poder delegar a competência específica que resultava do artigo 81.° n.° 4 quanto à dispensa, em primeira instância, da obrigação de segredo profissional, não obstante ser já prática corrente tal delegação em alguns conselhos distritais e pelo próprio Bastonário em sede de recursos. Certo é que estando agora tal prática autorizada, parece excessivo o entendimento de que possa a delegação de poderes alargar-se às Delegações ou aos Delegados, como pode resultar de uma interpretação literal da norma.

6. Ver ainda o artigo 70.° n.° 2 do EOA.

7. Quanto à matéria da anotação 5. ver os posteriores n.os 3 e 4 do artigo 2.° do Regulamento de Dispensa de Segredo Profissional e a anotação 41.° ao artigo 87.° deste EOA.

8. Os Presidentes dos C. Distritais podem ser convocados pelo Bastonário a participar nas reuniões do C. Geral, aí votando por direito próprio – artigo 44.°, n.° 3 EOA.

SECÇÃO XI
Conselhos de deontologia

ARTIGO 52.°
Composição

1 – Em cada um dos distritos referidos no n.° 1 do artigo 2.° funciona um conselho de deontologia, composto pelo presidente, com voto de qualidade, por um vice-presidente, com excepção dos Conselhos de Lisboa e do Porto, que elegem, respectivamente, três e dois vice-presidentes, e por mais 16 vogais no de Lisboa, 12 no do Porto, oito no de Coimbra e três nos de Évora, de Faro, da Madeira e dos Açores.

2 – Na primeira sessão do mandato o conselho elege, de entre os vogais, um secretário e um tesoureiro.

Notas:

1. Em relação ao regime anterior mantém-se o mesmo número de membros, mas os Vice-Presidentes passam a ser designados nas listas a sujeitar ao acto eleitoral, sendo apenas eleitos posteriormente pelo órgão o secretário e o tesoureiro.

2. Foi eliminado o n.° 3 do artigo 48.° A do D. Lei 84/84 de 16 de Março, introduzido pela Lei 80/2001, o que reforça a dignidade e a autonomia dos Conselhos de Deontologia, designadamente em relação aos Conselhos Distritais.

3. Ver as anotações 3. 4. e 5. ao artigo 9.° deste EOA.

ARTIGO 53.°
Funcionamento

1 – Os Conselhos de Deontologia de Lisboa, do Porto e de Coimbra funcionam, respectivamente, em quatro, três e duas secções, constituídas, cada uma, por cinco membros, devendo a primeira ser presidida pelo presidente do conselho e as restantes pelos vice-presidentes.

2 – A composição das secções é fixada na primeira sessão de cada mandato.

Notas:

1. Define-se agora quem preside às Secções, o que era aspecto omisso no artigo 48.°-B do D. Lei 84/84 de 16 de Março.

ARTIGO 54.º
Competência

Compete aos conselhos de deontologia:

a) Exercer o poder disciplinar em 1.ª instância relativamente aos advogados e advogados estagiários com domicílio profissional na área do respectivo distrito, com excepção do Bastonário, dos antigos Bastonários, dos membros do Conselho Superior, do Conselho Geral, dos conselhos distritais e dos conselhos de deontologia, bem como dos antigos membros desses conselhos;

b) Velar pelo cumprimento, por parte dos advogados e advogados estagiários com domicílio profissional na área do respectivo distrito, das normas de deontologia profissional, podendo, independentemente de queixa e por sua própria iniciativa, quando o julgarem justificado, conduzir inquéritos e convocar para declarações os referidos advogados, com o fim de aquilatar do cumprimento das referidas normas e promover a acção disciplinar, se for o caso;

c) Submeter à aprovação da assembleia distrital o orçamento para o ano civil seguinte e as contas do ano anterior, bem como o respectivo relatório de actividades;

d) Exercer as demais atribuições que as leis e os regulamentos lhes confiram.

Notas:

1. Quanto à alínea a) ver as competências do Conselho Superior previstas no artigo 43.º 1. c) e 3. c) e d) do EOA.

2. A competência que antes estava cometida aos Conselhos de Deontologia no âmbito da harmonização de conflitos entre advogados do mesmo distrito, foi agora atribuída aos Presidentes destes órgãos, como se vê da alínea d) do n.º 1 do artigo seguinte.

3. A alínea c) consagra a autonomia financeira dos Conselhos de Deontologia, que assim ficam independentes também neste domínio dos Conselhos Distritais.

4. Sobre a competência disciplinar e a uniformização da actuação dos Conselhos de Deontologia em domínios como a publicidade das penas, execução da decisão disciplinar, prazos e recursos, veja-se o Parecer n.º 2/2005 do Conselho Superior, aprovado em sessão de 5 de Julho de 2005 (rel. Sérvulo Correia), in Website da OA htpps://legonline.ao.pt/actos.nsf/

5. Deverão os Conselhos de Deontologia assumir um papel de prevenção quanto ao cumprimento das regras deontológicas, através de acções de divulgação expressas

em documentos, colóquios ou outras formas adequadas. Conclusão 51.ª (2.ª Secção) aprovada no VI Congresso dos Advogados Portugueses (2005).

SECÇÃO XII
Presidentes dos conselhos de deontologia

ARTIGO 55.º
Competência

1 – Compete aos presidentes dos conselhos de deontologia:

a) Administrar e dirigir os serviços do conselho de deontologia;

b) Convocar e presidir às reuniões do conselho de deontologia;

c) Cometer aos membros do conselho de deontologia a elaboração de pareceres sobre matérias referentes à ética e à deontologia profissionais;

d) Diligenciar resolver amigavelmente as desinteligências entre advogados do respectivo distrito;

e) Em caso de urgência e de manifesta impossibilidade de reunir, exercer a competência atribuída ao conselho de deontologia, devendo dar conhecimento do facto ao mesmo na primeira reunião seguinte;

f) Usar voto de qualidade, em caso de empate, em deliberações do conselho de deontologia;

g) Exercer as demais atribuições que as leis e os regulamentos lhe confiram.

2 – O presidente do conselho de deontologia pode delegar em qualquer dos membros do conselho respectivo as competências referidas nas alíneas d) a g) do número anterior.

Notas:

1. Na Lei n.º 80/2001, que alterou o D. Lei 84/84 de 16 de Março, não haviam sido previstas competências próprias para os Presidentes dos Conselhos de Deontologia – Vide anotação 1. ao artigo 9.º do EOA.

SECÇÃO XIII
Delegações

ARTIGO 56.°
Assembleias de comarca

1 – Em cada comarca que não seja sede de distrito e em que haja, pelo menos, 10 advogados inscritos, funciona uma assembleia de comarca constituída por todos os advogados inscritos pela respectiva comarca.

2 – Nas comarcas que sejam sede de distrito, o conselho distrital respectivo delibera sobre o funcionamento da assembleia de comarca, nos termos do número anterior.

3 – As assembleias de comarca reúnem ordinariamente para a eleição da respectiva delegação.

4 – As assembleias de comarca são convocadas e presididas pelo respectivo presidente da delegação ou, na falta desta, pelo delegado da Ordem dos Advogados na comarca.

5 – À convocação e funcionamento das assembleias de comarca é aplicável, com as necessárias adaptações, o regime estabelecido nos artigos 33.° a 36.°.

Notas:

1. O número mínimo de 10 advogados inscritos para o funcionamento de uma Assembleia de Comarca mantém-se imutável apesar do significativo aumento do número global de advogados inscritos e serem já raras as Comarcas com menos de 10 Advogados. Teria por isso sido preferível aumentar aquele número mínimo por forma a torná-lo mais proporcionado à massificação entretanto ocorrida na profissão e ao aumento do número de membros das Delegações.

2. Sobre a interligação aos Conselhos Distritais, vejam-se os artigos 50.° 1. n) e o) e 51.° 1. i) deste EOA.

ARTIGO 57.°
Delegação

1 – Em cada comarca em que possa ser constituída a assembleia, funciona uma delegação composta por um presidente e por mais dois a quatro membros, sendo um secretário e um tesoureiro.

2 – Nas comarcas com mais de 100 advogados inscritos, a Delegação pode ser composta por um máximo de oito membros, além do presidente, mediante deliberação da Assembleia de Comarca.

3 – A eleição para a Delegação não depende de apresentação de candidaturas.

Notas:

1. O número de membros das Delegações é reforçado, como reflexo da sua dinamização acentuada e da crescente delegação de competências que as Delegações vêm recebendo dos Conselhos Distritais.

2. Apanágio do inegável aumento da importância das Delegações na vida da Ordem, foi a institucionalização da Convenção das Delegações, que passou a ter realização anual para debate e desenvolvimento das políticas a prosseguir sobre os temas que mais directamente interessam às estruturas concelhias.

3. As eleições para as Delegações não ocorrem paralelamente com as eleições para os órgãos nacionais e distritais nem dependem de apresentação de candidaturas – Vide artigos 12.° e 13.° do EOA.

4. A criação formal das Delegações depende apenas de acta constitutiva, a aprovar pela Assembleia de Comarca, que deve posteriormente ser remetida para os respectivos Conselhos Distritais e para o Conselho Geral para mero conhecimento e registo.

5. Sobre o papel das Delegações e dos Agrupamentos de Delegações no fomento da participação dos Advogados na vida da Ordem e na aproximação das Delegações aos demais órgãos, leiam-se as Conclusões da V Convenção das Delegações realizada nos dias 20 a 22 de Abril em Cascais.

6. Vide art. 175.°, n.° 7 do EOA quanto à apresentação das contas e propostas de orçamento.

7. Em Maio de 2009, as Delegações reuniram no VII Congresso e sob o tema "Que Delegações Queremos?" aprovaram, entre outras, as seguintes Conclusões:

– É necessário fazer ouvir a voz de todos os advogados, mantendo, respeitando e dinamizando as estruturas locais e regionais da Ordem dos Advogados, ou sejam, os Conselhos:

– Devem ser alterados o n.° 3 do artigo 57.° e o artigo 13.° do EOA. no sentido de ser consagrada como forma de eleição os órgãos "Delegação de Comarca" a apresentação de listas de candidaturas como acontece com os restantes órgãos da Ordem.

– Devem dotar-se as Delegações de maiores e novas competências nomeadamente no que respeita ao tratamento das vicissitudes no âmbito do apoio judiciário e à representação da Ordem dos Advogados nos Concelhos de Comarca.

ARTIGO 58.º
Delegados da Ordem dos Advogados

1 – Nas comarcas onde não possa ser constituída a assembleia de comarca por falta do número mínimo legal de advogados nela inscritos, há um delegado da Ordem dos Advogados nomeado pelo respectivo conselho distrital, de entre os advogados inscritos por essa comarca.

2 – O delegado é também nomeado pelo conselho distrital quando a assembleia de comarca não proceda à eleição da respectiva delegação.

3 – As assembleias de comarca são convocadas e presididas pelo respectivo presidente da delegação ou, na falta desta, pelo delegado da Ordem dos Advogados na comarca.

4 – À convocação e funcionamento das assembleias de comarca é aplicável, com as necessárias adaptações, o regime estabelecido nos artigos 33.º a 36.º.

Notas:

1. Tal como já sucedera com a Lei 80/2001, não se aproveitou neste EOA para se operar a eliminação dos n.os 3 e 4 deste preceito, que mais não são do que meras e redundantes repetições dos n.os 4 e 5 do artigo 56.º.

2. Veja-se a propósito da nomeação dos Delegados e do pedido de escusa de funções o artigo 50.º alíneas o) e r) do EOA.

3. Dependendo o exercício de funções dos delegados de um acto de nomeação dos Conselhos Distritais, deve entender-se que caducam tais funções com a extinção do mandato dos Conselhos Distritais,

ARTIGO 59.º
Agrupamentos de delegações

1 – A área de intervenção e de tutela de determinadas delegações pode incluir outras delegações ou delegados de uma determinada circunscrição territorial, criada ou modificada sob a égide do conselho distrital.

2 – Os agrupamentos de delegações devem:

a) Possuir estruturas físicas e administrativas funcionais;

b) Reunir regularmente com os demais agrupamentos de delegações existentes no correspondente conselho distrital, bem como com as delegações e delegados das suas áreas de intervenção;

c) Elaborar propostas para apreciação e deliberação dos respectivos conselhos distritais e, eventualmente, ter assento e voto nas reuniões destes órgãos;

d) Apresentar os orçamentos e os relatórios de contas e actividades aos conselhos distritais para aprovação, de acordo com as necessidades e prioridades das suas áreas de intervenção, ouvidas as delegações e os delegados das suas circunscrições.

3 – Os agrupamentos de delegações podem promover reuniões a nível dos vários conselhos distritais, ou mesmo a nível nacional, para discussão e aprovação de conclusões e propostas a apresentar aos órgãos da Ordem dos Advogados, através dos conselhos distritais.

Notas:

1. Do movimento da Convenção das Delegações e como resultado do crescimento das funções atribuídas às Delegações, tornou-se evidente a necessidade de reorganização destas em torno de agrupamentos de base regional, que melhor permitam a racionalização de meios e a descentralização de serviços. Os primeiros Agrupamentos de Delegações surgiram pela iniciativa do Conselho Distrital de Évora dada a sua dimensão geográfica.

2. Na mesma linha de orientação foram previstos no Regulamento Geral da Formação a criação de pólos de formação contínua, a fim de através destes centros ser possível a organização deste tipo de formação para todos Advogados em todo o território nacional. Veja-se o artigo 60.° do Regulamento 42/A/2002.

3. Os Agrupamentos de Delegações revelam-se ainda essenciais para o bom funcionamento do sistema do apoio judiciário e devem ser criados em função dos interesses específicos das actuais Delegações e das suas interacções.

4. Sendo absolutamente inovadora a institucionalização dos Agrupamentos das Delegações, deve salientar-se o seu papel agregador na malha orgânica da Ordem, o que claramente decorre do disposto no n.° 2 alínea c) e do n.° 3 no que toca às suas ligações com os Conselhos Distritais e à possibilidade de extensão das suas actividades para além dos limites da jurisdição destes últimos.

5. Veja-se a anotação 5. ao artigo 57.° do EOA.

6. Na mesma linha do que se apontava no artigo 60.° do RGF, o actual Regulamento Nacional de Estágio refere no seu artigo 44.° a criação de uma rede nacional de pólos de formação especialmente vocacionados para a concretização das exigências do estágio.

ARTIGO 60.°

Competência dos agrupamentos de delegações, delegações e dos delegados

1 – Compete aos agrupamentos de delegações ou, quando estas não existam, às delegações ou aos delegados da Ordem dos Advogados, na respectiva área territorial:

a) Manter actualizado o quadro dos advogados e advogados estagiários inscritos pela comarca;

b) Dirigir a conferência de advogados e as sessões de estudo e, com a colaboração de outras delegações ou delegados, as conferências que em comum tenham organizado;

c) Apresentar anualmente ao conselho distrital, para discussão e votação, o orçamento da delegação, bem como as contas do ano anterior e o respectivo relatório de actividades;

d) Receber e administrar as dotações que lhe forem atribuídas pelo Conselho Geral e distrital e as receitas próprias;

e) Prestar aos restantes órgãos da Ordem dos Advogados a colaboração que lhes seja solicitada e cumprir pontualmente as respectivas deprecadas;

f) Gerir as salas de advogados nos edifícios dos tribunais;

g) Exercer as demais competências que a lei e os regulamentos lhes confiram.

2 – Compete ainda aos agrupamentos de delegações ou, quando estas não existam, às delegações ou aos delegados, exercer as competências que lhes tenham sido delegadas pelo conselho distrital ou pelo presidente do conselho distrital, designadamente:

a) Promover a criação e instalação de gabinetes de consulta jurídica, bem como exercer as demais funções no âmbito do acesso ao direito;

b) Emitir os cartões de identificação de empregado forense na área da respectiva comarca;

c) Receber reclamações dos colegas sobre o funcionamento dos tribunais e, se pertinentes, canalizá-las para os órgãos superiores da Ordem dos Advogados, a fim de serem enviadas às entidades competentes;

d) Solicitar informações dos resultados das inspecções efectuadas aos tribunais, serviços do Ministério Público, funcionários judiciais e serviços de registo e notariado instalados na área da sua competência territorial;

e) Proceder à criação de núcleos de apoio à formação de advogados e advogados estagiários;

f) Criar e desenvolver os meios adequados ao combate à procuradoria ilícita, sem prejuízo do disposto na alínea v) do n.° 1 do artigo 50.°.

Notas:

1. As competências atribuídas aos Agrupamentos de Delegações, às Delegações e aos Delegados são extensas e foram, na sua maioria, introduzidas no EOA pela Lei 80/ /2001, devendo ser exercidas em solidariedade institucional com os Conselhos Distritais.

2. Quanto ao poder de gestão das salas dos Advogados existentes nos edifício dos Tribunais, veja-se o que consta do artigo 116.° da Lei n.° 3/99 de 13 de Janeiro – L.O.F.T.J.

3. As competências referentes ao sistema de protecção jurídica, seja na área da consulta jurídica gratuita, seja na das nomeações oficiosas, devem ser ajustadas ao regime legal decorrente da Lei 34/2004, alterada e republicada pela Lei n.° 47/2007, de 28 de Agosto de 2007

TÍTULO II
Exercício da advocacia

CAPÍTULO I
Disposições Gerais

ARTIGO 61.°
Exercício da advocacia em território nacional

1 – Sem prejuízo do disposto no artigo 198.°, só os licenciados em direito com inscrição em vigor na Ordem dos Advogados podem, em todo o território nacional, praticar actos próprios da advocacia, nos termos definidos na Lei n.° 49/2004, de 24 de Agosto.

2 – Os actos praticados por advogado através de documento só são reconhecidos como tal se por ele forem assinados ou certificados nos termos que vierem a ser definidos pela Ordem dos Advogados.

3 – O mandato judicial, a representação e assistência por advogado são sempre admissíveis e não podem ser impedidos perante qualquer jurisdição, autoridade ou entidade pública ou privada, nomeadamente para defesa de direitos, patrocínio de relações jurídicas controvertidas, composição de interesses ou em processos de mera averiguação, ainda que administrativa, oficiosa ou de qualquer outra natureza.

Notas:

1. Sob a epígrafe de "Disposições Gerais" regulam-se diversos aspectos referentes ao exercício da advocacia que no anterior Estatuto estavam agrupados no Capítulo III – Garantias do Exercício da Advocacia – opção que, a nosso ver, melhor retratava a natureza das normas actuais dos artigos 61.° a 75.°, já que estes contêm, na sua maioria, prerrogativas funcionais atribuídas aos Advogados e Advogados Estagiários, em contraponto com os deveres deontológicos arrumados no Título III, justificadas como garantia, na óptica do interesse público, do cabal exercício da profissão.

2. Não devem tais prerrogativas ser confundidas com regalias pessoais, benefícios que pontualmente e no passado estiveram reconhecidos aos Advogados, mas de que estes foram abdicando em contrapartida da reclamação crescente da sua independência.

3. As garantias reguladas neste Capítulo I do Título II agrupam-se entre garantias gerais (vide artigo 64.° e 67.° do EOA) e garantias especiais (vide artigos 68.°, 70.°, 71.°, 73.°, 74.° e 75.° do EOA).

4. Para além das garantias previstas no EOA, deve atender-se ao que dispõe o artigo 208.° da Constituição da República Portuguesa quanto à imunidade do Advogado no exercício das suas funções e o posterior desenvolvimento deste princípio constitucional na lei ordinária, pelo actual artigo 114.° da L.O.F.T.J.

5. A remissão feita no n.° 1 deste artigo 61.° para o artigo 198.° refere-se à possibilidade legal de poderem ser praticados actos próprios de profissão em território português por Advogados nacionais de países da UE com o seu título de origem, em regime de prática ocasional ou de mero registo na Ordem dos Advogados Portugueses.

6. O acto de inscrição gera o vínculo administrativo à Ordem dos Advogados e tem a dupla função de atribuição do título profissional de Advogado e de Advogado Estagiário, com inerente habilitação à prática da profissão. Veja-se a propósito dos diversos títulos na UE o que consta do artigo 196.° do EOA. Assim, porque são títulos distintos, não pode, por exemplo, um Advogado português intitular-se "Abogado" ou "Advocat".

7. A inscrição é por isso obrigatória, regendo-se pelas normas dos artigos 179.° a 201.° deste EOA e pelo Regulamento 232/2007 – Regulamento de Inscrição de Advogados e Advogados Estagiários, existindo para as sociedades de advogados regime especial de acordo com Lei das Sociedade de Advogados.

8. O princípio da exclusividade para a prática de actos próprios da advocacia, que decorre do n.° 1 deste artigo 61.°, é corolário do interesse público da profissão, traduzido pela necessidade da sua função social ser efectivada e garantida por profissionais com responsabilidades deontológicas tuteladas pelo poder disciplinar da associação pública a quem o Estado delegou tal poder.

9. A Advocacia, tendo em conta o que se anotou em 8., representa o exercício privado de um função pública.

10. A obrigatoriedade de inscrição na Ordem dos Advogados não é inconstitucional, como decidiu o Tribunal Constitucional no seu Acórdão n.° 497/89 de 13 de Julho, publicado na ROA 49-903, assim como o Supremo Tribunal de Justiça no Acórdão de 23/05/85, publicado no Bol. 347-227.

11. A propósito da obrigatoriedade da inscrição na Ordem e do princípio da exclusividade veja-se ainda o Acórdão do S.T.J. de 24/05/88, em Bol. 377-467.

12. Nos termos do artigo 11.° do Regulamento Geral das Especialidades – Regulamento 15/2004 de 5 de Abril de 2004 – com a interpretação que lhe foi conferida pela deliberação do Conselho Geral, tomada em 16 de Julho de 2004, publicada no DR, II Série, de 5 de Agosto de 2004, a atribuição do título de advogado especialista pôde ser conferida, com base nos pedidos formulados até 6 de Outubro de 2004 (data em que ocorreu a caducidade dos efeitos transitórios dessa norma), aos juristas de reconhecido mérito que, à data da entrada em vigor do Regulamento, exercessem pública actividade de consulta ou consulta e ensino, por período superior a cinco anos, e tivessem publicado trabalhos de relevante interesse na área da especialidade, desde que se não encontrassem em situação de incompatibilidade para o exercício da advocacia, ficando obrigados a proceder a inscrição no conselho distrital respectivo.

13. Os Magistrados Judiciais e do M.° P.° podem advogar em causa própria, do seu cônjuge ou descendente (art. 19.° do Estatuto dos Magistrados Judiciais e art. 93.° do Estatuto do Ministério Público).

14. Os Solicitadores praticam actos próprios de profissão que podem, paralelamente, ser praticados por Advogados e Advogados Estagiários, mas é incompatível a prática cumulativa de ambas as profissões, salvo durante a 1.ª fase do estágio, como decorre do artigo 80.° do EOA.

15. A definição dos actos próprios da profissão está presentemente feita na Lei 49/2004 de 24 de Agosto, assim se concretizando antiga e persistente aspiração da classe, bem patenteada ao longo de sucessivos Congressos. Na verdade, o regime legal anterior, assente nos artigos 53.°, 54.° e 56.° do D. Lei 84/84 de 16 de Março e no artigo 358.° do C. Penal, não oferecia suficiente eficácia no combate à prática ilegal da profissão.

16. De acordo com a Lei 49/2004, são actos de profissão de advogado o mandato forense, a consulta jurídica, a elaboração de contratos e a prática dos actos preparatórios tendentes à constituição, alteração ou extinção de negócios jurídicos, a negociação tendente à cobrança de créditos e o exercício do mandato no âmbito da reclamação ou impugnação de actos administrativos ou tributários, desde que sejam exercidos no interesse de terceiros e no âmbito de actividade profissional, mas sem prejuízo das competências próprias atribuídas às demais profissões ou actividades cujo acesso ou exercício é regulado por lei.

17. São ainda actos próprios dos advogados todos aqueles que resultem do exercício do direito dos cidadãos a fazer-se acompanhar por advogado perante qualquer autoridade.

18. Não se consideram actos próprios, ainda de acordo com a Lei 49/2004, aliás como já sucedia anteriormente, os que forem praticados por representantes legais, empregados, funcionários ou agentes de pessoas singulares ou colectivas, públicas ou privadas, nessa qualidade, salvo os casos de cobrança de dívidas, se este for o objecto ou actividade principal destas pessoas – Vide regime anterior dos artigos 53.° n.° 2 e 69.° n.° 2 do D. Lei 84/84 de 16 de Março.

19. No âmbito da consulta jurídica, definida no artigo 3.° da Lei 49/2004 como sendo "a actividade de aconselhamento jurídico que consiste na interpretação e aplicação das normas jurídicas mediante solicitação de terceiro", ficam autorizados a prestá-la não só os Advogados, Advogados Estagiários e Solicitadores, como os "juristas de reconhecido mérito e os mestres e doutores em Direito cujo grau seja reconhecido em Portugal" desde que inscritos para o efeito na Ordem dos Advogados nos termos de regulamentação especial interna da Ordem dos Advogados – artigo 1.° n.° 2.

20. Exceptuando-se, quanto ao regime especial referido na anotação anterior, os pareceres escritos por docentes das faculdades de Direito – vide artigo 1.° n.° 3 da citada Lei, que assim podem ser livremente prestados sem prévia inscrição na Ordem dos Advogados.

21. Quanto ao tema da consulta jurídica prestada pelos "advogados de gabinete" ou "consultores de empresa", leia-se de A. Sequeira Zilhão o texto "O consultor jurídico de empresa" em ROA 24, 12 e o Acórdão do C. Superior de 23-7-82 em ROA 42, 838.

22. Pela Lei 49/2004 foi acrescidamente criado um regime sancionatório inovador, através da tipificação do crime de procuradoria ilícita, que assim se sobrepõe ao crime de usurpação de funções previsto no artigo 358.° do C. Penal, consagrando-se a Ordem dos Advogados como titular do direito de queixa, e ainda por um sistema de contra-ordenacional aplicável aos que promovam, divulguem ou publicitem actos de procuradoria ilícita – Vide artigos 7.° a 10.° da Lei 49/2004.

23. Particularmente relevante é ainda a presunção de culpa para efeitos de responsabilidade civil, assim se invertendo o ónus da prova sempre difícil no quadro factual em que a ilicitude se move, ultrapassando-se por esta via parte dos obstáculos que impediam a responsabilização dos autores dos actos de procuradoria ilícita – Vide artigo 11.° da Lei 49/2004.

24. A prática de actos próprios de profissão por quem não se encontre para tal habilitado corresponde a um exercício ilegal de profissão, previsto ainda pelo artigo 183.° do actual EOA (antigo artigo 158.° n.° 1), devendo o Juiz que dele tome conhecimento dar oficiosamente notícia à Ordem dos Advogados.

25. O exercício ilegal de profissão não deve ser confundido com o mero exercício irregular, que tanto pode envolver a violação por Advogado ou Advogado Estagiário de um dever estatutário, como da preterição de um dever processual e cuja prática apenas gera responsabilidade disciplinar, situação que se encontrava prevista no artigo 95.° do D. Lei 84/84 e que actualmente é tratada no artigo 116.° do actual EOA.

26. Constitui causa geradora de responsabilidade disciplinar a má fé processual imputável a Advogados por uso anómalo ou abusivo do processo – artigo 459.° do C. P. Civil.

27. Sobre a matéria das garantias do exercício da advocacia, podem ler-se, entre outros, o Direito Profissional do Advogado do Dr. Orlando Guedes da Costa, o Manual de Deontologia Forense do Dr. Valério Bexiga, o Estatuto da Ordem dos Advogados Anotado (D. Lei 84/84) do Dr. António Arnault e o Estatuto Anotado (D. Lei 84/84) do Dr. Alfredo Gaspar.

28. A disposição contida no n.º 2 é inovadora e constitui a antecâmara da introdução futura de um regime regulamentar de certificação dos actos escritos praticados por Advogados e Advogados Estagiários, como seria possível através da utilização tantas vezes falada da vinheta ou "selito", tida por de grande utilidade para o combate à procuradoria ilícita e à defesa dos interesses dos cidadãos.

29. O n.º 3 corresponde ao anterior artigo 54.º n.º 1, que não fora revogado pela Lei 49/2004.

30. Através deste n.º 3 consagra-se, na esteira do preceito constitucional que reconhece a essencialidade do mandato exercido por Advogado (artigo 208.º da CRP), a plena competência deste para actuar perante qualquer jurisdição, autoridade e entidade.

31. O mandato judicial tanto poder ser conferido por escrito, através do instrumento de procuração ou substabelecimento, como verbalmente, podendo os Advogados exercer o seu direito especial à informação invocando apenas, quanto aos arquivos não reservados ou secretos, a sua simples qualidade profissional, comprovada pela exibição da cédula profissional – Cfr. artigo 74.º deste EOA.

32. Embora os Magistrados e os Advogados possam nos termos dos seus estatutos, advogar em causa própria, tal regra é inaplicável aos casos em que o Magistrado ou o Advogado seja, ele próprio, arguido em processo penal, porque os poderes que, por lei, são atribuídos ao defensor não são conciliáveis com a sua posição de arguido. Assim vem a Ordem decidindo em diversos pareceres sobre o tema, o mesmo tendo sucedido no STJ pelo seu Ac. de 19/03/98, em Bol, 475-498.

33. Já podem, contudo, os advogados assumir o seu próprio patrocínio como assistentes – vide Ac. Rel. Lisboa de 17/06/97, em Col. Jur. 1997-III, pág. 158.

34. Sobre o direito do cidadão a fazer-se acompanhar por Advogado de acordo com o artigo 20.º n.º 2 da CRP, ver o Parecer do Conselho Geral de 7 de Julho de 2000, na ROA, ano 60, Abril 2000, pág. 821.

35. Em 15 de Julho de 2005 tomou posse na Ordem dos Advogados a Comissão Nacional Contra a Procuradoria Ilícita (CNCPI) tendo por objectivos definir, incentivar e coordenar a nível nacional, a acção de divulgação dos actos próprios dos Advogados e dos Solicitadores, a prevenção e combate da procuradoria ilícita e a promoção da advocacia preventiva.

36. Sobre o conceito e conteúdo do "Acto de Advogado" pode ler-se o interessante estudo de José Vigário Silva, em Comunicação, Lógica e Retórica Forenses, pág. 23, e aproveitar-se a leitura da obra para apuramento das técnicas de comunicação, já que os Advogados são, por natureza, comunicadores e, por função, intermediários entre os cidadão e a administração da Justiça.

37. Vide Acórdão do T.C.A. de 23/10/2003 1.ª Secção, em Antologia de Acórdãos do STA e TCA – A. 7 n.º 1, pág. 267-269 relativamente a procuradoria ilícita e a actos próprios de Advogado e Solicitador.

38. A Ordem dos Advogados criou, em Outubro de 2005, um Observatório da Advocacia pretendendo produzir informação e conhecimento sobre a dinâmica da profissão, dos seus membros, das sociedades de advogados, dos advogados estagiários

e de aspecto de formação inicial e contínua, tendo ainda por finalidade, entre outras, a elaboração de um relatório anual sobre a evolução da profissão.

39. I) Os objectivos pretendidos pela Associação ...., ainda em formação, visam o aconselhamento jurídico, o mandato judicial para o exercício em qualquer tribunal, a negociação relativa à cobrança de créditos, as reclamações ou impugnações de actos administrativos ou tributários, bem como a prática de actos junto de Repartições de Finanças e de Tribunais;

II) Estes actos, quando exercidos no interesse de terceiros e no âmbito da actividade profissional, são actos próprios dos advogados e dos solicitadores, tal como são definidos nos n.os 5, 6 e 7 do Art. 1.° e nos arts. 2.° e 3.° da Lei n.° 49/2004, de 24 de Agosto, e nos arts. 62.° e 63.° do novo Estatuto da Ordem dos Advogados, aprovado pela Lei n.° 15/2005, de 26 de Janeiro;

III) O n.° 8 do Art. 1.° da Lei n.° 49/2004, de 24 de Agosto, apenas exclui do conceito da prática de actos no interesse de terceiros, os actos praticados pelos representantes legais, empregados, funcionários ou agentes de pessoas singulares ou colectivas, públicas ou privadas, nessa qualidade;

IV) Uma actividade exercida no interesse dos associados de uma Associação é, assim, exercida no interesse de terceiros;

V) O objecto e demais clausulado do Estatuto proposto para a referida Associação, ao contemplar a prática de actos próprios dos Advogados e dos Solicitadores em benefício dos associados passivos, mesmo que praticados por advogados, associados efectivos ou não, é ilegal, o que tornaria nulo o acto de constituição da Associação;

VI) Só os escritórios ou gabinetes compostos exclusivamente por advogados ou por solicitadores, ou as sociedades de advogados ou de solicitadores podem praticar actos próprios dos advogados e dos solicitadores (art. 6.°, n.° 1 da mencionada Lei 49/2004, de 24 de Agosto);

VII) É, assim, proibido o funcionamento de uma Associação que preste a terceiros serviços que compreendam, ainda que isoladamente ou marginalmente, actos próprios dos advogados e dos solicitadores, mesmo que levados a cabo por advogado ou solicitador;

VIII) Quer a contribuição dos advogados associados, como sócios efectivos, quer a actividade dos que vierem a ser indicados pela referida Associação, no prosseguimento dos seus objectivos, sempre que se traduza na prática de actos próprios dos advogados ou dos solicitadores, no interesse dos sócios passivos, é ilícita.

Parecer do CG n.° E-1/05 de 14 de Fevereiro de 2005.

40. I) O pedido de autorização por uma entidade sem fins lucrativos para a prática de actos próprios dos advogados ou solicitadores pressupõe que simultânea ou previamente tenha requerido e obtido o estatuto de utilidade pública;

II) O pedido de autorização deve especificar que actos ou categorias de actos se pretende praticar;

III) Os actos que a Associação pode praticar são apenas os que são comuns a todos os associados e já não os que respeitem a interesses particulares dos associados;

IV) O pedido de autorização em apreciação é obscuro, já que não especifica claramente os actos ou categorias de actos que se pretende praticar e propõe-se, contraditoriamente, defender "os interesses dos associados" e, por outro lado, "os interesses comuns em causa";

V) Apenas se mostram claros e verificados os pressupostos do pedido de autorização quanto à declaração de utilidade pública e quanto à prática dos actos próprios dos advogados e dos solicitadores por advogados, advogado estagiário ou solicitador.

Parecer do CG n.° 10/05 de 22 de Abril de 2005,

41. Deve ser revogado o art. 11.° do DL n.° 15/2002 na parte em que autoriza os licenciados em Direito a exercerem o patrocínio de pessoas colectivas de direito público em processos da competência dos Tribunais Administrativos. Conclusão 23.ª (2.ª Secção) aprovada no VI Congresso dos Advogados Portugueses (2005).

42. Devem ser sujeitos à intervenção obrigatória de Advogado comprovada pela respectiva chancela os contratos promessa de compra e venda de imóveis cuja assinatura deverá ser reconhecida por notário e os contratos de trabalho a termo certo. Conclusão 24.ª (2.ª Secção) aprovada no VI Congresso dos Advogados Portugueses (2005).

43. O exercício do patrocínio forense em causas cíveis, nomeadamente nos Tribunais do Trabalho e nos Tribunais de Família, bem como o patrocínio do Estado em acções de direito privado, deverá ser reservado em exclusivo aos Advogados, já que o Ministério Público, enquanto magistratura rege-se por critérios de objectividade e de legalidade, não está vinculado ao segredo profissional, nem está subordinado a regras e princípios de deontologia imprescindíveis ao bom desempenho do patrocínio forense. Conclusão 25.ª (2.ª Secção) aprovada no VI Congresso dos Advogados Portugueses (2005).

44. "I. A Lei n.° 49/2004 de 24 de Agosto, que delimita o âmbito dos actos próprios da advocacia, distingue, no seu artigo 1.°, entre os juristas de reconhecido mérito, mestres e outros doutores em Direito (n.° 2) e os docentes de faculdades de Direito (n.° 3), permitindo aos membros de ambas categorias a prática de actos de consulta jurídica, próprios da profissão de advogado, mas exigindo aos primeiros que, para o efeito, se inscrevam na Ordem dos Advogados; II. Os docentes das faculdades de Direito, na elaboracão de pareceres jurídicos, não estão directamente sujeitos às normas deontológicas próprias da advocacia – onde se incluem, designadamente, aquelas que prescrevem o dever de sigilo profissional –, uma vez que não exercem tal actividade enquanto advogados; III – No entanto, ao abrigo do artigo 87.° n.° 7 do EOA, os docentes das faculdades de Direito estão vinculados ao segredo profissional sempre que elaborem pareceres jurídicos a pedido de advogados, sobre assuntos a estes confiados, pois estão desse modo a colaborar com o advogado no exercício da sua actividade profissional." Parecer do Conselho Geral n.° E-27/05, de 16/12/05, in www.oa.pt/pareceres

45. Sobre o tema genérico da procuradoria ilicita e da advocacia preventiva, abordando-se os diversos subtemas que este assunto sugere, leia-se o Boletim n.° 42 da Ordem dos Advogados. (Maio/Agosto de 2006)

46. Sobre os actos de autenticação, certificação e reconhecimento de assinaturas praticados por Advogados, visando esclarecer o âmbito e as formalidades em face do D. Lei n.º 76-A/2006, de 29 de Maio, veja-se o Parecer aprovado no Conselho Geral da Ordem dos Advogados em 19 de Outubro de 2006, de que foi relator o Prof. Luís Menezes Leitão, in http://www.ao.pt/Conteudos/Artigos/detalhe.

47. O Regulamento Geral de Especialidades – Regulamento n.º 15/2004 de 5/4/2004, bem como o Regulamento n.º 32/2004 de 5/8/2004, o Regimento n.º 1/2005 de 20/10/2005 e a Deliberação n.º 832/2004 de 12/6/2004, foram revogados em simultâneo pelo Regulamento Geral de Especialidades de 30 de Outubro de 2006 – Regulamento n.º 204/2006. Vide anotação 12. deste artigo.

48. Em consequência de tal revogação, a atribuição de título de especialista depende de candidatura do interessado e é da competência do Conselho Geral, cuja deliberação é antecedida de aprovação em prova oral pública perante o Colégio das Especialidades. Vide artigo 11.° do Regulamento 204/2006.

49. Após numerosos anos de hiato legislativo, o acesso à profissão de Advogado em Espanha foi regulado pela Ley 34/2006 de 30 de Outubro, a qual entrará em vigor cinco anos depois da sua publicação – Vide Jefatura Del Estado. BOE n.º 260 (31 de Outubro de 2006) p. 37743-37747.

50. Sobre o regime de reconhecimento de assinaturas e autenticação e tradução de documentos por Advogados, em particular quanto as formalidades de tais actos, veja-se o parecer do Conselho Geral n.º E – 8/2006 de 10 de Novembro de 2006, no Portal da Ordem dos Advogados.

51. "1 – O advogado não pode realizar acto notarial de que seja beneficiário, designadamente, não pode efectuar reconhecimentos de assinaturas em procuração passada a seu favor. 2 – A procuração que concede ao advogado poderes especiais para, fora do âmbito judicial, receber e dar quitação da indemnização emergente de acidente de viação devido ao seu mandante, não obedece a qualquer formalismo especial, devendo apenas observar a forma escrita. Mas, o devedor da indemnização pode exigir o reconhecimento presencial da assinatura do autor da procuração" – Parecer n.º E-3/2007 do Conselho Geral aprovado em 26 de Outubro de 2007, sob relatório do Dr. Carlos Santos, disponível no portal da OA (www.oa.pt).

52. Os Advogados passaram a poder exercer as funções de agentes de execução por força do Decreto-Lei n.° 226/2008 de 20/11 (com entrada em vigor em 31 de Março de 2009), que nesse sentido veio alterar o artigo 80.° do EOA.

53. Com base numa proposta da CNCPI – Comissão Nacional Contra a Procuradoria Ilícita, o Conselho Geral, através de Deliberação de 10/12/2009, recomendou aos Conselhos Distritais a adopção de um conjunto de medidas e procedimentos contra o exercício ilegal da advocacia no âmbito da prestação de serviços de gestão de cobranças e recuperação de créditos pelas "empresas de cobranças". O teor desta deliberação pode ser lido na anotação 4. ao artigo 1.° da Lei 49/2004 de Agosto.

ARTIGO 62.°
Mandato forense

1 – Sem prejuízo do disposto na Lei n.° 49/2004, de 24 de Agosto, considera-se mandato forense:

a) O mandato judicial para ser exercido em qualquer tribunal, incluindo os tribunais ou comissões arbitrais e os julgados de paz;

b) O exercício do mandato com representação, com poderes para negociar a constituição, alteração ou extinção de relações jurídicas;

c) O exercício de qualquer mandato com representação em procedimentos administrativos, incluindo tributários, perante quaisquer pessoas colectivas públicas ou respectivos órgãos ou serviços, ainda que se suscitem ou discutam apenas questões de facto.

2 – O mandato forense não pode ser objecto, por qualquer forma, de medida ou acordo que impeça ou limite a escolha pessoal e livre do mandatário pelo mandante.

Notas:

1. Nos termos da Lei 49/2004 o mandato forense é definido como sendo "o mandato judicial conferido para ser exercido em qualquer tribunal, incluindo os tribunais ou comissões arbitrais e os julgados de paz", pelo que a definição contida neste artigo 62.° é bem mais ampla. Vide anotação ao artigo 2.° da Lei 49/2004 de 24/8/04.

2. Quanto à forma do mandato, ver o artigo 35.° do C. P. Civil e o D. Lei 267/92 de 28 de Novembro, que dispensou a intervenção notarial nas procurações forenses, mesmo com poderes especiais, bem como o D. Lei 342/91 de 14 de Setembro que já havia antes eliminado o reconhecimento notarial em substabelecimento subscrito por Advogado.

3. O contrato de mandato exercido por Advogado assenta basicamente no mesmo complexo de direitos e obrigações decorrentes do contrato de mandato regulado pelos artigos 1157.° e segs. do C. Civil. Sucede que, pela deontologia específica dos Advogados, existem obrigações impostas aos mandatários forenses que não resultam da lei geral, como por exemplo no plano da aceitação do mandato (vide artigo 94.° do EOA) ou da renúncia ao mandato e abandono da causa (artigo 95.° n.° 1 e 2 e)). Dadas estas obrigações específicas, há quem prefira chamar ao contrato de mandato forense de contrato de patrocínio forense para melhor se ressaltar essa realidade.

4. Podendo em regra o mandatário fazer-se substituir por outrem na execução do mandato, o que na perspectiva do mandato forense corresponde a um substabelecimento "com reserva", certo é que, no plano deontológico, deve o Advogado por

regra avisar o mandante, seu cliente, da utilização de tal faculdade, tendo em conta os deveres consignados nos artigos 92.° 1. e 95.° 1. a) do EOA.

5. Por maioria de razão não pode o Advogado substabelecer sem reserva os poderes forenses que lhe foram conferidos por mandante, sem a prévia e expressa autorização deste.

6. O contrato de mandato é apenas um dos tipos de contrato em que assenta a prestação de serviços por Advogado, podendo ainda a actividade ter por base o contrato de trabalho e o contrato de prestação de serviços, que tendo a natureza de prestação continuada com remuneração fixa pode assumir a tipologia de contrato de avença, ou resultar ainda de acto administrativo ou jurisdicional por força de nomeação oficiosa.

7. O princípio deontológico da escolha pessoal e livre do mandatário pelo mandante, que anteriormente vinha regulado como dever deontológico perante a comunidade na alínea g) do artigo 78.° do D. Lei 84/84, mantém-se intocado no n.° 2 deste actual artigo 62.° do EOA, dele resultando a proibição de angariação de clientela, prevista no artigo 85.° 1 h).

8. Relacionado com esta temática, fundamental para o estabelecimento de relações de confiança Advogado/Cliente, está a proibição de partilha de honorários com quem não colaborou na prestação dos serviços – artigo 102.° do EOA – bem como a proibição de formas de cooperação internacional assentes em pactos de correspondência orgânica, que pressupõem a existência de formas de organização permanente tendentes à partilha de serviços profissionais entre os aderentes.

9. Sobre a desejável aproximação do patrocínio oficioso ao paradigma do contrato do mandato, veja-se a anotação 36, ao artigo 85.° do EOA.

ARTIGO 63.°
Consulta jurídica

Constitui acto próprio de advogado o exercício de consulta jurídica nos termos definidos na Lei n.° 49/2004, de 24 de Agosto.

Notas:

1. Veja-se a propósito da procuradoria ilícita as anotações ao artigo 61.°, particularmente as introduzidas sobre a Lei 49/2004 de 24 de Agosto.

2. À semelhança do que já sucedia no quadro do revogado artigo 56.° do D. Lei 84/84, o actual artigo 6.° n.° 1 da Lei 49/2004 mantém a proibição de funcionamento de escritórios ou gabinetes que, por qualquer forma, prestem serviços a terceiros na área dos actos próprios de profissão, desde que não sejam exclusivamente compostos por advogados, solicitadores ou por advogados e solicitadores, as sociedades de advogados, as sociedades de solicitadores e os gabinetes de consulta jurídica organizados pela Ordem dos Advogados e pela Câmara de Solicitadores.

3. Desta proibição resulta ainda, como já era solução vigente, a proibição da constituição, em Portugal, de sociedades de cariz multidisciplinar, já que apenas poderão ser formadas sociedades exclusivamente entre Advogados.

4. Ficam excluídos da proibição os sindicatos e as associações patronais desde que os actos praticados sejam na defesa exclusiva dos interesses comuns em causa e sejam individualmente exercidos por Advogado, Advogado Estagiário ou Solicitador, o que constitui uma garantia acrescida em relação ao regime anterior – cfr. artigo 56.° n.° 6 do D. Lei 84/84 de 16 de Março.

5. Quanto às entidades sem fim lucrativo de reconhecido interesse público, importa agora, para poderem beneficiar de um regime de excepção, que tenham concretamente requerido o estatuto de utilidade pública com expressa submissão a um regime de autorização prévia para a prática de actos próprios de Advogados e Solicitadores e que estes sejam também individualmente exercidos por Advogado, Advogado Estagiário ou Solicitador, mantendo-se o pressuposto já anterior de que deverão acrescidamente tais actos destinar-se à defesa exclusiva dos interesses comuns tutelados por essas entidades – Cfr. n.° 6 do artigo 56.° do D. Lei 84/84 de 16 de Março.

6. O auxílio e a colaboração por Advogados e Advogados Estagiários à prática de procuradoria ilícita permanece susceptível de incriminação, agora pelo crime tipificado no artigo 7.° da Lei 49/2004, sem prejuízo da responsabilidade disciplinar.

7. A medida administrativa de encerramento de escritório ou gabinete de procuradoria ilícita deve ser exercida pela Ordem dos Advogados apenas quando esteja reconhecida por sentença transitada em julgado a existência da ilicitude, a fim de se evitarem efeitos perversos com eventuais medidas de suspensão de eficácia do acto administrativo que ordena o encerramento, no âmbito do contencioso administrativo.

8. A competência para a instrução de processos de procuradoria ilícita e decisão em primeira instância cabe aos Conselhos Distritais, com recurso hierárquico para o Conselho Superior – artigos 50.° 1. v) e 43.° 1. b) do EOA.

9. Sobre a recusa da PSP em efectuar diligências solicitadas pelos Conselhos Distritais da Ordem dos Advogados no âmbito de averiguação do exercício ilícito de procuradoria (Vide artigo 6.° n.° 2 da Lei 49/2004 de 24 de Agosto) emitiu o Conselho Geral um parecer, aprovado em 17 de Junho de 2005, que está disponível para consulta na área reservada do website da Ordem https://legonline.oa.pt/actos.nsf

10. É admissível a consulta jurídica pelos meios electrónicos, mas os usos, costumes e tradições profissionais impõem a regra do contacto pessoal e directo nas relações com os clientes, pelo que a vulgarização da prestação de serviços jurídicos apenas com base na internet implicaria uma despersonalização incompatível com aquela regra.

Acresce que a prestação de serviços pelos meios electrónicos deve acautelar o dever de sigilo profissional, para além dos demais deveres deontológicos, com especial incidência no domínio da publicidade e proibição de angariação de clientela.

Sobre estes temas, leia-se o Parecer n.º E-3/2007 do Conselho Geral, aprovado em 26 de Outubro de 2007, relatado pelo Dr. Bernardo Diniz de Ayala, disponível no portal da OA www.ao.pt .

ARTIGO 64.º
Liberdade de exercício

Os advogados e advogados estagiários com inscrição em vigor não podem ser impedidos, por qualquer autoridade pública ou privada, de praticar actos próprios da advocacia.

Notas:

1. Reformula-se, alargando a todos os actos próprios de advocacia, o que a propósito do mandato judicial, representação e assistência já se afirmara no artigo 61.º n.º 3.

ARTIGO 65.º
Título profissional de advogado

1 – A denominação de advogado está exclusivamente reservada aos licenciados em Direito com inscrição em vigor na Ordem dos Advogados.

2 – Os advogados honorários podem usar a denominação de advogado desde que a façam seguir da indicação dessa qualidade.

Notas:

1. Veja-se a propósito da utilização do título de Advogado a anotação 6. ao artigo 61.º do EOA.
2. Quanto ao exercício da advocacia em Portugal por nacionais dos países membros da UE, cfr. artigos 196.º e 198.º deste EOA.
3. Os Advogados Estagiários devem indicar sempre que intervenham a sua qualidade profissional – cfr. artigo 189.º n.º 3 do EOA.
4. Cfr. artigo 5.º da Lei 49/2004 de 24 de Agosto.
5. Cfr. artigo 2.º n.º 2 e 23.º do Regulamento de Inscrição de Advogados e Advogados Estagiários – Regulamento n.º 232/2007 de 4 de Setembro de 2007.

ARTIGO 66.º
Direitos perante a Ordem dos Advogados

Os advogados têm direito de requerer a intervenção da Ordem dos Advogados para defesa dos seus direitos ou dos legítimos interesses da classe, nos termos previstos neste Estatuto.

Notas:

1. Vejam-se as anotações 2. 3. e 4. ao artigo 5.º deste EOA.

2. Deverão os Advogados ficar isentos de custas judiciais, nos mesmos termos em que o estão os magistrados, sempre que intervenham, como parte em qualquer processo judicial, cível ou criminal, por factos relacionados com o exercício da Advocacia. Conclusão 46.ª (2.ª Secção) aprovada no VI Congresso dos Advogados Portugueses (2005).

3. Deve a Ordem suportar, total ou parcialmente, as custas judiciais em processos cíveis ou penais envolvendo qualquer dos seus membros, desde que o Bastonário, ouvido o Conselho Superior, conclua que no processo está em causa a dignidade da Advocacia. Conclusão 47.ª (2.ª Secção) aprovada no VI Congresso dos Advogados Portugueses (2005).

ARTIGO 67.º
Garantias em geral

1 – Os magistrados, agentes de autoridade e funcionários públicos devem assegurar aos advogados, aquando do exercício da sua profissão, tratamento compatível com a dignidade da advocacia e condições adequadas para o cabal desempenho do mandato.

2 – Nas audiências de julgamento, os advogados dispõem de bancada própria e podem falar sentados.

Notas:

1. As garantias gerais previstas nesta norma são contraponto do dever geral de urbanidade exigível aos Advogados pelo artigo 90.º do EOA.

2. Em causa está neste preceito a dignidade da profissão, vista constitucionalmente como essencial à administração da Justiça, enquanto a lei ordinária considera os Advogados como participantes nessa mesma administração. Outras normas estatutários radicam igualmente na defesa da dignidade profissional, como são exemplos as do artigos 3.º 1. d), 76.º n.º 2, 83.º e 181.º 1. e) do EOA.

3. Alfredo Gaspar, no seu Estatuto Anotado, refere a pág. 86 que, no plano das garantias gerais, os Advogados devem exigir dos Magistrados, agentes da autoridade e demais funcionários públicos, para além de um tratamento cordial e respeitoso, as qualidades da pontualidade, da discrição, do zelo e da lealdade, considerando estes valores atributos fundamentais para a dignidade da advocacia e para o cabal desempenho do mandato.

4. Tanto as garantias gerais como as garantias específicas consagradas aos Advogados não devem ser confundidas com regalias pessoais, já que correspondem a prerrogativas funcionais tendo em conta os interesses dos cidadãos. Nesse sentido concluiu com absoluta adequação o I Congresso Internacional dos Advogados de Língua Portuguesa realizado em Lisboa em Março de 2010 – Vide Conclusões da 2ª Sessão Plenária in www.oa.pt

5. Pelo Decreto-Lei n.º 131/2009 de 1 de Junho, foi consagrado o direito aos advogados ao adiamento de actos processuais em que devam intervir em caso de maternidade, paternidade e luto e regula o respectivo exercício. Vide 3.11. deste EOA.

ARTIGO 68.º
Exercício da actividade em regime de subordinação

1 – Cabe exclusivamente à Ordem dos Advogados a apreciação da conformidade com os princípios deontológicos das cláusulas de contrato celebrado com advogado, por via do qual o seu exercício profissional se encontre sujeito a subordinação jurídica.

2 – São nulas as cláusulas de contrato celebrado com advogado que violem aqueles princípios.

3 – São igualmente nulas quaisquer orientações ou instruções da entidade empregadora que restrinjam a isenção e independência do advogado ou que, de algum modo, violem os princípios deontológicos da profissão.

4 – O Conselho Geral da Ordem dos Advogados pode solicitar às entidades públicas empregadoras, que hajam intervindo em tais contratos, entrega de cópia dos mesmos, a fim de aferir da legalidade do respectivo clausulado, atentos os critérios enunciados nos números anteriores.

5 – Quando a entidade empregadora seja pessoa de direito privado, qualquer dos contraentes pode solicitar ao Conselho Geral parecer sobre a validade das cláusulas ou de actos praticados na execução do contrato, o qual tem carácter vinculativo.

6 – Em caso de litígio, o parecer referido no número anterior é obrigatório.

Notas:

1. Reporta-se este preceito ao exercício da profissão no regime de contrato de trabalho, tentando conciliar a independência do Advogado com o dever de subordinação que é elemento essencial deste tipo de contrato.

2. Nem sempre se revela nítida a diferença entre um contrato de trabalho e um contrato de prestação de serviços, devendo os Advogados evitar, caso não pretendam ver a sua relação profissional com um cliente qualificada como sendo de natureza laboral, a verificação dos indícios de subordinação, como sejam a obediência a horários, a utilização dos meios e equipamentos do cliente, a remuneração certa com as regalias típicas de um salário e a dedicação exclusiva.

3. A conciliação de princípios referida na nota 1. revela-se cada vez mais difícil perante a tendência para o reforço da independência dos Advogados, aludindo o C.D.A.E. no seu ponto 2.1. à exigência deontológica de uma independência absoluta.

4. A solução legal para a conciliação deste valores, por definição incompatíveis, passou pelo acolhimento no D. Lei 84/84 da figura do trabalhador por conta de outrem com garantia da sua independência técnica, já admitida no artigo 5.° n.° 2 do D. Lei 49.408 de 24/11/69.

5. Em função do artigo 55.° do D. Lei 84/84, passaram a ser nulas, no plano jurídico, as cláusulas do contrato individual de trabalho que implicassem violação da isenção e da independência técnica dos Advogados.

6. Deve recordar-se que, em reforço do princípio da independência, com especial relevância na defesa dos Advogados em regime de contrato de trabalho, determina o artigo 6.° n.° 2 da L.O.F.T.J. que "no exercício da actividade, os Advogados gozam de descricionaridade técnica e encontram-se apenas vinculados a critérios de legalidade a às normas deontológicas da profissão".

7. De acordo com Alfredo Gaspar, Estatutos Anotados, pág. 81, em termos práticos a entidade patronal não é mais do que um cliente do seu empregado, o qual oferece a especialidade de ser um Advogado certo, isto é, um Advogado com quem a entidade patronal poderá contar a título de colaboração regular, ou mesmo permanente.

8. A regulamentação actual deste tipo de contrato prevê expressamente a nulidade das cláusulas violadoras dos princípios deontológicos da advocacia e comete à Ordem dos Advogados a competência para apreciação da conformidade dos contratos de trabalho a tais princípios, o que equivale a um significativo avanço nas garantias dos Advogados.

9. Relevante ainda a consagração do regime de nulidade para as ordens da entidade patronal que restrinjam a independência e isenção dos Advogados, assim como os poderes atribuídos à Ordem dos Advogados no plano da fiscalização da legalidade dos contratos como corolário dos direitos de requisição e colaboração previstos nos artigos 7.° e 8.° do EOA.

10. Ainda sobre a preservação da independência dos Advogados em regime de contrato de trabalho subordinado veja-se, a propósito das incompatibilidades e impedimentos, os n.os 3 e 4 do artigo 76.° do EOA.

11. Termina o n.° 6 por conferir à Ordem dos Advogados poderes decisórios vinculativos em caso de conflito, assumindo assim um papel equivalente ao de um Tribunal Arbitral institucionalizado com competência legal específica, o que se afigura extraordinariamente importante para a tutela dos interesses ofendidos pelos Advogados em regime de contrato de trabalho face a eventuais abusos da entidade patronal.

12. Deverá estabelecer-se que nenhum advogado (o mesmo se aplicando naturalmente às sociedades de advogados) pode manter qualquer Colega ao seu serviço, em regime de trabalho subordinado, sem prejuízo da colaboração meramente pontual que qualquer advogado possa prestar a outro, devendo a violação desta regra constituir infracção disciplinar de carácter grave, como tal devendo ser incluída no EOA. Conclusão 40.ª (2.ª Secção) aprovada no VI Congresso dos Advogados Portugueses (2005).

13. Veja-se sobre o tema concreto de discricionariedade técnica, mesmo em regime de trabalho subordinado, a anotação 27. ao artigo 95.° deste EOA.

14. A matéria deste artigo deve ser analisada em conjunto com o artigo 76.°, n.os 3 e 4 deste EOA.

15. "É de qualificar como contrato de trabalho a actividade de advogado prestada pelo autor no âmbito do acordo negocial firmado com o réu, à qual pertenciam os instrumentos de trabalho utilizados pelo autor, que era levada a efeito nas instalações do destinatário dessa actividade, não se socorrendo o autor de alguém que não trabalhadores do réu que controlava, não só o horário do autor, como até o modo como a sua actividade se processava, dando-lhe, inclusivamente, instruções sobre a forma como ela deveria ser efectivada, fixava o período de férias do autor, o qual percebia subsídio de férias, proporcionais e subsídio de Natal, sendo que a retribuição do autor era efectuada em função do tempo de trabalho por ele desempenhado, constatando-se ainda que o eventual labor desenvolvido pelo autor no exercício de advocacia no seu escritório foi consentido pelo falado acordo e estava sujeito a determinados condicionalismos impostos pelo réu." – Acórdão do S.T.J. de 27 de Novembro de 2007, em Base de Jurisprudência do STJ. Este acórdão evidencia como pode a submissão aos condicionalismos impostos pelo cliente traduzir um verdadeiro vínculo laboral, mesmo que não assumido pelas partes (indícios de subordinação), bem como, nestas circunstâncias, fica de forma intolerável violado o princípio da independência dos Advogados.

16. Não se afigura legal – nem compatível com as normas deontológicas que regem a advocacia nem com as garantias mínimas de rigor, isenção e fidelidade que devem presidir aos actos notariais – a prática de actos de certificação da conformidade de fotocópias com os documentos originais (ou outros, tais como reconhecimento de assinaturas, ou autenticação de documentos particulares, ou certificação de traduções de documentos) posto que tais actos sejam praticados, como se pretende, no âmbito de um contrato de trabalho subordinado entre o Advogado e a sua entidade patronal, mas já nada obstará legalmente a que tais actos sejam praticados a benefício do cliente no âmbito de uma relação exclusivamente liberal. Parecer do Conselho Geral n.° 15/PP/2008-G, de 28 de Julho de 2008.

ARTIGO 69.°
Trajo profissional

1 – O uso da toga é obrigatório para os advogados e advogados estagiários, quando pleiteiem oralmente.

2 – O modelo do trajo profissional é o fixado pelo Conselho Geral.

Notas:

1. O uso da toga é tratado em alguns países, como é o caso da França, como sendo um direito e não um dever dos Advogados. Certo é que, não obstante esta matéria ter transitado do anterior Capítulo V – Deontologia Profissional – para o actual Título II – Do Exercício da Advocacia – continua a ter a estrutura de um dever no actual EOA.

2. António Arnault, no seu Estatuto da Ordem dos Advogados Anotado, pág. 75, sustenta que tal dever é de natureza deontológica e não processual, pelo que em caso de um Advogado pretender exercer o mandato sem a toga, o Juiz apenas poderá participar o facto à Ordem, não o podendo impedir de intervir.

3. O uso da toga tem a sua origem em Roma, onde a actividade de Advocacia assumiu definitivamente natureza de actividade profissional, passando a defesa a ser desenvolvida a par do cultivo da ciência jurídica.

4. O trajo profissional no seio da Ordem dos Advogados Portugueses está disciplinado pelo Regulamento do Trajo e Insígnia Profissional, em cujo artigo 1.° se define aquele como sendo composto pela toga e barrete, embora este seja de uso facultativo de acordo com o artigo 4.°. – Regulamento n.° 31/2006. II Série, de 26/04/06.

5. Quanto aos restantes profissionais do foro, o trajo é a beca para os Magistrados e a capa para os Solicitadores.

6. Os Advogados Estagiários estão igualmente sujeitos ao uso da toga em igualdade de circunstâncias com os Advogados, embora seja prática corrente nos Tribunais dispensar esse uso quando as suas intervenções decorram do patrocínio oficioso.

7. Nos termos do artigo 5.° do Regulamento supra referido, é dever do Advogado e do Advogado Estagiário velar pela compostura e asseio do trajo, dever que não será de mais salientar perante a necessidade de se preservar a dignidade da função judicial e a do papel dos Advogados, o que também passa por um certo ritual e por uma cuidada aparência formal dos actos judiciários.

ARTIGO 70.°
Imposição de selos, arrolamentos e buscas em escritórios de advogados

1 – A imposição de selos, o arrolamento, as buscas e diligências equivalentes no escritório de advogados ou em qualquer outro local onde

faça arquivo, assim como a intercepção e a gravação de conversações ou comunicações, através de telefone ou endereço electrónico, utilizados pelo advogado no exercício da profissão, constantes do registo da Ordem dos Advogados, só podem ser decretados e presididos pelo juiz competente.

2 – Com a necessária antecedência, o juiz deve convocar para assistir à imposição de selos, ao arrolamento, às buscas e diligências equivalentes, o advogado a ela sujeito, bem como o presidente do conselho distrital, o presidente da delegação ou delegado da Ordem dos Advogados, conforme os casos, os quais podem delegar em outro membro do conselho distrital ou da delegação.

3 – Na falta de comparência do advogado representante da Ordem dos Advogados ou havendo urgência incompatível com os trâmites do número anterior, o juiz deve nomear qualquer advogado que possa comparecer imediatamente, de preferência de entre os que hajam feito parte dos órgãos da Ordem dos Advogados ou, quando não seja possível, o que for indicado pelo advogado a quem o escritório ou arquivo pertencer.

4 – Às diligências referidas no n.° 2 deste artigo são admitidos também, quando se apresentem ou o juiz os convoque, os familiares ou empregados do advogado interessado.

5 – Até à comparência do advogado que represente a Ordem dos Advogados podem ser tomadas as providências indispensáveis para que se não inutilizem ou desencaminhem quaisquer papéis ou objectos.

6 – O auto de diligência faz expressa menção das pessoas presentes, bem como de quaisquer ocorrências sobrevindas no seu decurso.

Notas:

1. À imposição de selos, arrolamentos, buscas e diligências similares, foram agora acrescentadas as devassas causadas pela intercepção e gravação de conversações ou comunicações, através de telefone ou correio electrónico, utilizados pelos Advogados no exercício da profissão, desde que registados na Ordem dos Advogados. Esta inovação revela-se de capital relevância para a preservação do sigilo profissional e constitui natural extensão do princípio da confidencialidade regulado no artigo 71.° no tocante à correspondência, instruções e informações dos Advogados.

2. As garantias decorrentes deste artigo devem ser respeitadas em qualquer local onde o Advogado faça arquivo da sua documentação profissional, sendo por isso indiferente que o mesmo se situe no domicílio profissional ou na sua residência ou mesmo na própria pasta onde transporte documentos.

3. Para além das diligências expressamente previstas no n.° 1, devem considerar-se abrangidas por este preceito todas as diligências judiciais ou de fiscalização tributária susceptíveis de causar risco de devassa do arquivo profissional dos Advogados, como

sejam também as penhoras, os arrestos e as apreensões. Ver os artigos 406.° a 411.°, 421.° a 427.°, 848.° a 855.° do C. P. Civil e 174.° a 177.° e 178.° a 186.° do C. P. Penal.

4. A possibilidade de comparência dos familiares ou empregados do Advogado visado pelas diligências prevista no n.° 4 está relacionada com a legitimidade que a estas pessoas é atribuída para, na ausência do Advogado, poderem apresentar a reclamação a que alude o artigo 72.° n.° 1, o que assenta no princípio de que serão elas pela proximidade com o visado, quem melhor podem garantir a protecção do sigilo profissional.

5. A violação de qualquer das regras de protecção contidas neste artigo gera nulidade do acto ou diligência por preterição de formalidade essencial com possibilidade de influência na decisão da causa – Cfr. com os artigos 201.° 1. do C. P. Civil e 177.° 3. 180.° n.° 1 e 268.° 1. c) do C. P. Penal, a arguir nos termos do artigo 205.° do C. P. Civil.

6. Sobre o regime legal de prisão preventiva e das buscas domiciliárias quando em causa estejam Magistrados Judiciais ou Magistrados do Ministério Público, veja-se os artigos 16.° do Estatuto dos Magistrados Judiciais e 90.° e 91.° do Estatuto dos Magistrados do Ministério Público, respectivamente.

7. A formulação do n.° 1 permite concluir pela absoluta protecção dos ficheiros informáticos do advogado referentes à sua actividade profissional, em qualquer suporte, o que por sua vez responsabiliza em especial os Advogados pela preservação desses dados, de arquivo vivo ou morto, sob pena de violação de segredo profissional.

ARTIGO 71.°
Apreensão de documentos

1 – Não pode ser apreendida a correspondência, seja qual for o suporte utilizado, que respeite ao exercício da profissão.

2 – A proibição estende-se à correspondência trocada entre o advogado e aquele que lhe tenha cometido ou pretendido cometer mandato e lhe haja solicitado parecer, embora ainda não dado ou já recusado.

3 – Compreendem-se na correspondência as instruções e informações escritas sobre o assunto da nomeação ou mandato ou do parecer solicitado.

4 – Exceptua-se o caso de a correspondência respeitar a facto criminoso relativamente ao qual o advogado tenha sido constituído arguido.

Notas:

1. Veja-se o artigo 179.° n.° 2 do C. P. Penal.

2. A inviolabilidade do domicílio do Advogado está ainda garantida pelo artigo 8.° da Convenção Europeia dos Direitos do Homem.

3. A preterição das garantias consagradas neste preceito corresponde a uma violação de correspondência, não podendo as informações recolhidas na sequência dessa

intromissão servir de meio de prova, por não vigorar no nosso sistema constitucional a possibilidade de produção de prova a qualquer custo – Vide artigos 32.° n.° 8, 119.° e 126.° n.os 1 e 3 da CRP.

4. Sobre a protecção do segredo profissional referente a documentos cfr. artigo 87.° n.° 3 do EOA.

5. A aplicação eventualmente abusiva desta norma, podendo ser usada para legitimar a apreensão de documentos cobertos pelo sigilo mediante o recurso artificial à constituição como arguidos dos advogados que deles sejam detentores ou depositários, justificou já um comunicado do Bastonário da Ordem dos Advogados, divulgado no site da OA de 2 de Novembro de 2005, manifestando a sua preocupação face a tal eventualidade e a sua disposição em propor a alteração da norma caso tais situações se vierem a concretizar.

6. A efectiva defesa do sigilo profissional do Advogado passa pela revogação de algumas normas legais que fragilizam essa garantia. Assim propõe-se a revogação da norma do art. 71.° n.° 4 do Estatuto da Ordem dos Advogados. Conclusão 11.ª (2.ª Secção) aprovada no VI Congresso dos Advogados Portugueses (2005).

7. Não há em Portugal qualquer discriminação legal e estatutária negativas dos Advogados de Empresa, já que o artigo 68.° do EOA compatibiliza o exercício da advocacia em regime laboral e garante nesse contexto, a isenção, a autonomia e independência técnica do Advogado, pelo que os Advogados de Empresa, à semelhança do que acontece nos direitos internos na maioria dos Estados-Membros da EU, estão vinculados à mesma ética e deontologias profissionais, nomeadamente em matéria de sigilo profissional. Assim, estando em causa a protecção do segredo profissional, as prerrogativas profissionais decorrentes dos artigos 70.° e 71.° do EOA são de igual modo extensivas a todos os Advogados, independentemente da forma concreta de exercício profissional.

Assim sinteticamente foi decidido pelo Conselho Geral ao aprovar o Parecer n.º E-7/2007, de 6 Julho de 2007, sendo relator João Lourenço. – Vide Portal OA.

8. O sigilo profissional deve ser preservado a qualquer custo por representar a própria subsistência dos direitos e garantias fundamentais, nele se compreendendo a inviolabilidade dos escritórios, dos instrumentos de trabalho, das comunicações e correspondências dos Advogados, como garantia da defesa do Estado de Direito Democrático. Conclusões aprovadas no I Congresso Internacional dos Advogados de Língua Portuguesa, realizado em Lisboa, em Março de 2010.

ARTIGO 72.°
Reclamação

1 – No decurso das diligências previstas nos artigos anteriores, pode o advogado interessado ou, na sua falta, qualquer dos familiares ou empre-

gados presentes, bem como o representante da Ordem dos Advogados, apresentar qualquer reclamação.

2 – Destinando-se a apresentação de reclamação a garantir a preservação do segredo profissional, o juiz deve logo sobrestar na diligência relativamente aos documentos ou objectos que forem postos em causa, fazendo-os acondicionar, sem os ler ou examinar, em volume selado no mesmo momento.

3 – A fundamentação das reclamações é feita no prazo de cinco dias e entregue no tribunal onde corre o processo, devendo o juiz remetê-las, em igual prazo, ao presidente da relação com o seu parecer e, sendo caso disso, com o volume a que se refere o número anterior.

4 – O presidente da relação pode, com reserva de segredo, proceder à desselagem do mesmo volume, devolvendo-o novamente selado com a sua decisão.

Notas:

1. O sistema previsto neste artigo para decisão sobre as reclamações formuladas com vista à protecção do segredo profissional constituía, até à entrada em vigor do artigo 135.° do C. P. Penal, a única entorse ao regime geral decorrente do artigo 81.° n.° 4 do D. Lei 84/84, pelo qual só os Presidentes dos Conselhos Distritais e o Bastonário poderiam legalmente autorizar o levantamento do sigilo.

2. No caso especial do artigo 61.° n.° 4 do D. Lei 84/84, agora transposto sem alterações para o n.° 4 deste artigo 72.°, compete ao Presidente do Tribunal da Relação dirimir e decidir sobre qual o interesse preponderante entre os dois interesses em colisão, o da investigação que pretende a apreensão e devassa do documento e o da reclamação no sentido da preservação do sigilo profissional.

3. Este regime veio mais tarde a ser adoptado no processo penal através da introdução do actual artigo 135.° do C. P. Penal, com efeitos bem mais vastos, e mais recentemente até no processo civil, como decorre dos artigos 618.° n.° 3 e 519.° 3. c) do C. P. Civil.

4. Orlando Guedes da Costa, em Direito Profissional do Advogado, 6.ª edição, pág. 240, sustenta que a competência do Presidente do Tribunal da Relação passou a ser do Tribunal da Relação em face do disposto no artigo 182.° 2 do C. P. Penal.

5. Com a obrigatoriedade de audição prévia da Ordem do Advogados imposta pelo n.° 4 do artigo 135 do C. P. Penal, deve entender-se que a decisão prevista no n.° 4 deste artigo 72.° do EOA deve ser igualmente antecedida de tal audição, quando a reclamação não seja da iniciativa do representante da Ordem dos Advogados e que, como tal, a tenha já fundamentado, sob pena de nulidade, em caso de preterição.

6. Da decisão do Presidente do Tribunal da Relação não cabe recurso.

7. A expressão "em qualquer caso" contida no n.° 2 do artigo 108.° do EOA pode suscitar a questão da prevalência desta norma sobre a do n.° 4 deste o artigo 71.°. Cremos, contudo, que a correspondência entre Advogados qualificada como confidêncial poderá ser excepcionalmente apreendida quando em causa esteja a prova de facto criminoso relativamente ao qual o advogado tenha sido constituído arguido, cabendo ao presidente do tribunal da relação, havendo reclamação nos termos do artigo 72.° n.° 1, decidir ao abrigo dos poderes conferidos pelo n.° 4, se tal documento poderá ou não fazer prova válida, tendo em conta a definição do interesse preponderante.

ARTIGO 73.°
Direito de comunicação com arguidos presos

Os advogados têm direito, nos termos da lei, de comunicar, pessoal e reservadamente, com os seus patrocinados, mesmo quando estes se encontrem presos ou detidos em estabelecimento civil ou militar.

Notas:

1. Esta prerrogativa profissional está intimamente associada às normas da defesa em processo penal, que garantem os mesmo princípios na óptica dos direitos do arguido. Cfr. artigos 61.° 1. e), 62.° a 67.°, 140.° e segs. do C. P. Penal e ainda artigos 20.° e 32.° n.° 3 da CRP.

2. A Direcção Geral dos Serviços Prisionais e a Ordem dos Advogados vêm estabelecendo, por forma concertada, as regras que disciplinam as visitas aos presos ou detidos pelos seus Advogados. Como corolário dessa colaboração, devem os Advogados e Advogados Estagiários conhecer os horários das visitas das prisões em vigor nos estabelecimentos prisionais da área dos seus respectivos Conselhos Distritais e que foram fixados com conhecimento ao Bastonário, sendo certo que tais horários não são rígidos, já que, em casos de fundamentada urgência, podem as visitas por Advogados ser autorizadas a qualquer hora.

3. As revistas a Advogados e Advogados Estagiários no acesso aos estabelecimentos prisionais devem sempre ser efectuadas com respeito da dignidade da profissão e sempre com total respeito pelo segredo profissional, com reflexo na confidencialidade da documentação de que aqueles sejam portadores. Cfr. artigo 87.° n.° 3 e 71.° deste EOA.

4. Consultar também a Reforma Prisional – D. Lei 49/88 de 22 de Março.

5. Mais recentemente, a LOFTJ – Lei n.° 3/99 de 3 de Janeiro – veio consagrar no artigo 114.° n.° 3, no respeito do artigo 208.° da CRP e como imunidade dos Advogados, o direito à especial protecção das comunicações com o cliente e à preservação do sigilo da documentação relativa ao exercício da defesa.

6. Sobre o tema deve consultar-se o Prof. Jorge de Figueiredo Dias, em Direito

Processual Penal, págs. 499 a 503 e Orlando Guedes da Costa, A Incomunicabilidade do Detido e o Advogado, em Para Uma Nova Justiça Penal, 1984, págs. 75 a 92.

7. "A utilização de detectores de metais, mediante passagem no pórtico ou por detector manual, em relação a advogado que acede ao interior de estabelecimento prisional, para comunicar com cliente seu, não colide com os direitos constitucionais e legais que lhe assistem no exercício da sua profissão" – Parecer n.° 49/2003, do Conselho Consultivo do Procurador-Geral da República de 16 de Novembro de 2004, homologado por despacho do Senhor Ministro da Justiça de 29 de Junho de 2006.

ARTIGO 74.°
Informação, exame de processos e pedido de certidões

1 – No exercício da sua profissão, o advogado tem o direito de solicitar em qualquer tribunal ou repartição pública o exame de processos, livros ou documentos que não tenham carácter reservado ou secreto, bem como requerer, oralmente ou por escrito, que lhe sejam fornecidas fotocópias ou passadas certidões, sem necessidade de exibir procuração.

2 – Os advogados, quando no exercício da sua profissão, têm preferência para ser atendidos por quaisquer funcionários a quem devam dirigir-se e têm o direito de ingresso nas secretarias, designadamente nas judiciais.

Notas:

1. A regra contida no n.° 1 estabelece o regime geral do acesso especial à informação reconhecido aos Advogados, mas apenas se aplica em relação aos arquivos de documentação não reservada ou secreta.

2. A publicidade do processo civil é a regra geral, mas sofre entorses em função da natureza do processo, como decorre dos artigos 167.° e 168.° do C. P. Civil.

3. Assim, têm carácter reservado, só lhes podendo ter acesso as partes e seus mandatários, os processos cíveis cuja divulgação do seu conteúdo possa causar dano à dignidade das pessoas, à intimidade da vida privada ou familiar ou à moral pública ou pôr em causa a eficácia da decisão a proferir, como são os casos dos processos de anulação de casamento, divórcio, separação de pessoas e bens, os que respeitem ao estabelecimento ou impugnação de paternidade e os procedimentos cautelares pendentes – Vide artigo 168.° e 385.° 1 do C. P. Civil.

4. Quanto à passagem de certidões em processos cíveis veja-se o regime constante do artigo 174.° do C. P. Civil.

5. Quanto à publicidade do processo penal, veja-se o artigo 86.° n.° 1 do CPP, encontrando-se o regime legal de acesso aos autos e emissão de certidões nos artigos 86.°, 89.° e 90.° do C. P. Penal.

6. Quanto à desnecessidade de exibição de procuração para os actos de registo

predial ou comercial requeridos por Advogados e Solicitadores veja-se o que dispõem os artigos 39.° 2. do CRP e 30.° 1. do CRC.

7. Tendo em vista a boa compreensão do regime legal de direito especial à informação previsto neste artigo, importa reter que, para além dos documentos públicos e não reservados, existem os reservados (veja-se a nota 3.) e ainda os secretos, que tanto podem ser os que se encontram abrangidos pelo segredo de justiça, como os que forem como tal classificados, nomeadamente por razões de segurança interna do Estado.

8. No n.° 2 deste artigo trata-se já não directamente da questão do direito à informação, mas do direito instrumental de livre acesso às secretarias, designadamente judiciais e ao atendimento preferencial, quando no exercício da profissão. Não se trata pois da atribuição de um privilégio pessoal, mas sim de uma atribuição funcional, o que aqui novamente se realça pela necessidade desta prerrogativa ter de ser exercida com bom senso e proporcionalidade, devendo ainda ter-se em consideração as circunstâncias precárias em que não raras vezes funcionam as secretarias.

9. Sobre o atendimento preferencial nos serviços públicos consagrado no n.° 2, a 1.ª Comissão da Assembleia da República pronunciou-se no sentido de que "é essencial para assegurar a maior celeridade e eficácia no exercício de funções ao serviço da justiça..." – Conclusão do relatório da Comissão de Assuntos Constitucionais, Direitos, Liberdades e Garantias de 6 de Agosto de 2007, Vide portal da OA ou www.parlamento.pt

10. De especial interesse para a vida profissional dos Advogados importa conhe-cer o direito de consulta dos autos fora das secretarias judiciais, em regime de confiança, que obedece à regras gerais previstas no artigo 169.° do C. P. Civil e que em processo penal possui as particularidades constantes do artigo 89.° n.ºs 4 e 5 do C. P. Penal.

11. Sobre o tema do atendimento preferencial previsto no n.° 2 desta norma, foi emitido parecer pela Direcção de Serviços Jurídicos e do Contencioso da Direcção Geral dos Impostos do Ministério das Finanças, em 14 de Maio de 2004, sustentando, entre outras conclusões:

a) Que o direito de preferência conferido aos advogados não prevalece sobre o direito de preferência consagrado a beneficio das pessoas idosas, doentes, mulheres grávidas, com deficiência ou acompanhadas de crianças de colo, bem como aos portadores de convocatórias, junto do serviço publico que as emitiu, previsto no artigo 9.° do Decreto-Lei 135/99 de 22 de Abril.

b) Que o direito de atendimento preferencial atribuído aos advogados deve ser publicitado através de aviso afixado em local visível nas instalações e depende, no seu exercício, de ser expressamente invocado, podendo ser exigível prova do estatuto profissional.

c) A mera invocação e/ou prova de tal estatuto, não exime os advogados de ter de exibir procuração com suficiência de poderes, quando pretenderem obter informação ou dados sujeitos a reserva ou sigilo fiscal.

12. O direito consignado no n.° 1 do artigo 74.° do EOA não prejudica o que se encontra estabelecido na lei quanto às formalidades da sua obtenção, nomeadamente,

como sucede com o disposto no n.° 1 do artigo 90.° do Código de Processo Penal. Haverá assim, nos termos destas normas, um interesse legítimo na consulta de determinado processo crime em que já tenha sido proferido o despacho de encerramento do inquérito, nos casos em que o Advogado, que se identifique como tal, mediante exibição da respectiva cédula profissional, pretenda ponderar se aceita ou não o patrocínio ou a defesa, e isto sem necessidade de juntar ou sequer exibir procuração. Parecer do CDL de 16 de Dezembro de 2008.

ARTIGO 75.°
Direito de protesto

1 – No decorrer de audiência ou de qualquer outro acto ou diligência em que intervenha, o advogado deve ser admitido a requerer oralmente ou por escrito, no momento que considerar oportuno, o que julgar conveniente ao dever do patrocínio.

2 – Quando, por qualquer razão, não lhe seja concedida a palavra ou o requerimento não for exarado em acta, pode o advogado exercer o direito de protesto, indicando a matéria do requerimento e o objecto que tinha em vista.

3 – O protesto não pode deixar de constar da acta e é havido para todos os efeitos como arguição de nulidade, nos termos da lei.

Notas:

1. O instituto do protesto regulado neste artigo 75.°, que corresponde sem alterações ao artigo 64.° do D. Lei 84/84 de 16 de Março, tem a estrutura de um direito/dever, porquanto tanto deve ser encarado como instrumento de defesa das prerrogativas profissionais dos Advogados no exercício do patrocínio, como um dever de patrocínio perante o cliente por força do disposto no artigo 95.° 1. b) do EOA.

2. O direito/dever de protesto é a última arma processual a utilizar para a defesa do patrocínio, só se justificando quando ao Advogado não for concedida a palavra ou não lhe seja admitido requerer, oralmente ou por escrito, no momento que considerar oportuno, o que julgar conveniente ao dever de patrocínio.

3. Sobre os actos das partes veja-se o que estabelecem os artigos 150.° e 153.° do C. P. Civil.

4. Recorde-se que nos termos dos artigos 6.° n.° 2 e 114.° n.° 3 da LOFTJ, os Advogados gozam de discricionaridade técnica e está-lhes assegurada plena liberdade no exercício do patrocínio, com os limites da própria lei e dos seus estatutos.

5. O protesto não pode deixar de ser exarado em acta de acordo com o que dispõe expressamente o n.° 3, pelo que constitui grave infracção disciplinar a violação

deste preceito por desobediência à lei – artigos 3.° n.° 1, 4.° n.° 2 e 82.° do Estatuto dos Magistrados Judiciais.

6. O uso do direito de protesto corresponde a incidente processual de arguição de nulidade, regulado pelos artigos 205.° do C. P. Civil e 120.° a 123.° do C. P. Penal.

7. No caso de, não obstante o referido em 5., não for pelo Juiz facultada a acta para que nela seja exarado o protesto, pode este ser apresentado por escrito na Secretaria Judicial.

8. Uma vez que ao ditar o protesto pode o Advogado fazer a indicação do teor do requerimento que foi impedido de efectuar, resulta que este fica assim, por via indirecta, a constar dos autos para posterior apreciação, já que o Juiz pode não tomar dele conhecimento imediato.

9. Vide Parecer do Conselho Geral de 26 de Outubro de 2000, em ROA, ano 61, Janeiro de 2001, pág. 425.

CAPÍTULO II
Incompatibilidades e impedimentos

ARTIGO 76.°
Princípios gerais

1 – O advogado exercita a defesa dos direitos e interesses que lhe sejam confiados sempre com plena autonomia técnica e de forma isenta, independente e responsável.

2 – O exercício da advocacia é inconciliável com qualquer cargo, função ou actividade que possam afectar a isenção, a independência e a dignidade da profissão.

3 – Qualquer forma de provimento ou contrato, seja de natureza pública ou privada, designadamente o contrato individual de trabalho, ao abrigo do qual o advogado venha a exercer a sua actividade, deve respeitar os princípios definidos no n.° 1 e todas as demais regras deontológicas que constam deste Estatuto.

4 – São nulas as estipulações contratuais bem como quaisquer orientações ou instruções da entidade contratadora que restrinjam a isenção e a independência do advogado ou que, de algum modo, violem os princípios deontológicos da profissão.

5 – As incompatibilidades ou os impedimentos são declarados e aplicados pelo Conselho Geral ou pelo conselho distrital que for o competente, o qual aprecia igualmente a validade das estipulações, orientações e instruções a que se refere o número anterior.

Notas:

1. Com esta norma fica definitivamente resolvida a problemática, que ainda subsistia no domínio do D. Lei 84/84 de 16 de Março, quanto ao carácter taxativo ou exemplificativo do elenco das incompatibilidades e impedimentos, tendo-se optado claramente pela não taxatividade, aliás em conformidade com a pacificada jurisprudência mais recente no seio da Ordem dos Advogados.

2. Quanto à natureza exemplificativa do anterior artigo 69.° do D. Lei 84/84, já se pronunciara também o STA, pelos seus Acórdãos de 6/5/98 (Proc. 43261) e de 21/10/99 (Proc. 44401).

3. No campo das incompatibilidades e impedimentos concorrem de forma convergente os princípios deontológicos estruturantes da independência e da dignidade profissional, esta na perspectiva do interesse público inerente à função social da Advocacia.

4. Veja-se o que consta nos artigos 83.° e 84.° deste EOA.

5. Cfr. quanto à matéria dos n.os 3 e 4 o artigo 68.° e respectivas anotações.

6. As incompatibilidades ou impedimentos absolutos inibem o Advogado da prática da profissão e determinam, caso seja superveniente à inscrição, a obrigação de suspensão, a qual deve ser requerida no prazo de trinta dias – vide artigo 86.° d) do EOA.

7. Caso ocorra incompatibilidade ou impedimento absoluto à data do pedido de inscrição, deve esta ser rejeitada ao abrigo do artigo 181.° 1. d) do EOA.

8. Os impedimentos ou impedimentos relativos apenas inibem a aceitação de certos patrocínios por razões de conflito de interesses, estando regulados no artigo 78.° do EOA.

9. Diferentes das incompatibilidades e impedimentos são as incapacidades pessoais que impedem o exercício da profissão – Cfr. artigo 181.° 1. alíneas a), b) e c) do EOA.

10. Os poderes conferidos pelo n.° 5 ao Conselho Geral e aos Conselhos Distritais são inovadores em relação ao regime anterior, embora os poderes do Conselho Geral já resultassem da sua competência residual – Vide artigo 42.° 1. c) do D. Lei 84/84 de 16 de Março, a que presentemente corresponde o actual artigo 45.° 1. d).

11. No Estatuto Judiciário de 1962 conferia-se já competência para a declaração de incompatibilidade ao Conselho Geral da Ordem, embora sob a directa tutela do Ministério da Justiça, a quem cabia a posterior homologação.

12. Por deliberação da Assembleia Geral da Ordem dos Advogados de 26/2/71 – ROA 31, 235 – foi considerado infracção disciplinar grave o exercício do mandato judicial, por parte de Advogados inscritos, em situação de incompatibilidade.

13. Vide, quanto ao exercício irregular de profissão, a nota 23 ao artigo 61.°, bem como o artigo 82.° do EOA.

14. Quanto ao fundamento das incompatibilidades, veja-se o ponto 2.5.1. do C.D.A.E..

15. Para estudo do regime das incompatibilidades e impedimentos, leia-se Orlando Guedes da Costa, Direito Profissional do Advogado, Almedina, 7.ª edição, págs. 177 a 202.

ARTIGO 77.º
Incompatibilidades

1 – São, designadamente, incompatíveis com o exercício da advocacia os seguintes cargos, funções e actividades:

a) Titular ou membro de órgão de soberania, os representantes da República para as regiões autónomas, os membros de governo regional das regiões autónomas, os presidentes de câmara municipal e, bem assim, os respectivos adjuntos, assessores, secretários, funcionários, agentes ou outros contratados dos respectivos gabinetes ou serviços;

b) Membro do Tribunal Constitucional e os respectivos funcionários, agentes ou contratados;

c) Membro do Tribunal de Contas e os respectivos funcionários, agentes ou contratados;

d) Provedor de Justiça e os funcionários, agentes ou contratados do respectivo serviço;

e) Magistrado, ainda que não integrado em órgão ou função jurisdicional;

f) Governador Civil, Vice-Governador Civil e os funcionários, agentes ou contratados do respectivo serviço;

g) Assessor, administrador, funcionário, agente ou contratado de qualquer tribunal;

h) Notário ou conservador de registos e os funcionários, agentes ou contratados do respectivo serviço;

i) Gestor público;

j) Funcionário, agente ou contratado de quaisquer serviços ou entidades que possuam natureza pública ou prossigam finalidades de interesse público, de natureza central, regional ou local;

l) Membro de órgão de administração, executivo ou director com poderes de representação orgânica das entidades indicadas na alínea anterior;

m) Membro das Forças Armadas ou militarizadas;

n) Revisor oficial de contas ou técnico oficial de contas e os funcionários, agentes ou contratados do respectivo serviço;

o) Gestor judicial ou liquidatário judicial ou pessoa que exerça idênticas funções;

p) Mediador mobiliário ou imobiliário, leiloeiro e os funcionários, agentes ou contratados do respectivo serviço;

q) Quaisquer outros cargos, funções e actividades que por lei sejam consideradas incompatíveis com o exercício da advocacia.

2 – As incompatibilidades verificam-se qualquer que seja o título, designação, natureza e espécie de provimento ou contratação, o modo de remuneração e, em termos gerais, qualquer que seja o regime jurídico do respectivo cargo, função ou actividade, com excepção das seguintes situações:

a) Dos membros da Assembleia da República, bem como dos respectivos adjuntos, assessores, secretários, funcionários, agentes ou outros contratados dos respectivos gabinetes ou serviços;

b) Dos que estejam aposentados, reformados, inactivos, com licença ilimitada ou na reserva;

c) Dos docentes;

d) Dos que estejam contratados em regime de prestação de serviços.

3 – É permitido o exercício da advocacia às pessoas indicadas nas alíneas j) e l) do n.° 1, quando esta seja prestada em regime de subordinação e em exclusividade, ao serviço de quaisquer das entidades previstas nas referidas alíneas, sem prejuízo do disposto no artigo 81.°.

4 – É ainda permitido o exercício da advocacia às pessoas indicadas nas alíneas j) e l) do n.° 1 quando providas em cargos de entidades ou estruturas com carácter temporário, sem prejuízo do disposto no estatuto do pessoal dirigente dos serviços e organismos da administração central, regional e local do Estado.

Notas:

1. Para que não subsistam dúvidas quanto à natureza exemplificativa do elenco das incompatibilidades, foi introduzido no corpo da norma a palavra "designadamente".

2. Na alínea a) cabem agora todas as situações que já anteriormente constavam das alíneas a), b) e f) do artigo 69.° do D. Lei 84/84, tendo-se acrescentado os representantes da República para as Regiões Autónomas. É de realçar, em relação ao poder autárquico, que a incompatibilidade se mantém apenas quanto aos Presidentes das Câmaras, ficando os vereadores, com ou sem atribuição de pelouros, os membros das assembleias municipais e de freguesia e os membros das juntas de freguesia apenas incursos em situação de eventual impedimento.

3. Subsiste a inexistência de incompatibilidade para os membros da Assembleia da República apesar da existência de uma forte corrente de opinião entre os Advogados no sentido de que os Deputados da Assembleia da República deveriam estar em situação de incompatibilidade.

4. Da análise conjunta das alíneas b), c), d), f), g), h), j), n) e p) do n.° 1 com a alínea e) do n.° 2, resulta que as incompatibilidades aí previstas abrangem todos

os funcionários, agentes e contratados, com excepção dos que estiverem em regime de prestação de serviços, pelo que constitui factor essencial a existência de vínculo ou subordinação emergente de contrato administrativo ou laboral.

5. Os membros do Tribunal de Contas não estavam especialmente previstos no artigo 69.° do D. Lei 84/84.

6. Espelhando a diversidade de regimes jurídicos e funções actualmente existentes no pessoal afecto à actividade judicial, as alínea g) e o) estabelecem a incompatibilidade não só para funcionários e agentes dos tribunais, mas para todos os assessores, administradores, funcionários, agentes e contratados e também para os gestores judiciais, liquidatários e outras pessoas que exerçam idênticas funções.

7. Pela actual redacção das alíneas j) e l), claramente mais abrangentes do que a da alínea i) do artigo 69.° do EOA anterior, tornou-se mais claro o alcance da incompatibilidade decorrente da função pública, dissipando-se muitas das dúvidas que subsistiam no domínio do regime anterior.

8. Foi justamente eliminada a referência na alínea j) à actividade de docência, tendo em conta a inconstitucionalidade declarada pelo Tribunal Constitucional pelo seu Acórdão 143/85 de 30 de Julho (DR n.° 202 de 3-9-85) quanto à parte final da norma da anterior alínea i) do artigo 69.° do D. Lei 84/84, que considerava incompatível com a advocacia o exercício de actividade de docência de disciplinas que não fossem de Direito.

9. A incompatibilidade dos revisores oficiais de contas, técnicos oficiais de contas e respectivos funcionários, agentes e contratados, resultou do reconhecimento pela Ordem dos Advogados, ainda no domínio do regime legal anterior, de que estas profissões impunham deveres profissionais inconciliáveis com a deontologia dos Advogados, nomeadamente quanto ao dever de denúncia de irregularidades e crimes detectados no exercício dessas funções – Cfr. Ac. Conselho Superior de 23-2-96 em ROA 56-1171 e Parecer do Conselho Geral in R.O.A., n.° 2/94, pág. 10.

10. A actividade de mediação mobiliária ou imobiliária e a de leiloeiro persistem no elenco das incompatibilidades por decorrência da natureza jurídica dos contratos que lhe são subjacentes, no âmbito dos quais o mediador e o leiloeiro intervêm depositando na celebração do negócio mediado um interesse directo e pessoal e por agirem no interesse de ambas as partes, o que é inconciliável com o mandato e representação de parte desenvolvido pelos Advogados e com o dever deontológico previsto na alínea d) do n.° 1 do artigo 95.° do EOA.

11. Os Advogados estão impedidos de ser jurados – Cfr. artigo 4.° i) do D. Lei 387-A/87 de 29-12-87.

12. Tem sido discutida a incompatibilidade para o exercício da advocacia aos membros do Conselho Superior da Magistratura (não Magistrados) tendo em consideração o que determina o artigo 148.° n.° 1 da Lei 21/85 de 30 de Julho – Estatuto dos Magistrados Judiciais, na redacção dada pela Lei 81/98 de 3 de Dezembro. Não obstante tal incompatibilidade ter sido defendida pelo Prof. Figueiredo Dias, na Revista do Conselho Distrital do Porto, n.° 21 de Junho de 2002, pág. 21 merecendo tal solução o aplauso, pelo menos "de jure condendo", do Dr. Orlando Guedes da Costa na

sua obra citada Direito Profissional do Advogado, pág. 182, certo é que não tem sido esse o entendimento da Ordem dos Advogados em relação aos Advogados que vêm representando a Advocacia no Conselho Superior da Magistratura.

13. As incompatibilidades previstas nas alíneas j) e l) exigem a efectiva actividade, pelo que não abrangem os que se encontram em situação de aposentados, reformados, inactivos, com licença ilimitada ou na reserva. Cfr. alínea c) do n.° 2.

14. Significativa alteração ao regime anterior das incompatibilidades, assentou na eliminação da restrição à excepção contida no n.° 2 "in fine" do artigo 69.° do D. Lei 84/84, da qual resultou ser agora possível o "exercício da advocacia às pessoas indicadas nas alíneas j) e l) do número um deste artigo, quando esta seja prestada em regime de subordinação e em exclusividade, ao serviço das entidades previstas nas supra aludidas alíneas" – artigo 78.° n.° 3 do EOA.

15. Veja-se o que dispõe o artigo 181.° n.° 2 deste EOA, quanto aos efeitos das incompatibilidades e inibições, com referência aos advogados que se encontrem na situação prevista neste n.° 3.

16. Relevante abertura em relação ao regime do direito anterior decorre ainda do actual n.° 4, norma esta introduzida já em fase de debate na Assembleia da República e que não constava da proposta de lei inicial.

17. As normas sobre a incompatibilidade para Notários e Conservadores contidas no artigo 71.° do D. Lei 84/84 de 16 de Março não transitaram para o actual EOA uma vez que não se verificam já os pressupostos que as justificavam. Na verdade, já não existem comarcas sem Advogados inscritos, tornando desnecessário o regime especial de autorização para o exercício da advocacia por Notários e Conservadores.

18. Sobre a incompatibilidade para o exercício da Advocacia dos que se encontrarem em funções como juízes sociais no âmbito da jurisdição de menores – Vide Parecer do Conselho Geral n.° E-30/2004, aprovado em 13 de Maio de 2005.

19. I) O exercício da advocacia é inconciliável com qualquer cargo, função ou actividade que possam afectar a isenção, a independência e a dignidade da profissão (artigo 76.°, n.° 2, do Estatuto da Ordem dos Advogados [EOA]).

II) O exercício da advocacia é incompatível, em especial, com as funções de mediador imobiliário e dos funcionários, agentes ou contratados do respectivo serviço (artigo 77.°, n.° 1, alínea p), do EOA).

III) As incompatibilidades criadas pelo novo EOA não prejudicam os direitos legalmente adquiridos ao abrigo de legislação anterior (artigo 81.° do EOA).

IV) Como um angariador imobiliário desenvolve exactamente a mesma actividade que um mediador imobiliário à excepção da possibilidade de celebração de contratos de mediação imobiliária (que se lhe encontra vedada), deve aplicar-se-lhe, por total identidade de razões, a incompatibilidade constante do artigo 78.°, n.° 1, alínea p), do EOA. Vide Parecer do CG n.° E-25/05 de 15/07/05.

20. "1. O cargo de Técnico Superior 2.ª Classe (Consultor Jurídico), numa Câmara Municipal é incompatível com o exercício da Advocacia mercê do estatuído na alínea j) do n.° 1 do artigo 77.° do actual EOA.

2. Todavia, face ao estatuído no n.° 3 do artigo 77.°, não existirá incompatiblidade para o exercício da advocacia se quem exercer as aludidas funções, exer-

cer a advocacia apenas e só em regime de subordinação e em exclusividade ao serviço do respectivo Município.

Parecer do Conselho Distrital do Porto aprovado em 20 de Abril de 2006.

21. Há incompatibilidade entre o exercício da advocacia e o desempenho das funções de liquidatário judicial/administrador da insolvência, atento o disposto no artigo 77.° n.° 1 al. o) do EOA – Acórdão do Conselho Superior de 27/01/06, in Boletim da Ordem dos Advogados, n.° 42, pág. 88.

22. Com a inscrição definitiva como Advogado(a) Estagiário(a), a Ordem dos Advogados confere a expectativa jurídica legítima de que a inscrição definitiva como Advogado(a) será alcançada desde que venham a ser cumpridas as exigências legais e regulamentares impostas durante o período de estagio no domínio da formação e avaliação final. Assim, dada a manifesta dependência procedimental entre os actos de inscrição como Advogado Estagiário e Advogado, não pode a Ordem dos Advogados, sob pena de violação de legítimas expectativas adquiridas, vedar o acesso à profissão, indeferindo o pedido de inscrição definitiva como Advogado(a), com base em incompatibilidade legal superveniente, ou seja, inexistente à data do deferimento da inscrição como Advogado(a) Estagiário(a). Esta conclusão decorre ainda dos princípios da não retroactividade dos efeitos da lei nova e da boa fé que deve pautar a actividade administrativa. Cfr. artigo 81.° do EOA.

23. No exercício dos poderes consagrados no n.° 5 do artigo 76.°, o Conselho Geral, pelo seu Parecer n.° 20/PP/2008-G, de 20 de Setembro de 2008, declarou a existência de incompatibilidade entre as funções de consultor Jurídico de uma Câmara Municipal, procedendo à redacção e fundamentação jurídica de proposta a apresentar pela Câmara à Assembleia Municipal tendente à alienação de um imóvel pertença da Autarquia e, por outro lado, as de deputado na AM, onde o mesmo consultor jurídico poderá discutir e votar uma deliberação para aprovação da pretendida venda. Nesta situação o CG decidiu-se pela seguinte solução:

a) Na hipótese de pretender manter a sua qualidade de deputado municipal deverá desvincular-se do cargo de consultor jurídico do Município e das respectivas funções, remetendo, no prazo de oito dias úteis, ao seu Conselho Distrital da Ordem dos Advogados, documento comprovativo da rescisão ou denuncia do contrato com a CM.

b) na hipótese de pretender manter a qualidade de Consultor Jurídico da Autarquia, deverá o mesmo Senhor Advogado remeter àquele CD, no mesmo prazo, documento comprovativo da comunicação ao Presidente da AM da renúncia ao cargo de deputado municipal

Compreendemos e louvamos as razões deontológicas que justificaram esta decisão, mas afigura-se-nos que, com base na mesma fundamentação, melhor seria ter-se declarado a existência de um mero impedimento enquadrado pelo artigo 78.° do EOA, já que o que verdadeiramente ocorre na factualidade em apreço é uma situação clara de conflito de interesses e não de incompatibilidade das duas actividades ou funções.

24. Um Advogado, face ao estatuído na alínea p) do n.° 7 art. 77.° do EOA, pode exercer funções de sócio gerente numa sociedade comercial que se dedica a compra e venda de imóveis porquanto numa sociedade com este objecto não tem

a natureza de sociedade de mediação imobiliária, nos termos estritos previstos no art. 2.° do DL 211/2004, de 20 de Agosto. Ver o Parecer do Conselho Geral n.° 4/PP/2008-G, de 6 de Março de 2008.

25. O exercício da advocacia em simultâneo com a assunção da qualidade de membro do Conselho Superior da Magistratura eleito pela Assembleia da República, não só constitui situação que não se verifica prevista como incompatível no art. 77.° do EOA, como também não nos parece, *"per si"* colocar em causa a isenção, a independência e a dignidade da profissão. Vide Parecer n.° 15 do CDL de 29 de Outubro de 2008.

26. A qualidade de sócio de sociedade comercial por quotas que presta a sua actividade na área de consultadoria e contabilidade é, nos termos de n.° 2 do artigo 76.° do E.OA., incompatível com o exercício da advocacia, já que põe em causa a independência e a dignidade da profissão, pois a actividade em causa proporciona condições de angariação de clientela – Vide Parecer do Conselho Geral n.° 19/PP/2009-G de 15 de Outubro, in www.oa.pt.

ARTIGO 78.°
Impedimentos

1 – Os impedimentos diminuem a amplitude do exercício da advocacia e constituem incompatibilidades relativas do mandato forense e da consulta jurídica, tendo em vista determinada relação com o cliente, com os assuntos em causa ou por inconciliável disponibilidade para a profissão.

2 – O advogado está impedido de praticar actos profissionais e de mover qualquer influência junto de entidades, públicas ou privadas, onde desempenhe ou tenha desempenhado funções cujo exercício possa suscitar, em concreto, uma incompatibilidade, se aqueles actos ou influências entrarem em conflito com as regras deontológicas contidas neste Estatuto, nomeadamente, os princípios gerais enunciados nos n.ºs 1 e 2 do artigo 76.°.

3 – Os advogados referidos na alínea a) do n.° 2 do artigo 77.° estão impedidos, em qualquer foro, de patrocinar acções pecuniárias contra o Estado.

4 – Havendo dúvida sobre a existência de qualquer impedimento, que não haja sido logo assumido pelo advogado, compete ao respectivo conselho distrital decidir.

Notas:

1. Os impedimentos, tal como agora são regulados, resultam de circunstâncias concretas que devem levar os Advogados a recusar mandato ou prestação de serviços em função de conflito de interesses ou de decoro, já que o exercício da profissão

deve ser livre, independente e adequado à dignidade da função – vide artigos 83.° e 84.° do EOA.

2. Constitui inovação absoluta a introdução de um mecanismo de tutela dos impedimentos conforme previsto no n.° 4 deste artigo 78.°.

3. José Magalhães Godinho, em Deontologia Profissional – Incompatibilidades (ROA, 32, pág. 479) – defende, em relação aos Deputados da Assembleia da República, que se deve "impedi-los, durante o período do seu mandato, de aceitar mandato e advogar contra o Estado, por si próprio, ou por intermédio do colega que com ele esteja associado, ou do seus companheiro de escritório, mas ainda, e em idênticas circunstâncias, de dar consultas ou pareceres, sobre quaisquer assuntos pendentes de qualquer resolução de qualquer departamento governamental, ministérios, secretarias ou subsecretarias, ou ocupar-se de quaisquer pretensões, requerimentos ou exposições de quaisquer pessoas ou entidades perante esses mesmos departamentos".

4. Não obstante a ausência de referência expressa, deve entender-se que os Deputados da Assembleia da República estão impedidos de advogar contra o Estado, que os Deputados às Assembleias Regionais não podem patrocinar acções contra as Regiões Autónomas, que os Vereadores não podem intervir em acções em que sejam parte os respectivos municípios e que os funcionários, agentes administrativos e contratados de quaisquer serviços públicos ou entidades que prossigam finalidades de interesse público, em situação de aposentados, reformados, inactivos, com licença ilimitada ou na reserva, não podem advogar em quaisquer assuntos em que estejam em causa os serviços públicos ou administrativos a que estejam vinculados, agora sem dependência de qualquer prazo – cfr. artigo 77.° 1. j) e 2. c), bem como o artigo 73.° do D. Lei 84/84 de 16 de Março.

ARTIGO 79.°
Verificação

1 – Os conselhos distritais ou o Conselho Geral podem solicitar às entidades com quem os advogados possam ter estabelecido relações profissionais, bem como a estes, as informações que entendam necessárias para a verificação da existência de incompatibilidade.

2 – Não sendo tais informações prestadas, pelo advogado, no prazo de 30 dias contados da recepção do pedido, pode o Conselho Geral deliberar a suspensão da inscrição.

Notas:

1. O regime de verificação das incompatibilidades assenta no dever de comunicação pelos Advogados à Ordem com pedido de suspensão da inscrição ou pedido de emissão de parecer, em caso de dúvida. Cfr. artigos 181.° 1. d), 86.° d) e 45.° 1. d) e 50.° 1. f) do EOA.

2. Independentemente deste dever de comunicação, que a não ser cumprido faz incorrer os Advogados infractores em responsabilidade disciplinar, pode a Ordem dos Advogados, por sua iniciativa, promover as diligências necessárias para a averiguação da eventuais incompatibilidades, usando para tal os poderes que a lei lhe faculta – Ver artigo 8.° do EOA.

ARTIGO 80.°
Solicitadores

1 – É proibida a inscrição cumulativa na Ordem dos Advogados e na Câmara dos Solicitadores.

2 – É, porém, permitida a inscrição cumulativa durante a primeira fase do estágio a que se alude no n.° 2 do artigo 188.°.

3 – O disposto no n.° 1 não se aplica no caso do registo na Câmara dos Solicitadores enquanto agente de execução.

4 – Os advogados que queiram efectuar o exame de admissão a estágio de agente de execução podem inscrever-se junto da Ordem dos Advogados que comunica à Câmara dos Solicitadores a lista de advogados inscritos por meios electrónicos.

Notas:

1. Quanto aos Solicitadores veja-se o seu Estatuto, aprovado pelo D. Lei 88/2003 de 26 de Abril de 2003.

2. Os Solicitadores são auxiliares da administração da justiça, exercendo o mandato judicial nos casos e com as limitações previstas na lei – artigo 115.° da L.O.F.T.J.

3. A disposição do n.° 2. é inovadora, tendo sido acolhida na sequência da ponderação de que os Advogados Estagiários da 1.ª fase de estágio ainda não podem praticar actos próprios da profissão – cfr. artigo 188.° do EOA.

4. A inconciliabilidade entre as profissões de advogado e de solicitador, tal como configurada na lei, constitui uma situação de verdadeira e própria incompatibilidade.

O disposto no n.° 1 do art. 80.° do Estatuto da Ordem dos Advogados (Lei n.° 15/2005, de 26-01) – conjugado com a alínea p) do art. 114.° do Estatuto da Câmara dos Solicitadores – deve ser interpretado no sentido de que, para o efeito de se poder inscrever na Câmara dos Solicitadores, o advogado não precisa de solicitar o cancelamento da sua inscrição na Ordem dos Advogados, sendo suficiente que obtenha a suspensão de tal inscrição. Parecer do C. Superior de 5/11/2006.

5. Os n.ºs 3 e 4 deste preceito foram introduzidos pelo Decreto-Lei n.° 226/2008 de 20/11 (com entrada em vigor em 31 de Março de 2009) permitindo aos Advogados o exercício da função de agentes de execução mediante inscrição e exame prévio.

A definição da data de abertura de estágios pelo Conselho Geral da Câmara dos Solicitadores ocorrerá após a instalação da Comissão para a Eficácia das Execuções, tendo em conta as competências de tal órgão, sendo previsível que os estágios se iniciem no mês de Setembro de 2009, conforme foi acordado entre a Ordem dos Advogados e a Câmara dos Solicitadores. Sem prejuízo de tal viabilidade legal, subsiste a questão da incompatibilidade para o exercício de tais funções tendo em conta o disposto nos n.os 1 e 2 do artigo 76.° do EOA, já que existe concreta incompatibilidade para o exercício das paralelas funções de gestor judicial e liquidatário judicial (alínea o) depois artigo 77.°).

ARTIGO 81.°
Aplicação no tempo das incompatibilidades e impedimentos

As incompatibilidades e impedimentos criados pelo presente Estatuto não prejudicam os direitos legalmente adquiridos ao abrigo de legislação anterior.

Notas:

1. Esta norma, corolário dos princípios da não retroactividade das leis e da defesa dos direito adquiridos ao abrigo de legislação anterior, teve no domínio do EOA revogado especial incidência na situação dos Notários e Conservadores, em face da incompatibilidade estabelecida então pela alínea g) do n.° 1 do artigo 69.°.

2. Veja-se anotações 6 e 22 aos artigos 181.° e 77.°, respectivamente, do EOA.

ARTIGO 82.°
Exercício ilegítimo da advocacia

1 – Os magistrados, conservadores, notários e os responsáveis pelas repartições públicas têm obrigação de comunicar à Ordem dos Advogados qualquer facto que indicie o exercício ilegal ou irregular da advocacia, designadamente, do patrocínio judiciário.

2 – Para a finalidade prevista no número anterior, os funcionários dos serviços indicados no número anterior dão conhecimento aos respectivos magistrados, conservadores, notários e responsáveis dos serviços dos factos correspondentes de que tenham conhecimento.

Notas:

1. O dever de denúncia é alargado aos Notários, Conservadores e responsáveis por quaisquer repartições públicas, assim como aos funcionários destes serviços.

2. Acolhe-se agora correctamente a distinção entre o exercício ilegal e o exercício irregular da profissão, ao contrário do que sucedia no anterior artigo 75.° do D. Lei 84/84 de 16 de Março – Vide notas 24 e 25 ao artigo 61.° do EOA.

3. Cfr. artigos 183.° (exercício ilegal) e 116.° (exercício irregular) do EOA.

TÍTULO III
Deontologia profissional

CAPÍTULO I
Princípios gerais

ARTIGO 83.°
Integridade

1 – O advogado é indispensável à administração da justiça e, como tal, deve ter um comportamento público e profissional adequado à dignidade e responsabilidades da função que exerce, cumprindo pontual e escrupulosamente os deveres consignados no presente Estatuto e todos aqueles que a lei, os usos, costumes e tradições profissionais lhe impõem.

2 – A honestidade, probidade, rectidão, lealdade, cortesia e sinceridade são obrigações profissionais.

Notas:

1. Neste Título III regula-se a Deontologia, enquanto conjunto de regras de comportamento, assentes nos costumes e na moral, que regulam o exercício da profissão. Nestas normas deontológicas a moral e o direito associam-se intimamente, sendo da sua essência a existência de um conteúdo de natureza ética.

2. Estas normas deontológicas impõem deveres jurídicos, já que se caracterizam por imperativos que se traduzem em regras concretas de comportamento perante diversas situações que, a não serem observadas, implicam sanções disciplinares por decorrência do artigo 110.° do EOA.

3. De acordo com o ponto 1.2.1. do C.D.A.E., "As regras profissionais e deontológicas aplicáveis ao advogado estão adequadas a garantir, através da sua espontânea observância, o exercício correcto de uma função que é reconhecida como indispensável em todas as sociedades civilizadas. O incumprimento dessas regras pelo advogado é susceptível de ser objecto de sanções disciplinares".

4. A Deontologia é o timbre da Advocacia, podendo sem dúvida afirmar-se que os Advogados só poderão afirmar-se e desempenhar a sua função social desde que se revelem capazes de merecer a confiança individual e colectiva que o seu papel exige, o que implica competência, idoneidade, qualidades de trabalho e correcção.

5. António Arnault, no seu Estatuto da Ordem dos Advogados Anotado – 10.ª edição, pág. 90, aponta como grandes princípios da deontologia, a independência, a dignidade a probidade, a isenção, o respeito pela verdade, a lealdade, a urbanidade e a confraternidade.

6. O valor da confiança é fundamental para a compreensão da deontologia profissional, referindo o C.D.A.E. no ponto 2.2 que "As relações de confiança só podem existir se a honestidade, a probidade, a rectidão e a sinceridade do advogado forem inquestionáveis. Para o advogado, estas virtudes tradicionais são obrigações profissionais".

7. A deontologia dos Advogados desdobra-se em deveres gerais de conduta e em deveres profissionais específicos. Aqueles impõem regras de conduta nos domínios da honra, dignidade e integridade, exigindo constantemente aos Advogados o aperfeiçoamento da sua consciência ética, cívica, social e profissional. Estes impõem condutas tendo em conta determinados destinatários de tais deveres.

8. O artigo 83.° sob a epígrafe "Integridade" trata do dever geral de probidade que, no domínio do EOA anterior – Vide artigo 76.° n.° 1 – era definido como o dever do Advogado, no exercício da profissão E FORA DELA, se considerar um servidor da justiça e do direito e, como tal, mostrar-se digno da honra e das responsabilidades que lhe são inerentes.

9. Este dever de probidade tem questionado a possibilidade de os Advogados poderem ser avaliados e eventualmente sancionados por actos praticados na sua esfera de actuação privada, questão que no D. Lei 84/94 de 16 de Março se resolvia pela afirmativa desde logo pela abrangência do citado artigo 76.° n.° 1.

10. Desde há muito também que a jurisprudência disciplinar da Ordem dos Advogados vem aceitando a princípio da censurabilidade do comportamento indecoroso dos Advogados na sua vida privada, designadamente no plano da acção disciplinar, desde que tal comportamento seja cumulativamente escandaloso, desprimoroso aos olhos do público, desonroso para o autor e lesivo da classe. Vide Acórdão do C. Superior de 15/11/62 in ROA 23, 182.

11. Sendo necessário diferenciar na vida privada dos Advogados os actos da sua vida íntima e os que assumem repercussão pública, só estes podem ser deontologicamente avaliados em face do enunciado do princípio tal como consta do actual artigo 83.° n.° 1.

12. A falta de integridade ou de idoneidade moral implica inibição para o exercício da profissão nos termos do artigo 181.° n.° 1 a) do EOA pelo qual não podem ser inscritos "os que não possuam idoneidade moral para o exercício da profissão e, em especial, os que tenham sido condenados por qualquer crime gravemente desonroso".

13. A falta de idoneidade moral é averiguada em processo próprio, nos termos do disposto no artigo 181.° n.os 3, 4 e 5 e 171.° a 173.° do EOA.

14. Na parte final do artigo 83.° n.° 1 do EOA reconhecem-se os usos e costumes profissionais como fonte de deveres deontológicos.

15. Contudo, da análise conjugada dos artigos 3.° n.° 1 do C. Civil e 83.° n.° 1 do EOA, conclui-se que os usos e costumes profissionais só serão juridicamente atendíveis desde que a lei o determine e sejam reconhecidos pela Ordem dos Advogados, como resultava da alínea c) do revogado artigo 79.° do D. Lei 84/84 de 16 de Março, norma que impunha aos Advogados o dever perante a Ordem de acatamento dos usos e costumes profissionais. Com a eliminação deste dever específico no actual artigo 86.° do EOA, reconheceu o legislador que os usos e costumes profissionais, que não foram normatizados, mais não são, presentemente, do que simples praxes em desuso e sem qualquer valor jurídico para efeitos disciplinares.

16. Em Espanha a Deontologia Profissional é regulada autonomamente através do Código Deontológico da Advocacia Espanhola, aprovado pelo Real Decreto 658/2001 de 22 de Junho de 2001 e pelo Pleno em 27 de Setembro de 2002, tendo sido modificado por deliberação tomada em 10 de Dezembro de 2002, podendo ser consultado no site da nossa Ordem, na área Reservada – Deontologia.

17. A questão de relevância do comportamento na vida privada, tratada através do dever de proibidade, não é tema exclusivo da deontologia específica dos Advogados, sendo também aflorado nos Estatutos dos Magistrados Judiciais e no Estatuto dos Magistrados do Ministério Público – vide respectivamente os artigos 82.° e 163.°.

18. Sobre a Deontologia e a sua essencialidade para a Advocacia, contendo diversas citações de relevantes autores ao logo da história, leia-se "Advocacia – As melhores citações" colectânea organizada por Helena Resende da Silva – Colecção Citações Jurídicas.

ARTIGO 84.°
Independência

O advogado, no exercício da profissão, mantém sempre em quaisquer circunstâncias a sua independência, devendo agir livre de qualquer pressão, especialmente a que resulte dos seus próprios interesses ou de influências exteriores, abstendo-se de negligenciar a deontologia profissional no intuito de agradar ao seu cliente, aos colegas, ao tribunal ou a terceiros.

Notas:

1. O princípio da independência é, a par do interesse público da profissão, um dos pilares fundamentais da Deontologia dos Advogados – Vide a propósito a nota 12 ao artigo 1.° deste EOA sobre alguns dos afloramentos deste princípio no EOA.

2. Segundo Carlo Lega, em Deontologia de la Profession de Abogado, a independência consiste na "ausência de toda a forma de ingerência, de interferência, de vínculos e de pressões, quaisquer que sejam, provenientes do exterior, e que tendam a influenciar, desviar e distorcer a acção do ente profissional".

3. Presentemente, as fontes de eventual dependência não podem já colocar-se apenas no domínio da actuação do poder político e do poder judicial, sendo de acautelar os Advogados das pressões provenientes do poder económico e de outras formas de poder, como o da comunicação social, não olvidando a fundamental preservação do valor da independência perante os clientes.

4. No ponto 2.1.1 do C.D.A.E determina-se que "A multiplicidade de deveres a que o advogado está sujeito impõe-lhe uma independência absoluta, isenta de qualquer pressão, especialmente a que possa resultar dos seus próprios interesses ou de influencias exteriores. Esta independência é tão necessária à confiança na justiça como a imparcialidade do juiz. O advogado deve, pois, evitar pôr em causa a sua independência e nunca negligenciar a ética profissional com a preocupação de agradar ao seu cliente, ao juiz ou a terceiros".

Trata-se de uma norma que influenciou claramente a redacção deste artigo 84.°, que a transcreve parcialmente.

5. No ponto 1.2 do mesmo código acrescenta-se que "Esta independência é necessária em toda e qualquer actividade do advogado, independentemente da existência ou não de um litígio concreto, não tendo qualquer valor o conselho dado ao cliente pelo advogado, se prestado apenas por complacência, ou por interesse pessoal ou sob o efeito de uma pressão exterior".

6. Sobre a independência em relação aos clientes, leia-se O Cliente e a Independência do Advogado (Uma chave da Deontologia Profissional) de Abel Laureano.

7. Sem independência perante os clientes, não poderão os Advogados cumprir em relação a eles, de forma cabal, os deveres deontológicos impostos pelo artigo 95.° do EOA, designadamente dar-lhes opinião consciencioso sobre o merecimento do direito ou pretensão invocada – alínea a) – e aconselhar toda a composição justa e equitativa – alínea c).

8. Radicam na preservação da independência em face dos clientes a proibição de celebração, em proveito próprio, de contratos sobre o objecto das questões confiadas – alínea d) do artigo 95.° do EOA – princípio que, por sua vez, se aplica em matéria de honorários com a proibição da "quota litis". Cfr. artigo 101.° do EOA.

9. António Arnaut, em artigo crítico ao EOA publicado no n.° 37 (Maio/Julho e 2005) do Boletim da Ordem dos Advogados, sustenta que a defesa da dignidade e da independência dos Advogados exigia que no texto estatutário tivessem ficado consagradas normas legais dispersas por outros diplomas, por ser essa a sede própria, realçando o preceito do n.° 3 do artigo 154.° do Código de Processo Civil, quanto à liberdade de expressão, e o artigo 144.° da Lei 3/99 (LOFTJ) quanto às imunidades no exercício da profissão. Concordamos com esta posição, particularmente dada a necessidade de uma adequada definição concreta do princípio do "não sancionamento pela prática de actos que sejam conformes ao estatuto da profissão".

10. A alínea e) do n.° 1 do artigo 414.° do Código das Sociedades Comerciais, na sua nova redacção, e o n.° 5 do artigo 414.° do mesmo Código, não são aplicáveis à prestação de serviços profissionais por advogados por força dos princípios fundamentais a que estão sujeitos pelo seu estatuto profissional – Vide Parecer do Conselho Geral de 23 de Junho de 2006, no Portal da Ordem – www.oa.pt

11. O princípio da independência dos Advogados é um dos pilares do nosso edifício judiciário e, reconhecidamente, um dos valores essenciais do Estado de Direito, assim como o são a independência dos Magistrados Judiciais e a autonomia do Ministério Público. Sobre esta temática, numa abordagem conjunta, cfr. os artigos 61.° n.os 13, 64.°, 68.°, n.° 3 76. n.os 1 e 2, 85.° 2. b), 95.° n.° 1 a) e c) e 101.°, todos do EOA, bem como o artigo 4.° do Estatuto dos Magistrados Judiciais e 2.° e 10.° do Estatuto do Ministério Público. Veja-se ainda com relação ao tema os sartigos 203.° e 208.° da CRP, os artigos 3.°, 6.° e 114.° da LOFTJ e os artigos 154.° e 266.°/B n.° 2 do CPC.

12. A propósito da actuação de Advogado em concertação das autoridades judiciárias, desempenhando o papel de agente encoberto em processo pendente onde está formalmente constituído mandatário, o Conselho Distrital de Lisboa entendeu que esta prática viola os valores fundamentais do instituto do segredo profissional da independência e da confiança dos Advogados, correspondendo a uma preterição dos artigos 87.° n.os 1 e 4, do EOA, 135.° n.° 3 do C.P.P., 114.° n.° 3 b) da L.O.F.T.J. e ainda dos artigos 20.° n.° 2, 26.° n.° 1 e 208.° da C.R.P.. Vide Parecer relatado pelo Sr. Dr. Carlos Pinto de Abreu de 13 de Maio de 2009, emitido sob o pedido de Consulta n.° 29/2009, in Pareceres do C.D. de Lisboa – www.oa.pt

ARTIGO 85.°
Deveres para com a comunidade

1 – O advogado está obrigado a defender os direitos, liberdades e garantias, a pugnar pela boa aplicação das leis, pela rápida administração da justiça e pelo aperfeiçoamento da cultura e instituições jurídicas.

2 – Em especial, constituem deveres do advogado para com a comunidade:

a) Não advogar contra o Direito, não usar de meios ou expedientes ilegais, nem promover diligências reconhecidamente dilatórias, inúteis ou prejudiciais para a correcta aplicação de lei ou a descoberta da verdade;

b) Recusar os patrocínios que considere injustos;

c) Verificar a identidade do cliente e dos representantes do cliente, assim como os poderes de representação conferidos a estes últimos;

d) Recusar a prestação de serviços quando suspeitar seriamente que a operação ou actuação jurídica em causa visa a obtenção de resultados ilícitos e que o interessado não pretende abster-se de tal operação;

e) Recusar-se a receber e movimentar fundos que não correspondam estritamente a uma questão que lhe tenha sido confiada;

f) Colaborar no acesso ao direito;

g) Não se servir do mandato para prosseguir objectivos que não sejam profissionais;

h) Não solicitar clientes, por si ou por interposta pessoa.

Notas:

1. Nos termos do revogado artigo 76.° n.° 1 do D. Lei 84/84 de 16 de Março, os Advogados eram em primeiro lugar servidores da justiça e só depois do direito, princípio que muito dignificou a profissão e constituiu uma evolução muito positiva em relação ao entendimento anterior, expresso no artigo 570.° do Estatuto Judiciário de 1962, de que os Advogados eram apenas servidores do direito.

2. Não obstante na actual redacção do actual artigo 84.° não ter sido acolhido de forma expressa o primado do Advogado como servidor da justiça, não podem existir dúvidas de que nele assentam os deveres específicos para com a comunidade, designadamente os que constam no n.° 1 e na alínea b) do n.° 2 do actual artigo 85.° do EOA.

3. De realçar a relevância indiscutível dos Advogados na defesa dos direitos humanos, em consonância com o que já se consignara, no plano institucional, nos artigos 3.° 1. a) e 45.° 1. a) do EOA.

4. "Os advogados de todo o mundo devem defender a independência da sua profissão, afirmar as garantias individuais, de harmonia com a soberania do Direito, e insistir para que seja concedido a cada acusado um julgamento legal" – Acto de Atenas, aprovado em 1955 pela Comissão Internacional de Juristas.

5. Por dependência do Conselho Geral, mas com funcionamento autónomo, foi criada e tem tido papel de relevo a Comissão dos Direitos Humanos da Ordem dos Advogados, que se rege pelo Regulamento 61/2003 de 10 de Julho de 2003, publicado no DR II Série n.° 278 de 2/12/2003 e através da qual se dá cumprimento institucional ao dever constante do n.° 1 deste artigo 85.° do EOA.

6. Também por dependência do Conselho Geral, existe a Comissão de Legislação da Ordem dos Advogados, que tem por função emitir pareceres sobre projectos de diplomas legislativos e pugnar pela boa reforma das leis.

7. O compromisso deontológico com a Verdade e com o Direito exige aos Advogados que, na sua actuação profissional, respeitem os deveres processuais de cooperação, boa fé processual e de correcção, como também decorre dos artigos 266.°, 266.°-A e 266.°-B, todos do C. P. Civil.

8. O artigo 459.° do C. P. Civil regula o regime da má fé imputável aos Advogados ou má fé instrumental, estabelecendo que "quando se reconheça que o mandatário da parte teve responsabilidade pessoal e directa nos actos pelos quais se revelou a

má fé na causa, dar-se-á conhecimento do facto à Ordem dos Advogados ou à Câmara dos Solicitadores, para que estas possam aplicar as sanções respectiva e condenar o mandatário na quota-parte das custas, multa e indemnização que lhes parecer justa".

9. Para que haja má fé da responsabilidade pessoal do mandatário importa, porém, que ele tenha agido com intenção maliciosa, com verdadeiro dolo, não bastando a simples culpa ainda que muito grave. Vide Acórdão do STJ de 13/10/77 em BMJ n.° 270, pág. 17.

10. No regime sancionatório da má fé instrumental o legislador respeitou a autonomia da Ordem e a independência dos Advogados perante o poder judicial, criando um mecanismo processual que permite seja a Ordem a apreciar em sede disciplinar a responsabilidade dos Advogados e a acautelar a plena defesa destes sem risco de quebra do sigilo profissional, o que se verificaria se tal defesa fosse apresentada perante o Juiz.

11. As faltas dos Advogados às diligências judiciais para que tenham sido convocados, sem para tal existir motivo deontologicamente relevante e que determinem o adiamento de tais diligências, pode considerar-se prática susceptível de qualificação como acto dilatório, abrangido pela proibição da alínea a) do n.° 2 deste artigo 85.°.

12. Em termos de lei adjectiva, os mandatários têm o dever de comparência que decorre do disposto no artigo 266.° n.ºs 2 e 3 do C. P. Civil, estando o regime das faltas às diligências pelos Advogados disciplinado nos artigos 155.° n.° 5 e 651.° n.° 1 alínea d) do mesmo diploma legal.

13. O compromisso dos Advogados com a Verdade não deve confundir-se com a busca da verdade material que, com imparcialidade, cabe ao Juiz realizar. O Advogado é por definição parcial e cumpre-lhe defender a verdade relativa da parte que representa. Mas, se ao Advogado se tolera a meia-verdade, já não pode perdoar-se o recurso è mentira e à falsidade. É o dever geral de probidade que o exige e o compromisso para com a comunidade. Veja-se sobre o tema Alberto Luís, A Profissão de Advogado e a Deontologia, lições distribuídas no Centro Distrital de Estágio do Conselho Distrital do Porto, Bastonário Augusto Lopes Cardoso, Do Advogado e da Verdade, em Jeito de Charla, na Revista do Conselho Distrital do Porto, n.° 1, págs. 18 a 21 e Desembargador Dionísio de Pinho, O Advogado perante a Verdade, em BOA n.° 15, pág. 30.

14. Deve entender-se que, sem prejuízo da liberdade de expressão escrita e oral fundamental no exercício da profissão, constitui obrigação dos Advogados evitar excessiva prolixidade nas suas intervenções, não justificadas pelas exigências da lide, mas violadoras do princípio da cooperação com a boa administração da Justiça. Jean-Charles, em Drôle de Justice, refere que "uma alegação deve ser como um vestido – suficientemente comprido para cobrir o objecto, e suficientemente curto para suscitar o desejo de ser seguido". E J. Alberto dos Reis, no seu Código do Processo Civil Anotado, Vol. IV, pág. 541, aconselha uma alegação "breve, clara e bem ordenada".

15. Sendo o Advogado um servidor da Justiça, é sua obrigação lutar contra a lei injusta ou iníqua, mas tal combate deve ser feito sem, por outro lado, advogar contra

o Direito, como decorre da alínea a) do n.° 2. Assim, os Advogados devem abster-se de patrocinar "contra legem", evitando deduzir pretensões que correspondam a soluções ilegítimas ou não consentidas pela lei, sem prejuízo de poderem defender, em alegação, mas no plano da evolução do direito ou da sua interpretação da leis, as soluções consideradas como mais justas.

16. No domínio da previsão da alínea a) do n.° 2, tem sido debatida a problemática do enquadramento deontológica do contacto com as testemunhas, matéria melindrosa e que, durante muito tempo foi analisada à luz dos costumes e tradições profissionais no sentido pacífico de que tal prática era imoral, não sendo por isso lícito aos Advogados contactarem testemunhas, dando azo a que pareça que tentam influenciar o seu depoimento. Vide nesta linha, a título meramente exemplificativo, os Acórdãos do Conselho Superior de 14/4/53 em ROA, n.° 13, pág. 520, de 8/2/68 em ROA, 1969, n.° 15, de 28/5/82 em ROA, n.° 42, pág. 823. No I Congresso Nacional de Advogados, realizado em Lisboa, em Novembro de 1985, embora mantendo-se a tradicional proibição, já se admitia, contudo, que a censurabilidade deontológica não resultava do contacto em si mesmo, mas da intenção de se afastar as testemunhas do caminho da verdade. Foi esta, em síntese, a tese que acabou por vingar nos trabalhos preparatórios deste novo Estatuto, como se pode avaliar pelo inovador artigo 104.°.

17. A obrigação de recusa pelo Advogado dos patrocínios que considere injustos (alínea b)) é corolário do primado do Advogado como servidor da Justiça e constitui acto supremo da liberdade dos Advogados, já que a lei lhes confere o direito de aceitarem ou não uma causa em função da sua valoração ética e pelos padrões da sua própria consciência individual.

18. Atente-se que pelos artigos 93.° e 95.° 1. b) os Advogados devem garantir aos seus clientes disponibilidade e dedicar-lhes todos os recursos da sua experiência, saber e actividade, obrigações estas difíceis de concretizar caso aceitem patrocinar causas que violem os princípios da sua consciência moral e profissional individual.

19. O dever decorrente da alínea b) do n.° 2 do artigo 85.° não deve confundir-se com o dever de recusar patrocínio por verificação de conflito de interesses ou risco de quebra de sigilo profissional, conforme resulta do artigo 94.° do EOA e do ponto 3.2 do C.D.A.E.

20. O dever de identificação do cliente e dos seus representantes, bem como a aferição dos poderes de representação destes não tinha correspondência no EOA anterior e resulta das prerrogativas de fé pública entretanto conferidas aos Advogados no domínio das procurações com dispensa de reconhecimento notarial, reconhecimentos com menções especiais, por semelhança e à feitura e certificação de fotocópias e traduções de documentos. Cfr. D. Lei 28/2000 de 13 de Março e artigos 5.° e 6.° do D. Lei 237/01 de 30 de Agosto.

21. A previsão da alínea d) do n.° 2 é de alguma forma complementar da alínea b) pondo acento tónico na imperiosa necessidade de o Advogado não se envolver na prática desaconselhada ao cliente de eventuais actos ilícitos, o que pode transformar

o próprio Advogado em agente moral da ilicitude, situação de particular acuidade no sistema de combate ao branqueamento de capitais.

22. Na mesma linha da preocupação, determina-se na alínea e) do n.° 2 que os Advogados devem recusar-se a receber e a movimentar fundos que não correspondam estritamente a uma questão que lhe tenha sido confiada.

23. Quanto ao tratamento a dar aos fundos dos clientes relacionados com assuntos legitimamente confiados, veja-se o regime dos artigos 96.° e 97.° e o ponto 3.8 do C.D.A.E.

24. O sistema de acesso ao direito e aos tribunais destina-se a assegurar, por imperativo constitucional, que ninguém seja impedido ou dificultado, em razão da sua condição social ou cultural, ou por insuficiência de meios económicos, do conhecimento, e do exercício ou a defesa dos seus direitos, estando tal sistema regulado pela Lei 34/2004 de 29 de Julho, com as alterações de Lei 47/2007 de 28/08/07 e ainda pela Portaria n.° 10/2008, de 3/01/08 com as alterações da Portaria n.° 210/2008, de 29/02/2008, Regulamento n.° 330-A/2008 de 24 de Junho, Deliberação do CG da AO n.° 180-A/2008 sobre o Processo de Inscrição no Sistema de Acesso ao Direito e à Justiça e Deliberação do CG de 30 de Janeiro de 2009, as duas últimas no Portal da OA.

25. Nos termos do artigo 2.° da Lei 34/2004, tal acesso constitui uma responsabilidade do Estado, a promover através de dispositivos de cooperação com as instituições representativas dos profissões forenses, compreendendo as modalidades de informação jurídica e a protecção jurídica.

26. A par do sistema de protecção jurídica por insuficiência económica, constitui ainda dever dos Advogados aceitar patrocínios por nomeação directa da Ordem dos Advogados a benefício de cidadãos que não encontrem quem voluntariamente os patrocine. Vide artigos 50.° n.° 1 q) e 86.° b) do EOA.

27. O dever emergente da alínea g) do n.° 2 é corolário de dever de probidade e da função social da Advocacia, ao mesmo tempo que se reitera que o princípio da independência e do necessário decoro no exercício da profissão reclamam que os Advogados não depositem interesses pessoais sobre o objecto das questões confiadas. Cfr. artigos 83.° e 95.° n.° 1 d) do EOA.

28. A proibição de angariação de clientela a que alude a alínea h) do n.° 2 do artigo 85.° estava no EOA revogado intimamente associada ao princípio da escolha livre e directa do Advogado pelo mandante ou interessado, por se entender que tal forma de escolha era a única que garantia a necessária relação de confiança entre o Advogado e o seu cliente. Com a eliminação da alínea g) do D. Lei 84/84 de 16 de Março, optou o legislador por, no actual EOA, reafirmar a essencialidade de tal relação de confiança (artigo 92.° n.° 1) mas admitindo que ela possa ser alcançada fora do quadro do contacto directo e pessoal pelo cliente. Permanece, contudo, intocado o princípio da escolha livre, agora consignado no artigo 93.° n.° 1 do EOA.

29. É em razão do decoro da profissão e também da sua independência, que o Advogado está impedido de promover a captação de clientela por forma organizada. Como dizia Maurice Garçon, "a verdadeira reputação forja-se no Tribunal".

30. Com agenciamento de clientela não deve confundir-se a legítima actuação do Advogado em se afirmar social e profissionalmente por natural projecção do seu nome e prestígio, usando para o efeito formas lícitas de publicidade. Os Advogados devem ser cidadãos particularmente atentos e activos no seio da comunidade, de cujos interesses são naturais intérpretes, pelo que nada de censurável há que extraiam de tal actividade as contrapartidas profissionais da sua boa reputação alcançada.

31. Dada a proibição de angariação de clientela, estão os Advogados proibidos de partilhar honorários a não ser com outros Advogados, Advogados Estagiários ou Solicitadores que tenham colaborado na prestação dos serviços profissionais. Cfr. artigo 102.° do EOA.

32. Idêntica proibição decorre do disposto no ponto 3.6 do C.D.A.E., com reserva da partilha no seio das sociedades multidisciplinares nos países em que sejam autorizadas e da partilha com herdeiros de Advogado falecido ou a Advogado retirado, a título de sucessão de clientela.

33. A angariação de clientela está intimamente associada a formas de procuradoria ilícita. Veja-se o revogado artigo 56.° n.° 3 do D. Lei 84/84 de 16 de Março e o actual artigo 6.° da Lei 49/2004 de 24 de Agosto.

34. Os Advogados Portugueses aceitam pacificamente que é sua obrigação garantir o patrocínio e defesa dos interesses dos cidadãos, que em razão da sua condição social ou cultural e por insuficiência económica, os não podem contratar;

O patrocínio oficioso prestado por advogados no âmbito do regime de acesso ao Direito e aos tribunais deve sempre observar o princípio da livre escolha do advogado pelo cidadão e, em homenagem à necessária independência daquele, a possibilidade de aceitação ou recusa do serviço;

A representação e o patrocínio oficioso devem, em tudo, aproximar-se das regras do mandato forense, conferindo a indispensável mútua confiança à relação advogado/patrocinado. Conclusões 12.ª, 13.ª e 14.ª (2.ª Secção) aprovada no VI Congresso dos Advogados Portugueses (2005).

35. O acolhimento dos princípios gerais que estiveram na base do Parecer 1/2006 do Conselho Superior da Ordem dos Advogados sobre a proibição das tabelas de honorários, anotado e comentado em relação no ponto 9 do artigo 101.° do EOA, não se compatibiliza com a subsistência de um sistema de remuneração do patrocínio oficioso através das actuais tabelas fixadas por lei. Assim se reforça a necessidade de implementação de um novo sistema na senda das Conclusões do Congresso anotadas no ponto anterior.

36. A defesa da profissão e a sua afirmação no futuro passa, como bem salienta e bem defendendo o nosso Colega João Correia, pela sua relegitimação e afirmação à luz do dever de cidadania e de serviço em prol da Justiça, o que implica, no domínio do acesso ao direito e à justiça dos cidadãos mais carenciados, que o patrocínio oficioso se aproxime, o mais possível, do paradigma do mandato judiciário. Assim, as nomeações oficiosas "devem assumir os ingredientes, a qualidade, a natureza e o desenvolvimento da advocacia na plenitude da sua actividade", como escreve este

nosso Colega em "Afirmar a Advocacia – Reflexões sobre a Cidadania e a Justiça", Almedina, 2004.

37. A falta de advogado a uma diligência processual não implica, por si só, responsabilidade disciplinar para o advogado faltoso, porquanto só assim ocorrerá se tiver sido cometida sem justificação válida ou se dela resultarem prejuízos para o cliente. Parecer do C. Superior – AL 25/06 de 26 de Outubro de 2007

38. A comunicação prevista no 459.° do Código do Processo Civil não tem como único intuito a aplicação de sanção disciplinar, por violação de dever deontológico (neste caso o dever previsto no art. 78.° alínea b) do Estatuto da Ordem dos Advogados na sua redacção anterior), mas também condenar o advogado na sua quota parte das custas, multa e indemnização. Tem sido entendimento dos Órgãos da Ordem dos Advogados que a responsabilidade do mandatário para efeitos do 459.° do Código do Processo Civil é autónoma da responsabilidade disciplinar, não se extinguindo com esta. Parecer do C. Superior de 12/01/2007.

39. Não é obrigatória a existência e disponibilização do Livro de Reclamações nos escritórios dos Advogados, uma vez que estes escritórios não podem ser considerados estabelecimentos de contacto com o público, pelo que estão excluídos do âmbito de aplicação dos Decretos-Leis n.os 156/2005, de 15 de Setembro, e 371/2007, de 6 de Novembro – Parecer da Procuradoria-Geral da República n.° 8/2009 de 12 de Novembro de 2009, in www.oa.pt.

ARTIGO 86.°
Deveres para com a Ordem dos Advogados

Constituem deveres do advogado para com a Ordem dos Advogados:

a) Não prejudicar os fins e prestígio da Ordem dos Advogados e da advocacia;

b) Colaborar na prossecução das atribuições da Ordem dos Advogados, exercer os cargos para que tenha sido eleito ou nomeado e desempenhar os mandatos que lhe forem confiados;

c) Declarar, ao requerer a inscrição, para efeito de verificação de incompatibilidade, qualquer cargo ou actividade profissional que exerça;

d) Suspender imediatamente o exercício da profissão e requerer, no prazo máximo de 30 dias, a suspensão da inscrição na Ordem dos Advogados quando ocorrer incompatibilidade superveniente;

e) Pagar pontualmente as quotas e outros encargos, designadamente as obrigações impostas como penas pecuniárias ou sanções acessórias, devidos à Ordem dos Advogados, estabelecidos neste Estatuto e nos regulamentos;

f) Dirigir com empenhamento o estágio dos advogados estagiários;

g) Comunicar, no prazo de 30 dias, qualquer mudança de escritório;

h) Manter um domicílio profissional dotado de uma estrutura que assegure o cumprimento dos seus deveres deontológicos, nos termos de regulamento a aprovar pelo Conselho Geral;

i) Promover a sua própria formação, com recurso a acções de formação permanente, cumprindo com as determinações e procedimentos resultantes da regulamentação a aprovar pelo Conselho Geral.

Notas:

1. A propósito da eliminação da alínea c) do artigo 79.° do EOA anterior veja-se o que se deixou já comentado nas notas 14 e 15 do artigo 83.°.

2. A falta de pagamento atempado das quotas implica impedimento do acesso aos serviços prestados pela Ordem nos termos do n.° 5 do artigo 45.° do Regulamento de Inscrição de Advogados e Advogados Estagiários. (2007)

3. Os Advogados com quotas em atraso também não podem obter a emissão de laudo de honorários – artigo 7.° n.° 6 do Regulamento dos Laudos de Honorários – Regulamento 40/2005 de 29/4/2005.

4. Foi eliminada a limitação à capacidade eleitoral que resultava da parte final da anterior alínea f) do artigo 79.° do D. Lei 84/84 de 16 de Março, pelo que presentemente tal capacidade existe sem limitações estatutárias desde que se encontre em vigor a inscrição na Ordem dos Advogados (artigo 14.° n.° 1 do EOA).

5. O dever de pagamento de penas pecuniárias ou sanções acessórias permite reforçar as garantias de cumprimento mediante a responsabilização disciplinar, em face do disposto no artigo 110.° do EOA.

6. Na alínea f) permanece a obrigação dos Advogados pela direcção do estágio de Advogados Estagiários, assim se preservando a importância dos patronos tradicionais no processo de formação inicial, não obstante o crescente papel formador que a Ordem dos Advogados vem assumindo ao longo de todo o período do estágio e que se encontra bem evidenciado no Regulamento Geral da Formação. Para se verificar do papel relevante que no actual modelo de estágio é confiado aos patronos tradicionais, veja-se os artigos 21.° a 23.°, 24.° n.° 1, 33.°, 34.° n.° 1 e 43.° do RGF e artigos 16.°, 18.° n.° 1, 25.° e 30.° do R.N.E.

7. Na alínea h) introduz-se, em forma expressa, o dever de manutenção de domicílio profissional digno e capaz de garantir um exercício de actividade de acordo com as regras deontológicas, designadamente tendo em vista a proibição de angariação de clientela, a proibição de partilha do espaço profissional com quem não seja Advogado, Advogado Estagiário ou Solicitador, a preservação do sigilo profissional e a dignidade da profissão, prevendo-se inovadoramente que o Conselho Geral venha a regulamentar neste domínio.

8. Estabelece-se na alínea i) o dever de promoção da formação permanente, numa antevisão da inevitável obrigatoriedade da formação contínua, à semelhança

do que já sucede em muito países da UE. Neste sentido já apontava, aliás, o RGF ao dispor, no seu artigo 2.° n.° 2, que a "formação contínua destina-se a assegurar a todos os advogados e advogados estagiários uma constante actualização dos seus conhecimentos técnico-jurídicos e dos princípios deontológicos que regem o exercício da profissão, incidindo predominantemente sobre temas suscitados pelo desenvolvimento das ciências jurídicas, dos avanços tecnológicos e pela evolução da sociedade civil", prevendo-se no artigo 60.° a existência de uma rede nacional de pólos de formação contínua tendo em vista a concretização de uma programação ordinária anual, ideia que se mantém no artigo 44.° do Regulamento Nacional de Estágio.

9. Veja-se também o artigo 190.° do EOA.

ARTIGO 87.°
Segredo profissional

1 – O advogado é obrigado a guardar segredo profissional no que respeita a todos os factos cujo conhecimento lhe advenha do exercício das suas funções ou da prestação dos seus serviços, designadamente:

a) A factos referentes a assuntos profissionais conhecidos, exclusivamente, por revelação do cliente ou revelados por ordem deste;

b) A factos de que tenha tido conhecimento em virtude de cargo desempenhado na Ordem dos Advogados;

c) A factos referentes a assuntos profissionais comunicados por colega com o qual esteja associado ou ao qual preste colaboração;

d) A factos comunicados por co-autor, co-réu ou co-interessado do seu constituinte ou pelo respectivo representante;

e) A factos de que a parte contrária do cliente ou respectivos representantes lhe tenham dado conhecimento durante negociações para acordo que vise pôr termo ao diferendo ou litígio;

f) A factos de que tenha tido conhecimento no âmbito de quaisquer negociações malogradas, orais ou escritas, em que tenha intervindo.

2 – A obrigação do segredo profissional existe quer o serviço solicitado ou cometido ao advogado envolva ou não representação judicial ou extrajudicial, quer deva ou não ser remunerado, quer o advogado haja ou não chegado a aceitar e a desempenhar a representação ou serviço, o mesmo acontecendo para todos os advogados que, directa ou indirectamente, tenham qualquer intervenção no serviço.

3 – O segredo profissional abrange ainda documentos ou outras coisas que se relacionem, directa ou indirectamente, com os factos sujeitos a sigilo.

4 – O advogado pode revelar factos abrangidos pelo segredo profissional, desde que tal seja absolutamente necessário para a defesa da dignidade, direitos e interesses legítimos do próprio advogado ou do cliente ou seus representantes, mediante prévia autorização do presidente do conselho distrital respectivo, com recurso para o Bastonário, nos termos previstos no respectivo regulamento.

5 – Os actos praticados pelo advogado com violação de segredo profissional não podem fazer prova em juízo.

6 – Ainda que dispensado nos termos do disposto no n.° 4, o advogado pode manter o segredo profissional.

7 – O dever de guardar sigilo quanto aos factos descritos no n.° 1 é extensivo a todas as pessoas que colaborem com o advogado no exercício da sua actividade profissional, com a cominação prevista no n.° 5.

8 – O advogado deve exigir das pessoas referidas no número anterior o cumprimento do dever aí previsto em momento anterior ao início da colaboração.

Notas:

1. O segredo profissional, sendo radicialmente um dever para com o cliente, já que sem ele seria impossível o estabelecimento da relação de confiança, resulta também de um compromisso da Advocacia com a sociedade. Na verdade, a função social desempenhada pelos Advogados implica, para além da independência e isenção, o reconhecimento do seu papel como confidentes necessários.

2. A jurisprudência da Ordem dos Advogados vem assim considerando pacificamente que o segredo profissional é o "timbre da advocacia", sendo indissociável da sua própria identidade.

3. Pode ler-se no ponto 2.3.1. do C.D.A.E. que " É requisito essencial do livre exercício da advocacia a possibilidade do cliente revelar ao advogado informações que não confiaria a mais ninguém, e que este possa ser o destinatário de informações sigilosas transmissíveis no pressuposto da confidencialidade. Sem a garantia de confidencialidade não pode haver confiança. O segredo profissional é, pois, reconhecido como direito e dever fundamental e primordial do advogado."

E ainda:

"A obrigação do advogado guardar segredo profissional visa garantir razões de interesse público, nomeadamente a administração da justiça e a defesa dos interesses dos clientes. Consequentemente, esta obrigação deve beneficiar de uma protecção especial por parte do Estado."

4. O segredo profissional dos Advogados está regulado em diversos diplomas legais, nomeadamente no artigo 208.° da CRP, no artigo 114.° n.° 3 alíneas a) e c) da LOFTJ, nos artigos 195.° e 196.° do C. Penal, no artigo 135.° do C. P. Penal, nos artigos 618.° n.° 3 e 519.° n.° 3 alínea c) do C. P. Civil, nos pontos 2.3.1. a 2.3.4. do C.D. A.E. e nos artigos 70.° a 72.°, 87.°, 88.°, 89.° 1 e 2 h), 94.° n.° 5 e 108.° do EOA.

5. A reprovação social pela violação da obrigação de segredo profissional manifesta-se pelos crimes de violação de segredo profissional e de aproveitamento indevido de segredo alheio, previstos pelos artigos 195.° e 196.° do C. Penal.

6. A actual formulação do artigo 87.° do EOA foi claramente determinada pela necessidade de clarificação de alguns aspectos mais controversos do regime legal anterior, suscitados pela redacção algo imprecisa do artigo 81.° do D. Lei 84/84, e ainda pela preocupação de uma melhor sistematização na disciplina do instituto, evitando-se a dispersão das normas que lhe dizem respeito.

7. Resulta agora de forma mais precisa que estão abrangidos pela obrigação de segredo profissional todos os factos cujo conhecimento advenha do exercício das funções ou da prestação dos serviços profissionais, e já não os conhecidos "no exercício da profissão" como constava na norma revogada do n.° 1 do citado artigo 81.° do EOA anterior, assim se estabelecendo a relação de causalidade necessária para a existência do sigilo entre o exercício das funções e o conhecimento dos factos.

8. Embora idêntica solução já resultasse do EOA anterior estabelece-se na alínea c) do n.° 1 do artigo 87.° que estão abrangidos pelo sigilo os factos referentes a assuntos profissionais comunicados por colega com o qual o Advogado esteja associado ou preste colaboração, o que deve considerar-se extensivo a qualquer forma de exercício da actividade em grupo.

9. A previsão da alínea d) corresponde à necessidade de extensão da protecção do sigilo a quem, tendo interesse convergente ou até divergente do cliente do Advogado, nele tenha confiado, permitindo-se à luz de tal confiança uma abertura de espírito que não deve ser traída.

10. Nas alíneas e) e f) trata-se a questão do sigilo profissional no âmbito das negociações transaccionais, matéria antes regulada nos artigos 81.° 1. d) e 86.° 1. e) do D. Lei 84/84 de 16 de Março. A previsão da alínea e), é mais ampla e abrange, a benefício da parte contrária ou dos seus representantes, os factos que estes tenham dado a conhecer ao Advogado durante negociações que visem por termo ao litígio, independentemente do resultado de tais negociações. Já pela alínea f) ficam abrangidos os factos conhecidos no âmbito de negociações malogradas, orais ou escritas, em que o Advogado tenha intervindo, o que corresponde a uma alteração do regime anterior, decorrente do citado artigo 86.° 1 e) do D. Lei 84/84. Na verdade, em face desta disposição, ora revogada, era entendimento pacífico que tais factos (negociações malogradas) assumiam a natureza sigilosa pela intervenção de, pelo menos um Advogado, não podendo vir a ser revelados não só pelo Advogado que nelas interveio, como por qualquer outro Advogado que, não tendo tido intervenção nas negociações, pudesse mais tarde ter interesse na revelação a benefício de uma das

partes. É a solução que se impõe para a melhor protecção do sigilo e mesmo por imperativo do princípio de igualdade de armas. Veja-se a propósito o que escreve o Bastonário Augusto Lopes Cardoso no "Do Segredo Profissional da Advocacia, 1998, págs. 40 a 46.

Pelas razões expostas, não se aplaude a alteração introduzida no actual EOA, porquanto permite defender-se que só o Advogado que interveio nas negociações malogradas fica sujeito ao segredo, o que não podemos aceitar como boa solução.

11. A obrigação de segredo profissional, uma vez constituída, mantém-se no tempo para além da extinção da relação profissional onde teve origem e transmite-se integralmente aos Advogados que vierem a suceder no patrocínio ao Advogado primitivo Vide ponto 2.3.3. do C.D.A.E.

12. O conceito de "factos" para efeitos do sigilo profissional é um conceito amplo e compreende não só os factos materiais susceptíveis de alegação, como os próprios documentos, como resulta do disposto no n.° 3.

13. Nos n.ºs 7 e 8 transporta-se para o actual EOA o regime de protecção do sigilo profissional contra eventuais devassas pelos colaboradores dos Advogados que não sejam Advogados, Advogados Estagiários ou Solicitadores e que já resultava do CD do CCBE, assim se pondo cobro a uma grave lacuna do anterior EOA. – Cfr. ponto 2.3.4. actual do C.D.A.E.

14. Tendo em vista uma adequada interpretação do n.° 4 do artigo 87.°, deve ter-se em consideração que, em regra, deve manter-se a obrigação de segredo, sendo por isso excepcional a autorização para a revelação do sigilo. Assim, a norma em questão não permite interpretação analógica e deve ser interpretada em rigoroso respeito pela sua literalidade.

15. No sistema legal vigente, cabe aos Advogados, em primeira instância, e por dever deontológico, garantir a defesa do sigilo, seja revelando-se indisponíveis para a sua revelação a solicitação dos interessados, seja escusando-se a depor quando para tal notificados. Implica assim que os Advogados possuam uma sólida informação sobre as normas e princípios que regulam o segredo profissional. Em caso de dúvida sobre a existência da obrigação, sempre podem os Advogados solicitar parecer ao seu Conselho Distrital ou ao C. Geral.

16. O actual EOA prevê a regulamentação autónoma do processo administrativo de autorização prévia a que se reporta o n.° 4 do artigo 87.°, o que é na realidade aconselhável em face das divergências que se vêm verificando entre os diversos Presidentes dos Conselhos Distritais e o Bastonário na avaliação dos pressupostos legais da autorização e na resolução de questões processuais. Vide anotação 40.

17. Tem sido entendimento no seio da Ordem dos Advogados que só o Advogado obrigado ao segredo profissional possui legitimidade para o pedido de autorização prévia do n.° 4 do artigo 87.°, assim como para a interposição do recurso em caso de indeferimento daquele pedido, o que suscita a problemática, esta menos pacífica, da possibilidade de interposição de recurso para o Bastonário do despacho de autorização pelo Advogado ou pela parte que se considerar lesada pela revelação do sigilo.

18. Do despacho final do Bastonário, a que se refere a parte final do n.° 4 do artigo 87.°, não cabe recurso contencioso para os tribunais administrativos, por se tratar de acto praticado no uso de discricionaridade técnica e porque solução contrária permitiria a publicitação do segredo através da tramitação processual, o que seria contraditório com a finalidade do sistema legal.

19. Em face do que dispõe actualmente o artigo 39.° n.° 2 do EOA, fica resolvida pela afirmativa a questão da possibilidade de delegação pelo Bastonário dos poderes conferidos em matéria de sigilo na parte final do n.° 4 do artigo 87.°.

20. O princípio expresso no n.° 6, permitindo aos Advogados manter o segredo profissional mesmo tendo sido autorizados a revelá-lo, constitui um princípio geral que sofre importante derrogação pelo regime especial do artigo 135.° do C. P. Penal.

21. O artigo 135.° do C. P. Penal resolve o problema do eventual sacrifício do sigilo profissional para defesa de um interesse ou valor prevalecente, criando um mecanismo processual tendente à superação da escusa invocada pelo Advogado, que pode culminar, uma vez ouvida a Ordem dos Advogados, numa decisão ordenando a prestação do depoimento sob pena de prática dos ilícitos previstos nos artigos 360.° n.° 2 e 367.° do C. Penal. Não bastará, contudo, para o sacrifício do sigilo, um mero interesse no apuramento da verdade material, já que sobre este deve aquele prevalecer, por resultar do interesse social da confiança nos confidentes necessários, como se decidiu, entre outros, no Acórdão da Relação de Coimbra de 20/01/93, em Col. Jur. 1993-I pág. 65.

22. A solução encontrada pelo legislador nos artigos 135.° do C. P. Penal corresponde à que já no anterior EOA fora acolhida no artigo 61.° e que foi agora transposta para o actual artigo 72.° quanto à competência do Presidente do Tribunal da Relação para decidir sobre qual o valor prevalecente numa reclamação sobre apreensão de documentos no domicílio do Advogado.

23. No V Congresso da Ordem dos Advogados foi aprovada uma resolução no sentido de "em sede de revisão legal, clarificar que é à Ordem dos Advogados e a nenhuma outra entidade que compete determinar a preponderância de interesse que justifique a revelação de factos conhecidos pelo advogado durante o exercício profissional, cabendo ao advogado o último juízo quanto à oportunidade concreta da revelação autorizada".

24. Discordamos desta resolução por entendermos que a decisão sobre o interesse prevalecente é, por natureza, uma decisão jurisdicional, não cabendo à Ordem dirimir esse conflito de interesses. Em contrapartida, deve defender-se que só à Ordem, por vocação legal, cabe para os efeitos do artigo 135.° do C. P. Penal, decidir em termos de qualificação jurídica, seja quanto à verificação da existência da obrigação de segredo profissional, seja quanto à legitimidade da escusa invocada pelo Advogado, sendo nestes domínios vinculativo o seu parecer.

25. A prova produzida com violação da obrigação de segredo profissional é nula e o Advogado responsável por tal violação incorre em responsabilidade disciplinar, civil (artigo 483.° do C. Civil) e criminal (artigo 195.° do C. Penal).

26. Sobre a confidencialidade da correspondência entre Advogados trata agora o artigo 108.° do EOA, sendo de registar, porque se trata de solução nova, a total

proibição de levantamento do sigilo em relação às comunicações classificadas como confidenciais, às quais não se aplica o n.° 4 do artigo 87.° do EOA.

27. Mal se compreende, todavia, o regime introduzido por importação do que se encontrava regulado no ponto 5.3 do CD do CCBE, quanto à confidencialidade da correspondência entre Advogados, porquanto por força dos artigos 87.° 1 e 71.° do EOA estão os Advogados portugueses, independentemente de declaração nesse sentido, obrigados a guardar segredo profissional em relação aos assuntos profissionais versados em cartas trocadas com Colegas.

28. Sobre a problemática do segredo profissional no âmbito da transposição da Directiva 2001/97/CE sobre o branqueamento de capitais, ver o artigo do Bastonário Augusto Lopes Cardoso no Boletim da OA, n.° 27 pág. 28 e na ROA ano 60, Dezembro 2000, pág. 1459.

29. Para o estudo mais aprofundado do segredo profissional deve ler-se o trabalho do Bastonário Augusto Lopes Cardoso, "Do Segredo Profissional na Advocacia", 1988, que foi a primeira edição do Centro Editor Livreiro da Ordem dos Advogados, remetendo-se ainda para a vasta e completa bibliografia que nessa obra foi recolhida e indicada.

30. Sobre segredo profissional e verificação dos pressupostos para sua cessação vide, entre outros, os Acórdãos do STA de 13-11-2003, 1.ª Secção, em Antologia de Acórdãos do STA e do TCA – A 7 n.° 1, pág. 175-177, de 7-10-2003 publicado em apêndice ao Diário da República de 30-07-2004 e de 15-12-2004, 3.ª Secção, em http:www.dgsi.pt/jsta.nsf/.

31. Constitui comportamento indigno e altamente desprestigiante para a profissão, vedado pelos artigos 83.° n.° 1 e 85.° n.° 2 do EOA, para além de pôr em causa o papel dos Advogados como auxiliares da Justiça, a pretensão de renúncia ao mandato, formalmente aceite, ou de substabelecimento dos poderes de patrocínio para, no mesmo processo ou em processo conexo, para se agir como testemunha, situação que, de forma absoluta, deverá ser impeditiva da obtenção da autorização prevista no n.° 4 deste artigo 87.° do EOA.

32. Face ao carácter matricial do segredo profissional – sem o qual não é concebível o exercício da advocacia, a concretização dos direitos de cidadania e o regular funcionamento do Estado de Direito – deve o Advogado considerar prevalente a salvaguarda do sigilo profissional relativamente a qualquer outra obrigação decorrente de normas internacionais ou nacionais. Conclusão 10.ª (2.ª Secção) aprovada no VI Congresso dos Advogados Portugueses (2005).

33. Deve a Ordem dos Advogados proceder, pela via regulamentar, à garantia efectiva do instituto do segredo profissional, complementando ainda pela mesma via o regime legal decorrente do Estatuto da Ordem dos Advogados e da lei processual penal e civil. Conclusão 12.ª (2.ª Secção) aprovada no VI Congresso dos Advogados Portugueses (2005).

34. Devem as regras nacionais, comunitárias e internacionais que proíbem as restrições à concorrência ceder em qualquer confronto com as normas deontológicas da Advocacia juridificadas, para o que o Congresso recomenda ao Conselho Geral e

ao Conselho Superior que promovam as iniciativas e os estudos que entendam necessários para inventariar e tratar com rigor as questões pertinentes em tal matéria, incluindo as formas de relacionamento institucional com a Autoridade nacional da concorrência. Conclusão 13.ª (2.ª Secção) aprovada no VI Congresso dos Advogados Portugueses (2005).

35. Manifestar ao CCBE o seu apreço e apoio em relação às posições públicas por este assumidas perante os órgãos da União Europeia, designadamente a propósito do Relatório sobre a concorrência nos serviços das profissões liberais, de 09-02 2004, e os trabalhos de pesquisa que o antecederam. Conclusão 40.ª (2.ª Secção) aprovada no VI Congresso dos Advogados Portugueses (2005).

36. A Directiva 2005/60/CE do Parlamento Europeu e do Conselho, de 26 de Outubro de 2005, relativa à prevenção da utilização do sistema financeiro para efeitos de branqueamento de capitais e do financiamento do terrorismo, a transpor até 15 de Dezembro de 2007, revogou a Directiva 91/308/CEE de 10 de Junho de 1991, com a redacção que lhe foi dada pela Directiva 2001/97/CE do PE e do Conselho – In Jornal Oficial da União Europeia – L309 de 25/11/2005 ou http//europa.eu.int/eur-lex/leX. Cfr. anotação 28. a este mesmo artigo 87.°.

37. A Directiva 2005/60/CE do PE e do Conselho de 26/11/2005 (anotação 36) estabelece que "Enquanto membros independentes de profissões que prestam consulta jurídica legalmente reconhecidas e controladas, tais como os advogados, estiverem a determinar a situação jurídica de clientes ou a representá-los em juízo, não seria adequado impor-lhes, ao abrigo da presente directiva, a obrigação de comunicarem, em relação a essas actividades, suspeitas relativas a operações de branqueamento de capitais ou de financiamento do terrorismo. Devem estar isentas de qualquer obrigação de comunicação as informações obtidas antes, durante ou após um processo judicial ou aquando da apreciação da situação jurídica do cliente. Por conseguinte, a consulta jurídica continua a estar sujeita à obrigação de segredo profissional, salvo se o consultor jurídico participar em actividades de branqueamento de capitais ou de financiamento do terrorismo, se prestar consulta jurídica para feitos de branqueamento de capitais ou de financiamento do terrorismo ou se o advogado estiver ciente de que o cliente solicita os seus serviços para esses efeitos" – ponto 20 do preâmbulo.

Congratulámo-nos com esta solução, que no essencial defende o instituto do segredo profissional da Advocacia, já que devemos ter em consideração que o sigilo profissional não deverá nunca servir de escudo protector dos advogados quando eles próprios sejam autores de actos geradores de responsabilidade criminal.

38. Ao abrigo do artigo 87.° n.° 7 do EOA, os docentes das faculdades de Direito estão vinculados ao segredo profissional sempre que elaborem pareceres jurídicos a pedido de advogados, sobre assuntos a estes confiados, pois estão desse modo a colaborar com o advogado no exercício da sua actividade profissional."

Parecer do Conselho Geral n.° E-27/05, de 16/12/05, in www.oa.pt/pareceres. Ver parte restante do sumário na anotação 44 do artigo 61.° do EOA.

39. Um Advogado que tenha sido autorizado a revelar factos abrangidos pelo sigilo profissional ao abrigo do n.° 4 do artigo 87.° do EOA, pode depois dar consentimento ao seu empregado, de forma expressa ou tácita, para depor como testemunha sobre os mesmos factos objecto da autorização.

40. Por deliberação do Conselho Geral, reunido em Plenário, em 24 de Março de 2006, foi aprovado o Regulamento de Dispensa de Segredo Profissional, publicado no D.R. II Série de 12 de Junho de 2006 e que foi divulgado pelo Portal da Ordem dos Advogados e ainda pela sua publicação na íntegra na edição n.° 42 do Boletim da Ordem dos Advogados, pág. 106., assim se cumprindo com o disposto na parte final do n.° 4 artigo 87.° do EOA – vide anotação 16.

41. A possibilidade de delegação de poderes no âmbito das competências em matéria de dispensa do sigilo, se já estava resolvida, em tese, ao abrigo dos artigos 39.° n.° 2 (Bastonário) e 51.° n.° 3 (Presidentes dos Conselhos Distritais) do EOA, foi agora clarificada pelos n.os 3 e 4 do artigo 2.° do Regulamento de Dispensa de Segredo Profissional no sentido de que tal delegação de competência, pelo carácter reservado da matéria, apenas pode ser feita em membro do Conselho Distrital, ficando ainda esclarecido que, na falta do acto de delegação e ocorrendo impedimento do Presidente, caberá ao Vice-Presidente exercer essa competência. Assim ficam dissipados os receios e ultrapassadas as reservas que haviam originado a anotação 5. ao artigo 51.° do EOA.

42. Com o Regulamento de Dispensa de Segredo Profissional ficou definitivamente resolvida a questão da legitimidade para o pedido de autorização prévia previsto no n.°4 do artigo 87.° no sentido de que tal legitimidade apenas cabe ao Advogado obrigado ao sigilo – vide artigos 5.° n.° 2 e 3 e 6.° n.° 2 do Regulamento.

43. De igual modo fica agora definido que é irrecorrível o despacho de deferimento da dispensa de segredo profissional, o que não invalida que o Advogado ou a parte contrária, que venha a ser lesada pelos efeitos de tal despacho em sede probatória e uma vez conhecido os seus fundamentos, possa dele interpor recurso de revisão com base em erro nos pressupostos da matéria de facto alegada pelo Advogado requerente do pedido de dispensa. Vide anotação 17 a este artigo 87.°.

44. Sobre " Busca e Apreensão de documentos sujeitos a sigilo profissional" em gabinete de trabalho de Advogado de Empresa, leia-se o parecer do Conselho Geral n.° E-7/2007, de 6 Julho de 2007, já anotado a propósito do artigo 71.° do Estatuto – anotação n.° 7.

45. Ainda sobre o tema comentado na anotação 10. a este artigo 87.° perfilhou o C. Superior o entendimento de que a norma que constava do art. 86.°-1-e) do EOA/84 foi revogada pelo actual Estatuto e só ao abrigo dela seria viável encontrar eventual ilícito no procedimento de eventual revelação de factos ocorrido no âmbito de negociações malogradas por Advogado que nelas não interveio. Veja-se o Parecer AL-57/06 de 17 de Abril de 2007, sendo relator o Dr. Laureano Santos.

46. A Lei n.° 25/2008, de 5 de Junho de 2008, que transpôs as Directivas 2005/60/CE, do Parlamento Europeu e do Conselho, de 26 de Outubro, e 2006/70/CE, da Comissão, de 1 de Agosto, (medidas de combate ao branqueamento de capitais) veio consagrar nos artigos 35.°, 38.° e 58.° um regime adequado à protecção do

segredo profissional dos Advogados e conferiu à Ordem dos Advogados a função fiscalizadora dos deveres previstos na lei para os Advogados – Vide DR Série I, n.° 108 de 5 de Junho de 2008.

47. Em sentido inverso do que foi perfilhado pelo Conselho Superior no seu Acórdão anotado no ponto 45. deste artigo sobre relevante questão do sigilo no âmbito das transacções negociais malogradas (vide também nota 10.), o Conselho Distrital de Lisboa, a solicitação do Conselho de Deontologia de Lisboa, emitiu parecer concluindo que o advogado está sujeito a sigilo quanto ao conteúdo das negociações malogradas em que tenha intervindo outro advogado em representação do seu cliente. E que esse sigilo recai também sobre a correspondência trocada entre mandatários que nelas intervieram, já que, segundo este parecer, o teor literal das alíneas e) e f) do artigo 87.° do EOA não prejudica este entendimento, que em última análise resulta do corpo do artigo. Vide teor da Consulta n.° 31/2009, relatada pelo Dr. Jaime Medeiros, in www.oa.pt (CD Lisboa).

48. Sobre a temática do dever de sigilo em relação a todas as pessoas que colaborem com o Advogado no exercício da sua actividade profissional e correcta aplicação do disposto no n.° 7 do artigo 87.°, veja-se o Parecer do Conselho Geral no âmbito da Consulta n.° 14/2009, do qual foi Relator o Dr. Rui Souto, in www.oa.pt.

49. A propósito da actuação de advogado em concertação das autoridades judiciárias desempenhando o papel de agente encoberto em processo pendente onde está formalmente constituído mandatário, o Conselho Distrital de Lisboa entendeu que esta prática viola os valores fundamentais do instituto do segredo profissional, da independência e da confiança dos Advogados, correspondendo a uma preterição dos artigos 87.° n.os 1 e 4, do EOA, 135.° n.° 3 do C.P.P., 114.° n.° 3 b) da L.O.F.J. e ainda dos artigos 20.° n.° 2, 26.° n.° 1 e 208.° da C.R.P.. Vide Parecer relatado pelo Sr. Dr. Carlos Pinto de Abreu de 13 de Maio de 2009, emitido sob o pedido de Consulta n.° 29/2009, in Pareceres do C.D. de Lisboa – www.oa.pt.

ARTIGO 88.°
Discussão pública de questões profissionais

1 – O advogado não deve pronunciar-se publicamente, na imprensa ou noutros meios de comunicação social, sobre questões profissionais pendentes.

2 – O advogado pode pronunciar-se, excepcionalmente, desde que previamente autorizado pelo presidente do conselho distrital competente, sempre que o exercício desse direito de resposta se justifique, de forma a prevenir ou remediar a ofensa à dignidade, direitos e interesses legítimos do cliente ou do próprio.

3 – O pedido de autorização é devidamente justificado e indica o âmbito possível das questões sobre que entende dever pronunciar-se.

4 – O pedido de autorização é apreciado no prazo de três dias úteis, considerando-se tacitamente deferido na falta de resposta, comunicada, naquele prazo, ao requerente.

5 – Da decisão do presidente do conselho distrital que indefira o pedido, cabe recurso para o Bastonário, que decide, no mesmo prazo.

6 – Sem prejuízo do disposto nos números anteriores, em caso de manifesta urgência, o advogado pode exercer o direito de resposta referido no n.° 2, de forma tão restrita e contida quanto possível, devendo informar, no prazo de cinco dias úteis, o presidente do conselho distrital competente, das circunstâncias que determinaram tal conduta e do conteúdo das declarações proferidas.

Notas:

1. O fenómeno da mediatização da Justiça, gerador de uma perversa promiscuidade do poder judicial com o poder da comunicação social e tornando apetecível a instrumentalização dos "mass media" como forma de influência na acção da justiça, que deve ser serena e isenta de qualquer tipo de pressão, vem justificando sucessivas reformas das normas estatutárias destinadas a disciplinar a discussão pública pelos Advogados das questões que lhes estão confiadas. Assim, a actual versão contida no artigo 88.° do EOA sucede ao artigo 82.° do D. Lei 84/84 de 16 de Março, cuja versão original havia já sido modificada substancialmente pela Lei 80/2001 de 20 de Julho.

2. Em relação ao regime anterior constata-se haver sido eliminado o n.° 1 do artigo 82.° do D. Lei 84/84, que consagrava o princípio de que "o advogado não deve influir ou tentar influir, através da comunicação social, na resolução de pleitos judiciais ou outras questões pendentes". Contudo, da eliminação da norma não se pode retirar a conclusão de que passou a ser agora permitido o que por ela era proibido, porquanto resulta o mesmo princípio do papel do Advogado como participante na administração da Justiça e como servidor da Justiça e do Direito, assim como dos deveres de lealdade e correcção com que deve conduzir o patrocínio. Cfr. artigos 103.°, 105.°, 85.° 2 a) e 83.° todos do EOA.

3. Por regra, estabelece o n.° 1 do artigo 88.°, que "o advogado não deve pronunciar-se publicamente, na imprensa ou noutros meios de comunicação social, sobre questões profissionais pendentes". Alarga-se assim o objecto da proibição já que, de acordo com o n.° 2 do revogado artigo 82.° do EOA anterior, apenas eram referidas "questões pendentes ou a instaurar", o que permitia a interpretação de que apenas seriam objecto de discussão pública as acções judiciais pendentes ou a instaurar.

4. Permite-se, como já sucedia anteriormente, que "em caso de manifesta urgência" possam os Advogados exercer o direito de resposta, sem a prévia autorização a que obrigam os n.ºs 2 a 5, mas de forma restrita e concisa, devendo posteriormente, no prazo de cinco dias úteis contados da data da intervenção, informar o Presidente

do Conselho Distrital competente das circunstâncias que determinaram a pronúncia e do seu teor.

5. Relacionada com esta questão está igualmente a proibição de formas indirectas de publicidade e promoção pessoal e profissional, como decorre do artigo 89.° n.° 1 e que mais inequivocamente constava do artigo 80.° n.° 2 do D. Lei 84/84 ao determinar que "os advogados não devem fomentar, nem autorizar, nem autorizar, notícias referentes a causas judiciais ou outras questões profissionais a si confiadas"

6. Sobre os problemas do foro deontológico decorrentes do fenómeno da mediatização da Justiça, veja-se Iniciação à Advocacia de António Arnault, 5.ª edição, págs. 61 e sgs.

7. Subjacente ao regime de proibição da discussão pública de questões profissionais está ainda a obrigação de segredo profissional, que não só protege a divulgação do nome dos clientes, como a revelação pública de peças processuais referentes a processos pendentes.

8. O dever de reserva ou confidencialidade de que trata este preceito é por sua vez tratado no artigo 12.° do Estatuto dos Magistrados Judiciais e no artigo 84.° do Estatuto dos Magistrados do Ministério Público, estando as intervenções em público destes Magistrados respectivamente dependentes da autorização prévia do Conselho Superior da Magistratura e do Conselho Superior do Ministério Público.

ARTIGO 89.°
Informação e publicidade

1 – O advogado pode divulgar a sua actividade profissional de forma objectiva, verdadeira e digna, no rigoroso respeito dos deveres deontológicos, do segredo profissional e das normas legais sobre publicidade e concorrência.

2 – Entende-se, nomeadamente, por informação objectiva:

a) A identificação pessoal, académica e curricular do advogado ou da sociedade de advogados;

b) O número de cédula profissional ou do registo da sociedade;

c) A morada do escritório principal e as moradas de escritórios noutras localidades;

d) A denominação, o logótipo ou outro sinal distintivo do escritório;

e) A indicação das áreas ou matérias jurídicas de exercício preferencial;

f) Referência à especialização, se previamente reconhecida pela Ordem dos Advogados;

g) Os cargos exercidos na Ordem dos Advogados;

h) Os colaboradores profissionais integrados efectivamente no escritório do advogado;

i) O telefone, o fax, o correio electrónico e outros elementos de comunicações de que disponha;

j) O horário de atendimento ao público;

l) As línguas ou idiomas, falados ou escritos;

m) A indicação do respectivo *site*;

n) A colocação, no exterior do escritório, de uma placa ou tabuleta identificativa da sua existência.

3 – São, nomeadamente, actos lícitos de publicidade:

a) A menção à área preferencial de actividade;

b) A utilização de cartões onde se possa colocar informação objectiva;

c) A colocação, em listas telefónicas, de fax ou análogas da condição de advogado;

d) A publicação de informações sobre alterações de morada, de telefone, de fax e de outros dados relativos ao escritório;

e) A menção da condição de advogado, acompanhada de breve nota curricular, em anuários profissionais, nacionais ou estrangeiros;

f) A promoção ou a intervenção em conferências ou colóquios;

g) A publicação de brochuras ou de escritos, circulares e artigos periódicos sobre temas jurídicos em imprensa especializada ou não, podendo assinar com a indicação da sua condição de advogado e da organização profissional que integre;

h) A menção a assuntos profissionais que integrem o *curriculum* profissional do advogado e em que este tenha intervindo, não podendo ser feita referência ao nome do cliente, salvo, excepcionalmente, quando autorizado por este, se tal divulgação for considerada essencial para o exercício da profissão em determinada situação, mediante prévia deliberação do Conselho Geral;

i) A referência, directa ou indirecta, a qualquer cargo público ou privado ou relação de emprego que tenha exercido;

j) A menção à composição e estrutura do escritório;

l) A inclusão de fotografia, ilustrações e logótipos adoptados.

4 – São, nomeadamente, actos ilícitos de publicidade:

a) A colocação de conteúdos persuasivos, ideológicos, de auto-engrandecimento e de comparação;

b) A referência a valores de serviços, gratuitidade ou forma de pagamento;

c) A menção à qualidade do escritório;

d) A prestação de informações erróneas ou enganosas;

e) A promessa ou indução da produção de resultados;

f) O uso de publicidade directa não solicitada.

5 – As disposições constantes dos números anteriores são aplicáveis ao exercício da advocacia quer a título individual quer às sociedades de advogados.

Notas:

1. Na área da publicidade dos Advogados e das Sociedades dos Advogados registou-se uma notória evolução perante o reconhecimento pacífico de que as regras existentes desde 1984 já não eram capazes de disciplinar esta matéria em face da significativa modificação entretanto verificada nas formas de exercício profissional e nos meios tecnológicos de informação e comunicação postos ao serviço da classe.

2. Constituíram passos importantes desta evolução, determinantes do actual regime inserido no artigo 89.°, o debate e as conclusões finais aprovadas sobre o tema no V Congresso da Ordem dos Advogados, a alteração introduzida no CD do CCBE na sua versão aprovada em 6/12/2002 e o parecer interpretativo, de pendor actualista, aprovado no Conselho Geral em 17 de Janeiro de 2003 – Parecer E 41-02 publicado no Boletim da Ordem dos Advogados n.° 24/25 de 2003, pág. 76.

3. De acordo com as Conclusões 133 a 141 do V Congresso dos Advogados Portugueses, realizado de 17 a 20 de Maio de 2000, o EOA devia permitir a publicidade informativa do advogado, a qual deveria conter informação objectiva, verdadeira e digna, no rigoroso respeito dos deveres deontológicos, do segredo profissional e das normas legais sobre a publicidade e concorrência, cabendo ao Conselho Geral a elaboração de um Regulamento de Publicidade onde se faça constar em concreto o conteúdo da informação objectiva, os actos lícitos e ilícitos da publicidade informativa, os suportes permitidos como veículos publicitários e as sanções aplicáveis em caso de violação.

4. Não obstante a evidente liberalização do regime legal da publicidade dos Advogados, subsiste inalterada a barreira entre a publicidade informativa, pessoal e profissional, e a publicidade de tipo comercial ou propagandística, comparativa e tendencialmente enganosa, sendo aquela lícita e esta ilícita, barreira essa que se impõe por exigência do decoro e da dignidade da profissão.

5. O título de Advogado especialista foi inicialmente regulamentado através do Regulamento 15/2004, aprovado em Conselho Geral de 9/01/2004, publicado em DR II Série n.° 81, pág. 5439, revogado pelo Regulamento Geral das Especialidades – Regulamento 204/2006, in DR, 2.ª Série de 20/10/06 – Vide Regulamento 4.8.

6. É merecedor de especial atenção, dada a interligação ao segredo profissional, o reconhecimento da licitude, como acto de publicidade, da menção a assuntos profis-

sionais, desde que com omissão do nome do cliente, a não ser em casos excepcionais com sua prévia autorização e, acrescidamente, com prévia deliberação do Conselho Geral. Vide alínea h) do n.° 3 do artigo 89.°.

7. Por comunicado de 5 de Setembro de 2005, a Comissão Europeia veio divulgar o Relatório de 2004 sobre concorrência nos serviços das profissões liberais, incluindo as profissões jurídicas, intensificando as pressões para a intensificação de esforços pelos Estados Membros com vista ao aumento da concorrência, designadamente quanto às práticas de interdição de publicidade e fixação de honorários. Portugal, a par da Áustria, Estónia, Hungria, Letónia e Eslovénia, integra um grupo de Países onde, de acordo com os critérios da Comissão, apenas se realizaram ainda reformas menores.

8. Leia-se António Arnaut em artigo crítico publicado no n.° 37 do Boletim da Ordem dos Advogados, onde toma posição crítica contra a clara abertura do EOA no domínio da publicidade informativa.

9. Por deliberação do Conselho Geral de 1 de Julho de 2005, foi aprovado o Regimento n.° 1/2005 referente ao procedimento de análise das propostas de atribuição do título de advogado especialista, em aplicação do artigo 7.° do Regulamento Geral das Especialidades de 9 de Janeiro de 2004 – DR 2.ª Série de 1/7/05. – Vide anotação 14.

10. Propor a aprovação de um "Regulamento de Publicidade" com mecanismos de fiscalização preventiva e sucessiva da legalidade das formas de publicidade dos Advogados, bem como de uma "Comissão para a Publicidade" dependente do Conselho Geral, com competências para fiscalizar a aplicação concreta das regras emergentes do artigo 89.° EOA. Conclusão 10.ª (5.ª Secção) aprovada no VI Congresso dos Advogados Portugueses (2005).

11. O uso da tabuleta afixada no exterior do escritório do Advogado não constitui legalmente um acto de publicidade, pelo que não está sujeita ao pagamento de uma taxa a cobrar pelas Câmaras Municipais. Ver neste sentido a sentença proferida pelo Tribunal Administrativo e Fiscal de Loulé em processo de impugnação judicial, divulgada no portal da Ordem dos Advogados – www.oa.pt/cd/Conteudos/Artigos

12. "I. O Estatuto da Ordem dos Advogados permite aos advogados divulgar informação objectiva e verdadeira, relacionada com o exercício da advocacia, proibindo apenas as mensagens que, pela sua natureza retórica, persuasiva ou promocional, contêm elementos que verdadeiramente autonomizam e distinguem o anúncio publicitário.

II. No contexto deste novo quadro normativo, a utilização por advogados de siglas, logótipos ou sinal distintivo do escritório não está submetido à prévia aprovação por parte de qualquer orgão da Ordem dos Advogados.

III. Exceptuam-se as siglas e logótipos que se destinem a identificar sociedades de advogados, sendo a sua sujeição a autorização pelo Conselho Geral imposta pelo artigo 11.° do Decreto-lei n.° 229/2004, que estabelece o regime jurídico das sociedades de advogados".

– Parecer n.° E-20/05, aprovado pelo Conselho Geral em 16/12/2005, publicado no Boletim da Ordem dos Advogados n.° 40, pág. 63.

13. A publicidade pessoal foi aberta pelo CD do CCBE na sua versão de 2002, pelo que os actuais pontos 2.6.1 e 2.6.2. do C.D.A.E. referem que " O advogado pode informar o público dos serviços por si oferecidos, desde que tal informação seja verdadeira, objectiva, não induza em erro e respeite a obrigação de confidencialidade e outros deveres deontológicos essenciais", acrescentando-se que " é permitida a publicidade pessoal do Advogado através de qualquer meio de comunicação, nomeadamente a imprensa, rádio, televisão, meios electrónicos ou outros, na medida em que cumpra os requisitos definidos no artigo 2.6.1.".

14. O Regulamento Geral das Especialidades de 9 de Janeiro de 2004 e o Regimento n.° 1/2005 (vide anotação 9.), assim como o Regulamento n.° 32/04, foram revogados pelo Regulamento Geral de Especialidades de 30 de Outubro de Novembro de 2006, publicado no DR 2.ª Série, de 30 de Outubro – Regulamento 204/2006.

15. Para um estudo mais aprofundado do regime legal da publicidade, seja quanto aos antecedentes históricos do actual artigo 89.° seja no plano do direito comparado, leia-se a monografia editada pelo Conselho Distrital de Lisboa "Informação e Publicidade na Advocacia – Contributos".

16. Sobre o conceito de "papel timbrado", ver anotações 1. ao artigo 11.° do DL 229/04 e 12. ao artigo 99.° do EOA.

17. I. O EOA permite aos advogados divulgar informação, desde que a mesma seja digna, verdadeira, objectiva e relacionada com o exercício da advocacia, apenas se proibindo a publicidade de carácter propagandístico, enganoso, e comparativo. II. O actual quadro normativo em matéria deontológica deve ser interpretado, nomeadamente no âmbito da publicidade, de acordo com as normas do Direito da Concorrência, constituindo-se assim em restrições legítimas à livre concorrência no mercado europeu; III. Enquanto restrição à concorrência, as normas deontológicas são admissíveis na medida dos interesses e direitos que tutelam, nomeadamente, os direitos dos consumidores, a dignidade da profissão e o acesso ao Direito; IV. O recurso, enquanto meio publicitário, a directórios de pesquisa de advogados, desde que não ofenda os princípios gerais em matéria deontológica ou corresponda a um acto ilícito de publicidade (cfr. artigo 89.° n.° 4) deverá ser atendido como um exercício legítimo do direito à divulgação das informações pessoais de que tido o Advogado é titular, assim como enquanto contributo para a satisfação do direito de todos os consumidores à informação. (Parecer do C. Geral n.° 06/07 de 24/11/07, sendo Relator o Dr. Bernardo Diniz Ayala).

18. "O artigo 89.° n.° 4 estabelece um elenco não taxativo de actos ilícitos de publicidade, pelo que a qualificação de um acto como sendo um acto ilícito de publicidade dependerá da sua conformidade com os valores que aquele artigo pretende salvaguardar; a inserção no portfolio de uma sociedade de advogados de fotografias contendo imagens e monumentos históricos, de órgãos e instituições públicos, das respectivas identificações e de determinados objectos não constitui um acto ilícito de publicidade, dado que tal conduta não está prevista no elenco do n.° 4 do artigo 89,° nem põe em causa a nobreza da profissão, nem os interesses do cliente, valores que aquela visa acautelar" – Parecer n.° E-8/PP/2007-G do Conselho Geral, aprovado em 24 de Novembro de 2007, sendo Relator o Dr. Bernardo Diniz Ayala.

ARTIGO 90.°
Dever geral de urbanidade

No exercício da profissão o advogado deve proceder com urbanidade, nomeadamente para com os colegas, magistrados, árbitros, peritos, testemunhas e demais intervenientes nos processos, e ainda funcionários judiciais, notariais, das conservatórias, outras repartições ou entidades públicas ou privadas.

Notas:

1. O dever geral de urbanidade, que deve pautar sempre o comportamento dos Advogados, é natural corolário do seu papel como participantes na administração da justiça e de servidores da justiça e do direito. Cfr. artigos 83.° e 85.° do EOA.

2. Em contraponto com o dever geral de urbanidade, têm os Advogados o direito a tratamento compatível com a dignidade das funções que exercem. Cfr. 67.° n.° 1 do EOA.

3. Sem prejuízo deste dever, impõem as normas deontológicas deveres especiais de urbanidade em relação a determinados destinatários no trato dos Advogados. Cfr. artigos 105.° 1. e 107.° 1. a) do EOA.

4. De acordo com o artigo 154.° n.° 3 do C. P. Civil, o dever de urbanidade dos Advogados não é incompatível com a firmeza e veemência nas suas intervenções, não se considerando ilícito o uso de expressões e imputações indispensáveis à defesa da causa.

ARTIGO 91.°
Patrocínio contra advogados e magistrados

O advogado, antes de intervir em procedimento disciplinar, judicial ou de qualquer outra natureza contra um colega ou um magistrado, deve comunicar-lhes por escrito a sua intenção, com as explicações que entenda necessárias, salvo tratando-se de procedimentos que tenham natureza secreta ou urgente.

Notas:

1. O dever específico de comunicação escrita previsto nesta disposição resulta da constatação de que a vida judiciária, pela especial tensão que gera no plano do relacionamento profissional, exige particulares cuidados na preservação de regras de cordialidade e urbanidade e, além disso, que o princípio da solidariedade pro-

fissional deve estar presente quando um Advogado disponibiliza a sua prestação profissional contra interesses de outros Advogados ou Magistrados.

2. Este dever de solidariedade não deve, porém, manifestar-se por forma a que se coloquem os interesses da profissão antes dos interesses legítimos dos clientes, com o resulta claramente da parte final do preceito e também do ponto 5.1.1. do C.D.A.E.

3. A solidariedade profissional constitui valor deontológico relevante, como ressalta do 106.°, estando ainda expressamente consagrada no C.D.A.E – Vide ponto 5.1.

4. Para definição de quais os actos de natureza secreta ou urgente, cfr. artigos 168.° n.° 2 e 385.° n.° 1 do C. P. Civil, assim como o artigo 74.° n.° 1 do EOA.

5. Com a actual redacção dada ao preceito, fica definitivamente resolvida a dúvida interpretativa, emergente do artigo 88.° do D. Lei 84/84, sobre se o dever de comunicação previsto na norma tanto era exigível quando o Advogado iniciava o patrocínio como representante do autor, requerente ou recorrente, cabendo-lhe assim o impulso processual inicial, como quando o Advogado representava o réu, requerido ou recorrido. Agora, em face da expressão "antes de intervir", a questão fica resolvida no sentido de que se deve proceder à comunicação em qualquer dos casos, como aliás era já entendimento maioritário, por ser esta a interpretação que melhor se adequava à finalidade do dever em causa.

6. De igual forma fica agora esclarecido que o dever de comunicação ocorre antes da intervenção "em procedimento disciplinar, judicial ou de qualquer outra natureza", acolhendo a interpretação extensiva que se vinha efectuando no domínio do EOA revogado, onde apenas se referiam "diligências judiciais". Sobre esta temática, veja-se o Acórdão do C. Superior de 15-10-70, em ROA 71-243.

7. As excepções contidas na parte final da norma, dispensando a comunicação escrita nos casos de processos urgentes e secretos, não desobriga os Advogados da comunicação escrita posterior, onde de igual forma se devem dar conta das razões, mesmo que sumariamente, da aceitação do patrocínio.

8. Sobre este tema do patrocínio contra Advogados e Magistrados, veja-se o estudo de José Carlos Soares Machado, em ROA, Ano 64, Novembro 2004, pág. 615.

9. Confrontar com o ponto 5.9 do C.D.A.E..

10. Quando o patrocínio contra Advogados ou Magistrados for assumido em causa própria por Magistrados Judiciais ou por Magistrados do Ministério Público no exercício do direito consagrado nos artigos 19.° e 93.° dos seus respectivos Estatutos, deve também nesse caso, em obediência ao princípio de igualdade, ser respeitado o dever de comunicação prévia regulado nesta norma, sob pena de responsabilidade disciplinar por violação da lei.

11. A obrigação de comunicação e explicações prévias consignada no art. 91.° do EOA só impende sobre advogado que vai praticar o acto em causa no exercício do patrocínio de terceiro. Parecer do C. Superior R-64/07, de 25 de Maio de 2007.

12. Visando a ratio deste preceito a salvaguarda de valores de solidariedade, cordialidade, urbanidade, honorabilidade e prevenção contra contenciosos inúteis (por susceptíveis de se resolverem por via da conciliação e da composição de interesses),

fica essa tutela assegurada se se considerar que este dever de comunicação prévia é imposto tão só no momento imediatamente anterior à primeira intervenção do advogado que patrocina procedimentos contra colega ou magistrado e, uma vez cumprido, não o obriga a novas comunicações prévias em relação a intervenções subsequentes, tanto nesses procedimentos como nos demais que sejam com eles conexos e/ou mero desenvolvimento natural dos procedimentos primitivos. Parecer do C. Superior de 7/11/2006.

CAPÍTULO II
Relações com os clientes

ARTIGO 92.°
Princípios gerais

1 – A relação entre o advogado e o cliente deve fundar-se na confiança recíproca.

2 – O advogado tem o dever de agir de forma a defender os interesses legítimos do cliente, sem prejuízo do cumprimento das normas legais e deontológicas.

Notas:

1. O valor da confiança constitui sem dúvida um dos pilares essenciais da deontologia, nele se alicerçando o interesse público da profissão, já que sem ele jamais poderiam os Advogados garantir a função social que lhes está cometida como representantes dos cidadãos perante a administração da justiça, o que implica o reconhecimento pleno do seu papel como confidentes necessários.

2. No ponto 2.2 do C.D.A.E. pode ler-se que "As relações de confiança só podem existir se a honestidade, a probidade, a rectidão e a sinceridade do advogado forem inquestionáveis. Para o advogado, estas virtudes tradicionais são obrigações profissionais".

3. O valor da confiança é ainda suporte e elemento essencial do instituto do segredo profissional, pois, como se escreve no ponto 2.3.1 do C.D.A.E., "é requisito essencial do livre exercício da advocacia a possibilidade do cliente revelar ao advogado informações que não confiaria a mais ninguém, e que este possa ser o destinatário de informações sigilosas transmissíveis no pressuposto da confidencialidade. Sem a garantia de confidencialidade não pode haver confiança. O segredo profissional é, pois, reconhecido como direito e dever fundamental e primordial do advogado."

4. Sobre este assunto veja-se a alínea h) do n.° 2 do artigo 85.° do EOA e respectivas notas.

5. O Advogado deve procurar manter e aprofundar a relação de confiança com o cliente, cumprindo para o efeito todos os deveres deontológicos impostos pelos artigos 93.° a 102.° do EOA, mas também não deve hesitar perante a quebra de tal relação, quando imputável ao cliente, devendo agir por forma a libertar-se dos deveres de patrocínio, mas sempre com respeito às regras deontológicas e processuais que disciplinam a renúncia do mandato.

6. "I. A relação de confiança entre cliente e advogado deve considerar-se condição "sine qua non" da representação profissional do advogado. Tal relação de confiança não se basta, aliás, com palavras mais ou menos de circunstância. II. Ora, se o facto de o cliente passar pelo tribunal para tomar conhecimento do processo não pode considerar-se, por si só, um acto de deslealdade ou desconfiança, já o mesmo não pode dizer-se da iniciativa de apresentar requerimentos, à revelia do advogado, para mais corrigindo afirmações por aqueles feitas. Esse comportamento é intolerável e justifica, em absoluto e sem sombra de dúvidas, sob pena de grave indignidade, que o advogado recuse manter patrocínio de quem assim se comporta". Ac. do C. Superior de 9/1/2004, em Jurisprudência do Conselho Superior, pág. 796.

7. É necessário saber quais os critérios dos organismos do Estado na escolha de Advogado, bem como quais os critérios com que são pagos os serviços prestados. Assim o Estado português (incluindo órgãos de governo, institutos públicos, organismos da administração central e empresas de capitais públicos) deverá escolher os seus Advogados através de concurso público, publicitando de forma clara os serviços que pretende. Quando a natureza dos serviços aconselhar ou exigir reserva, o concurso deverá ser conduzido internamente pela Ordem dos Advogados. Por outro lado, os pagamentos dos honorários só deverão processar-se depois de os órgãos competentes da Ordem dos Advogados se terem pronunciado sobre a conformidade dos mesmos com os critérios utilizados na elaboração de laudos. Conclusão 9.ª (2.ª Secção) aprovada no VI Congresso dos Advogados Portugueses (2005).

8. A propósito da actuação de Advogado em concertação das autoridades judiciárias, desempenhando o papel de agente encoberto em processo pendente onde está formalmente constituído mandatário, o Conselho Distrital de Lisboa entendeu que esta prática viola os valores fundamentais do instituto do segredo profissional, da independência e da confiança dos Advogados, correspondendo a uma preterição dos artigos 87.° n.os 1 e 4, do EOA, 135.° n.° 3 do C.P.P., 114.° n.° 3 b) da L.O.F.T.J. e ainda dos artigos 20.° n.° 2, 26.° n.° 1 e 208.° da C.R.P.. Vide Parecer relatado pelo Sr. Dr. Carlos Pnto de Abreu de 13 de Maio de 2009, emitido sob o pdido de Consulta n.° 29/2009, in Pareceres do C.D. de Lisboa EOA – www.oa.pt.

ARTIGO 93.°
Aceitação do patrocínio e dever de competência

1 – O advogado não pode aceitar o patrocínio ou a prestação de quaisquer serviços profissionais se para tal não tiver sido livremente mada-

tado pelo cliente, ou por outro advogado, em representação do cliente, ou se não tiver sido nomeado para o efeito, por entidade legalmente competente.

2 – O advogado não deve aceitar o patrocínio de uma questão se souber, ou dever saber, que não tem competência ou disponibilidade para dela se ocupar prontamente, a menos que actue conjuntamente com outro advogado com competência e disponibilidade para o efeito.

Notas:

1. Quanto ao princípio da escolha livre pelo cliente, veja-se o artigo 85.° n.° 2 h) e respectivas notas.

2. As nomeações oficiosas podem resultar do regime de acesso ao direito e aos tribunais resultante da Lei 34/2004 de 29 de Julho e legislação complementar, do C. P. Penal no domínio das garantia de defesa do arguido em processo penal e ainda pela nomeação de advogado pela Ordem a cidadãos que não encontrem quem os represente, por força do disposto no artigo 50.° n.° 1 p) do EOA.

3. A deontologia, especialmente exigente do Advogado, impõe a este, enquanto mandatário dos clientes, deveres específicos que se sobrepõem aos deveres gerais decorrentes do contrato de mandato civil. Esta realidade coloca-se com especial incidência nos planos da aceitação e renúncia aos mandatos.

4. O dever decorrente do n.° 2 deste artigo 93.° é corolário do dever de zelo e diligência previsto no artigo 95.° n.° 1 b) e desde há muito era património adquirido da deontologia do Advogado – Vide Alfredo Gaspar, Estatuto Anotado, pág. 153.

5. A consagração expressa deste dever resulta do facto de ter sido ele considerado princípio estruturante dos deveres para com os clientes no quadro do CD do CCBE. Cfr. ponto 3.1.3. do actual C.D.A.E..

6. No caso de actuação conjunta com outro Advogado, é lícita a partilha de honorários, o mesmo já não sucedendo se o Advogado a quem o assunto foi solicitado se limitar a indicar outro Advogado para o desenvolvimento do patrocínio, não tendo com ele colaboração. Artigos 102.° do EOA e ponto 5.4. do C.D.A.E..

ARTIGO 94.°
Conflito de interesses

1 – O advogado deve recusar o patrocínio de uma questão em que já tenha intervindo em qualquer outra qualidade ou seja conexa com outra em que represente, ou tenha representado, a parte contrária.

2 – O advogado deve recusar o patrocínio contra quem, noutra causa pendente, seja por si patrocinado.

3 – O advogado não pode aconselhar, representar ou agir por conta

de dois ou mais clientes, no mesmo assunto ou em assunto conexo, se existir conflito entre os interesses desses clientes.

4 – Se um conflito de interesses surgir entre dois ou mais clientes, bem como se ocorrer risco de violação do segredo profissional ou de diminuição da sua independência, o advogado deve cessar de agir por conta de todos os clientes, no âmbito desse conflito.

5 – O advogado deve abster-se de aceitar um novo cliente se tal puser em risco o cumprimento do dever de guardar sigilo profissional relativamente aos assuntos de um anterior cliente, ou se do conhecimento destes assuntos resultarem vantagens ilegítimas ou injustificadas para o novo cliente.

6 – Sempre que o advogado exerça a sua actividade em associação, sob a forma de sociedade ou não, o disposto nos números anteriores aplica-se quer à associação quer a cada um dos seus membros.

Notas:

1. Sobre a epígrafe de "conflito de interesses" foram fundidas neste artigo as antigas alíneas a) e b) do n.° 1 do artigo 83.° do D. Lei 84/84 com os pontos 3.2.1., 3.2.2., 3.2.3. e 3.2.4. do CD do CCBE, (2002) tendo porém ficado descontextualizada a questão abordada no n.° 2, que em nada se relaciona com a problemática dos conflitos de interesses.

2. Na situação prevista no n.° 2 trata-se de causas distintas sem qualquer conexão entre si, pelo que a proibição da aceitação do mandato prende-se com razões de decoro e de lealdade devida ao cliente e ainda à preservação do valor da confiança.

3. Paralelamente à problemática do conflito de interesses, a proibição da aceitação de mandato nos casos previstos no n.° 1 tem ainda como fundamento o risco de quebra do segredo profissional, como ressalta dos n.os 4 e 5.

4. Na previsão do n.° 1 deve entender-se, como expressamente resultava do revogado artigo 83.° n.° 1 do D. Lei 84/84, não só o patrocínio judicial, resultante de mandato ou nomeação oficiosa, como a prestação de serviços independentemente do tipo de contrato que lhe seja subjacente.

5. Caso vulgar de aplicação desta norma é do Advogado que aceita patrocinar ambos cônjuges em divórcio por mútuo consentimento, ocorrendo posterior divergência entre si. Neste caso, o Advogado deve de imediato renunciar ao mandato de ambos, como se decidiu no Acórdão do Conselho Superior de 20/7/84 em ROA, 44, 465.

6. Nos termos do disposto no artigo 370.° 2. do C. Penal, pratica o crime de prevaricação o Advogado que intencionalmente prejudica a causa ou que, no mesmo processo, represente interesses em conflito.

7. "Sob pena de violação do disposto na al. a) do n.° 1 o art. 83.° do EOA (D. Lei 84/84 de 16 de Março), não pode qualquer Advogado patrocinar qualquer um dos cônjuges em inventário para partilha de meações posterior a acção de divórcio na qual patrocinou ambos os cônjuges, sendo indiferente se, ali, os patrocinou ou não até final. A mesma impossibilidade se verifica em consequência do disposto no mesmo preceito legal, quanto ao patrocínio de um dos cônjuges em acção a intentar contra o outro, posteriormente ao divórcio, respeitante aos respectivos patrimónios e/ou ao património conjugal". Parecer do Conselho Geral de 13 de Outubro de 2000, em ROA, ano 61, Janeiro 2001, pág. 417.

8. "a) O advogado que representa réus em acção de reivindicação sobre um imóvel, à qual é posto termo e à qual se segue a compra de metade indivisa do mesmo imóvel pelos filhos menores daqueles réus, representados por um deles, também assistido e aconselhado pelo mesmo advogado, não pode depois aceitar e exercer o mandato de comproprietário do mesmo imóvel, réu em acção de reivindicação intentada pelos outros coproprietários que eram representados na acção de reivindicação e na compra e venda anterior pelo mesmo advogado, uma vez que tal conduta infringe o artigo 83.° n.° 1 do anterior Estatuto;

b) A passagem de mandato que não dê lugar à prática de qualquer acto por parte do mandatário não responsabiliza este pela prática de actos dos co-mandatários."

Parecer de Conselho Superior aprovado em 11/03/05, sendo relator o Dr. Jorge Abreu. Ver www.oa.pt/pareceres

9. O dispcsto no n.° 6, exportando para a actividade em grupo e em relação a todos os Advogados associados as regras dos conflitos de interesses, assume especial relevância nas sociedade de advogados se tivermos em conta que, por foça do actual artigo 5.°, n.° 7 do D. Lei 229/2004 (Regime Jurídico das Sociedades de Advogados), foi invertida a solução legal quanto à extensibilidade dos mandatos, passando a vigorar agora o princípio, ao contrário do que sucedia no regime anterior, de que o mandato conferido a apenas algum ou alguns dos sócios de uma sociedade de advogados não se considera automaticamente extensivo aos restantes sócios.

10. Cfr. actuais 3.2.1. a 3.2.4. do C.D.A.E..

11. Um Advogado que tem em vigor um contrato de prestação de serviços com uma empresa detida a 100% por outra contra quem o mesmo Advogado aceitou patrocionar judicialmente a parte contrária está em situação de conflito de interesses e, por outro lado, em risco de violação do segredo profissional ou de diminuição da sua independência, pelo que deverá observar o disposto no n.° 4, do artigo 94.° do EOA, impondo-se-lhe "cessar de agir por conta de todos os clientes, no âmbito desse conflito ...". Vide Parecer do Conselho Geral n.° 4/PP/2007-G de 23 de Fevereiro.

ARTIGO 95.°
Outros deveres

1 – Nas relações com o cliente, são ainda deveres do advogado:

a) Dar a sua opinião conscienciosa sobre o merecimento do direito ou pretensão que o cliente invoca, assim como prestar, sempre que lhe for solicitado, informação sobre o andamento das questões que lhe forem confiadas, sobre os critérios que utiliza na fixação dos seus honorários, indicando, sempre que possível, o seu montante total aproximado, e ainda sobre a possibilidade e a forma de obter apoio judiciário;

b) Estudar com cuidado e tratar com zelo a questão de que seja incumbido, utilizando para o efeito todos os recursos da sua experiência, saber e actividade;

c) Aconselhar toda a composição que ache justa e equitativa;

d) Não celebrar, em proveito próprio, contratos sobre o objecto das questões confiadas;

e) Não cessar, sem motivo justificado, o patrocínio das questões que lhe estão cometidas.

2 – Ainda que exista motivo justificado para a cessação do patrocínio, o advogado não deve fazê-lo por forma a impossibilitar o cliente de obter, em tempo útil, a assistência de outro advogado.

Notas:

1. O elenco de deveres constante deste artigo não é taxativo, já que não esgota todo o conjunto de deveres deontológicos assentes nos valores da confiança, lealdade, boa informação e aconselhamento, segredo profissional e devoção que pautam a relação Advogado/Cliente. Neste sentido, António Arnaut, Estatuto da Ordem dos Advogados, Anotado, pág. 100 e Alfredo Gaspar, Estatuto da Ordem dos Advogados, pág. 145.

2. No n.° 1 deste artigo 95.° aborda-se em planos distintos, o dever de informação. Num primeiro momento, o Advogado deve respeitar o seu compromisso com a Justiça e o Direito e prestar ao seu cliente uma informação correcta e conscienciosa sobre o merecimento da pretensão que lhe é apresentada, sem receio de lhe desagradar ou garantir resultados. Impõe-se assim uma conduta independente em relação ao cliente. Num segundo momento, deve o Advogado manter o seu cliente informado do desenvolvimento do seu caso, partilhando com ele as decisões de patrocínio mais importantes e prestando os esclarecimentos solicitados sobre o estado das pendências.

3. De acordo com o ponto 3.1.2., do C.D.A.E. "um advogado deve aconselhar e defender o seu cliente com prontidão, consciência e diligência. O advogado assume pessoalmente a responsabilidade pelo cumprimento do mandato e deve informar o seu cliente da evolução do assunto que lhe foi confiado."

4. Nas relações com os clientes devem os Advogados agir com plena independência, já que lhes cabe exclusivamente a escolha dos meios que entenda mais convenientes à defesa dos interesses que lhe são confiados. Assim, não podem os Advogados aceitar a posição de meros executores das instruções dos clientes, sendo doutrina pacífica a de que não devem ser aceites procurações forenses em que sejam estabelecidas regras de orientação para a sua actuação. Vide Acórdãos do C. Superior de 20/12/74 na ROA 35.° pág. 522, de 9/2/67 na ROA 28.° pág. 146 e de 24/1/52 na ROA 12.° pág. 433.

5. Sobre o tema da independência perante os clientes, leia-se "O Cliente e a Independência do Advogado" de Abel Laureano.

6. O dever de actuação profissional com zelo e diligência exige aos Advogados uma actualização profissional permanente dada a constante evolução do Direito, pelo que se compreende nesta perspectiva a necessidade da formação contínua obrigatória.

7. Relacionada com este dever está a questão da responsabilidade civil profissional do Advogado, já que a imunidade exigida no plano da liberdade de expressão, não implica a sua isenção no domínio da responsabilidade civil por actos praticados em violação das obrigações contratuais ou por acto ou omissão violador de um dever de conduta.

8. Os Advogados estão sujeitos às regras gerais da responsabilidade civil, que tanto pode ser contratual como extracontratual. Veja-se a propósito do tema Orlando Guedes da Costa, em Direito Profissional do Advogado, 6.ª edição, pág. 395 e Rui Delgado em Relações entre Advogados e seus Clientes – A responsabilidade civil dos Advogados, lições policopiadas do Centro Distrital de Estágio do Porto e António Arnaut, Iniciação à Advocacia, pág. 115.

9. O Acórdão do STJ de 24/1/87, no BMJ n.° 371, pág. 444, decidiu que é contratual a responsabilidade civil do Advogado que, mandatado para instaurar uma acção, deixa prescrever o respectivo direito.

10. O Acórdão do STJ de 30/5/95 na Col. Jur. 1995, tomo 2, pág. 114, responsabilizou pelos danos, em consequência de um despejo, o Advogado que não tinha estudado devidamente a questão nem aconselhado e informado os seus clientes a proceder ao depósito das rendas não pagas.

11. Sendo em regra de natureza contratual a responsabilidade civil dos Advogados, a prescrição apenas opera ao fim de vinte anos – artigo 309.° do C. Civil – o que obriga para a sua salvaguarda, a preservação do arquivo por igual período de tempo.

12. Ver artigo 99.° quanto à obrigatoriedade de seguro de responsabilidade civil profissional e ainda os pontos 3.9.1. e 3.9.2. do C.D.A.E. quanto a idêntica obrigatoriedade de seguro para a prestação de serviços ou exercício de actividade num Estado Membro de Acolhimento.

13. Na alínea c) deste artigo 95.° apela-se ao dever do Advogado aconselhar os seus clientes no sentido da conciliação, quando esta se revele aos seus olhos satisfatória e capaz de salvaguardar os aspectos essenciais dos interesses confiados.

14. Um dos papéis mais relevantes do Advogado no desempenho da sua função social é precisamente o da harmonização dos conflitos. Deve de facto ser ponderada a importância que os Advogados têm na resolução dos litígios por via extrajudicial, evitando que a grande maioria dos casos que lhes são confiados acabem por ser encaminhados para os saturados Tribunais.

15. Cabe ao Advogado ajuizar, com bom senso e equilíbrio, quando o acordo por si proposto e aconselhado, mas negado pelo cliente, não constitui quebra da relação de confiança, ou quando a rejeição põe em causa a orientação do patrocínio e apenas resulta do "animus litigandi" do cliente, caso em que o Advogado pode justamente recusar-se a continuar no patrocínio por verificação de justa causa, ao abrigo da alínea e) deste artigo 95.°.

16. A protecção do princípio da independência na relação com os clientes reclama ainda que os Advogados não depositem interesses pessoais sobre o objecto das questões que lhes estão confiadas, já que, não sendo assim, poderiam perder a capacidade de aconselhamento do cliente em função tão somente dos interesses patrocinados. Esta a razão de ser da proibição constante da alínea d), onde entronca o regime da "quota litis", especificamente regulado no artigo 101.° do EOA.

17. Na mesma linha, decorre do artigo 579.° do C. Civil a proibição da cessão de créditos ou outros direitos litigiosos, sob pena de nulidade, a favor de juizes, magistrados do MP, funcionários de justiça e mandatários judiciais.

18. Ao contrário do que sucede com o contrato de mandato civil, o contrato de patrocínio ou de mandato por Advogado não pode ser livremente revogado, já que o patrocínio interessa não só ao constituinte mas também ao interesse da boa administração da Justiça.

19. Como diz Carlo Lega, "o advogado está obrigado sempre a assistir ao cliente, a menos que exista uma causa legítima de recusa. Significa isso que, na renúncia ao mandato, o advogado goza de poderes discricionários, mas não arbitrários".

20. O Advogado pode, com a maior liberdade, aceitar ou recusar tratar de um assunto em função dos seus próprios valores e do seu conceito individual de justiça, como se permite no artigo 85.° 2. b) do EOA. Mas uma vez aceitando, só poderá vir a renunciar perante situações graves que ponham definitivamente em causa a relação de confiança.

21. Para além da justa causa, importa ainda assegurar, em caso de renúncia ao mandato, que esta ocorra em momento que não cause dano aos interesses do constituinte, o que equivale à indispensável ponderação pelo Advogado do critério da oportunidade, aliás como neste aspecto também decorre do artigo 1172.° d) do C. Civil.

22. Veja-se o artigo 98.° n.° 2 do EOA quanto à existência de justa causa para a renúncia ao mandato em caso de não satisfação pelo cliente de um pedido de provisão.

23. Estando o Advogado determinado a renunciar ao mandato por haver concluído verificar-se para tal justa causa, deverá privilegiar a sua substituição no patrocínio pela via do substabelecimento sem reserva, dando ao cliente a oportunidade de indicar Advogado para tal efeito. Assim, melhor protegida fica a desejável reserva de confidencialidade da relação Advogado/Cliente.

24. Em termos processuais, a renúncia ao mandato está regulada no artigo 39.° do C. P. Civil. O requerimento para a renúncia ao mandato não deve conter mais do que o estritamente necessário para apresentação de tal pretensão, não devendo conter qualquer fundamentação que devasse o sigilo profissional.

25. Não obstante a apresentação do requerimento de renúncia, ter-se-á em conta que o Advogado renunciante deve continuar a garantir o patrocínio até que se operem os efeitos da renúncia, nos termos do citado artigo 39.° n.ºs 2, 3 e 4 do C. P. Civil.

26. A norma do anterior n.° 2 do artigo 83.° passou para o quadro dos deveres do Advogado para com os Tribunais, constando presentemente do artigo 105.° n.° 2 do EOA.

27. "A decisão de recorrer ou não do acto administrativo que negou a pretensão da Participada assume natureza eminentemente técnica e jurídica. Com efeito, trata-se de um juízo que só ao advogado cabe formular, de modo diligente e consciencioso, em honra à independência que lhe é garantida em relação ao próprio cliente, nos termos do artigo 84.° daquele Estatuto. Idêntica preocupação garantística enforma, por exemplo, o artigo 68.° do Estatuto da Ordem dos Advogados, em relação à independência técnica do advogado perante a entidade patronal, em situações de trabalho subordinado. Não existem razões para garantir menor grau de independência nas relações do advogado com o seu cliente." Parecer do C. Superior de 28 de Fevereiro de 2007.

ARTIGO 96.°
Valores e documentos do cliente

1 – O advogado deve dar a aplicação devida a valores, objectos e documentos que lhe tenham sido confiados, bem como prestar conta ao cliente de todos os valores deste que tenha recebido, qualquer que seja a sua proveniência, e apresentar nota de honorários e despesas, logo que tal lhe seja solicitado.

2 – Quando cesse a representação, o advogado deve restituir ao cliente os valores, objectos ou documentos deste que se encontrem em seu poder.

3 – O advogado, apresentada a nota de honorários e despesas, goza do direito de retenção sobre os valores, objectos ou documentos referidos no número anterior, para garantia do pagamento dos honorários e reembolso das despesas que lhe sejam devidos pelo cliente, a menos que os valores,

objectos ou documentos em causa sejam necessários para prova do direito do cliente ou que a sua retenção cause a este prejuízos irreparáveis.

4 – Deve, porém, o advogado restituir tais valores e objectos, independentemente do pagamento a que tenha direito, se o cliente tiver prestado caução arbitrada pelo conselho distrital.

5 – Pode o conselho distrital, antes do pagamento e a requerimento do advogado ou do cliente, mandar entregar a este quaisquer objectos e valores quando os que fiquem em poder do advogado sejam manifestamente suficientes para pagamento do crédito.

Notas:

1. No actual artigo 96.° do EOA foram agrupadas as normas que antes se encontravam dispersas sobre o dever de prestação de contas. Assim, o n.° 1 corresponde às alíneas g) e h) do n.° 1 do artigo 83.° do EOA revogado, enquanto os n.os 2, 3, 4 e 5 são transposição do anterior artigo 84.°.

2. Pelo facto de se mencionar na parte final do n.° 1 deste artigo que o Advogado deve apresentar nota de honorários e despesas, logo que tal lhe seja solicitado, não se quer significar que não pode o Advogado apresentar tal nota por sua iniciativa e logo que cesse a sua prestação profissional. A norma em causa reporta-se apenas ao dever de apresentação de contas, a solicitação do cliente, sendo certo que decorre do regime do artigo 1161.° d) do C. Civil que o mandatário é obrigado a prestar contas, findo o mandato ou quando o mandante as exigir.

3. Quanto à apresentação da nota de honorários, veja-se o artigo 100.° do EOA e o Regulamento 40/2005 – Regulamento dos Laudos de Honorários.

4. Pela nota de honorários o Advogado procede à fixação da compensação a que tem direito pela prestação dos seus serviços e interpela o seu cliente para o pagamento, pelo que sem ela não existe um crédito certo, líquido e exigível. O direito de retenção para ser validamente exercido implica, pois, a prévia apresentação ao cliente da nota de honorários, como decorre do disposto no n.° 3 deste artigo 96.° do EOA.

5. Sem apresentação da nota de honorários, também não goza o Advogado do direito de obter a emissão de laudo – artigo 7.° n.° 1 do Regulamento 40/2005.

6. O direito de retenção não poderá nunca permitir que o Advogado se pague pelas suas próprias mãos, sendo "infracção disciplinar deixar o advogado de entregar dinheiro em seu poder, mesmo que se trate de dinheiro recebido da parte contrária em virtude de transacção, para se pagar de honorários cuja conta não tenha sido aprovada pelo constituinte nem aprovada judicialmente" – Acórdão do C. Superior de 4/10/74 na ROA 45.ª, pág. 876.

7. Não pode também o Advogado que tenha cobrado um crédito em dinheiro do seu constituinte remeter-lhe a conta de honorários e, sem o seu acordo, deduzir estes no montante do crédito cobrado para lhe remeter apenas o saldo apurado. Vide Acórdão do C. Superior de 17/6/83, na ROA, 43.°, pág. 853.

8. O Advogado que tenha em seu poder valores sobre os quais pretenda exercer o direito de retenção e que esteja em desacordo com o seu cliente por causa dos honorários deve instaurar de imediato a acção de honorários ou solicitar a intervenção do seu Conselho Distrital para os fins previstos nos n.os 4 e 5 deste artigo 96.°, podendo ainda solicitar a emissão de laudo.

9. O direito de retenção respeita a valores e objectos na posse do Advogado incumbido de vários assuntos, mesmo que aqueles valores e objectos tenham relação imediata com dossier encerrado e com conta paga e se trate agora de garantir honorários e despesas de outros casos entregues. Parecer do Presidente do CD do Porto de 4-11-85 na ROA 46, pág. 269.

10. "O advogado goza do direito de retenção do montante indemnizatório para garantia do pagamento dos honorários e reembolso de despesas" – AC. Rel. do Porto de 28/10/99, no Bol. 490-318.

11. O mecanismo da prestação de caução previsto nos n.os 4 e 5 tanto pode ser despoletado por iniciativa do Advogado como do seu cliente, funcionando o Conselho Distrital como entidade arbitral.

12. Quanto ao direito de retenção do mandatário e da prestação de caução como forma de afastamento do direito de retenção, veja-se os artigos 755.° 1. c) e 756.° d) do C. Civil.

ARTIGO 97.°
Fundos dos clientes

1 – Sempre que o advogado detiver fundos dos seus clientes ou de terceiros, para efectuar pagamentos de despesas por conta daqueles, deve observar as regras seguintes:

a) Os fundos devem ser depositados em conta do advogado ou sociedade de advogados separada e com a designação conta-clientes, aberta para o efeito num banco ou instituição similar autorizada, e aí mantidos até ao pagamento de despesas;

b) Os fundos devem ser pagáveis à ordem, a pedido do cliente ou nas condições que este tiver aceite;

c) O advogado deve manter registos completos e precisos relativos a todas as operações efectuadas com estes fundos, distinguindo-os de outros montantes por ele detidos, e deve manter tais registos à disposição do cliente.

2 – O Conselho Geral pode estabelecer, através de regulamento, regras complementares aplicáveis aos fundos a que o presente artigo se

reporta, incluindo a sua centralização num sistema de gestão que por aquele Conselho vier a ser aprovado.

3 – O disposto nos números anteriores não se aplica às provisões destinadas a honorários, pelas quais haja sido dada quitação ao cliente.

Notas:

1. O rigor e a transparência nas questões patrimoniais, particularmente na guarda e gestão de fundos pertencentes aos clientes, são fundamentais para a preservação do prestígio da profissão, pelo que a introdução no EOA dos fundos de clientes, o que constitui uma novidade absoluta no direito interno português, deve ser louvada.

2. Através dos fundos de clientes fica assim melhor assegurado o dever deontológico decorrente do artigo 96.° do EOA.

3. Se os fundos de clientes são novidade no ordenamento deontológico interno, há muito que são impostos pelo CD do CCBE, mantendo-se o instituto no ponto 3.8. do C.D.A.E..

4. Ao ficar prevista a possibilidade de criação de um centro de gestão destes fundos, a ser aprovado por regulamento do Conselho Geral, fica aberta a hipótese de obtenção de benefícios provenientes dessa gestão não só para os clientes, como também para os Advogados, por via institucional, já que resultam tais fundos da sua actividade profissional.

ARTIGO 98.°
Provisões

1 – O advogado pode solicitar ao cliente a entrega de provisões por conta dos honorários ou para pagamento de despesas, não devendo tais provisões exceder uma estimativa razoável dos honorários e despesas prováveis.

2 – Não sendo entregue a provisão solicitada, o advogado pode renunciar a ocupar-se do assunto ou recusar aceitá-lo.

3 – O advogado apenas pode ser responsabilizado pelo pagamento de preparos, despesas ou quaisquer outros encargos que tenham sido provisionados para tal efeito pelo cliente, e não é obrigado a dispor das provisões que tenha recebido para honorários, desde que a afectação destas aos honorários seja do conhecimento do cliente.

Notas:

1. Acolhe-se nesta norma o que anteriormente era regulado no artigo 65.° n.° 3 e 67.° do D. Lei 84/84 de 16 de Março.

2. O pedido de provisão é uma faculdade concedida ao Advogado face ao reconhecimento de que a sua actividade profissional resulta de uma obrigação de meios e

não de uma obrigação de resultado, pelo que tem o Advogado direito a ser remunerado à medida do trabalho que vai desenvolvendo no interesse do cliente.

3. Os pedidos de provisão devem conter-se em limites razoáveis o que aconselha a que só sejam solicitados quando o Advogado dispõe de uma previsão do valor aproximado dos honorários admissíveis no termos da sua prestação profissional.

4. Se o Advogado tiver subordinado a prestação dos seus serviços à condição de receber a provisão, não está obrigado a prestá-los enquanto ela não lhe for entregue.

5. Veja-se a alínea e) do n.° 1 do artigo 95.° e a nota 22 referente a esta norma.

6. As provisões para despesas e as provisões para honorários têm regimes distintos, como se constata do n.° 3, e devem ter tratamento contabilístico e fiscal diferenciado, pelo que se revela aconselhável que sejam pedidas por escrito para uma clara definição da sua natureza.

7. Quanto a provisões vide ainda o ponto 3.5. do C.D.A.E..

ARTIGO 99.°
Responsabilidade civil profissional

1 – O advogado com inscrição em vigor deve celebrar e manter um seguro de responsabilidade civil profissional tendo em conta a natureza e âmbito dos riscos inerentes à sua actividade, por um capital de montante não inferior ao que seja fixado pelo Conselho Geral e que tem como limite mínimo 250.000 euros, sem prejuízo do regime especialmente aplicável às sociedades de advogados.

2 – Quando a responsabilidade civil profissional do advogado se fundar na mera culpa, o montante da indemnização tem como limite máximo o correspondente ao fixado para o seguro referido no número anterior, devendo o advogado inscrever no seu papel timbrado a expressão "responsabilidade limitada".

3 – O disposto no número anterior não se aplica sempre que o advogado não cumpra o estabelecido no n.° 1 ou declare não pretender qualquer limite para a sua responsabilidade civil profissional, caso em que beneficia sempre do seguro de responsabilidade profissional mínima de grupo de 50 000 euros, de que são titulares todos os advogados portugueses não suspensos.

Notas:

1. Cfr. artigo 95.° 1. b) e respectivas anotações.

2. Todos os Advogados portugueses beneficiam automaticamente de um seguro profissional de responsabilidade patrocinado pela Ordem dos Advogados por ine-

rência à sua inscrição válida na Ordem dos Advogados. Vide para o ano 2008 com as anotações 10. e 11.

3. Permite-se aos Advogados limitar a sua responsabilidade civil profissional quando fundada em mera culpa até ao montante do valor do seguro que mantenha nos termos do n.° 1, com o capital mínimo de € 250.000,00. Ver, no mesmo sentido, o Parecer do C. Distrital do Porto de 6/1/2007, do qual foi relator o Dr. Carlos Mateus.

4. No caso de não possuírem seguro conforme previsto no n.° 1, os Advogados respondem ilimitadamente, dispondo contudo do seguro mínimo de grupo disponibilizado pela Ordem dos Advogados.

5. Cfr. ponto 3.9. do C.D.A.E.

6. Vide artigos 33.° a 37.° da Lei das Sociedades de Advogados. – D. Lei 229/04 de 10 de Dezembro.

7. Leia-se a anotação 8. ao artigo 95.° do EOA.

8. Quanto ao princípio da irresponsabilidade dos Advogados titulares dos órgãos da Ordem dos Advogados com competência disciplinar pelas decisões proferidas no exercício das suas funções, veja-se o regime inovador do artigo 123.° deste EOA.

9. Sobre o regime da responsabilidade civil profissional dos Magistrados Judiciais e do Ministério Público no desempenho das suas funções veja-se os artigos 5.° e 15.° do Estatuto dos Magistrados Judiciais e 77.° e 92.° do Estatuto dos Magistrados do Ministério Público, assim como o artigo 1083.° do CPC.

10. O seguro de responsabilidade civil profissional oferecido pela OA a cada Advogado com inscrição em vigor foi renovado para 2010, mantendo as condições gerais e garantindo os pagamentos de indemnizações com base em erro, omissão ou negligência até ao valor, por sinistro, de € 150.000,00 e sem limite de anuidade, com a franquia, por sinistro, de € 1500,00, tendo por âmbito territorial todo o mundo, com excepção dos EUA e Canadá. Apólice n.° DP/01018/10/B da Arch Insurance Company (Europe) Lda – vide Portal da OA – linha directa para Advogados – 808505060.

11. Nos termos do artigo 99.°, vigorará em 2008 o regime de responsabilidade civil profissional ilimitada de cada Advogado, mesmo em caso de mera culpa, se não estiver contratado um seguro com um limite mínimo de € 250.000,00 (valor que se mantém desde a deliberação do C. Geral de 10.02.2006). Assim, caso se pretenda a limitação desta responsabilidade nos termos estatutários, poderão os Advogados contratar apólice pessoal de reforço do capital com a Seguradora da apólice de grupo, caso em que fica eliminada a franquia prevista nesta última.

12. O Advogado, para beneficiar da responsabilidade civil profissional limitada, deve inscrever no seu papel timbrado a expressão "responsabilidade limitada" e usá-la enquanto pretender beneficiar dessa limitação, entendendo-se como "papel timbrado" qualquer documento onde se preste informação e publicidade da actividade profissional, assim se incluindo o suporte escrito no exercício da acção do Advogado, tal como papel de carta, carimbo, cartões de visita, cabeçalho das peças judiciais e também nos documentos extrajudiciais usados nas repartições públicas. (Parecer do C. Distrital do Porto de 2007.01.06, sendo Relator o Dr. Carlos Mateus).

ARTIGO 100.º
Honorários

1 – Os honorários do advogado devem corresponder a uma compensação económica adequada pelos serviços efectivamente prestados, que deve ser saldada em dinheiro e que pode assumir a forma de retribuição fixa.

2 – Na falta de convenção prévia reduzida a escrito, o advogado apresenta ao cliente a respectiva conta de honorários com discriminação dos serviços prestados.

3 – Na fixação dos honorários deve o advogado atender à importância dos serviços prestados, à dificuldade e urgência do assunto, ao grau de criatividade intelectual da sua prestação, ao resultado obtido, ao tempo despendido, às responsabilidades por ele assumidas e aos demais usos profissionais.

Notas:

1. Alfredo Gaspar, no seu Estatuto Anotado, págs. 93 a 95, faz um interessante estudo sobre a evolução histórica da remuneração típica dos Advogados.

2. Nos termos do artigo 1158.º n.º 1 do C. Civil, o mandato forense presume-se oneroso, mas nada proíbe os Advogados de prestarem serviços profissionais de forma gratuita.

3. Constitui princípio geral assente de que é devida uma justa remuneração por todas as diligências feitas por mandatário judicial, independentemente do resultado, já que os Advogados não assumem perante os seus clientes qualquer obrigação de resultado. Vide Acórdãos do C. Superior de 14/1/83 em ROA, 43, 227, de 27/11/74 em ROA, 35, 294 e de 14/4/81 em ROA 42, 284.

4. Atendendo ao interesse público da profissão, o regime de fixação de honorários está sujeito, não só no domínio das formalidades e procedimentos, como também na sua valoração, a critérios legais e regulamentares, sob a tutela da Ordem dos Advogados. Devem assim os Advogados conhecer o Regulamento dos Laudos de Honorários – Regulamento 40/2005 de 29/4/05.

5. A remuneração dos Advogados pode assumir diversas formas, consoante o regime contratual em que se baseie a sua actividade. Nos artigos 100.º a 102.º, contudo, regula-se tão somente a fixação de honorários referente aos serviços profissionais prestados em regime profissional liberal.

6. A forma mais vulgar de fixação dos honorários é a da apresentação da nota de despesas e honorários após a conclusão do mandato ou da prestação de serviços, através da aplicação dos critérios gerais previstos no n.º 3 deste artigo 100.º.

7. Do confronto da actual redacção deste n.º 3 com a do n.º 1 do artigo 65.º do anterior EOA, regista-se a eliminação do factor "moderação" na ponderação da justa

remuneração. A "moderação" era entendida como querendo significar justeza e adequação, evitando-se a carestia, excesso e exagero insuportável, preocupação que obviamente não devem os Advogados deixar de ter apesar daquela eliminação, já que ela deriva do papel dos Advogados como servidores da Justiça e do Direito. Vide sobre o tema os Acórdãos do C. Superior de 10/5/52 em ROA, 23, 166 e de 9/1/64, em ROA, 24, 417.

8. Nos termos do artigo 100.° n.° 3 o Advogado deve fixar os seus honorários atendendo ao tempo gasto, à dificuldade e urgência do assunto, à importância dos serviços prestados, aos resultados obtidos, ao grau de criatividade intelectual da sua prestação, às responsabilidades assumidas e aos usos profissionais. Partindo do princípio de que a ordem pela qual estes factores são apresentados é irrelevante, importa registar que se aproveitou a actual redacção para a introdução de conceitos, que embora sendo já reconhecidos no Conselho Geral na apreciação dos processos de laudo, estavam omissos no artigo 65.° n.° 1 do D. Lei 84/84. São eles a "urgência do assunto", o "grau de criatividade intelectual" e as "responsabilidades assumidas".

9. Na ponderação dos honorários não se pode esquecer que o tempo de trabalho prestado pelo Advogado na defesa dos interesses do seu constituinte deverá ser valorado tendo em conta dois vectores distintos, mas complementares, ou seja, o correspondente à parte necessária para assegurar a cobertura financeira dos encargos gerais da sua estrutura profissional, sem o que não lhe seria possível exercer actividade profissional, e a contrapartida ou justo preço do trabalho qualificado efectivamente prestado. Por outro lado, a advocacia é uma actividade profissional livre, onde quem a exerce não tem garantido o trabalho e a própria remuneração, e está condicionada a regras deontológicas muito rigorosas que impedem formas de associação com quem não seja advogado e exigem um grau de envolvimento pessoal muito exigente.

10. O tempo gasto é um dos factores atendíveis mais relevantes, mas não é o único e nem mesmo é, em grande parte dos casos, o mais importante. Verifica-se, porém, a existência de uma tendência generalizada nos laudos emitidos pelo Conselho Geral no sentido de se efectuar a primeira aproximação ao valor justo dos honorários através deste factor e pela aplicação de um valor/hora para o trabalho intelectual do Advogado, variável em função das Comarcas, tendo em conta apenas que entre estas são diferentes os custos fixos que os Advogados suportam.

11. A utilização do factor "resultado obtido" no n.° 3 do artigo 100.° não pode confundir-se com a referência feita no artigo 101.° n.° 2 do EOA com a mesma expressão, já que se nada impede o Advogado de ponderar o resultado final obtido na fixação do valor dos seus justos honorários após a conclusão dos seus serviços; já não pode utilizar o resultado final, eventual e futuro, para, "antes da conclusão definitiva da questão" dele fazer depender, em exclusivo, a sua remuneração.

12. Na parte final da alínea a) do n.° 1 do artigo 95.°, à semelhança do que já resultava do ponto 3.4.1. do CD do CCBE (2002), aponta-se a importância de os Advogados manterem os seus clientes devidamente informados dos critérios utilizados ou a utilizar na fixação de honorários, o que para além da desejada transparência

sobre esta sensível questão, deve ser encarado como consequência da relação de confiança.

13. De acordo com o D. Lei 138/90 de 26/4/90, foi estabelecida a obrigação de afixação pública dos preços de bens e serviços, mas a Portaria 240/2000 de 3 de Maio veio regular, em relação aos Advogados, que "é suficiente (...) a indicação aos clientes ou potenciais clientes dos honorários previsíveis (...) identificando expressamente, além dos valores máximo e mínimo da sua hora de trabalho, as regras previstas no n.° 1 do art. 65.° do EOA"

14. Em matéria de honorários importa conhecer o sistema legal de pagamentos dos serviços desenvolvidos no regime do acesso ao direito, quer de Advogados, quer de Advogados Estagiários, nas vertentes de informação jurídica, consulta e apoio judiciário. A Portaria 1386/2004 de 10 de Novembro aprovou a tabela dos honorários dos Advogados, Advogados Estagiários e Solicitadores pelos serviços prestados no âmbito da protecção jurídica.

15. Cfr. Anotações aos artigos 95.°, 96.°, 97.°, 98.°, 101.° e 102.° do EOA.

16. "I – No caso de haver um acordo verbal quanto ao montante de honorários e não existir uma conta/reclamação de pagamento dos mesmos, o Advogado não tem de apresentar uma conta por escrito. II – A nota de serviços, honorários e despesas é devida antes do pagamento dos honorários, para que o cliente possa ajuizar da justeza destes e do destino dado às provisões entregues. Não lhe assiste o direito de exigir essa nota depois de ter acordado o montante dos honorários, de os ter pago e saldado contas com o Advogado." – Ac. C. Superior de 8/11/2002 em Jurisprudência do Conselho Superior, pág. 245.

17. Sobre as tabelas de honorários mínimos, o Tribunal de Justiça (Grande Secção), no seu Acórdão "Cipolla", de 5 de Dezembro de 2006, decidiu que as regras comunitárias em matéria de concorrência não se opõem à adopção por um Estado Membro de uma medida normativa que aprove, com base num projecto elaborado por uma ordem profissional de advogados uma tabela que fixe um limite mínimo de honorários dos advogados, tabela esta que é, em princípio, inderrogável, quer estejam em causa serviços reservados a esses profissionais quer serviços, como os extrajudiciais, que também podem ser prestados por qualquer operador económico não sujeito à referida tabela. Mais se decidiu no mesmo Acórdão que uma regulamentação que proíbe de modo absoluto a derrogação por acordo dos honorários mínimos fixados em tabela de honorários dos advogados, constitui uma restrição à livre prestação de serviços, competindo ao órgão jurisdicional de reenvio verificar se essa regulamentação, tendo em conta as respectivas modalidades concretas de aplicação, responde verdadeiramente aos objectivos de protecção dos consumidores e da boa administração da justiça que podem justificá-la e se as restrições que impõe não são desproporcionadas em relação a esses objectivos. Ver http://www.oa.pt/Conteudos/Artigos/detalhe.

18. Sobre os Honorários dos Advogados, ver "Les Honoraires des Avocats: actualités pratiques et jurisprudence", numa edição do Barreau de Paris, a solicitar à Ordre des Avocats de Paris, www.avocatparis.org

19. O escritório de advogado não é um estabelecimento de contacto directo com o público, encontrando-se, assim, excluído do conceito de estabelecimento visado pelo D. Lei 156/2005, de 15 de Setembro, nos termos definidos no seu artigo 2.° e, consequentemente, excluído do âmbito de aplicação deste diploma, que determina a obrigatoriedade de existência e disponibilização de livro de reclamações – parecer do C. Geral n.° 9/PP/2008-G, editado no Portal da Ordem dos Advogados.

ARTIGO 101.°
Proibição da quota litis e da divisão de honorários

1 – É proibido ao advogado celebrar pactos de *quota litis*.

2 – Por pacto de *quota litis* entende-se o acordo celebrado entre o advogado e o seu cliente, antes da conclusão definitiva da questão em que este é parte, pelo qual o direito a honorários fique exclusivamente dependente do resultado obtido na questão e em virtude do qual o constituinte se obrigue a pagar ao advogado parte do resultado que vier a obter, quer este consista numa quantia em dinheiro, quer em qualquer outro bem ou valor.

3 – Não constitui pacto de *quota litis* o acordo que consista na fixação prévia do montante dos honorários, ainda que em percentagem, em função do valor do assunto confiado ao advogado ou pelo qual, além de honorários calculados em função de outros critérios, se acorde numa majoração em função do resultado obtido.

Notas:

1. Os Advogados podem celebrar validamente ajuste prévio com os clientes sobre o valor dos honorários, sendo condição de admissibilidade que de tal ajuste resulte a fixação de uma verba certa sobre esse valor, como já resultava do artigo 65.° n.° 4 do D. Lei 84/84 e agora da parte final do n.° 1 do artigo 100.° e do n.° 3 do artigo 101.° do EOA.

2. Constitui excepção à regra da proibição da "quota litis" a possibilidade de majoração da verba fixa, previamente ajustada, em função do resultado final, o que constitui uma clara abertura em relação ao regime anterior e vem confirmar prática já de alguma forma generalizada na Advocacia portuguesa, conhecida pelo "palmário". Veja-se a propósito Valério Bexiga, Manual de Deontologia Forense, págs. 183/186.

3. A proibição do pacto de "quota litis" assenta no princípio da preservação da independência dos Advogados e radica no preceito, de previsão mais ampla, contido no artigo 95.° n.° 1 d) do EOA. Cfr. as notas 16 e 17 a esta norma.

4. No C.D.A.E. define-se no ponto 3.3.2. o pacto de "quota litis" como sendo "o acordo entre o advogado e o seu cliente, antes da conclusão definitiva da questão em que este é parte, através do qual o cliente se compromete a entregar ao advogado uma parte do resultado que vier a obter, independentemente do resultado corresponder a uma soma em dinheiro ou a qualquer outro bem ou valor.". Verifica-se assim, do confronto com o artigo 101.°, que o regime do instituto no nosso ordenamento deontológico é mais permissivo do que o vigente para as relações transfronteiriças.

5. A primeira parte do n.° 3 do artigo 101.° do EOA foi decalcada da primeira parte do ponto 3.3.3. do CD do CCBE, (2002) trazendo à colação a problemática das tabelas de honorários, já que nestas é vulgar a definição dos mínimos a cobrar em função de taxas percentuais sobre o valor das acções ou dos assuntos confiados, o que não constitui "quota litis".

6. As tabelas de honorários são presentemente prática tendencialmente proibida e, como tal desaconselhada pelas Ordens europeias, em virtude do entendimento perfilhado pelo Tribunal da Comunidade de que as mesmas violam o artigo 81.° n.° 1 a) do Tratado de Roma, referente à proibição de práticas concertadas impeditivas da livre concorrência, sustentando Valério Bexiga, no seu Manual de Deontologia Forense, a pág. 187, de que idêntico regime proibitivo resulta igualmente do artigo 81.° e) da Constituição da República Portuguesa e do artigo 2.° 1 a) do D. Lei 371/93 de 29/10, que garante o princípio do livre funcionamento das regras de mercado, posição todavia que não temos por segura, já que os serviços prestados por Advogados não devem ser considerados serviços de natureza mercantil, justificando-se a existência de reservas à aplicação de tais princípios em abono do interesse público da profissão.

7. As avenças representam uma fixação prévia e certa de honorários com relação a prestação de serviços de natureza continuada, pelo que podem ser consideradas modalidade de ajuste prévio.

8. Por comunicado de 5 de Setembro de 2005, a Comissão Europeia veio divulgar o Relatório de 2004 sobre concorrência nos serviços das profissões liberais, incluindo as profissões jurídicas, intensificando as pressões para a intensificação de esforços pelos Estados Membros com vista ao aumento da concorrência, designadamente quanto às práticas de interdição de publicidade e fixação de honorários. Portugal, a par da Áustria, Estónia, Hungria, Letónia e Eslovénia, integra um grupo de Países onde, de acordo com os critérios da Comissão, apenas se realizaram ainda reformas menores.

9. Sobre temática das tabelas de honorários, veja-se o Parecer 1/2006 aprovado no Conselho Superior da Ordem dos Advogados e que pode ser consultado no Portal da Ordem – www.oa.pt/cd/Conteudos/Artigos, de cuja orientação discordamos, essencialmente pelas razões recentemente reconhecidas pelo CCBE, (vide anotação 17 ao artigo 1.° deste EOA) mas cuja manifesta importância justifica a transcrição na íntegra das respectivas conclusões. São as seguintes:

1. Sem prejuízo da prevalência das experiências e princípios deontológicos sobre considerações económicas, e bem assim da necessidade de a afirmar, sempre

que justifique, designadamente perante os órgãos comunitários, as normas nacionais e comunitárias da concorrência são aplicáveis aos advogados, quanto profissionais liberais e à respectiva Ordem; e isto porque:

2. Para efeitos de aplicação da legislação da concorrência, o profissional liberal advogado, no caso – é equiparado a empresa, enquanto que a respectiva associação profissional – a Ordem dos Advogados – é equiparada a associação de empresas, ao actuar em representação dos seus membros, v.g. através da determinação de regras e/ou comportamentos respeitantes à retribuição dos serviços prestados; daí que

3. O art. 4.° n.° 1, al. a) desta Lei 18/2003, de 11 de Junho, proíbe práticas consertadas entre empresas, que tenham por objecto a restrição da concorrência, nomeadamente que se traduzam em fixar, de forma directa ou indirecta, os preços de compra ou de venda ou interferir na sua determinação pelo livre jogo do mercado, induzindo, artificialmente, quer a sua alta quer a sua baixa;

4. Tal proibição não contraria as exigências e princípios deontológicos fundamentais;

5. Consequentemente, a OA, designadamente através das suas Delegações, não pode aprovar tabelas de honorários, quer sejam mínimos, quer sejam máximos, dado que estas tendem, à partida, a impedir a livre fixação dos valores correspondentes aos serviços prestados, subvertendo as regras de concorrência;

Assim sendo, e porque tais tabelas são contrárias à legislação actual e aos seus princípios subjacentes, terão que considerar-se nulas – sob pena de infracção e condenação da OA – devendo, por conseguinte, ser revogadas e retiradas das Delegações, e bem assim dos escritórios dos advogados que as tenham afixadas.

ARTIGO 102.°
Repartição de honorários

É proibido ao advogado repartir honorários, ainda que a título de comissão ou outra forma de compensação, excepto com advogados, advogados estagiários e solicitadores com quem colabore ou que lhe tenham prestado colaboração.

Notas:

1. Ver os pontos 3.6., 5.4.1. 5.4.2. e 5.7. do C.D.A.E..
2. Cfr. Notas 28 a 33 introduzidas ao artigo 85.° h) do EOA.

CAPÍTULO III
Relações com os tribunais

ARTIGO 103.°
Dever de lealdade

1 – O advogado deve, em qualquer circunstância, actuar com diligência e lealdade na condução do processo.

2 – É vedado ao advogado, especialmente, enviar ou fazer enviar aos juizes ou árbitros quaisquer memoriais ou, por qualquer forma, recorrer a meios desleais de defesa dos interesses das partes.

Notas:

1. Carlo Lega refere que "no sector da arte forense o princípio da lealdade processual desempenha um papel notável, sobretudo nas situações processuais, nas relações com colegas, com os juizes, com o cliente e a parte contrária e com a Ordem profissional".

2. O compromisso deontológico dos Advogados com a Verdade e com o Direito, exige que na sua actuação profissional respeitem os deveres processuais de cooperação, boa fé processual e de correcção, como também decorre dos artigos 266.°, 266.° A e 266.° B, todos do C. P. Civil.

3. O artigo 459.° do C. P. Civil regula o regime da má fé imputável aos Advogados ou má fé instrumental, estabelecendo que "quando se reconheça que o mandatário da parte teve responsabilidade pessoal e directa nos actos pelos quais se revelou a má fé na causa, dar-se-á conhecimento do facto à Ordem dos Advogados ou à Câmara dos Solicitadores, para que estas possam aplicar as sanções respectiva e condenar o mandatário na quota-parte das custas, multa e indemnização que lhes parecer justa".

4. Para que haja má fé da responsabilidade pessoal do mandatário importa, porém, que ele tenha agido com intenção maliciosa, com verdadeiro dolo, não bastando a simples culpa ainda que muito grave. Vide Acórdão do STJ de 13/10/77 em BMJ n.° 270, pág. 17.

5. No regime sancionatório da má fé instrumental o legislador respeitou a autonomia da Ordem e a independência dos Advogados perante o poder judicial, criando um mecanismo processual que permite seja a Ordem a apreciar em sede disciplinar a responsabilidade dos Advogados e a acautelar a plena defesa destes sem risco de quebra do sigilo profissional, o que se verificaria se tal defesa fosse apresentada perante o Juiz.

6. O dever de lealdade está também particularmente presente nos deveres entre Advogados, constantes das alíneas c), d) e e) do n.° 1 do artigo 107.° do EOA.

7. No artigo 87.° do D. Lei 84/84 estabelecia-se que o Advogado devia "sempre sem prejuízo da sua independência, tratar os juizes com o respeito devido à função que exercem e abster-se de intervir nas suas decisões, quer directamente, em conversa ou por escrito, quer por interposta pessoa, sendo como tal considerada a própria parte".

8. No CD do CCBE – ponto 4.2. – estipula-se no domínio do dever de lealdade na condução do processo que o Advogado "não pode contactar um juiz sem informar previamente o advogado da parte contrária, nem submeter ao juiz, provas, notas ou documentos sem o comunicar, em tempo útil, ao advogado da arte contrária, a menos que essas medidas sejam permitidas pela norma de processo aplicável". E acrescenta-se na mesma norma que "o advogado não pode divulgar ou submeter aos tribunais qualquer proposta de resolução da questão, elaborada pela parte contrária ou seu advogado sem a autorização expressa do advogado da parte contrária".

9. As relações entre os Advogados e os Magistrados têm sido objectos de inúmeras obras de autor, de que apenas se citam algumas, a título exemplificativo: Bastonário Ângelo de Almeida Ribeiro, Direitos dos Advogados, sua Independência e Relações com a Magistratura, Bastonário Osório de Castro, A Crise da Justiça e as Relações Magistrados-Advogados, na ROA 45, 621, Jacques Hamelin, Paradoxe sur l'avocat. Entretiens sur le rôle du defenseur, Flávio Pinto Ferreira, Uma Abordagem Sociológica da Magistratura, na ROA 33, 133, António Fernandez Rodriguez, Juízes e Advogados, Rui Polónio de Sampaio, O Magistrado visto pelo Advogado, na ROA, 36.°, 221, Costa e Melo, Gente de Toga e Beca (edição de C.M. de Aveiro).

10. Deve também consultar-se sobre o tema, Orlando Guedes da Costa, Direito Profissional do Advogado, 7.ª edição, págs. 337 a 341 e António Arnault, Iniciação à Advocacia pág. 85 e segs.

11. Cfr. sobre os deveres para com os Magistrados os artigos 90.° do EOA e 155.° n.° 5 do C. P. Civil.

12. Da farta jurisprudência da Ordem dos Advogados no plano do relacionamento com os Magistrados, poder-se-ão retirar as seguintes ilações:

a) O cabal exercício do mandato impõe ao advogado uma conduta isenta de cobardia ou de aquietante comodismo;

b) O Advogado está autorizado ao emprego de expressões mais ou menos enérgicas, veementes, vibrantes, consoante a natureza do assunto e o temperamento emocional de quem as subscreve, desde que se mantenham nos limites da serenidade e compostura, que não são manifestações de subserviência ou de subalternização, mas de superioridade de espírito.

13. O Advogado tem liberdade de expressão para ser firme, enérgico, agressivo mesmo (sem ser contundente) – contanto que as circunstâncias o imponham e não seja desprimoroso para o juiz, já que a lide forense não se compadece com "punhos de renda", pois é sempre uma luta viril e áspera – Acórdão do C. Superior de 23/1/76 na ROA, 37, 275.

14. "1. O acesso dos advogados ao gabinete do juiz depende da prévia anuência deste, salvo quando aí forem praticados actos em que participem ou tenham interesse profissional; 2. Sempre que o exercício do mandato o exija, não é vedado ao advogado procurar o juiz no seu gabinete de trabalho, a horas de serviço e quando este não esteja ocupado por audiência ou outro serviço marcado; 3. Não exorbita o exercício do mandato o advogado que, nessas circunstâncias, solicite ao juiz esclarecimentos sobre um despacho em que supõe ter havido lapso, a fim de evitar o recurso a expedientes legais

demorados em processo que carecia de decisão muito urgente" (Parecer do Conselho Geral de 18/3/88, na ROA, 48, 640).

15. Os Advogados dispõem de liberdade de crítica com os limites previstos no artigo 154.° n.° 3 do C.P.Civil, sendo garantia consagrada pelo artigo 114.° n.° 3 b) da LOFTJ o não sancionamento pela prática de actos conformes ao seu estatuto profissional, onde aquele direito de crítica sem dúvida se integra.

16. "Os advogados gozam de imunidade civil e penal por todas as declarações pertinentes feitas de boa fé, por escrito ou em alegações orais ou no âmbito das suas intervenções profissionais perante um tribunal judicial ou outro ou uma autoridade administrativa" (Ponto 20 do Anexo aos Princípios Básicos Relativos à Função dos Advogados, aprovado no 8.° Congresso das Nações Unidas para a Prevenção do Crime e Tratamento de Delinquentes – Ed. da PGR 1995).

17. O relacionamento entre Advogados e Magistrados deve ser pautado pelo respeito à dignidade da função judicial, pelo princípio da independência dos Advogados e pelo dever de não ingerência nas decisões dos Magistrados.

18. A responsabilidade dos Advogados pelo crime de injúrias cometido por eventuais excessos de linguagem escrita ou falada na pessoa de Magistrados (enquanto titulares de órgão de soberania) esteve especialmente agravada pelo D. Lei 65/84 de 24/2/84, diploma que todavia foi revogado em 1995 pelo C. Penal – Vide artigos 184.° e 132.° 2. h).

19. Ver anotações ao artigo 105.° do EOA.

20. "i) A obrigação de notificação da parte contrária, estabelecida no artigo 229-A do C. P. Civil, recai sobre a parte, na pessoa do seu mandatário judicial. ii) O mandatário judicial não pode ser pessoalmente condenado em multa ou custas pela falta de notificação do mandatário da contraparte, nos termos do artigo 229-A do C. P. Civil." – Parecer do C. Geral aprovado em 21 de Dezembro de 2006, in Portal da OA – http://www.oa.pt.

ARTIGO 104.°
Relação com as testemunhas

É vedado a advogado estabelecer contactos com testemunhas ou demais intervenientes processuais com a finalidade de instruir, influenciar ou, por qualquer outro meio, alterar o depoimento das mesmas, prejudicando, desta forma, a descoberta da verdade.

Notas:

1. No domínio da previsão da alínea a) do n.° 2 do artigo 85.° do EOA, tem sido debatida a problemática do enquadramento deontológica do contacto com as testemunhas, matéria melindrosa e que, durante muito tempo, foi analisada à luz dos costumes e tradições profissionais no sentido pacífico de que tal prática era imoral,

não sendo por isso lícito aos Advogados contactarem testemunhas, dando azo a que pareça que tentam influenciar o seu depoimento. Vide nesta linha, a título meramente exemplificativo, os Acórdãos do Conselho Superior de 14/4/53 em ROA, n.° 13, pág. 520, de 8/2/68 em ROA, 1969, n.° 15, de 28/5/82 em ROA, n.° 42, pág. 823.

2. No I Congresso Nacional de Advogados, realizado em Lisboa, em Novembro de 1985, embora mantendo-se a tradicional proibição, já se admitia, contudo, que a censurabilidade deontológica não resultava do contacto em si mesmo, mas da intenção de se afastar as testemunhas do caminho da verdade. Foi esta, em síntese, a teste que acabou por vingar nos trabalhos preparatórios deste novo Estatuto, como se pode avaliar através deste inovador artigo 104.°.

3. A anteceder a consagração definitiva desta tese, o tema foi contudo largamente debatido pelo Conselho Geral e pelo Conselho Superior, como pode ser aferido pela leitura dos Pareceres ente si contraditórios do Conselho Geral de 28/12/98 e de 18/02/2000 e dos Acórdãos do C. Superior de 1/3/2002 e de 17/10/2003, em Jurisprudência do Conselho Superior págs. 238 e 736 e também na ROA, ano 62, Dezembro de 2002, págs. 1033 e segs.

ARTIGO 105.°
Dever de correcção

1 – O advogado deve exercer o patrocínio dentro dos limites da lei e da urbanidade, sem prejuízo do dever de defender adequadamente os interesses do seu cliente.

2 – O advogado deve obstar a que os seus clientes exerçam quaisquer represálias contra o adversário e sejam menos correctos para com os advogados da parte contrária, magistrados, árbitros ou quaisquer outros intervenientes no processo.

Notas:

1. O dever de urbanidade previsto no n.° 1 deste preceito já resultava do que dispõe o artigo 90.°, pretendendo apenas aqui acentuá-lo no exercício concreto do patrocínio judiciário.

2. A norma do n.° 2 estava anteriormente prevista no n.° 2 do artigo 83.° do D. Lei 84/84 e visa lembrar ao Advogado a sua função apaziguadora, devendo dissuadir o cliente de ser vingativo ou desrespeitoso seja para quem for.

3. Transcrevendo o que Alfredo Gaspar escreve a pág. 152 do seu Estatuto Anotado sobre este dever, relacionado com a chamada "administração do cliente", dir-se-á o seguinte:

a) Se a iniciativa do cliente se destinar à prática de qualquer acto ilegal, ou ilícito, ou imoral – um acto ilegítimo "lato sensu" – o Advogado deve opor-se com a maior firmeza, pura e simplesmente;

b) Tratando-se de um acto ilícito, o Advogado deve continuar a opor-se-lhe, se o não julgar legítimo, ou ainda se o julgar inoportuno ou inconveniente; já não se deve opor, porém, se o julgar apropriado e imposto por todas as circunstâncias atendíveis.

4. "I – Os advogados, ao pugnarem pela defesa do Direito, e pela satisfação dos interesses legítimos a seu cargo terão certamente, em muitos casos, de atribuir aos actos dos juizes, aos actos de Colegas e aos actos de terceiros, os qualificativos que estarão associados à violação do direito e à actuação ilegítima. II – Não pode a Ordem condenar o emprego das expressões que, pelos Colegas que as usam, exprimam a revolta pelo que é sentido como um abuso de poder, um grave atropelo dos direitos ou uma conduta incorrecta" – Ac. C. Superior de 1/3/2002, em Jurisprudência do Conselho Superior, pág. 275.

5. "I – O Advogado, quando intervém em representação judicial de um seu constituinte, não defende interesses próprios mas alheios, actuando profissionalmente no exercício de mandato forense que lhe foi conferido, justamente para discutir a conflitualidade de interesses e direitos em colisão. II – Daí que, desde que o Advogado não exceda os meios necessários à defesa dos interesses dos seus constituintes – meios esses que têm muitas vezes de ser contundentes, firmes e incómodos para com os intervenientes – a sua acção não pode ser limitada ou coarctada, sob pena de poderem ficar irremediavelmente diminuídos e limitados os direitos dos seus representados". Ac. do C. Superior de 7/2/2003 em Jurisprudência do Conselho Superior, pág. 48.

6. Veja-se sobre a independência e a liberdade de expressão dos Advogados perante os Tribunais o Acórdão do Conselho Geral, relatado por Alberto Luís, intitulado "Sobre a liberdade de crítica às sentenças judiciais", aprovado em 22 de Outubro de 204, publicado na ROA, Ano 64, Novembro, pág. 675.

7. Deverá a Ordem pugnar para que o Tribunal competente para qualquer processo crime contra Advogado por factos cometidos no exercício de funções deva ser o tribunal imediatamente superior àquele onde se registaram os factos que deram origem ao procedimento. Conclusão 45.ª (2.ª Secção) aprovada no VI Congresso dos Advogados Portugueses (2005).

8. "O Advogado, no exercício do patrocínio forense, não está impedido de criticar objectivamente as posições assumidas no processo por qualquer dos seus intervenientes, nem de censurar os tipos de actuação processual de que discorde. A necessidade, que não esteja em concreto excluída, das expressões que utilize para a defesa da causa, legitima-as. A sua conduta só é disciplinarmente ilícita se violar os limites que estatutariamente lhe são fixados – o ataque pessoal ou a alusão pessoalmente vexatória ou aviltante (a alusão deprimente)".

Parecer aprovado pelo Conselho Superior em 28/10/05, sendo relator o Dr. Virgilio Vasconcelos Ribeiro, o qual contem vastas citações sobre o tema da liberdade de expressão dos Advogados no exercício do patrocínio, in www.oa.pt/Pareceres.

9. Na mesma linha do parecer anotado em 8. veja-se também o Parecer aprovado no Conselho Superior em 17/06/05, sendo relator o Dr. Alberto Jorge Silva, onde, para além de outras, se extrai a conclusão de que "o ambiente próprio da administração da justiça pressupõe, por parte do juiz, a assunção da tolerância, humil-

dade e disponibilidade aptas a afastar susceptibilidades exacerbadas face a comportamentos de advogados, aceitando deixar recuar os limites dentro dos quais a sua honra e consideração devem ser tuteladas pelo direito (penal ou disciplinar). Assim, deve ser, em nome da liberdade de expressão e actuação no exercício do patrocínio e do mandato forense, a qual só pode ser garantida se for afastado o receio da perseguição sancionatória: sem isso, não há advocacia livre e independente nem administração da justiça adequada ao Estado de Direito Democrático". Ver www.oa.pt/Pareceres

CAPÍTULO IV
Relações entre advogados

ARTIGO 106.°
Dever de solidariedade

A solidariedade profissional impõe uma relação de confiança e cooperação entre os advogados, em benefício dos clientes e de forma a evitar litígios inúteis, conciliando, tanto quanto possível, os interesses da profissão com os da Justiça ou daqueles que a procuram.

Notas:

1. Marcando uma clara diferença em relação ao regime anterior, o actual EOA inicia a regulação deontológica das relações entre Advogados invocando o dever de solidariedade, presente mas de forma encapotada no artigo 86.° do D. Lei 84/84.

2. A norma deste artigo 106.° acolhe e transcreve parcialmente a formulação do ponto 5.1. do CD do CCBE (2002) sobre o princípio da solidariedade profissional.

3. Não obstante em tal transposição se haver olvidado a referência contida na parte final do ponto 5.1. do C.D.A.E., deve entender-se que, por mais relevantes que sejam os deveres deontológicos perante os Colegas, não podem eles sobrepor-se, em caso de colisão, aos deveres para com os clientes, já que nestes assentam os pilares de todo o edifício da deontologia do Advogado.

4. Os deveres deontológicos que informam as relações entre Advogados são corolário dos princípios da urbanidade, lealdade, solidariedade e sigilo profissional.

5. Para além da valoração ética que deve ser realçada no domínio das boas relações entre Advogados, podem ainda estas ser encaradas de forma mais pragmática como instrumento essencial no desempenho da profissão, já que a confiança entre os profissionais forenses é indispensável para um melhor patrocínio das partes e para a boa administração da justiça.

6. Constitui atribuição da Ordem dos Advogados reforçar a solidariedade entre os Advogados – artigo 3.° n.° 1 alínea f) do EOA.

7. Cfr. Artigos 90.° e 91.° do EOA.

8. Por sequela ainda do dever de solidariedade profissional, constitui obrigação dos Advogados dirigir com empenhamento o estágio dos Advogados Estagiários, sendo património inestimável da profissão a forma tradicional de transmissão de conhecimentos através do relacionamento dos Advogados com os Advogados Estagiários, elemento de formação ainda tido por essencial – Vide artigos 86.° alínea f) do EOA, 15.° e 16.° do Regulamento Nacional de Estágio.

9. Sobre a cooperação entre Advogados de diferentes Estados-Membros da EU, pontos 5.2.1. e 5.2.2. do C.D.A.E..

ARTIGO 107.°
Deveres recíprocos dos advogados

1 – Constituem deveres dos advogados nas suas relações recíprocas:

a) Proceder com a maior correcção e urbanidade, abstendo-se de qualquer ataque pessoal, alusão deprimente ou crítica desprimorosa, de fundo ou de forma;

b) Responder, em prazo razoável, às solicitações orais ou escritas;

c) Não emitir publicamente opinião sobre questão que saiba confiada a outro advogado, salvo na presença deste ou com o seu prévio acordo;

d) Actuar com a maior lealdade, procurando não obter vantagens ilegítimas ou indevidas para o seu cliente;

e) Não contactar a parte contrária que esteja representada por advogado, salvo se previamente autorizado por este, ou se tal for indispensável, por imposição legal ou contratual;

f) Não assinar pareceres, peças processuais ou outros escritos profissionais que não sejam da sua autoria ou em que não tenha colaborado;

g) Comunicar, atempadamente, a impossibilidade de comparecer a qualquer diligência aos outros advogados que nela devam intervir.

2 – O advogado a quem se pretende cometer assunto anteriormente confiado a outro advogado não deve iniciar a sua actuação sem antes diligenciar no sentido de a este serem pagos os honorários e demais quantias que a este sejam devidas, devendo expor ao colega, oralmente ou por escrito, as razões da aceitação do mandato e dar-lhe conta dos esforços que tenha desenvolvido para aquele efeito.

Notas:

1. O dever enunciado na alínea a) pretende evidenciar que o legítimo exercício do direito de crítica, por mais áspero e contundente, não deve resvalar para o ataque pessoal já que, quer sobre o ponto de vista técnico, quer no plano deontológico, é censurável pessoalizar as questões nos Advogados que nelas intervêm.

2. Sobre esta temática pode ler-se João Menéres Campos, em Relações entre Advogados, na ROA 18.°, pág. 399.

3. O dever de correcção e urbanidade, aliado ao dever de cooperação, exigem que os Advogados respondam de forma expedita à correspondência recebida dos Colegas e que os informem da sua intenção de faltar a quaisquer diligências judiciais, a fim de se evitarem deslocações e despesas inúteis e embaraços de agenda.

Estes deveres, antes tratados como emergentes dos usos e costumes profissionais, foram agora consagrados na lei nas alíneas b) e g) neste artigo 107.° do EOA.

4. Tratando-se de um processo em que o advogado participante é parte, não pode ser exigido que o advogado da parte contrária adopte um comportamento diverso daquele que seria o necessário e adequado para a salvaguarda dos interesses do seu constituinte, sob pena de se criar para os advogados, quando forem partes no processo, um estatuto especial que os protege de afirmações negativas sobre o seu comportamento ou a sua personalidade, a que qualquer cidadão pode ser sujeito num processo da mesma natureza. Ac. do C. Superior de 3/5/2002 em Jurisprudência do Conselho Superior, pág. 346.

5. A alínea c) reporta-se ao dever de reserva ou confidencialidade e ao dever de lealdade, impondo aos Advogados uma atitude de não pronúncia pública sobre questão que saiba confiada a outro Advogado, salvo na presença deste ou com o seu prévio consentimento. Este dever de reserva não colide, contudo com a possibilidade de, em privado, um Advogado ouvir um cliente de outro Advogado tendo em vista a emissão de uma segunda opinião ou para uma eventual substituição no patrocínio, sem prejuízo de, neste último caso, dever observar-se o comportamento previsto no n.° 2 deste artigo 107.° do EOA.

6. O princípio da lealdade aparece em plenitude na previsão da alínea d), sendo questão melindrosa discernir em que situações poderá um Advogado extrair benefício de erro praticado pelo Colega. Carlo Lega, em Deontologia de la Profession de Abogado, págs. 174-175, distingue entre os erros de direito e erros de facto, salientando que em relação aos primeiros deve tirar-se proveito da deficiência, enquanto em relação aos segundo apenas tal aproveitamento não será legítimo quando o erro for banal ou desculpável.

7. Veja-se a nota 3. ao artigo 106.° sobre a hipótese de colisão entre o dever de lealdade para com outro Advogado e o dever de lealdade para com o cliente.

8. Os Advogados esgrimem, na defesa dos interesses dos seus clientes, com todas as armas que o direito substantivo e o direito adjectivo lhes consentem, pelo que na luta judiciária todas as vantagens alcançadas serão legítimas desde que não prove-

nham de meios desleais, como serão exemplos a extracção de consequências de atrasos momentâneos a diligências judiciais, prestação de informações falsas aos Colegas, não reconhecimento de impedimentos ocasionais e justificados e o não cumprimento de palavra dada ou de compromissos assumidos.

9. "O advogado que celebra um acordo em nome do seu constituinte, sabendo que este não tenciona cumprí-lo, e que obtém do advogado da parte contrária o cumprimento do que a este competia, assegurando-lhe que o mesmo faria o seu próprio cliente, comete um grave acto de deslealdade para com o seu colega" – Acórdão do C. Superior de 27/11/74, na ROA, 35, pág. 700.

10. Ainda como corolário do dever de lealdade, impõe-se na alínea e) que os Advogados não tentem, de forma unilateral e ardilosa, contactar terceiros à revelia dos demais Colegas intervenientes no mesmo caso, para assim tentarem obter vantagens ilegítimas, incluindo-se neste conceito de terceiros a parte contrária. Aliás, este mesmo princípio já foi aflorado no domínio das relações com o Tribunal – Vide artigo 103.° n.° 2 do EOA.

11. No mesmo sentido aponta o C.D.A.E. – ponto 5.5.

12. Quanto à alínea f) cfr. artigos 85.° 1. h) e 102.° do EOA.

13. A disposição do n.° 2 deste artigo 107.° traduz um dever de comportamento alicerçado no princípio da solidariedade e tem por razão fundamental permitir a um Advogado substituído no patrocínio conhecer as razões de tal substituição, tantas das vezes sem fundamento, a par de uma garantia do pagamento dos seus justos honorários.

14. Este comportamento solidário não deve, porém, ser interpretado como impositivo da recusa de mandato quando o Advogado substituído pretenda, com base nele, cobrar-se dos seus honorários por forma imoderada.

15. De acordo com Parecer do C. Geral de 26/7/63, na ROA, 24 176, "aquele (advogado) não está inibido de aceitar o patrocínio pelo facto de o constituinte se recusar a liquidar ao anterior advogado a respectiva conta de honorários". Entendemos, porém, que esta doutrina só será aceitável desde que o Advogado demonstre ter feito esforços junto do cliente para o pagamento da conta e tenha solicitado a emissão de laudo em representação do cliente.

16. Sobre o comportamento previsto no n.° 2 existia norma similar no CD do CCBE na sua versão primitiva (ponto 5.6), a qual foi contudo eliminada por decisão da sessão plenária do CCBE, realizada em Dublin, em 6 de Dezembro de 2002.

17. Outras regras existem no âmbito das relações entre Advogados não contidas em norma, como sejam o empenhamento no cumprimento de transacções mesmo após a cessação do patrocínio e o de reacção firme contra atitudes abusivas e prepotentes contra outros Advogados.

ARTIGO 108.°
Correspondência entre advogados

1 – Sempre que um advogado pretenda que a sua comunicação, dirigida a outro advogado, tenha carácter confidencial, deve exprimir, claramente, tal intenção.

2 – As comunicações confidenciais não podem, em qualquer caso, constituir meio de prova, não lhes sendo aplicável o disposto no n.° 4 do artigo 87.°.

3 – O advogado destinatário da comunicação confidencial que não tenha condições para garantir a confidencialidade da mesma deve devolvê-la ao remetente sem revelar a terceiros o respectivo conteúdo.

Notas:

1. Este artigo introduz soluções novas em relação ao regime estatutário anterior, acolhendo no nosso direito interno o sistema da garantia de confidencialidade que já decorria do ponto 5.3. do CD do CCBE, e mantida no C.D.A.E. o que nos parece inadequado em função do que já se deixou anotado a propósito do artigo 87.° – vide notas 26 e 27.

2. Igualmente inovadora é a proibição absoluta do levantamento do sigilo em relação à correspondência confidencial entre Advogados, já que não pode ser ele objecto do pedido de autorização prévia previsto no n.° 4 do artigo 87.° do EOA. Assim, toda a correspondência trocada entre Advogados continua sujeita à obrigação de segredo profissional, só podendo ser dispensada desde que previamente seja objecto do pedido de autorização previsto no n.° 4 do art. 87.°. A que for classificada como confidencial não poderá nunca ser revelada, não podendo mesmo ser sujeita a tal autorização prévia.

3. Cfr. ainda o artigo 71.° do EOA.

4. A expressão "em qualquer caso" contida no n.° 2 pode suscitar a questão da prevalência desta norma sobre a do n.° 4 do artigo 71.° do EOA. Cremos, contudo, que a correspondência entre Advogados qualificada como confidencial poderá ser excepcionalmente apreendida quando em causa esteja a prova de facto criminoso relativamente ao qual o advogado tenha sido constituído arguido, cabendo ao presidente do tribunal da relação, havendo reclamação nos termos do artigo 72.° n.° 1, decidir ao abrigo dos poderes conferidos pelo n.° 4, se tal documento poderá ou não fazer prova válida, tendo em conta definição do interesse preponderante.

TÍTULO IV
Acção disciplinar

CAPÍTULO I
Disposições gerais

ARTIGO 109.°
Jurisdição disciplinar

1 – Os advogados estão sujeitos à jurisdição disciplinar exclusiva dos órgãos da Ordem dos Advogados, nos termos previstos neste Estatuto e nos respectivos regulamentos.

2 – O pedido de cancelamento ou suspensão da inscrição não faz cessar a responsabilidade disciplinar por infracções anteriormente praticadas.

3 – Durante o tempo de suspensão da inscrição o advogado continua sujeito à jurisdição disciplinar da Ordem dos Advogados, mas não assim após o cancelamento.

4 – A punição com a pena de expulsão não faz cessar a responsabilidade disciplinar do advogado relativamente às infracções por ele cometidas antes da decisão definitiva que tenha aplicado aquela pena.

Notas:

1. As normas estatutárias referentes à acção disciplinar haviam sido significativamente alteradas pela Lei n.° 80/2001, pelo que os actuais artigos 109.° a 170.° pouco diferem dos anteriores artigos 90.° a 145.°.

2. Cfr. Regulamento Disciplinar – Regulamento 42/2002 de 10 de Outubro de 2002.

3. O n.° 1 consagra o princípio da jurisdição disciplinar exclusiva da Ordem sobre os Advogados, como é característico das advocacias colegiadas, assim se evitando o poder disciplinar dos Juizes sobre os Advogados no desempenho do patrocínio, como ocorre nos sistemas de advocacia livre.

4. Não têm a natureza de sanções disciplinares as multas aplicadas a Advogados de acordo com as regras do processo ou das custas judiciais, já que tais multas decorrem ou do exercício dos poderes de "polícia de audiência" ou da necessidade de regularização do processo.

5. Veja-se a propósito e com referência ao artigo 459.° do C. P. Civil as anotações 3, 4 e 5 ao artigo 103.° do presente Estatuto.

6. Os tribunais não podem aplicar qualquer multa a Advogado por causa do exercício das suas funções, pois é à Ordem dos Advogados que compete exercer em exclusivo a jurisdição disciplinar sobre Advogados. Assim se decidiu no Acórdão do STJ de 19-2-98, no Boletim da OA n.º 4/99, pág. 28.

7. A falta de Advogado a acto judicial não carece de ser justificada perante o Juiz, como dispôs o artigo 1.º do D. Lei 330/91 de 5 de Setembro.

8. O regime disciplinar dos Advogados da União Europeia está regulado no artigo 201.º do EOA, quando sob a jurisdição do OA portuguesa.

9. Para além de exclusiva, a competência disciplinar da Ordem sobre os Advogados é ainda independente e autónoma, razão pela qual se estabelece no artigo 111.º n.º 1 deste EOA que a responsabilidade disciplinar é independente das responsabilidades civil e criminal.

10. Quanto às causas da suspensão e do cancelamento da inscrição, cfr. artigos 10.º e 12.º do Regulamento de Inscrição de Advogados e Advogados Estagiários – Regulamento 29/2002 de 19 de Junho de 2002.

11. O regime resultante do n.º 3 desta artigo 109.º assenta na circunstância de, com o cancelamento da inscrição, se extinguir o vínculo administrativo que liga o Advogado à Ordem, ao contrário do que sucede com a mera suspensão, já que esta, enquanto perdura, apenas impede o exercício profissional.

12. O CCBE, em 7 de setembro de 2007, adoptou um conjunto de recomendações sobre a acção disciplinar para a profissão de advocacia, assentes em princípios comuns das Ordens Europeias, que reconhecem o papel da profissão no seio da comunidade e os principais valores deontológicos, incluindo a titularidade da acção disciplinar e a jurisdição própria e autónoma das ordens, resultando a afirmação dos seguintes pontos:

* a independência do processo disciplinar em relação às autoridades públicas;
* a responsabilidade primária das ordens na condução da acção disciplinar;
* O respeito da Convenção Europeia dos Direito do Homem no quadro do processo disciplinar contra os advogados;
* a autonomia entre o procedimentos disciplinares e penais;
* a protecção do segredo profissional;

Para maior aprofundamento veja-se o comunicado de imprensa emanado do CCBE de 24 de Setembro de 2007 ou consulte-se o website do CCBE.

13. Nos termos do artigo 199.º n.º 2 do C. P. Penal, a medida de coacção de suspensão de actividade profissional, "quando se referir a função pública, a profissão ou actividade cujo exercício dependa de um título público ou de uma autorização ou homologação da autoridade pública, ou ao exercício dos direitos previstos na alínea b) do número anterior, a suspensão é comunicada à autoridade administrativa, civil ou judiciária normalmente competente para decretar a suspensão ou a interdição respectivas".

Esta norma, no tocante à Advocacia, respeita no domínio das competências a autonomia legal e a independência institucional da Ordem dos Advogados, embora, no seu exercício, a Ordem fique vinculada ao cumprimento da decisão judicial.

ARTIGO 110.º
Infracção disciplinar

Comete infracção disciplinar o advogado ou advogado estagiário que, por acção ou omissão, violar dolosa ou culposamente algum dos deveres consagrados no presente Estatuto, nos respectivos regulamentos e nas demais disposições legais aplicáveis.

Notas:

1. Desta norma resulta a natureza jurisdicional das normas deontológicas vigentes para a Advocacia, já que através dela decorre a existência de sanções para o incumprimento das regras concretas de actuação nelas impostas. O artigo 110.º garante assim a coercibilidade genérica dos deveres deontológicos impostos pela lei e pelos regulamentos aplicáveis.

2. Ao contrário do que sucede com o ilícito criminal, o ilícito disciplinar não impõe a sua tipicização integral, bastando, para que se verifique, a existência de uma norma geral que abranja os deveres profissionais e ainda as acções e omissões da vida privada dos Advogados que, pela sua especial natureza e relevância, possam repercutir-se na sua profissão. Vide Orlando Guedes da Costa, Do Direito Profissional do Advogado", 6.ª edição, pág. 389.

3. Veja-se ainda o Estatuto da Ordem dos Advogados de Alfredo Gaspar, págs. 175 a 177.

4. Nos termos do ponto 1.2.1. do C.D.A.E., "as regras profissionais e deontológicas aplicáveis ao advogado estão adequadas a garantir, através da sua espontânea observância, o exercício correcto de uma função que é reconhecida como indispensável em todas as sociedades civilizadas. O incumprimento dessa regras pelo advogado é susceptível de ser objecto de sanções disciplinares."

5. De acordo com o artigo 1.º n.º 3 do Regulamento Disciplinar, aprovado em Plenário do Conselho Superior da Ordem dos Advogados, os casos omissos na regulamentação da acção disciplinar serão resolvidos de acordo com os preceitos deste Estatuto e do Regulamento e, subsidiariamente, pelo Código Penal em matéria substantiva e pelo Código de Processo Penal em matéria processual.

6. Cfr. artigo 111.º deste EOA.

ARTIGO 111.º
Independência da responsabilidade disciplinar

1 – A responsabilidade disciplinar é independente da responsabilidade civil ou criminal.

2 – Quando, com fundamento nos mesmos factos, tiver sido instaurado processo criminal contra advogado, pode ser ordenada a suspensão

do processo disciplinar, devendo a autoridade judiciária, em qualquer caso, ordenar a remessa à Ordem dos Advogados de cópia do despacho de acusação ou de pronúncia.

3 – Sempre que, em processo criminal contra advogado, seja designado dia para julgamento, o tribunal deve ordenar a remessa à Ordem dos Advogados de cópias da acusação, da decisão instrutória e da contestação, quando existam, bem como quaisquer outros elementos solicitados pelo membro do conselho competente.

Notas:

1. Este preceito é idêntico ao anterior artigo 92.°, apenas se tendo alterado, na parte final do seu n.° 3, a referência a "presidente do conselho superior" pela de "membro do conselho competente", o que teve por finalidade permitir a qualquer membro do conselho, nomeado relator do processo, solicitar elementos para a boa instrução, sem necessidade de despacho do presidente.

2. Veja-se a anotação 9. ao artigo 109.° deste EOA.

3. Sem prejuízo da possibilidade de imputação a Advogados de outros crimes, designadamente de natureza patrimonial, estão especialmente previstos na legislação criminal, em relação ao exercício da profissão, os crimes de prevaricação (art. 370.° CP), de violação de segredo profissional (art. 195.° CP) e de infedilidade (art. 224.° CP).

4. Nos processos sujeitos a jurisdição disciplinar da Ordem dos Advogados tem esta o poder de qualificar como criminosa, ou não, a conduta revelada pelos factos susceptíveis de integrarem infracção disciplinar, para efeitos de aplicação, ou não, das amnistias da alínea mm) do artigo 1.° da Lei n.° 15/94 de 11 de Maio, e da alínea c) do artigo 7.° da Lei n.° 22/99, de 12 de Maio – Ac. do Plenário do C. Superior de 18/1/2002, em Jurisprudência do Conselho Superior, pág. 254 e ROA, Ano 62, Abril 2002.

ARTIGO 112.°
Prescrição do procedimento disciplinar

1 – O procedimento disciplinar extingue-se, por efeito de prescrição, logo que sobre a prática da infracção tiver decorrido o prazo de cinco anos.

2 – O prazo de prescrição do procedimento disciplinar corre desde o dia em que o facto se tiver consumado.

3 – Para efeitos do disposto no número anterior, o prazo de prescrição só corre:

a) Nas infracções instantâneas, desde o momento da sua prática;

b) Nas infracções continuadas, desde o dia da prática do último acto;

c) Nas infracções permanentes, desde o dia em que cessar a consumação.

4 – A prescrição do procedimento disciplinar tem sempre lugar quando, desde o seu início e ressalvado o tempo de suspensão, tiver decorrido o prazo normal de prescrição acrescido de metade.

5 – A prescrição é de conhecimento oficioso, podendo o advogado arguido, no entanto, requerer a continuação do processo.

Notas:

1. O prazo da prescrição foi fixado em cinco anos quando era anteriormente de três anos, como resultava do artigo 93.° n.° 1 do D. Lei 84/84 de a 6 de Março.

2. A possibilidade de, não obstante a verificação da prescrição, ser requerida a continuação do processo pelo Advogado arguido, visa defender o legítimo interesse deste na declaração de inexistência da responsabilidade disciplinar pelos factos que lhe tenham sido injustamente imputados, à semelhança do que também sucede perante a hipótese de desistência, conforme estipula o artigo 115.° do EOA.

3. As normas sobre prescrição do procedimento têm natureza material, e, por isso, aplicam-se quanto a elas os princípios sobre aplicação no tempo das leis penais substantivas. Isto significa, segundo o que estabelecem as disposições conjugadas dos n.os 1 e 4 do artigo do Código Penal, que serão as leis vigentes à data da prática dos factos que se hão-de determinar os prazos e causas da interrupção e suspensão do procedimento disciplinar, salvo na medida em que as leis posteriores sejam mais favoráveis ao Arguido, caso em que são estas aplicáveis retroactivamente.

Veja-se o Parecer do C. Superior de 23/02/2007

4. O Conselho Superior, em Acórdão de 30 de Julho de 1964, pronunciou-se no sentido de que "na falta de disposição especial do Estatuto Judiciário ou do Regulamento Disciplinar quanto ao momento em que começa a correr o prazo de prescrição, (...) deverão aplicar-se os preceitos da lei penal" (in ROA, n.° 25, p. 202 e segs.).

ARTIGO 113.°
Suspensão do prazo de prescrição do procedimento disciplinar

1 – O prazo de prescrição do procedimento disciplinar suspende-se durante o tempo em que:

a) O processo disciplinar estiver suspenso, a aguardar despacho de acusação ou de pronúncia em processo criminal;

b) O processo disciplinar estiver pendente, a partir da notificação da acusação nele proferida;

c) A decisão final do processo disciplinar não puder ser notificada ao arguido, por motivo que lhe seja imputável.

2 – A suspensão, quando resulte da situação prevista na alínea b) do número anterior, não pode ultrapassar o prazo de dois anos.

3 – O prazo prescricional volta a correr a partir do dia em que cessar a causa da suspensão.

Notas:

1. Este novo artigo, tendo por exclusivo objecto o regime da suspensão da prescrição, é transcrição pura dos n.ºs 4. 5. e 6. do anterior artigo 93.° do EOA.

ARTIGO 114.°
Interrupção do prazo de prescrição do procedimento disciplinar

1 – O prazo de prescrição do procedimento disciplinar interrompe-se com a notificação ao advogado arguido:

a) Da instauração do processo disciplinar;

b) Da acusação.

2 – Após cada período de interrupção começa a correr novo prazo de prescrição.

Notas:

1. A interrupção do prazo prescricional, à semelhança do regime da suspensão, é agora tratada em artigo autónomo, concentrando e melhor arrumando o que de forma idêntica antes se estabelecia nos n.ºs 7 e 8 do referido artigo 93.° do EOA revogado.

ARTIGO 115.°
Desistência da participação

A desistência da participação extingue a responsabilidade disciplinar, salvo se a falta imputada afectar a dignidade do advogado visado, o prestígio da Ordem dos Advogados ou da profissão.

Notas:

1. Veja-se a anotação 2. ao artigo 112.°.

2. Para além da dignidade do visado e do prestígio da Ordem dos Advogados ou da profissão, deve ainda o procedimento prosseguir para a defesa de valores deontológicos essenciais e onde o interesse público subjacente ao exercício da profissão mais claramente esteja em causa, como sucede com o segredo profissional.

3. Nos termos do artigo 7.° n.° 2 do Regulamento Disciplinar, a desistência só produz efeitos se aceite pelo visado e homologada pelo Conselho competente, tendo em vista a garantia dos interesses referidos na nota 2.

ARTIGO 116.°
Participação pelos tribunais e outras entidades

1 – Os tribunais e quaisquer autoridades devem dar conhecimento à Ordem dos Advogados de todos os factos susceptíveis de constituir infracção disciplinar praticados por advogados.

2 – O Ministério Público e os órgãos e autoridades de polícia criminal devem remeter à Ordem dos Advogados certidão de todas as denúncias, participações ou queixas apresentadas contra advogados.

Notas:

1. Corresponde ao anterior artigo 95.° do D. Lei 84/84 de 16 de Março.
2. Cfr. artigos 82.° e anotações 24 e 25 ao artigo 61.° deste EOA.
3. Cfr. ainda anotações 3. 4. e 5. ao artigo 103.° e 5. e 6. ao artigo 110.° deste EOA.
4. Ver artigo 3.° do Regulamento Disciplinar.

ARTIGO 117.°
Legitimidade procedimental

Podem intervir no processo as pessoas com interesse directo, pessoal e legítimo relativamente aos factos participados, requerendo e alegando o que tiverem por conveniente.

Notas:

1. Esta disposição reporta-se à legitimidade para intervir no processo, o que é distinto da legitimidade para participar factos para efeitos disciplinares. Quanto à participação, refere o artigo 3.° do Regulamento Disciplinar que pode ser efectuada por qualquer pessoa com conhecimento de factos susceptíveis de integrarem infracção disciplinar.

2. De igual forma no artigo 118.° n.° 1 admite-se a participação por qualquer pessoa devidamente identificada.

3. De acordo com o artigo 5.° n.os 1 e 2 do Regulamento Disciplinar, as pessoas com interesse directo relativamente aos factos participados, incluindo os participantes e o participado, podem intervir no processo pessoalmente ou através de Advogado, ficando impedidos de exercer o patrocínio de tais pessoas, os Advogados que tiverem exercido funções nos órgãos da Ordem com competência disciplinar nos últimos seis anos.

ARTIGO 118.°
Instauração do procedimento disciplinar

1 – O procedimento disciplinar é instaurado por decisão dos presidentes dos conselhos com competência disciplinar ou por deliberação dos respectivos órgãos, com base em participação dirigida aos órgãos da Ordem dos Advogados por qualquer pessoa devidamente identificada.

2 – O Bastonário e os conselhos Superior, Geral, distrital e de deontologia da Ordem dos Advogados podem, independentemente de participação, ordenar a instauração de procedimento disciplinar.

3 – Quando se conclua que a participação é infundada, é dela dado conhecimento ao advogado visado e são-lhe sempre passadas as certidões que o mesmo entenda necessárias para a tutela dos seus direitos e interesses legítimos.

Notas:

1. Admite-se agora, ao contrário do que sucedia no regime anterior, a instauração do procedimento disciplinar pelos Presidentes dos Conselhos de Deontologia.

2. À semelhança do que já era imposto pelo artigo 97.° n.° 1 do D. Lei 84/84, as participações para poderem ser tidas por válidas, carecem de adequada identificação do participante, assim se inviabilizando qualquer tipo de procedimento com base em comunicações ou denúncias anónimas, tantas vezes apresentadas maldosamente e sem fundamento na Ordem dos Advogados.

3. Nos termos do artigo 3.° n.° 2 do Regulamento Disciplinar, a participação quando apresentada por escrito por pessoa que não seja Advogado ou entidade oficial, deve conter assinatura reconhecida por meio legalmente admissível; se a participação for verbal, levantar-se-á auto de notícia.

4. No n.° 3 deste artigo 118.°, prevê-se uma apreciação liminar, que o artigo 4.° do Regulamento Disciplinar regula e disciplina com maior rigor, assim se podendo

preencher uma lacuna do regime estatutário actual, que reconduziu os procedimentos ao processo comum e especial, olvidando que grande parte das participações, por se revelarem manifestamente infundadas, podem e devem ser apreciadas e arquivadas em sede de processo de averiguação sumária.

5. Veja-se a propósito o que anteriormente era regulado no artigo 118.° do D. Lei 84/84 de 16 de Março.

ARTIGO 119.°
Comunicação sobre o movimento dos processos

Durante o primeiro mês de cada trimestre, e com referência ao trimestre anterior, devem os conselhos Superior e de deontologia da Ordem dos Advogados enviar ao Bastonário nota dos processos disciplinares distribuídos, pendentes e julgados no trimestre anterior.

Notas:

1. O exercício da acção disciplinar é uma das funções essenciais da Ordem dos Advogados e da eficácia de tal acção depende, em grande parte, o prestígio e a qualificação da profissão no plano deontológico. Assim, este dever de comunicação constitui instrumento fundamental para que o Bastonário e o Conselho Geral, a que preside, possam manter uma constante avaliação do desempenho dos Conselhos com competência disciplinar.

2. Cfr. artigos 3.° alíneas d) e g), 39.° alínea d) do EOA.

ARTIGO 120.°
Natureza secreta do processo disciplinar

1 – O processo é de natureza secreta até ao despacho de acusação.

2 – O relator pode, contudo, autorizar a consulta do processo pelo interessado ou pelo arguido, quando não haja inconveniente para a instrução.

3 – O relator pode ainda, no interesse da instrução, dar a conhecer ao interessado ou ao arguido cópia de peças do processo, a fim de sobre elas se pronunciarem.

4 – Mediante requerimento em que se indique o fim a que se destinam, pode o conselho competente, ou algum dos seus membros, autorizar a passagem de certidões em qualquer fase do processo, para defesa de interesses legítimos dos requerentes, podendo condicionar a sua utilização,

sob pena de o infractor incorrer no crime de desobediência, e sem prejuízo do dever de guardar segredo profissional.

5 – O relator pode autorizar a informação pública da pendência de processo disciplinar contra advogado determinado, sem identificar os factos e a fase processual.

6 – O arguido e o interessado, quando advogado, que não respeitem a natureza secreta do processo incorrem em responsabilidade disciplinar.

Notas:

1. Os pontos 1. 2. 3. 4. e 6. correspondem, com ligeiras precisões de redacção, aos anteriores n.ºs 1. a 5. do revogado artigo 99.° do D. Lei. 84/84 de 16 de Março.

2. A possibilidade de o relator poder autorizar a informação pública da mera pendência de processo disciplinar contra determinado Advogado, sem divulgação dos factos e da fase processual em que o processo se encontra, constitui, porém, uma inovação em relação ao regime anterior, provocada pela necessidade de se reconhecer normativamente uma prática inevitável perante a mediatização de certos processos judiciais envolvendo Advogados, Na verdade, o sigilo absoluto poderia ser qualficado como excessivo e de tendência corporativa e proteccionista, o que se não coadunaria com o interesse público da acção disciplinar exercida pela Ordem dos Advogados.

3. O processo disciplinar é secreto até ao despacho de acusação e perdura posteriormente como sendo confidencial.

4. Cfr. artigo 9.° do Regulamento Disciplinar.

ARTIGO 121.°
Direito subsidiário

Ao exercício do poder disciplinar da Ordem dos Advogados, em tudo o que não for contrário ao estabelecido no presente Estatuto e respectivos regulamentos, são subsidiariamente aplicáveis:

a) As normas do Código Penal, em matéria substantiva;
b) As normas do Código de Processo Penal, em matéria adjectiva.

Notas:

1. Cfr. artigo 1.° n.° 3 do Regulamento Disciplinar e anotações ao artigo 110.° deste EOA.

CAPÍTULO II
Titulares dos órgãos jurisdicionais

ARTIGO 122.º
Independência

Os titulares dos órgãos da Ordem dos Advogados com competência disciplinar são independentes no exercício da sua competência jurisdicional.

Notas:

1. Os artigos 122.º a 124.º são absolutamente inovadores e garantem os princípios da independência, isenção e irresponsabilidade funcional dos titulares dos órgãos da Ordem dos Advogados investidos por lei em poderes disciplinares e jurisdicionais sobre os Advogados e os Advogados Estagiários.

2. O princípio da independência consagrado neste artigo implica a não ingerência dos demais órgãos da Ordem dos Advogados no funcionamento dos Conselhos de Deontologia e do Conselho Superior, sem prejuízo do recurso hierárquico e do recurso contencioso para os Tribunais Administrativos das decisões definitivas de natureza jurisdicional do Conselho Superior. Cfr. artigos 32.º n.º 2, 43.º, 45.º n.º 1 c), 54.º e 6.º n.º 3 todos do EOA.

ARTIGO 123.º
Irresponsabilidade

1 – Os titulares dos órgãos da Ordem dos Advogados com competência disciplinar não podem ser responsabilizados pelas decisões proferidas no exercício das suas funções.

2 – Só nos casos especialmente previstos na lei é que os titulares dos órgãos da Ordem dos Advogados com competência disciplinar podem ser sujeitos, em razão do exercício das suas funções, a responsabilidade civil, criminal ou disciplinar.

3 – Fora dos casos em que a falta constitua crime, a responsabilidade civil apenas pode ser efectivada mediante acção de regresso da Ordem dos Advogados contra o titular dos seus órgãos jurisdicionais, com fundamento em dolo ou culpa grave.

4 – Em caso de responsabilidade disciplinar dos titulares dos órgãos jurisdicionais da Ordem dos Advogados, a deliberação de instauração do

procedimento, bem como a de aplicação de sanção disciplinar deve ser tomada por maioria de, pelo menos, dois terços de todos os membros do Conselho Superior.

Notas:

1. A definição clara dos pressupostos e dos requisitos legais da responsabilização excepcional dos titulares dos órgãos da Ordem com competência disciplinar por actos praticados no exercício das suas funções constitui inovação, que se aplaude com veemência, atendendo ao crescente risco de impossibilidade de constituição de listas para estes órgãos pela já não rara exposição dos Advogados, que neles vêm exercendo funções, a participações criminais e a acções cíveis indemnizatórias, sem o mínimo de fundamento e de cariz meramente persecutório, mas sempre vexatórias, por parte de advogados agastados pelas sanções disciplinares aplicadas por dever funcional.

ARTIGO 124.°
Processos disciplinares contra titulares de cargos da Ordem

Têm carácter urgente, com prioridade sobre quaisquer outros, os processos disciplinares em que sejam visados titulares de algum dos órgãos da Ordem dos Advogados em exercício de funções.

CAPÍTULO III
Penas, sua medida, graduação e execução

ARTIGO 125.°
Penas disciplinares

1 – As penas disciplinares são as seguintes:

a) Advertência;

b) Censura;

c) Multa de quantitativo até ao valor da alçada dos tribunais de comarca;

d) Multa de quantitativo entre o valor da alçada dos tribunais de comarca e o valor da alçada dos tribunais da relação;

e) Suspensão até dez anos;
f) Expulsão.

2 – As penas são sempre registadas e produzem unicamente os efeitos declarados no presente Estatuto.

3 – Cumulativamente ou não com qualquer das penas previstas neste Estatuto, pode ser imposta a restituição total ou parcial de honorários.

4 – Independentemente da decisão final do processo, pode ser imposta a restituição de quantias, documentos ou objectos que hajam sido confiados ao advogado.

Notas:

1. Mantém-se, em geral, com ligeiras alterações de redacção, o anterior artigo 101.° do EOA revogado.

2. A sanção de expulsão foi introduzida pelo Lei n.° 80/2001, após haver sido eliminada do elenco das penas aplicáveis pelo D. Lei 39704 de 22 de Junho de 1944, sendo desde há muito reclamada, até por equiparação ao regime dos magistrados judiciais, que sempre estiveram sujeitos à sanção de exoneração.

3. A pena de expulsão não deve ser confundida com a medida administrativa de cancelamento forçoso da inscrição por decorrência do processo de averiguação de inidoneidade para o exercício da profissão a que se reportam os artigos 171.° a 173.° deste EOA, mesmo tramitando este por forma análoga ao processo disciplinar comum – Vide artigo 172.° n.° 1 e n.° 4.

4. Cfr. ainda o artigo 181.° n.° 1 alínea a) deste EOA.

5. A pena de expulsão existe na maioria dos países de advocacia colegiada e tem sido sustentada na Advocacia portuguesa desde o I Congresso de Lisboa de 1973, onde se concluiu que "deve ser restabelecida a pena de expulsão dos quadros da Ordem, para os advogados condenados por crime doloso gravemente desonroso, sem prejuízo da possibilidade da sua reintegração, mediante prévio inquérito, mas nunca antes de decorrido o prazo de dez anos, que é o máximo da actual pena de suspensão".

6. A pena mais leve de advertência é a única que não afecta a capacidade eleitoral dos Advogados – Vide artigo 11.° n.° 1 do EOA.

7. A condenação em sanção superior à de multa inibe a aceitação da direcção do estágio de acordo com o artigo 185.° n.° 2 do EOA e artigo 21.° n.° 3 do Regulamento Geral da Formação.

8. A condenação em pena de censura ou superior inibe a participação nos júris das provas orais dos exames finais de avaliação e agregação, como estipula o artigo 55.° n.° 3 do RGF.

9. Qualquer pena aplicada é passível de revisão – Cfr. artigo 162.° a 167.° deste EOA.

10. As penas superiores a suspensão por três anos só podem ser aplicadas por maioria qualificada – Cfr. artigo 135.° do EOA.

11. As penas de suspensão e expulsão têm sempre publicidade. Cfr. artigo 137.° do EOA.

12. As penas acessórias previstas nos n.os 3. e 4. deste artigo 125.° só podem ser aplicadas em cúmulo com alguma das penas principais e não isoladamente. Vide artigo 131.° n.° 4 deste EOA.

13. Quanto às sanções acessórias, cfr. ainda artigo 86.° e) do EOA.

14. A duração mínima da pena de suspensão é de um mês, de acordo com o artigo 85.° do Regulamento Disciplinar.

15. As penas de advertência e censura não comportam gravidade bastante para operarem a revogação da medida de suspensão da execução das penas disciplinares. Cfr. artigo 133.° n.° 2 do EOA.

ARTIGO 126.°
Medida e graduação da pena

1 – Na determinação da medida das penas deve atender-se aos antecedentes profissionais e disciplinares do arguido, ao grau da culpa, às consequências da infracção e a todas as demais circunstâncias agravantes e atenuantes.

2 – A pena de advertência é aplicável a faltas leves no exercício da advocacia, com vista a evitar a sua repetição.

3 – A pena de censura é aplicável a faltas leves no exercício da advocacia e consiste num juízo de reprovação pela infracção disciplinar cometida.

4 – A pena de multa é aplicável aos casos de negligência, sendo fixada em quantia certa em função da gravidade da falta cometida.

5 – A pena de suspensão é aplicável aos casos de culpa grave e consiste no afastamento total do exercício da advocacia durante o período de aplicação da pena.

6 – As penas de expulsão e de suspensão por período superior a três anos só podem ser aplicadas por infracção disciplinar que afecte gravemente a dignidade e o prestígio profissional.

Notas:

1. A actual formulação dos critérios de graduação da pena corresponde a uma clara flexibilização em relação ao regime anterior decorrente do artigo 104.° do EOA revogado, já que foram eliminadas as referências concretas das penas às normas do Estatuto violadas pela infracção disciplinar.

2. Para além da gravidade das infracções e do grau de culpa do infractor, deve ainda ter-se em conta, na ponderação da justa medida da pena, o fim da prevenção da acção disciplinar e o seu carácter pedagógico.

ARTIGO 127.º
Circunstâncias atenuantes

Constituem, entre outras, circunstâncias atenuantes:

a) O exercício efectivo da advocacia por um período superior a cinco anos, sem qualquer sanção disciplinar;

b) A confissão;

c) A colaboração do advogado arguido para a descoberta da verdade;

d) A reparação espontânea, pelo advogado arguido, dos danos causados pela sua conduta.

Notas:

1. No domínio do regime anterior, apenas eram circunstâncias atenuantes as que presentemente constam das alíneas a) e b) do presente artigo 127.º, sendo por isso inovação a "colaboração do advogado arguido para a descoberta da verdade" e a "reparação espontânea, pelo advogado arguido, dos danos causados pela sua conduta", o que se louva, atendendo à finalidade de prevenção e da natureza pedagógica da acção disciplinar – Vide nota 2 ao artigo 126.º.

ARTIGO 128.º
Circunstâncias agravantes

Constituem, entre outras, circunstâncias agravantes:

a) A verificação de dolo;

b) A premeditação;

c) O conluio;

d) A reincidência;

e) A acumulação de infracções;

f) A prática de infracção disciplinar durante o cumprimento de pena disciplinar ou de suspensão da respectiva execução;

g) A produção de prejuízo de valor igual ou superior a metade da alçada dos tribunais da relação.

Notas:

1. A formulação actual deste artigo 128.° traduz uma evidente preocupação de simplificação conceptual das circunstâncias agravantes, depurando-se assim a norma de elementos despiciendos.

2. Sem prejuízo desta depuração na norma matriz, as diversas circunstâncias agravantes são tratadas e aprofundadas autonomamente nos artigos seguintes.

ARTIGO 129.°
Reincidência

Considera-se reincidente o advogado que cometa uma infracção disciplinar que deva ser punida com pena igual ou superior à de multa, antes de decorrido o prazo de três anos sobre o termo do cumprimento de pena efectiva de igual ou superior gravidade que lhe tenha sido definitivamente aplicada pela prática de infracção anterior.

Notas:

1. Os elementos constitutivos da reincidência são significativamente alterados em relação à alínea d) do artigo 106.° do EOA revogado, onde esta era considerada como a "prática de infracção antes de decorrido o prazo de um ano após o dia em que tiver findado o cumprimento de pena imposta por cometimento de infracção anterior".

ARTIGO 130.°
Unidade e acumulação de infracções

1 – Verifica-se a acumulação de infracções sempre que duas ou mais infracções sejam cometidas simultaneamente ou antes da punição de infracção anterior.

2 – Não pode ser aplicada ao mesmo advogado mais de uma pena disciplinar:

a) Por cada infracção cometida;

b) Pelas infracções acumuladas que sejam apreciadas num único processo;

c) Pelas infracções apreciadas em mais de um processo, quando apensados.

Notas:

1. A disposição do n.° 1 corresponde à definição contida na alínea e) do n.° 1 do artigo 106.° do D. Lei 84/84 de 16 de Março.

2. As diversas alíneas do n.° 2 contemplam hipóteses distintas que reclamam a aplicação de uma pena única, em obediência ao princípio da unidade.

3. Nos termos do artigo 10.° do Regulamento Disciplinar, se contra um mesmo arguido penderem vários processos, ainda que em Conselhos diversos, serão eles apensados ao mais antigo, de forma ser proferida uma só decisão, excepto se da apensação resultar manifesto inconveniente, caso em que se manterão os processos autónomos ou ser apensos mediante outro critério.

ARTIGO 131.°
Punição do concurso de infracções

1 – É igualmente condenado numa única pena disciplinar o advogado que, antes de se tornar definitiva a sua condenação por uma infracção, venha também a ser condenado pela prática de outra ou outras infracções, apreciadas em processos distintos e que não tenham sido apensados.

2 – Em tal caso, a pena aplicável tem:

a) Como limite máximo, a soma das penas concretamente aplicadas às várias infracções, não podendo ultrapassar o limite de 15 anos tratando-se da pena de suspensão, e o dobro do valor da alçada dos tribunais da relação tratando-se de pena de multa; se, porém, tiver sido concretamente aplicada a pena de expulsão por qualquer dessas infracções ou mais do que uma pena concreta de suspensão com duração superior a 15 anos, então a pena máxima aplicável é a de expulsão;

b) Como limite mínimo, a mais elevada das penas concretamente aplicadas às várias infracções.

3 – Sem prejuízo da situação prevista na segunda parte da alínea a) do número anterior, quando as penas concretamente aplicadas às infracções em concurso forem umas de suspensão e outras de multa, de censura ou de advertência, a diferente natureza destas mantém-se na pena única resultante da aplicação dos critérios estabelecidos nos números anteriores.

4 – Cumulativamente com a pena única é aplicada ao advogado arguido a obrigação de restituição imposta nos termos dos n.os 3 e 4 do

artigo 125.°, ainda que apenas determinada por uma das infracções em concurso.

Notas:

1. Artigo novo e que vem resolver em concreto os critérios a adoptar pelos diversos Conselhos na punição com concurso de infracções, assim se evitando indesejáveis distorções, susceptíveis de ferirem o princípio da igualdade no exercício da acção disciplinar.

ARTIGO 132.°
Conhecimento superveniente do concurso

1 – Se, depois de uma condenação definitiva, mas antes de a respectiva pena estar cumprida, prescrita ou extinta, se apurar que o advogado arguido praticou, anteriormente àquela condenação, outra ou outras infracções, são aplicáveis as regras do artigo anterior.

2 – O disposto no número anterior é ainda aplicável no caso de todas as infracções terem sido separadamente objecto de condenações definitivas.

Notas:

1. Artigo igualmente novo e que constitui complemento, por extensão, do artigo 131.°.

ARTIGO 133.°
Suspensão da execução das penas

1 – Atendendo, nomeadamente, ao grau de culpa, ao comportamento do arguido e às circunstâncias que rodearam a prática da infracção, a execução das penas disciplinares inferiores às referidas no n.° 3 do artigo 126.° pode ser suspensa por um período compreendido entre um e cinco anos.

2 – A suspensão da execução da pena é revogada sempre que, no seu decurso, seja proferida decisão definitiva que imponha nova pena disciplinar superior à de censura, pela prática de infracção posterior à primitiva condenação.

Notas:

1. No regime anterior do revogado artigo 108.° do D. Lei 84/84 de 16 de Março, poderiam ser suspensas as penas disciplinares inferiores a expulsão, solução agora reduzida às penas inferiores à de censura. Esta alteração drástica gera mesmo a suspeita de que possa ter havido erro material na remissão na norma para o n.° 3 do artigo 126.°.

2. A introdução da possibilidade de suspensão das penas disciplinares ocorreu pela Lei 80/2001, visando uma clara aproximação do regime ao quadro do direito penal, tendência que agora se acentua com o actual EOA.

3. Difere ainda a solução em relação ao regime anterior quanto às causas de revogação da medida decretada de suspensão das penas, já que de acordo com o actual n.° 2, apenas as sanções superiores a censura possuem para tal relevância.

4. Acresce que a revogação da suspensão exige agora uma decisão definitiva que imponha nova pena disciplinar, não bastando a simples acusação, como de forma muito gravosa para o arguido ocorria no domínio do direito anterior. Vide citado artigo 108.° n.° 2. do D. Lei 84/84.

5. Veja-se anotação 6. ao artigo 18.° sobre os eventuais efeitos da suspensão de execução das penas disciplinares no domínio da elegibilidade para os cargos electivos da Ordem dos Advogados.

ARTIGO 134.°
Causas de exclusão da culpa

São causas de exclusão da culpa as previstas na lei penal.

Notas:

1. Esta norma, simples cópia do anterior 107.° do EOA revogado, não tem qualquer interesse prático, pois é redundante face ao disposto no artigo 121.° alínea a) deste EOA. Poderia assim ter sido eliminada.

ARTIGO 135.°
Aplicação de pena de suspensão superior a três anos ou de pena de expulsão

1 – A pena de suspensão de duração superior a três anos só pode ser aplicada mediante deliberação que obtenha a maioria de dois terços dos votos de todos os membros do conselho competente.

2 – A pena de expulsão, além de exigir para a sua aplicação a maioria prevista no número anterior, deve ainda ser ratificada pelas secções do Conselho Superior.

3 – Quando o relator proponha a aplicação de pena de suspensão ou pena de expulsão, a audiência é pública, nos termos do artigo 156.°.

Notas:

1. A exigência de uma maioria qualificada ocorre agora para aplicação de pena de suspensão superior a três anos e não apenas para as superiores a um ano, como antes se verificava. Vide artigo 109.° n.° 1 do D. Lei 84/84.

2. Por outro lado, é agora clarificada a desnecessidade de reunião plenária do Conselho Superior para a tomada válida da deliberação de ratificação da pena de expulsão, cabendo às Secções tal competência.

3. Haverá julgamento público sempre que o relator proponha a aplicação de penas de suspensão ou expulsão, pelo que o artigo 60.° do Regulamento Disciplinar viola parcialmente preceito legal e foi, por tal razão, revogado na parte em que apenas alude à obrigatoriedade de audiência pública para penas de suspensão superiores a um ano. Aliás, esta solução, contida na norma regulamentar, já não era consentida pelo anterior artigo 109.° n.° 3 do D. Lei 84/84, que acolhia solução equivalente à que vingou no presente EOA.

4. O arguido pode, porém, requerer sempre a realização de julgamento em audiência pública – artigo 150.° n.° 1 e artigo 60.° do Regulamento Disciplinar.

ARTIGO 136.°
Condenação em processo criminal

1 – Sempre que em processo criminal seja imposta a proibição de exercício da profissão durante período de tempo determinado, este é deduzido à pena disciplinar de suspensão que, pela prática dos mesmos factos, vier a ser aplicada ao advogado.

2 – A condenação de advogado em processo criminal é comunicada à Ordem dos Advogados para efeitos de registo no respectivo processo individual.

Notas:

1. O n.° 2 corresponde ao anterior artigo 102.° do D. Lei 84/84.

2. O n.° 1 é preceito novo e veio clarificar o princípio da não acumulação dos períodos de inibição de exercício da profissão imposto por pena acessória de natureza criminal com a pena de suspensão disciplinar, o que pode suceder em caso de apreciação independente das responsabilidades criminal e disciplinar pela prática dos mesmos factos.

ARTIGO 137.º
Publicidade das penas

1 – É sempre dada publicidade à aplicação das penas de expulsão e de suspensão efectiva, apenas sendo publicitadas as restantes penas quando tal for determinado na deliberação que as aplique.

2 – Sem prejuízo do disposto no artigo 195.º, a publicidade é feita por meio de edital afixado nas instalações do conselho de deontologia e publicado no Boletim Informativo da Ordem, no *site* da Ordem dos Advogados na *internet* e num dos jornais diários de âmbito nacional, dele constando a identidade, o número da cédula profissional e o domicílio profissional do advogado arguido, bem como as normas violadas e a pena aplicada.

3 – O edital referido no número anterior é enviado a todos os tribunais, conservatórias, cartórios notariais e repartições de finanças, e publicado num jornal diário de âmbito nacional durante três dias seguidos quando a pena aplicada for a de expulsão ou de suspensão efectiva.

Notas:

1. Dada a independência e autonomia entre os Conselhos Distritais e os Conselhos de Deontologia, rectifica-se agora o n.º 2 no sentido de que o edital deve ser afixado nas instalações do Conselho de Deontologia.

2. O site da Ordem dos Advogados, criado no início do ano de 2002, assumiu já a relevância de principal meio de informação e comunicação entre a Ordem e os Advogados, reflectindo assim a norma esta realidade.

3. É alargado o elenco das entidades a quem deve ser remetido o edital, incluindo-se agora, para além dos Tribunais, as Conservatórias, Cartórios Notariais e Repartições de Finanças, o que bem se compreende porque todos esses locais respeitam ao giro profissional dos Advogados e muitos deles exercem já a sua profissão sem actividade judicial.

4. Veja-se a anotação 4. ao artigo 54.º do EOA quanto à uniformização da actuação dos Conselhos de Deontologia na publicidade das penas.

ARTIGO 138.º
Incumprimento da pena

O presidente do órgão competente em matéria disciplinar deve determinar a suspensão da inscrição do advogado ou advogado estagiário, sempre que, a contar da decisão definitiva, este não proceda:

a) À entrega da cédula profissional no prazo de 15 dias, quando haja sido condenado na pena de expulsão ou suspensão;

b) Ao pagamento, no prazo de três meses, da multa em que haja sido condenado;

c) Ao cumprimento, no prazo de 15 dias, do disposto nos n.os 3.° e 4.° do artigo 125.°.

Notas:

1. Trata-se de um preceito novo que vem reforçar significativamente os poderes efectivos da Ordem para a boa execução das penas disciplinares, introduzindo-se o mecanismo da suspensão de inscrição em caso de incumprimento, sem prejuízo de tal incumprimento corresponder a nova infracção disciplinar e dos poderes do Bastonário na adopção das medidas judiciais adequadas.

2. Cfr. artigos 168.° e 169.° deste EOA e artigos 81.° a 84.° do Regulamento Disciplinar.

3. Sem prejuízo da anotação 1. deve registar-se a incongruência do que se dispõe na alínea a), estabelecendo-se que deve ser determinada a suspensão da inscrição do advogado ou do advogado estagiário, sempre que este não entregue a cédula quando condenado na pena de expulsão ou suspensão, assim se impondo uma sanção com os mesmos efeitos da decisão incumprida.

CAPÍTULO IV
Processo

SECÇÃO I
Disposições gerais

ARTIGO 139.°
Formas do processo

1 – A acção disciplinar comporta as seguintes formas:

a) Processo disciplinar;

b) Processo de inquérito.

2 – Aplica-se o processo disciplinar sempre que a determinado advogado ou advogado estagiário sejam imputados factos devidamente concretizados, susceptíveis de constituir infracção.

3 – O processo de inquérito é aplicável quando a participação for da autoria de um particular ou de entidades estranhas à Ordem dos Advogados e nela não esteja claramente identificado o advogado ou advogado estagiário visado ou se imponha a realização de diligências sumárias para esclarecimento ou concretização dos factos participados.

4 – Depois de averiguada a identidade do advogado ou advogado estagiário visado ou, logo que se mostrem minimamente concretizados ou esclarecidos os factos participados, sendo eles susceptíveis de constituir infracção, é proposta a imediata conversão do processo de inquérito em processo disciplinar, mediante parecer sucintamente fundamentado.

5 – Quando a participação seja manifestamente inviável ou infundada, deve a mesma ser liminarmente arquivada, dando-se cumprimento ao disposto no n.° 3 do artigo 118.°.

Notas:

1. Recupera-se o processo de inquérito, enquanto forma de processo, que havia sido injustificadamente eliminado do Estatuto com a Lei 80/2001. Na realidade, com as alterações introduzidas por esta Lei, o processo disciplinar passou a conter apenas a forma comum e especial, sendo esta correspondente ao processo de revisão e aquela "sempre que ao advogado ou advogado estagiário seja imputada falta determinada" – artigo 112.° do D. Lei 84/84.

2. Nos termos do artigo 134.° do EOA, antes da alteração da Lei 80/2001, o processo de inquérito seria usado "sempre que não esteja concretizada a infracção ou não seja conhecido o infractor e ainda quando se torne necessário proceder a averiguações destinadas ao esclarecimento dos factos".

3. Não obstante a eliminação do processo de inquérito, que agora muito bem se reintroduz no EOA, a sua manifesta utilidade impôs o acolhimento desta forma processual por via regulamentar, do que resultou ter sido admitida no Regulamento Disciplinar de 10/10/2002 no caso de qualquer órgão da Ordem, Advogado ou Advogado Estagiário o requerer, ou por não ser concretizada a falta ou conhecido o infractor, sendo necessárias averiguações destinadas ao esclarecimento dos factos.

4. Nos termos do actual n.° 3 deste artigo 139.°, o processo de inquérito deve ser instaurado sempre que ocorram as circunstâncias antes previstas no revogado artigo 134.° do EOA e ainda quando a participação for da autoria de um particular ou de entidades estranhas à Ordem dos Advogados e nela não esteja claramente identificado o Advogado ou Advogado Estagiário visado.

5. Cfr. artigos 16.° e 17.° do Regulamento Disciplinar.

6. – 1. Se o nomen e um procedimento próprio de apreciação liminar previstos no Estatuto anterior desapareceram no actual, a substância de uma apreciação liminar mantém-se no presente Estatuto, nos termos do seu art. 139.°, n.° 5.

2. A responsabilidade disciplinar prevista no EOA não abrange, pelo menos quando não seja posto em causa o prestígio da Ordem, os actos ou omissões praticados no exercício de cargos.

Parecer do C. Superior de 21 de Março de 2007

ARTIGO 140.°
Tramitação do processo

1 – Na instrução do processo deve o relator procurar atingir a verdade material, removendo todos os obstáculos ao seu regular e rápido andamento, e recusando tudo o que for impertinente, inútil ou dilatório.

2 – A forma dos actos, quando não esteja expressamente regulada, deve ajustar-se ao fim em vista e limitar-se ao indispensável para o alcançar.

Notas:

1. Corresponde em geral aos princípios já anteriormente afirmados no revogado artigo 113.° n.os 1 e 2 do D. Lei 84/84 de 16 de Março.
2. Quanto à designação dos relatores, cfr. artigo 144.° do EOA.
3. São afloramentos dos princípios gerais previstos nesta norma, as disposições constantes dos n.os 6 e 8 do artigo 146.° do EOA.
4. Cfr. artigo 24.° do Regulamento Disciplinar.

ARTIGO 141.°
Prazos

1 – À contagem dos prazos em todos os processos regulados neste capítulo são aplicáveis as regras do Código de Processo Penal.

2 – Na falta de disposição especial, é de 10 dias o prazo para a prática de qualquer acto no âmbito dos processos regulados no presente capítulo.

Notas:

1. Esta disposição reproduz o anterior artigo 114.°.
2. Nos termos do artigo 104.° do CPP, a contagem dos prazos em processo penal segue o regime previsto no CPC.
3. Cfr. artigo 12.° do Regulamento Disciplinar, cujo n.° 2 determina que a contagem dos prazos se faça de acordo com a legislação processual civil.

4. Veja-se a anotação 4. ao artigo 54.° do EOA quanto à uniformização da actuação dos Conselhos de Deontologia em matéria de prazos.

5. Sobre a inaplicabilidade ao processo disciplinar da regra do n.° 5 do artigo 145.° do Código de Processo Civil, entendeu o C. Superior que o escopo sancionatório desta norma, quando tolera a eficácia do acto praticado dentro dos três dias seguintes ao término do prazo, sujeitando-a ao cumprimento de um ónus – o pagamento de uma multa calculada por referência ao montante devido para a prática desse mesmo acto –, impede a aplicação de tal disposição à tramitação do processo disciplinar, já que uma norma que encerra em si um escopo sancionatório a realizar por referência a uma realidade inexistente em sede de processo disciplinar, implicaria esvaziar de conteúdo uma parte dessa norma, determinando, no limite, a coexistência de um prazo suplementar com todos os restantes prazos peremptórios previstos no Estatuto da Ordem dos Advogados. Na verdade, a ser assim, todos os prazos do processo disciplinar seriam acrescentados três dias, sem qualquer sanção, o que se revela inaceitável. Despacho R-56/07 do Presidente do C. Superior de 17 de Abril de 2007

ARTIGO 142.°
Impedimentos, escusas e recusas

1 – Aos impedimentos, escusas e recusas do relator e demais membros do conselho com competência disciplinar são aplicáveis, com as necessárias adaptações, as regras constantes do Código de Processo Penal.

2 – O incidente é resolvido no prazo máximo de oito dias pela entidade que designou o relator e, caso seja julgado procedente, é logo designado um novo relator.

3 – Se o impedimento, recusa ou escusa respeitar a membro do conselho que não seja o relator, o incidente é decidido pelo respectivo presidente ou por quem o substitua.

Notas:

1. Com ligeiras alterações de redacção, é transposição do revogado artigo 115.° do D. Lei 84/84.
2. Cfr. artigo 18.° do Regulamento Disciplinar.
3. Cfr. artigo 39.° e sgs. do CPP.

ARTIGO 143.°
Cumprimento dos prazos

Não sendo cumpridos os prazos consagrados no presente capítulo, pode o processo ser redistribuído a outro relator nos mesmos termos e condições, devendo os factos ser comunicados ao presidente do conselho competente, para os efeitos tidos por convenientes.

Notas:

1. O prazo para a conclusão da instrução é de 180 dias, contados a partir da data da distribuição; o prazo para a realização de diligências ordenadas pelo relator, após a realização da prova requerida pela defesa é de 60 dias, podendo ser prorrogado por mais 30 dias; o relatório final a apresentar pelo relator é de 10 dias após a conclusão da instrução e, finalmente, o prazo para julgamento em audiência pública é de 30 dias – Vide artigos 146.° n.os 4 e 5, 153.° n.° 2, 154.° n.° 1 e 156.° n.° 1 todos do EOA.

2. Pela solução actualmente acolhida na parte final deste artigo 143.°, e ao contrário do que resultava do anterior artigo 116.°, a comunicação sobre incumprimento pelo relator dos prazos processuais, é feita aos Presidentes dos Conselhos competentes e não sempre ao Presidente do Conselho Superior, e não implica de imediato a instauração de processo disciplinar.

SECÇÃO II
Processo

ARTIGO 144.°
Distribuição do processo

1 – Instaurado o processo disciplinar, o presidente do conselho competente procede à respectiva distribuição, sem prejuízo de delegação em qualquer dos seus membros.

2 – Em caso de impedimento permanente do relator ou nos seus impedimentos temporários, procede-se a nova distribuição, sempre que as circunstâncias o justifiquem.

3 – Procede-se ainda a nova distribuição sempre que o presidente do conselho aceite escusa do relator.

4 – Os conselhos podem nomear relatores adjuntos ou cometer a instrução dos processos a advogados inscritos pelo respectivo distrito há mais de cinco anos e sem qualquer punição de carácter disciplinar superior a advertência.

Notas:

1. Foram eliminadas as normas constantes dos artigos 117.° e 118.° do D. Lei 84/84, que se reportavam à fase de apreciação liminar. De acordo com os arti-

gos 118.° 3. e 139.° n.° 1 do EOA as participações para fins disciplinares ou são manifestamente infundadas e são liminarmente arquivadas, ou dão lugar à instauração de processo disciplinar ou de processo de inquérito.

2. Este artigo corresponde, no geral, às soluções contidas no revogado ar tigo 119.° do D. Lei 84/84, continuando a ser possível a nomeação de relatores estranhos aos Conselhos, desde que inscritos há mais de cinco anos e sem qualquer punição disciplinar superior a advertência. Trata-se da consagração de uma política de abertura institucional da Ordem dos Advogados à participação de Advogados não directamente eleitos para os órgãos, o que tem permitido uma significativa melhoria na capacidade de resposta da Classe à crescente necessidade de prestação de serviços e à progressiva intensidade e complexidade das funções atribuídas à sua estrutura orgânica.

3. Na mesma linha se insere a possibilidade, agora afirmada, de "relatores adjuntos", prática que já vinha sendo seguida, designadamente nos Conselhos de maior contingente processual.

ARTIGO 145.°
Apensação de processos

1 – Estando pendentes vários processos disciplinares contra o mesmo arguido, ainda que em conselhos diferentes, são todos apensados ao mais antigo e proferida uma só decisão, excepto se da apensação resultar manifesto inconveniente.

2 – Estando pendentes vários processos disciplinares contra vários arguidos em simultâneo, são extraídas as necessárias certidões, de modo a dar-se cumprimento ao disposto no número anterior.

Notas:

1. Cfr. artigo 43.° n.° 2 alínea c) sobre a competência do Conselho Superior para dirimir conflitos de competência.

2. Cfr. artigo 10.° do Regulamento Disciplinar.

ARTIGO 146.°
Instrução do processo

1 – Compete ao relator regular o andamento da instrução do processo e manter a disciplina nos respectivos actos.

2 – A instrução do processo realiza-se na sede do respectivo conselho, se não houver conveniência em que as diligências se efectuem em local diferente.

3 – Neste caso, as diligências podem ser requisitadas por qualquer meio idóneo de comunicação ao órgão competente, com indicação do prazo para cumprimento e da matéria sobre que devem incidir.

4 – A instrução não pode ultrapassar o prazo de 180 dias, contados a partir da distribuição.

5 – Em casos de excepcional complexidade ou por outros motivos devidamente justificados, pode o relator solicitar ao presidente do conselho a prorrogação do prazo previsto no número anterior, não podendo, no entanto, a prorrogação ultrapassar o limite máximo de mais 180 dias.

6 – Na instrução do processo são admissíveis todos os meios de prova em direito permitidos.

7 – Na fase de instrução, o advogado arguido deve ser sempre ouvido sobre a matéria da participação.

8 – O interessado e o arguido podem requerer ao relator as diligências de prova que considerem necessárias ao apuramento da verdade.

9 – Na fase de instrução, o interessado e o arguido não podem indicar, cada um, mais de três testemunhas por cada facto, com o limite máximo de 10 testemunhas.

10 – Consideram-se não escritos os nomes das testemunhas arroladas que ultrapassem o limite definido no número anterior.

Notas:

1. O prazo para a realização da instrução foi alargado de 120 para 180 dias.

2. Com a possibilidade de prorrogação por mais 180 dias decorre que, para os processo de especial complexidade, a instrução pode prolongar-se agora pelo prazo máximo de um ano, contra o máximo de 180 dias que resultava do anterior artigo 121.° n.° 5 do D. Lei 84/84.

3. As deprecadas para a realização de diligências probatórias podem ser requisitadas aos Delegados, às Delegações ou aos Agrupamentos de Delegações – Vide artigo 60.° n.° 1 e) do EOA.

ARTIGO 147.°
Termo da instrução

1 – Finda a instrução, o relator ordena a junção do extracto do registo disciplinar do advogado arguido e profere despacho de acusação ou emite parecer fundamentado em que conclua pelo arquivamento do processo.

2 – Não sendo proferido despacho de acusação, o relator apresenta o parecer na primeira sessão do conselho ou da secção, a fim de ser deliberado o arquivamento do processo.

3 – Caso o conselho ou a secção deliberem o seu prosseguimento com a realização de diligências complementares ou a emissão de despacho de acusação, pode ser designado novo relator de entre os membros do conselho ou secção que tenham votado a continuação do processo.

Notas:

1. Com ligeiras alterações de redacção, este artigo corresponde ao anterior artigo 122.°.

2. O processo ou é arquivado ou prossegue com despacho de acusação ou de realização de diligências complementares, pelo que não pode quedar-se aberto, a aguardar melhor prova.

ARTIGO 148.°
Despacho de acusação

O despacho de acusação deve revestir a forma articulada e mencionar:

a) A identidade do arguido;

b) Os factos imputados e as circunstâncias de tempo, modo e lugar em que os mesmos foram praticados;

c) As normas legais e regulamentares infringidas, bem como, se for caso disso, a possibilidade de aplicação da pena de suspensão ou de expulsão; e,

d) O prazo para a apresentação da defesa.

Notas:

1. De novo, em relação ao regime anterior, apenas se regista a obrigatoriedade de menção especial à possibilidade de aplicação da pena de suspensão ou de expulsão.

ARTIGO 149.°
Suspensão preventiva

1 – Juntamente com o despacho de acusação, o relator pode propor que seja aplicada ao advogado arguido a medida de suspensão preventiva quando:

a) Haja fundado receio da prática de novas e graves infracções disciplinares ou de perturbação do decurso do processo;

b) O advogado arguido tenha sido acusado ou pronunciado criminalmente por crime cometido no exercício da profissão ou por crime a que corresponda pena superior a três anos de prisão;

c) Seja desconhecido o paradeiro do advogado arguido.

2 – A suspensão não pode exceder o período de seis meses e deve ser deliberada por maioria de dois terços dos membros do conselho onde o processo correr os seus termos.

3 – O Conselho Superior pode, mediante proposta aprovada por dois terços dos membros do órgão onde o processo correr termos, prorrogar a suspensão por mais seis meses.

4 – O tempo de duração da medida de suspensão preventiva é sempre descontado nas penas de suspensão.

5 – Os processos disciplinares com arguido suspenso preventivamente têm carácter urgente e a sua marcha processual prefere a todos os demais.

Notas:

1. De acordo com a actual alínea a), a suspensão preventiva passa a poder ser proposta quando ocorra fundado receio de "perturbação do decurso do processo" e não tão só quando tal perturbação se verifique no "andamento da instrução do processo", como decorria do anterior artigo 124 1. a) do D. Lei 84/84.

2. Quanto à alínea b), constata-se que a suspensão preventiva passa agora a poder ser proposta com a simples acusação e não já só com a pronúncia criminal por crime cometido no exercício da profissão ou por crime a que corresponda pena superior a três anos de prisão.

3. O prazo máximo de suspensão é alargado para seis meses (contra os três meses do regime anterior), podendo ser prorrogado por novo prazo de seis meses (contra mais três meses no regime anterior), do que resulta um aumento para o dobro do prazo limite global de suspensão preventiva.

4. Em função da autonomização das competências disciplinares, foi transferida para o Conselho Superior a competência, antes cometida ao Bastonário, para decretar a prorrogação da suspensão preventiva, desde que a respectiva proposta seja aprovada pela maioria qualificada de dois terços dos membros do Conselho onde o processo corra termos. Poderá colocar-se a questão de se saber se também será exigível a maioria qualificada de dois terços no Conselho Superior, quando a proposta lhe seja apresentada já aprovada por um Conselho de Deontologia. No silêncio da norma e porque tal maioria qualificada já funcionou no Conselho onde corre o processo, parece dispensável essa exigência no Conselho Superior.

5. Cfr. artigo 35.° do Regulamento Disciplinar.

ARTIGO 150.°
Notificação da acusação

1 – O arguido é notificado da acusação, pessoalmente ou por via postal, com a entrega da respectiva cópia e a informação de que o julgamento é realizado em audiência pública caso o requeira e, independentemente de requerimento, sempre que a infracção seja passível de pena de suspensão ou de expulsão.

2 – A notificação por via postal é efectuada através de carta registada com aviso de recepção endereçada para o domicílio profissional ou para a residência do arguido, consoante a sua inscrição esteja ou não em vigor.

3 – Se o arguido estiver ausente do País ou for desconhecida a sua residência é notificado por edital, com o resumo da acusação, a afixar nas instalações do conselho e na porta do seu domicílio profissional ou da última residência conhecida, pelo período de 20 dias.

Notas:

1. Corresponde com ligeiras modificações ao anterior artigo 125.°, sendo apenas de realçar o estabelecimento de um prazo mínimo de 20 dias de afixação do edital para notificação do arguido ausente ou com residência desconhecida.

ARTIGO 151.°
Exercício do direito de defesa

1 – O prazo para apresentação da defesa é de 20 dias.

2 – Se o arguido for notificado no estrangeiro ou por edital, o prazo para a apresentação da defesa é fixado pelo relator, não podendo ser inferior a 30 dias nem superior a 60 dias.

3 – O relator pode, em caso de justo impedimento, admitir a defesa apresentada extemporaneamente.

4 – Se o arguido estiver impossibilitado de organizar a sua defesa por motivo de incapacidade devidamente comprovada, o relator nomear-lhe-á imediatamente um curador para esse efeito, preferindo a pessoa a quem competiria a tutela, em caso de interdição nos termos da lei civil.

5 – O curador nomeado nos termos do número anterior pode usar de todos os meios de defesa facultados ao arguido.

6 – O incidente de alienação mental pode ser suscitado pelo relator, pelo arguido ou por qualquer familiar deste.

7 – Durante o prazo para a apresentação da defesa, o processo pode ser consultado na secretaria ou confiado ao arguido ou ao advogado por ele constituído, para exame no seu escritório.

8 – A confiança do processo no termos do número anterior deve ser precedida de despacho do relator.

9 – Não sendo possível proferir de imediato o despacho referido no número anterior, a secretaria contacta o relator pelo meio mais expedito, devendo este, pelo mesmo meio, comunicar a sua decisão, da qual é lavrada cota no processo.

Notas:

1. A eliminação do anterior n.° 4 do artigo 126.° do D. Lei 84/84 impunha-se perante o reconhecimento expresso de que os Advogados e os Advogados Estagiários não podem ser impedidos por qualquer autoridade pública ou privada, de praticar actos próprios da advocacia, sendo inquestionável que a defesa de arguido em processo disciplinar é acto próprio de advocacia. Cfr. artigo 64.° do EOA e artigo 1.° n.os 7 e 9 da Lei 49/2004 de 24 de Agosto.

2. A possibilidade de exercício extemporâneo do direito de defesa é alargado a todas as situações de justo impedimento e a nomeação de curador ocorre em todos os casos de incapacidade comprovada, e não apenas por "motivo de incapacidade mental". Cfr. Artigo 126.° n.os 3 e 5 do D. Lei 84/84.

3. Cfr. artigo 49.° do Regulamento Disciplinar.

4. Sobre a nomeação de curador, veja-se o artigo 143.° do C. Civil.

ARTIGO 152.°
Apresentação da defesa

1 – A defesa é feita por escrito e apresentada na secretaria do conselho competente, devendo expor clara e concisamente os factos e as razões que a fundamentam.

2 – Com a defesa, o arguido deve apresentar o rol de testemunhas, podendo indicar três testemunhas por cada facto com o limite máximo de 10 testemunhas, juntar documentos e requerer quaisquer diligências, que podem ser recusadas, quando manifestamente impertinentes, dilatórias ou desnecessárias para o apuramento dos factos e da responsabilidade do arguido ou quando constituam mera repetição de diligências já realizadas na fase da instrução.

3 – O arguido deve indicar os factos sobre os quais incide a prova, sendo convidado a fazê-lo, sob pena de indeferimento na falta de indicação.

4 – O relator pode permitir que o número de testemunhas referido nos termos do n.° 2 seja acrescido das que considerar necessárias para a descoberta da verdade.

Notas:

1. A defesa é entregue no Conselho de Deontologia competente ou no Conselho Superior e não nos Conselhos Distritais, como se referia no n.° 1 do artigo 127.° do D. Lei 84/84, já que os Conselhos Distritais deixaram de ter competência em matéria disciplinar.
2. Cfr. artigos 49.° a 54.° do Regulamento Disciplinar.

ARTIGO 153.°
Realização de novas diligências

1 – Além das requeridas pela defesa, o relator pode ordenar todas as diligências de prova que considere necessárias para o apuramento da verdade.

2 – O disposto no número anterior não deve ultrapassar o prazo de 60 dias, podendo o Conselho prorrogar o prazo por mais 30 dias, ocorrendo motivo justificado, nomeadamente em razão da excepcional complexidade do processo.

Notas:

1. Corresponde ao anterior artigo 128.° do revogado EOA.
2. Cfr. artigo 55.° do Regulamento Disciplinar.

ARTIGO 154.°
Relatório final

1 – Realizadas as diligências referidas no artigo anterior, o relator elabora, no prazo de 10 dias, um relatório fundamentado, do qual constem os factos apurados, a sua qualificação e gravidade, a pena que entende dever ser aplicada ou a proposta de arquivamento dos autos.

2 – Seguidamente, no prazo máximo de cinco dias, o processo é entregue no Conselho ou à secção respectivos, para julgamento.

Notas:

1. Com ligeiras alterações, corresponde ao artigo 129.° do D. Lei 84/84.
2. Cfr. artigo 56.° do Regulamento Disciplinar.

ARTIGO 155.°
Julgamento

1 – Não havendo lugar a audiência pública e se todos os membros do Conselho ou da secção se considerarem para tanto habilitados, é votada a deliberação e lavrado e assinado o acórdão.

2 – Se algum ou alguns membros se declararem não habilitados a deliberar, o processo é dado para vista, por cinco dias, a cada membro que a tiver solicitado, findo o que é novamente presente para julgamento.

3 – Os votos de vencido devem ser fundamentados.

4 – Antes do julgamento, o Conselho ou a secção podem ordenar a realização de novas diligências, a cumprir no prazo que para o efeito estabeleça.

5 – Quando for votada na secção pena de suspensão ou de expulsão, o processo é submetido ao Conselho em pleno para deliberação final.

6 – O acórdão final é notificado ao arguido, nos termos do artigo 150.°, ao participante e ao Bastonário.

Notas:

1. O julgamento deverá decorrer em audiência pública sempre que esta tenha sido requerida pelo arguido nos termos do artigo 150.° n.° 1 ou quando, independentemente de requerimento, tenha sido proposta pelo relator a aplicação das sanções de suspensão ou de expulsão, como resulta do artigo 135.° n.° 3, ambos deste EOA.

2. As penas de suspensão e de expulsão devem ser sempre votadas e aprovadas em plenário do conselho competente, devendo ainda ter-se em conta as maiorias qualificadas para as penas de expulsão e de suspensão superior a três anos e a ratificação especial pelas Secções do Conselho Superior para a aplicação da pena de expulsão, como decorre do artigo 135.° n.ºs 1 e 2 do EOA.

3. Cfr. artigos 58.° e 59.° do Regulamento Disciplinar.

ARTIGO 156.°
Audiência pública

1 – Havendo lugar a audiência pública, é a mesma realizada no prazo de 30 dias e nela devem participar, pelo menos, quatro quintos dos membros do conselho.

2 – A audiência pública é presidida pelo presidente do conselho respectivo ou pelo seu legal substituto e nela podem intervir o participante

que seja directo titular do interesse ofendido pelos factos participados, o arguido e os mandatários que hajam constituído.

3 – A audiência pública só pode ser adiada uma vez por falta do arguido ou do seu defensor.

4 – Faltando o arguido, e não podendo ser adiada a audiência, o processo é decidido nos termos do artigo anterior.

5 – Aberta a audiência, o relator lê o relatório a que se refere o artigo 154.°, procedendo-se de seguida à produção de prova complementar requerida pelo participante ou pelo arguido e que deve ser imediatamente oferecida, podendo ser arroladas até cinco testemunhas.

6 – Finda a produção de prova, é dada a palavra ao participante e ao arguido ou aos respectivos mandatários para alegações orais, por período não superior a 30 minutos.

7 – Caso o considere conveniente, o conselho pode determinar a realização de novas diligências.

8 – Encerrada a audiência, o conselho reúne de imediato para deliberar, lavrando acórdão, que deve ser notificado nos termos do n.° 6 do artigo anterior.

Notas:

1. No elenco das pessoas, que podem intervir na audiência pública, inclui-se os mandatários que tenham sido constituídos pelo arguido e pelo participante directo titular do interesse ofendido, resolvendo-se definitivamente a limitação que resultava da parte final do n.° 2 do revogado artigo 131.° do D. Lei 84/84, pela qual só ao arguido seria admissível constituir mandatário, o que violava o então artigo 54.° do mesmo diploma legal.

2. Constitui inovação, em relação ao regime anterior, a possibilidade de pelo Conselho poder ser determinada a realização complementar de novas diligências, o que bem se compreende já que idêntica prerrogativa possui o arguido por força do n.° 5 deste artigo 156.°.

3. A exigência de quatro quintos prevista no n.° 1 constitui um factor de bloqueio desproporcionado, que já vem afectando a funcionalidade dos Conselhos de Deontologia.

CAPÍTULO V
Recursos ordinários

ARTIGO 157.°
Deliberações recorríveis

1 – Das deliberações dos conselhos de deontologia ou suas secções cabe recurso para o Conselho Superior.

2 – Das deliberações das secções do Conselho Superior, nos termos da alínea d) do n.° 3 do artigo 43.°, cabe recurso para o plenário do mesmo órgão.

3 – Não são susceptíveis de recurso as deliberações do plenário do Conselho Superior, sem prejuízo do disposto no n.° 3 do artigo 6.°.

4 – Não admitem recurso em qualquer instância as decisões de mero expediente ou de disciplina dos trabalhos.

Notas:

1. Corresponde ao anterior artigo 132.° do D. Lei 84/84.

2. Cfr. artigo 68.° do Regulamento Disciplinar.

3. No tocante aos actos irrecorríveis, o n.° 5 do artigo 68.° do RD acrescenta as decisões que respeitem a diligências de prova determinadas pelo relator, pela Secção ou pelo Conselho.

4. Veja-se a anotação 4. ao artigo 54.° do EOA quanto à uniformização da actuação dos Conselhos de Deontologia em matéria de recursos.

ARTIGO 158.°
Legitimidade para a interposição do recurso

1 – Têm legitimidade para interpor recurso o arguido, os interessados e o Bastonário.

2 – Não é permitida a renúncia ao recurso antes do conhecimento da deliberação final.

Notas:

1. Esta disposição transcreve os n.os 1 e 2 do artigo 133.° do D. Lei 84/84.

2. Pelo Artigo 68.° n.° 1 do Regulamento Disciplinar, os recursos podem ser interpostos pelo arguido, pelo participante, pelo Bastonário e ainda pelos titulares dos interesses directos nos factos participados.

ARTIGO 159.º
Subida e efeitos do recurso

1 – Os recursos interpostos de despachos ou acórdãos interlocutórios sobem com o da decisão final.

2 – Têm efeito suspensivo os recursos interpostos pelo Bastonário e o das decisões finais.

Notas:

1. Em relação ao regime anterior, é agora concedido efeito suspensivo a todos os recursos das decisões finais, independentemente das penas concretas aplicadas.

2. Cfr. artigo 71.º do Regulamento Disciplinar.

ARTIGO 160.º
Interposição e notificação do recurso

1 – O prazo para a interposição dos recursos é de 15 dias a contar da notificação da deliberação final, ou de 30 dias a contar da afixação do edital.

2 – O requerimento de interposição do recurso é sempre motivado, sob pena de não admissão do mesmo, sendo, para tanto, facultada a consulta do processo.

3 – Com a motivação, que deve enunciar especificamente os fundamentos do recurso e terminar com a formulação de conclusões, pode o recorrente requerer a junção dos documentos que entenda convenientes, desde que os mesmos não pudessem ter sido apresentados até à decisão final objecto do recurso.

4 – O Bastonário pode recorrer mediante simples despacho, com mera indicação do sentido da sua discordância, não sendo aplicável o disposto nos n.os 2 e 3.

5 – O recurso não é admitido quando a decisão for irrecorrível, quando for interposto fora de tempo, quando o recorrente não tiver as condições necessárias para recorrer ou por falta da motivação quando exigível.

6 – Admitido o recurso que subir imediatamente, é notificado o recorrido para responder no prazo de 15 dias, sendo-lhe facultada a consulta do processo.

7 – Junta a resposta do recorrido, deve a mesma ser notificada ao recorrente quando este não seja o Bastonário, e os autos remetidos ao órgão competente para julgamento do recurso.

Notas:

1. O prazo de recurso foi aumentado de 10 para 15 dias sobre a data da notificação das decisões finais e de 15 para 30 dias sobre a data da afixação do edital.

2. Foi eliminado o prazo especial para o Bastonário recorrer, pelo que se aplicará o prazo geral de 15 dias.

3. A motivação do recurso é dispensada ao Bastonário, o qual pode exercer tal direito por despacho contendo a mera indicação das razões pelas quais discorda da decisão recorrida.

4. A motivação é apresentada simultaneamente com a interposição do recurso, assim tendo desaparecido o despacho a ordenar a notificação do recorrente e do recorrido para apresentação de alegações. Vide artigo 135.° do D. Lei 84/84.

5. O prazo para resposta pelo recorrido à motivação do recorrente é encurtado de 30 para 15 dias.

6. No caso de ter sido pedida a aclaração da decisão final, o prazo de recurso conta-se da notificação do acórdão que decidir a aclaração – Ver artigo 70.° n.° 4 do RD.

7. Em face deste artigo 160.° do EOA, ficam revogados os n.os 1, 2 e 3 do referido artigo 70.° e ainda os n.os 1 e 5 do artigo 72.°, todos do Regulamento Disciplinar.

ARTIGO 161.°
Baixa do processo ao conselho de deontologia

Julgado definitivamente qualquer recurso, o processo baixa ao conselho de deontologia respectivo.

Notas:

1. Cfr. artigo 169.° sobre a execução das decisões disciplinares.

CAPÍTULO VI
Recurso de revisão

ARTIGO 162.°
Fundamentos e admissibilidade da revisão

1 – É admissível a revisão de decisão definitiva proferida pelos órgãos da Ordem dos Advogados com competência disciplinar sempre que:

a) Uma decisão judicial transitada em julgado declarar falsos quaisquer elementos ou meios de prova que tenham sido determinantes para a decisão revidenda;

b) Uma decisão judicial transitada em julgado tiver dado como provado crime cometido por membro ou membros do órgão que proferiu a decisão revidenda e relacionado com o exercício das suas funções no processo;

c) Os factos que serviram de fundamento à decisão condenatória forem inconciliáveis com os dados como provados noutra decisão definitiva e da oposição resultarem graves dúvidas sobre a justiça da condenação;

d) Se tenham descoberto novos factos ou meios de prova que, por si ou combinados com os que foram apreciados no processo, suscitem graves dúvidas sobre a justiça da decisão condenatória proferida.

2 – Com fundamento na antecedente alínea d) não é admissível revisão com o único fim de corrigir a medida concreta da sanção aplicada.

3 – A simples alegação de ilegalidade, formal ou substancial, do processo e decisão disciplinares não constitui fundamento para a revisão.

4 – A revisão é admissível ainda que o procedimento se encontre extinto ou a pena prescrita ou cumprida.

Notas:

1. A matéria do recurso de revisão é objecto de uma significativa reformulação em relação ao "processo de revisão" tratado nos artigos 137.° a 142.° do D. Lei 84/84, não só no plano formal, mas também no tocante à legitimidade e aos fundamentos de admissibilidade.

2. Verifica-se agora que o legislador abandonou a enumeração exemplificativa contida no revogado artigo 139.° para enumerar taxativamente os fundamentos do recurso de revisão nas alíneas a) a d) do n.° 1 do actual artigo 162.°.

3. Não obstante a eliminação da referência expressa feita na alínea c) do artigo 139.° do D. Lei 84/84 ao conhecimento superveniente de eventual inimputabili-

dade do arguido, tal fundamento tem todavia acolhimento na previsão da alínea d) do n.° 1 do artigo 162.° do EOA.

4. O fundamento previsto na alínea b) do n.° 1 do actual artigo 162.° é novo, tendo sido introduzido em função da perda da idoneidade e isenção que objectivamente dele decorre para o órgão julgador.

5. O actual n.° 3 corresponde ao n.° 3 do artigo 137.° do D. Lei 84/84.

6. Deve ter-se por revogado o artigo 76.° do Regulamento Disciplinar, que transcrevia o artigo 139.° do D. Lei 84/84.

ARTIGO 163.°
Legitimidade

1 – Têm legitimidade para requerer a revisão:

a) O participante, relativamente a decisões de arquivamento do processo disciplinar;

b) O advogado condenado ou seu defensor, relativamente a decisões condenatórias.

2 – Têm ainda legitimidade para requerer a revisão e para a prosseguir nos casos em que o advogado condenado tiver falecido o cônjuge, os descendentes, adoptados, ascendentes, adoptantes, parentes ou afins até ao 4.° grau da linha colateral, os herdeiros que mostrem um interesse legítimo, os advogados com quem o condenado mantinha sociedade ou partilhava escritório ou quem do condenado tiver recebido incumbência expressa.

3 – O Bastonário pode também apresentar proposta de revisão de decisões definitivas condenatórias ou de arquivamento.

Notas:

1. No regime anterior apenas o arguido condenado ou, caso houvesse falecido, os seus descendentes, ascendentes, cônjuges ou irmãos e ainda o Bastonário tinham legitimidade para requerer pedido de revisão – vide artigo 137.° n.° 1 e n.° 4 do D. Lei 84/84. Presentemente, tal legitimidade é alargada ao participante, relativamente a decisões de arquivamento e ainda aos adoptados, adoptantes, parentes e afins até ao 4.° grau da linha colateral, herdeiros que mostrem interesse legítimo, advogados com quem o condenado mantinha sociedade ou partilhava escritório ou quem do condenado tiver recebido incumbência expressa, quanto às decisões condenatórias.

2. O reforço e dignificação do papel do mandatário em toda a tramitação do processo disciplinar tem também aqui expressa concretização na alínea b) do n.° 1.

ARTIGO 164.°
Formulação do pedido ou proposta de revisão

1 – O requerimento ou proposta de revisão é apresentado ao órgão com competência disciplinar que proferiu a decisão a rever.

2 – O requerimento ou proposta de revisão é sempre motivado e contém a indicação dos meios de prova.

3 – Devem ser juntos ao requerimento ou proposta de revisão os documentos necessários à instrução do pedido.

Notas:

1. O pedido de revisão passa a ser entregue no órgão com competência disciplinar que proferiu a decisão revidenda e não no Conselho Superior, pelo que se altera o regime previsto no anterior artigo 140.° n.° 1 do D. Lei 84/84, com inerente revogação do artigo 77.° n.° 1 do Regulamento Disciplinar.

2. Quanto à competência para conhecimento dos pedidos de revisão, cfr. artigo 166.° n.ºs 2 e 3 do actual EOA.

ARTIGO 165.°
Tramitação do pedido ou proposta de revisão

1 – A revisão é processada por apenso aos autos em que foi proferida a decisão a rever.

2 – A parte ou partes contra quem é pedida ou proposta a revisão são notificadas para, no prazo de 15 dias, apresentarem a sua resposta e indicarem os seus meios de prova.

3 – Se o fundamento da revisão for o previsto no n.° 1 do artigo 164.°, o relator a quem o processo for distribuído procede às diligências que considere indispensáveis para a descoberta da verdade, mandando documentar, por redução a escrito ou por qualquer meio de reprodução integral, as declarações prestadas.

4 – O requerente não pode indicar testemunhas que não tiverem sido ouvidas no processo, a não ser justificando que ignorava a sua existência ao tempo da decisão ou que estiveram impossibilitadas de depor.

Notas:

1. O prazo de resposta foi encurtado para 15 dias.

2. Os meios de prova devem ser indicados com o pedido de revisão, precisando-se agora que não podem ser indicadas testemunhas que não tenham sido ouvidas no processo, salvo se o requerente ignorava a sua existência ao tempo da decisão ou que

estiveram impossibilitadas de depor, o que constitui regime mais limitado do que o resultante do revogado n.° 2 do artigo 137.° do D. Lei 84/84.

3. No n.° 3 remete-se para o n.° 1 do artigo 164.°, quando a remissão deveria ser para o n.° 1 do artigo 162.°. Trata-se obviamente de um erro material. Como não se comprende que seja reduzida a capacidade do relator para ordenar diligências probatórias, deverá entender-se, como no regime anterior, que devem ser realizadas as "requeridas e as que tiverem sido consideradas necessárias" – Vide art. 140.° n.° 1 D. Lei 84/84 de 16 de Março.

ARTIGO 166.°
Julgamento

1 – Uma vez expirado o prazo de resposta ou realizadas as diligências requeridas, quando a elas houver lugar, o relator elabora, no prazo de 10 dias, parecer fundamentado sobre o mérito do pedido ou da proposta de revisão e, no prazo máximo de cinco dias, entrega o processo ao Conselho ou à secção respectivos, para deliberação.

2 – Se a decisão a rever tiver sido proferida pelo Conselho Superior, o julgamento tem lugar em plenário após a entrega do processo com parecer fundamentado, nos termos do número que antecede.

3 – Se a decisão a rever tiver sido proferida por um conselho de deontologia, o processo é em seguida remetido ao Conselho Superior, para julgamento em plenário.

4 – A concessão da revisão tem de ser votada por maioria de dois terços dos membros do conselho e da respectiva deliberação cabe apenas recurso contencioso.

5 – A revisão apenas pode conduzir à manutenção, à alteração ou à revogação da deliberação proferida no processo revisto, mas nunca pode agravar a pena aplicada.

6 – A pendência de recurso contencioso incidente sobre a pena proferida em processo disciplinar não prejudica a revisão deste.

Notas:

1. Define-se agora o prazo para emissão do parecer do relator em 10 dias, no que o EOA anterior era omisso.

2. A competência para o julgamento subsiste inalterada no Conselho Superior, o qual todavia passa a decidir pelas secções ou pelo plenário, consoante a decisão revidenda tenha sido proferida em Conselho de Deontologia ou no Conselho Superior, solução que se afasta assim da que era acolhida no 138.° 1. e 140.° do D. Lei 84/84.

3. Quanto ao recurso contencioso, cfr. artigo 6.° n.° 3 do EOA.

4. A disposição contida no n.° 6 é nova e é corolário do princípio da independência e autonomia da acção disciplinar da Ordem dos Advogados em relação às demais jurisdições.

ARTIGO 167.°
Baixa do processo, averbamentos e publicidade

1 – Depois de julgado o pedido ou a proposta de revisão, o processo baixa, se for caso disso, ao conselho de deontologia respectivo, que o instrui e julga de novo, se a revisão tiver sido admitida.

2 – No caso de absolvição, são cancelados os averbamentos das decisões condenatórias.

3 – Ao acórdão proferido em julgamento na sequência da revisão, é dada a publicidade devida, nos termos do artigo 137.°.

Notas:

1. Corresponde ao anterior artigo 142.°, sem significativas modificações.

CAPÍTULO VII
Execução de penas

ARTIGO 168.°
Início de produção de efeitos das penas

1 – As penas disciplinares, bem como as determinações constantes dos n.os 3 e 4 do artigo 125.°, iniciam a produção dos seus efeitos no dia seguinte àquele em que a decisão se torne definitiva.

2 – A execução da pena não pode começar ou continuar em caso de cancelamento da inscrição.

3 – Se na data em que a decisão se torna definitiva estiver suspensa a inscrição do arguido por motivos não disciplinares, o cumprimento da pena disciplinar de suspensão tem início no dia imediato ao levantamento da suspensão.

Notas:

1. Passa a ser o momento em que a decisão se torna definitiva e não o da sua notificação o momento em que se inicia a produção dos seus efeitos, assim se pro-

cedendo a uma correcta distinção entre a produção de efeitos e o início da execução das penas disciplinares.

2. Quanto aos efeitos da suspensão e do cancelamento da inscrição na responsabilidade disciplinar, cfr. artigo 109.° n.os 2 e 3 do EOA.

ARTIGO 169.°
Competência para a execução de decisões disciplinares

Incumbe aos presidentes do Conselho Superior ou dos conselhos de deontologia a execução de todas as decisões proferidas nos processos para que sejam competentes esses órgãos.

Notas:

1. Foi operada a necessária correcção em relação ao regime do revogado artigo 144.° do D. Lei 84/84, já que não fazia qualquer sentido que a competência para a execução de decisões disciplinares fosse atribuída aos Presidentes dos Conselhos Distritais.

2. Cfr. artigos 81.° a 84.° do Regulamento Disciplinar.

3. Veja-se a anotação 4. ao artigo 54.° do EOA quanto à uniformização da actuação dos Conselhos de Deontologia em matéria de execução das decisões disciplinares.

CAPÍTULO VIII
Reabilitação do advogado expulso

ARTIGO 170.°
Regime

1 – Independentemente do pedido ou proposta de revisão da decisão, o advogado punido com a pena de expulsão pode ser reabilitado desde que se verifiquem cumulativamente os seguintes requisitos:

a) Tenham decorrido mais de 15 anos sobre a data em que se tornou definitiva a decisão que aplicou a pena de expulsão;

b) O reabilitando tenha revelado boa conduta, podendo, para o demonstrar, utilizar os meios de prova admitidos em direito.

2 – É aplicável ao pedido de reabilitação, com as necessárias adaptações, o disposto nos artigos 162.° a 166.°.

3 – Concedida a reabilitação, nos termos do artigo 166.°, o advogado reabilitado recupera plenamente os seus direitos e é dada a publicidade devida, nos termos do artigo 137.°, com as necessárias modificações.

Notas:

1. Com algumas alterações de redacção, mantém-se o regime do artigo 145.° do anterior EOA.

2. O processo de reabilitação foi introduzido pela Lei 80/2002 de 20 de Julho, face ao acolhimento da pena de expulsão, antes inexistente.

3. Quanto à reabilitação judicial, cfr. artigo 173.° do EOA.

CAPÍTULO IX
Averiguação de inidoneidade para o exercício da profissão

ARTIGO 171.°
Instauração do processo

É instaurado processo para averiguação de inidoneidade para o exercício profissional sempre que o advogado ou advogado estagiário:

a) Tenha sido condenado por qualquer crime gravemente desonroso;

b) Não esteja no pleno gozo dos direitos civis;

c) Seja declarado incapaz de administrar as suas pessoas e bens por sentença transitada em julgado;

d) Esteja em situação de incompatibilidade ou inibição do exercício da advocacia e não tenha tempestivamente requerido a suspensão ou o cancelamento da sua inscrição, continuando a exercer a sua actividade profissional, mesmo através da prática de actos isolados próprios da mesma;

e) Tenha, no momento da inscrição, prestado falsas declarações no que diz respeito a incompatibilidade para o exercício da advocacia;

f) Seja condenado, no foro disciplinar da Ordem, em um ou mais processos, por reiterado incumprimento dos deveres profissionais que lhe são impostos pelo presente Estatuto e respectivos regulamentos;

g) Seja judicialmente reconhecida a sua incapacidade mental para assumir a defesa de interesses de terceiros.

Notas:

1. O processo de averiguação de inidoneidade para o exercício da profissão prende-se intimamente com o dever de integridade ou probidade a que se refere o artigo 83.° do EOA, pelo qual o Advogado deve ter um comportamento público e profissional adequado à dignidade e responsabilidade da função.

2. A falta de idoneidade moral para o exercício da profissão inibe a inscrição do Advogado ou do Advogado Estagiário ou determina o cancelamento da inscrição se for verificada supervenientemente à inscrição. Cfr. artigo 181.° 1. a) do EOA.

3. De acordo com o n.° 5 do artigo 181.° do EOA, a verificação de idoneidade moral é sempre objecto de processo próprio, que segue os termos do processo disciplinar, com as necessárias adaptações, mas tal tipo de processo especial, de natureza administrativa, nunca fora antes regulado em normas estatutárias ou regulamentares, pelo que os actuais artigos 171.° a 173.° visam colmatar essa lacuna.

4. A obrigatoriedade de instauração de processo para averiguação de inidoneidade nos casos previstos nas alíneas b), c), e g) deste artigo 171.° parece ser solução errada, já que em nenhuma dessas soluções está em causa o dever de integridade ou dever de probidade, sendo antes situações geradores de incapacidade, como aliás decorre do artigo 181.°, 1. b), c) do EOA.

5. Vide anotações ao artigo 83.° do EOA.

ARTIGO 172.°
Processo

1 – O processo para averiguação de inidoneidade para o exercício da profissão é instaurado nos mesmos termos em que o são os processos disciplinares.

2 – O processo segue os termos do processo disciplinar, com as necessárias adaptações, havendo sempre lugar a julgamento em audiência pública.

3 – A deliberação de falta de idoneidade para o exercício da profissão só pode ser proferida mediante decisão que obtenha dois terços dos votos de todos os membros do Conselho competente.

4 – Da deliberação final cabe recurso, nos termos previstos para as decisões em matéria disciplinar.

Notas:

1. A audiência pública ocorrerá sempre mesmo sem requerimento do interessado. Cfr. artigo 156.° n.° 3 do D. Lei 84/84.

2. Sobre os recursos, vide artigos 157.° a 162.° do EOA.

ARTIGO 173.°
Reabilitação do advogado a quem haja sido reconhecida inidoneidade para o exercício da profissão

1 – Os condenados criminalmente que tenham obtido a reabilitação judicial podem, decorridos 10 anos sobre a data da condenação, solicitar a sua inscrição, sobre a qual decide, com recurso para o Conselho Superior, o competente conselho de deontologia.

2 – O pedido só é deferido quando, mediante inquérito prévio com audiência do requerente, se comprove a manifesta dignidade do seu comportamento nos últimos 3 anos e se alcance a convicção da sua completa recuperação para o exercício da profissão.

Notas:

1. Corresponde ao anterior n.° 5 do artigo 156.°, com a única alteração quanto à competência, que naturalmente agora se atribui aos Conselhos de Deontologia, com recurso para o Conselho Superior.

TÍTULO V
Receitas e despesas da Ordem dos Advogados

ARTIGO 174.°
Quotas para a Ordem dos Advogados

1 – Os advogados com inscrição em vigor são obrigados a contribuir para a Ordem dos Advogados com a quota mensal que for fixada pelo Conselho Geral.

2 – O produto das quotas é dividido em partes iguais entre o Conselho Geral, por um lado, e o conselho distrital e delegação respectiva, por outro, repartindo-se os encargos da cobrança na proporção das respectivas receitas.

3 – O Conselho Geral entrega aos conselhos distritais que, por sua vez, entregam às delegações, nos 60 dias seguintes à respectiva cobrança, a parte que a cada um caiba no produto da cobrança das quotas.

4 – O Conselho Geral pode abonar mensalmente aos conselhos distritais que, por sua vez, podem entregar às delegações, uma importância por conta da parte que lhes cabe no produto da cobrança das quotas, bem

como prestar-lhes, dentro das suas possibilidades, auxílio financeiro, quando devidamente justificada a sua necessidade.

Notas:

1.Corresponde, com ligeiras alterações, ao anterior artigo 149.° do D. Lei 84/84.

2. Cfr. artigo 86.° alínea e) do EOA.

3. Pela Deliberação n.° 303/2006 de 21 de Fevereiro de 2006, publicada no DR, II Série, n.° 49, de 9/03/2006, o Conselho Geral aprovou uma nova Tabela de Emolumentos e Preços devidos pela emissão de documentos e práticas de actos no âmbito dos Serviços da Ordem dos Advogados, assim como do valor das Quotas, revogando as anteriores Deliberações n.os 769/2004 e 1400/2004 – Vide esta Tabela em Anexo nesta edição.

4. Pela Deliberação n.° 2335/2008 de 19 de Agosto (II Série do DR) com entrada em vigor em 1 de Janeiro de 2009, o Conselho Geral aprovou uma nova tabela de emolumentos, preços e quotas, alterando assim a Tabela aprovada em 17 de Fevereiro de 2006.

5. A Tabela de Emolumentos e Preços aprovada pela Deliberação n.° 303/2006, de 21 de Fevereiro de 2006, foi novamente alterada pela Deliberação do Conselho Geral de 31 de Julho de 2009, com especial incidência no tocante aos custos a suportar pelos Advogados Estagiários a partir dos Cursos de Estágio iniciados depois do dia 1 de Janeiro de 2010.

ARTIGO 175.°
Contabilidade e gestão financeira

1 – O exercício da vida económica da Ordem dos Advogados coincide com o ano civil.

2 – As contas da Ordem dos Advogados são encerradas com referência a 31 de Dezembro de cada ano.

3 – A contabilidade da Ordem dos Advogados obedece a regras uniformes, de acordo com o Plano Oficial de Contabilidade ou por outro que vier a ser aprovado por diploma legal e lhe seja aplicável, e observando os procedimentos estabelecidos pelo Conselho Geral.

4 – Constituem instrumentos de controlo de gestão:

a) O orçamento;

b) O relatório e as contas do exercício com referência a 31 de Dezembro.

5 – O Conselho Geral deve elaborar, até 31 de Março do ano seguinte, o relatório e as contas do exercício anterior e, até 31 de Outubro, o orçamento para o ano subsequente.

6 – Os conselhos distritais devem apresentar ao Conselho Geral, até 28 de Fevereiro do ano seguinte, as contas do exercício anterior e, até 30 de Setembro, as propostas para inclusão no orçamento para o ano subsequente.

7 – As delegações devem apresentar ao conselho distrital respectivo, até 31 de Janeiro do ano seguinte, as contas do exercício anterior e, até 31 de Agosto, as suas propostas para inclusão no orçamento para o ano subsequente.

8 – As contas do exercício, logo que elaboradas pelo órgão competente, devem ser objecto de certificação legal por revisor oficial de contas ou sociedade de revisores oficiais de contas, a ser emitida no prazo de 30 dias.

Notas:

1. Corresponde, com reduzidas alterações, ao artigo 150.° do D. Lei 84/84.

2. A data para aprovação do orçamento no Conselho Geral foi antecipada de 30 de Novembro para 31 de Outubro, o que, dada a necessidade de consolidação das contas, forçou a que os Conselhos Distritais tenham de apresentar as suas propostas orçamentais de 31 de Outubro para 30 de Setembro e as Delegações de 30 de Setembro para 31 de Agosto.

3. Cfr. artigos 45.° alíneas q), r), s) e t), 50.° alíneas i) e l) e 60.° alíneas c) e d) todos do EOA.

ARTIGO 176.°
Processos na Ordem dos Advogados

Não dão lugar a custas ou imposto de justiça os processos que corram na Ordem dos Advogados.

Notas:

1. Desapareceu finalmente a referência ao papel selado, que ainda estava expressamente referido no ora revogado artigo 151.° n.° 2 do D. Lei 84/84.

2. A isenção de custas e imposto de justiça é corolário do reconhecimento do interesse público inerente às funções da Ordem do Advogados e à sua natureza de associação pública.

ARTIGO 177.°
Reuniões nas salas dos tribunais

Os órgãos da Ordem dos Advogados podem reunir-se, nas comarcas em que não tenham instalação própria, nas salas dos tribunais indicadas pelos respectivos juizes e a horas em que não prejudiquem os serviços judiciais.

Notas:

1. É pura transcrição do anterior artigo 152.° e traduz uma prática corrente que se revela de grande relevância para o funcionamento das Delegações nas Comarcas onde os respectivos Tribunais não dispõem de instalações próprias para os Advogados e para a Ordem, situação ainda frequente nos Tribunais mais antigos.

2. Presentemente, os novos Tribunais já são projectados com dotação de instalações próprias para os Advogados e para a Ordem, designadamente por força do disposto no artigo 116.° da L.O.F.T.J..

ARTIGO 178.°
Livros e impressos

Todos os livros e impressos destinados ao expediente dos serviços da Ordem dos Advogados devem ser conformes aos modelos aprovados pelo Conselho Geral.

Notas:

1. Corresponde sem alterações ao anterior artigo 153.° do D. Lei 84/84.

TÍTULO VI
Advogados, advogados estagiários e sociedades de advogados

CAPÍTULO I
Inscrição

ARTIGO 179.°
Inscrição na Ordem dos Advogados e domicílio profissional

1 – A inscrição deve ser feita no Conselho Geral bem como no conselho distrital da área do domicílio escolhido pelo requerente como centro da sua vida profissional.

2 – Todas as comunicações previstas neste Estatuto e nos regulamentos da Ordem dos Advogados devem ser feitas, salvo disposição expressa em contrário, para o domicílio profissional.

3 – O domicílio profissional do advogado estagiário é o do seu patrono.

Notas:

1. É através da inscrição na Ordem do Advogados que se adquire o estatuto e o título profissional de Advogado – Ver artigo 61.° n.° 1 do EOA e artigo 2.° n.° 2 do Regulamento 232/2007 de 4/9/07.

2. Para além das normas do presente Estatuto deve sobre esta matéria ter-se em conta o Regulamento de Inscrição de Advogados e Advogados Estagiários – Regulamento 232/2007, aprovado em sessão do Conselho Geral de 6 de Julho de 2007.

3. Quanto à inscrição em Portugal de Advogados da União Europeia, ver artigo 200.° do EOA.

4. A inscrição preparatória deve ser requerida nos Conselhos Distritais, cabendo ao Conselho Geral efectuar a inscrição definitiva – Ver artigo 182.° do EOA.

5. O domicílio profissional dos Advogados é aquele que foi escolhido como centro da sua vida profissional, que deve estar dotado de uma estrutura que assegure o cumprimento dos deveres deontológicos inerentes à prática profissional. Ver artigo 86.° alínea h) do EOA.

6. Quanto à obrigação de comunicação à Ordem dos Advogados das mudanças de domicílio profissional, ver artigo 86.° g) do EOA.

7. Decorre do n.° 3 deste artigo 179.° e ainda dos artigos 15.° a) e 22.° a) do Regulamento Geral da Formação que os Advogados Estagiários não podem ter domicílio profissional próprio durante o período do estágio, devendo exercer as práticas tuteladas da sua competência sob a orientação dos patronos e no domicílio profissional destes.

8. Sobre a inscrição de Advogados Estagiários, devem ainda ver-se os artigos 12.° a 20.° do Regulamento Geral da Formação e os artigos 8.° a 14.° do Regulamento Nacional de Estágio e os artigos 6.° e 7.° do Regulamento 232/07 de 4/9/07.

9. Por deliberação de 1 de Junho de 2005, o Conselho Geral da Ordem dos Advo-gados estabeleceu que não é devida a quota relativa ao mês em que ocorre a inscrição definitiva do pedido de inscrição como Advogado, bem como a do mês do levantamento da suspensão da inscrição nos casos previstos no artigo 11.° do Regulamento de Inscrição de Advogados e Advogados Estagiários. (Regulamento 29/2002).

10. Nos termos do artigo 199.° n.° 2 do C. P. Penal, a medida de coacção de suspensão de actividade profissional, "quando se referir a função pública, a profissão ou actividade cujo exercício dependa de um título público ou de uma autorização ou homologação da autoridade pública, ou ao exercício dos direitos previstos na alínea b)

do número anterior, a suspensão é comunicada à autoridade administrativa, civil ou judiciária normalmente competente para decretar a suspensão ou a interdição respectivas".

Esta norma, no tocante à Advocacia, respeita no domínio das competências a autonomia legal e a independência institucional da Ordem dos Advogados, embora, no seu exercício, a Ordem fique vinculada ao cumprimento da decisão judicial.

11. O tema da obrigatoriedade da inscrição foi abordada pelo I Congresso Internacional dos Advogados de Língua Portuguesa, realizado em Março de 2010, onde foi invocada a existência de ataques recentes em alguns países da América Latina e na Europa ditados por razões políticas e económicas ou motivadas, tendo-se concluído ser dever dos Advogados a defesa do princípio da inscrição obrigatória como forma de garantia da sua união, organização e independência. Vide Conclusões da 3.ª Sessão Plenária in www.oa.pt.

ARTIGO 180.°
Cédula profissional

1 – A cada advogado ou advogado estagiário inscrito é entregue a respectiva cédula profissional, a qual serve de prova da inscrição na Ordem dos Advogados.

2 – Compete ao Conselho Geral definir, por regulamento, as características das cédulas profissionais, incluindo o respectivo prazo de validade e o modelo a que devem obedecer, bem como outros elementos que possa considerar adequados para a identificação dos advogados e advogados estagiários.

3 – O advogado ou advogado estagiário no exercício das respectivas funções deve obrigatoriamente fazer prova da sua inscrição através de cédula profissional válida, a ser exibida ou junta por fotocópia, consoante os casos, ou através de outro elemento de identificação adequado, para tanto aprovado pelo Conselho Geral.

4 – O advogado suspenso ou com a inscrição cancelada deve restituir a cédula profissional ao conselho distrital em que esteja inscrito e, se o não fizer no prazo de 15 dias, pode a Ordem dos Advogados proceder à respectiva apreensão judicial.

5 – Pela expedição de cada cédula profissional, é cobrada pelos conselhos distritais a quantia fixada pelo Conselho Geral, que constitui receita da Ordem dos Advogados.

6 – Às reinscrições correspondem novas cédulas.

Notas:

1. Ainda sobre a emissão e entrega das cédulas profissionais e procedimentos a adoptar em caso de perda, extravio ou inutilização, veja-se o artigos 39.° a 41.° do Regulamento de Inscrições de Advogados e Advogados Estagiários. – Regulamento 232/07 de 4/9/07.

2. Sobre a tabela de emolumentos e preços praticados pela Ordem dos Advogados, ver a Deliberação 769/2004, publicada na II Série do DR de 1 de Junho de 2004.

3. Veja-se o artigo 14.° do Regulamento Nacional de Estágio.

ARTIGO 181.°
Restrições ao direito de inscrição

1 – Não podem ser inscritos:

a) Os que não possuam idoneidade moral para o exercício da profissão;

b) Os que não estejam no pleno gozo dos direitos civis;

c) Os declarados incapazes de administrar as suas pessoas e bens por sentença transitada em julgado;

d) Os que estejam em situação de incompatibilidade ou inibição do exercício da advocacia;

e) Os magistrados e funcionários que, mediante processo disciplinar, hajam sido demitidos, aposentados ou colocados na inactividade por falta de idoneidade moral.

2 – O disposto na alínea d) do número anterior não prejudica a possibilidade de inscrição de candidatos cujas condições realizem o estabelecido no n.° 3 do artigo 77.°.

3 – Para os efeitos da alínea a) do n.° 1, presumem-se não idóneos para o exercício da profissão, designadamente, os condenados por qualquer crime gravemente desonroso.

4 – Aos advogados e advogados estagiários que se encontrem em qualquer das situações enumeradas no número anterior é suspensa ou cancelada a inscrição.

5 – A verificação de falta de idoneidade moral é sempre objecto de processo próprio, que segue os termos do processo disciplinar, com as necessárias adaptações, tendo lugar audiência pública quando requerida pelo interessado.

6 – A declaração de falta de idoneidade moral só pode ser proferida mediante decisão que obtenha dois terços dos votos de todos os membros do conselho competente.

7 – Os condenados criminalmente que tenham obtido o cancelamento do registo criminal podem, decorridos 10 anos sobre a data da condenação, solicitar a sua inscrição, sobre a qual decide, com recurso para o Conselho Superior, o competente conselho distrital.

8 – Para efeitos do número anterior, o pedido só é de deferir quando, mediante inquérito prévio, com audiência do requerente, se comprove a manifesta dignidade do seu comportamento nos últimos três anos e se alcance a convicção da sua completa recuperação moral.

Notas:

1. Neste artigo são tratadas as causas de incapacidade para o exercício da profissão (alíneas a), b), c) do n.° 1) e as situações de incompatibilidade ou inibição da actividade profissional (alíneas d) e e) do n.° 1), como factores que restringem o direito à inscrição, impedindo-a originária ou supervenientemente.

2. Sobre o processo de averiguação de idoneidade moral para o exercício da profissão, veja-se as anotações aos artigos 171.° a 173.° deste EOA.

3. Não se traduzindo concretamente em restrições ao direito à inscrição, mas traduzindo limitações materiais ao pleno exercício da profissão, deve recordar-se o que decorre do artigo 189.° do EOA sobre a competência dos Advogados Estagiários.

4. Sobre as alíneas b) e c), cfr. artigos 138.° a 151.° do C. Civil (interdições) e artigos 152.° a 156.° (inabilitações).

5. Quanto às incompatibilidades ou impedimentos absolutos, que não devem ser confundidas com incapacidades pessoais, veja-se os artigos 76.° e 77.° deste EOA.

6. Com a inscrição definitiva como Advogado(a) Estagiário(a), a Ordem dos Advogados confere a expectativa jurídica legítima de que a inscrição definitiva como Advogado(a) será alcançada desde que venham a ser cumpridas as exigências legais e regulamentares impostas durante o período de estagio no domínio da formação e avaliação final. Assim, dada a manifesta dependência procedimental entre os actos de inscrição como Advogado Estagiário e Advogado, não pode a Ordem dos Advogados, sob pena de violação de legítimas expectativas adquiridas, vedar o acesso à profissão, indeferindo o pedido de inscrição definitiva como Advogado(a), com base em incompatibilidade legal superveniente, ou seja, inexistente à data do deferimento da inscrição como Advogado(a) Estagiário(a). Esta conclusão decorre ainda dos princípios da não retroactividade dos efeitos da lei nova e da boa fé que deve pautar a actividade administrativa. Cfr. artigo 81.° do EOA.

ARTIGO 182.°
Inscrições preparatórias e nos quadros da Ordem dos Advogados

1 – A inscrição rege-se pelo presente Estatuto e respectivos regulamentos e é requerida ao conselho distrital em que o advogado ou o advogado estagiário pretenda ter o domicílio para o exercício da profissão ou para fazer estágio.

2 – O requerimento deve ser acompanhado de certidão do registo de nascimento, carta de licenciatura, em original ou pública-forma ou, na falta de carta, documento comprovativo de que ela já foi requerida e está em condições de ser expedida, certificado do registo criminal e boletins preenchidos nos termos regulamentares, assinados pelos interessados e acompanhados de três fotografias.

3 – Para a inscrição como advogado é dispensada a carta de licenciatura ou documento que a substitua quando a mesma já conste dos arquivos da Ordem dos Advogados.

4 – No requerimento pode o interessado indicar, para uso no exercício da profissão, nome abreviado, que não é admitido se susceptível de provocar confusão com outro anteriormente requerido ou inscrito, excepto se o possuidor deste com isso tenha concordado.

5 – No caso de recusa de inscrição preparatória, pode o interessado recorrer para o Conselho Geral, e no de recusa de inscrição no quadro da Ordem dos Advogados, cabe recurso para o Conselho Superior.

Notas:

1. Esta matéria está também disciplinada nos artigos 10.° e 11.° do Regulamento de Inscrição de Advogados e Advogados Estagiários. – Regulamento 232/07 de 4/9/07.

2. Tem sido prática corrente, tendo em vista evitar-se demoras desnecessárias nos processos de inscrição, delegar o Conselho Geral as suas competências em vogais com domicílio profissional na área dos Conselhos Distritais, a fim de aí praticarem os actos de inscrição definitiva.

3. Quanto ao recurso hierárquico previsto no n.° 5 deste artigo 182.°, veja-se o artigo 6.° n.os 1 e 2 do EOA.

ARTIGO 183.°
Exercício da advocacia por não inscritos

1 – Os que transgredirem o preceituado no n.° 1 do artigo 61.° são, salvo nomeação judicial e sem prejuízo das disposições penais aplicáveis, excluídos do processo por despacho do juiz ou do tribunal, proferido oficiosamente, mediante reclamação apresentada pelos conselhos ou delegações da Ordem dos Advogados ou a requerimento dos interessados.

2 – Deve o juiz, no seu prudente arbítrio, acautelar no seu despacho dano irreparável dos legítimos interesses das partes.

3 – O transgressor é inibido de continuar a intervir na lide e, desde logo, o juiz nomeia advogado oficioso que represente os interessados, até que estes provejam dentro do prazo que lhes for concedido sob pena de, findo o prazo, cessar de pleno direito a nomeação, suspendendo-se a instância ou seguindo a causa à revelia.

Notas:

1. Esta norma aborda a situação do exercício ilegal de profissão, a que corresponde o crime de procuradoria ilícita previsto no artigo 7.° da Lei 49/2004 de 24 de Agosto.

2. Cfr. anotações 8 e 15 a 25 ao artigo 61.° do EOA.

3. Diferente do exercício ilegal de profissão é o mero exercício irregular da actividade por Advogado ou Advogado Estagiário, tratado nos artigos 110.° e 116.° do EOA.

4. Quanto à disciplina processual do exercício ilegal e irregular do patrocínio, cfr. artigo 40.° do C. P. Civil.

CAPÍTULO II
Estágio

ARTIGO 184.°
Objectivos do estágio e sua orientação

1 – O pleno e autónomo exercício da advocacia depende de um tirocínio sob orientação da Ordem dos Advogados, destinado a habilitar e certificar publicamente que o candidato, licenciado em Direito, obteve formação técnico-profissional e deontológica adequada ao início da activi-

dade e cumpriu com os demais requisitos impostos pelo presente Estatuto e regulamentos para a aquisição do título de Advogado.

2 – O acesso ao estágio, o ensino dos conhecimentos de natureza técnico-profissional e deontológica e o inerente sistema de avaliação são assegurados pelos serviços de estágio da Ordem dos Advogados, nos termos dos regulamentos aprovados em Conselho Geral.

Notas:

1. No que diz respeito à formação e ao estágio em particular, o actual Estatuto enveredou por uma solução claramente distinta da que fora acolhida no revogado D. Lei 84/84. Na verdade, em vez de se proceder a uma exaustiva regulação do modelo de estágio e dos procedimentos do processo formativo e de avaliação, optou-se pela definição geral dos princípios estruturantes, permitindo-se à Ordem dos Advogados, através do seu poder regulamentar, a criação da formatação mais adequada à plena realização desses princípios.

2. Embora já fosse uma realidade desde a entrada em vigor do Regulamento Geral da Formação, aprovado em 25 de Julho de 2002, definir sem hesitações que o processo de estágio decorre todo ele sob a orientação da Ordem dos Advogados e que através dele se pretende a certificação pública de aquisição de uma formação técnica e deontológica indispensável à atribuição do título de Advogado, o que implica a existência de uma avaliação final.

3. Quanto aos objectivos da formação, definição da formação inerente ao estágio e da formação contínua e, no âmbito do estágio, aos conceitos da formação inicial e da formação complementar, cfr. artigos 1.°, 2.° e 3.° do RGF. (revogado)

4. Sobre o poder regulamentar da Ordem neste domínio, ver artigos 45.° 1. g) e 188.° n.° 6 do EOA.

5. Cfr. ainda o artigo 50.° n.° 1 alínea h) quanto às responsabilidades dos Conselhos Distritais na promoção das acções de formação inicial e contínua, as quais vêm sendo desenvolvidas através dos centros distritais de estágio e dos centros de estudos.

6. Os agrupamentos de delegações, as delegações e os delegados possuem também competências no área da formação, com especial relevância na formação contínua. Vide artigo 60.° n.° 1, b) e n.° 2, e) do EOA.

7. Os Centros de Estudos, que se encontravam previstos nos artigos 146.° a 148.° do D. Lei 84/84, desapareceram no actual quadro orgânico do EOA, mas subsistiram actuantes e em funções tendo em conta o que sobre eles foi regulamentado no artigos 10.°, 11.°, 59.° e 60.° do RGF (revogado) onde foram considerados essenciais na criação de uma rede de formação contínua à escala nacional.

8. A formação contínua assume no actual EOA um dever específico dos Advogados perante a Ordem dos Advogados. Vide artigo 86.° h) do EOA.

9. A formação é hoje um objectivo comum de todos os Estados-Membros da EU, constando do ponto 5.8 do C.D.A.E que "Os Advogados devem actualizar e

melhorar o seu nível de conhecimento e das sua competências profissionais, tendo em consideração a dimensão Europeia da sua profissão."

10. No cumprimento deste objectivo do CD do CCBE, o Conselho Distrital do Porto, nos triénios de 1993/1995 e 1996/1998, promoveu no âmbito de protocolo com o Colegio de Abogados de Pontevedra e com o Consello de Abogacia Galega uma política concreta de permuta de estágios, o que permitiu que diversos jovens Advogados portugueses tivessem tido a oportunidade de se deslocar à Galiza para curtos períodos de estágio e, reciprocamente, que jovens Advogados Galegos tivessem passado por alguns dos mais prestigiados escritórios do Porto, experiência que se revelou muito positiva e que deve ser incentivada, política que, infelizmente, não teve sequência.

11. O Regulamento Geral da Formação, aprovado em 25 de Julho de 2002, foi revogado pelo Regulamento Nacional de Estágio (Regulamento 52/A/2005), aprovado em Conselho Geral de15 de Julho de 2005, publicado no DR, 2.ª Série, n.º 146, de 1 de Agosto de 2005, mas este novo Regulamento apenas se aplica aos cursos de estágio iniciados após a data da sua publicação, isto é, a partir dos cursos iniciados em 14 de Outubro de 2005.

12. Sem prejuízo do anotado em 11. o R.N.E. contem um conjunto de normas transitórias destinadas a fixar o momento a eventual aplicabilidade da nova regulamentação aos Advogados Estagiários cujo estágio se rege pelo R.G.F., quer por via de opção, quer em virtude de incidências do processo de formação.

13. O R.N.E. (Regulamento n.º 52/A/2005) foi objecto de rectificação quanto ao n.º 2 do artigo 45.º – Rectificação n.º 1379/2005 in DR 2.ª Série de 17 de Agosto.

14. Veja-se a anotação 8. ao artigo 188.º do EOA.

15. Deve a ordem dos Advogados:

a) continuar a garantir, sob a sua directa responsabilidade e direcção, a formação inicial e complementar dos Advogados Estagiários;

b) continuar a garantir essa formação através de uma estrutura nacional dependente do Conselho Geral e com uma programação nacional desenvolvida por forma descentralizada, respeitando o princípio de igualdade dos Advogados Estagiários em relação às suas expectativas no acesso à profissão;

c) pugnar para que o Estado assuma, de forma estável e duradoura, uma política efectiva de apoio à formação por emanação do reconhecimento do interesse público da profissão. Conclusão 30.ª (2.ª Secção) aprovada no VI Congresso dos Advogados Portugueses (2005).

16. Deve o processo de avaliação do Estágio, como condição de ingresso na profissão, ser justo, rigoroso e proporcionado aos serviços de formação disponibilizados pela Ordem dos Advogados, com base num modelo de avaliação contínua onde se inclua um exame final com prova escrita e oral, devendo esta avaliação permitir a apreciação do mérito relativo dos avaliandos evidenciado ao longo do seu processo formativo, e a eliminação de quem não satisfaça os padrões mínimos de qualidade técnica e deontológica exigíveis para o início do pleno desempenho da profissão. Conclusão 31.ª (2.ª Secção) aprovada no VI Congresso dos Advogados Portugueses (2005).

17. O Regulamento Nacional de Estágio foi objecto de alterações, estando o seu actual texto após republicação, editado neste Estatuto Comentado e Anotado (vide – Regulamento 4.6.).

18. As alterações referidas na anotação anterior resultaram da necessidade sentida no Conselho Geral em adaptar a regulamentação de estágio à reforma do Processo de Bolonha, já que, até à data desta 4.ª Edição deste EOA anotado e comentado, não logrou ainda a Ordem dos Advogados garantir, com idêntico propósito, o texto estatutário. Assim, o estágio passou a ter a duração de 30 meses, embora este prazo possa ser encurtado para 24 meses em relação aos advogados estagiários que façam prova documental de terem obtido a sua licenciatura ao longo de 5 anos lectivos de formação e de que o grau de licenciado foi conferido ao abrigo da organização de estudos anteriores ao estabelecido pelo Decreto-Lei 75/2006 de 24 de Março. Vide artigos 2.°, 31.° n.° 3 do RNE.

19. Quanto às novas regras de acesso ao estágio impostas pelo Conselho Geral da Ordem dos Advogados no âmbito das alterações ao Regulamento Nacional de Estágio introduzidas pelo Regulamento n.° 3333-A/2009, veja-se as anotações 2, 3 e 4 ao artigo 187.° deste EOA.

20. Aplaude-se a conclusão extraída pela 2.ª Sessão Plenária do I Congresso Internacional dos Advogados de Língua Portuguesa, realizado em Lisboa em Março de 2010, tomada sem votos contra, no sentido de estimular a criação de escolas de Advocacia como instrumento de qualificação profissional, recomendando-se cursos sobre ética, deontologia profissional e prerrogativas dos Advogados. Ver para maior desenvolvimento o Portal da OA – www.oa.pt.

ARTIGO 185.°
Patronos e requisitos para aceitação do tirocínio

1 – Os patronos desempenham um papel fundamental ao longo de todo o período de estágio, sendo a sua função iniciar e preparar os estagiários para o exercício pleno da advocacia.

2 – Só podem aceitar a direcção do estágio, como patronos, os advogados com, pelo menos, cinco anos de exercício efectivo de profissão, sem punição disciplinar superior à de multa.

Notas:

1. O papel central e fundamental dos patronos tradicionais no processo de estágio é aqui afirmado categoricamente, na senda do que já resulta do artigo 86.° f) do EOA e se encontra estabelecido nos artigos 21.° a 23.° do RGF e, agora, dos artigos 15.° a 17.° do R.N.E.

2. O disposto n.° 2 deste artigo 185.° já constava do artigo 21.° n.° 3 do RGF.

3. Quanto às intervenções concretas dos patronos tradicionais no processo de

estágio, cfr. ainda os artigos 188.° n.° 4 do EOA e 33.°, 34.°, 41.° n.° 3 e 43.° do RGF e, agora, artigos 16.°, 18.° n.° 1, 25.° e 30.° do R.N.E.

ARTIGO 186.°
Aplicabilidade do Estatuto

Os advogados estagiários ficam, desde a sua inscrição, obrigados ao cumprimento do presente Estatuto e demais regulamentos.

Notas:

1. Já assim decorria do revogado artigo 159.° n.° 1 do D. Lei 84/84.

2. Têm os Advogados Estagiários acrescidamente deveres específicos em função da sua qualidade, como resultava dos artigos 15.° e 41.° do RGF e agora dos artigos 9.° e 29.° do R.N.E.

ARTIGO 187.°
Inscrição

Podem requerer a sua inscrição como advogados estagiários os licenciados em Direito por cursos universitários nacionais ou estrangeiros oficialmente reconhecidos ou equiparados.

Notas:

1. Condensa numa só norma o que antes decorria dos n.os 1 e 2 do artigo 161.° do D. Lei 84/84. Qualquer licenciado em Direito possuidor de título académico português ou estrangeiro, oficialmente reconhecido ou equiparado, pode inscrever-se na Ordem dos Advogados Portugueses para aqui iniciar o seu estágio e para obtenção, a final, do título e estatuto pleno de Advogado ao abrigo da lei portuguesa.

2. Este preceito legal foi claramente violado pela Deliberação do Conselho Geral n.° 3333/2009, de 10 de Dezembro, que introduziu alterações ao Regulamento Nacional de Estágio n.° 52-A/2005 de 1 de Agosto de 2005, ao limitar a inscrição aos candidatos que obtiveram a licenciatura ou a respectiva equivalência após o acolhimento do processo de Bolonha à aprovação de em exame constituído por uma uma única prova escrita de acesso ao estágio, exame de que estão dispensados os que tenham concluído o grau de mestre. Esta limitação é assim inválida, porquanto decorre de disposições regulamentares "contra legem", sendo consequentemente nulas, para além de inconstitucionalidades.

3. Idêntica posição quanto à verificação da nulidade das normas regulamentares que vieram limitar os pressuposto legais de acesso à profissão, é perfilhada pelo

Sr. Dr. Orlando Guedes da Costa em nota de rodapé inserida a fls 82 da sua obra de Direito Profissional do Advogado – 7.ª Edição.

4. A questão abordada nas anotações 2. e 3. do presente artigo foi já apreciada em sede judicial, sendo pelo menos conhecida, à data em que as mesma foram produzidas, a sentença proferida pelo Tribunal Administrativo e Fiscal de Lisboa – Proc. 521/10.7ELSB, a 2.ª Uinidade Orgânica, em sede do pedido de intimação para a protecção de direitos, liberdades e garantias, a qual condenou a Ordem dos Advogados Portugueses a inscrever as AA como advogadas estagiárias e a iniciar o seu estágio sem dependência do exame de acesso ao estágio, que se realizou, pela 1.ª vez, a 30 de Março de 2010, por entender que tal existência, fundada no artigo 9.°-A do Citado Regulamento, viola os artigos 187.° e 188.° do EOA e os artigos 18.°, 112.° n.° 6, 47.° n.° 1 e 13.° da CFRP.

ARTIGO 188.°
Duração do estágio, suas fases e exame final

1 – O estágio tem a duração global mínima de dois anos e tem início, pelo menos, duas vezes em cada ano civil, em datas a fixar pelo Conselho Geral.

2 – A primeira fase do estágio, com a duração mínima de seis meses, destina-se a fornecer aos estagiários os conhecimentos técnico-profissionais e deontológicos fundamentais e a habilitá-los para a prática de actos próprios de profissão de competência limitada e tutelada, após aprovação nas respectivas provas de aferição daqueles conhecimentos.

3 – Com a aprovação nas provas de aferição e subsequente passagem à segunda fase do estágio, são emitidas e entregues aos advogados estagiários as respectivas cédulas profissionais.

4 – A segunda fase do estágio visa uma formação alargada, complementar e progressiva dos advogados estagiários através da vivência da profissão, baseada no relacionamento com os patronos tradicionais, intervenções judiciais em práticas tuteladas, contactos com a vida judiciária e demais serviços relacionados com a actividade profissional, assim como o aprofundamento dos conhecimentos técnicos e apuramento da consciência deontológica mediante a frequência de acções de formação temática e participação no regime do acesso ao direito e à justiça no quadro legal vigente.

5 – O estágio termina com uma avaliação individualizada do respectivo processo de formação, dependendo a atribuição do título de advogado de aprovação em exame nacional de avaliação e agregação.

6 – O Conselho Geral regulamenta o modelo concreto de formação inicial e complementar durante o estágio, estrutura orgânica dos serviços

de formação e respectivas competências, sistema de avaliação contínua, regime de acolhimento e integração no modelo de estágio de formação externa facultada por outras instituições e a organização e realização dos exames finais de avaliação e agregação.

Notas:

1. Na sequência da expurgação do texto estatutário de toda a matéria de natureza regulamentar referente à formação, quedaram-se no actual artigo 188.° alguns aspectos essenciais que assim consolidam o que no seio da Ordem dos Advogados vem sendo prosseguido na área da formação e que, além disso, dão satisfação ao que foi objecto de consagração no V Congresso dos Advogados Portugueses, realizado em Maio de 2000, em Lisboa.

2. O alargamento do período de duração do estágio de 18 meses para 2 anos foi aprovado como recomendação no aludido Congresso (conclusão n.° 129).

3. Esta nova realidade, quanto à duração do estágio, permitirá à Ordem uma maior capacidade de adequação do estágio às soluções finais que vierem a resultar do processo de reforma do ensino superior à luz dos princípios da Declaração de Bolonha, em cujo processo negocial tem a Ordem dos Advogados entendido que não poderá dispensar-se, no acesso à profissão, um mínimo global de 6 anos de formação, incluindo um estágio específico, de natureza profissional e por si orientado e avaliado, traduzido em práticas tuteladas de actos próprios da profissão.

4. Deve ainda realçar-se que no Congresso de Maio de 2000 foi aprovada a recomendação de criação de um instituto para a formação, apoiado pelo Estado, com capacidade para avaliar candidatos à advocacia, mediante provas de agregação a realizar segundo critérios uniformes em todo o país, orientação que o Regulamento Geral de Formação claramente procurou respeitar ao criar como nova estrutura nacional a Comissão Nacional de Formação, cuja composição e funções fazem antever a criação futura de um instituto autónomo, e ainda os exames nacionais de agregação e avaliação, à escala nacional, que se realizaram pela primeira vez em Julho de 2004. Cfr. artigos 6.° a 9.° e 46.° a 58.° do RGF, bem como o Regulamento da Comissão Nacional de Avaliação – Regulamento 37/2003 de 7 de Agosto de 2003.

5. Com o alargamento do período do estágio permite-se igualmente um maior investimento curricular nos cursos de estágio da primeira fase de formação inicial, que assim passam de três para seis meses, dando satisfação a uma sentida necessidade de inclusão nesses cursos de outras matérias para além da deontologia profissional e das práticas processuais cível e penal, e de um maior aprofundamento no estudo destas.

6. No n.° 4 deste artigo 188.°, acentua-se a relevância da formação prática tutelada na segunda fase de formação complementar.

7. Cfr. sobre o teor do n.° 6, o artigo 184.° n.° 2 do EOA.

8. O processo de formação, agora ao longo de dois anos, foi já objecto de reforma, através do Regulamento Nacional de Estágio (Regulamento 52/A/2005)

publicado no DR 2.ª Série de 1 de Agosto de 2005, tendo por finalidade a introdução das seguintes alterações estruturais:

a) A existência obrigatória de duas provas finais, escrita e oral, nos exames finais de avaliação e agregação, assim eliminando a possibilidade de dispensa da prova oral;

b) O reforço do papel dos patronos tradicionais, com eliminação, na prática, da figura dos patronos formadores,o que equivale à destruição das práticas tuteladas sob a orientação das estruturas de formação da Ordem;

c) O abandono da política de tutela pela Ordem da formação complementar, com acolhimento dum princípio da facultatividade pura na participação de acções de formação inicial e complementar temática, interna ou externa;

d) Dependência exclusiva do acesso a exame final do relatório favorável do Patrono tradicional e da mera averiguação do cumprimento dos pressupostos administrativos impostos pelo regulamento;

e) Reforço no processo de estágio da formação "on line" ou formação à distância.

9. Veja-se quanto à aplicação no tempo do R.N.E. – Regulamento 52/A/2005 – e a sua Rectificação, e as anotações 11. 12. e 13. ao artigo 184.° do EOA.

10. O estágio passou a ter a duração de 30 meses, embora este prazo possa ser encurtado para 24 meses em relação aos advogados estagiários que façam prova documental de terem obtido a sua licenciatura ao longo de 5 anos lectivos de formação e de que o grau de licenciado foi conferido ao abrigo da organização de estudos anteriores ao estabelecido pelo Decreto-Lei 75/2006 de 24 de Março. Vide artigos 2.°, 31.° n.° 3 do RNE. Esta alteração resultou da entrada em vigor do Plano de Acção do Processo de Bolonha. Cfr. anotação 3 deste artigo e anotações 17 e 18 ao artigo 184.°.

ARTIGO 189.°
Competência dos advogados estagiários

1 – Uma vez obtida a cédula profissional como advogado estagiário, este pode autonomamente, mas sempre sob orientação do patrono, praticar os seguintes actos profissionais:

a) Todos os actos da competência dos solicitadores;

b) Exercer a advocacia em processos penais da competência de tribunal singular e em processos não penais quando o respectivo valor caiba na alçada da primeira instância;

c) Exercer a advocacia em processo da competência dos tribunais de menores e em processos de divórcio por mútuo consentimento;

d) Exercer a consulta jurídica.

2 – Pode ainda o advogado estagiário praticar actos próprios da advocacia em todos os demais processos, independentemente da sua natu-

reza e do seu valor, desde que efectivamente acompanhado de advogado que assegure a tutela do seu tirocínio, seja o seu patrono ou o seu patrono formador.

3 – O advogado estagiário deve indicar, em qualquer acto em que intervenha, apenas e sempre esta sua qualidade profissional.

Notas:

1. Como a cédula profissional apenas é entregue aos Advogados Estagiários com a sua passagem à segunda fase do estágio, ou seja, no início da sua formação complementar, como resulta do disposto no n.° 3 do artigo 188.°, conclui-se que, ao contrário do que sucedia no regime anterior (cfr. artigo 164.° n.° 1 do D. Lei 84/84), os Advogados Estagiários só podem praticar actos próprios de advocacia, seja autonomamente mas sob a orientação dos patronos, seja acompanhado pelos patronos ou patronos formadores, na segunda fase de estágio, estando assim impedidos de o fazer na 1.ª fase mesmo em patrocínio em causa própria ou do seu cônjuge, ascendentes ou descendentes.

2. De acordo com o artigo 16.° do C.P.P, são da competência do tribunal singular os processos em que esteja em causa a aplicação da pena máxima de 5 anos.

3. Quanto às alçadas em matéria cível, consultar artigo 24.° da LOFTJ.

4. A possibilidade de os Advogados Estagiários poderem, a partir de agora, patrocinar acompanhados do seu patrono ou patrono formador, em qualquer processo, independentemente da sua natureza ou valor, constitui um passo muito relevante no reforço da formação em prática tutelada, ao mesmo tempo que aprofunda e dignifica a relação entre o Advogado Estagiário e o seu Patrono. As intervenções em processos judiciais, que constituem uma das vertentes essenciais da formação complementar do estágio, podem assim ser asseguradas com maior facilidade e aproveitamento, já que deixam de ficar excessivamente dependentes da participação no regime do apoio judiciário.

5. Quanto às competências dos Advogados Estagiários no regime de protecção jurídica, ver a Lei 34/2004 de 29 de Julho e legislação complementar.

6. Para além das competências previstas neste artigo 189.° deve ainda ter-se em conta que os Advogados Estagiários podem fazer requerimentos em que se não levantem questões de direito, ainda que em processos em que seja obrigatória a constituição de Advogado, como resulta do artigo 32.° n.° 2 do C. P. Civil.

7. Pelo Acórdão de 08/05/03 proferido em sede de recurso no processo 99/02 do Tribunal da Figueira da Foz, o STJ decidiu que " pode ser nomeado, como defensor em processo crime da competência do tribunal colectivo, um advogado estagiário, não obstante o disposto no artigo 164.° do EOA, quanto à competência dos advogados estagiários, disposição que não pretendeu tomar posição sobre a questão de saber quem pode ser nomeado defensor num processo crime, mas sim estabelecer, à luz das disposições estatutárias, a competência própria dos advogados estagiários".

8. Fazendo prevalecer o interesse do patrocinado e o da boa administração da justiça, deve também defender-se que o patrocínio em processo crime por Advogado

Estagiário, em processo da competência do Tribunal singular, deve manter-se e prosseguir em caso de recurso.

9. Deve articular-se a área da formação com a do acesso ao direito; O apoio judiciário não deve servir de cobaia para os estagiários mas estes não podem ser afastados de todas as suas fases – inclusive o patrocínio e a defesa oficiosa.

Os advogados estagiários devem poder prestar os serviços para que estejam preparados, com especial acompanhamento do patrono tradicional – ou do patrono formador. Conclusões 19.ª e 20.ª (2.ª Secção) aprovadas no VI Congresso dos Advogados Portugueses (2005).

10. Por deliberação de 6/1/2006, o Conselho Geral homologou o seguinte Parecer da C.N.E.F. sobre a interpretação do art. 189.° n.° 2:

É entendimento da CNEF que o art. 189/2 do EOA deverá ser interpretado no sentido de que a prática de actos próprios de advogado pelo advogado estagiário nos processos a que se reporta aquele normativo:

1. está condicionada ao efectivo acompanhamento pelo patrono ou patrono formador que assegura a tutela do tirocínio do advogado estagiário,

2. que a tutela do tirocínio implica:

2.1 – que o mandato judicial seja conferido conjuntamente ao advogado estagiário e patrono ou patrono formador; e

2.2 – que todas as peças processuais em que se coloquem questões de direito sejam subscritas por ambos, devendo ainda o patrono ou patrono formador estar presente em todas as diligências orais a que haja lugar.

11. Não obstante pelo artigo 41.° da Lei do Acesso ao Direito os Advogados Estagiários possam ter intervenção no apoio judiciário em processo penal, o Regulamento n.° 330-A/2008 de 24 de Junho, relativo à Organização e Funcionamento do Sistema de Acesso ao Direito e aos Tribunais na Ordem dos Advogados veio limitar a competência própria dos Advogados Estagiários à consulta jurídica, excluindo-os em geral da intervenção no patrocínio judiciário oficioso no âmbito do apoio judiciário, política que vem ao arrepio do assinalável esforço que a Ordem vem desenvolvendo ao longo das duas útimas décadas na formação inicial e complementar e na dignificação do papel dos Advogados Estagiários no acesso ao Direito apostando-se numa linha de formação em prática e de responsabilização que se torna agora mais difícil gartantir sem o concurso do apoio judiciário tutelado, agravando-se o prejuízo no mesmo sentido que já adviera da supressão do programa dos patronos-formadores.

12. O Dr. Orlando Guedes da Costa, em notas já distribuídas e que seguramente farão parte da 7.ª edição da sua obra "Direito Profissional do Advogado", toma posição lúcida e firme, com a qual concordamos inteiramente, contra a exclusão dos Advogados Estagiários do apoio judiciário, rebatendo a invocada inconstitucionalidade da intervenção destes em tal regime, defendida pelo Sr. Prof. Vital Moreira no parecer que emitiu a pedido do Sr. Bastonário Marinho e Pinto para fundamentar as soluções introduzidas no supra referido Regulamento 330-A/2008 de 24 de Junho. Nessas notas, o Colega Dr. Orlando Guedes da Costa qualifica este

Regulamento de ilegal por violação dos artigos 30.°, 41.° e 44.° da Lei 472007 de 28 de Agosto, assim como de toda a tradição legislativa anterior, apoiada nos sucessivos diplomas legais que foram disciplinando o regime do apoio judiciário por insuficiência económica.

13. A competência limitada nos termos da alínea b) do artigo 189.° deve ser conjugada com as leis do processo, já que nesta ocorrem entorses que devem ser atendidas para uma correcta definição da competência dos Advogados Estagiários da 2.ª Fase. Assim, ao abrigo do artigo 60.° n.° 3 do C. P. Civil, os Advogados Estagiários têm competência para requerer acções executivas de valor superior ao da alçada dos tribunais de 1.ª Instância excepto quando tal valor seja superior ao da alçada do Tribunal da Relação, quando nelas ocorra algum procedimento que siga a forma declarativa ou em caso de reclamações de créditos de valor superior ao da alçada da 1.ª Instância. Também deve considerar-se possuírem os Advogados Estagiários competência própria para injunções de qualquer valor, salvo quando haja oposição e, nos termos desta, o processo venha a ser distribuído com valor superior ao da alçada da 1.ª Instância. Assim deve ser interpretado o artigo 10.° n.os 5 e 6 do D. Lei 269/98 de 1 de Setembro.

CAPÍTULO III
Formação contínua

ARTIGO 190.°
Objectivos

A formação contínua constitui um dever de todos os advogados, sendo da responsabilidade da Ordem dos Advogados a organização dos serviços de formação destinados a garantir uma constante actualização dos seus conhecimentos técnico-jurídicos, dos princípios deontológicos e dos pressupostos do exercício da actividade, incidindo predominantemente sobre temas suscitados pelo desenvolvimento das ciências jurídicas, dos avanços tecnológicos e pela evolução da sociedade civil.

Notas:

1. Quanto a tratar-se de um dever deontológico, cfr. artigo 86.° i) do EOA.
2. Sobre a estrutura orgânica dos serviços da Ordem com vista a uma oferta aos Advogados de um programa nacional de formação contínua, ver artigos 59.° e 60.° do RGF.
3. A definição utilizada na norma sobre a formação contínua ou permanente, constava já do artigo 2.° n.° 2 do RGF, revogado pelo R.N.E.

4. O actual EOA, ao consagrar o princípio da obrigatoriedade da formação contínua, segue o caminho desde há muito trilhado por outros ordenamentos deontológicos europeus nesta área, embora em poucos países da UE existam regulamentos rigorosos que assegurem o cumprimento dessa obrigação. No triénio de 2002/2004, foi aprovado no seio da CNF um regulamento de formação contínua que, todavia, não foi nesse mandato ratificado em Conselho Geral por inexistência da norma habilitante que só agora surge com a aprovação do presente EOA.

5. Desde Janeiro de 2005 todos os advogados franceses devem, por determinação legal, efectuar um mínimo de 20 horas de formação por ano ou 40 horas em dois anos sobre certas áreas essenciais para a advocacia. – Vide Bulletin du Barreau de Paris, n.° 10, pág. 75.

6. Cfr. ponto 5.8. do C.D.A.E..

ARTIGO 191.°
Regulamentação

1 – O Conselho Geral regulamenta a organização dos serviços de formação contínua a nível nacional que garantam o cumprimento do dever referido no artigo anterior, assegurando uma efectiva coordenação das iniciativas dos centros de estudos e dos serviços de formação dos diversos centros distritais de estágio e delegações comarcãs que se constituam como pólos de formação permanente.

2 – Na elaboração dos programas de formação contínua podem ser prosseguidas parcerias e formas de colaboração e participação com outras entidades ou instituições.

Notas:

1. A abertura da formação contínua ou permanente a outras entidades e instituições já desde há muito vem sendo praticada pela Ordem dos Advogados, com especial intensidade com as Universidades e com o Centro de Estudos Judiciários. Aliás, tal tipo de cooperação tem mesmo sido um dos toques da reforma do estágio, operada em 2002 permitindo-se a creditação de acções de formação temática externa com vista à aquisição de créditos para o processo formativo e para efeitos de avaliação – Cfr. artigos 40.° b), 41.° d) do RGF e 9.° e 10.° das Regras e Procedimentos de Avaliação do Processo de Estágio e Atribuição da Informação Final.

2. O actual Regulamento Nacional de Estágio – Regulamento 52/A/2005 – de 1 de Agosto de 2005, deixou expressamente de fora a formação contínua, com anúncio de que será objecto de regulamentação específica, o que ainda não sucedeu, pelo que vem sendo desenvolvido pelos Conselhos Distritais sem adequada coordenação e organização.

CAPÍTULO IV
Inscrição como advogado

ARTIGO 192.°
Requisitos de inscrição

1 – A inscrição como advogado depende do cumprimento das obrigações de estágio com classificação positiva, nos termos do regulamento dos centros distritais de estágio aprovado.

2 – Exceptuam-se do disposto no número anterior, prescindindo-se da realização do estágio e da obrigatoriedade de se submeter ao exame final de avaliação e agregação, podendo requerer a sua inscrição imediata como advogados:

a) Os doutores em Ciências Jurídicas, com efectivo exercício da docência;

b) Os antigos magistrados com exercício profissional por período igual ou superior ao do estágio, que possuam boa classificação.

Notas:

1. Nos termos do artigo 8.° do Regulamento de Inscrição de Advogados e Advogados Estagiários (Regulamento 232/07 de 4/7/07) e dos artigos 12.° n.° 4 e 31.° n.° 2 do R. N. de Estágio, a inscrição como Advogado deve ser requerida no prazo de 15 dias findo que seja o prazo do estágio, sob pena de suspensão automática.

2. As excepções do n.° 2 correspondem, com alterações, ao que antes era consentido pelos artigos 169.° e 171.° do D. Lei 84/84. Ficam agora dispensados do estágio e do exame final de avaliação e agregação os doutores em Ciências Jurídicas, com efectivo exercício da docência, e os antigos Magistrados com exercício profissional por tempo igual ou superior ao do estágio, desde que possuidores de boa classificação.

3. "As pessoas que nos termos do Código de Processo das Contribuições e Impostos exerciam funções de agente do Ministério Público não eram magistrados do Ministério Público, pelo que lhes não é aplicável o disposto no artigo 169.° do Estatuto da Ordem dos Advogados" – Parecer do Conselho Geral de 9 de Junho de 2000, em ROA, ano 61, Janeiro 2001, pág. 413.

4. "As pessoas que nos termos do Código de Processo das Contribuições e Impostos exerciam funções de juiz auxiliar não eram magistrados judiciais, pelo que lhes não é aplicável o disposto no artigo 169.° do Estatuto da Ordem dos Advogados". Parecer do Conselho Geral de 9 de Junho de 2000, em ROA, ano 61, Janeiro 2001, pág. 409.

ARTIGO 193.°

Inscrição de juristas de reconhecido mérito, mestres e outros doutores em Direito

1 – Sem prejuízo do disposto no artigo anterior, a inscrição na Ordem dos Advogados de juristas de reconhecido mérito e os mestres e outros doutores em Direito cujo título seja reconhecido em Portugal depende da prévia realização de um exame de aptidão, sem necessidade de realização de estágio.

2 – O exame de aptidão tem por fim a avaliação da experiência profissional e do conhecimento das regras deontológicas que regem o exercício da profissão.

3 – Consideram-se juristas de reconhecido mérito os licenciados em Direito que demonstrem ter conhecimentos e experiência profissional suficientes no domínio do direito interno português ou do direito internacional para exercer consulta jurídica, com a dignidade e a competência exigíveis à profissão.

4 – Para efeitos do disposto no n.° 1, presumem-se juristas de reconhecido mérito designadamente os juristas que tenham efectivamente prestado actividade profissional por, pelo menos, 10 anos consecutivos.

5 – Os juristas de reconhecido mérito, mestres e outros doutores em Direito inscritos na Ordem dos Advogados nos termos do presente artigo podem praticar apenas actos de consulta jurídica, sendo-lhes aplicável, com as necessárias adaptações, as disposições do presente Estatuto e demais regulamentos.

6 – Compete ao Conselho Geral regulamentar o regime de inscrição na Ordem dos Advogados ao abrigo do presente artigo.

Notas:

1. Esta norma contem significativas modificações em relação ao regime anterior, no âmbito do qual apenas era possível aos professores e antigos professores das faculdades de Direito e aos doutores em Direito a obtenção da inscrição como Advogados sem prévia sujeição ao estágio, sendo por isso absolutamente inovadora a possibilidade de inscrição de "juristas de reconhecido mérito e mestres em Direito" mediante exame de aptidão.

2. Recorde-se que a inscrição como Advogado pôde ainda ser alcançada por "juristas de reconhecido mérito" que exercessem à data da entrada em vigor do Regulamento 15/2004 – Regulamento Geral das Especialidades – pública actividade de consulta ou consulta e ensino, por período superior a cinco anos, tivessem publicado trabalhos de relevante interesse na área da especialidade e não se encontrassem em

situação de incompatibilidade para o exercício da advocacia, por força do artigo 11.° do citado Regulamento. Assim, ao abrigo desta disposição transitória, foram vários os juristas que se puderam inscrever na Ordem como Advogados Especialistas, sem prévia sujeição ao estágio, por o haverem requerido até 5 de Setembro de 2004 e terem visto a sua pretensão deferida pelo Conselho Geral.

3. Com a disposição contida no n.° 5 cria-se no seio da Ordem dos Advogados Portugueses uma nova carreira profissional de Advogados consultores jurídicos, com a sua competência limitada, no domínio dos actos próprios de advocacia, consulta jurídica, carecendo assim a parte final da norma de vir a ser devidamente regulamentada pelo Conselho Geral, tendo em vista a definição clara dos contornos deontológicos destes novos Advogados/Consultores.

4. A inscrição ao abrigo desta norma foi disciplinada pelo Regulamento n.° 111/2006, publicado no DR II Série, n.° 120, de 23/06/2006.

ARTIGO 194.°
Exercício da advocacia por estrangeiros

1 – Os estrangeiros diplomados por qualquer Faculdade de Direito de Portugal podem inscrever-se na Ordem dos Advogados, nos mesmos termos dos portugueses, se a estes o seu país conceder reciprocidade.

2 – Os advogados brasileiros diplomados por qualquer Faculdade de Direito do Brasil ou de Portugal podem inscrever-se na Ordem dos Advogados em regime de reciprocidade.

Notas:

1. A norma do n.° 1 contém o princípio geral, aplicável a todos os estrangeiros, com excepção de advogados brasileiros e nacionais de países membros da UE.

2. Pela legislação brasileira resulta que os Advogados portugueses e brasileiros, portadores de diplomas idóneos emitidos por Faculdades de Direito portuguesas podem inscrever-se na Ordem dos Advogados do Brasil, desde que estejam os requisitos comuns de inscrição das legislações do Brasil e Portugal, quanto aos seus nacionais, bastando para a prova da idoneidade a exibição de atestado da Ordem dos Advogados Portugueses.

3. Constitui requisito comum da inscrição de Advogados nas Ordens de Portugal e Brasil a prévia efectivação do estágio, embora o estágio no Brasil possa ser dispensado mediante exame directo à Ordem – artigo 53.° da Lei 4215 de 27 de Abril de 1963.

4. A jurisprudência das Ordens dos Advogados Portugueses e do Brasil tem sido a de concederem a inscrição aos Advogados, respectivamente brasileiros e portugueses, que provem estar inscritos ou em condições de poderem ser inscritos nas Ordens do Brasil e de Portugal. (Ver Parecer do Conselho Geral de 27-5-88, em ROA 48-648)

5. Sobre este tema, aconselha-se a leitura do "Direito Profissional do Advogado" de Orlando Guedes da Costa, 5.ª edição, págs. 101 a 125.

6. O Regulamentação de Inscrição de Advogados e Advogados Estagiários – Regulamento n.º 232/2007 de 4 de Setembro de 2007 – veio concentrar num só diploma, o que se louva, a matéria regulamentar de inscrições de Advogados e Advogados Estagiários nacionais e estrangeiros, contemplando os diversos regimes acolhidos no EOA, como sejam os Advogados estrangeiros em regime de reciprocidade, os Advogados brasileiros e os provenientes dos Estados Membros da União Europeia, visando ainda a modernização e uniformização dos procedimentos internos da Ordem dos Advogados, em obediencia ao princípio da igualdade.

ARTIGO 195.º
Publicação obrigatória

Toda a regulamentação emergente dos competentes órgãos da Ordem dos Advogados, bem como as decisões administrativas susceptíveis de recurso contencioso atinentes ao exercício da profissão de advogado, devem ser obrigatoriamente publicadas na II Série do *Diário da República*.

CAPÍTULO V
Advogados de outros Estados-Membros da União Europeia

ARTIGO 196.º
Reconhecimento do título profissional

São reconhecidas em Portugal, na qualidade de advogados, e como tal autorizadas a exercer a respectiva profissão, nos termos dos artigos subsequentes, as pessoas que, nos respectivos países membros da União Europeia, estejam autorizadas a exercer as actividades profissionais com um dos títulos profissionais seguintes:

Na Bélgica: Avocat/Advocaat/Rechtsanwalt;
Na Dinamarca: Advokat;
Na Alemanha: Rechtsanwalt;
Na Grécia: διηγόρος;
Em Espanha: Abogado/Advocat/Avogado/Abokatu;
Em França: Avocat;

Na Irlanda: Barrister/Solicitor;
Em Itália: Avvocato;
No Luxemburgo: Avocat;
Nos Países Baixos: Advocaat;
Na Áustria: Rechtsanwalt;
Na Finlândia: Asianajaja/Advokat;
Na Suécia: Advokat;
No Reino Unido: Advocate/Barrister/Solicitor;
Na República Checa: Advokát;
Na Estónia: Vandeadvokaat;
No Chipre: διηγόρος;
Na Letónia: Zverinats advokáts;
Na Lituânia: Advokatas;
Na Hungria: Ügyvéd;
Em Malta: Avukat/Prokuratur Legali;
Na Polónia: Advwokat/Radca prawny;
Na Eslovénia: Odvetnik/ Odvetnica;
Na Eslováquia: Advokát/ Komer*_ právnik.

Notas:

1. Os artigos 196.° a 202.° do EOA correspondem aos anteriores artigos 173.°-A a 173.°-G do anterior D. Lei 84/84, os quais foram por sua vez incluídos no texto legal por necessidade de transposição e harmonização do direito interno à Directiva do Conselho n.° 77/249/CEE de 23 de Março de 1977, relativa à livre prestação de serviços em Portugal por advogados de outros Estados-Membros da Comunidade Europeia e, mais recentemente, à Directiva do Conselho e Parlamento n.° 98/5/CE, sobre o direito de estabelecimento.

2. As diversas designações constantes do artigo 196.° correspondem aos nomes dos títulos de origem expressos na respectiva língua oficial, pelo que não é lícita utilização do título de "Advogado" a quem não se encontre validamente inscrito na Ordem dos Advogados Portugueses. Ver artigo 197.° n.° 3 do EOA.

3. Sobre a matéria dos artigos 196.° a 202.°, aconselha-se o estudo através do "Direito Profissional do Advogado" de Orlando Guedes da Costa, 5.ª edição, págs. 104 a 125.

4. A Directiva 2005/36/CE do Parlamento Europeu e do Conselho, de 7 de Setembro de 2005, relativa ao reconhecimento das qualificações profissionais, não afecta a aplicação da Directiva 77/249/CEE, tendente a facilitar o exercício efectivo da livre prestação de serviços pelos Advogados, nem da Directiva 98/5/CE, tendente a facilitar o exercício permanente da profissão de advogado num Estado-Membro diferente daquele em que foi adquirida a qualificação profissional. In Jornal Oficial da União Europeia – L255 (30 de Setembro de 2005), pág. 22-142.

5. Vide artigo 23.° do R. Inscrição de Advogados e Advogados Estagiários.

6. O Regulamento de Registo e Inscrição dos Advogados Provenientes de Outros Estados Membros da União Europeia, que foi publicado em anexo à Lei n.º 80/2001 de 20 de Julho, que veio alterar e republicar o EOA – D. Lei 84/84 de 16 de Março, havia em princípio caducado pela revogação do D. Lei 84/84 de 16 de Março pela actual Lei 15/25 de 26 de Janeiro, que aprovou o nosso novo EOA. Assim, o novo Regulamento de Inscrição de Advogados e Advogados Estagiários (Regulamento n.º 232/07 de 4/9/07) veio resolver o vazio regulamentar existente e, acrescidamente, veio pela primeira vez regular os regimes das inscrições dos Advogados brasileiros e dos provenientes de outros Estados em regime de simples reciprocidade.

7. Foi editado pelo CCBE, a partir de 1978, reconhecido pelo Tribunal das Comunidades Europeias e pela regulamentação nacional da maioria dos Países membros da UE um bilhete de identidade profissional de Advogado Europeu, pelo que qualquer Advogado português interessado na obtenção de tal documento de identificação poderá dirigir-se à Ordem dos Advogados e aí conhecer o respectivo Regulamento.

ARTIGO 197.°
Modos de exercício profissional

1 – Qualquer dos advogados identificados no artigo anterior, adiante designados por advogados da União Europeia, pode, de harmonia com o disposto no artigo seguinte, exercer a sua actividade em Portugal com o seu título profissional de origem, expresso na respectiva língua oficial e com a indicação da organização profissional a que pertence ou da jurisdição junto da qual se encontra admitido nos termos da lei do seu Estado de origem.

2 – Sem prejuízo do disposto no número anterior, a representação e o mandato judiciais perante os tribunais portugueses só podem ser exercidos por advogados da União Europeia que exerçam a sua actividade com o seu título profissional de origem sob a orientação de advogado inscrito na Ordem dos Advogados.

3 – Os advogados da União Europeia podem ainda exercer a sua actividade em Portugal com o título de advogado, mediante prévia inscrição na Ordem dos Advogados.

Notas:

1. Vide artigos 24.°, 25.° e 26.°; do Regulamento de Inscrição de Advogados e Advogados Estagiários.

ARTIGO 198.°
Exercício com o título profissional de origem

1 – A prestação ocasional de serviços profissionais de advocacia em Portugal por advogados da União Europeia que exerçam a sua actividade com o seu título profissional de origem é livre, sem prejuízo de estes deverem dar prévio conhecimento desse facto à Ordem dos Advogados.

2 – O estabelecimento permanente em Portugal de advogados da União Europeia que pretendam exercer a sua actividade com o seu título profissional de origem depende de prévio registo na Ordem dos Advogados.

3 – O registo a que se refere o número anterior é feito nos termos do regulamento de registo e inscrição dos advogados provenientes de outros Estados-Membros da União Europeia, mediante a exibição pelo advogado do título comprovativo do seu direito a exercer a profissão no Estado-Membro de origem, bem como de certidão comprovativa de que aquele direito não foi suspenso ou retirado em consequência de processo penal ou disciplinar.

4 – Os documentos a que se refere o número anterior também podem ser exigidos ao advogado que preste serviços profissionais de advocacia nos termos do n.° 1 do presente artigo.

Notas:

1. Vide artigos 27.° a 29.° do Regulamento de Inscrição de Advogados e Advogados Estagiários.

ARTIGO 199.°
Estatuto profissional

1 – Na prestação de serviços profissionais de advocacia em Portugal os advogados da União Europeia que exerçam a sua actividade com o seu título profissional de origem estão sujeitos às regras profissionais e deontológicas aplicáveis aos advogados portugueses, sem prejuízo das regras do Estado de origem a que devam continuar a sujeitar-se.

2 – Os advogados da União Europeia estabelecidos em Portugal a título permanente e registados nos termos do artigo anterior elegem, de entre si, um representante ao Congresso dos Advogados Portugueses.

ARTIGO 200.°

Inscrição na Ordem dos Advogados

1 – O estabelecimento permanente em Portugal de advogados da União Europeia que pretendam exercer a sua actividade com o título profissional de advogado, em plena igualdade de direitos e deveres com os advogados portugueses, depende de prévia inscrição na Ordem dos Advogados.

2 – A utilização do título profissional de advogado não prejudica o direito de utilização do título profissional de origem, nos termos do disposto no n.° 1 do artigo 198.°.

3 – A inscrição na Ordem dos Advogados depende da prévia realização de um exame de aptidão, nos termos do Regulamento de Registo e Inscrição dos Advogados provenientes de outros Estados-Membros da União Europeia.

4 – Estão dispensados de realizar o exame de aptidão, nos termos do regulamento referido no número anterior, os advogados da União Europeia que, estando registados na Ordem dos Advogados nos termos dos n.os 2 e 3 do artigo 198.°, provem ter exercido em Portugal com o seu título profissional de origem e por um período mínimo de três anos actividade efectiva e regular no domínio do direito interno português ou do direito comunitário.

5 – Podem, ainda, ser dispensados de realizar o exame de aptidão, nos termos do regulamento referido no n.° 3, os advogados da União Europeia que, estando registados há mais de três anos na Ordem dos Advogados nos termos dos n.os 2 e 3 do artigo 198.°, e embora não dispondo de três anos de actividade efectiva e regular em Portugal no domínio do direito interno português ou do direito comunitário, demonstrem ter conhecimentos e experiência profissional suficientes naqueles domínios para exercer a profissão com a dignidade e a competência exigíveis aos advogados portugueses.

Notas:

1. Quanto aos requisitos de registo e inscrição na Ordem dos Advogados, incluindo a regulamentação do exame de aptidão, veja-se o Regulamento de Inscrição dos Advogados e Advogados Estagiários – artigos 23.° a 38.° do Regulamento n.° 232/07 que veio substituir o Regulamento de Registo dos Advogados Provenientes de Outros Estados-Membros da União Europeia publicado no DR n.° 167, de 20/7/01, em Anexo I à Lei 80/2001.

ARTIGO 201.º
Responsabilidade disciplinar

1 – Os advogados da União Europeia que exerçam a sua actividade com o seu título profissional de origem estão sujeitos às sanções disciplinares previstas para os advogados portugueses, devendo o respectivo processo disciplinar ser instruído em colaboração com a organização profissional equivalente do Estado de origem, a qual é informada da sanção aplicada.

2 – A responsabilidade disciplinar perante a Ordem dos Advogados é independente da responsabilidade disciplinar perante a organização profissional do respectivo Estado de origem, valendo, no entanto, a comunicação por esta última dos factos que determinaram a instauração de um processo disciplinar ou a aplicação de uma sanção a um advogado que também exerça a sua actividade em Portugal como participação disciplinar para efeitos do disposto no regulamento disciplinar.

3 – Sem prejuízo do disposto no número anterior, o advogado da União Europeia que tenha sido suspenso ou proibido de exercer a profissão pela organização profissional do Estado de origem fica automaticamente impedido de exercer a sua actividade em Portugal com o seu título profissional de origem, enquanto durar aquela suspensão ou proibição.

ARTIGO 202.º
Sociedades de advogados

1 – Os advogados da União Europeia que, no respectivo Estado, sejam membros de uma sociedade de advogados podem exercer a sua actividade em Portugal com o seu título profissional de origem no âmbito de uma sucursal ou agência dessa sociedade, desde que tenham dado prévio conhecimento desse facto à Ordem dos Advogados e a respectiva sociedade se encontre ali registada, em conformidade com o legalmente estabelecido.

2 – O registo de sociedades de advogados constituídas de acordo com o direito interno de outro Estado membro da União Europeia depende da verificação da compatibilidade dos respectivos estatutos com o Estatuto da Ordem dos Advogados e com o regime das sociedades civis de advogados aprovado por lei, designadamente com as normas

desses diplomas que asseguram a protecção dos interesses de clientes ou de terceiros.

3 – Os advogados da União Europeia que exerçam a sua actividade em Portugal com o seu título profissional de origem e aqui se tenham estabelecido a título permanente podem ainda, caso não sejam sócios de uma sociedade de advogados constituída de acordo com o direito interno do respectivo Estado, constituir entre si, com advogados portugueses ou com advogados de diferentes Estados membros da União Europeia, uma sociedade de advogados de acordo com o direito interno português.

4 – Os advogados da União Europeia não podem exercer a sua actividade em Portugal em nome de sociedades ou quaisquer outros grupos de profissionais que incluam pessoas que não detenham o título profissional de advogado ou que por qualquer outra forma incorram em violação do disposto pela Lei n.° 49/2004, de 24 de Agosto.

Notas:

1. Vide artigo 5.° do D. Lei 229/04 de 10 de Dezembro e as suas anotações 4. e 5.

CAPÍTULO VI
Sociedades de advogados

ARTIGO 203.°
Lei especial

1 – Os advogados podem exercer a profissão constituindo ou ingressando em sociedades de advogados, como sócios ou associados.

2 – As sociedades de advogados estão sujeitas aos princípios deontológicos constantes do presente Estatuto, que devem igualmente ser observados nas relações internas entre sócios e associados.

3 – Não é permitido às sociedades de advogados exercer directa ou indirectamente a sua actividade em qualquer tipo de associação ou integração com outras profissões, actividades e entidades cujo objecto social não seja o exercício exclusivo da advocacia.

4 – O regime das sociedades de advogados é estabelecido em diploma próprio.

Notas:

1. O regime jurídico das sociedades de advogados foi aprovado pelo D. Lei n.° 229/2004 de 10 de Dezembro, que revogou o D. Lei n.° 513-Q/79 de 26 de Dezembro.

2. Permanece vigente na nossa ordem jurídica a proibição das sociedades multidisciplinares, como decorre dos artigos 61.° n.° 1, 202.° n.° 4 e 203.° n.° 3 todos do EOA, artigo 6.° da Lei 49/2004 de 24 de Agosto (actos próprios) e artigos 1.° n.° 2 e 5.° n.° 1 do D. Lei 229/2004 de 10 de Dezembro (sociedades de advogados).

3. No n.° 1 deste artigo 203.° introduz-se já a figura dos "associados" Advogados que participam profissionalmente nas sociedades como não sócios, mas com aspiração à aquisição desse estatuto, o que já era uma situação vulgar mas não tivera contemplação no revogado D. Lei 513/Q/79 de 26 de Dezembro. Vide artigo 6.° do D. Lei 229/2004 de 10 de Dezembro.

4. Quanto à regras deontológicas, cfr. artigo 60.° e 61.° da Lei 229/2004.

5. Uma sociedade de advogados de um Estado-Membro da UE, mesmo que possa legalmente ter no Estado de Origem uma prática multidisciplinar que inclua serviços de contabilidade está inibida de exercer tal prática multidisciplinar em Portugal. Vide parecer do CDL de 26 de Outubro de 2008 – Consulta n.° 38/2008.

ARTIGO 204.°
Tribunal arbitral

1 – Os conflitos entre sócios de uma sociedade de advogados, ou entre estes e a sociedade, podem ser submetidos a tribunal arbitral, nos termos da lei e de regulamento a elaborar pelo Conselho Geral da Ordem dos Advogados.

2 – Da decisão final do tribunal arbitral não cabe recurso.

TÍTULO VII
Disposições finais e transitórias

ARTIGO 205.°
Regime transitório

A presente lei só é aplicável aos estágios que se iniciem, bem como aos processos disciplinares instaurados, em data posterior ao da respectiva data de entrada em vigor.

ARTIGO 206.°
Revogação

É revogado o Decreto-lei n.° 84/84, de 16 de Março, com as alterações introduzidas pela Lei n.° 6/86, de 26 de Março, pelo Decreto--Lei n.° 119/86, de 28 de Maio, pelo Decreto-Lei n.° 325/88, de 23 de Setembro, pela Lei n.° 33/94, de 6 de Setembro, pela Lei n.° 30-E/2000, de 20 de Dezembro, e pela Lei n.° 80/2001, de 20 de Julho.

3.

LEGISLAÇÃO COMPLEMENTAR

3.1.

DECRETO-LEI N.º 229/2004
de 10 de Dezembro

A publicação do Decreto-Lei n.º 513-Q/79, de 26 de Dezembro, com as alterações introduzidas pelo Decreto-Lei n.° 237/2001, de 30 de Agosto, permitindo a institucionalização das sociedades de advogados, veio contribuir decisivamente para uma melhor e mais organizada prestação dos serviços jurídicos, com a relevância social de que os mesmos se revestem, possibilitando, ainda, um melhor acesso dos jovens advogados a estruturas organizadas, que completam e coordenam a sua adequada formação profissional.

A livre prestação de serviços, decorrente da integração na União Europeia, exigiu posteriormente a harmonização das formas de prestação desses serviços, de modo a permitir uma concorrência sã e equilibrada entre os profissionais dos diversos Estados-Membros, harmonização essa que deu lugar à modificação do Estatuto da Ordem dos Advogados com a aprovação da Lei n.° 80/2001, de 20 de Julho.

O rápido crescimento do número de sociedades de advogados, ocorrido após a publicação daquele citado diploma legal, veio comprovar a adesão dos profissionais ao esquema societário e às vantagens de que o mesmo se reveste.

Face ao tempo decorrido desde a entrada em vigor daquele diploma e em função das inúmeras alterações sofridas no exercício da profissão nas duas últimas décadas, cumpre, agora, completar e flexibilizar o regime jurídico dessas mesmas sociedades, aproveitando a experiência adquirida na vigência do regime anterior, adequando o mesmo à evolução da realidade, organizando o seu funcionamento, tipificando a sua natureza e dando resposta a necessidades e carências manifestadas pelos profissionais que nas mesmas se integram.

As alterações agora introduzidas no regime legal das sociedades de advogados tomaram por referência alguns princípios fundamentais.

Em primeiro lugar, consagrou-se, sempre que possível, o princípio da liberdade contratual, permitindo-se a cada sociedade de advogados optar pelo regime que melhor entender, à luz das suas características próprias e dos advogados que a integram.

Como corolário deste princípio, caberá a cada sociedade optar, nomeadamente, pelo regime de responsabilidade por dívidas sociais, tendo sido criada a faculdade de escolha por um regime de responsabilidade limitada.

Igualmente se prevê a possibilidade de o contrato de sociedade ou acordo de sócios regular a forma de calcular o valor da amortização das participações de capital em caso de cessão de participações a terceiro, transmissão não voluntária entre vivos, cessão gratuita, transmissão mortis causa, cessação da actividade do sócio, exoneração ou impossibilidade temporária do exercício da profissão ou suspensão da inscrição do sócio como advogado.

Em segundo lugar, salvaguardou-se o princípio da natureza não mercantil das sociedades de advogados, não se remetendo a sua regulação para o direito comercial, como sucede noutras ordens jurídicas.

Por razões de lógica e certeza jurídicas, visando evitar no futuro desnecessárias dúvidas de interpretação e aplicação da lei e dos contratos de sociedade, estipula-se que, nos casos omissos, o regime supletivo das sociedades de advogados será o regime das sociedades civis.

Em terceiro lugar, seguiu-se o princípio da institucionalização das sociedades de advogados, assim se criando condições para que, à semelhança do que sucede nos países mais desenvolvidos, se criem e consolidem em Portugal instituições de advocacia.

Neste sentido, deve destacar-se a faculdade de a firma da sociedade poder manter o nome de ex-sócios, mediante a autorização destes ou dos seus herdeiros.

Relevo merece, também, a obrigatoriedade de estabelecer planos de carreira que detalhem os critérios de progressão do advogado dentro da sociedade.

Em quarto lugar, seguiu-se o princípio da transparência e da credibilidade do exercício da profissão de advogado, nomeadamente tornando obrigatório o depósito na Ordem dos Advogados das contas anuais das sociedades de advogados que optem pela responsabilidade limitada.

Finalmente, acolheu-se o princípio da desburocratização, no que respeita à relação entre a Ordem e as sociedades de advogados.

Nesse sentido, apenas para a constituição da sociedade ou para os casos de cisão ou fusão se prevê a necessidade de aprovação prévia pela

Ordem dos Advogados dos contratos de sociedade respectivos. Quanto aos demais casos, nomeadamente alteração do contrato de sociedade ou associação entre sociedades de advogados, a eficácia dos actos dependerá de registo na Ordem, o qual poderá ser recusado.

Foi ouvida a Ordem dos Advogados, nos termos da alínea h) do n.º 1 do artigo 3.º do Estatuto da Ordem dos Advogados:

Assim:

Nos termos da alínea a) do n.º 1 do artigo 198.º da Constituição, o Governo decreta o seguinte:

REGIME JURÍDICO DAS SOCIEDADES DE ADVOGADOS

1. O D. Lei 229/2004, de 10 de Dezembro, que veio substituir o D. Lei 513/Q/79 de 26 de Dezembro, foi antecedido de um longo debate interno e, já numa fase final dos trabalhos, com o Ministério da Justiça, no qual estiveram empenhados diversos Colegas do Conselho Geral, presidido pelo Bastonário José Miguel Júdice, e do Instituto das Sociedade de Advogados, sendo este presidido pelo Colega Jorge Abreu. Foi feita uma ampla recolha das soluções normativas no plano do direito comparado e procurou-se moldar o quadro legal às necessidades actuais das sociedades de advogados no espaço europeu. Como se pode ler do preâmbulo do diploma, a reforma assentou em algumas linhas mestras, das quais salientaremos a do reforço da liberdade contratual, com especial relevância na escolha do regime da responsabilidade pelas dividas sociais, a da clara afirmação do princípio da natureza não mercantil deste tipo de sociedades, que continua a seguir o regime das sociedades civis, a sua institucionalização possível, não ferindo, na sua essência, o seu carácter personalista, e a da formação e integração da jovem advocacia nas estruturas societárias. Foram ainda reguladas situações que não haviam merecido especial disciplina no regime anterior, como sejam a cisão, a fusão e as formas de associação admissíveis com outras entidades.

2. As sociedades de advogados apenas podem ser constituídas por Advogados, esclarecendo definitivamente o artigo 5.º n.º 1 que apenas podem ser sócios os Advogados inscritos na Ordem com exclusão dos Advogados Estagiários.

3. Mantém-se a solução, que já vem da legislação anterior, da proibição das sociedades multidisciplinares, como decorre dos artigos 61.º n.º 1, 202.º n.º 4 e 203.º n.º 3 todos do EOA, artigo 6.º da Lei 49/2004 de 24 de Agosto (actos próprios) e artigos 1.º n.º 1, 5.º n.º 1, 51.º n.º 3 e 52.º n.º 3 deste D. Lei 229/2004 de 10 de Dezembro. Vide anotação 2. ao artigo 203.º do EOA.

4. As disposições legais que regulam o exercício de certas profissões de interesse público são de carácter imperativo a fim de se garantir o público contra a inidoneidade de quem as exerce, pelo que a sua violação gera a nulidade absoluta prevista no artigo 280.º n.º 2 e 294.º do C. Civil – Neste sentido, ver o Acórdão do STJ de

5/11/74, no BMJ n.° 241, pág. 265, e o Assento do mesmo STJ de 9/3/89, in DR de 18/5/89. Ver ainda Vaz Serra, no BMJ, n.° 74, pág. 142.

5. O reconhecimento das vantagens no estabelecimento de formas de colaboração estáveis entre a Advocacia e outras profissões diferentes, tantas vezes impostas pela crescente especialização temática das áreas de intervenção dos Advogados, a par da integração na UE, vem provocando no seio da advocacia europeia um aceso debate sobre a questão da multidisciplinaridade, divergindo presentemente as soluções legais sobre a sua admissibilidade. Além disso, mesmo nos países mais ortodoxos, como é o caso de Portugal, foram sendo toleradas diversas formas de institucionalização de tais formas de colaboração profissional, sem com elas se ferirem os princípios dominantes que estão na origem da proibição das sociedades multidisciplinares. Nesse sentido, a abertura no presente D. Lei a "formas de associação" não contempladas no revogado D. Lei 513/Q/79, e que constam dos artigos 48.° a 53.°.

7. Quanto às sociedades de advogados multinacionais aconselha-se a leitura do estudo de autoria do Colega Orlando Guedes da Costa, in "Direito Profissional do Advogado", 4.ª edição, págs. 156 a 163.

8. Em 4 de Janeiro de 2008, por informação dos Registos e Sociedades de Advogados, existem presentemente registadas na Ordem dos Advogados 880 sociedades activas, incluindo 9 sucursais de sociedades estrangeiras da EU, sendo 8 espanholas, 1 do Reino Unido e 2 Agrupamentos Complementares de Empresas (ACE`s).

CAPÍTULO I
Disposições gerais

ARTIGO 1.°
Âmbito

1 – O presente diploma estabelece o regime jurídico aplicável às sociedades de advogados.

2 – As sociedades de advogados são sociedades civis em que dois ou mais advogados acordam no exercício em comum da profissão de advogado, a fim de repartirem entre si os respectivos lucros.

ARTIGO 2.°
Direito subsidiário

Os casos que o presente diploma não preveja são regulados segundo as normas do Código Civil sobre o contrato de sociedade.

Notas:

1. À semelhança do que já decorria do revogado D. Lei 513-Q/79, as sociedades de advogados continuam a ser consideradas sociedades civis, regendo-se supletivamente pelas normas do Código Civil referentes ao contrato de sociedade, não podendo assim assumir a forma de sociedades comerciais.

2. Neste mesmo sentido foi proferido Parecer pelo Instituto das Sociedades Comerciais, divulgado no Portal da Ordem dos Advogados e no seu Boletim n.º 40, a págs. 60 a 62, tendo concluído que "continua hoje, após a entrada em vigor do novo RJSA, a não ser possível a constituição de sociedades de advogados como sociedades civis sob a forma comercial".

ARTIGO 3.º
Personalidade jurídica

1 – As sociedades de advogados gozam de personalidade jurídica, sendo esta adquirida a partir da data do registo do contrato de sociedade.

2 – Pelos actos praticados em nome da sociedade até ao registo respondem solidariamente todos os sócios.

3 – Após o registo do contrato, a sociedade assume os direitos e obrigações decorrentes dos actos praticados em seu nome.

Notas:

1. A personallidade jurídica das sociedades continua a adquirir-se, como no regime legal anterior, com o acto de registo na Ordem dos Advogados, a processar-se nos termos do artigo 9.º, embora durante muito tempo e ao longo de sucessivas versões do ante-projecto, se tivesse instalado a solução de que a personalidade jurídica se adquiriria com o seu acto constitutivo, ficando a eficácia do acto, mesmo em relação aos sócios e à sociedade, dependente do registo. A solução final parece a mais consentânea com a simples exigência de escrito particular para o acto constitutivo da sociedade, tendo sido resolvida pela introdução dos n.os 2 e 3 deste artigo 3.º, a questão da responsabilidade pelos actos praticados em nome da sociedade até ao seu registo.

ARTIGO 4.º
Capacidade

A capacidade das sociedades de advogados abrange todos os direitos e obrigações necessários ou convenientes ao exercício em comum da profissão de advogado, exceptuando aqueles que lhes sejam vedados por lei ou os que sejam inseparáveis da personalidade singular.

Notas:

1. Vide artigo 1.° n.° 2 deste D. Lei.

2. Atendendo a que as sociedades de advogados apenas podem ter por objecto social o exercício em comum da profissão de advogado, estando assim a sua personalidade e capacidade jurídicas originariamente condicionadas à realização exclusiva desta finalidade, resulta que não é possível a transformação da sociedade de advogados em sociedade comercial com outro objecto.

ARTIGO 5.°
Sócios

1 – As participações em sociedades de advogados são obrigatoriamente nominativas e só podem ser detidas por advogados inscritos na Ordem dos Advogados, com exclusão dos advogados estagiários.

2 – Os advogados da União Europeia registados na Ordem dos Advogados, caso não sejam sócios de uma sociedade de advogados constituída de acordo com o direito interno do respectivo Estado, podem constituir entre si, com advogados portugueses ou com advogados de diferentes Estados membros da União Europeia, uma sociedade de advogados.

3 – Os advogados só podem fazer parte de uma única sociedade de advogados e devem consagrar a esta toda a sua actividade profissional de advogados, sem prejuízo do disposto no número seguinte.

4 – Qualquer dos sócios pode exercer actividade profissional de advogado fora da sociedade, desde que autorizado no contrato de sociedade ou em acordo escrito de todos os sócios.

5 – Salvo a situação prevista no número anterior, devem os sócios prestar mutuamente informações sobre a sua actividade profissional de advogado sem que tal envolva violação do segredo profissional, ao qual ficam obrigados todos os sócios.

6 – As procurações forenses devem indicar obrigatoriamente a sociedade de que o advogado ou advogados constituídos façam parte.

7 – Sem prejuízo da faculdade de substabelecer nos termos gerais, o mandato conferido a apenas algum ou alguns dos sócios de uma sociedade de advogados não se considera automaticamente extensivo aos restantes sócios.

Notas:

1. Veja-se a anotação 1. ao artigo 1.° deste D. Lei.

2. A obrigatoriedade das participações serem necessariamente nominativas é o natural corolário da natureza das sociedades de advogados como sociedades civis profissionais, com o único objectivo de exercício em comum de uma actividade eminentemente personalista.

3. Na mesma linha, mantém-se a proibição de as sociedades de advogados poderem ser detentoras de participações sociais da própria sociedade ou doutras sociedades.

4. O princípio da exclusividade imposto pelo n.° 3 deste artigo 5.°, estende-se à possibilidade de constituição e participação em sociedades de advogados portuguesas por Advogados da UE, registados ou inscritos na Ordem dos Advogados Portugueses, pelo que só o poderão fazer se não forem já sócios de uma outra sociedade de advogados constituída de acordo com o direito interno do seu Estado de origem.

5. Caso já sejam membros de sociedades de advogados no seu Estado de origem, os Advogados provenientes da UE poderão exercer a sua actividade em Portugal de acordo com as regras decorrentes do artigo 202.° do EOA.

6. O princípio de exclusividade decorrente dos n.os 3 e 4 provém do regime legal anterior e resulta, uma vez mais, da natureza especial destas sociedades como sociedades civis profissionais, exigindo aos seus membros comportamentos recíprocos de grande dedicação e lealdade.

7. Quanto à compatibilização do dever de informação entre os sócios e o sigilo profissional, cfr. para melhor compreensão, a alínea c) do n.° 1 do art. 87.° e o do art. 203.° ambos do EOA. Efectivamente, a troca de informações entre sócios numa sociedade de advogados, onde todos são forçosamente Advogados, não implica violação da reserva do segredo profissional, uma vez que todos os sócios estão abrangidos por idêntica obrigação. Esta é, aliás, uma realidade que vem sendo invocada em abono do princípio da proibição das sociedades multidisciplinares, onde a partilha de informações entre sócios de diferentes estatutos deontológicos seria incompatível com a preservação do sigilo profissional, pondo em causa o interesse público que lhe é inerente.

8. No n.° 7 acolhe-se o princípio da não extensibilidade automática aos demais sócios do mandato conferido apenas a um ou alguns deles, sem prejuízo da possibilidade legal do substabelecimento. Esta solução inverte a que decorria do artigo 6.° n.os 5 e 6 do D. Lei 513//Q/79 que previa precisamente o princípio contrário, ou seja, o da extensibilidade automática, salvo se o mandante declarasse optar pelo regime da não extensibilidade. Aplaude-se esta alteração por ser mais harmoniosa com o princípio da escolha livre e pessoal do mandatário pelo mandante, conforme artigo 62.° n.° 2 do EOA e porque a aplicação pura da regra da extensibilidade era susceptível de ocasionar consequências nefastas no plano do patrocínio judiciário e das responsabilidades processuais que eram assumidas por mandatários que nenhuma intervenção pessoal tinham na orientação do patrocínio.

9. Perante a introdução da regra da não extensibilidade do mandato, houve que assegurar que, sem prejuízo dela, a sociedade e os demais sócios não mandatários ficassem solidariamente vinculados aos princípios deontológicos derivados da aceitação do mandato por algum ou alguns deles, designadamente em sede de segredo profissional, conflito de interesses e publicidade, pelo que nessa óptica devem ser

compreendidas as normas contidas nos artigos 87.° 1. c), 87.° n.° 2, in fine, 89.° n.° 5, 94.° n.° 6 e 203.° n.° 2 do EOA, e artigo 60.° desta D. Lei.

ARTIGO 6.°
Associados

1 – Nas sociedades de advogados podem exercer a sua actividade profissional advogados não sócios que tomam a designação de associados.

2 – Os direitos e deveres dos associados devem constar do contrato de sociedade ou ficar definidos nos planos de carreira e deles deve ser dado conhecimento ao associado, no momento da sua integração na sociedade.

Notas:

1. Ver artigo 203.° n.° 1 do EOA.
2. É reconhecida a figura dos "associados", advogados que participam ocasionalmente nas sociedades como não sócios, mas com aspiração à aquisição do estatuto, o que já era uma situação vulgar mas não tivera contemplação no revogado D. Lei 513/Q/79 de 26 de Dezembro.
3. A definição deste estatuto específico de "associado", a par da obrigação legal de definição dos seus direitos e obrigações nos contratos de sociedade e do estabelecimento de planos de carreira, vem permitir uma maior segurança na integração dos jovens advogados nas sociedades e de uma especialização no início das suas carreiras, o que constitui evolução louvável para o crescimento harmonioso das sociedades de advogados.
4. Quanto aos planos de carreira, vide artigo 62.° deste D. Lei.

CAPÍTULO II
Constituição e registo da sociedade

ARTIGO 7.°
Contrato de sociedade

1 – O contrato de sociedade deve conter obrigatoriamente as seguintes menções:

a) O nome e o número de inscrição na Ordem dos Advogados dos sócios;

b) A firma da sociedade;

c) A sede social;

d) O montante do capital social, a natureza e o valor das participações que o representam e os respectivos titulares;

e) Consistindo a entrada em bens diferentes de dinheiro, a descrição destes, bem como a especificação e a justificação dos respectivos valores;

f) A declaração da realização total ou parcial do capital;

g) O modo de determinação das participações de indústria;

h) O modo de determinação de repartição dos resultados;

i) A forma de designação dos órgãos sociais;

j) Os direitos especiais concedidos a algum ou alguns dos sócios, se existirem;

l) O regime de responsabilidade por dívidas sociais.

2 – O contrato de sociedade pode prever a abertura de outros escritórios da sociedade, no País ou no estrangeiro, para além do escritório da sede.

3 – O contrato de sociedade deve constar de documento particular, salvo quando haja entrada de bens imóveis, caso em que deve constar de escritura pública.

4 – O contrato de sociedade só pode ser outorgado depois de aprovado o projecto do contrato de sociedade pela Ordem dos Advogados, nos termos do artigo seguinte.

Notas:

1. O contrato de sociedade não carece de escritura pública, o que já vem adquirido desde o D. Lei 237/2001 de 30 de Agosto, que então veio alterar o artigo 3.º do D. Lei 513/Q/79 de 26 de Dezembro.

2. Em relação ao regime legal anterior, passaram a ser elementos de inclusão obrigatória nos contratos de sociedade, a descrição dos bens que corresponderam às entradas de capital, quando não tenham sido realizadas em dinheiro, com sua especificação e justificação de valores, os direitos especiais concedidos a algum ou alguns sócios, se existirem, e o regime de responsabilidade por dívidas sociais.

3. O n.º 2 contem uma disposição nova mas que se impunha pela necessidade de ajustamento do regime legal das sociedades de advogados às suas características de mobilidade não só ao nível nacional, mas também multinacional.

ARTIGO 8.º
Aprovação do projecto de contrato de sociedade

1 – O projecto de contrato de sociedade é submetido à aprovação do conselho geral da Ordem dos Advogados, o qual exerce um controlo de

mera legalidade, verificando designadamente se o mesmo está de harmonia com as normas deontológicas constantes do Estatuto da Ordem dos Advogados, bem como com as regras previstas neste diploma.

2 – O projecto de contrato de sociedade deve ser acompanhado do certificado de admissibilidade de firma.

3 – Da deliberação do conselho geral cabe recurso para o conselho superior da Ordem dos Advogados.

4 – Se o conselho geral ou o conselho superior da Ordem dos Advogados não se pronunciarem no prazo de 30 dias, considera-se para todos os efeitos como aprovado o projecto de contrato de sociedade.

Notas:

1. O acto constitutivo de registo só pode ser realizado, nos termos do n.° 4 do artigo 7.°, após aprovação prévia do projecto do contrato de sociedade em conformidade com o presente artigo 8.°, mas tal aprovação já não é exigível para as alterações do pacto social, excepto quando estejam em causa a fusão ou a cisão das sociedades. Vide artigos 38.° e 43.° n.° 2 deste D. Lei.

2. Veja-se ainda o disposto na parte final do n.° 2 do artigo 11.°, quanto à utilização de logótipos.

3. O controlo exercido pelo Conselho Geral através deste preceito, segundo defende Orlando Guedes da Costa in "Direito Profissional do Advogado" 5.ª edição, pág. 129, com o que concordamos, não se tem de confinar à verificação dos aspectos estritamente legais dos projectos de contrato, devendo estender-se ao modo como neles são ajustados e regulamentados os interesses dos sócios, sobretudo quanto à repartição dos lucros entre participações de capital e participações de indústria e quanto aos termos em que os sócios nele participam, assim se assegurando um desejável equilíbrio imposto pelos princípios deontológicos.

ARTIGO 9.°
Registo

1 – No prazo de 15 dias após a outorga do contrato de sociedade, deve ser apresentada ao conselho geral da Ordem dos *Advogados* uma cópia autenticada do contrato, que fica arquivada, a fim de se proceder ao registo em livro próprio.

2 – O conselho geral da Ordem dos Advogados deve promover o registo no prazo de 10 dias.

3 – Fica, ainda, sujeita a registo a identificação de todos os advogados associados e advogados estagiários que exerçam a sua actividade profissional na sociedade de advogados.

4 – Pode o pedido de registo ser recusado com fundamento em violação manifesta de normas deontológicas constantes do Estatuto da Ordem dos Advogados, bem como das regras previstas neste diploma.

5 – Aos casos de recusa de registo é aplicável o disposto no n.º 3 do artigo 8.º.

6 – A Ordem dos Advogados deve comunicar à Direcção-Geral da Administração da Justiça os registos a que proceder.

Notas:

1. No prazo de três meses após o registo de sociedade, deve esta apresentar para depósito os planos de carreira (art. 62.º n.º 2).

CAPÍTULO III
Firma

ARTIGO 10.º
Composição da firma

1 – A firma da sociedade é constituída pelo nome profissional, completo ou abreviado, de todos, alguns ou algum dos sócios da sociedade e termina com a expressão «sociedade de advogados» e a menção do regime de responsabilidade, com as iniciais RL para as sociedades de responsabilidade limitada, ou RI para as sociedades de responsabilidade ilimitada.

2 – Quando a firma não individualize o nome de todos os sócios, deve ser aditada a expressão «e associados» ou «& associados».

3 – A firma da sociedade pode ser mantida com o nome, completo ou abreviado, de ex-sócios mediante autorização escrita destes ou dos seus herdeiros, dada a qualquer momento.

4 – Quando o nome do ex-sócio tenha figurado na firma da sociedade por mais de 20 anos, deixa de ser necessária a autorização referida no número anterior.

Notas:

1. Na parte final do n.º 1 deste preceito faz-se reflectir, em termos de composição da firma, a opção quanto ao regime da responsabilidade pelas dívidas sociais. Vide artigos 33.º a 37.º do D. Lei.

2. Nos n.os 3 e 4. resolve-se, em termos que julgamos equilibrado e satisfatório, problemática antiga no seio da Classe e que se prende com a possibilidade de manu-

tenção na firma da sociedade do nome de ex-sócios, tema particularmente relevante quando em causa estejam sócios fundadores ou sócios que possam ter marcado, de forma significativa, a identidade da sociedade. Com a solução encontrada vai-se ainda ao encontro da ideia de institucionalização das sociedades de advogados, como é assinalado no preâmbulo do D. Lei.

3. Em fase de Projecto chegou a prever-se a possibilidade de livre revogação da autorização concedida por ex-sócio ou seus herdeiros para a manutenção do nome de antigo sócio na firma da sociedade, tendo esta possibilidade de revogação sido afastada na versão final do D. Lei, face à constatação de que tal solução implicaria uma grande instabilidade no seio das sociedades.

4. É eliminada, no actual texto legal, a obrigatoriedade de menção dos nomes completos ou abreviados de todos os associados no papel timbrado da sociedade ou nos escritos profissionais dos sócios, associados ou advogados estagiários, o que era antes exigível pela parte final do n.° 3 do artigo 7.° do D. Lei 513/Q/79 de 26 de Dezembro, bastando agora a inclusão da firma e, cumulativamente, a menção do regime de esponsabilidade limitada ou ilimitada.

5. Quanto ao uso, em geral, de siglas, logótipos ou sinal distintivo do escritório, veja-se o Parecer do Conselho Geral n.° E-20/05, publicado no Boletim da Ordem dos Advogados n.° 40, pág. 63 (anotação 13. ao artigo 89.° do EOA).

ARTIGO 11.°
Correspondência e papel timbrado

1 – A firma da sociedade e cumulativamente a menção «sociedade de advogados de responsabilidade ilimitada» ou «sociedade de advogados de responsabilidade limitada», conforme os casos, deve constar da correspondência e de todos os documentos da sociedade e dos escritos profissionais dos sócios, associados ou advogados estagiários.

2 – Sem prejuízo do previsto no número anterior, é permitido o uso de denominações abreviadas com recurso às iniciais dos nomes que compõem a firma da sociedade, bem como de logótipos, sujeitos a aprovação nos termos do artigo 8.°.

Notas:

1. Sobre o conceito de papel timbrado e obrigatoriedade de inserção da expressão "responsabilidade limitada" em prática isolada, deve ler-se o interessante Parecer do C. Distrital do Porto de 06/01/2007, relatado pelo Dr. Carlos Mateus, onde se conclui que tal expressão deve ser sempre usada enquanto o Advogado pretenda beneficiar dessa limitação, entendendo-se como "papel timbrado" qualquer documento onde se preste informação e publicidade da actividade profissional, assim se incluindo o

suporte escrito no exercício da acção do Advogado, tal como papel de carta, carimbo, cartões de visita, cabeçalho das peças judiciais e também nos documentos extrajudiciais usados nas repartições públicas.

CAPÍTULO IV
Participações sociais, cessão, amortização e transmissão

ARTIGO 12.º
Participações de indústria e de capital

Todos os sócios integram obrigatoriamente a sociedade com participações de indústria e todos, alguns ou algum deles, segundo o que for convencionado, também com participações de capital.

Notas:

1. Quanto à matéria das participações de indústria e capital e regime jurídico de umas e outras, aconselha-se a leitura do estudo elaborado sobre o tema pelo Colega Orlando Guedes da Costa, in "Direito Profissional do Advogado", 5.ª edição, págs. 132 a 140.

ARTIGO 13.º
Participações de indústria

1 – As participações de indústria não concorrem para a formação do capital social e presumem-se iguais, salvo estipulação em contrário do contrato de sociedade.

2 – As participações de indústria são intransmissíveis e extinguem-se sempre que o respectivo titular deixe, por qualquer razão, de ser sócio da sociedade.

3 – Extinguindo-se a participação, o sócio ou os seus herdeiros têm direito, salvo convenção em contrário, a receber da sociedade relativamente à sua participação de indústria e na proporção desta:

a) Uma importância correspondente à quota-parte das reservas sociais constituídas com referência ao período de tempo em que o sócio efectivamente exerceu a sua actividade na sociedade;

b) Uma importância correspondente aos lucros do exercício em curso, que inclui o valor dos serviços já prestados e ainda não facturados, na proporção do tempo decorrido desse exercício.

4 – A transmissão da participação de capital do sócio não implica a extinção da respectiva participação de indústria, salvo deliberação em contrário de todos os outros sócios.

Notas:

1. A definição de uma presunção legal no sentido da igualdade das participações de indústria na falta de estipulação em contrário no pacto social não se revela coerente com a obrigatoriedade de determinação destas participações no contrato de sociedade força da alínea g) do n.° 1 do artigo 7.°.

ARTIGO 14.°
Participações de capital

1 – As participações de capital podem ser realizadas em dinheiro ou em espécie.

2 – Nas participações de capital em espécie não pode ser incluído o valor de clientela de cada sócio.

3 – O disposto no número anterior não obsta a que a clientela de cada sócio seja considerada relevante para efeitos, designadamente, de amortização de participações e de distribuição de lucros, desde que prevista no contrato ou em acordo escrito de todos os sócios.

Notas:

1. Foi tema controvertido, em sede de Projecto, a possibilidade de inclusão do valor da clientela de cada sócio na realização das participações de capital, tendo-se optada em termos finais pela negativa, sem prejuízo de se reconhecer relevância a tal valor para efeitos da amortização de participações e distribuição de lucros, desde que prevista no contrato de sociedade ou seja estabelecida por acordo escrito de todos os sócios. O actual D. Lei afasta-se, assim, da solução vigente no domínio do revogado D. Lei 513/Q/79, decorrente do seu artigo 8.° n.° 2.

ARTIGO 15.°
Cessão de participações de capital entre sócios

1 – A cessão onerosa de participações de capital é livre entre os sócios, sem prejuízo do direito de preferência dos restantes, a exercer na

proporção das suas participações, excepto se o contrato de sociedade dispuser de forma diversa.

2 – O sócio que pretenda ceder, no todo ou em parte, a respectiva participação de capital a algum ou alguns dos sócios deve comunicar aos restantes, por carta registada, com aviso de recepção, obrigatoriamente endereçada para as respectivas residências, ou através de notificação pessoal, mediante assinatura de documento certificador, o valor, os termos e condições da projectada cessão, bem como a identificação do previsto ou previstos cessionários.

3 – Recebida a comunicação, devem os destinatários, no prazo de 15 dias, sob pena de caducidade, declarar se pretendem exercer o seu direito de preferência, mediante carta registada, com aviso de recepção, dirigida ao sócio que pretenda ceder a sua participação, ou através de notificação pessoal, mediante assinatura de documento certificador.

4 – Em caso de exercício do direito de preferência, a participação de capital em causa deve ser transmitida ao projectado cessionário ou cessionários e ao sócio ou sócios preferentes, na proporção das respectivas participações de capital.

ARTIGO 16.º
Cessão de participações de capital a não sócios

1 – A cessão de participações de capital a não sócios só é admitida quando o cessionário seja advogado e depende de autorização da sociedade, concedida por deliberação da assembleia geral, tomada por unanimidade dos votos, ou por maioria qualificada estabelecida no contrato de sociedade.

2 – O sócio que pretenda ceder, no todo ou em parte, a respectiva participação de capital a não sócio deve comunicar à sociedade, por carta registada, com aviso de recepção, ou através de notificação pessoal, mediante assinatura de documento certificador, o valor, os termos e condições da projectada cessão, bem como a identificação do previsto ou previstos cessionários.

3 – Recebida a comunicação, deve a sociedade, no prazo de 45 dias, por carta registada, com aviso de recepção, ou através de notificação pessoal, mediante assinatura de documento certificador, comunicar ao sócio se consente ou não na cessão.

4 – Na falta de resposta, considera-se a cessão autorizada tacitamente.

ARTIGO 17.°
Amortização por recusa de autorização

1 – Se a sociedade recusar a autorização para a cessão de participação de capital a não sócio, deve, no prazo de seis meses, proceder à respectiva amortização se o sócio assim lho exigir no prazo de 15 dias a contar da recepção da comunicação de recusa da sociedade, por carta registada, com aviso de recepção, ou através de notificação pessoal, mediante assinatura de documento certificador.

2 – O valor de amortização da participação de capital é determinado nos termos do disposto no contrato de sociedade ou em acordo escrito de todos os sócios.

3 – Caso o contrato de sociedade não regule a forma de cálculo do valor de amortização da participação de capital, a mesma é amortizada pelo valor correspondente ao preço da projectada cessão, excepto se a sociedade, nos 30 dias seguintes à notificação a que se refere o n.° 1, comunicar ao sócio que não aceita tal preço como valor de amortização.

4 – No caso previsto na parte final do número anterior, o valor da amortização é fixado por uma comissão arbitral composta por três advogados, sendo um designado pela sociedade, outro pelo sócio e o terceiro pelo presidente do conselho distrital da Ordem dos Advogados da sede da sociedade, de entre os seus membros, cabendo a este presidir à comissão, com voto de desempate, e estabelecer os termos do respectivo processo.

5 – A comissão é constituída a requerimento da sociedade ou do sócio dirigido ao presidente do conselho distrital da Ordem dos Advogados da sede da sociedade.

6 – No cálculo da amortização, a comissão arbitral toma em consideração o valor da clientela que acompanhar o sócio na sua saída.

7 – O valor de amortização é acrescido da importância apurada nos termos do n.° 3 do artigo 13.°.

8 – Na determinação do valor de amortização, cada um dos membros da comissão arbitral pode ser auxiliado por um perito.

9 – O valor de amortização é pago nas condições fixadas no contrato de sociedade ou, na sua falta, em três prestações trimestrais de igual valor, vencendo-se a primeira no último dia do mês seguinte àquele em que se procedeu à respectiva fixação.

ARTIGO 18.º
Cessão gratuita

1 – O disposto nos artigos 15.º a 17.º é aplicável, com as necessárias adaptações, à cessão de participações de capital a título gratuito.

2 – Nas comunicações a que se referem o n.º 2 do artigo 15.º e o n.º 2 do artigo 16.º, deve o sócio que pretenda ceder gratuitamente a sua participação de capital atribuir-lhe o respectivo valor.

ARTIGO 19.º
Transmissão não voluntária entre vivos

1 – No caso de transmissão não voluntária entre vivos de participação de capital, a sociedade pode amortizá-la, se o adquirente for advogado.

2 – A deliberação sobre a amortização deve ser tomada no prazo máximo de 60 dias a contar da data em que a sociedade teve conhecimento da transmissão não voluntária.

3 – A transmissão da participação de capital a um não advogado não produz qualquer efeito, estando a sociedade obrigada a proceder à sua amortização.

4 – À fixação e ao pagamento do valor de amortização é aplicável, com as necessárias adaptações, o disposto nos n.os 4 a 9 do artigo 17.º, salvo se o contrato de sociedade dispuser de modo diferente.

Notas:

1. No caso de transmissão não voluntária entre vivos a favor de Advogados, a sociedade pode deliberar pela amortização da participação de capital, sendo esta realizada nos termos do artigo 17.º n.º 4. Caso se trate de uma transmissão a favor de um não advogado, a amortização será obrigatória, aplicando-se igualmente, com as devidas adaptações, as regras dos n.os 4 a 9 do artigo 17.º do D. Lei.

ARTIGO 20.º
Extinção da participação de capital

1 – As participações de capital extinguem-se por morte do titular, tendo os seus herdeiros direito a receber da sociedade o respectivo valor.

2 – O valor é determinado de acordo com os critérios fixados no contrato de sociedade, em acta anterior da assembleia geral assinada pelo

titular ou em acordo escrito de todos os sócios, com intervenção do titular da participação.

3 – Na ausência dos critérios referidos no número anterior, pode o valor ser determinado por acordo entre a sociedade e os herdeiros.

4 – Na falta de acordo, o valor da participação é fixado pela forma prevista nos n.os 4 a 6 do artigo 17.°.

5 – O valor determinado nos termos do disposto no número anterior é acrescido da importância apurada nos termos do n.° 3 do artigo 13.°.

6 – A requerimento de herdeiro ou herdeiros advogados, pode a sociedade consentir na transmissão a estes das participações de capital, mediante deliberação da assembleia geral, tomada por unanimidade, ou por maioria qualificada não inferior a dois terços dos votos expressos, se autorizada pelo contrato, fixando-se logo, por acordo, as participações de indústria que lhes correspondam.

7 – O disposto nos n.os 1 a 5 é aplicável, com as necessárias adaptações, aos casos em que for decretada a interdição ou inabilitação do sócio e, bem assim, quando for cancelada a sua inscrição como advogado.

Notas:

1. Nos casos previstos no n.° 7 deste preceito, o valor das participações de capital pertence ao sócio e não aos seus presumíveis herdeiros, pelo que só poderá ser atribuído a estes com o consentimento do sócio ou com suprimento do seu consentimento. No caso de tal consentimento ou suprimento ocorrer, poderão as participações de capital do sócio interdito ou inabilitado, mediante acordo de todos os sócios, ser transmitidas a favor dos presumíveis herdeiros Advogados, que assim também poderão adquirir originariamente uma participação de indústria.

CAPÍTULO V
Exoneração e exclusão de sócios e impossibilidade temporária

ARTIGO 21.°
Exoneração de sócio

1 – Os sócios têm o direito de se exonerar da sociedade, se a duração desta não tiver sido fixada no contrato de sociedade.

2 – Não se considera para este efeito fixada a duração da sociedade, se esta tiver sido constituída por toda a vida de um sócio ou por período superior a 30 anos.

3 – Havendo fixação de prazo de duração, o direito de exoneração só pode ser exercido nas condições previstas no contrato de sociedade ou quando ocorra justa causa.

4 – Constitui justa causa de exoneração, designadamente:

a) A entrada de novos sócios, se o sócio tiver votado contra a deliberação da assembleia geral;

b) A prorrogação da duração da sociedade, se o sócio tiver votado contra a deliberação da assembleia geral;

c) A ocorrência de justa causa de exclusão de outro sócio, nos termos da alínea a) do n.º 1 do artigo 22.º, se a sociedade não deliberar excluí-lo ou não promover a sua exclusão judicial.

5 – O sócio deve comunicar à sociedade a intenção e os motivos da exoneração, por carta registada, com aviso de recepção, ou através de notificação pessoal, mediante assinatura de documento certificador.

6 – A exoneração só se torna efectiva no fim do ano social em que é feita a comunicação, mas nunca antes de decorridos três meses sobre a data desta comunicação.

7 – Se a causa de exoneração invocada pelo sócio não for aceite pela assembleia geral, a exoneração só pode ser autorizada judicialmente.

8 – O sócio exonerado tem direito a receber da sociedade a quantia apurada nos termos previstos no contrato de sociedade ou em acordo escrito de todos os sócios.

9 – Na ausência dos critérios referidos no número anterior, a quantia é fixada com recurso à comissão arbitral, aplicando-se o disposto nos n.os 4 a 6 do artigo 17.º.

10 – O valor determinado nos termos do disposto no número anterior é acrescido da importância apurada nos termos do n.º 3 do artigo 13.º.

ARTIGO 22.º
Exclusão de sócio

1 – A exclusão de sócio pode verificar-se nos casos previstos no contrato de sociedade e ainda nos seguintes:

a) Quando ao sócio seja imputável violação grave de obrigações para com a sociedade ou de deveres deontológicos;

b) Quando o sócio esteja impossibilitado de prestar ou deixe de prestar de modo continuado à sociedade a actividade profissional inerente à sua participação de indústria.

2 – A exclusão de um sócio depende do voto favorável de pelo menos três quartos do número de sócios que representem três quartos da totalidade dos votos apurados, salvo se o contrato de sociedade exigir um quórum deliberativo superior.

3 – A exclusão produz efeitos decorridos 30 dias sobre a data do registo da deliberação na Ordem dos Advogados.

4 – O direito de oposição judicial do sócio excluído caduca decorrido o prazo referido no número anterior.

5 – Se a sociedade tiver número de sócios inferior a quatro, a exclusão de qualquer deles só pode ser decretada judicialmente.

6 – O sócio ao qual tenha sido aplicada pena disciplinar de expulsão considera-se automaticamente excluído da sociedade.

7 – O sócio excluído tem direito a receber da sociedade a quantia apurada nos termos previstos no contrato de sociedade ou em acordo escrito de todos os sócios.

8 – Na ausência dos critérios referidos no número anterior, a quantia é fixada com recurso à comissão arbitral, aplicando-se o disposto nos n.os 4 a 6 do artigo 17.°

9 – O valor determinado nos termos do disposto no número anterior é acrescido da importância apurada nos termos do n.° 3 do artigo 13.°.

Notas:

1. Para a integração dos conceitos de "violação grave de obrigações para com a sociedade ou de deveres deontológicos" e "impossibilidade de prestar ou deixe de prestar de modo continuado à sociedade a actividade profissional", usados nas alíneas a) e b) do n.° 1 deste preceito como constituindo causas de exclusão, deve atender-se ao que se estabelece nos artigos 23.° e 24.°, nomeadamente ao que neles consta nos seus n.os 3 e 2, respectivamente. Assim, poderá desta análise conjunta concluir-se que a exclusão de um sócio poderá ocorrer quando a impossibilidade temporária ou o período de suspensão da inscrição se prolongar, pelo menos, durante trinta meses, ou em caso de condenação em pena disciplinar de suspensão.

ARTIGO 23.º
Impossibilidade temporária de exercício por motivos de saúde

1 – No caso de impossibilidade temporária de exercício da profissão por motivos de saúde, o sócio mantém o direito aos resultados correspondentes à sua participação de capital.

2 – Salvo estipulação diversa mais favorável no contrato de sociedade ou em acordo escrito dos sócios, durante os primeiros seis meses de impossibilidade, mantém o sócio direito aos lucros correspondentes à participação de indústria e, no período subsequente, até dois anos, direito a metade dos mesmos.

3 – Se a impossibilidade exceder 30 meses, ou prazo superior estipulado no contrato, pode a sociedade proceder à amortização da participação de capital do sócio, extinguindo-se simultaneamente a respectiva participação de indústria.

4 – O valor de amortização é determinado de acordo com os critérios fixados no contrato de sociedade ou em acordo escrito celebrado entre sócios, com intervenção do titular da participação.

5 – Na ausência dos critérios referidos no número anterior, pode o valor ser determinado por acordo entre a sociedade e o sócio.

6 – Na falta de acordo, o valor de amortização é fixado pela forma prevista nos n.os 4 a 6 do artigo 17.º.

7 – O valor determinado nos termos do disposto no número anterior é acrescido da importância apurada nos termos do n.º 3 do artigo 13.º.

8 – O contrato de sociedade pode fixar condições mais favoráveis para o sócio impossibilitado temporariamente, mas não pode reduzir os benefícios que constam do presente regime.

ARTIGO 24.º
Suspensão da inscrição do sócio como advogado

1 – No caso de suspensão da inscrição do sócio como advogado, este mantém direito a metade dos lucros correspondentes à participação de indústria, mas apenas durante os primeiros seis meses de duração da suspensão.

2 – Se o sócio for condenado em pena disciplinar de suspensão, é

aplicável o estabelecido no número anterior, excepto se a sociedade deliberar a exclusão do sócio.

Notas:

1. Cfr. com o artigo 10.° n.ºs 3 e 4.

CAPÍTULO VI
Das deliberações dos sócios

ARTIGO 25.°
Assembleias gerais

1 – Compete à assembleia geral dos sócios deliberar sobre as matérias não compreendidas nas atribuições legais ou estatutárias da administração.

2 – Dependem de deliberação dos sócios os seguintes actos, além de outros que o presente diploma ou o contrato indicarem:

a) Consentimento para transmissão de participações de capital;

b) Amortização de participação de capital;

c) Extinção da participação de indústria;

d) Admissão e exclusão de sócio;

e) Designação e destituição de administradores e fixação das respectivas remunerações;

f) Alienação ou oneração de bens imóveis e do estabelecimento da sociedade;

g) Aprovação das contas e dos resultados de exercício;

h) Distribuição de lucros;

i) Propositura de acções contra sócios e administradores;

j) Participação em consórcios, agrupamentos complementares de empresas e em agrupamentos europeus de interesse económico;

l) Prorrogação da duração da sociedade;

m) Dissolução da sociedade;

n) Fusão e cisão da sociedade;

o) Outras alterações do contrato de sociedade;

p) Ratificação dos actos celebrados em nome da sociedade antes do registo do contrato.

3 – A assembleia geral é constituída por todos os sócios da sociedade e não pode deliberar, em primeira convocação, sem a presença de, pelo menos, três quartos dos sócios.

4 – Salvo disposição em contrário do presente diploma ou do contrato de sociedade, as deliberações são tomadas por maioria dos votos expressos.

5 – À convocação e funcionamento das assembleias gerais, bem como ao conteúdo das deliberações, são aplicáveis as disposições dos artigos 174.° e 176.° a 179.° do Código Civil.

ARTIGO 26.°
Votos

1 – Cada sócio dispõe de, pelo menos, um voto.

2 – O contrato de sociedade pode atribuir mais votos a algum ou alguns sócios ou a categorias de sócios.

3 – Na falta de disposição do contrato de sociedade, ao capital e à indústria corresponde um número igual de votos, a distribuir na proporção das participações de capital e de indústria de cada um dos sócios.

4 – Em assembleia geral, o sócio pode fazer-se representar no exercício do direito de voto por outro sócio, mandatado por meio de simples carta.

ARTIGO 27.°
Actas

1 – As deliberações dos sócios devem constar de acta, que é assinada por todos os sócios que tomaram parte na assembleia.

2 – Quando algum sócio, devendo fazê-lo, não assinar a respectiva acta, deve a sociedade notificá-lo, por carta registada, com aviso de recepção, para que, em prazo não inferior a oito dias, a assine.

3 – Decorrido esse prazo, a acta adquire força probatória plena, desde que assinada pela maioria dos sócios que tomaram parte na assembleia, e a ela se anexa cópia da referida carta e o aviso de recepção.

CAPÍTULO VII
Da administração da sociedade

ARTIGO 28.°
Administração

1 – Todos os sócios têm igual poder para administrar a sociedade, independentemente da forma societária escolhida, salvo estipulação em contrário do contrato de sociedade.

2 – O exercício dos poderes de administração deve conformar-se com a independência do sócio, enquanto advogado, relativamente à prática dos respectivos actos profissionais.

3 – Os administradores respondem perante a sociedade pelos danos a esta causados por actos ou omissões culposos praticados no exercício do cargo com preterição dos deveres legais e contratuais.

4 – A acção de responsabilidade proposta pela sociedade depende de deliberação da assembleia geral.

ARTIGO 29.°
Procuradores

Os administradores podem constituir procuradores da sociedade para a prática de determinados actos ou categorias de actos, devidamente especificados na respectiva procuração.

CAPÍTULO VIII
Das contas, remunerações e distribuição de lucros

ARTIGO 30.°
Contas da sociedade

1 – A administração deve elaborar e submeter à assembleia geral as contas do exercício, acompanhadas do relatório de gestão, do balanço e da demonstração de resultados e dos respectivos anexos, no prazo de três meses a contar da data do encerramento de cada exercício anual.

2 – A sociedade pode atribuir mensalmente aos sócios uma importância fixa por conta dos lucros a distribuir.

3 – As contas das sociedades de advogados de responsabilidade limitada devem ser depositadas na Ordem dos Advogados, no prazo de 60 dias a contar da sua aprovação.

Notas:

1. As contas das sociedades de advogados depositadas na Ordem dos Advogados são confidenciais, salvo acordo da própria sociedade na sua revelação, sem prejuízo, em qualquer caso, das normas aplicáveis em matéria de sigilo e de publicidade.

2. Sem o acordo da própria sociedade de advogados, a revelação ou publicitação, qualquer que seja a forma, de contas depositadas na Ordem dos Advogados ou de quaisquer elementos constantes dessas contas apenas pode ocorrer quando solicitada por razões de interesse público ou por razões de interesse privado que se devam sobrepor ao direito à reserva que, nessa matéria, assiste às sociedades de advogados, e após autorização do Conselho Geral da Ordem.

3. No sentido de facilitar a verificação do cumprimento do disposto no n.º 2 do artigo 37.º do Regime Jurídico das Sociedades de Advogados, devem estas, quando optarem pelo regime de responsabilidade limitada, proceder à junção, juntamente com o depósito das suas contas na Ordem, de uma declaração, sob responsabilidade dos administradores signatários, relativa ao valor da sua facturação no exercício findo.

4. Por parecer divulgado no site da Ordem dos Advogados, o Instituto das Sociedades de Advogados, confirmando a natureza confidencial das contas depositadas por decorrência deste preceito, afirmou o princípio de que a revelação ou publicação de qualquer dos elementos destas contas, sem o acordo prévio da própria sociedade de advogados, apenas poderá ocorrer por razões de interesse público ou por razões de interesse privado (entenda-se interesse pessoal, directo e legítimo) que se devam sobrepor ao direito de reserva e apenas sob autorização do Conselho Geral da Ordem.

ARTIGO 31.º
Remunerações

Salvo disposição do contrato ou deliberação da assembleia geral em contrário, as remunerações de qualquer natureza cobradas como contraprestação da actividade profissional da advocacia dos sócios e dos associados constituem receitas da sociedade.

ARTIGO 32.°
Distribuição de lucros

1 – A distribuição dos lucros é deliberada em assembleia geral, segundo o que se encontrar estabelecido no contrato de sociedade ou em acordo escrito de todos os sócios.

2 – A divisão dos lucros entre os sócios pode não ser proporcional ao valor das participações de cada um.

3 – A deliberação referida no n.° 1 tem de ser tomada por uma maioria de três quartos dos votos expressos.

4 – Na falta de quórum deliberativo, os lucros são distribuídos por todos os sócios na proporção das suas participações.

Notas:

1. Cfr. artigo 7.° n.° 1 alínea b) deste D. Lei.

2. Enquanto pela alínea h) do n.° 1 do artigo 7.° se determina a obrigatoriedade de menção no contrato de sociedade do modo de repartição de resultados, o n.° 4 deste artigo 32.° admite que o contrato de sociedade nada refira a tal respeito, introduzindo a solução supletiva da distribuição na proporção das participações, o que revela incoerência entre ambas as normas, a superar em futura revisão do texto do D. Lei.

3. Cfr. artigo 30.° n.° 2 do D. Lei.

CAPÍTULO IX
Tipos de sociedade e regime de responsabilidade

ARTIGO 33.°
Tipos de sociedade

1 – As *sociedades* de *advogados* devem optar, no momento da constituição, por um dos dois tipos seguintes, consoante o regime de responsabilidade por dívidas sociais a adoptar:

a) Sociedades de advogados de responsabilidade ilimitada;
b) Sociedades de advogados de responsabilidade limitada.

2 – A responsabilidade por dívidas sociais inclui as geradas por actos praticados ou por omissões imputadas a sócios, associados e advogados estagiários, no exercício da profissão.

ARTIGO 34.°
Sociedade de responsabilidade ilimitada

1 – Nas sociedades de advogados de responsabilidade ilimitada, os sócios respondem pessoal, ilimitada e solidariamente pelas dívidas sociais.

2 – Os credores da sociedade só podem, no entanto, exigir aos sócios o pagamento de dívidas sociais após a prévia excussão dos bens da sociedade.

Notas:

1. Vide artigo 524.° do C. Civil.

ARTIGO 35.°
Sociedade de responsabilidade limitada

1 – Nas sociedades de advogados de responsabilidade limitada, apenas a sociedade responde pelas dívidas sociais.

2 – O capital social mínimo é de (euro) 5000, a subscrever e a realizar integralmente em dinheiro.

ARTIGO 36.°
Direito de regresso

1 – As sociedades de advogados têm direito de regresso contra o sócio, associado ou advogado estagiário responsável pelos actos ou omissões culposos geradores de responsabilidade da sociedade.

2 – Para efeitos do direito de regresso entre os sócios, cada um responde pelas dívidas sociais na proporção em que participe nos resultados, salvo estipulação diversa do contrato de sociedade.

ARTIGO 37.°
Seguro obrigatório de responsabilidade civil

1 – As sociedades de advogados que optem pelo regime de responsabilidade limitada devem obrigatoriamente contratar um seguro de responsabilidade civil para cobrir os riscos inerentes ao exercício da actividade

profissional dos seus sócios, associados, advogados estagiários, agentes ou mandatários.

2 – O capital mínimo obrigatoriamente seguro não pode ser inferior ao valor correspondente a 50% do valor de facturação da sociedade no ano anterior, com um mínimo de (euro) 50 000 e um máximo de (euro) 5 000 000.

3 – No ano de constituição da sociedade de advogados, o valor do seguro de responsabilidade civil corresponde ao limite mínimo referido no número anterior.

4 – O não cumprimento do disposto no presente artigo implica a responsabilidade ilimitada dos sócios pelas dívidas sociais geradas durante o período do incumprimento do dever de celebração do seguro.

Notas:

1. Quanto ao regime da responsabilidade civil profissional e respectivo seguro oferecido pela OA aos Advogados com inscrição em vigor, veja-se o artigo 99.° do EOA e suas anotações.

2. I – Caso a sociedade de advogados opte pelo regime de responsabilidade limitada, a obrigação legal de seguro obrigatório de responsabilidade civil decorre de lei especial – Regime Jurídico das Sociedades de Advogados.

II – Salvo melhor opinião, não nos parece que a obrigação prevista na conclusão anterior, possa ser suprida pela existência de seguro de RC Profissional (individual) de cada um dos advogados da sociedade.

III – A previsão do direito de regresso da sociedade sobre os sócios e associados, prevista no artigo 36.° do RJSA, parece apontar no sentido de que mesmo existindo seguro de responsabilidade civil da sociedade, tal seguro não dispensa o seguro de RC Profissional de cada advogado.

IV – Os seguros de RC Profissional que os advogados de uma sociedade contratem individualmente (reforçando o seguro base que a O.A. disponabiliza) não suprem a obrigação de seguro que é imposta às sociedades de advogados de responsabilidade limitada.

V – Se a sociedade de advogados não estabelecer seguro de RC Profissional, deverá entender-se que optou pelo regime de responsabilidade ilimitada, caso em que os sócios responderão pessoal, ilimitada e solidariamente.

Parecer do Conselho Geral n.° 6/PP/2008-G de 20 de Fevereiro de 2008.

CAPÍTULO X
Alterações do contrato

ARTIGO 38.º
Alterações em geral

1 – As alterações do contrato de sociedade dependem de deliberação dos sócios, aprovada por maioria de três quartos dos votos expressos.

2 – Nos casos em que o contrato de sociedade conceda direitos especiais a algum dos sócios, não podem os direitos concedidos ser suprimidos ou coarctados sem consentimento do respectivo titular, salvo estipulação expressa em contrário no contrato de sociedade.

3 – As alterações do contrato de sociedade só produzem efeitos a partir do registo da acta da assembleia geral que tenha aprovado a deliberação, a efectuar nos termos do disposto no artigo 9.º.

CAPÍTULO XI
Fusão e cisão de sociedades

SECÇÃO I
Fusão de sociedades

ARTIGO 39.º
Noção e modalidades

1 – É permitida a fusão de duas ou mais sociedades de advogados mediante a sua reunião numa única sociedade.

2 – A fusão pode realizar-se:

a) Mediante a transferência global do património de uma ou mais sociedades para outra e atribuição aos sócios daquela de participações desta, de indústria ou de capital e de indústria;

b) Mediante a constituição de uma nova sociedade, para a qual se transferem globalmente os patrimónios das sociedades fundidas, sendo aos sócios destas atribuídas participações de indústria ou de capital e de indústria na nova sociedade.

ARTIGO 40.°
Projecto de fusão

1 – As administrações das sociedades que pretendam fundir-se devem elaborar, em conjunto, um projecto de fusão, do qual constem, pelo menos, os seguintes elementos:

a) A modalidade, os motivos, as condições e os objectivos da fusão, relativamente a todas as sociedades participantes;
b) A firma, a sede, o montante do capital e a data de registo na Ordem dos Advogados de cada uma das sociedades;
c) A descrição e valor dos elementos do activo e do passivo a transferir para a sociedade incorporante ou para a nova sociedade;
d) As participações, de indústria ou de capital e de indústria, a atribuir aos sócios da sociedade a incorporar ou das sociedades a fundir;
e) O projecto de alteração a introduzir no contrato da sociedade incorporante ou o projecto de contrato da nova sociedade;
f) A data a partir da qual as operações da sociedade incorporada ou das sociedades a fundir são consideradas, do ponto de vista contabilístico, como efectuadas por conta da sociedade incorporante ou da nova sociedade;
g) Os direitos assegurados pela sociedade incorporante ou pela nova sociedade a sócios da ou das sociedades incorporadas ou das sociedades a fundir que possuam direitos especiais;
h) As medidas de protecção dos direitos dos credores.

2 – O projecto de fusão deve ser aprovado pela assembleia geral de cada uma das sociedades por maioria de três quartos dos votos expressos.

3 – A deliberação só pode ser executada depois de obtido o consentimento dos sócios que, por força da fusão, percam direitos especiais de que sejam titulares.

ARTIGO 41.º
Noção e modalidades

1 – É permitida a cisão de sociedades de advogados.

2 – As sociedades de advogados podem:

a) Destacar parte do seu património para efeitos de constituição de outra sociedade de advogados;

b) Dissolver-se e dividir o seu património, sendo cada uma das partes resultantes destinada a constituir uma nova sociedade de advogados;

c) Destacar partes do seu património ou dissolver-se, dividindo o seu património em duas ou mais partes, para as fundir com sociedades de advogados já existentes ou com partes do património de outras sociedades de advogados, separadas por idênticos processos e com igual finalidade.

ARTIGO 42.º
Projecto de cisão

1 – A administração de sociedade que pretenda cindir-se ou, tratando-se de cisão-fusão, as administrações das sociedades participantes devem elaborar, em conjunto, um projecto de cisão, donde constem, pelo menos, os seguintes elementos:

a) A modalidade, os motivos, as condições e os objectivos da cisão relativamente a todas as sociedades participantes;

b) A firma, a sede, o montante do capital e a data do registo na Ordem dos Advogados de cada uma das sociedades participantes;

c) A descrição e valor dos elementos do activo e do passivo a transmitir para as novas sociedades ou, no caso de cisão-fusão, para as sociedades incorporantes;

d) As participações, de indústria ou de capital e de indústria, a atribuir aos sócios das novas sociedades ou, no caso de cisão-fusão, das sociedades incorporantes;

e) O projecto de contrato das novas sociedades ou, no caso de cisão-fusão, o projecto de alteração a introduzir no contrato das sociedades incorporantes;

f) A data a partir da qual as operações da sociedade cindida ou, no caso de cisão-fusão, das sociedades incorporantes, são consideradas, do ponto de vista contabilístico, como efectuadas por conta da ou das sociedades resultantes da cisão;

g) Os direitos assegurados pelas sociedades resultantes da cisão ou, no caso de cisão-fusão, pelas sociedades incorporantes aos sócios da ou das sociedades cindidas ou aos sócios das sociedades incorporadas titulares de direitos especiais;

h) As medidas de protecção dos direitos dos credores.

2 – O projecto de cisão deve ser aprovado pela assembleia geral da sociedade cindida e, no caso de cisão-fusão, pelas assembleias gerais das sociedades participantes, por maioria de três quartos dos votos expressos.

3 – As deliberações só podem ser executadas depois de obtido o consentimento dos sócios que, por força da cisão, percam direitos especiais de que sejam titulares.

SECÇÃO III
Disposições comuns

ARTIGO 43.°
Registo do projecto e aprovação do contrato

1 – O projecto de fusão ou de cisão deve ser registado na Ordem dos Advogados.

2 – O contrato de sociedade incluído no projecto de fusão ou de cisão deve ser submetido à aprovação da Ordem dos Advogados nos termos do artigo 8.°.

ARTIGO 44.°
Direito de exoneração dos sócios

O sócio ou sócios que votarem contra o projecto de fusão ou de cisão têm o direito de se exonerar da sociedade, com efeitos imediatos, equivalendo tal direito a justa causa de exoneração para os efeitos previstos no artigo 21.°.

ARTIGO 45.º
Outorga do contrato

Aprovada a fusão ou a cisão pelas assembleias gerais e decorrido o prazo de 30 dias a contar do registo referido no n.º 1 do artigo 43.º, compete à administração das sociedades participantes outorgar o respectivo contrato, o qual está sujeito à forma escrita, devendo ser celebrado por escritura pública se a fusão implicar transmissão de bens imóveis.

ARTIGO 46.º
Registo

É aplicável ao registo da fusão e da cisão o disposto no artigo 9.º.

ARTIGO 47.º
Efeitos do registo

1 – Com o registo da fusão:

a) Extinguem-se as sociedades incorporadas ou, no caso de constituição de nova sociedade, todas as sociedades fundidas, transmitindo-se os seus direitos e obrigações para a sociedade incorporante ou para a nova sociedade;

b) Os sócios das sociedades extintas tornam-se sócios da sociedade incorporante ou da nova sociedade.

2 – Com o registo da cisão:

a) Transmitem-se os direitos e obrigações da sociedade cindida para a nova sociedade ou, no caso de cisão-fusão, para a sociedade incorporante;

b) No caso de cisão-dissolução, extingue-se a sociedade cindida;

c) Os sócios da sociedade cindida a quem sejam atribuídas participações de capital ou de capital e de indústria da sociedade incorporante ou da nova sociedade, tornam-se sócios das mesmas.

CAPÍTULO XII
Formas de associação

ARTIGO 48.°
Consórcio de sociedades de advogados

1 – É admitido o consórcio entre duas ou mais sociedades de advogados para o exercício, em conjunto e por período limitado, da actividade profissional de advogado.

2 – O consórcio com sociedades de advogados estrangeiras só é permitido nos casos em que estas exerçam em exclusivo a actividade de advocacia.

ARTIGO 49.°
Constituição

1 – O consórcio é constituído por contrato, o qual deve ser celebrado por escrito.

2 – Os termos e condições do contrato são livremente estabelecidos pelas partes, com respeito pelas normas deontológicas aplicáveis e pelos preceitos do presente diploma.

Notas:

1. O consórcio consiste numa associação concertada para a realização de uma actividade, contribuição ou finalidade comum – Vide D. Lei 231/81 de 28 de Julho de 1981.

ARTIGO 50.°
Registo do contrato de consórcio

É aplicável ao registo do contrato de consórcio, bem como às alterações subsequentes, o disposto no artigo 9.°.

ARTIGO 51.º
Agrupamento complementar de empresas (ACE)

1 – As sociedades de advogados podem agrupar-se entre si sob a forma de agrupamento complementar de empresas (ACE).

2 – O ACE é constituído nos termos e condições livremente estabelecidas pelas partes, com respeito pelas normas deontológicas aplicáveis, pelos preceitos do presente diploma e da legislação específica respectiva.

3 – Não são permitidos ACE com sociedades de advogados estrangeiras que não exerçam em exclusivo a actividade de advocacia.

4 – À aprovação e registo do contrato de ACE são aplicáveis as normas previstas nos artigos 8.º e 9.º.

Notas:

1. Os ACE estão previstos e regulados pela Lei 47/73 de 4 de Junho de 1973 e pelo Regulamento 430/73 de 25 de Agosto de 1973.

2. Os ACE visam melhorar as condições de exercício ou de resultados das actividades económicas das empresas associadas, não se destinando à obtenção directa e partilha de lucros.

ARTIGO 52.º
Agrupamento europeu de interesse económico (AEIE)

1 – As sociedades de advogados podem agrupar-se entre si sob a forma de agrupamento europeu de interesse económico (AEIE).

2 – O AEIE é constituído nos termos e condições livremente estabelecidos pelas partes, com respeito pelas normas deontológicas aplicáveis, pelos preceitos do presente diploma e da legislação específica respectiva.

3 – Não são permitidos AEIE com sociedades de advogados estrangeiras que não exerçam em exclusivo a actividade de advocacia.

4 – À aprovação e registo do contrato de AEIE são aplicáveis as normas previstas nos artigos 8.º e 9.º.

Notas:

1. A figura jurídica dos AEIE foi criada pelo Regulamento CEE n.º 2137/85 do Conselho, de 25 de Julho de 1985, publicado no Jornal Oficial das Comunidades Euro-

peias n.° L 199 de 31 de Julho de 1985 e foi acolhida na ordem jurídica portuguesa pelos Decretos-lei n.os 148/90 de 9 de Maio e 1/91 de 5 de Janeiro, prevendo o art. 1.° n.° 2 e 7.° do Código de Registo Comercial a obrigatoriedade de registo de certos factos relativos ao AEIE.

2. O D. Lei 229/2004 de 10 de Dezembro veio por termo a alguma controvérsia quanto à possibilidade legal de os Advogados portugueses e as Sociedades de Advogados portuguesas poderem legitimamente integrar os AEIE em função das exigências deontológicas específicas da profissão. No sentido desfavorável pronunciou-se o Colega Orlando Guedes da Costa, no seu "Direito Profissional do Advogado" e relator de um Parecer nesse sentido que foi aprovado em Conselho Geral em Janeiro de 1990; defendendo tese oposta, foi em 1997 aprovado outro Parecer pelo Conselho Geral – P.° E-27/97, relatado pelo Colega Robin de Andrade, publicado no Relatório e Contas do Conselho Geral, 1998, pág. 18. Sobre o tema, agora superado pela solução legal de presente D. Lei, veja-se o citado "Direito Profissional do Advogado", 5.ª edição, de Orlando Guedes da Costa, págs. 163 a 165.

ARTIGO 53.°
Deliberação

A participação da sociedade de advogados em consórcios, agrupamentos complementares de empresas ou agrupamentos europeus de interesse económico depende de deliberação dos sócios, aprovada por maioria de três quartos dos votos expressos.

CAPÍTULO XIII
Dissolução, liquidação e partilha da sociedade

ARTIGO 54.°
Dissolução imediata

1 – A sociedade dissolve-se nos casos previstos na lei, no contrato de sociedade e ainda:

a) Pelo decurso do prazo fixado no contrato de sociedade, se não ocorrer prorrogação;

b) Quando, no prazo de seis meses, não for reconstituída a pluralidade de sócios;

c) Por deliberação dos sócios, aprovada por unanimidade, salvo se diversamente convencionado no contrato de sociedade;

d) Por sentença que declare a insolvência da sociedade.

2 – No caso previsto na alínea a) do n.º 1, podem os sócios deliberar, por maioria de três quartos dos votos expressos, o reconhecimento da dissolução e, bem assim, pode qualquer sócio, herdeiro de sócio, credor da sociedade ou credor de sócio promover a justificação notarial da dissolução.

3 – No caso previsto na alínea b) do n.º 1, a dissolução deve ser decretada pelo conselho geral da Ordem dos Advogados, que promove o respectivo registo, notificando o sócio da decisão.

4 – Pode o sócio único, no prazo de 10 dias a contar da data da notificação, requerer ao conselho geral da Ordem dos Advogados que lhe seja concedido um prazo razoável para regularizar a situação, suspendendo-se entretanto a dissolução da sociedade.

5 – A dissolução da sociedade deve ser registada no prazo de 15 dias a contar da data do título em que é reconhecida.

6 – A dissolução da sociedade produz efeitos após o registo.

Notas:

1. As sociedades unipessoais de advogados não são admissíveis e não só pela razão fundamental invocada pelo Colega Valério Bexiga, com a qual concordamos sem hesitação, de que "O advogado, como qualquer besta cavalar, não faz parelha sozinho. E, muito menos, sociedade, que, ademais, representa a personificação da parelha" – Ver Lições de Deontologia Profissional, pág. 121, edição do Autor com o apoio do Conselho Distrital de Faro da Ordem dos Advogados.

Na verdade, como pelo mesmo Autor é referido, o regime jurídico das sociedades civis não contempla a figura das sociedades unipessoais e, sendo estas, por essência, de responsabilidade limitada, não se adequaria ao regime das sociedades de advogados que podem ser de responsabilidade ilimitada.

Por isso, estabelece a alínea b) do n.º 1 do presente preceito que, no caso de uma sociedade de advogados cair em situação de unipessoalidade, a mesma se extinguirá se a pluralidade de sócios não for reconstituída ao fim de seis meses.

2. Em caso de declaração de insolvência da sociedade por sentença judicial, deve aplicar-se o regime previsto no Código de Insolvência e Recuperação de Empresas. Vide artigo 59.º deste D. Lei.

ARTIGO 55.º
Dissolução por sentença judicial

1 – Pode ser requerida a dissolução judicial da sociedade com fundamento em facto previsto na lei ou no contrato e ainda:

a) Se, por força de decisão dos órgãos competentes da Ordem dos Advogados, a sociedade ficar impedida de exercer a sua actividade;
b) Se a sociedade não tiver exercido qualquer actividade durante dois anos consecutivos.

2 – Ocorrendo qualquer dos casos previstos no número anterior, podem os sócios, por maioria de três quartos dos votos expressos, em assembleia geral para o efeito convocada, dissolver a sociedade, mas, nesse caso, a dissolução só produz efeitos após o registo a promover nos termos do n.º 5 do artigo anterior.
3 – A deliberação prevista no número anterior só pode ser tomada dentro dos seis meses seguintes à ocorrência da causa de dissolução.

ARTIGO 56.º
Acção de dissolução judicial

1 – A acção de dissolução judicial da sociedade pode ser proposta por um sócio, por um credor da sociedade ou pela Ordem dos Advogados, representada pelo bastonário.
2 – A acção de dissolução judicial da sociedade deve ser proposta no prazo de seis meses a contar da data em que o requerente tomou conhecimento do facto que fundamenta a dissolução, mas não depois de decorridos dois anos sobre a sua verificação.
3 – Quando o requerente da dissolução for o bastonário, pode a acção ser proposta a todo o tempo.

ARTIGO 57.º
Exercício da advocacia pelos sócios

Dissolvida a sociedade, é permitido aos sócios o exercício profissional de advocacia a título individual, ou noutra sociedade de advogados, ainda que não se encontre concluído o processo de liquidação e partilha.

ARTIGO 58.º
Liquidação do património social

1 – Dissolvida a sociedade, deve proceder-se à liquidação do seu património.

2 – São liquidatários os administradores da sociedade, salvo cláusula do contrato de sociedade, deliberação social ou acordo escrito entre todos os sócios em contrário.

3 – Cabe aos liquidatários praticar os actos necessários à liquidação do património social, nomeadamente ultimar os negócios pendentes, cobrar os créditos da sociedade, alienar os bens da sociedade, pagar aos credores sociais e propor a forma de partilha do remanescente do activo social, se o houver.

4 – O pagamento do passivo ou a consignação das quantias necessárias a esse fim tem prioridade sobre a partilha dos bens sociais.

5 – Extintas as dívidas sociais, o activo remanescente é destinado ao reembolso das entradas de capital pelo valor que tinham à data da sua realização, se outro não resultar do contrato de sociedade, de deliberação social ou de acordo escrito entre todos os sócios.

6 – Após o reembolso das entradas de capital, procede-se à distribuição do activo restante pelos sócios na proporção da parte que lhes caiba nos lucros.

7 – Se à data da dissolução a sociedade não tiver dívidas, podem os sócios proceder imediatamente à partilha do activo social.

ARTIGO 59.º
Insolvência da sociedade

1 – É aplicável à insolvência da sociedade de advogados o regime previsto no Código da Insolvência e da Recuperação de Empresas.

2 – A declaração de insolvência da sociedade de advogados obriga à correspondente comunicação nos processos judiciais em que existe mandato forense a favor de sócios da sociedade, designadamente para efeitos de eventual constituição de novo mandatário judicial, de prestação de contas e de liquidação de honorários.

3 – O administrador de insolvência deve constar da lista oficial e é designado, a solicitação do juiz do processo, pelo presidente do conselho distrital da Ordem dos Advogados com jurisdição na localidade onde a sociedade tem a sua sede.

CAPÍTULO XIV
Regras deontológicas

ARTIGO 60.°
Conflitos de interesses

A sociedade de advogados, ainda que assegure internamente a criação de grupos de trabalho independentes, não pode patrocinar causas ou clientes quando tal facto consubstanciar uma situação de conflito de interesses nos termos legais.

Notas:

1. Sobre o conflito de interesses, veja-se os artigos 94.° e 78.° do EOA.

ARTIGO 61.°
Formação de estagiários

A sociedade de advogados e o advogado responsável pela direcção do estágio devem acompanhar e estimular a formação do estagiário, nomeadamente no patrocínio de processos e em diligências judiciais.

Notas:

1. Cfr. artigo 86.° f) do EOA.

ARTIGO 62.°
Planos de carreira

1 – A sociedade de advogados deve elaborar planos de carreira que detalhem as eventuais categorias e os critérios de progressão dos associados dentro da sociedade, bem como o modo do possível acesso à categoria de sócio de indústria, ou de capital e de indústria.

2 – Os planos de carreira devem ser depositados na Ordem dos Advogados três meses após o registo do contrato de sociedade.

Notas:

1. Cfr. artigo 6.° deste D. Lei 229/2004.

CAPÍTULO XV
Disposições finais e transitórias

ARTIGO 63.º
Regime transitório

As sociedades de advogados constituídas antes da entrada em vigor do presente diploma devem adoptar as regras estabelecidas no presente diploma no prazo de 180 dias a contar da data da sua entrada em vigor, sob pena de poder ser requerida a dissolução judicial.

ARTIGO 64.º
Revogação

É revogado o Decreto-Lei n.º 513-Q/79, de 26 de Dezembro, com as alterações introduzidas pelo Decreto-Lei n.º 237/2001, de 30 de Agosto.

ARTIGO 65.º
Entrada em vigor

O presente diploma entra em vigor 30 dias após a data da sua publicação.

Visto e aprovado em Conselho de Ministros de 28 de Outubro de 2004. – *Pedro Miguel de Santana Lopes* – *José Pedro Aguiar Branco*.

Promulgado em 22 de Novembro de 2004.
Publique-se.
O Presidente da República, JORGE SAMPAIO.

Referendado em 25 de Novembro de 2004.
O Primeiro-Ministro, *Pedro Miguel de Santana Lopes*.

3.2.

LEI N.° 49/2004
de 24 de Agosto

Define o sentido e o alcance dos actos próprios dos advogados e dos solicitadores e tipifica o crime de procuradoria ilícita (Sétima alteração ao Estatuto da Ordem dos Advogados e primeira alteração ao Estatuto da Câmara dos Solicitadores).

A Assembleia da República decreta, nos termos da alínea c) do artigo 161.° da Constituição, para valer como lei geral da República, o seguinte:

Notas:

1. Com aprovação desta Lei 49/2004 de 24 de Agosto há muito reclamada pelos Advogados e pela Ordem dos Advogados, foi dado um assinalável passo no domínio do combate à procuradoria ilícita. O diploma visa essencialmente:

a) Definir em concreto os actos de procuradoria ilícita;

b) Criar um novo tipo de crime específico para quem os pratique sem a necessária habilitação – crime de procuradoria ilícita;

c) Atribuir à Ordem dos Advogados e à Câmara dos Solicitadores a legitimidade para se constituírem assistentes nos processos-crime contra os agentes infractores;

d) Estabelecer um regime contra-ordenacional para sancionar a actuação de promoção, divulgação e publicidade dos actos de procuradoria ilícita, quando da responsabilidade de pessoas não autorizadas à sua prática;

e) Reforçar a responsabilidade civil pelos danos decorrentes da lesão de interesses públicos inerentes ao regime de proibição da procuradoria ilícita pela instituição do princípio da presunção de culpa, e definir a Ordem dos Advogados e a Câmara dos Solicitadores como entidades com legitimidade para a propositura das respectivas acções judiciais.

ARTIGO 1.º

Actos próprios dos advogados e dos solicitadores

1 – Apenas os licenciados em Direito com inscrição em vigor na Ordem dos Advogados e os solicitadores inscritos na Câmara dos Solicitadores podem praticar os actos próprios dos advogados e dos solicitadores.

2 – Podem ainda exercer consulta jurídica juristas de reconhecido mérito e os mestres e doutores em Direito cujo grau seja reconhecido em Portugal, inscritos para o efeito na Ordem dos Advogados nos termos de um processo especial a definir no Estatuto da Ordem dos Advogados.

3 – Exceptua-se do disposto no n.º 1 a elaboração de pareceres escritos por docentes das faculdades de Direito.

4 – No âmbito da competência que resulta do artigo 173.º-C do Estatuto da Ordem dos Advogados e do artigo 77.º do Estatuto da Câmara dos Solicitadores, podem ser praticados actos próprios dos advogados e dos solicitadores por quem não seja licenciado em Direito.

5 – Sem prejuízo do disposto nas leis de processo, são actos próprios dos advogados e dos solicitadores:

a) O exercício do mandato forense;

b) A consulta jurídica.

6 – São ainda actos próprios dos advogados e dos solicitadores os seguintes:

a) A elaboração de contratos e a prática dos actos preparatórios tendentes à constituição, alteração ou extinção de negócios jurídicos, designadamente os praticados junto de conservatórias e cartórios notariais;

b) A negociação tendente à cobrança de créditos;

c) O exercício do mandato no âmbito de reclamação ou impugnação de actos administrativos ou tributários.

7 – Consideram-se actos próprios dos advogados e dos solicitadores os actos que, nos termos dos números anteriores, forem exercidos no interesse de terceiros e no âmbito de actividade profissional, sem prejuízo das competências próprias atribuídas às demais profissões ou actividades cujo acesso ou exercício é regulado por lei.

8 – Para os efeitos do disposto no número anterior, não se consideram praticados no interesse de terceiros os actos praticados pelos represen-

tantes legais, empregados, funcionários ou agentes de pessoas singulares ou colectivas, públicas ou privadas, nessa qualidade, salvo se, no caso da cobrança de dívidas, esta constituir o objecto ou actividade principal destas pessoas.

9 – São também actos próprios dos advogados todos aqueles que resultem do exercício do direito dos cidadãos a fazer-se acompanhar por advogado perante qualquer autoridade.

10 – Nos casos em que o processo penal determinar que o arguido seja assistido por defensor, esta função é obrigatoriamente exercida por advogado, nos termos da lei.

11 – O exercício do mandato forense e da consulta jurídica pelos solicitadores está sujeito aos limites do seu estatuto e da legislação processual.

Notas:

1. Sobre os temas dos actos próprios da profissão e da procuradoria ilícita, cfr. com os artigos 61.° a 65.° do Estatuto da Ordem dos Advogados e as suas respectivas anotações e comentários.

2. Tratando-se esta Lei n.° 49/2004 de 24 de Agosto de um diploma legal que não prima, a nosso ver, pela clareza e, porque regula um conjunto de actos que, pela sua complexidade, oferecem algumas dificuldades conceptuais, afigura-se-nos de grande utilidade, designadamente para o estudo desta temática, já que inserida nos programas de formação da deontologia profissional, definir sinteticamente a questão da legitimidade para a prática dos actos próprios dos Advogados, seguindo para o efeito o esclarecedor artigo do Colega Almeida Correia, publicado no Boletim n.° 42 da Ordem dos Advogados:

2.1. O primeiro princípio geral a reter é o de que a Lei, como já sucedia anteriormente, pretende evitar que os actos próprios da profissão venham a ser praticados por quem não seja Advogado ou Advogado Estagiário ou, independentemente desta qualificação, através de uma qualquer estrutura organizativa de cariz profissional que não seja composta exclusivamente por Advogados, Advogados Estagiários ou Sociedade de Advogados.

No desenvolvimento deste princípio, resulta o seguinte:

a) De acordo com o artigo 1.° n.° 1 da Lei 49/04, só os licenciados em Direito, com inscrição em vigor na Ordem dos Advogados, podem praticar os actos próprios de advocacia, o que se reitera nos artigos 61.° e 65.° do EOA.

b) Estão sujeitos à inscrição obrigatória na Ordem dos Advogados os Advogados-Estagiários e os Advogados – cfr. artigos 179.° a 183.°, 189.° e 192.° a 195.° todos do EOA;

c) Estão assim excluídos de tal prática os meros licenciados em direito e os Advogados e Advogados Estagiários com a sua inscrição suspensa.

d) Mas, apesar da qualificação como Advogado ou Advogado Estagiário e de se encontrar a inscrição em vigor, apenas podem os actos próprios ser prestados a terceiros em prática isolada ou em integração em escritório ou gabinete compostos exclusivamente por Advogados, Advogados e Solicitadores e Sociedades de Advogados. Vide artigos 1.° n.° 1 e 6.° n.° 1 da Lei 49/04 e anotação 2 ao artigo 202.° do EOA.

e) Consequentemente, não podem tais actos ser validamente praticados mesmo por Advogados e Advogados Estagiários quando estejam integrados em escritório ou gabinete, qualquer que seja o seu objecto ou forma jurídica, constituídos por ou com outras pessoas, que não sejam Advogados, Advogados, Estagiários ou Solicitadores.

f) E também não podem os Advogados e Advogados Estagiários, mesmo quando associados apenas entre si, praticar actos próprios de advocacia a terceiros, quando o objecto da actividade do escritório ou gabinete, constituído sob qualquer forma jurídica, não for exclusivamente a prática de tais actos. – Vide artigos 61.° n.° 1, 84.° e 87.° do EOA, 6.° n.° 1 da Lei 49/04 e 1.° n.° 2 e 5.° n.ºs 1 e 3 do D. Lei 229/2004 de 10 de Dezembro (sociedades de advogados).

g) Assim, é sempre proíbido o funcionamento de escritório ou gabinete, constituído por qualquer forma jurídica, que preste a terceiros serviços que compreendam, ainda que isolada ou marginalmente, a prestação de actos próprios dos advogados. Cfr. art. 6.° n.° 1 da Lei 49/2004.

h) Deve, porém, ter-se em conta que são excluídos do conceito de prática de actos no interesse de terceiros, os que forem praticados pelos representantes legais, empregados, funcionários ou agentes de pessoas colectiva ou singulares, públicas ou privadas, nessa qualidade, salvo os casos de cobrança de dívidas, se este for o objecto ou a actividade principal dessas pessoas. Vide art. 8.° n.° 1 da Lei 48/2004.

2.2. A Lei prevê, contudo, a existência das seguintes excepções ao princípio geral enunciado em 2.1.:

a) Quanto à consulta jurídica, permite-se que a mesma venha a ser prestada por juristas de reconhecido mérito, mestres e doutores em direito, desde que inscritos na Ordem dos Advogados ao abrigo do artigo 193.° do EOA e respectivo Regulamento n.° 111/2006 de 23/06/06.

b) Pode ainda a consulta jurídica ser prestada através de pareceres escritos por autoria de docentes das faculdades de direito. Cfr. art. 1.° n.° 3 da Lei 49/2004.

c) A consulta jurídica pode ainda ser prestada através dos Gabinetes de Consulta Jurídia Gratuita, organizados pela Ordem dos Advogados. Vide art. 6.° n.° 1 da Lei 49/2004 e 15.° da Lei 34/2004 de 29 de Julho.

d) Podem também os actos próprios de advocacia ser praticados em território português por Advogados estrangeiros provenientes da UE com o seu título de origem quando para actos ocasionais ou mediante simples registo na OAP, embora sob a orientação obrigatória de Advogado português, em caso de representação e mandato judicial – Vide artigos 197.° n.° 2 e 198.° do EOA.

e) Por legislação especial, foram atribuídas competências para a prática de alguns actos próprios de advocacia aos Centros de Formalidades de Empresas, aos Consultores do Centro Jurídico da Presidência do Conselho de Ministros, quando demandados os membros do governo, aos serviços jurídicos dos Ministérios, quando demandados os directores-gerais, secretários-gerais, inspectores-gerais e equiparados e encarregados de missão, aos licenciados em direito com funções de apoio jurídico, nos processos que tenham por objecto relações contratuais e de responsabilidade, da competência dos tribunais administrativos, designados para o efeito por pessoas colectivas de direito público ou pelos ministérios, e à Fazenda Nacional, através dos seus representantes nos Tribunais Administrativos e Fiscais.

Ver "Direito Profissional do Advogado", de Orlando Guedes da Costa, 6.ª edição, págs. 89 a 95.

f) Permite-se por sua vez aos sindicatos e associações patronais a prática de actos próprios dos Advogados, desde que o sejam para a defesa exclusiva dos interesses comuns em causa e que estes sejam individualmente exercidos por Advogado, Advogado Estagiário ou Solicitador. Cfr. art. 6.° n.° 3 da Lei 49/2004.

g) As associações representativas dos senhorios, dos arrendatários e dos comerciantes, desde que possuam personalidade jurídica e não possuam fins lucrativos, podem assegurar a defesa judicial exclusiva dos seus membros em questões relativas ao arrendamento, e desde que tenham, pelo menos, 300, 500 ou 1000 associados, conforme sejam de âmbito local, regional ou nacional, respectivamente, mas desde que tais actos sejam exercidos individualmente por Advogados e Advogados Estagiários – Vide art. 13.° da Lei 6/2006 de 27 de Fevereiro (nova lei do arrendamento urbano).

h) Prevê-se ainda a possibilidade de prática de actos próprios de Advogados por entidades sem fins lucrativos, que requeiram o estatuto de utilidade pública e, simultaneamente, o pedido de autorização para tal prática, sendo esta para a defesa exclusiva dos interesses comuns em causa e que sejam exercidos individualmente por Advogado e Advogado Estagiário, devendo a autoridade competente para o reconhecimento do estatuto de utilidade pública ouvir previamente a Ordem dos Advogados. Cfr. art. 6.° n.ºs 4 e 5 da Lei 49/2004.

i) Finalmente, de acordo com o art. 1.° n.° 7, da Lei 49/2004, permite-se a prática de actos próprios de Advogados, no interesse de terceiros e de âmbito de actividade profissional, por parte de profissões e actividades, cujo acesso ou exercício é regulado por lei e sempre no âmbito das competências que aí lhes são reconhecidas.

3. Tendo em vista a adaptação do artigo 1.° n.° 1 ao Plano de Acção do Processo de Bolonha, o Conselho Geral da Ordem dos Advogados propôs a sua alteração, conjuntamente com outras disposições do EOA, por forma a que ficasse a constar que "Apenas os Advogados e os Advogados Estagiários com inscrição em vigor na Ordem dos Advogados e os Solicitadores inscritos na Câmara dos Solicitadores podem praticar os actos próprios dos Advogados e dos Solicitadores."

4. Com base numa proposta da CNCPI – Comissão Nacional Contra a Procuradoria Ilícita, o Conselho Geral, através de Deliberação de 10/12/2009 recomendou aos

Conselhos Distritais a adopção das seguintes medidas e procedimentos contra o exercício ilegal da advocacia no âmbito da prestação de serviços de gestão de cobranças e recuperação de créditos pelas "empresas de cobranças":

a) Acções de declaração de nulidade, junto do Ministério Público, do objecto social (pactos sociais) das sociedades que prevejam a negociação de dívidas;

b) Participação aos Conselhos de Deontologia dos colegas que colaborem, de alguma forma, com empresas de cobrança que procedam à negociação de dívidas;

c) Participação criminal por procuradoria ilícita das empresas que se dediquem à cobrança com negociação de dívidas, ainda que com base em prévio contrato de cessão de créditos.

d) Participação ao Banco de Portugal das empresas que se apresentem a adquirir créditos, por não se tratarem de sociedades sujeitas a legislação financeira específica.

e) E, quanto às empresas ou pessoas individuais que divulguem, promovam ou publicitem actos próprios dos advogados quando não autorizadas a praticá-los, deverão ser apresentadas participações à DGC – Direcção Geral do Consumidor.

ARTIGO 2.°
Mandato forense

Considera-se mandato forense o mandato judicial conferido para ser exercido em qualquer tribunal, incluindo os tribunais ou comissões arbitrais e os julgados de paz.

Notas:

1. A definição do mandato forense foi sujeita a um claro alargamento no artigo 62.° do EOA, mas esta norma ressalvou a vigência deste artigo 2.° da Lei 49/ /2004, pelo que se deverá entender que apenas se deve considerar como acto próprio da profisão, nos termos e para os efeitos da referida Lei, o mandato judicial conferido para ser exercido em qualquer tribunal, incluindo os tribunais ou comissões arbitrais e os julgados de paz.

2. Vide artigo 62.° do EOA e respectivas anotações.

ARTIGO 3.°
Consulta jurídica

Considera-se consulta jurídica a actividade de aconselhamento jurídico que consiste na interpretação e aplicação de normas jurídicas mediante solicitação de terceiro.

Notas:

1. Vide artigo 63.° e 193.° do EOA e respectivas anotações.

ARTIGO 4.°
Liberdade de exercício

Os advogados, advogados estagiários e solicitadores com inscrição em vigor não podem ser impedidos, por qualquer autoridade pública ou privada, de praticar actos próprios dos advogados e dos solicitadores.

Notas:

1. Esta norma foi transposta, com uma ligeira adaptação, para o artigo 64.° do EOA, acolhendo para os actos próprios de advocacia, o princípio geral contido igualmente no n.° 3 do artigo 61.° do EOA.

ARTIGO 5.°
Título profissional de advogado e solicitador

1 – O título profissional de advogado está exclusivamente reservado aos licenciados em Direito com inscrição em vigor na Ordem dos Advogados, bem como a quem, nos termos do respectivo estatuto, reúne as condições necessárias para o adquirir.

2 – O título profissional de solicitador está exclusivamente reservado a quem, nos termos do respectivo estatuto, reúne as condições necessárias para o adquirir.

3 – Os advogados e solicitadores honorários podem usar a denominação de advogado ou de solicitador, desde que seguidamente a esta façam indicação daquela qualidade.

Notas:

1. Este artigo 5.°, com as necessárias adaptações, foi transposto para o artigo 65.° do EOA.

2. Tendo em vista a adaptação deste artigo 5.° n.° 1 ao Plano de Acção do Processo de Bolonha, o Conselho Geral da Ordem dos Advogados propôs a sua alteração, conjuntamente com outras disposições do EOA, por forma a que ficasse a constar que "A denominação de Advogado está exclusivamente reservada a quem tenha inscrição em vigor na Ordem dos Advogados."

ARTIGO 6.°
Escritório de procuradoria ou de consulta jurídica

1 – Com excepção dos escritórios ou gabinetes compostos exclusivamente por advogados, por solicitadores ou por advogados e solicitadores, as sociedades de advogados, as sociedades de solicitadores e os gabinetes de consulta jurídica organizados pela Ordem dos Advogados e pela Câmara dos Solicitadores, é proibido o funcionamento de escritório ou gabinete, constituído sob qualquer forma jurídica, que preste a terceiros serviços que compreendam, ainda que isolada ou marginalmente, a prática de actos próprios dos advogados e dos solicitadores.

2 – A violação da proibição estabelecida no número anterior confere à Ordem dos Advogados ou à Câmara dos Solicitadores o direito de requererem junto das autoridades judiciais competentes o encerramento do escritório ou gabinete.

3 – Não são abrangidos pelo disposto nos números anteriores os sindicatos e as associações patronais, desde que os actos praticados o sejam para defesa exclusiva dos interesses comuns em causa e que estes sejam individualmente exercidos por advogado, advogado estagiário ou solicitador.

4 – Não são igualmente abrangidas pelo disposto nos números anteriores as entidades sem fins lucrativos que requeiram o estatuto de utilidade pública, desde que, nomeadamente:

a) No pedido de atribuição se submeta a autorização específica a prática de actos próprios dos advogados ou solicitadores;

b) Os actos praticados o sejam para defesa exclusiva dos interesses comuns em causa;

c) Estes sejam individualmente exercidos por advogado, advogado estagiário ou solicitador.

5 – A concessão da autorização específica referida no número anterior é precedida de consulta à Ordem dos Advogados e à Câmara dos Solicitadores.

Notas:

1. Para a melhor interpretação deste preceito, veja-se a anotação 3. ao artigo 1.° desta Lei.

2. Corresponde este artigo 6.° ao anterior artigo 56.° do D. Lei 84/84 de 16 de Março, mantendo-se a regra da proibição de actos próprios de advocacia por gabine-

tes ou escritórios que não sejam exclusivamente compostos por Advogados ou por Advogados e Solicitadores, embora estes como colaboradores, regra esta que está, entre outras, na base da ilicitude da constituição e funcionamento, em Portugal, das sociedades multidisciplinares. Vide anotação 2. ao artigo 203.° do EOA e anotação 5. ao artigo 4.° do D. Lei 229/2004.

ARTIGO 7.°
Crime de procuradoria ilícita

1 – Quem em violação do disposto no artigo 1.°:

a) Praticar actos próprios dos advogados e dos solicitadores;

b) Auxiliar ou colaborar na prática de actos próprios dos *advogados* e dos solicitadores; é punido com pena de prisão até 1 ano ou com pena de multa até 120 dias.

2 – O procedimento criminal depende de queixa.

3 – Além do lesado, são titulares do direito de queixa a Ordem dos Advogados e a Câmara dos Solicitadores.

4 – A Ordem dos Advogados e a Câmara dos Solicitadores têm legitimidade para se constituírem assistentes no procedimento criminal.

Notas:

1. A Lei 49/2004 tipificou um novo crime, semi-público, que passa a servir de moldura penal para a prática, colaboração ou auxílio de actos próprios de Advogado e Solicitadores, assim se operando uma significativa modificação no domínio da incriminação destes actos que, até à sua entrada em vigor, ocorria exclusivamente pelo crime de usurpação de funções, previsto no artigo 358.° do Código Penal. De notar que o crime de usurpação de funções se afigura mais exigente nos seus elementos constitutivos do que o ora criado crime de procuradoria ilícita, pelo que a solução encontrada permite uma maior eficácia na perseguição criminal dos agentes de procuradoria ilícita.

2. Além do lesado, é reconhecida nos n.os 3 e 4 a legitimidade da Ordem dos Advogados para o exercício do direito de queixa e para se constituir como assistente, esclarecendo-se dúvidas em relação ao quadro normativo anterior.

ARTIGO 8.°
Contra-ordenações

1 – Constitui contra-ordenação a promoção, divulgação ou publicidade de actos próprios dos advogados ou dos solicitadores, quando efec-

tuada por pessoas, singulares ou colectivas, não autorizadas a praticar os mesmos.

2 – As entidades referidas no número anterior incorrem numa coima de (euro) 500 a (euro) 2500, no caso das pessoas singulares, e numa coima de (euro) 1250 a (euro) 5000, no caso das pessoas colectivas, ainda que irregularmente constituídas.

3 – As entidades reincidentes incorrem numa coima de (euro) 5000 a (euro) 12500, no caso das pessoas singulares, e numa coima de (euro) 10 000 a (euro) 25 000, no caso das pessoas colectivas, devendo para o efeito o Instituto do Consumidor elaborar um cadastro do qual constem todas as entidades que tiverem sido alvo de condenação.

4 – Os representantes legais das pessoas colectivas, ou os sócios das sociedades irregularmente constituídas, respondem solidariamente pelo pagamento das coimas e custas referidas nos números anteriores.

Notas:

1. A introdução deste modelo contra-ordenacional na tutela do Instituto do Consumidor, mas sob a promoção da Ordem dos Advogados, é absolutamente inovador, podendo constituir, pelas suas consequências patrimoniais, um eficaz mecanismo no combate à procuradoria ilícita.

ARTIGO 9.°
Processamento e aplicação das coimas

O processamento das contra-ordenações e a aplicação das coimas referidas no artigo anterior compete ao Instituto do Consumidor, mediante denúncia fundamentada do Conselho Distrital da Ordem dos Advogados ou do Conselho Regional da Câmara dos Solicitadores territorialmente competentes.

ARTIGO 10.°
Produto das coimas

O produto das coimas é distribuído da seguinte forma:

a) 40% para o Instituto do Consumidor;
b) 60% para o Estado.

Notas:

1. É de aplaudir a solução concreta encontrada para o destino das coimas, apesar do manifesto interesse directo que a Ordem dos Advogados possui na boa aplicação do sistema. Fica assim eliminada qualquer argumentação no sentido de que a actuação da Ordem dos Advogados visa satisfazer interesses privados de ordem económica ou corporativa.

ARTIGO 11.°
Responsabilidade civil

1 – Os actos praticados em violação do disposto no artigo 1.° presumem-se culposos, para efeitos de responsabilidade civil.

2 – A Ordem dos Advogados e a Câmara dos Solicitadores têm legitimidade para intentar acções de responsabilidade civil, tendo em vista o ressarcimento de danos decorrentes da lesão dos interesses públicos que lhes cumpre, nos termos dos respectivos estatutos, assegurar e defender.

3 – As indemnizações previstas no número anterior revertem para um fundo destinado à promoção de acções de informação e implementação de mecanismos de prevenção e combate à procuradoria ilícita, gerido em termos a regulamentar em diploma próprio.

Notas:

1. A introdução da presunção de culpa no domínio da responsabilidade civil é outra das soluções inovadoras da Lei 49/2004 e constitui uma outra arma importante no combate à procuradoria ilícita, já que um dos mais difíceis obstáculos anteriores nesse combate era, face às regras do ónus da prova, a demonstração pelo lesado da prática dos factos ilícitos e da culpa dos seus autores, auxiliares ou colaboradores.

2. Medida igualmente positiva constitui, nos termos do n.° 2, o reconhecimento do interesse directo da Ordem dos Advogados para lhe permitir, com legitimidade, a propositura das acções de responsabilidade civil contra os agentes de procuradoria ilícita.

ARTIGO 12.°
Norma revogatória

São revogados:

a) Os artigos 53.° e 56.° do Estatuto da Ordem dos Advogados, aprovado pelo Decreto-Lei n.° 84/84, de 16 de Março, com as alterações introduzidas pela Lei n.° 6/86, de 26 de Março, pelos Decretos-Lei n.os 119/86, de 28 de Maio, e 325/88, de 23 de Setembro, e pelas Leis n.os 33/94, de 6 de Setembro, 30-E/2000, de 20 de Dezembro, e 80/2001, de 20 de Julho;

b) O artigo 104.° do Estatuto da Câmara dos Solicitadores, aprovado pelo Decreto-Lei n.° 88/2003, de 26 de Abril.

Aprovada em 8 de Julho de 2004.
O Presidente da Assembleia da República, *João Bosco Mota Amaral*.

Promulgada em 6 de Agosto de 2004.
Publique-se.
O Presidente da República, JORGE SAMPAIO.

Referendada em 11 de Agosto de 2004.
O Primeiro-Ministro, *Pedro Miguel de Santana Lopes*.

3.3.

LEI N.º 47/2007
de 28 de Agosto
Primeira alteração à Lei n.º 34/2004, de 29 de Julho, que altera o regime de acesso ao direito e aos tribunais

A Assembleia da República decreta, nos termos da alínea *c*) do artigo 161.º da Constituição, o seguinte:

ARTIGO 1.º
Alteração à Lei n.º 34/2004, de 29 de Julho

Os artigos 3.º, 4.º, 7.º, 8.º, 10.º, 11.º, 13.º a 18.º, 20.º, 23.º a 25.º, 27.º a 36.º, 39.º e 41.º a 45.º da Lei n.º 34/2004, de 29 de Julho, passam a ter a seguinte redacção:

«ARTIGO 3.º
[...]

1 – . . . .
2 – O Estado garante uma adequada compensação aos profissionais forenses que participem no sistema de acesso ao direito e aos tribunais.
3 – É vedado aos profissionais forenses que prestem serviços no âmbito do acesso ao direito em qualquer das suas modalidades auferir, com base neles, remuneração diversa da que tiverem direito nos termos da presente lei e da portaria referida no n.º 2 do artigo 45.º

ARTIGO 4.º
[...]

1 – *(Anterior corpo do artigo.)*

2 – A informação jurídica é prestada pelo Ministério da Justiça, em colaboração com todas as entidades interessadas, podendo ser celebrados protocolos para esse efeito.

ARTIGO 7.º
[...]

1 – ....

2 –...

3 – As pessoas colectivas com fins lucrativos e os estabelecimentos individuais de responsabilidade limitada não têm direito a protecção jurídica.

4 – As pessoas colectivas sem fins lucrativos têm apenas direito à protecção jurídica na modalidade de apoio judiciário devendo, para tal, fazer a prova a que alude o n.º 1.

5 – *(Anterior n.º 4.)*

ARTIGO 8.º
[...]

1 – Encontra-se em situação de insuficiência económica aquele que, tendo em conta o rendimento, o património e a despesa permanente do seu agregado familiar, não tem condições objectivas para suportar pontualmente os custos de um processo.

2 – O disposto no número anterior aplica-se, com as necessárias adaptações, às pessoas colectivas sem fins lucrativos.

3 – *(Revogado.)*

4 – *(Revogado.)*

5 – *(Revogado.)*

ARTIGO 10.º
[...]

1 – A protecção jurídica é cancelada, quer na sua totalidade quer relativamente a alguma das suas modalidades:

a) Se o requerente ou o respectivo agregado familiar adquirir meios suficientes para poder dispensá-la;

b). . . . .
c). . . . .
d). . . . .
e). . . . .
f) Se o requerente a quem tiver sido concedido apoio judiciário em modalidade de pagamento faseado não proceder ao pagamento de uma prestação e mantiver esse incumprimento no termo do prazo que lhe for concedido para proceder ao pagamento em falta acrescido de multa equivalente à prestação em falta.

2 –. . . . .

3 – A protecção jurídica pode ser cancelada oficiosamente pelos serviços da segurança social ou a requerimento do Ministério Público, da Ordem dos Advogados, da parte contrária, do patrono nomeado ou do agente de execução atribuído.

4 –. . . . .

5 – Sendo cancelada a protecção jurídica concedida, a decisão é comunicada ao tribunal competente e à Ordem dos Advogados ou à Câmara dos Solicitadores, conforme os casos.

ARTIGO 11.º
[...]

1 – . . . .

2 – O apoio judiciário nas modalidades de nomeação e pagamento de honorários de patrono e de nomeação e pagamento faseado de honorários de patrono é incompatível com o patrocínio pelo Ministério Público nos termos previstos no Código de Processo do Trabalho.

ARTIGO 13.º
[...]

1 –. . . . .
2 –. . . . .
3 –. . . . .
4 –. . . . .

5 – As importâncias cobradas revertem para o Instituto de Gestão Financeira e de Infra-Estruturas de Justiça, I. P.

6 –. . . . .

ARTIGO 14.º
[...]

1 – A consulta jurídica consiste no esclarecimento técnico sobre o direito aplicável a questões ou casos concretos nos quais avultem interesses pessoais legítimos ou direitos próprios lesados ou ameaçados de lesão.

2 – No âmbito da consulta jurídica cabem ainda as diligências extrajudiciais que decorram directamente do conselho jurídico prestado ou que se mostrem essenciais para o esclarecimento da questão colocada.

3 – *(Revogado.)*

4 – *(Revogado.)*

ARTIGO 15.º
Prestação da consulta jurídica

1 – A consulta jurídica pode ser prestada em gabinetes de consulta jurídica ou nos escritórios dos advogados que adiram ao sistema de acesso ao direito.

2 – A prestação de consulta jurídica deve, tendencialmente, cobrir todo o território nacional.

3 – A criação de gabinetes de consulta jurídica, bem como as suas regras de funcionamento, são aprovadas por portaria do membro do Governo responsável pela área da justiça, ouvida a Ordem dos Advogados.

4 – Os gabinetes de consulta jurídica podem abranger a prestação de serviços por solicitadores, em moldes a convencionar entre a Câmara dos Solicitadores, a Ordem dos Advogados e o Ministério da Justiça.

5 – O disposto nos números anteriores não obsta à prestação de consulta jurídica por outras entidades públicas ou privadas sem fins lucrativos, nos termos da lei ou a definir por protocolo celebrado entre estas entidades e a Ordem dos Advogados e sujeito a homologação pelo Ministério da Justiça.

ARTIGO 16.º
[...]

1 – O apoio judiciário compreende as seguintes modalidades:

a) Dispensa de taxa de justiça e demais encargos com o processo;

b) Nomeação e pagamento da compensação de patrono;

c) Pagamento da compensação de defensor oficioso;

d) Pagamento faseado de taxa de justiça e demais encargos com o processo;

e) Nomeação e pagamento faseado da compensação de patrono;

f) Pagamento faseado da compensação de defensor oficioso;

g) Atribuição de agente de execução.

2 – Sem prejuízo de, em termos a definir por lei, a periodicidade do pagamento poder ser alterada em função do valor das prestações, nas modalidades referidas nas alíneas *d*) a *f*) do número anterior, o valor da prestação mensal dos beneficiários de apoio judiciário é o seguinte:

a) 1/72 do valor anual do rendimento relevante para efeitos de protecção jurídica, se este for igual ou inferior a uma vez e meia o valor do indexante de apoios sociais;

b) 1/36 do valor anual do rendimento relevante para efeitos de protecção jurídica, se este for superior a uma vez e meia o valor do indexante de apoios sociais.

3 – Nas modalidades referidas nas alíneas *d*) a *f*) do n.º 1 não são exigíveis as prestações que se vençam após o decurso de quatro anos desde o trânsito em julgado da decisão final da causa.

4 – Havendo pluralidade de causas relativas ao mesmo requerente ou a elementos do seu agregado fami liar, o prazo mencionado no número anterior conta-se desde o trânsito em julgado da última decisão final.

5 – O pagamento das prestações relativas às modalidades mencionadas nas alíneas *d*) a *f*) do n.º 1 é efectuado em termos a definir por lei.

6 – Se o requerente de apoio judiciário for uma pessoa colectiva, o apoio judiciário não compreende a modalidade referida nas alíneas *d*) a *f*) do n.º 1.

7 – *(Anterior n.º 4.)*

ARTIGO 17.º
[...]

1 – O regime de apoio judiciário aplica-se em todos os tribunais, qualquer que seja a forma do processo, nos julgados de paz e noutras estruturas de resolução alternativa de litígios a definir por portaria do membro do Governo responsável pela área da justiça.

2 – O regime de apoio judiciário aplica-se, também, com as devidas adaptações, nos processos de contra-ordenação.

3 – O apoio judiciário é aplicável nos processos que corram nas conservatórias, em termos a definir por lei.

ARTIGO 18.º
Pedido de apoio judiciário

1 –. . . . .

2 – O apoio judiciário deve ser requerido antes da primeira intervenção processual, salvo se a situação de insuficiência económica for superveniente, caso em que deve ser requerido antes da primeira intervenção processual que ocorra após o conhecimento da situação de insuficiência económica.

3 – Se se verificar insuficiência económica superveniente, suspende-se o prazo para pagamento da taxa de justiça e demais encargos com o processo até à decisão definitiva do pedido de apoio judiciário, aplicando-se o disposto nos n.os 4 e 5 do artigo 24.º.

4 –. . . . .

5 –. . . . .

6 –. . . . .

7 –. . . . .

ARTIGO 20.º
[...]

1 – A decisão sobre a concessão de protecção jurídica compete ao dirigente máximo dos serviços de segurança social da área de residência ou sede do requerente.

2 – *(Anterior n.º 3.)*

3 – A competência referida nos números anteriores é susceptível de delegação e de subdelegação.

4 – A decisão quanto ao pedido referido nos n.os 6 e 7 do artigo 8.º-A compete igualmente ao dirigente máximo dos serviços de segurança social competente para a decisão sobre a concessão de protecção jurídica, sendo susceptível de delegação e de subdelegação.

ARTIGO 23.º
[...]

1 – A audiência prévia do requerente de protecção jurídica tem obrigatoriamente lugar, por escrito, nos casos em que está proposta uma decisão de indeferimento, total ou parcial, do pedido formulado, nos termos do Código do Procedimento Administrativo.

2 – Se o requerente de protecção jurídica, devidamente notificado para efeitos de audiência prévia, não se pronunciar no prazo que lhe for concedido, a proposta de decisão converte-se em decisão definitiva, não havendo lugar a nova notificação.

3 – A notificação para efeitos de audiência prévia contém expressa referência à cominação prevista no número anterior, sob pena de esta não poder ser aplicada.

ARTIGO 24.º

[...]

1 –. . . . .

2 – Nos casos previstos no n.º 4 do artigo 467.º do Código de Processo Civil e, bem assim, naqueles em que, independentemente das circunstâncias aí referidas, esteja pendente impugnação da decisão relativa à concessão de apoio judiciário, o autor que pretenda beneficiar deste para dispensa ou pagamento faseado da taxa de justiça deve juntar à petição inicial documento comprovativo da apresentação do respectivo pedido.

3 – Nos casos previstos no número anterior, o autor deve efectuar o pagamento da taxa de justiça ou da primeira prestação, quando lhe seja concedido apoio judiciário na modalidade de pagamento faseado de taxa de justiça, no prazo de 10 dias a contar da data da notificação da decisão que indefira, em definitivo, o seu pedido, sob a cominação prevista no n.º 5 do artigo 467.º do Código de Processo Civil.

4 –. . . . .

5 – . . . .

ARTIGO 25.º

[...]

1 –. . . . .

2 –. . . . .

3 – No caso previsto no número anterior, é suficiente a menção em tribunal da formação do acto tácito e, quando estiver em causa um pedido de nomeação de patrono, a tramitação subsequente à formação do acto tácito obedecerá às seguintes regras: *a*) Quando o pedido tiver sido apresentado na pendência de acção judicial, o tribunal em que a causa está pendente solicita à Ordem dos Advogados que proceda à nomeação do patrono, nos termos da portaria referida no n.º 2 do artigo 45.º; *b*) Quando

o pedido não tiver sido apresentado na pendência de acção judicial, incumbe ao interessado solicitar a nomeação do patrono, nos termos da portaria referida no n.º 2 do artigo 45.º.

4 – O tribunal ou, no caso referido na alínea *b*) do número anterior, a Ordem dos Advogados devem confirmar junto dos serviços da segurança social a formação do acto tácito, devendo estes serviços responder no prazo máximo de dois dias úteis.

5 – Enquanto não for possível disponibilizar a informação de forma desmaterializada e em tempo real, os serviços da segurança social enviam mensalmente a informação relativa aos pedidos de protecção jurídica tacitamente deferidos ao Gabinete para a Resolução Alternativa de Litígios, à Ordem dos Advogados, se o pedido envolver a nomeação de patrono, e ao tribunal em que a acção se encontra, se o requerimento tiver sido apresentado na pendência de acção judicial.

ARTIGO 27.º
[...]

1 – A impugnação judicial pode ser intentada directamente pelo interessado, não carecendo de constituição de advogado, e deve ser entregue no serviço de segurança social que apreciou o pedido de protecção jurídica, no prazo de 15 dias após o conhecimento da decisão.

2 –...

3 – Recebida a impugnação, o serviço de segurança social dispõe de 10 dias para revogar a decisão sobre o pedido de protecção jurídica ou, mantendo-a, enviar aquela e cópia autenticada do processo administrativo ao tribunal competente.

ARTIGO 28.º
[...]

1 – É competente para conhecer e decidir a impugnação o tribunal da comarca em que está sedeado o serviço de segurança social que apreciou o pedido de protecção jurídica ou, caso o pedido tenha sido formulado na pendência da acção, o tribunal em que esta se encontra pendente.

2 – No caso de existirem tribunais de competência especializada ou de competência específica, a impugnação deve respeitar as respectivas regras de competência.

3 –...

4 –. . . . .

5 – A decisão proferida nos termos do número anterior é irrecorrível.

ARTIGO 29.º

[...]

1 –. . . . .

2 – Para concretização do benefício de apoio judiciário nas modalidades previstas nas alíneas *a*) e *d*) do n.º 1 do artigo 16.º, devem os interessados apresentar o documento comprovativo da sua concessão ou da apresentação do respectivo pedido no momento em que deveriam apresentar o documento comprovativo do pagamento da taxa de justiça.

3 – *(Revogado.)*

4 – O indeferimento do pedido de apoio judiciário importa a obrigação do pagamento das custas devidas, bem como, no caso de ter sido solicitada a nomeação de patrono, o pagamento ao Instituto de Gestão Financeira e de Infra-Estruturas de Justiça, I. P., da quantia prevista no n.º 2 do artigo 36.º

5 – Não havendo decisão final quanto ao pedido de apoio judiciário no momento em que deva ser efectuado o pagamento da taxa de justiça e demais encargos do processo judicial, proceder-se-á do seguinte modo:

a). . . . .

b) Tendo havido já decisão do serviço da segurança social, concedendo apoio judiciário numa ou mais moda lidades de pagamento faseado, o pagamento da primeira prestação é devido no prazo de 10 dias contados da data da sua comunicação ao requerente, sem prejuízo do posterior reembolso das quantias pagas no caso de procedência da impugnação daquela decisão;

c) Tendo havido já decisão negativa do serviço da segurança social, o pagamento é devido no prazo de 10 dias contados da data da sua comunicação ao requerente, sem prejuízo do posterior reembolso das quantias pagas no caso de procedência da impugnação daquela decisão.

ARTIGO 30.º

[...]

1 – A nomeação de patrono, sendo concedida, é realizada pela Ordem dos Advogados, nos termos da portaria referida no n.º 2 do artigo 45.º.

2 – *(Revogado.)*

3 – *(Revogado.)*
4 – *(Revogado.)*
5 – *(Revogado.)*

ARTIGO 31.º
[...]

1 – A nomeação de patrono é notificada pela Ordem dos Advogados ao requerente e ao patrono nomeado e, nos casos previstos no n.º 4 do artigo 26.º, para além de ser feita com a expressa advertência do início do prazo judicial, é igualmente comunicada ao tribunal.
2 – ....
3 – *(Revogado.)*
4 – *(Revogado.)*

ARTIGO 32.º
[...]

1 – ....
2 – ....
3 – Se a substituição de patrono tiver sido requerida na pendência de um processo, a Ordem dos Advogados deve comunicar ao tribunal a nomeação do novo patrono.

ARTIGO 33.º
[...]

1 – O patrono nomeado para a propositura da acção deve intentá-la nos 30 dias seguintes à notificação da nomeação, apresentando justificação à Ordem dos Advogados ou à Câmara dos Solicitadores se não instaurar a acção naquele prazo.
2 – O patrono nomeado pode requerer à Ordem dos Advogados ou à Câmara dos Solicitadores a prorrogação do prazo previsto no número anterior, fundamentando o pedido.
3 – Quando não for apresentada justificação, ou esta não for considerada satisfatória, a Ordem dos Advogados ou a Câmara dos Solicitadores deve proceder à apreciação de eventual responsabilidade disciplinar, sendo nomeado novo patrono ao requerente.
4 – ....

ARTIGO 34.°

[...]

1 – O patrono nomeado pode pedir escusa, mediante requerimento dirigido à Ordem dos Advogados ou à Câmara dos Solicitadores, alegando os respectivos motivos.

2 –. . . . .

3 – O patrono nomeado deve comunicar no processo o facto de ter apresentado um pedido de escusa, para os efeitos previstos no número anterior.

4 –. . . . .

5 – Sendo concedida a escusa, procede-se imediatamente à nomeação e designação de novo patrono, excepto no caso de o fundamento do pedido de escusa ser a inexistência de fundamento legal da pretensão, caso em que pode ser recusada nova nomeação para o mesmo fim.

6 –. . . . .

ARTIGO 35.°

[...]

1 – O patrono nomeado pode substabelecer, com reserva, para diligência determinada, desde que indique substituto.

2 – A remuneração do substituto é da responsabilidade do patrono nomeado.

3 – *(Revogado.)*

ARTIGO 36.°

[...]

1 – *(Anterior corpo do artigo.)*

2 – Os encargos decorrentes da concessão de apoio judiciário nas modalidades previstas nas alíneas *b*), *c*), *e*) e *f*) do n.° 1 do artigo 16.° são determinados nos termos de portaria do membro do Governo responsável pela área da justiça.

ARTIGO 39.°

[...]

1 – A nomeação do defensor ao arguido, a dispensa de patrocínio e a

substituição são feitas nos termos do Código de Processo Penal, do presente capítulo e da portaria referida no n.º 2 do artigo 45.º.

2 – A nomeação é antecedida da advertência ao arguido do seu direito a constituir advogado.

3 – Caso não constitua advogado, o arguido deve proceder, no momento em que presta termo de identidade e residência, à emissão de uma declaração relativa ao rendimento, património e despesa permanente do seu agregado familiar.

4 – A secretaria do tribunal deve apreciar a insuficiência económica do arguido em função da declaração emitida e dos critérios estabelecidos na presente lei.

5 – Se a secretaria concluir pela insuficiência económica do arguido, deve ser-lhe nomeado defensor ou, no caso contrário, adverti-lo de que deve constituir advogado.

6 – A nomeação de defensor ao arguido, nos termos do número anterior, tem carácter provisório e depende de concessão de apoio judiciário pelos serviços da segurança social.

7 – Se o arguido não solicitar a concessão de apoio judiciário, é responsável pelo pagamento do triplo do valor estabelecido nos termos do n.º 2 do artigo 36.º.

8 – Se os serviços da segurança social decidirem não conceder o benefício de apoio judiciário ao arguido, este fica sujeito ao pagamento do valor estabelecido nos termos do n.º 2 do artigo 36.º, salvo se se demonstrar que a declaração proferida nos termos do n.º 3 foi manifestamente falsa, caso em que fica sujeito ao pagamento do quíntuplo do valor estabelecido no n.º 2 do artigo 36.º.

9 – Se, no caso previsto na parte final do n.º 5, o arguido não constituir advogado e for obrigatória ou considerada necessária ou conveniente a assistência de defensor, deve este ser nomeado, ficando o arguido responsável pelo pagamento do triplo do valor estabelecido nos termos do n.º 2 do artigo 36.º.

10 – *(Anterior n.º 4.)*

ARTIGO 41.º
Escalas de prevenção

1 – A nomeação de defensor para assistência ao primeiro interrogatório de arguido detido, para audiência em processo sumário ou para outras diligências urgentes previstas no Código de Processo Penal processa-se

nos termos do artigo 39.º, devendo ser organizadas escalas de prevenção de advogados e advogados estagiários para esse efeito, em termos a definir na portaria referida no n.º 2 do artigo 45.º.

2 – A nomeação deve recair em defensor que, constando das escalas de prevenção, se apresente no local de realização da diligência após a sua chamada.

3 – O defensor nomeado para um acto pode manter-se para os actos subsequentes do processo, em termos a regulamentar na portaria referida no n.º 2 do artigo 45.º.

4 – *(Revogado.)*

ARTIGO 42.º

[...]

1 – O advogado nomeado defensor pode pedir dispensa de patrocínio, invocando fundamento que considere justo, em requerimento dirigido à Ordem dos Advogados.

2 – A Ordem dos Advogados aprecia e delibera sobre o pedido de dispensa de patrocínio no prazo de cinco dias.

3 –. . . . .

4 – Pode, em caso de urgência, ser nomeado outro defensor ao arguido, nos termos da portaria referida no n.º 2 do artigo 45.º.

5 – *(Revogado.)*

ARTIGO 43.º

[...]

1 –. . . . .

2 – O defensor nomeado não pode, no mesmo processo, aceitar mandato do mesmo arguido.

ARTIGO 44.º

[...]

1 – Em tudo o que não esteja especialmente regulado no presente capítulo relativamente à concessão de protecção jurídica ao arguido em processo penal aplicam-se, com as necessárias adaptações, as disposições do capítulo anterior, com excepção do disposto nos n.os 2 e 3 do artigo 18.º, devendo o apoio judiciário ser requerido até ao termo do prazo de recurso da decisão em primeira instância.

2 –. . . . .

ARTIGO 45.º
Participação dos profissionais forenses no acesso ao direito

1 – A admissão dos profissionais forenses ao sistema de acesso ao direito, a nomeação de patrono e de defensor e o pagamento da respectiva compensação realizam-se nos termos seguintes:

a) A selecção dos profissionais forenses deve assegurar a qualidade dos serviços prestados aos beneficiários de protecção jurídica no âmbito do sistema de acesso ao direito;

b) Os participantes no sistema de acesso ao direito podem ser advogados, advogados estagiários e solicitadores;

c) Os profissionais forenses podem ser nomeados para lotes de processos e escalas de prevenção;

d) Se o mesmo facto der causa a diversos processos, o sistema deve assegurar, preferencialmente, a nomeação do mesmo mandatário ou defensor oficioso ao beneficiário;

e) Todas as notificações e comunicações entre os profissionais forenses, a Ordem dos Advogados, os serviços da segurança social, os tribunais e os requerentes previstos no sistema de acesso ao direito devem realizar-se, sempre que possível, por via electrónica;

f) Os profissionais forenses participantes no sistema de acesso ao direito devem utilizar todos os meios electrónicos disponíveis no contacto com os tribunais, designadamente no que respeita ao envio de peças processuais e requerimentos autónomos;

g) Os profissionais forenses que não observem as regras do exercício do patrocínio e da defesa oficiosos podem ser excluídos do sistema de acesso ao direito;

h) Os profissionais forenses participantes no sistema de acesso ao direito que saiam do sistema, independentemente do motivo, antes do trânsito em julgado de um processo ou do termo definitivo de uma diligência para que estejam nomeados devem restituir, no prazo máximo de 30 dias, todas as quantias entregues por conta de cada processo ou diligência em curso;

i) O disposto na alínea anterior aplica-se aos casos de escusa e de dispensa de patrocínio, relativamente aos processos em que cesse o patrocínio e a defesa oficiosa;

j) O pagamento da compensação devida aos profissionais forenses deve ser processado até ao termo do mês seguinte àquele em que é devido;

l) A resolução extrajudicial dos litígios, antes da audiên cia de julgamento, deve ser incentivada mediante a previsão de um montante de compensação acrescido.

2 – A admissão dos profissionais forenses ao sistema de acesso ao direito, a nomeação de patrono e de defensor e o pagamento da respectiva compensação, nos termos do número anterior, é regulamentada por portaria do membro do Governo responsável pela área da justiça.

3 – *(Revogado.)*

4 – *(Revogado.)*

5 – *(Revogado.)*»

ARTIGO 2.º

Alteração ao anexo à Lei n.º 34/2004, de 29 de Julho

O anexo à Lei n.º 34/2004, de 29 de Julho, passa a ter a seguinte redacção:

ANEXO

Cálculo do rendimento relevante para efeitos de protecção jurídica

I – Rendimento relevante para efeitos de protecção jurídica

1 – O rendimento relevante para efeitos de protecção jurídica (*YAP*) é o montante que resulta da diferença entre o valor do rendimento líquido completo do agregado familiar (*YC*) e o valor da dedução relevante para efeitos de protecção jurídica (*A*), ou seja, $YAP = YC - A$.

2 – O rendimento relevante para efeitos de protecção jurídica (*YAP*) é expresso em múltiplos do indexante de apoios sociais.

II – Rendimento líquido completo do agregado familiar

1 – O valor do rendimento líquido completo do agregado familiar (*YC*) resulta da soma do valor da receita líquida do agregado familiar (*Y*) com o montante da renda financeira implícita calculada com base nos activos patrimoniais do agregado familiar (*YR*), ou seja, $YC = Y + YR$.

2 – Por receita líquida do agregado familiar (*Y*) entende-se o rendi-

mento depois da dedução do imposto sobre o rendimento e das contribuições obrigatórias para regimes de protecção social.

3 – O cálculo da renda financeira implícita é efectuado nos termos previstos no n.º V.

III – Dedução relevante para efeitos de protecção jurídica

1 – O valor da dedução relevante para efeitos de protecção jurídica (*A*) resulta da soma do valor da dedução de encargos com necessidades básicas do agregado familiar (*D*) com o montante da dedução de encargos com a habitação do agregado familiar (*H*), ou seja, $A = D + H$.

2 – O valor da dedução de encargos com necessidades básicas do agregado familiar (*D*) resulta da aplicação da seguinte fórmula: em que *n* é o número de elementos do agregado familiar e *d* é o coeficiente de dedução de despesas com necessidades básicas do agregado familiar, determinado em função dos diversos escalões de rendimento, de acordo com o previsto na tabela do n.º VI.

3 – O montante da dedução de encargos com a habitação do agregado familiar (*H*) resulta da aplicação do coeficiente (*h*) ao valor do rendimento líquido completo do agregado familiar (*YC*), ou seja, $H = h + YC$, em que *h* é determinado em função dos diversos escalões de rendimento, de acordo com o previsto na tabela do n.º VII.

IV – Fórmula de cálculo do valor do rendimento relevante para efeitos de protecção jurídica

O valor do rendimento relevante para efeitos de protecção jurídica, especificado nos n.ºs I a III, é calculado através da seguinte fórmula: A fórmula de cálculo resulta das seguintes identidades algébricas: Portanto, por operações aritméticas elementares:

V – Cálculo da renda financeira implícita

1 – O montante da renda financeira implícita a que se refere o n.º 1 do n.º II é calculado mediante a aplicação de uma taxa de juro de referência ao valor dos activos patrimoniais do agregado familiar.

2 – A taxa de juro de referência é a taxa EURIBOR a seis meses correspondente ao valor médio verificado nos meses de Dezembro ou de Junho últimos, consoante o requerimento de protecção jurídica seja

apresentado, respectivamente, no 1.º ou no 2.º semestres do ano civil em curso.

3 – Entende-se por valor dos bens imóveis aquele que for mais elevado entre o declarado pelo requerente no pedido de protecção jurídica, o inscrito na matriz predial e o constante do documento que haja titulado a respectiva aquisição.

4 – Quando se trate da casa de morada de família, no cálculo referido no n.º 1 apenas se contabiliza o valor daquela se for superior a € 100 000 e na estrita medida desse excesso.

5 – O valor das participações sociais e dos valores mobiliários é aquele que resultar da cotação observada em bolsa no dia anterior ao da apresentação do requerimento de protecção jurídica ou, na falta deste, o seu valor nominal.

6 – Entende-se por valor dos bens móveis sujeitos a registo o respectivo valor de mercado.

VI – Tabela a que se refere o n.º 2 do n.º III

Escalões de rendimento líquido completo do agregado familiar *Yc*	(valores anuais expressos em euros) Coeficientes de dedução de despesa (*d*)
Yc < 4 500	0,371
4 500 = *YC* < 9 000	0,320
9 000 = *YC* < 13 500	0,288
13 500 = *YC* < 18 000	0,264
YC = 18 000	0,217

VII – Tabela a que se refere o n.º 3 do n.º III

Escalões de rendimento líquido completo do agregado familiar *Yc*	(valores anuais expressos em euros) Coeficientes de dedução de despesa (*d*)
YC < 4 500	0,224
4 500 = *YC* < 9 000	0,238
9 000 = *YC* < 13 500	0,207
13 500 = *YC* < 18 000	0,198
YC = 18 000	0,184

ARTIGO 3.º
Aditamentos à Lei n.º 34/2004, de 29 de Julho

São aditados os artigos 8.º-A, 8.º-B e 35.º-A à Lei n.º 34/2004, de 29 de Julho, com a seguinte redacção:

«ARTIGO 8.º-A
Apreciação da insuficiência económica

1 – A insuficiência económica das pessoas singulares é apreciada de acordo com os seguintes critérios:

a) O requerente cujo agregado familiar tenha um rendimento relevante para efeitos de protecção jurídica igual ou inferior a três quartos do indexante de apoios sociais não tem condições objectivas para suportar qualquer quantia relacionada com os custos de um processo, devendo igualmente beneficiar de atribuição de agente de execução e de consulta jurídica gratuita;

b) O requerente cujo agregado familiar tenha um rendimento relevante para efeitos de protecção jurídica superior a três quartos e igual ou inferior a duas vezes e meia o valor do indexante de apoios sociais tem condições objectivas para suportar os custos de uma consulta jurídica sujeita ao pagamento prévio de uma taxa, mas não tem condições objectivas para suportar pontualmente os custos de um processo e, por esse motivo, beneficia de apoio judiciário nas modalidades de pagamento faseado e de atribuição de agente de execução;

c) Não se encontra em situação de insuficiência económica o requerente cujo agregado familiar tenha um rendimento relevante para efeitos de protecção jurídica superior a duas vezes e meia o valor do indexante de apoios sociais.

2 – O rendimento relevante para efeitos de protecção jurídica é o montante que resulta da diferença entre o valor do rendimento líquido completo do agregado familiar e o valor da dedução relevante para efeitos de protecção jurídica e calcula-se nos termos previstos no anexo à presente lei.

3 – Considera-se que pertencem ao mesmo agregado familiar as pessoas que vivam em economia comum com o requerente de protecção jurídica.

4 – O valor da taxa devida pela prestação da consulta jurídica a que se refere a alínea *b*) do n.º 1 é fixado por portaria do membro do Governo responsável pela área da justiça.

5 – Se o valor dos créditos depositados em contas bancárias e o montante de valores mobiliários admitidos à negociação em mercado regulamentado de que o requerente ou qualquer membro do seu agregado familiar sejam titulares forem superiores a 24 vezes o valor do indexante de apoios sociais, considera-se que o requerente de protecção jurídica não se encontra em situação de insuficiência económica, independentemente do valor do rendimento relevante para efeitos de protecção jurídica do agregado familiar.

6 – O requerente pode solicitar, excepcionalmente e por motivo justificado, que a apreciação da insuficiência económica tenha em conta apenas o rendimento, o património e a despesa permanente próprios ou dele e de alguns elementos do seu agregado familiar.

7 – Em caso de litígio com um ou mais elementos do agregado familiar, a apreciação da insuficiência económica tem em conta apenas o rendimento, o património e a despesa permanente do requerente ou dele e de alguns elementos do seu agregado familiar, desde que ele o solicite.

8 – Se, perante um caso concreto, o dirigente máximo dos serviços de segurança social competente para a decisão sobre a concessão de protecção jurídica entender que a aplicação dos critérios previstos nos números anteriores conduz a uma manifesta negação do acesso ao direito e aos tribunais pode, por despacho especialmente fundamentado e sem possibilidade de delegação, decidir de forma diversa daquela que resulta da aplicação dos referidos critérios.

ARTIGO 8.º-B
Prova da insuficiência económica

1 – A prova da insuficiência económica é feita nos termos a definir por portaria conjunta dos ministros responsáveis pelas áreas da justiça e da segurança social.

2 – Em caso de dúvida sobre a verificação de uma situação de insuficiência económica, pode ser solicitado pelo dirigente máximo do serviço de segurança social que aprecia o pedido que o requerente autorize, por escrito, o acesso a informações e documentos bancários e que estes sejam exibidos perante esse serviço e, quando tal se justifique, perante a administração tributária.

3 – Se todos os elementos necessários à prova da insuficiência económica não forem entregues com o requerimento de protecção jurídica, os serviços da segurança social notificam o interessado, com referência

expressa à cominação prevista no número seguinte, para que este os apresente no prazo de 10 dias, suspendendo-se o prazo para a formação de acto tácito.

4 – No termo do prazo referido no número anterior, se o interessado não tiver procedido à apresentação de todos os elementos de prova necessários, o requerimento é indeferido, sem necessidade de proceder a nova notificação ao requerente.

ARTIGO 35.º-A
Atribuição de agente de execução

Quando seja concedido apoio judiciário na modalidade de atribuição de agente de execução, este é sempre um oficial de justiça, determinado segundo as regras da distribuição.»

ARTIGO 4.º
Regulamentação

As portarias referidas no n.º 4 do artigo 8.º-A, no n.º 1 do artigo 8.º-B, no n.º 1 do artigo 17.º, no n.º 2 do artigo 36.º e no n.º 2 do artigo 45.º devem ser aprovadas no prazo máximo de 60 dias após a entrada em vigor da presente lei.

ARTIGO 5.º
Norma revogatória

São revogados: *a*) O artigo 5.º, os n.os 3 a 5 do artigo 8.º, os n.os 3 e 4 do artigo 14.º, o artigo 21.º, o n.º 5 do artigo 22.º, o n.º 3 do artigo 26.º, o n.º 3 do artigo 29.º, os n.os 2 a 5 do artigo 30.º, os n.os 3 e 4 do artigo 31.º, o n.º 3 do artigo 35.º, o artigo 40.º, o n.º 4 do artigo 41.º, o n.º 5 do artigo 42.º, os n.os 3 a 5 do artigo 45.º e os artigos 46.º a 48.º da Lei n.º 34/2004, de 29 de Julho; *b*) Os artigos 6.º a 10.º e 16.º a 18.º da Portaria n.º 1085-A/2004, de 31 de Agosto.

ARTIGO 6.º
Regime transitório

As alterações introduzidas pela presente lei aplicam-se apenas aos pedidos de protecção jurídica apresentados após a sua entrada em vigor.

ARTIGO 7.º
Republicação

A Lei n.º 34/2004, de 29 de Julho, com a redacção resultante da presente alteração, é republicada em anexo, que é parte integrante da presente lei.

ARTIGO 8.º
Entrada em vigor

A presente lei entra em vigor no dia 1 de Janeiro de 2008. Aprovada em 28 de Junho de 2007. O Presidente da Assembleia da República, *Jaime Gama*.

Promulgada em 8 de Agosto de 2007.

Publique-se. O Presidente da República, ANÍBAL CAVACO SILVA.

Referendada em 16 de Agosto de 2007.

O Primeiro-Ministro, *José Sócrates Carvalho Pinto de Sousa*.

ANEXO
Republicação da Lei n.º 34/2004, de 29 de Julho

CAPÍTULO I
Concepção e objectivos

ARTIGO 1.º
Finalidades

1 – O sistema de acesso ao direito e aos tribunais destina-se a assegurar que a ninguém seja dificultado ou impedido, em razão da sua condição social ou cultural, ou por insuficiência de meios económicos, o conhecimento, o exercício ou a defesa dos seus direitos.

2 – Para concretizar os objectivos referidos no número anterior, desenvolver-se-ão acções e mecanismos sistematizados de informação jurídica e de protecção jurídica.

ARTIGO 2.º
Promoção

1 – O acesso ao direito e aos tribunais constitui uma responsabilidade do Estado, a promover, designadamente, através de dispositivos de cooperação com as instituições representativas das profissões forenses.

2 – O acesso ao direito compreende a informação jurídica e a protecção jurídica.

ARTIGO 3.º
Funcionamento

1 – O sistema de acesso ao direito e aos tribunais funcionará por forma que os serviços prestados aos seus utentes sejam qualificados e eficazes.

2 – O Estado garante uma adequada compensação aos profissionais forenses que participem no sistema de acesso ao direito e aos tribunais.

3 – É vedado aos profissionais forenses que prestem serviços no âmbito do acesso ao direito em qualquer das suas modalidades auferir, com base neles, remuneração diversa da que tiverem direito nos termos da presente lei e da portaria referida no n.º 2 do artigo 45.º.

CAPÍTULO II
Informação jurídica

ARTIGO 4.º
Dever de informação

1 – Incumbe ao Estado realizar, de modo permanente e planeado, acções tendentes a tornar conhecido o direito e o ordenamento legal, através de publicação e de outras formas de comunicação, com vista a proporcionar um melhor exercício dos direitos e o cumprimento dos deveres legalmente estabelecidos.

2 – A informação jurídica é prestada pelo Ministério da Justiça, em colaboração com todas as entidades interessadas, podendo ser celebrados protocolos para esse efeito.

ARTIGO 5.º
Serviços de informação jurídica

(Revogado.)

CAPÍTULO III
Protecção jurídica

SECÇÃO I
Disposições gerais

ARTIGO 6.º
Âmbito de protecção

1 – A protecção jurídica reveste as modalidades de consulta jurídica e de apoio judiciário.

2 – A protecção jurídica é concedida para questões ou causas judiciais concretas ou susceptíveis de concretização em que o utente tenha um interesse próprio e que versem sobre direitos directamente lesados ou ameaçados de lesão.

3 – Lei própria regula os sistemas destinados à tutela dos interesses colectivos ou difusos e dos direitos só indirecta ou reflexamente lesados ou ameaçados de lesão.

4 – No caso de litígio transfronteiriço, em que os tribunais competentes pertençam a outro Estado da União Europeia, a protecção jurídica abrange ainda o apoio pré-contencioso e os encargos específicos decorrentes do carácter transfronteiriço do litígio, em termos a definir por lei.

ARTIGO 7.º
Âmbito pessoal

1 – Têm direito a protecção jurídica, nos termos da presente lei, os cidadãos nacionais e da União Europeia, bem como os estrangeiros e os apátridas com título de residência válido num Estado membro da União Europeia, que demonstrem estar em situação de insuficiência económica.

2 – Aos estrangeiros sem título de residência válido num Estado membro da União Europeia é reconhecido o direito a protecção jurídica, na medida em que ele seja atribuído aos portugueses pelas leis dos respectivos Estados.

3 – As pessoas colectivas com fins lucrativos e os estabelecimentos individuais de responsabilidade limitada não têm direito a protecção jurídica.

4 – As pessoas colectivas sem fins lucrativos têm apenas direito à protecção jurídica na modalidade de apoio judiciário, devendo para tal fazer a prova a que alude o n.º 1.

5 – A protecção jurídica não pode ser concedida às pessoas que alienaram ou oneraram todos ou parte dos seus bens para se colocarem em condições de o obter, nem, tratando-se de apoio judiciário, aos cessionários do direito ou objecto controvertido, quando a cessão tenha sido realizada com o propósito de obter aquele benefício.

ARTIGO 8.º
Insuficiência económica

1 – Encontra-se em situação de insuficiência económica aquele que, tendo em conta o rendimento, o património e a despesa permanente do seu agregado familiar, não tem condições objectivas para suportar pontualmente os custos de um processo.

2 – O disposto no número anterior aplica-se, com as necessárias adaptações, às pessoas colectivas sem fins lucrativos.

3 – *(Revogado.)*

4 – *(Revogado.)*

5 – *(Revogado.)*

ARTIGO 8.º-A
Apreciação da insuficiência económica

1 – A insuficiência económica das pessoas singulares é apreciada de acordo com os seguintes critérios:

a) O requerente cujo agregado familiar tenha um rendimento relevante para efeitos de protecção jurídica igual ou inferior a três quartos do indexante de apoios sociais não tem condições objectivas para suportar qualquer quantia relacionada com os custos de um processo, devendo igualmente beneficiar de atribuição de agente de execução e de consulta jurídica gratuita;

b) O requerente cujo agregado familiar tenha um rendimento relevante para efeitos de protecção jurídica superior a três quartos e igual ou inferior a duas vezes e meia o valor do indexante de apoios sociais tem condições objectivas para suportar os custos de uma consulta jurídica sujeita ao pagamento prévio de uma taxa, mas não tem condições objectivas para suportar pontualmente os custos de um processo e, por esse motivo, beneficia de apoio judiciário nas modalidades de pagamento faseado e de atribuição de agente de execução;

c) Não se encontra em situação de insuficiência económica o requerente cujo agregado familiar tenha um rendimento relevante para efeitos de protecção jurídica superior a duas vezes e meia o valor do indexante de apoios sociais.

2 – O rendimento relevante para efeitos de protecção jurídica é o montante que resulta da diferença entre o valor do rendimento líquido completo do agregado familiar e o valor da dedução relevante para efeitos de protecção jurídica e calcula-se nos termos previstos no anexo à presente lei.

3 – Considera-se que pertencem ao mesmo agregado familiar as pessoas que vivam em economia comum com o requerente de protecção jurídica.

4 – O valor da taxa devida pela prestação da consulta jurídica a que se refere a alínea *b*) do n.º 1 é fixado por portaria do membro do Governo responsável pela área da justiça.

5 – Se o valor dos créditos depositados em contas bancárias e o montante de valores mobiliários admitidos à negociação em mercado regulamentado de que o requerente ou qualquer membro do seu agregado familiar sejam titulares forem superiores a 24 vezes o valor do indexante de apoios sociais, considera-se que o requerente de protecção jurídica não se encontra em situação de insuficiência económica, independentemente do valor do rendimento relevante para efeitos de protecção jurídica do agregado familiar.

6 – O requerente pode solicitar, excepcionalmente e por motivo justificado, que a apreciação da insuficiência económica tenha em conta apenas o rendimento, o património e a despesa permanente próprios ou dele e de alguns elementos do seu agregado familiar.

7 – Em caso de litígio com um ou mais elementos do agregado familiar, a apreciação da insuficiência económica tem em conta apenas o rendimento, o património e a despesa permanente do requerente ou dele e de alguns elementos do seu agregado familiar, desde que ele o solicite.

8 – Se, perante um caso concreto, o dirigente máximo dos serviços de segurança social competente para a decisão sobre a concessão de protecção jurídica entender que a aplicação dos critérios previstos nos números anteriores conduz a uma manifesta negação do acesso ao direito e aos

tribunais pode, por despacho especialmente fundamentado e sem possibilidade de delegação, decidir de forma diversa daquela que resulta da aplicação dos referidos critérios.

ARTIGO 8.º-B
Prova da insuficiência económica

1 – A prova da insuficiência económica é feita nos termos a definir por portaria conjunta dos ministros responsáveis pelas áreas da justiça e da segurança social.

2 – Em caso de dúvida sobre a verificação de uma situação de insuficiência económica, pode ser solicitado pelo dirigente máximo do serviço de segurança social que aprecia o pedido que o requerente autorize, por escrito, o acesso a informações e documentos bancários e que estes sejam exibidos perante esse serviço e, quando tal se justifique, perante a administração tributária.

3 – Se todos os elementos necessários à prova da insuficiência económica não forem entregues com o requerimento de protecção jurídica, os serviços da segurança social notificam o interessado, com referência expressa à cominação prevista no número seguinte, para que este os apresente no prazo de 10 dias, suspendendo-se o prazo para a formação de acto tácito.

4 – No termo do prazo referido no número anterior, se o interessado não tiver procedido à apresentação de todos os elementos de prova necessários, o requerimento é indeferido, sem necessidade de proceder a nova notificação ao requerente.

ARTIGO 9.º
Isenções

Estão isentos de impostos, emolumentos e taxas os requerimentos, certidões e quaisquer outros documentos pedidos para fins de protecção jurídica.

ARTIGO 10.º
Cancelamento da protecção jurídica

1 – A protecção jurídica é cancelada, quer na sua totalidade quer relativamente a alguma das suas modalidades:

a) Se o requerente ou o respectivo agregado familiar adquirirem meios suficientes para poder dispensá-la;

b) Quando se prove por novos documentos a insubsistência das razões pelas quais foi concedida;

c) Se os documentos que serviram de base à concessão forem declarados falsos por decisão com trânsito em julgado; *d*) Se, em recurso, for confirmada a condenação do requerente como litigante de má fé;

e) Se, em acção de alimentos provisórios, for atribuída ao requerente uma quantia para custeio da demanda;

f) Se o requerente a quem tiver sido concedido apoio judiciário em modalidade de pagamento faseado não proceder ao pagamento de uma prestação e mantiver esse incumprimento no termo do prazo que lhe for concedido para proceder ao pagamento em falta acrescido de multa equivalente à prestação em falta.

2 – No caso da alínea *a*) do número anterior, o requerente deve declarar, logo que o facto se verifique, que está em condições de dispensar a protecção jurídica em alguma ou em todas as modalidades concedidas, sob pena de ficar sujeito às sanções previstas para a litigância de má fé.

3 – A protecção jurídica pode ser cancelada oficiosamente pelos serviços da segurança social ou a requerimento do Ministério Público, da Ordem dos Advogados, da parte contrária, do patrono nomeado ou do agente de execução atribuído.

4 – O requerente de protecção jurídica é sempre ouvido.

5 – Sendo cancelada a protecção jurídica concedida, a decisão é comunicada ao tribunal competente e à Ordem dos Advogados ou à Câmara dos Solicitadores, conforme os casos.

ARTIGO 11.º
Caducidade

1 – A protecção jurídica caduca nas seguintes situações:

a) Pelo falecimento da pessoa singular ou pela extinção ou dissolução da pessoa colectiva a quem foi concedida, salvo se os sucessores na lide, no incidente da sua habilitação, juntarem cópia do requerimento de apoio judiciário e os mesmos vierem a ser deferidos;

b) Pelo decurso do prazo de um ano após a sua concessão sem que tenha sido prestada consulta ou instaurada acção em juízo, por razão imputável ao requerente.

2 – O apoio judiciário nas modalidades de nomeação e pagamento de honorários de patrono e de nomeação e pagamento faseado de honorários de patrono é incompatível com o patrocínio pelo Ministério Público nos termos previstos no Código de Processo do Trabalho.

ARTIGO 12.º
Impugnação

Da decisão que determine o cancelamento ou verifique a caducidade da protecção jurídica cabe impugnação judicial, que segue os termos dos artigos 27.º e 28.º.

ARTIGO 13.º
Aquisição de meios económicos suficientes

1 – Caso se verifique que o requerente de protecção jurídica possuía, à data do pedido, ou adquiriu no decurso da causa ou no prazo de quatro anos após o seu termo, meios económicos suficientes para pagar honorários, despesas, custas, imposto, emolumentos, taxas e quaisquer outros encargos de cujo pagamento haja sido declarado isento, é instaurada acção para cobrança das respectivas importâncias pelo Ministério Público ou por qualquer outro interessado.

2 – Para os efeitos do número anterior, presume-se aquisição de meios económicos suficientes a obtenção de vencimento na acção, ainda que meramente parcial, salvo se, pela sua natureza ou valor, o que se obtenha não possa ser tido em conta na apreciação da insuficiência económica nos termos do artigo 8.º

3 – A acção a que se refere o n.º 1 segue a forma sumaríssima, podendo o juiz condenar no próprio processo, no caso previsto no número anterior.

4 – Para fundamentar a decisão, na acção a que se refere o n.º 1, o tribunal deve pedir parecer à segurança social.

5 – As importâncias cobradas revertem para o Instituto de Gestão Financeira e de Infra-Estruturas de Justiça, I. P.

6 – O disposto nos números anteriores não prejudica a instauração de procedimento criminal se, para beneficiar da protecção jurídica, o requerente cometer crime.

SECÇÃO II
Consulta jurídica

ARTIGO 14.º
Âmbito

1 – A consulta jurídica consiste no esclarecimento técnico sobre o direito aplicável a questões ou casos concretos nos quais avultem interesses pessoais legítimos ou direitos próprios lesados ou ameaçados de lesão.

2 – No âmbito da consulta jurídica cabem ainda as diligências extrajudiciais que decorram directamente do conselho jurídico prestado ou que se mostrem essenciais para o esclarecimento da questão colocada.

3 – *(Revogado.)*

4 – *(Revogado.)*

ARTIGO 15.º
Prestação da consulta jurídica

1 – A consulta jurídica pode ser prestada em gabinetes de consulta jurídica ou nos escritórios dos advogados que adiram ao sistema de acesso ao direito.

2 – A prestação de consulta jurídica deve, tendencialmente, cobrir todo o território nacional.

3 – A criação de gabinetes de consulta jurídica, bem como as suas regras de funcionamento, são aprovadas por portaria do membro do Governo responsável pela área da justiça, ouvida a Ordem dos Advogados.

4 – Os gabinetes de consulta jurídica podem abranger a prestação de serviços por solicitadores, em moldes a convencionar entre a Câmara dos Solicitadores, a Ordem dos Advogados e o Ministério da Justiça.

5 – O disposto nos números anteriores não obsta à prestação de consulta jurídica por outras entidades públicas ou privadas sem fins lucrativos, nos termos da lei ou a definir por protocolo celebrado entre estas entidades e a Ordem dos Advogados e sujeito a homologação pelo Ministério da Justiça.

SECÇÃO III
Apoio judiciário

ARTIGO 16.º
Modalidades

1 – O apoio judiciário compreende as seguintes modalidades:

a) Dispensa de taxa de justiça e demais encargos com o processo;

b) Nomeação e pagamento da compensação de patrono;

c) Pagamento da compensação de defensor oficioso;

d) Pagamento faseado de taxa de justiça e demais encargos com o processo;

e) Nomeação e pagamento faseado da compensação de patrono;

f) Pagamento faseado da compensação de defensor oficioso;

g) Atribuição de agente de execução.

2 – Sem prejuízo de, em termos a definir por lei, a periodicidade do pagamento poder ser alterada em função do valor das prestações, nas modalidades referidas nas alíneas *d*) a *f*) do número anterior, o valor da prestação mensal dos beneficiários de apoio judiciário é o seguinte: *a*) 1/72 do valor anual do rendimento relevante para efeitos de protecção jurídica, se este for igual ou inferior a uma vez e meia o valor do indexante de apoios sociais; *b*) 1/36 do valor anual do rendimento relevante para efeitos de protecção jurídica, se este for superior a uma vez e meia o valor do indexante de apoios sociais.

3 – Nas modalidades referidas nas alíneas *d*) a *f*) do n.º 1 não são exigíveis as prestações que se vençam após o decurso de quatro anos desde o trânsito em julgado da decisão final da causa.

4 – Havendo pluralidade de causas relativas ao mesmo requerente ou a elementos do seu agregado familiar, o prazo mencionado no número anterior conta-se desde o trânsito em julgado da última decisão final.

5 – O pagamento das prestações relativas às modalidades mencionadas nas alíneas *d*) a *f*) do n.º 1 é efectuado em termos a definir por lei.

6 – Se o requerente de apoio judiciário for uma pessoa colectiva, o apoio judiciário não compreende a modalidade referida nas alíneas *d*) a *f*) do n.º 1.

7 – No caso de pedido de apoio judiciário por residente noutro Estado membro da União Europeia para acção em que tribunais portugueses sejam competentes, o apoio judiciário abrange os encargos específicos decorrentes do carácter transfronteiriço do litígio em termos a defenir por lei.

ARTIGO 17.º
Âmbito de aplicação

1 – O regime de apoio judiciário aplica-se em todos os tribunais, qualquer que seja a forma do processo, nos julgados de paz e noutras estruturas de resolução alternativa de litígios a definir por portaria do membro do Governo responsável pela área da justiça.

2 – O regime de apoio judiciário aplica-se, também, com as devidas adaptações, nos processos de contra-ordenação.

3 – O apoio judiciário é aplicável nos processos que corram nas conservatórias, em termos a definir por lei.

ARTIGO 18.º
Pedido de apoio judiciário

1 – O apoio judiciário é concedido independentemente da posição processual que o requerente ocupe na causa e do facto de ter sido já concedido à parte contrária.

2 – O apoio judiciário deve ser requerido antes da primeira intervenção processual, salvo se a situação de insuficiência económica for superveniente, caso em que deve ser requerido antes da primeira intervenção processual que ocorra após o conhecimento da situação de insuficiência económica.

3 – Se se verificar insuficiência económica superveniente, suspende-se o prazo para pagamento da taxa de justiça e demais encargos com o processo até à decisão definitiva do pedido de apoio judiciário, aplicando-se o disposto nos n.os 4 e 5 do artigo 24.º

4 – O apoio judiciário mantém-se para efeitos de recur so, qualquer que seja a decisão sobre a causa, e é exten sivo a todos os processos que sigam por apenso àquele em que essa concessão se verificar, sendo-o também ao processo principal, quando concedido em qualquer apenso.

5 – O apoio judiciário mantém-se ainda para as execuções fundadas em sentença proferida em processo em que essa concessão se tenha verificado.

6 – Declarada a incompetência do tribunal, mantém-se, todavia, a concessão do apoio judiciário, devendo a decisão definitiva ser notificada ao patrono para este se pronunciar sobre a manutenção ou escusa do patrocínio.

7 – No caso de o processo ser desapensado por decisão com trânsito em julgado, o apoio concedido manter-se-á, juntando-se oficiosamente ao processo desapensado certidão da decisão que o concedeu, sem prejuízo do disposto na parte final do número anterior.

SECÇÃO IV
Procedimento

ARTIGO 19.º
Legitimidade

A protecção jurídica pode ser requerida:

a) Pelo interessado na sua concessão;

b) Pelo Ministério Público em representação do interessado;

c) Por advogado, advogado estagiário ou solicitador, em representação do interessado, bastando para comprovar essa representação as assinaturas conjuntas do interessado e do patrono.

ARTIGO 20.º
Competência para a decisão

1 – A decisão sobre a concessão de protecção jurídica compete ao dirigente máximo dos serviços de segurança social da área de residência ou sede do requerente.

2 – No caso de o requerente não residir ou não ter a sua sede em território nacional, a decisão referida no número anterior compete ao dirigente máximo dos serviços de segurança social onde tiver sido entregue o requerimento.

3 – A competência referida nos números anteriores é susceptível de delegação e de subdelegação.

4 – A decisão quanto ao pedido referido nos n.os 6 e 7 do artigo 8.º-A compete igualmente ao dirigente máximo dos serviços de segurança social competente para a decisão sobre a concessão de protecção jurídica, sendo susceptível de delegação e de subdelegação.

ARTIGO 21.º
Juízo sobre a existência de fundamento legal da pretensão

(Revogado.)

ARTIGO 22.º
Requerimento

1 – O requerimento de protecção jurídica é apresentado em qualquer serviço de atendimento ao público dos serviços de segurança social.

2 – O requerimento de protecção jurídica é formulado em modelo, a aprovar por portaria dos ministros com a tutela da justiça e da segurança social, que é facultado, gratuitamente, junto da entidade referida no número anterior e pode ser apresentado pessoalmente, por telecópia, por via postal ou por transmissão electrónica, neste caso através do preenchimento do respectivo formulário digital, acessível por ligação e comunicação informática.

3 – Quando o requerimento é apresentado por via postal, o serviço receptor remete ao requerente uma cópia com o carimbo de recepção aposto.

4 – O pedido deve especificar a modalidade de protecção jurídica pretendida, nos termos dos artigos 6.º e 16.º, e, sendo caso disso, quais as modalidades que pretende cumular.

5 – *(Revogado.)*

6 – A prova da entrega do requerimento de protecção jurídica pode ser feita: *a*) Mediante exibição ou entrega de cópia com carimbo de recep-

ção do requerimento apresentado pessoalmente ou por via postal; *b*) Por qualquer meio idóneo de certificação mecânica ou electrónica da recepção no serviço competente do requerimento quando enviado por telecópia ou transmissão electrónica.

7 – É da competência dos serviços da segurança social a identificação rigorosa dos elementos referentes aos beneficiários, bem como a identificação precisa do fim a que se destina o apoio judiciário, para os efeitos previstos no n.º 5 do artigo 24.º e nos artigos 30.º e 31.º.

ARTIGO 23.º
Audiência prévia

1 – A audiência prévia do requerente de protecção jurídica tem obrigatoriamente lugar, por escrito, nos casos em que está proposta uma decisão de indeferimento, total ou parcial, do pedido formulado, nos termos do Código do Procedimento Administrativo.

2 – Se o requerente de protecção jurídica, devidamente notificado para efeitos de audiência prévia, não se pronunciar no prazo que lhe for concedido, a proposta de decisão converte-se em decisão definitiva, não havendo lugar a nova notificação.

3 – A notificação para efeitos de audiência prévia contém expressa referência à cominação prevista no número anterior, sob pena de esta não poder ser aplicada.

ARTIGO 24.º
Autonomia do procedimento

1 – O procedimento de protecção jurídica na modalidade de apoio judiciário é autónomo relativamente à causa a que respeite, não tendo qualquer repercussão sobre o andamento desta, com excepção do previsto nos números seguintes.

2 – Nos casos previstos no n.º 4 do artigo 467.º do Código de Processo Civil e, bem assim, naqueles em que, independentemente das circunstâncias aí referidas, esteja pendente impugnação da decisão relativa à concessão de apoio judiciário, o autor que pretenda beneficiar deste para dispensa ou pagamento faseado da taxa de justiça deve juntar à petição inicial documento comprovativo da apresentação do respectivo pedido.

3 – Nos casos previstos no número anterior, o autor deve efectuar o pagamento da taxa de justiça ou da primeira prestação, quando lhe seja concedido apoio judiciário na modalidade de pagamento faseado de taxa de justiça, no prazo de 10 dias a contar da data da notificação da decisão que indefira, em definitivo, o seu pedido, sob a cominação prevista no n.º 5 do artigo 467.º do Código de Processo Civil.

4 – Quando o pedido de apoio judiciário é apresentado na pendência de acção judicial e o requerente pretende a nomeação de patrono, o prazo que estiver em curso interrompe-se com a junção aos autos do documento comprovativo da apresentação do requerimento com que é promovido o procedimento administrativo.

5 – O prazo interrompido por aplicação do disposto no número anterior inicia-se, conforme os casos:

a) A partir da notificação ao patrono nomeado da sua designação;

b) A partir da notificação ao requerente da decisão de indeferimento do pedido de nomeação de patrono.

ARTIGO 25.º
Prazo

1 – O prazo para a conclusão do procedimento administrativo e decisão sobre o pedido de protecção jurídica é de 30 dias, é contínuo, não se suspende durante as férias judiciais e, se terminar em dia em que os serviços da segurança social estejam encerrados, transfere-se o seu termo para o 1.º dia útil seguinte.

2 – Decorrido o prazo referido no número anterior sem que tenha sido proferida uma decisão, considera-se tacitamente deferido e concedido o pedido de protecção jurídica.

3 – No caso previsto no número anterior, é suficiente a menção em tribunal da formação do acto tácito e, quando estiver em causa um pedido de nomeação de patrono, a tramitação subsequente à formação do acto tácito obedecerá às seguintes regras:

a) Quando o pedido tiver sido apresentado na pendência de acção judicial, o tribunal em que a causa está pendente solicita à Ordem dos Advogados que proceda à nomeação do patrono, nos termos da portaria referida no n.º 2 do artigo 45.º;

b) Quando o pedido não tiver sido apresentado na pendência de acção judicial, incumbe ao interessado solicitar a nomeação do patrono, nos termos da portaria referida no n.º 2 do artigo 45.º.

4 – O tribunal ou, no caso referido na alínea *b*) do número anterior, a Ordem dos Advogados deve confirmar junto dos serviços da segurança social a formação do acto tácito, devendo estes serviços responder no prazo máximo de dois dias úteis.

5 – Enquanto não for possível disponibilizar a informação de forma desmaterializada e em tempo real, os serviços da segurança social enviam mensalmente a informação relativa aos pedidos de protecção jurídica tacitamente deferidos ao Gabinete para a Resolução Alternativa de Litígios, à Ordem dos Advogados, se o pedido envolver a nomeação de patrono, e ao tribunal em que a acção se encontra, se o requerimento tiver sido apresentado na pendência de acção judicial.

ARTIGO 26.º
Notificação e impugnação da decisão

1 – A decisão final sobre o pedido de protecção jurídica é notificada ao requerente e, se o pedido envolver a designação de patrono, também à Ordem dos Advogados.

2 – A decisão sobre o pedido de protecção jurídica não admite reclamação nem recurso hierárquico ou tutelar, sendo susceptível de impugnação judicial nos termos dos artigos 27.º e 28.º.

3 – *(Revogado.)*

4 – Se o requerimento tiver sido apresentado na pendência de acção judicial, a decisão final sobre o pedido de apoio judiciário é notificada ao tribunal em que a acção se encontra pendente, bem como, através deste, à parte contrária.

5 – A parte contrária na acção judicial para que tenha sido concedido apoio judiciário tem legitimidade para impugnar a decisão nos termos do n.º 2.

ARTIGO 27.º
Impugnação judicial

1 – A impugnação judicial pode ser intentada directamente pelo interessado, não carecendo de constituição de advogado, e deve ser entregue

no serviço de segurança social que apreciou o pedido de protecção jurídica, no prazo de 15 dias após o conhecimento da decisão.

2 – O pedido de impugnação deve ser escrito, mas não carece de ser articulado, sendo apenas admissível prova documental, cuja obtenção pode ser requerida através do tribunal.

3 – Recebida a impugnação, o serviço de segurança social dispõe de 10 dias para revogar a decisão sobre o pedido de protecção jurídica ou, mantendo-a, enviar aquela e cópia autenticada do processo administrativo ao tribunal competente.

ARTIGO 28.º
Tribunal competente

1 – É competente para conhecer e decidir a impugnação o tribunal da comarca em que está sedeado o serviço de segurança social que apreciou o pedido de protecção jurídica ou, caso o pedido tenha sido formulado na pendência da acção, o tribunal em que esta se encontra pendente.

2 – No caso de existirem tribunais de competência especializada ou de competência específica, a impugnação deve respeitar as respectivas regras de competência.

3 – Se o tribunal se considerar incompetente, remete para aquele que deva conhecer da impugnação e notifica o interessado.

4 – Recebida a impugnação, esta é distribuída, quando for caso disso, e imediatamente conclusa ao juiz que, por meio de despacho concisamente fundamentado, decide, concedendo ou recusando o provimento, por extemporaneidade ou manifesta inviabilidade.

5 – A decisão proferida nos termos do número anterior é irrecorrível.

ARTIGO 29.º
Alcance da decisão final

1 – A decisão que defira o pedido de protecção jurídica especifica as modalidades e a concreta medida do apoio concedido.

2 – Para concretização do benefício de apoio judiciário nas modalidades previstas nas alíneas *a*) e *d*) do n.º 1 do artigo 16.º, devem os interessados apresentar o documento comprovativo da sua concessão ou da

apresentação do respectivo pedido no momento em que deveriam apresentar o documento comprovativo do pagamento da taxa de justiça.

3 – *(Revogado.)*

4 – O indeferimento do pedido de apoio judiciário importa a obrigação do pagamento das custas devidas, bem como, no caso de ter sido solicitada a nomeação de patrono, o pagamento ao Instituto de Gestão Financeira e de Infra-Estruturas de Justiça, I. P., da quantia prevista no n.º 2 do artigo 36.º.

5 – Não havendo decisão final quanto ao pedido de apoio judiciário no momento em que deva ser efectuado o pagamento da taxa de justiça e demais encargos do processo judicial, proceder-se-á do seguinte modo:

a) No caso de não ser ainda conhecida a decisão do serviço da segurança social competente, fica suspenso o prazo para proceder ao respectivo pagamento até que tal decisão seja comunicada ao requerente;

b) Tendo havido já decisão do serviço da segurança social, concedendo apoio judiciário numa ou mais modalidades de pagamento faseado, o pagamento da primeira prestação é devido no prazo de 10 dias contados da data da sua comunicação ao requerente, sem prejuízo do posterior reembolso das quantias pagas no caso de procedência da impugnação daquela decisão;

c) Tendo havido já decisão negativa do serviço da segurança social, o pagamento é devido no prazo de 10 dias contados da data da sua comunicação ao requerente, sem prejuízo do posterior reembolso das quantias pagas no caso de procedência da impugnação daquela decisão.

ARTIGO 30.º
Nomeação de patrono

1 – A nomeação de patrono, sendo concedida, é realizada pela Ordem dos Advogados, nos termos da portaria referida no n.º 2 do artigo 45.º.

2 – *(Revogado.)*

3 – *(Revogado.)*

4 – *(Revogado.)*

5 – *(Revogado.)*

ARTIGO 31.º
Notificação da nomeação

1 – A nomeação de patrono é notificada pela Ordem dos Advogados ao requerente e ao patrono nomeado e, nos casos previstos no n.º 4 do artigo 26.º, para além de ser feita com a expressa advertência do início do prazo judicial, é igualmente comunicada ao tribunal.

2 – A notificação da decisão de nomeação do patrono é feita com menção expressa, quanto ao requerente, do nome e escritório do patrono bem como do dever de lhe dar colaboração, sob pena de o apoio judiciário lhe ser retirado.

3 – *(Revogado.)*

4 – *(Revogado.)*

ARTIGO 32.º
Substituição do patrono

1 – O beneficiário do apoio judiciário pode, em qual quer processo, requerer à Ordem dos Advogados a substituição do patrono nomeado, fundamentando o seu pedido.

2 – Deferido o pedido de substituição, aplicam-se, com as devidas adaptações, os termos dos artigos 34.º e seguintes.

3 – Se a substituição de patrono tiver sido requerida na pendência de um processo, a Ordem dos Advogados deve comunicar ao tribunal a nomeação do novo patrono.

ARTIGO 33.º
Prazo de propositura da acção

1 – O patrono nomeado para a propositura da acção deve intentá-la nos 30 dias seguintes à notificação da nomeação, apresentando justificação à Ordem dos Advogados ou à Câmara dos Solicitadores se não instaurar a acção naquele prazo.

2 – O patrono nomeado pode requerer à Ordem dos Advogados ou à Câmara dos Solicitadores a prorrogação do prazo previsto no número anterior, fundamentando o pedido.

3 – Quando não for apresentada justificação, ou esta não for considerada satisfatória, a Ordem dos Advogados ou a Câmara dos Solicitadores deve proceder à apreciação de eventual responsabilidade disciplinar, sendo nomeado novo patrono ao requerente.

4 – A acção considera-se proposta na data em que for apresentado o pedido de nomeação de patrono.

ARTIGO 34.º
Pedido de escusa

1 – O patrono nomeado pode pedir escusa, mediante reque rimento dirigido à Ordem dos Advogados ou à Câmara dos Solicitadores, alegando os respectivos motivos.

2 – O pedido de escusa, formulado nos termos do núme ro anterior e apresentado na pendência do processo, interrompe o prazo que estiver em curso, com a junção dos respectivos autos de documento comprovativo do referido pedido, aplicando-se o disposto no n.º 5 do artigo 24.º.

3 – O patrono nomeado deve comunicar no processo o facto de ter apresentado um pedido de escusa, para os efeitos previstos no número anterior.

4 – A Ordem dos Advogados ou a Câmara dos Solicitadores aprecia e delibera sobre o pedido de escusa no prazo de 15 dias.

5 – Sendo concedida a escusa, procede-se imediatamente à nomeação e designação de novo patrono, excepto no caso de o fundamento do pedido de escusa ser a inexistência de fundamento legal da pretensão, caso em que pode ser recusada nova nomeação para o mesmo fim.

6 – O disposto nos n.os 1 a 4 aplica-se aos casos de escusa por circunstâncias supervenientes.

ARTIGO 35.º
Substituição em diligência processual

1 – O patrono nomeado pode substabelecer, com reserva, para diligência determinada, desde que indique substituto.

2 – A remuneração do substituto é da responsabilidade do patrono nomeado.

3 – *(Revogado.)*

ARTIGO 35.º-A
Atribuição de agente de execução

Quando seja concedido apoio judiciário na modalidade de atribuição de agente de execução, este é sempre um oficial de justiça, determinado segundo as regras da distribuição.

ARTIGO 36.º
Encargos

1 – Sempre que haja um processo judicial, os encargos decorrentes da concessão de protecção jurídica, em qualquer das suas modalidades, são levados a regra de custas a final.

2 – Os encargos decorrentes da concessão de apoio judiciário nas modalidades previstas nas alíneas *b*), *c*), *e*) e *f*) do n.º 1 do artigo 16.º são determinados nos termos de portaria do membro do Governo responsável pela área da justiça.

ARTIGO 37.º
Regime subsidiário

São aplicáveis ao procedimento de concessão de protecção jurídica as disposições do Código do Procedimento Administrativo em tudo o que não esteja especialmente regulado na presente lei.

ARTIGO 38.º
Contagem de prazos

Aos prazos processuais previstos na presente lei aplicam-se as disposições da lei processual civil.

CAPÍTULO IV
Disposições especiais sobre processo penal

ARTIGO 39.º
Nomeação de defensor

1 – A nomeação de defensor ao arguido, a dispensa de patrocínio e a substituição são feitas nos termos do Código de Processo Penal, do presente capítulo e da portaria referida no n.º 2 do artigo 45.º.

2 – A nomeação é antecedida da advertência ao arguido do seu direito a constituir advogado.

3 – Caso não constitua advogado, o arguido deve proceder, no momento em que presta termo de identidade e residência, à emissão de uma declaração relativa ao rendimento, património e despesa permanente do seu agregado familiar.

4 – A secretaria do tribunal deve apreciar a insuficiência económica do arguido em função da declaração emitida e dos critérios estabelecidos na presente lei.

5 – Se a secretaria concluir pela insuficiência económica do arguido, deve ser-lhe nomeado defensor ou, no caso contrário, adverti-lo de que deve constituir advogado.

6 – A nomeação de defensor ao arguido, nos termos do número anterior, tem carácter provisório e depende de concessão de apoio judiciário pelos serviços da segurança social.

7 – Se o arguido não solicitar a concessão de apoio judiciário, é responsável pelo pagamento do triplo do valor estabelecido nos termos do n.º 2 do artigo 36.º.

8 – Se os serviços da segurança social decidirem não conceder o benefício de apoio judiciário ao arguido, este fica sujeito ao pagamento do valor estabelecido nos termos do n.º 2 do artigo 36.º, salvo se se demonstrar que a decla ração proferida nos termos do n.º 3 foi manifestamente falsa, caso em que fica sujeito ao pagamento do quíntuplo do valor estabelecido no n.º 2 do artigo 36.º.

9 – Se, no caso previsto na parte final do n.º 5, o argui do não constituir advogado e for obrigatória ou considerada necessária ou conveniente a assistência de defensor, deve este ser nomeado, ficando o arguido responsável pelo pagamento do triplo do valor estabelecido nos termos do n.º 2 do artigo 36.º.

10 – O requerimento para a concessão de apoio judiciário não afecta a marcha do processo.

ARTIGO 40.º
Escolha de advogado

(Revogado.)

ARTIGO 41.º
Escalas de prevenção

1 – A nomeação de defensor para assistência ao primeiro interrogatório de arguido detido, para audiência em processo sumário ou para outras diligências urgentes previstas no Código de Processo Penal processa-se nos termos do artigo 39.º, devendo ser organizadas escalas de prevenção de advogados e advogados estagiários para esse efeito, em termos a definir na portaria referida no n.º 2 do artigo 45.º.

2 – A nomeação deve recair em defensor que, constando das escalas de prevenção, se apresente no local de realização da diligência após a sua chamada.

3 – O defensor nomeado para um acto pode manter-se para os actos subsequentes do processo, em termos a regulamentar na portaria referida no n.º 2 do artigo 45.º.

4 – *(Revogado.)*

ARTIGO 42.º
Dispensa de patrocínio

1 – O advogado nomeado defensor pode pedir dispensa de patrocínio, invocando fundamento que considere justo, em requerimento dirigido à Ordem dos Advogados.

2 – A Ordem dos Advogados aprecia e delibera sobre o pedido de dispensa de patrocínio no prazo de cinco dias.

3 – Enquanto não for substituído, o defensor nomeado para um acto mantém-se para os actos subsequentes do processo.

4 – Pode, em caso de urgência, ser nomeado outro defensor ao arguido, nos termos da portaria referida no n.º 2 do artigo 45.º.

5 – *(Revogado.)*

ARTIGO 43.º
Constituição de mandatário

1 – Cessam as funções do defensor nomeado sempre que o arguido constitua mandatário.

2 – O defensor nomeado não pode, no mesmo processo, aceitar mandato do mesmo arguido.

ARTIGO 44.º
Disposições aplicáveis

1 – Em tudo o que não esteja especialmente regulado no presente capítulo relativamente à concessão de protecção jurídica ao arguido em processo penal aplicam-se, com as necessárias adaptações, as disposições do capítulo anterior, com excepção do disposto nos n.os 2 e 3 do artigo 18.º, devendo o apoio judiciário ser requerido até ao termo do prazo de recurso da decisão em primeira instância.

2 – Ao pedido de protecção jurídica por quem pretenda constituir-se assistente ou formular ou contestar pedido de indemnização cível em processo penal aplica-se o disposto no capítulo anterior, com as necessárias adaptações.

CAPÍTULO V
Disposições finais e transitórias

ARTIGO 45.º
Participação dos profissionais forenses no acesso ao direito

1 – A admissão dos profissionais forenses ao sistema de acesso ao direito, a nomeação de patrono e de defensor e o pagamento da respectiva compensação realizam-se nos termos seguintes:

a) A selecção dos profissionais forenses deve assegurar a qualidade dos serviços prestados aos beneficiários de protecção jurídica no âmbito do sistema de acesso ao direito;

b) Os participantes no sistema de acesso ao direito podem ser advogados, advogados estagiários e solicitadores;

c) Os profissionais forenses podem ser nomeados para lotes de processos e escalas de prevenção;

d) Se o mesmo facto der causa a diversos processos, o sistema deve assegurar, preferencialmente, a nomeação do mesmo mandatário ou defensor oficioso ao beneficiário;

e) Todas as notificações e comunicações entre os profissionais forenses, a Ordem dos Advogados, os serviços da segurança social, os tribunais e os requerentes previstos no sistema de acesso ao direito devem realizar-se, sempre que possível, por via electrónica;

f) Os profissionais forenses participantes no sistema de acesso ao direito devem utilizar todos os meios electrónicos disponíveis no contacto com os tribunais, designadamente no que respeita ao envio de peças processuais e requerimentos autónomos;

g) Os profissionais forenses que não observem as regras do exercício do patrocínio e da defesa oficiosos podem ser excluídos do sistema de acesso ao direito;

h) Os profissionais forenses participantes no sistema de acesso ao direito que saiam do sistema, independentemente do motivo, antes do trânsito em julgado de um processo ou do termo definitivo de uma diligência para que estejam nomeados devem restituir, no prazo máximo de 30 dias, todas as quantias entregues por conta de cada processo ou diligência em curso;

i) O disposto na alínea anterior aplica-se aos casos de escusa e de dispensa de patrocínio, relativamente aos processos em que cesse o patrocínio e a defesa oficiosa;

j) O pagamento da compensação devida aos profissionais forenses deve ser processado até ao termo do mês seguinte àquele em que é devido;

l) A resolução extrajudicial dos litígios, antes da audiência de julgamento, deve ser incentivada mediante a previsão de um montante de compensação acrescido.

2 – A admissão dos profissionais forenses ao sistema de acesso ao direito, a nomeação de patrono e de defensor e o pagamento da respectiva compensação, nos termos do número anterior, é regulamentada por portaria do membro do Governo responsável pela área da justiça.

3 – *(Revogado.)*

4 – *(Revogado.)*

5 – *(Revogado.)*

ARTIGO 46.º
Colaboração de outras instituições com a Ordem dos Advogados

(Revogado.)

ARTIGO 47.º
Gabinetes de consulta jurídica

(Revogado.)

ARTIGO 48.º
Comissão de acompanhamento

(Revogado.)

ARTIGO 49.º
Encargos da segurança social

Os encargos decorrentes da presente lei a assumir pelos serviços da segurança social são suportados pelo Orçamento do Estado, mediante transferência das correspondentes verbas para o orçamento da segurança social.

ARTIGO 50.º
Norma revogatória

É revogada a Lei n.º 30-E/2000, de 20 de Dezembro.

ARTIGO 51.º
Regime transitório

1 – As alterações introduzidas pela presente lei aplicam-se apenas aos pedidos de apoio judiciário que sejam formulados após o dia 1 de Setembro de 2004.

2 – Aos processos de apoio judiciário iniciados até à entrada em vigor da presente lei é aplicável o regime legal anterior.

3 – Nos processos judiciais pendentes em 1 de Setembro de 2004 em que ainda não tenha sido requerido o benefício de apoio judiciário, este poderá ser requerido até ao trânsito em julgado da decisão final.

ARTIGO 52.º
Transposição

A presente lei efectua a transposição parcial da Directiva n.º 2003/8/CE, do Conselho, de 27 de Janeiro, relativa à melhoria do acesso à justiça nos litígios transfronteiriços, através do estabelecimento de regras mínimas comuns relativas ao apoio judiciário no âmbito desses litígios.

ARTIGO 53.º
Entrada em vigor

A presente lei entra em vigor em 1 de Setembro de 2004, salvo o n.º 4 do artigo 6.º e o n.º 4 do artigo 16.º, que entram em vigor no dia 30 de Novembro de 2004.

ANEXO
Cálculo do rendimento relevante para efeitos de protecção jurídica

I – Rendimento relevante para efeitos de protecção jurídica

1 – O rendimento relevante para efeitos de protecção jurídica (*YAP*) é o montante que resulta da diferença entre o valor do rendimento líquido completo do agregado familiar (*YC*) e o valor da dedução relevante para efeitos de protecção jurídica (*A*), ou seja, $YAP = YC - A$.

2 – O rendimento relevante para efeitos de protecção jurídica (*YAP*) é expresso em múltiplos do indexante de apoios sociais.

II – Rendimento líquido completo do agregado familiar

1 – O valor do rendimento líquido completo do agregado familiar (*YC*) resulta da soma do valor da recei ta líquida do agregado familiar (*Y*)

com o montante da renda financeira implícita calculada com base nos acti vos patrimoniais do agregado familiar (*YR*), ou seja, $YC = Y + YR$.

2 – Por receita líquida do agregado familiar (*Y*) entende-se o rendimento depois da dedução do imposto sobre o rendimento e das contribuições obrigatórias para regimes de protecção social.

3 – O cálculo da renda financeira implícita é efectuado nos termos previstos no n.º V.

III – Dedução relevante para efeitos de protecção jurídica

1 – O valor da dedução relevante para efeitos de protecção jurídica (*A*) resulta da soma do valor da dedução de encargos com necessidades básicas do agregado familiar (*D*) com o montante da dedução de encargos com a habitação do agregado familiar (*H*), ou seja, $A = D + H$.

2 – O valor da dedução de encargos com necessidades básicas do agregado familiar (*D*) resulta da aplicação da seguinte fórmula: em que *n* é o número de elementos do agregado familiar e *d* é o coeficiente de dedução de despesas com necessidades básicas do agregado familiar, determinado em função dos diversos escalões de rendimento, de acordo com o previsto na tabela do n.º VI.

3 – O montante da dedução de encargos com a habitação do agregado familiar (*H*) resulta da aplicação do coeficiente (*h*) ao valor do rendimento líquido completo do agregado familiar (*YC*), ou seja, $H = h + YC$, em que *h* é determinado em função dos diversos escalões de rendimento, de acordo com o previsto na tabela do n.º VII.

IV – Fórmula de cálculo do valor do rendimento relevante para efeitos de protecção jurídica

O valor do rendimento relevante para efeitos de protecção jurídica, especificado nos n.ºs I a III, é calculado através da seguinte fórmula: A fórmula de cálculo resulta das seguintes identidades algébricas: Portanto, por operações aritméticas elementares:

V – Cálculo da renda financeira implícita

1 – O montante da renda financeira implícita a que se refere o n.º 1 do n.º II é calculado mediante a aplicação de uma taxa de juro de referência ao valor dos activos patrimoniais do agregado familiar.

2 – A taxa de juro de referência é a taxa EURIBOR a seis meses correspondente ao valor médio verificado nos meses de Dezembro ou de Junho últimos, consoante o requerimento de protecção jurídica seja

apresentado, respectivamente, no 1.º ou no 2.º semestres do ano civil em curso.

3 – Entende-se por valor dos bens imóveis aquele que for mais elevado entre o declarado pelo requerente no pedido de protecção jurídica, o inscrito na matriz predial e o constante do documento que haja titulado a respectiva aquisição.

4 – Quando se trate da casa de morada de família, no cálculo referido no n.º 1 apenas se contabiliza o valor daquela se for superior a € 100 000 e na estrita medida desse excesso.

5 – O valor das participações sociais e dos valores mobiliários é aquele que resultar da cotação observada em bolsa no dia anterior ao da apresentação do requerimento de protecção jurídica ou, na falta deste, o seu valor nominal.

6 – Entende-se por valor dos bens móveis sujeitos a registo o respectivo valor de mercado.

VI – Tabela a que se refere o n.º 2 do n.º III

Escalões de rendimento líquido completo do agregado familiar *Yc*	(valores anuais expressos em euros) Coeficientes de dedução de despesa (*d*)
Yc < 4 500	0,371
4 500 = *YC* < 9 000	0,320
9 000 = *YC* < 13 500	0,288
13 500 = *YC* < 18 000	0,264
YC = 18 000	0,217

VII – Tabela a que se refere o n.º 3 do n.º III

Escalões de rendimento líquido completo do agregado familiar *Yc*	(valores anuais expressos em euros) Coeficientes de dedução de despesa (*d*)
YC < 4 500	0,224
4 500 = *YC* < 9 000	0,238
9 000 = *YC* < 13 500	0,207
13 500 = *YC* < 18 000	0,198
YC = 18 000	0,184

3.4.

DECRETO-LEI N.º 71/2005
de 17 de Março

– Apoio judiciário nas relações transfronteirias –

A Lei n.º 34/2004, de 29 de Julho, que alterou o regime de acesso ao direito e aos tribunais, procedeu à transposição parcial da Directiva n.º 2003/8/CE, do Conselho, de 27 de Janeiro, relativa à melhoria do acesso à justiça nos litígios transfronteiriços através do estabelecimento de regras mínimas comuns relativas ao apoio judiciário no âmbito desses litígios, lançando assim as bases para a consagração, na ordem jurídica portuguesa, das orientações comunitárias nesta matéria.

Refira-se, no entanto, que algumas soluções adoptadas na directiva já encontravam acolhimento no anterior regime, aprovado pela Lei n.º 30-E/2000, de 20 de Dezembro, tendo sido, por essa razão, mantidas na nova lei.

A Lei n.º 34/2004, de 29 de Julho, veio, contudo, aprofundar o objectivo comunitário de desenvolvimento de um espaço de liberdade, de segurança e de justiça em matéria de apoio judiciário em litígios transfronteiriços, contemplando no seu articulado parte da disciplina da directiva.

Desde logo o novo regime de acesso ao direito e aos tribunais alargou a concessão do benefício de protecção jurídica a estrangeiros com título de residência válido noutro Estado-Membro da União Europeia.

Acolhendo uma das propostas da directiva, a nova lei consagrou também a obrigatoriedade de um juízo sobre a existência de fundamento legal da pretensão sempre que seja requerida a nomeação de patrono para efeitos de propositura de acção judicial, a ter lugar em sede de consulta jurídica.

Por outro lado, previu-se a cobertura dos encargos específicos decorrentes do carácter transfronteiriço do litígio, quer no caso em que Portugal é o Estado do foro quer no caso em que os tribunais competentes pertençam a outro Estado-Membro da União Europeia. O novo diploma esclareceu ainda que a protecção jurídica concedida em Portugal no caso de litígio transfronteiriço em que os tribunais competentes sejam os de outro Estado-Membro da União Europeia abrange o apoio pré-contencioso. A definição dos termos em que tais benefícios são concedidos foi remetida, contudo, para diploma legal a aprovar.

O presente decreto-lei destina-se, pois, fundamentalmente, a concluir o processo de transposição da Directiva n.° 2003/8/CE, desenvolvendo o regime da Lei n.° 34/2004, de 29 de Julho. Regulam-se, assim e apenas, os aspectos de regime substantivo e procedimental específicos do acesso à justiça nos litígios transfronteiriços, aplicando-se, no demais, o disposto na referida lei.

A tarefa ora empreendida apresenta a dificuldade de conciliar categorias próprias de uma directiva, que é um instrumento de harmonização de uma série de sistemas jurídicos, com a ordem jurídica portuguesa. Desde logo, o conceito de «apoio judiciário» surge na directiva com significados diversos, que correspondem, na ordem jurídica nacional, ora à categoria mais ampla de protecção jurídica ora à categoria mais restrita de apoio judiciário, entendido como uma modalidade de protecção jurídica. Opta-se, assim, no presente diploma, por empregar, caso a caso, a categoria portuguesa que corresponde à acepção pretendida no instrumento comunitário.

Quanto às opções de regime, procede-se, em primeiro lugar, à limitação do âmbito de aplicação do presente diploma aos litígios transfronteiriços que tenham uma conexão com Portugal, explicitando ainda o conceito de «litígio transfronteiriço». Este é entendido, na directiva e nesta sede, como a demanda em que o requerente de protecção jurídica tem domicílio ou residência habitual num Estado-Membro da União Europeia diverso do Estado-Membro do foro. O presente diploma é assim aplicável sempre que Portugal seja o Estado do domicílio ou da residência habitual do requerente de protecção jurídica, no caso de litígio em que os tribunais competentes pertençam a outro Estado-Membro da União Europeia, ou, em alternativa, o Estado do foro, no caso de o requerente residir noutro Estado-Membro da União Europeia.

Em matéria substantiva, procede-se agora à concretização das opções assumidas na Lei n.° 34/2004, de 29 de Julho, no que concerne ao âmbito de protecção jurídica no caso de litígios transfronteiriços, que passa a abranger o apoio pré-contencioso e os encargos específicos decorrentes do carácter transfronteiriço do litígio ou, de entre os dois, apenas estes últimos, consoante Portugal seja, respectivamente, o Estado do domicílio ou da residência habitual do requerente ou o Estado do foro. A solução adoptada segue de perto o texto da directiva, que coloca na esfera da protecção jurídica concedida pelo Estado-Membro do foro os encargos resultantes de serviços prestados por intérprete, tradução de documentos necessários para a resolução do litígio e despesas de deslocação, cometendo ao Estado-Membro do domicílio ou da residência habitual do requerente a obrigação de suportar os encargos com a assistência jurídica a prestar ao requerente até à apresentação do pedido de protecção jurídica no Estado-Membro do foro e com a tradução do referido pedido e dos necessários documentos comprovativos.

Clarifica-se ainda que, no caso de litígio transfronteiriço em que os tribunais competentes pertençam a outro Estado-Membro da União Europeia, os «encargos específicos decorrentes do carácter transfronteiriço do litígio» são apenas qualificáveis como tais quando o requerente seja pessoa singular e se esteja perante um litígio transfronteiriço em matéria civil e comercial.

Procurando, por outro lado, enquadrar o conceito de apoio pré-contencioso nos quadros vigentes na nossa ordem jurídica, assim clarificando o seu âmbito, estabelece-se que o mesmo é prestado nos termos da consulta jurídica regulada na Lei n.° 34/2004, de 29 de Julho. Em sede de consulta jurídica pode, aliás, haver lugar à realização de diligências extrajudiciais ou mecanismos de mediação e conciliação, o que bem responde ao objectivo definido na directiva para o apoio pré-contencioso: a obtenção de um acordo prévio a uma eventual acção judicial.

Na tarefa de transposição das regras relativas ao procedimento, as opções adoptadas seguem de perto a disciplina vertida na directiva.

Indica-se, desde logo, a autoridade nacional competente para transmitir os pedidos de protecção jurídica apresentados por requerente com domicílio ou residência habitual em Portugal à autoridade competente do Estado-Membro do foro e, bem assim, receber os pedidos apresentados por residente noutro Estado-Membro da União Europeia, directamente ou por intermédio da autoridade competente, nesse Estado, para a transmissão dos pedidos. Tal incumbência é cometida aos serviços da segurança social, atentas as competências que já possuem, nos termos da lei, em matéria de apreciação de pedidos de protecção jurídica. No mesmo sentido concorrem razões de aproveitamento da experiência acumulada por aqueles serviços, nos últimos quatro anos, na avaliação dos pedidos de apoio judiciário, e, bem assim, de celeridade do procedimento. Esta autoridade deve não só transmitir e receber os pedidos que lhe são apresentados como também assegurar que os pedidos a transmitir são correctamente instruídos e prestar aos interessados informação acerca do andamento daqueles. Incumbe-lhe ainda apreciar previamente o pedido a transmitir, podendo recusar tal transmissão sempre que o pedido manifestamente não tenha fundamento ou esteja fora do âmbito de aplicação do presente diploma. A decisão de recusa da transmissão é, no entanto, passível de impugnação judicial.

Relativamente ao acto de transmissão do pedido pelo Estado-Membro do domicílio ou da residência habitual do requerente ao Estado--Membro do foro, a directiva reconhece que a determinação de um prazo relativamente curto para o mesmo contribui para o bom funcionamento da justiça, pelo que o fixa em 15 dias contados da recepção, pela autoridade de transmissão, do pedido devidamente redigido numa das línguas permitidas e acompanhado dos documentos comprovativos, também eles traduzidos, se necessário, numa dessas línguas. O presente diploma acolhe a solução da directiva, explicitando apenas que, nos casos em que a autoridade nacional competente para a transmissão proceda à tradução do pedido, dos necessários documentos ou de ambos, o referido prazo conta-se da data da conclusão dessa tradução, em consonância com as competências atribuídas nesta matéria àquela autoridade.

São também definidas regras quanto ao idioma do pedido e à tradução dos documentos necessários para a sua apreciação, optando-se pelas línguas portuguesa ou inglesa nos casos em que o pedido é apresentado por residente noutro Estado-Membro da União Europeia para acção em que os tribunais portugueses sejam competentes. A apresentação de pedidos redigidos em língua diversa das permitidas pode ser motivo de recusa pela autoridade nacional competente para a recepção.

Em sede de apreciação do pedido, esclarece-se que a decisão sobre a concessão de protecção jurídica compete ao Estado-Membro do foro, que aplica a sua própria lei, com excepção da decisão relativa à concessão de apoio pré-contencioso a residente em Portugal no âmbito de litígio em que os tribunais competentes pertençam a outro Estado-Membro da União Europeia. Esta última cabe, com efeito, ao Estado Português.

A directiva salvaguarda ainda a possibilidade de o requerente de protecção jurídica fazer a prova de que, em virtude das diferenças de custo de vida entre o Estado-Membro do foro e o Estado-Membro de domicílio ou da residência habitual, não pode suportar os custos com o processo ainda que os seus recursos ultrapassem o limiar máximo fixado para a concessão do benefício pelo Estado-Membro do foro. Esta orientação comunitária é acolhida no presente diploma, devendo a entidade competente, ao abrigo da *Lei* n.° 34/2004, de 29 de Julho, para apreciar o pedido tomar em conta tais elementos, sem prejuízo de o procedimento seguir os termos previstos na referida lei.

Foram ouvidos os órgãos de governo próprio das Regiões Autónomas e a Ordem dos Advogados.

Assim:

Nos termos da alínea a) do n.° 1 do artigo 198.° da Constituição, o Governo decreta o seguinte:

CAPÍTULO I
Objecto e âmbito

ARTIGO 1.°
Objecto

O presente decreto-lei completa a transposição para a ordem jurídica interna da Directiva n.° 2003/8/CE, do Conselho, de 27 de Janeiro, relativa à melhoria do acesso à justiça nos litígios transfronteiriços, através do estabelecimento de regras mínimas comuns relativas ao apoio judiciário no âmbito desses litígios, desenvolvendo o regime previsto na Lei n.° 34/2004, de 29 de Julho.

ARTIGO 2.°
Âmbito

1 – O presente diploma regula a protecção jurídica no âmbito de litígios transfronteiriços que se achem em conexão com Portugal nos termos do número seguinte.

2 – Entende-se por «litígio transfronteiriço» o litígio em que o requerente de protecção jurídica tem à data de apresentação do pedido domicílio ou residência habitual num Estado-Membro da União Europeia diferente do Estado-Membro do foro.

3 – O domicílio do requerente é determinado nos termos do artigo 59.° do Regulamento (CE) n.° 44/2001, do Conselho, de 22 de Dezembro de 2000, relativo à competência judiciária, ao reconhecimento e à execução de decisões em matéria civil e comercial.

CAPÍTULO II
Protecção jurídica

SECÇÃO I
Acção a instaurar em Portugal

ARTIGO 3.°

Encargos relacionados com o carácter transfronteiriço do litígio.

No caso de pedido de apoio judiciário apresentado por residente noutro Estado-Membro da União Europeia para acção em que os tribunais portugueses sejam competentes, o apoio judiciário, a conceder nos termos da Lei n.° 34/2004, de 29 de Julho, abrange ainda os seguintes encargos específicos decorrentes do carácter transfronteiriço do litígio:

a) Serviços prestados por intérprete;

b) Tradução dos documentos exigidos pelo tribunal ou pela autoridade competente e apresentados pelo beneficiário do apoio judiciário que sejam necessários à resolução do litígio;

c) Despesas de deslocação a suportar pelo requerente, na medida em que a lei ou o tribunal exijam a presença física, em audiência, das pessoas a ouvir e o tribunal decida que estas não possam ser ouvidas satisfatoriamente por quaisquer outros meios.

SECÇÃO II
Acção a instaurar noutro Estado-Membro da União Europeia

ARTIGO 4.°
Apoio pré-contencioso

1 – No caso de litígio transfronteiriço em que os tribunais competentes pertençam a outro Estado-Membro da União Europeia, a protecção jurídica abrange o apoio pré-contencioso.

2 – O apoio pré-contencioso visa assegurar a assistência jurídica do requerente até à recepção do pedido de protecção jurídica no Estado-

-Membro do foro e é prestado nos termos e segundo as regras da consulta jurídica prevista na Lei n.° 34/2004, de 29 de Julho.

ARTIGO 5.°
Encargos com a tradução

1 – No caso do litígio transfronteiriço previsto no n.° 1 do artigo anterior, a protecção jurídica abrange ainda os encargos específicos decorrentes do carácter transfronteiriço do litígio.

2 – Para efeitos do disposto no número anterior, são encargos específicos decorrentes do carácter transfronteiriço do litígio os resultantes da tradução do pedido de protecção jurídica e dos necessários documentos comprovativos pela autoridade nacional de transmissão e recepção, desde que o requerente seja pessoa singular e se trate de um litígio transfronteiriço em matéria civil e comercial.

3 – Se o pedido de protecção jurídica for rejeitado pela autoridade do Estado-Membro competente para decidir da sua concessão, o requerente deve reembolsar a autoridade nacional de transmissão e recepção dos encargos de tradução suportados.

CAPÍTULO III
Procedimento

SECÇÃO I
Transmissão e recepção do pedido

ARTIGO 6.°
Autoridade nacional de transmissão e recepção

1 – A autoridade nacional competente para, nos termos do número seguinte, transmitir e receber pedidos de protecção jurídica no âmbito de litígios transfronteiriços é a segurança social, através dos seguintes serviços:

a) Instituto da Segurança Social, I. P., no território continental;

b) Centro da Segurança Social, na Região Autónoma da Madeira;
c) Instituto da Acção Social, na Região Autónoma dos Açores.

2 – Compete à autoridade nacional de transmissão e recepção:

a) Transmitir, nos termos e prazo previstos no artigo 9.°, os pedidos de protecção jurídica apresentados por requerente com domicílio ou residência habitual em Portugal à autoridade do Estado-Membro do foro que seja competente para a sua recepção;
b) Receber, sempre que Portugal seja o Estado-Membro do foro, os pedidos de protecção jurídica apresentados por residente noutro Estado-Membro da União Europeia, directamente ou por intermédio da autoridade competente para a transmissão dos pedidos nesse Estado-Membro;
c) Prestar aos interessados, sempre que requerido, informação acerca do andamento do pedido de protecção jurídica.

3 – Compete ainda à autoridade nacional de transmissão e recepção, previamente à transmissão dos pedidos de protecção jurídica:

a) Auxiliar o requerente a certificar-se de que o pedido é acompanhado de todos os documentos comprovativos necessários à sua apreciação;
b) Traduzir, sempre que necessário, os pedidos e os documentos comprovativos.

ARTIGO 7.°
Idioma do pedido

1 – O pedido de protecção jurídica apresentado por residente noutro Estado-Membro da União Europeia para acção em que os tribunais portugueses sejam competentes é redigido em português ou em inglês.

2 – Sem prejuízo de poder ser redigido em português, nos termos do número seguinte, o pedido de protecção jurídica apresentado por residente em Portugal para acção em que sejam competentes os tribunais de outro Estado-Membro da União Europeia é redigido numa das seguintes línguas:

a) Língua oficial desse Estado;
b) Outra língua desse Estado, desde que corresponda a uma das línguas das instituições comunitárias;

c) Outra língua, desde que o Estado a indique como aceitável nos termos do n.° 3 do artigo 14.° da Directiva n.° 2003/8/CE, do Conselho, de 27 de Janeiro.

3 – O pedido de protecção jurídica referido no número anterior pode ser redigido em português se for apresentado à autoridade nacional de transmissão e recepção, a qual procede à respectiva tradução, se necessário, para uma das línguas previstas no número anterior.

ARTIGO 8.°
Documentos

1 – Os documentos juntos com o pedido de protecção jurídica apresentado por residente noutro Estado-Membro da União Europeia para acção em que os tribunais portugueses sejam competentes são acompanhados da respectiva tradução em português ou em inglês.

2 – Os documentos juntos com o pedido de protecção jurídica apresentado por residente em Portugal para acção em que sejam competentes os tribunais de outro Estado-Membro da União Europeia devem ser acompanhados da respectiva tradução numa das línguas previstas nas alíneas do n.° 2 do artigo anterior.

3 – Caso os documentos referidos no número anterior sejam apresentados à autoridade nacional de transmissão e recepção sem a correspondente tradução, deve esta traduzi-los, se necessário.

4 – Os documentos apresentados nos termos do presente artigo estão dispensados de legalização ou de outra formalidade equivalente.

ARTIGO 9.°
Transmissão do pedido

1 – O pedido de protecção jurídica é transmitido pela autoridade nacional de transmissão e recepção à autoridade competente, no Estado-Membro do foro, para a sua recepção no prazo de 15 dias contados da data de apresentação do pedido devidamente redigido numa das línguas a que se referem as alíneas do n.° 2 do artigo 7.° e dos correspondentes documentos, traduzidos, se necessário, numa dessas línguas.

2 – Nos casos previstos no n.° 3 do artigo 7.° e no n.° 3 do artigo 8.°, e sempre que a autoridade nacional de transmissão e recepção tenha de proceder à tradução do pedido e dos documentos comprovativos, o prazo estabelecido no número anterior conta-se da data de conclusão da tradução.

3 – Conjuntamente com o pedido de protecção jurídica, é remetido o requerimento para a sua transmissão, o qual é redigido pela autoridade nacional de transmissão e recepção numa das línguas previstas nas alíneas do n.° 2 do artigo 7.°.

ARTIGO 10.°

Recusa de transmissão e de recepção

1 – A autoridade nacional de transmissão e recepção pode recusar a transmissão de um pedido de protecção jurídica sempre que:

a) Manifestamente, não exista um litígio transfronteiriço, tal como é definido no artigo 2.°;

b) Manifestamente, o pedido de protecção jurídica não tenha fundamento;

c) O requerente não seja pessoa singular ou o litígio não respeite a matéria civil ou comercial.

2 – A decisão que recuse a transmissão de um pedido de protecção jurídica é impugnável judicialmente, aplicando-se, com as necessárias adaptações, o disposto nos artigos 27.° e 28.° da Lei n.° 34/2004, de 29 de Julho.

3 – Sempre que Portugal seja o Estado-Membro do foro, a autoridade nacional de transmissão e recepção pode recusar a recepção de um pedido de protecção jurídica quando o mesmo não seja redigido numa das línguas a que se refere o n.° 1 do artigo 7.°.

ARTIGO 11.°

Requerimentos

1 – Sem prejuízo do disposto no número seguinte, o requerimento de protecção jurídica no âmbito de litígios transfronteiriços e o requerimento para a sua transmissão são formulados em modelos a aprovar por decisão da Comissão Europeia, publicados no Jornal Oficial da União Europeia.

2 – O pedido de apoio pré-contencioso previsto no artigo 4.° é formulado no modelo aprovado nos termos do n.° 2 do artigo 22.° da Lei n.° 34/2004, de 29 de Julho.

SECÇÃO II
Apreciação do pedido

ARTIGO 12.°
Competência para a decisão

1 – Sem prejuízo do disposto no número seguinte, a decisão sobre a concessão de protecção jurídica incumbe à autoridade competente do Estado-Membro do foro, que aplica a respectiva lei.

2 – No caso de litígio transfronteiriço em que os tribunais competentes pertençam a outro Estado-Membro da União Europeia, a competência para a decisão sobre a concessão de apoio pré-contencioso é da entidade competente para decidir sobre a concessão de protecção jurídica, nos termos previstos na Lei n.° 34/2004, de 29 de Julho.

ARTIGO 13.°
Apreciação do pedido

1 – Sem prejuízo do procedimento previsto na Lei n.° 34/2004, de 29 de Julho, a entidade competente para decidir sobre a concessão do pedido de protecção jurídica formulado por residente noutro Estado-Membro da União Europeia deve ter em conta as diferenças de custo de vida entre Portugal e o Estado-Membro de domicílio ou da residência habitual do requerente se este fizer prova de que, ainda que não se encontre em situação de insuficiência económica de acordo com os critérios previstos na lei, não tem condições objectivas para suportar pontualmente os custos com o processo em razão dessas diferenças.

2 – Para efeitos do disposto no número anterior, o serviço de segurança social que aprecia o pedido pode solicitar ao requerente informação que permita verificar se este preenche os critérios de elegibilidade para efeitos de concessão de protecção jurídica estabelecidos no Estado-Membro do domicílio ou da residência habitual.

CAPÍTULO IV
Disposição final

ARTIGO 14.°
Entrada em vigor

O presente decreto-lei produz efeitos no 1.° dia do 2.° mês subsequente à respectiva publicação.

Visto e aprovado em Conselho de Ministros de 27 de Janeiro de 2005. – *Pedro Miguel de Santana Lopes – António José de Castro Bagão Félix – António Victor Martins Monteiro – José Pedro Aguiar Branco – Fernando Mimoso Negrão.*

Promulgado em 28 de Fevereiro de 2005.
Publique-se.
O Presidente da República, JORGE SAMPAIO.

Referendado em 3 de Março de 2005.
O Primeiro-Ministro, *Pedro Miguel de Santana Lopes.*

3.5.

PORTARIA N.° 1085-A/2004
de 31 de Agosto

(A Lei n.° 47/2007 de 28 de Agosto revogou os artigos 6.° 10.° e 16.° a 18.°)

A Lei n.° 34/2004, de 29 de Julho, procedeu a alterações profundas no regime de acesso ao direito e aos tribunais com o claro fito de introduzir um maior rigor na concessão da protecção jurídica, assim assegurando o efectivo exercício de um direito constitucionalmente garantido.

A concessão do benefício passa agora a depender da apreciação da situação de insuficiência económica do requerente, efectuada de acordo com critérios objectivos previstos no referido diploma. Assim se restringe a disparidade de resultados na avaliação dos requerimentos, garantindo-se, outrossim, que o benefício é concedido a todos os que dele carecem, mas só aos que realmente precisam e na medida da sua necessidade.

A presente portaria procede à concretização dos critérios de prova e de apreciação da insuficiência económica, com vista à sua boa execução.

Enumeram-se, por um lado, os documentos que devem acompanhar o requerimento de protecção jurídica, procurando evitar, desta forma, a multiplicação de pedidos de informação complementar e, consequentemente, acelerar a tomada de decisão pela entidade competente.

É também concretizada a fórmula de cálculo do valor do rendimento relevante para efeitos de protecção jurídica a que se refere o critério de avaliação da insuficiência económica do requerente previsto na lei.

Reconhecendo as vantagens, para o Estado e para os beneficiários da protecção jurídica, da uniformização dos montantes e das datas de liquidação das prestações correspondentes ao apoio judiciário na modalidade de pagamento faseado, definem-se quatro valores fixos de prestações e regras quanto à periodicidade da respectiva liquidação. A presente regulamentação responde assim ao propósito de simplificação do procedimento administrativo gizado na lei, atribuindo, simultaneamente, uma vantagem adicional aos beneficiários de apoio judiciário na modalidade de pagamento faseado cujo valor da prestação, apurado nos termos da lei e concretizado pela presente portaria, se situe no intervalo entre um valor fixo e o valor fixo imediatamente seguinte. Nestes casos, o montante a liquidar é, pois, definido por referência ao valor fixo mais baixo.

Ainda no âmbito do apoio judiciário na modalidade de pagamento faseado, prevê-se a possibilidade de suspensão do pagamento das prestações sempre que o respectivo somatório atinja determinado montante, sem prejuízo de eventual acerto a final.

Cumpre, por último, desenvolver o regime consagrado no n.° 2 do artigo 20.° da Lei n.° 34/2004, de 29 de Julho, fixando a duração do mandato dos membros da comissão aí prevista e definindo regras relativas ao procedimento de decisão de concessão do pedido de protecção jurídica.

Assim:

Manda o Governo, pelos Ministros da Justiça e da Segurança Social, da Família e da Criança, ao abrigo do disposto na alínea *c*) do artigo 199.° da Constituição e da Lei n.° 34/2004, de 29 de Julho, o seguinte:

CAPÍTULO I
Disposições gerais

ARTIGO 1.°
Apresentação de documentos

1 – Com o requerimento de protecção jurídica devem ser juntos os documentos referidos nos artigos 3.°, 4.° e 14.° e 15.° da presente portaria*.

2 – O requerente deve juntar ainda, com o requerimento de protecção jurídica, outros documentos comprovativos das declarações prestadas, incluindo documentos de identificação pessoal do requerente e do respectivo agregado familiar, no caso de se tratar de pessoa singular, ou, tratando-se de pessoa colectiva ou equiparada, cópia do pacto social actualizado, no caso das sociedades, e outros documentos de identificação do requerente e respectivos representantes legais, se existirem.

* Alterado pela Portaria n.° 288/2005 de 21/3/05.

3 – Sem prejuízo do pedido de apresentação de provas a que haja lugar nos termos da lei, a falta de entrega dos documentos referidos nos números anteriores suspende o prazo de produção do deferimento tácito do pedido de protecção jurídica.

ARTIGO 2.°
Apreciação em concreto da insuficiência económica

O disposto na presente portaria não prejudica a possibilidade de ser concretamente apreciada a situação económica dos requerentes de protecção jurídica, nos termos previstos no n.° 2 do artigo 20.° da Lei n.° 34/2004, de 29 de Julho.

CAPÍTULO II
Pessoas singulares

SECÇÃO I
Documentos

ARTIGO 3.°
Documentos relativos ao rendimento

1 – Os factos relativos ao rendimento do requerente e das pessoas do seu agregado familiar são acompanhados das cópias da última declaração de rendimentos para efeitos de imposto sobre o rendimento das pessoas singulares (IRS) que tenha sido apresentada e da respectiva nota de liquidação, se já tiver sido emitida, ou, na falta da referida declaração, de certidão emitida pelo serviço de finanças competente.

2 – É igualmente necessária a junção dos seguintes documentos, quer respeitantes ao requerente de protecção jurídica, quer às pessoas que com aquele vivam em economia comum:

a) Cópias dos recibos de vencimento emitidos pela entidade patronal nos últimos seis meses, no caso de se tratar de trabalhador dependente;

b) Cópias das declarações de imposto sobre o valor acrescentado (IVA) referentes aos dois últimos trimestres e documentos comprovativos do respectivo pagamento, bem como cópias dos recibos emitidos nos últimos seis meses, no caso de se tratar de trabalhador independente;

c) Documento comprovativo do valor actualizado de qualquer prestação social de que seja beneficiário que tenha sido atribuída por sistema diverso do sistema de segurança social português;

d) Declaração de inscrição no centro de emprego, se se tratar de desempregado que não beneficie de qualquer subsídio.

ARTIGO 4.°

Documentos relativos aos activos patrimoniais

1 – O requerente deve juntar os seguintes documentos relativos aos activos patrimoniais de que ele ou qualquer elemento do seu agregado familiar seja titular:

a) Cópia da caderneta predial actualizada ou certidão de teor matricial emitida pelo serviço de finanças competente e cópia do documento que haja titulado a respectiva aquisição, no caso de se tratar de bens imóveis;

b) Documento comprovativo do valor da cotação verificada no dia anterior ao da apresentação do requerimento ou cópia do documento que haja titulado a respectiva aquisição, tratando-se de valores mobiliários cotados em mercado regulamentado ou de participações sociais;

c) Cópias do livrete e do registo de propriedade, no caso de se tratar de veículos automóveis.

2 – Se o requerente ou as pessoas que com ele vivam em economia comum forem titulares dos órgãos de administração de pessoa colectiva ou sócios detentores de uma participação social igual ou superior a 10% do capital social de uma sociedade devem ser juntos ao requerimento de protecção jurídica os documentos exigidos no artigo 14.° relativamente à pessoa colectiva.

ARTIGO 5.°

(Revogado pela Portaria n.° 288/05 de 21/03/05).

SECÇÃO II

ARTIGO 6.°

(Revogado pela Lei n.° 47/2007 de 28/08/07).

ARTIGO 7.°

(Revogado pela Lei n.° 47/2007 de 28/08/07).

ARTIGO 8.°

(Revogado pela Lei n.° 47/2007 de 28/08/07).

ARTIGO 9.°

(Revogado pela Lei n.° 47/2007 de 28/08/07).

ARTIGO 10.°

(Revogado pela Lei n.° 47/2007 de 28/08/07).

SECÇÃO III
Modalidade de pagamento faseado

ARTIGO 11.°
Periodicidade da liquidação

1 – Sem prejuízo do disposto no artigo seguinte, a prestação mensal para pagamento faseado de taxa de justiça e demais encargos com o processo, de honorários de patrono nomeado e de remuneração do solicitador de execução designado, apurada de acordo com os critérios defi-

nidos no n.° II do anexo da Lei n.° 34/2004, de 29 de Julho, é liquidada mensal, trimestral, semestral ou anualmente, pelo montante correspondente ao período em referência, nos termos definidos nos números seguintes.

2 – Se o valor da prestação apurado de acordo com os critérios definidos no n.° II do anexo da Lei n.° 34/2004, de 29 de Julho, for igual ou superior a 0,5 UC, a liquidação é efectuada mensalmente.

3 – Se o valor da prestação apurado de acordo com os critérios definidos no n.° II do anexo da Lei n.° 34/2004, de 29 de Julho, for inferior a 0,5 UC, a liquidação é efectuada trimestral ou semestralmente, consoante, respectivamente, o seu triplo ou o seu sêxtuplo perfaçam, no mínimo, 0,5 UC.

4 – Nos casos não abrangidos nos números anteriores, a liquidação da prestação apurada de acordo com os critérios definidos no n.° II do anexo da Lei n.° 34/2004, de 29 de Julho, é efectuada anualmente.

ARTIGO 12.°
Valor a liquidar

O valor a liquidar pelo requerente é o constante da tabela do anexo IV desta portaria, o qual é definido por referência ao montante mensal, trimestral, semestral ou anual apurado nos termos do artigo anterior.

ARTIGO 13.°
Limitação do número de prestações do pagamento faseado

1 – Se o somatório das prestações pagas pelo beneficiário de apoio judiciário na modalidade de pagamento faseado for, em dado momento, superior a quatro vezes o valor da taxa de justiça inicial, o beneficiário pode suspender o pagamento das restantes prestações; tratando-se de processo em que não seja devida taxa de justiça inicial, a suspensão pode ter lugar quando o somatório das prestações pagas pelo beneficiário for superior a 2 UC.

2 – Caso o beneficiário suspenda o pagamento das prestações, nos termos do número anterior, e da elaboração da conta resulte a existência de quantias em dívida por parte do mesmo, o seu pagamento pode ser efec-

tuado, de forma faseada, em prestações de montante idêntico ao anteriormente estipulado pelos serviços de segurança social.

CAPÍTULO III
Pessoas colectivas ou equiparadas

ARTIGO 14.°
Documentos relativos ao rendimento

Se o requerente for uma pessoa colectiva, um estabelecimento individual de responsabilidade limitada ou um comerciante em nome individual em causa relativa ao exercício do comércio o requerimento de protecção jurídica deve ser acompanhado dos seguintes documentos relativos ao seu rendimento:

a) Cópia da última declaração de rendimentos para efeitos de imposto sobre o rendimento das pessoas colectivas (IRC) ou de IRS, consoante os casos, que tenha sido apresentada e da respectiva nota de liquidação, se já tiver sido emitida, ou, na falta da referida declaração, de certidão emitida pelo serviço de finanças competente;
b) Cópias das declarações de IVA referentes aos últimos 12 meses e documentos comprovativos do respectivo pagamento;
c) Cópias dos documentos de prestação de contas dos três últimos exercícios findos ou dos exercícios findos desde a constituição, no caso de esta ter ocorrido há menos de três anos;
d) Cópia do balancete do último trimestre, quando se trate de sociedade.

ARTIGO 15.°
Documentos relativos ao activo e passivo

1 – Se o requerente for uma pessoa colectiva, um estabelecimento individual de responsabilidade limitada ou um comerciante em nome individual em causa relativa ao exercício do comércio, o requerimento de protecção jurídica deve ser acompanhado dos documentos relativos aos activos patrimoniais, enunciados no n.° 1 do artigo 4.° da presente por-

taria, de que seja titular e, bem assim, do título de registo de outros bens móveis sujeitos a registo.

2 – O requerente deve juntar ainda uma relação de todos os bens móveis sujeitos a registo que detenha por contratos de locação financeira, de aluguer de longa duração ou outros similares, com indicação do tipo, matrícula ou registo, marca, modelo, ano e valor.

CAPÍTULO IV

ARTIGO 16.°

(Revogado pela Lei n.° 47/2007 de 28/08/07).

ARTIGO 17.°

(Revogado pela Lei n.° 47/2007 de 28/08/07).

ARTIGO 18.°

(Revogado pela Lei n.° 47/2007 de 28/08/07).

CAPÍTULO V
Disposição final

ARTIGO 19.°
Entrada em vigor

A presente portaria produz efeitos a partir do dia 1 de Setembro de 2004.

Em 26 de Agosto de 2004.

O Ministro da Justiça, *José Pedro Correia de Aguiar Branco*. – O Ministro da Segurança Social, da Família e da Criança, *Fernando Mimoso Negrão*.

ANEXO I

(Revogado pela Lei n.° 47/2007 de 28/08/07).

ANEXO II

(Revogado pela Lei n.° 47/2007 de 28/08/07).

ANEXO III

(Revogado pela Lei n.° 47/2007 de 28/08/07).

ANEXO IV
Tabela a que se refere o artigo 12.°

Montante (*M*) apurado com base nos critérios definidos no n.° II do anexo à Lei n.° 34/2004, de 29 de Julho, e no disposto no artigo 11.° da presente portaria (expresso em euros)	Valor a liquidar (expresso em euros)
$M < 60$	45
$60 \leq M < 80$	60
$80 \leq M < 120$	80
$120 \leq M < 160$	120
$M \geq 160$	160

3.6.

PORTARIA N.º 10/2008
de 3 de Janeiro

A presente portaria procede à regulamentação da Lei n.º 34/2004, de 29 de Julho, na redacção dada pela Lei n.º 47/2007, de 28 de Agosto, nomeadamente quanto à fixação do valor da taxa devida pela prestação de consulta jurídica, à definição das estruturas de resolução alternativa de litígios às quais se aplica o regime de apoio judiciário, à definição do valor dos encargos para efeitos do disposto no n.º 2 do artigo 36.º da lei referida, à regulamentação da admissão dos profissionais forenses no sistema de acesso ao direito, à nomeação de patrono e de defensor e ao pagamento da respectiva compensação. Com o regime agora definido permite-se a simplificação de todo o sistema de acesso ao direito e da sua gestão, tendo esta sido arquitectada para funcionar com recurso a aplicações informáticas. A existência de um sistema informático permite a desmaterialização do procedimento desde o pedido de nomeação de patrono ou defensor até ao processamento do pagamento ao profissional forense, com ganhos óbvios na celeridade e eficiência de todo o processo. De igual forma, as comunicações entre os diversos intervenientes e a Ordem dos Advogados devem realizar-se também, preferencialmente, por via electrónica. Estipula-se ainda a exigência de utilização de meios electrónicos pelos profissionais forenses que prestem serviços no âmbito do sistema de acesso ao direito na sua relação com o tribunal, contribuindo-se assim para a celeridade e eficiência do processo judicial em que a parte beneficia do apoio judiciário. Ainda com o propósito de assegurar um melhor funcionamento do sistema de acesso ao direito, procede-se, por um lado, à criação de um sistema de lotes de processo, que podem corresponder ao acompanhamento de até 50 processos em simultâneo por profissional forense, e de lotes de escalas de prevenção, definindo-se o número de escalas de prevenção (até ao limite de 36) que cada profissional forense pode realizar por ano. Por esta via cria-se uma relação de estabilidade e regularidade da prestação de serviços, o que permite a existência de pagamentos periódicos ao profissional forense, que passará a saber previamente a regularidade e o valor dos mesmos. Por outro lado, são criadas escalas de prevenção, ou seja, escalas em que o advogado ou advogado estagiário assume a disponibilidade de, apenas quando para tal for contactado, se deslocar ao local da realização da diligência onde a sua presença é necessária. Evita-se assim que os advogados e advogados estagiários se desloquem e permaneçam em determinado local durante todo o período da escala, independentemente de se vir a realizar ou não diligência onde seja necessária a sua intervenção. A presente portaria visa, igualmente, regulamentar aspectos que, em matéria de resolução alternativa de litígios e de consulta jurídica, proporcionam um alargamento do âmbito dos serviços do sistema de acesso ao direito e elevação dos seus padrões. Procede-se, assim, ao elenco das estruturas de resolução alternativa de litígios nas quais se aplica o regime do apoio judiciário, com especial destaque para os julgados de paz, para os sistemas de mediação e para os centros de arbitragem de conflitos de consumo, que alargam o leque da oferta dos serviços de justiça, assim contribuindo para melhor cumprir a garantia constitucional de acesso ao direito. Além disso, é regulamentada a prestação da consulta jurídica e determina-se o valor da taxa devida pelo beneficiário por essa prestação, para efeitos do n.° 4 do artigo 8.°-A da Lei n.° 34/2004. Finalmente, é criada a comissão de acompanhamento do acesso ao direito, que deve monitorizar o sistema ora implementado e apresentar proposta para o seu aperfeiçoamento. O aperfeiçoamento do sistema está previsto para 18 meses após a sua entrada em funcionamento. Foram promovidas as diligências necessárias à audição da Ordem dos Advogados. Assim: Manda o Governo, pelo Ministro da Justiça, ao abrigo do disposto no n.° 4 do artigo 8.°-A, no n.° 1 do artigo 17.°, no n.° 2 do artigo 36.° e no n.° 2 do artigo 45.° da Lei n.° 34/2004, de 29 de Julho, na redacção dada pela Lei n.° 47/2007, de 28 de Agosto, o seguinte:

CAPÍTULO I
Protecção jurídica

SECÇÃO I
Consulta jurídica

ARTIGO 1.º
Prestação de consulta jurídica

1 – Sem prejuízo do disposto nos números seguintes, a prestação de consulta jurídica gratuita ou sujeita ao pagamento de uma taxa, nos termos da Lei n.º 34/2004, de 29 de Julho, na redacção dada pela Lei n.º 47/2007, de 28 de Agosto, é definida por protocolo a celebrar entre o Ministério da Justiça e a Ordem dos Advogados.

2 – A consulta jurídica pode ser prestada nos gabinetes de consulta jurídica e nos escritórios dos advogados participantes no sistema de acesso ao direito.

3 – A nomeação dos profissionais forenses para a prestação de consulta jurídica é efectuada pela Ordem dos Advogados a pedido dos serviços de segurança social, podendo essa nomeação ser efectuada de forma totalmente automática, através de sistema electrónico gerido por aquela entidade.

4 – O valor da taxa devida pela prestação da consulta jurídica, nos termos do n.º 4 do artigo 8.º-A da Lei n.º 34/2004, de 29 de Julho, é de € 30.

5 – O pagamento da taxa a que se refere o número anterior é efectuado directamente na Caixa Geral de Depósitos ou através de sistema electrónico, a favor do Instituto de Gestão Financeira e de Infra-Estruturas de Justiça, I. P. (IGFIJ, I. P.)

SECÇÃO II
Apoio judiciário

ARTIGO 2.º
Nomeação de patrono e de defensor

1 – Sem prejuízo do disposto no artigo seguinte, a nomeação de patrono ou de defensor é efectuada pela Ordem dos Advogados, podendo ser realizada de forma totalmente automática, através de sistema electrónico gerido por esta entidade.

2 – Para efeitos do disposto no número anterior, os tribunais, as secretarias ou serviços do Ministério Público, os órgãos de polícia criminal e os serviços de segurança social devem solicitar a nomeação de patrono ou de defensor à Ordem dos Advogados, sempre que, nos termos da lei, se mostre necessária.

ARTIGO 3.º
Nomeação para diligências urgentes

1 – A nomeação para assistência ao primeiro interrogatório de arguido detido, para audiência em processo sumário ou para outras diligências urgentes previstas no Código de Processo Penal é efectuada pelo tribunal através da secretaria, com base na designação feita pela Ordem dos Advogados constante da lista de escala de prevenção de advogados e de advogados estagiários.

2 – A nomeação referida no número anterior pode ser feita:

a) Pelo Ministério Público, através da secretaria ou dos seus serviços, e pelos órgãos de polícia criminal, nos casos previstos na alínea *c*) do n.º 1 do artigo 64.º do Código de Processo Penal;

b) Pelo Ministério Público, através da secretaria ou dos seus serviços, nos casos previstos no n.º 3 do artigo 64.º e no n.º 2 do artigo 143.º do Código de Processo Penal.

3 – *Revogado pela Portaria 210/2008 de 29/02/08.*

4 – A manutenção da nomeação referida nos números anteriores para as restantes diligências do processo depende de confirmação da mesma

pela Ordem dos Advogados, tendo em conta a eventual inscrição do defensor em lote de processos, nos termos do artigo 22.°

5 – Havendo mandatário constituído ou defensor nomeado, ou não se encontrando o defensor inscrito em lote de processos, a nomeação efectuada nos termos do n.° 1 é feita apenas para a diligência em causa.

ARTIGO 4.°
Escalas de prevenção

1 – A Ordem dos Advogados elabora listas de escalas de prevenção de advogados e de advogados estagiários disponíveis para se deslocar, quando tal for solicitado, ao local em que decorra determinada diligência urgente.

2 – A escala de prevenção não importa a efectiva permanência do advogado ou advogado estagiário no local da eventual realização da diligência, salvo nos casos em que a Direcção-Geral da Administração da Justiça o solicite à Ordem dos Advogados, com, pelo menos, um mês de antecedência relativamente à data da escala de prevenção.

3 – No caso de haver lugar a diligências urgentes, as entidades referidas nos n.os 1 e 2 do artigo anterior devem contactar, directamente e por qualquer meio idóneo, os advogados ou advogados estagiários constantes da lista, em número estritamente necessário à assistência e defesa dos beneficiários envolvidos.

4 – Os advogados ou advogados estagiários contactados nos termos do número anterior devem deslocar-se ao local da diligência no prazo máximo de uma hora após o contacto.

5 – Os advogados ou advogados estagiários de escala de prevenção podem ser contactados para a participação em mais do que uma diligência, mesmo que estas se reportem a processos distintos.

ARTIGO 5.°
Apreciação da insuficiência económica do arguido

Para efeitos do disposto no n.° 4 do artigo 39.° da Lei n.° 34/2004, de 29 de Julho, a secretaria do tribunal aprecia a insuficiência económica do arguido, em função da declaração emitida e dos critérios estabelecidos na lei, mediante o recurso, sempre que possível, a simulador electrónico.

ARTIGO 6.°
Nomeação de patrono na sequência de acto tácito de deferimento

Quando o pedido de protecção jurídica tenha sido concedido tacitamente nos termos do n.° 2 do artigo 25.° da Lei n.° 34/2004, de 29 de Julho, e esteja em causa um pedido de nomeação de patrono sem que se encontre pendente uma acção judicial, o interessado deve pedir a nomeação de patrono junto da segurança social, para que esta, no prazo máximo de dois dias úteis, solicite a nomeação à Ordem dos Advogados.

ARTIGO 7.°
Pluralidade de processos resultantes do mesmo facto

1 – Quando o mesmo facto der causa a diversos processos, o sistema deve assegurar, preferencialmente, a nomeação do mesmo patrono ou defensor oficioso ao beneficiário.

2 – O disposto no número anterior só se aplica às situações em que o profissional forense está inscrito para lotes de processos, nos termos da alínea *a*) do n.° 1 do artigo 18.°

ARTIGO 8.°
Encargos decorrentes da concessão de apoio judiciário

Para efeitos do disposto no n.° 2 do artigo 36.° da Lei n.° 34/2004, de 29 de Julho, o valor dos encargos decorrentes da concessão de apoio judiciário, nas modalidades previstas nas alíneas *b*), *c*), *e*) e *f*) do n.° 1 do artigo 16.° do mesmo diploma, é de € 150 por processo.

ARTIGO 9.°
Estruturas de resolução alternativa de litígios

Para efeitos do disposto no n.° 1 do artigo 17.° da Lei n.° 34/2004, de 29 de Julho, as estruturas de resolução alternativa de litígios em que se aplica o regime do apoio judiciário são as constantes do anexo ao presente diploma e do qual faz parte integrante.

CAPÍTULO II
Participação dos profissionais forenses no sistema de acesso ao direito

SECÇÃO I
Profissionais forenses e admissão ao sistema de acesso ao direito

ARTIGO 10.º
Selecção dos profissionais forenses

1 – Sem prejuízo do disposto no Estatuto da Ordem dos Advogados, a candidatura para participar no sistema de acesso ao direito é voluntária.

2 – A selecção dos profissionais forenses para participar no sistema de acesso ao direito é efectuada em termos a definir pela Ordem dos Advogados.

3 – A selecção deve procurar assegurar a qualidade dos serviços prestados aos beneficiários de protecção jurídica no âmbito do sistema de acesso ao direito.

ARTIGO 11.º
Solicitadores

A participação de solicitadores no sistema de acesso ao direito é efectuada de acordo com critérios definidos em protocolo celebrado entre a Câmara dos Solicitadores e a Ordem dos Advogados.

ARTIGO 12.º
Advogados estagiários

Sem prejuízo das competências estatutárias que lhes estão cometidas, os advogados estagiários podem, a título individual e sem qualquer acompanhamento por parte do seu patrono, inscrever-se nos lotes referidos na alínea *c*) do n.º 1 do artigo 18.º, para designação isolada para escalas de prevenção e para designação para consulta jurídica e, mediante acompanhamento por parte do seu patrono, participar em todas as diligências e processos a este atribuídos.

SECÇÃO II
Regras de participação no sistema de acesso ao direito

ARTIGO 13.°
Utilização de meios electrónicos

Os profissionais forenses participantes no sistema de acesso ao direito devem utilizar todos os meios electrónicos disponíveis no contacto com os tribunais, designadamente no que respeita ao envio de peças processuais e documentos por transmissão electrónica de dados, nos termos definidos no artigo 150.° do Código de Processo Civil e na portaria prevista no n.° 1 do artigo 138.°-A do mesmo Código.

ARTIGO 14.°
Exclusão do sistema de acesso ao direito

1 – A exclusão do sistema de acesso ao direito de profissionais forenses que não observem as regras de exercício do patrocínio e da defesa oficiosas é efectuada nos termos definidos pela Ordem dos Advogados.

2 – O juiz, o Ministério Público e os órgãos de polícia criminal devem informar a Ordem dos Advogados da inobservância, por parte de um profissional forense, das regras de exercício do patrocínio e da defesa oficiosas.

ARTIGO 15.°
Saída do sistema de acesso ao direito

1 – Os profissionais forenses participantes no sistema de acesso ao direito que saiam do sistema, independentemente do motivo, antes do trânsito em julgado de um processo ou do termo definitivo de uma diligência para que estejam nomeados devem restituir, no prazo máximo de 30 dias,

todas as quantias entregues por conta de cada processo ou diligência em curso.

2 – Exceptuam-se do disposto no número anterior as situações em que haja lugar a integral substituição do profissional forense a quem foi atribuído um dos lotes referidos no n.° 2 do artigo 18.° por outro participante do sistema.

3 – Compete à Ordem dos Advogados a determinação dos termos em que se deve processar a integral substituição num lote referida no número anterior.

4 – *Revogado pela Portaria 210/2008, de 29/02/08.*

ARTIGO 16.°

Escusa e dispensa de patrocínio

O disposto no artigo anterior aplica -se aos casos de escusa e de dispensa de patrocínio, relativamente aos processos em que cesse o patrocínio e a defesa oficiosas.

ARTIGO 17.°

Substituição em diligência processual

1 – O patrono ou defensor nomeado pode substabelecer, com reserva, para diligência determinada, desde que indique substituto.

2 – A remuneração do substabelecido é da responsabilidade do patrono ou defensor nomeado.

CAPÍTULO III
Lotes de processos e escalas de prevenção

ARTIGO 18.°
Lotes

1 – Os profissionais forenses devem optar, no momento da sua candidatura, pela designação para as seguintes modalidades de prestação de serviços no sistema de acesso ao direito:

a) Lotes de processos;
b) Nomeação isolada para processos;
c) Lotes de escalas de prevenção;
d) Designação isolada para escalas de prevenção;
e) Designação para consulta jurídica.

2 – Os lotes de processos podem ter a seguinte composição:
a) Lote de acompanhamento de 50 processos em simultâneo;
b) Lote de acompanhamento de 30 processos em simultâneo;
c) Lote de acompanhamento de 20 processos em simultâneo;
d) Lote de acompanhamento de 10 processos em simultâneo.

3 – Os lotes de escalas de prevenção podem ter a seguinte composição:

a) Lote de 36 escalas de prevenção por ano;
b) Lote de 24 escalas de prevenção por ano;
c) Lote de 12 escalas de prevenção por ano;
d) Lote de 6 escalas de prevenção por ano.

4 – O profissional forense não pode inscrever -se:

a) Para mais do que um lote de processos;
b) Para um lote de processos e para nomeação isolada para processos;
c) Para mais do que um lote de escalas de prevenção;
d) Para um lote de escalas de prevenção e para designação isolada para escalas de prevenção.

ARTIGO 19.°
Limites geográficos

1 – Os lotes, nomeações e designações definidos no artigo anterior têm de respeitar a processos, escalas de prevenção e consultas jurídicas da mesma circunscrição.

2 – Para os efeitos definidos no número anterior, a Ordem dos Advogados pode agregar comarcas para formar circunscrições de maiores dimensões.

3 – Para os efeitos deste artigo são consideradas como pertencentes à mesma circunscrição:

a) As comarcas da área metropolitana de Lisboa;
b) As comarcas da área metropolitana do Porto.

ARTIGO 20.°
Número de lotes por circunscrição

1 – A Ordem dos Advogados determina o número de lotes com a composição referida na alínea *a*) do n.° 2 artigo do 18.° existentes em cada circunscrição.

2 – *Revogado pela Portaria 210/2008, de 29/02/08.*

ARTIGO 21.°
Preenchimento dos lotes

1 – Os lotes são de preenchimento sucessivo, pelo que dentro de cada circunscrição só se inicia o preenchimento de um lote após o total preenchimento do lote anterior.

2 – Compete à Ordem dos Advogados hierarquizar os profissionais forenses pertencentes ao sistema de acesso ao direito, determinando por essa via a ordem de preenchimento dos lotes.

3 – Independentemente da competência da Ordem dos Advogados a que se refere o número anterior, os profissionais forenses que optarem por lotes de maior dimensão têm prioridade no preenchimento dos lotes e aqueles que optarem por lotes têm prioridade relativamente aos que se

inscreverem para as modalidades referidas nas alíneas *b*) e *d*) do n.° 1 do artigo 18.°.

4 – Nos lotes de processos, a remoção de um processo do lote, designadamente por trânsito em julgado ou constituição de mandatário pelo beneficiário, determina a substituição automática por outro processo, respeitando sempre as regras de prioridade no preenchimento dos lotes.

5 – Sem prejuízo do disposto no n.° 1, os profissionais forenses não devem ser designados para mais do que duas escalas de prevenção por semana, devendo procurar-se garantir a distribuição homogénea do número de designações pelo período temporal de duração do lote.

6 – Apenas são contabilizadas para efeitos de preenchimento dos lotes as escalas de prevenção em que tenha ocorrido efectiva deslocação ao local de realização da diligência.

7 – Para todos os efeitos, é contabilizada em duplicado a escala de prevenção que, em virtude do número de diligências ou da particular complexidade de uma ou de algumas delas, implique a permanência no local das diligências por período superior a doze horas.

ARTIGO 22.°

Regras especiais de preenchimento dos lotes

1 – Sem prejuízo do disposto no n.° 5 do artigo 3.°, a nomeação para diligência, nos termos do artigo 3.°, tratando-se de advogado que esteja igualmente inscrito para lote de processos, determina a sua nomeação para todo o processo, mesmo que isso signifique o aumento temporário do número de processos correspondente ao seu lote.

2 – Verificando-se a situação prevista na parte final do número anterior, não há lugar a substituição de um processo que tenha sido removido do lote enquanto o número de processos não for inferior ao valor máximo previsto para esse lote.

ARTIGO 23.°

Renovação de lotes de escalas de prevenção

1 – Os lotes de escalas de prevenção renovam -se automaticamente no dia 1 de Janeiro de cada ano.

2 – O profissional forense que não pretenda a renovação do lote de escalas de prevenção em que se encontra inscrito deve comunicá-lo à Ordem dos Advogados, em termos a definir por esta entidade.

ARTIGO 24.°
Nomeações e designações isoladas

1 – As nomeações isoladas para processos consistem na nomeação ocasional dos profissionais forenses para um processo concreto.

2 – Não está limitado o número de processos em que o profissional forense, que optou pela modalidade de nomeação isolada para processos, pode ser nomeado, mas as nomeações devem respeitar sempre as regras de prioridade na atribuição de processos.

3 – Não se considera nomeação isolada para um processo a nomeação para uma diligência durante uma escala de prevenção.

4 – As designações isoladas para escalas de prevenção consistem na designação ocasional dos profissionais forenses para uma escala de prevenção em concreto, aplicando-se o disposto no n.° 2.

CAPÍTULO IV
Compensação dos profissionais forenses

ARTIGO 25.°
Tabela de compensações pelas nomeações para processos

1 – Para efeitos de compensação pela prestação de serviços dos profissionais forenses inscritos para lotes de processos ou para nomeação isolada para processos é aprovada a seguinte tabela:

a) Nos lotes com a composição referida na alínea *a*) do n.° 2 do artigo 18.°, o pagamento de € 640 bimestrais;

b) Nos lotes com a composição referida na alínea *b*) do n.° 2 do artigo 18.°, o pagamento de € 570 trimestrais;

c) Nos lotes com a composição referida na alínea *c*) do n.° 2 do artigo 18.°, o pagamento de € 500 quadrimestrais;

d) Nos lotes com a composição referida na alínea *d*) do n.° 2 do artigo 18.°, o pagamento de € 350 semestrais;

e) Nos processos de nomeação isolada, nos termos da alínea *b*) do n.° 1 do artigo 18.°, o pagamento de € 120 após o trânsito em julgado de cada processo ou € 100 após a constituição de mandatário pelo beneficiário.

2 – *Revogado pela Portaria 210/2008, de 29/02/08.*

3 – Nos casos previstos nas alíneas *a*) a *d*) do n.° 1 são ainda devidas as seguintes quantias a título de compensação:

a) € 50 após o trânsito em julgado de cada processo;

b) € 100 após a resolução do litígio, que ponha termo ao processo, se esta ocorrer antes da audiência de julgamento.

4 – No caso previsto na alínea *e*) do n.° 1, acresce a compensação de € 40 nos casos em que a resolução do litígio, que ponha termo ao processo, ocorra antes da audiência de julgamento.

5 –*Revogado pela Portaria 210/2008, de 29/02/08.*

6 – Nos casos em que a nomeação referida nos n.ºs 1 e 2 do artigo 3.° resulte da não comparência de mandatário constituído, o arguido suporta a quantia de € 75, que entra em regra de custas.

7 – A verificação da situação prevista na parte final do n.° 1 do artigo 22.° não implica o aumento do valor da compensação periódica fixada, mas aplica-se a estes processos o disposto no n.° 3.

8 – *Revogado pela Portaria 210/2008, de 29/02/08.*

ARTIGO 26.°
Tabela de compensações pelas designações para escalas de prevenção

1 – Pela prestação de serviços dos profissionais forenses inscritos para lotes de escalas de prevenção ou para designação isolada para escalas de prevenção é devida a seguinte compensação:

a) Nos lotes com a composição referida na alínea *a*) do n.° 3 do artigo 18.°, o pagamento de € 1800;

b) Nos lotes com a composição referida na alínea *b*) do n.° 3 do artigo 18.°, o pagamento de € 1080;

c) Nos lotes com a composição referida na alínea *c*) do n.° 3 do artigo 18.°, o pagamento de € 480;

d) Nos lotes com a composição referida na alínea *d*) do n.° 3 do artigo 18.°, o pagamento de € 210;

e) Em caso de designação isolada para escala de prevenção, referida na alínea *d*) do n.° 1 do artigo 18.°, o pagamento de € 30 por escala de prevenção em que tenha ocorrido efectiva deslocação ao local da diligência.

2 – As compensações das escalas de prevenção previstas no número anterior são devidas mensalmente, em função do número de escalas de prevenção realizadas no mês anterior, de acordo com as seguintes regras:

a) Nos lotes referidos na alínea *a*) do número anterior, um trinta e seis avos do valor definido nessa alínea por cada escala de prevenção realizada;

b) Nos lotes referidos na alínea *b*) do número anterior, um vinte e quatro avos do valor definido nessa alínea por cada escala de prevenção realizada;

c) Nos lotes referidos na alínea *c*) do número anterior, um doze avos do valor definido nessa alínea por cada escala de prevenção realizada;

d) Nos lotes referidos na alínea *d*) do número anterior, um sexto do valor definido nessa alínea por cada escala de prevenção realizada.

ARTIGO 27.°
Tabela de compensação da consulta jurídica

Pela realização de uma consulta jurídica é devido o pagamento de € 25, após a efectiva realização da consulta.

ARTIGO 28.°
Processamento e meio de pagamento da compensação

1 – O pagamento da compensação devida aos profissionais forenses deve ser processado pelo IGFIJ, I. P., até ao termo do mês seguinte àquele em que se verifica o facto determinante da compensação.

2 – Para efeitos do disposto no número anterior, os factos determinantes da compensação são os seguintes:

a) Na compensação com carácter periódico, o decurso dos prazos previstos no n.° 1 do artigo 25.° e no n.° 2 do artigo 26.°;
b) No caso previsto na alínea *e*) do n.° 1 do artigo 25.°, o trânsito em julgado ou a constituição de mandatário, consoante os casos;
c) Na situação referida na alínea *a*) do n.° 3 do artigo 25.°, o trânsito em julgado de cada processo;
d) Na situação referida na alínea *b*) do n.° 3 do artigo 25.°, a resolução do litígio;
e) No caso previsto na alínea *e*) do n.° 1 do artigo 26.°, a realização da escala de prevenção com efectiva deslocação ao local da diligência;
f) Na consulta jurídica, a sua realização.

3 – O pagamento é sempre efectuado por via electrónica, tendo em conta a informação remetida pela Ordem dos Advogados ao IGFIJ, I. P., e confirmada pelas secretarias dos tribunais ou pelas entidades referidas no n.° 2 do artigo 3.°
4 – O IGFIJ, I. P., pode realizar auditorias ao sistema de acesso ao direito e aos tribunais.

CAPÍTULO V
Sistema de gestão, monitorização e informação do acesso ao direito

ARTIGO 29.°
Notificações, pedidos de nomeação e outras comunicações

Todas as notificações, pedidos de nomeações e outras comunicações entre a Ordem dos Advogados e os tribunais, as secretarias ou serviços do Ministério Público, os órgãos de polícia criminal, os profissionais forenses participantes no sistema de acesso ao direito, os serviços da segurança social e o IGFIJ, I. P., devem realizar-se por via electrónica, através de sistema gerido pela Ordem dos Advogados.

ARTIGO 30.º
Informação financeira

O sistema referido no artigo anterior deve assegurar a produção, por via informática, da informação financeira relevante para garantir a verificação da elegibilidade das despesas e a transparência e auditabilidade das contraprestações financiadas.

ARTIGO 31.º
Informação estatística

A Ordem dos Advogados deve disponibilizar periodicamente e por meios electrónicos informação estatística sobre o sistema de acesso ao direito à Direcção-Geral de Política de Justiça.

ARTIGO 32.º
Comissão de acompanhamento do sistema de acesso ao direito

1 – Sem prejuízo das competências da Ordem dos Advogados e do Ministério da Justiça, a monitorização do sistema de acesso ao direito compete a uma comissão de acompanhamento do acesso ao direito.

2 – A comissão é composta por dois representantes designados pelo membro do Governo responsável pela área da justiça, dois representantes designados pela Ordem dos Advogados e um representante designado pelo membro do Governo responsável pela área da segurança social.

3 – A comissão tem por competência a apresentação de relatórios anuais de monitorização do sistema de acesso ao direito, bem como apresentar propostas de aperfeiçoamento do sistema.

4 – O primeiro relatório de monitorização, acompanhado de propostas de aperfeiçoamento do sistema, deve ser apresentado ao membro do Governo responsável pela área da justiça até 2 de Março de 2009.

CAPÍTULO VI
Disposições finais e transitórias

ARTIGO 33.°
Encargos decorrentes da gestão do sistema de acesso ao direito

Os encargos decorrentes da gestão do sistema de acesso ao direito são suportados em termos a definir por protocolo celebrado entre o Ministério da Justiça e a Ordem dos Advogados.

ARTIGO 34.°
Aperfeiçoamento do sistema de acesso ao direito

1 – O sistema de acesso ao direito deve ser objecto de revisão e aperfeiçoamento decorridos 18 meses da sua entrada em funcionamento.

2 – A revisão referida no número anterior deve ser realizada com a participação da Ordem dos Advogados e ter em conta o relatório de monitorização e as propostas de aperfeiçoamento da comissão de acompanhamento do sistema de acesso ao direito, referidas no n.° 4 do artigo 32.°.

ARTIGO 35.°
Aplicação no tempo e direito transitório

1 – A presente portaria aplica -se aos pedidos, dirigidos à Ordem dos Advogados, de nomeação de patrono, defensor e de consulta jurídica realizados após a sua entrada em vigor.

2 – Até ao dia 29 de Fevereiro de 2008 mantêm-se em vigor as regras relativas à selecção e participação dos profissionais forenses envolvidos no sistema de acesso ao direito, bem como as relativas ao pagamento dos honorários e à compensação das despesas.

3 – As nomeações efectuadas antes do dia 1 de Janeiro de 2008 para escalas a realizar após essa data são reguladas pelo regime anterior ao estabelecido pela presente portaria.

ARTIGO 36.°

Revogado pela Portaria 210/2008, de 29/02/08.

ARTIGO 37.°
Entrada em vigor

1 – Sem prejuízo do disposto no número seguinte, a presente portaria entra em vigor no dia 1 de Janeiro de 2008.

2 – Os n.os 1 a 3 do artigo 1.°, 4 e 5 do artigo 3.° e 2 do artigo 7.° e os artigos 10.°, 12.° a 16.°, 18.° a 26.°, 28.° a 33.° e 36.° entram em vigor no dia 1 de Março de 2008.

Pelo Ministro da Justiça, *João Tiago Valente Almeida da Silveira,* Secretário de Estado da Justiça, em 24 de Dezembro de 2007.

ANEXO
(A que faz referência o artigo 9.°)

a) Julgados de Paz.

b) Sistema de Mediação Laboral, criado pelo protocolo celebrado em 5 de Maio de 2006 entre o Ministério da Justiça, a Confederação dos Agricultores de Portugal, a Confederação do Comércio e Serviços de Portugal, a Confederação Geral dos Trabalhadores de Portugal – Intersindical Nacional, a Confederação da Indústria Portuguesa, a Confederação do Turismo Português e a União Geral dos Trabalhadores.

c) Sistema de Mediação Familiar, criado pelo despacho n.° 18 778/2007, publicado no *Diário da República,* 2.ª série, de 22 de Agosto de 2007.

d) Sistema de Mediação Penal, criado pela Lei n.° 21/2007, de 12 de Junho.

e) Centro de Arbitragem de Conflitos de Consumo de Lisboa, autorizado nos termos conjugados dos despachos n.os 5/90, de 2 de Fevereiro, 20/93, publicado no *Diário da República,* 2.ª série, de 21 de Maio de 1993, e 21 620/2004, publicado no *Diário da República,* 2.ª série, de 22 de Outubro de 2004.

f) Centro de Arbitragem do Sector Automóvel, autorizado nos termos conjugados dos despachos n.os 36/93, publicado no *Diário da República,* 2.ª série, de 24 de Agosto de 1993, 532/99, publicado no *Diário da República,* 2.ª série, de 13 de Janeiro de 1999, e 26 196/2002, publicado no *Diário da República,* 2.ª série, de 11 de Dezembro de 2002.

g) Centro de Informação de Consumo e Arbitragem do Porto, autorizado nos termos conjugados dos despachos n.os 79/95, publicado no *Diário da República,* 2.ª série, de 24 Junho de 1995, 3294/2001, publicado no *Diário da República,* 2.ª série, de 16 Fevereiro de 2001, 10 685/2001, publicado no *Diário da República,* 2.ª série, de 22 Maio de 2001, e 13 518/2001, publicado no *Diário da República,* 2.ª série, de 29 de Junho de 2001.

h) Centro de Informação, Mediação e Arbitragem de Consumo do Vale do Cávado, autorizado nos termos conjugados dos despachos n.os 147/95, publicado no *Diário da República,* 2.ª série, de 14 de Outubro de 1995, 9968/97, publicado no *Diário da República,* 2.ª série, de 28 de Outubro de 1997, e 5479/2003, publicado no *Diário da República,* 2.ª série, n.º 67, de 20 de Março de 2003.

i) Centro de Arbitragem de Conflitos de Consumo de Coimbra, autorizado nos termos conjugados dos despachos n.os 166/95, publicado no *Diário da República,* 2.ª série, de 9 de Novembro de 1995, e 19 533/2000, publicado no *Diário da República,* 2.ª série, de 29 de Setembro de 2000.

j) Centro de arbitragem de Conflitos de Consumo do Vale do Ave, autorizado nos termos conjugados dos despachos n.os 53/93, SEAMJ, publicado no *Diário da República,* 2.ª série, de 23 de Novembro de 1993, 26/A/SEAMJ/97, publicado no *Diário da República,* 2.ª série, de 22 de Março de 1997.

l) Centro de Informação, Mediação e Arbitragem de Conflitos de Consumo do Algarve, autorizado nos termos conjugados dos despachos n.os 10478/2000, publicado no *Diário da República,* 2.ª série, de 23 de Maio de 2000, e 10 185/2004, publicado no *Diário da República,* 2.ª série, de 24 de Maio de 2004.

m) Centro de Informação, Mediação e Arbitragem de Seguros Automóveis, autorizado nos termos do despacho n.º 25 380/2000, publicado no *Diário da República,* 2.ª série, de 13 de Dezembro de 2000.

3.7.

PORTARIA N.° 210/2008
de 29 de Fevereiro

A presente portaria altera a Portaria n.° 10/2008, de 3 de Janeiro, que regulamenta a Lei n.° 34/2004, de 29 de Julho, na redacção dada pela Lei n.° 47/2007, de 28 de Agosto, e tem em conta o entendimento alcançado entre o Ministério da Justiça e a Ordem dos Advogados sobre as condições da prestação das defesas oficiosas por advogados em matéria de acesso ao direito. Permite-se, com o acordo que origina as alterações agora apro-vadas, conciliar três factores: o alargamento da prestação social de apoio judiciário a mais cidadãos, a sustentabilidade financeira do sistema de acesso ao direito e a introdução de rigor financeiro acrescido, que passa a ter especiais garantias em matéria de auditabilidade, transparência e fiscalização das contraprestações pagas. A sustentabilidade financeira conseguida com este acordo permite manter os aspectos essenciais do novo regime do acesso ao direito que beneficiam os cidadãos. Assim, permite-se a manutenção do aumento do número de beneficiários da prestação social de apoio judiciário, bem como o seu alargamento à utilização de meios de resolução alternativa de litígios como sistemas de mediação e centros de arbitragem. Igualmente, mantém -se um incentivo à célere resolução do litígio, podendo o patrono oficioso receber um prémio no caso de o litígio se resolver por meios extrajudiciais antes do julgamento. O acordo alcançado assenta ainda na manutenção do sistema de lotes de processos de 50, 30, 20 e 10 processos, sendo os primeiros facultativos. No que respeita à reformulação do modelo de pagamento dos honorários dos advogados, deixa de haver um pagamento periódico ao longo de todo o processo e passa a pagar -se uma provisão inicial de 30 %, procedendo-se, no final do processo, ao pagamento das quantias remanescentes. No que respeita aos valores dos honorários dos profissionais forenses, passa a aplicar-se a tabela de honorários que se encontra actualmente em vigor e que resulta da Portaria n.° 1386/2004, de 10 de Novembro. A implementação do novo sistema de nomeações, bem como do sistema informático, que permite a desmaterialização do procedimento desde o pedido de nomeação de patrono ou defensor até ao processamento do pagamento ao profissional forense, justifica o adiamento da entrada em funcionamento da totalidade do novo sistema até ao dia 1 de Setembro, mantendo-se todavia em vigor a parte da Portaria n.° 10/2008, de 3 de Janeiro, que já produzia efeitos desde 1 de Janeiro de 2008. Estão agora reunidas as condições para implementar o novo sistema e permitir o acesso demais cidadãos, com garantias de sustentabilidade e rigor financeiro acrescido.

Assim:

Manda o Governo, pelo Ministro da Justiça, ao abrigo do disposto no n.° 4 do artigo 8.°-A, no n.° 1 do artigo 17.°, no n.° 2 do artigo 36.° e no n.° 2 do artigo 45.° da Lei n.° 34/2004, de 29 de Julho, na redacção dada pela Lei n.° 47/2007, de 28 de Agosto, o seguinte:

ARTIGO 1.°
Alterações à Portaria n.° 10/2008, de 3 de Janeiro

Os artigos 3.°, 12.°, 14.°, 15.°, 21.°, 22.°, 24.°, 25.°, 26.°, 28.°, 32.°, 35.° e 37.° da Portaria n.° 10/2008, de 3 de Janeiro, passam a ter a seguinte redacção:

«Artigo 3.°
[...]

1 – ....

2 – ....

3 – A nomeação, efectuada nos termos deste artigo, é sempre comunicada à Ordem dos Advogados.

4 – *(Revogado.)*

5 – A nomeação efectuada nos termos dos números anteriores é mantida para as restantes diligências do processo quando:

a) Não exista mandatário constituído ou defensor nomeado, salvo se o arguido afirmar pretender constituir mandatário para as restantes diligências do processo;

b) Exista defensor nomeado e este tenha faltado a diligência em que devesse estar presente.

6 – A nomeação efectuada nas situações referidas na alínea *b*) do número anterior implica a substituição do defensor anteriormente

nomeado, aplicando -se, com as necessárias adaptações, o disposto no n.° 3 do artigo 15.°

7 – Havendo mandatário constituído, a nomeação efectuada nos termos do n.° 1 é feita apenas para a diligência em causa.

Artigo 12.°

[...]

1 – Sem prejuízo das competências estatutárias que lhes estão cometidas, os advogados estagiários podem participar no sistema de acesso ao direito, mediante acompanhamento por parte do seu patrono, em todas as diligências e processos a este atribuídos.

2 – A Ordem dos Advogados define os termos da participação dos advogados estagiários, em diligências e processos que não estejam atribuídos ao seu patrono.

Artigo 14.°

[...]

1 – ....

2 – O juiz e o Ministério Público devem informar a Ordem dos Advogados da inobservância, por parte de um profissional forense, das regras de exercício do patrocínio e da defesa oficiosas.

Artigo 15.°

[...]

1 – ....

2 – ....

3 – Compete à Ordem dos Advogados a determinação dos termos em que se deve processar a integral substituição num lote referida no número anterior, bem como a forma de repartição entre os profissionais forenses das quantias entregues.

4 – *(Revogado.)*

Artigo 21.°

[...]

1 – ....

2 – ....

3 – ....

4 – . . . .

5 – . . . .

6 – . . . .

7 – Para todos os efeitos, é contabilizada em duplicado a escala de prevenção que, em virtude do número de diligências ou da particular complexidade de uma ou de algumas delas, implique a permanência no local das diligências por período superior a seis horas.

8 – Sem prejuízo do disposto no n.° 3 do artigo 26.°, a nomeação para as restantes diligências do processo, nos termos do n.° 5 do artigo 3.°, não obsta à contabilização dessa diligência para efeitos de preenchimento do lote de escalas de prevenção.

Artigo 22.°

[...]

1 – Caso o profissional forense se encontre inscrito para lotes de processos, a nomeação efectuada nos termos do n.° 5 do artigo 3.° é contabilizada para efeitos de preenchimento do lote, mesmo que isso signifique o aumento temporário do número de processos correspondentes ao seu lote.

2 – . . . .

3 – Se o profissional forense não se encontrar inscrito para lote de processos, a nomeação efectuada nos termos do n.° 5 do artigo 3.° é considerada, para todo os efeitos, como nomeação isolada para processo, nos termos da alínea *b*) do n.° 1 do artigo 18.°

Artigo 24.°

[...]

1 – . . . .

2 – . . . .

3 – Salvo nos casos especialmente previstos, não se considera nomeação isolada para um processo a nomeação para uma diligência durante uma escala de prevenção.

4 – . . . .

Artigo 25.°

[...]

1 – Os valores das compensações devidas aos profissionais forenses pela inscrição em lotes de processos ou pela nomeação isolada

para processo são os estabelecidos na Portaria n.° 1386/2004, de 10 de Novembro.

2 – *(Revogado.)*

3 – Sem prejuízo do disposto no número seguinte, caso o profissional forense se encontre inscrito em lote de processos, o pagamento da compensação é efectuado nos seguintes moldes:

a) Pagamento de 30 % do valor, tendo em conta apenas o procedimento em 1.ª instância, de cada processo inserido no lote, no momento da atribuição do lote;

b) Pagamento do remanescente da compensação devida pelo processo específico, quando ocorra o trânsito em julgado do processo ou a constituição de mandatário;

c) Aplica-se o disposto na alínea *a*) sempre que haja a entrada de um novo processo para o lote.

4 – Acresce à remuneração referida no n.° 1 duas unidades de referência após a resolução do litígio que ponha termo ao processo, se esta ocorrer antes da audiência de julgamento, e, tratando-se de processo penal, desde que tenha havido acusação.

5 – *(Revogado.)*

6 – Nas nomeações isoladas para processos, o pagamento da compensação é efectuado quando ocorra o trânsito em julgado do processo ou a constituição de mandatário.

7 – No caso previsto na alínea *a*) do n.° 3, tendo o processo de apoio judiciário por finalidade a propositura de uma acção ou instauração de um processo e vindo a concluir -se pela inexistência de fundamento para a pretensão do beneficiário, é devida apenas ao patrono nomeado uma compensação correspondente ao montante de uma unidade de referência.

8 – *(Revogado.)*

9 – Sem prejuízo do disposto nos n.os 1, 3 e 6, nos casos em que a nomeação referida nos n.os 1 e 2 do artigo 3.° resulte da não comparência de mandatário constituído, o arguido suporta a quantia prevista para o caso de nomeação para diligência isolada em processo, que entra em regra de custas.

10 – Sem prejuízo do disposto nos n.os 1, 3 e 6, o disposto no n.° 7 aplica-se aos casos em que o disposto na alínea *a*) do n.° 5 do artigo 3.° não é aplicável porque o arguido afirmou pretender constituir mandatário para as restantes diligências do processo.

Artigo 26.°

[...]

1 – Os valores das compensações devidas aos profissionais forenses pela inscrição em lotes de escalas de prevenção ou pela designação isolada para escalas de prevenção são os estabelecidos na Portaria n.° 1386/2004, de 10 de Novembro.

2 – As compensações das escalas de prevenção previstas no número anterior são devidas após a realização da escala de prevenção com efectiva deslocação ao local da diligência.

3 – Se o profissional forense for nomeado para as restantes diligências do processo, nos termos do n.° 5 do artigo 3.°, apenas é devida compensação pelo processo.

Artigo 28.°

[...]

1 – ....

2 – Para efeitos do disposto no número anterior, os factos determinantes da compensação são os seguintes:

a) No caso previsto na alínea *a*) do n.° 3 do artigo 25.°, a atribuição de um lote de processos;

b) No caso previsto na alínea *b*) do n.° 3 e no n.° 6 do artigo 25.°, o trânsito em julgado ou a constituição de mandatário;

c) No caso previsto na alínea *c*) do n.° 3 do artigo 25.°, a entrada de um novo processo no lote;

d) No caso previsto no n.° 1 do artigo 26.°, a realização da escala de prevenção com efectiva deslocação ao local da diligência;

e) Na consulta jurídica, a sua realização.

3 – O pagamento é sempre efectuado por via electrónica, tendo em conta a informação remetida pela Ordem dos Advogados ao IGFIJ, I. P.

4 – O IGFIJ, I. P., pode realizar auditorias ao sistema de acesso ao direito e aos tribunais, bem como solicitar informação aos tribunais e às entidades referidas no n.° 2 do artigo 3.°, para efeitos de confirmação da informação remetida pela Ordem dos Advogados.

Artigo 32.°

[...]

1 – ....

2 – . . . .
3 – . . . .
4 – O primeiro relatório de monitorização, acompanhado de propostas de aperfeiçoamento do sistema, deve ser apresentado ao membro do Governo responsável pela área da justiça até ao dia 1 de Setembro de 2009.

Artigo 35.°
[...]

1 – . . . .
2 – Até ao dia 31 de Agosto de 2008 mantêm- -se em vigor as regras relativas à selecção e participação dos profissionais forenses envolvidos no sistema de acesso ao direito, bem como as relativas ao pagamento dos honorários e à compensação das despesas.
3 – . . . .

Artigo 37.°
[...]

1 – . . . .
2 – Os n.os 1 a 3 do artigo 1.°, 5 a 7 do artigo 3.° e 2 do artigo 7.° e os artigos 10.°, 12.° a 16.°, 18.° a 26.° e 28.° a 33.° entram em vigor no dia 1 de Setembro de 2008.»

ARTIGO 2.°
Norma revogatória

São revogadas as seguintes disposições:

a) Os n.os 3 e 4 do artigo 2.°, os artigos 3.°, 4.°, 6.° e 7.°, os n.os 11 e 12 da tabela anexa e as notas 1 e 3 da tabela anexa da Portaria n.° 1386/2004, de 10 de Novembro;
b) O n.° 4 do artigo 3.°, o n.° 4 do artigo 15.°, o n.° 2 do artigo 20.°, os n.os 2, 5 e 8 do artigo 25.° e o artigo 36.° da Portaria n.° 10/2008, de 3 de Janeiro.

ARTIGO 3.°
Produção de efeitos

A presente portaria produz efeitos desde 1 de Março de 2008.

ARTIGO 4.°
Entrada em vigor

A presente portaria entra em vigor no dia seguinte ao da sua publicação.

O Secretário de Estado da Justiça, *João Tiago Valente Almeida da Silveira,* em 26 de Fevereiro de 2008.

3.8.

PORTARIA N.° 1386/2004
de 10 de Novembro

A Lei n.° 34/2004, de 29 de Julho, que procedeu a alterações profundas no regime de acesso ao direito e aos tribunais, remete para portaria conjunta dos Ministros das Finanças e da Justiça a definição dos termos em que o Estado garante a remuneração dos profissionais forenses pelos serviços prestados no âmbito da protecção jurídica, bem como o reembolso das respectivas despesas.

Esta matéria encontra-se actualmente regulamentada na Portaria n.° 150/2002, de 19 de Fevereiro, que aprovou a tabela para pagamento dos honorários dos advogados, advogados estagiários e solicitadores, no âmbito do patrocínio oficioso. Todavia, a fim de garantir a compatibilidade do novo regime decorrente da Lei n.° 34/2004, de 29 de Julho, com o actual modelo de remuneração dos profissionais forenses que prestem serviços no âmbito do patrocínio oficioso, importa, desde já, aditar um novo número à referida tabela, relativo à consulta jurídica para apreciação liminar de existência de fundamento legal da pretensão para efeito de nomeação de patrono oficioso, a qual é obrigatória sempre que esteja em causa a propositura de uma acção.

Por outro lado, constata-se que a terminologia constante de alguns números da tabela anexa à Portaria n.° 150/2002, de 19 de Fevereiro, encontra-se desajustada à luz das alterações legislativas ocorridas desde a sua aprovação e que importa corrigir imediatamente.

Assim, sem prejuízo da continuação do estudo de um novo modelo de remuneração dos profissionais forenses que intervêm no sistema de acesso ao direito e aos tribunais, e que o Governo tem vindo a desenvolver com a participação de todas as entidades interessadas, são introduzidas desde já as referidas alterações mínimas necessárias no modelo aprovado pela Portaria n.° 150/2002, de 19 de Fevereiro, mantendo-se, no essencial, o seu regime.

Aproveita-se, ainda, para alterar a regra relativa ao valor dos honorários a pagar em caso de superação do litígio por transacção judicial, agora alargada aos casos em que haja desistência, confissão, transacção ou impossibilidade superveniente da lide antes do fim da audiência de julgamento, introduzindo-se, a este nível, maior equidade e eficácia.

Por último, reconhecendo-se a oportunidade para melhorar a estrutura formal da Portaria n.° 150/2002, de 19 de Fevereiro, procede-se à sua reformulação, transferindo para o articulado algumas das regras previstas em anotação à tabela.

Foram ouvidas a Ordem dos Advogados e a Câmara dos Solicitadores.

Assim:

Manda o Governo, pelos Ministros das Finanças e da Administração Pública e da Justiça, ao abrigo do disposto no n.° 2 do artigo 3.° da Lei n.° 34/2004, de 29 de Julho, o seguinte:

1.° – É aprovada a tabela de honorários dos advogados, advogados estagiários e solicitadores pelos serviços que prestem no âmbito da protecção jurídica, a qual é publicada em anexo à presente portaria, da qual faz parte integrante.

2.° – 1 – São devidos aos advogados, pelos serviços que prestem no âmbito da protecção jurídica, os honorários constantes da tabela em anexo.

2 – Os honorários devidos aos advogados estagiários são os constantes da tabela em anexo reduzidos a dois terços.

3 – *Revogado pela Portaria 210/2008, de 29/02/08.*

4 – *Revogado pela Portaria 210/2008, de 29/02/08.*

3.° – *Revogado pela Portaria 210/2008, de 29/02/08.*

4.° – *Revogado pela Portaria 210/2008, de 29/02/08.*

5.° – 1 – Quando, no mesmo período da manhã ou da tarde, o advogado, advogado estagiário ou solicitador intervier em mais de um processo, os honorários são limitados ao montante da remuneração mais elevada prevista para os processos em que nesse período tiver intervindo, qualquer que tenha sido o número efectivo de intervenções.

2 – Quando, durante um mesmo dia, todas as intervenções se limitarem a processos sumários, sumaríssimos, de transgressão ou contravenção de natureza penal, os honorários são limitados ao montante da remuneração mais elevada prevista para estes processos, qualquer que tenha sido o número efectivo de intervenções, acrescido da rubrica prevista no n.° 10 da tabela anexa, quando o número de intervenções for igual ou superior a quatro.

6.° – *Revogado pela Portaria 210/2008, de 29/02/08.*

7.° – *Revogado pela Portaria 210/2008, de 29/02/08.*

8.° – 1 – Para efeito de reembolso de despesas pelos serviços prestados, nos termos do artigo 41.° da Lei n.° 34/2004, de 29 de Julho, o advogado, advogado estagiário ou solicitador apresenta nota de despesas realizadas seguidamente ao acto ou diligência para que foi nomeado.

2 – Nos restantes casos, o advogado, advogado estagiário ou solicitador deve apresentar a nota de despesas no prazo de cinco dias contados da decisão que seja proferida no processo.

9.° – É revogada a Portaria n.° 150/2002, de 19 de Fevereiro.

10.° – A presente portaria entra em vigor no dia seguinte ao da sua publicação, produzindo efeitos desde o dia 1 de Setembro de 2004.

Em 26 de Outubro de 2004.

O Ministro das Finanças e da Administração Pública, *António José de Castro Bagão Félix*. – O Ministro da Justiça, *José Pedro Aguiar-Branco*.

ANEXO
Tabela de honorários para a protecção jurídica

	Valor da acção (em euros)	Unidade de referência (UR = 1/4 da UC)
1 — Processo civil:		
1.1 — Acção declarativa:		
1.1.1 — Processo ordinário:		
1.1.1.1 — Com variação de valores entre	14 963,91 a 24 939,85	21,00.
1.1.1.2 — Com variação de valores entre	24 939,86 a 49 879,70	24,00.
1.1.1.3 — Com variação de valores entre	49 879,71 a 149 639,10	32,00.
1.1.1.4 — Com variação de valores entre	149 639,11 a 399 037,60	57,00.
1.1.1.5 — Com variação de valores entre	399 037,61 a 598 556,40	90,00.
1.1.1.6 — Com variação de valores entre	Superior a 598 556,40	126,00.
1.1.2 — Processo sumário:		
1.1.2.1 — Com variação de valores entre	3 740,98 a 5 985,56	8,00.
1.1.2.2 — Com variação de valores entre	5 985,57 a 9 975,94	10,00.
1.1.2.3 — Com variação de valores entre	9 975,95 a 14 963,91	14,00.
1.1.3 — Processo sumaríssimo e acção especial para cumprimento de obrigações pecuniárias.		7,00.
1.1.4 — Procedimento de injunção que não dê lugar a acção especial para cumprimento de obrigações pecuniárias.		3,00.
1.2 — Acção executiva:		
1.2.1 — Com dedução de oposição e ou liquidação		Os valores aplicáveis às acções declarativas n.os 1.1.1.1 a 1.1.2.3.
1.2.2 — Sem dedução de oposição		7,00.
1.2.3 — Mandado de despejo		4,00.
1.3 — Recursos:		
1.3.1 — Apelação e revista		9,00.
1.3.2 — Agravo		4,00.
1.3.3 — Outros		8,00.
2 — Processo de trabalho:		
2.1 — Acção declarativa:		
2.1.1 — Com variação de valores entre	Até 5 985,56	8,00.
2.1.2 — Com variação de valores entre	5 985,57 a 24 939,85	12,00.
2.1.3 — Com variação de valores entre	Superior a 24 939,85	16,00.
2.2 — Acção executiva		7,00.
2.3 — Processos especiais		8,00.
2.4 — Recursos:		
2.4.1 — Apelação e revista		8,00.
2.4.2 — Agravo		4,00.
3 — Processo penal:		
3.1 — Processo penal:		
3.1.1 — Processo comum:		
3.1.1.1 — Crimes da competência do tribunal colectivo:		
3.1.1.1.1 — Puníveis com pena superior a 8 anos.		16,00.
3.1.1.1.2 — Puníveis com pena até 8 anos		13,00.
3.1.1.2 — Crimes da competência do tribunal singular.		11,00

	Valor da acção (em euros)	Unidade de referência (UR = 1/4 da UC)
3.1.2 — Processo abreviado		9,00.
3.1.3 — Processo sumário		8,00.
3.1.4 — Processo sumaríssimo		7,00.
3.1.5 — Transgressão e contravenção		3,00.
3.1.6 — Julgamento com a intervenção do júri		21,00.
3.2 — Pedido de indemnização civil		Os valores aplicáveis às acções declarativas n.os 1.1.1.1 a 1.1.2.3.
3.3 — Execução de pedido de indemnização civil		Os valores aplicáveis às acções executivas n.os 1.2.1 e 1.2.2.
3.4 — Recursos:		
3.4.1 — Ordinários		9,00.
3.4.2 — Extraordinários		4,00.
4 — Processos especiais e outros:		
4.1 — Divórcio e separação de pessoas e bens:		
4.1.1 — Acção litigiosa		21,00.
4.1.2 — Mútuo consentimento		10,00.
4.2 — Jurisdição de menores		21,00.
4.3 — Inventário		Os valores aplicáveis às acções declarativas n.os 1.1.1.1 a 1.1.2.3, em função do quinhão.
4.4 — Insolvência		20,00.
4.5 — Constitucional		13,00.
4.6 — Administrativo e fiscal:		
4.6.1 — Administrativo:		
4.6.1.1 — Acção administrativa especial		13,00
4.6.1.2 — Acção administrativa comum		Os valores aplicáveis às acções declarativas n.os 1.1.1.1 a 1.1.2.3.
4.6.2 — Fiscal		13,00.
4.6.3 — Recurso de decisões jurisdicionais		4,00.
4.7 — Contra-ordenações		13,00.
5 — Incidentes processuais, procedimentos cautelares, meios processuais acessórios e pedidos de suspensão de eficácia do acto.		8,00.
6 — Intervenção ocasional em acto ou diligência isolada do processo, designadamente em diligências deprecadas.		5,00.
7 — Assistência a arguido preso ou junto de entidades policiais		5,00.
8 — Por cada deslocação do patrono/defensor a estabelecimento prisional para conferência com o patrocinado preso ou detido, com um máximo de três deslocações.		3,00.
9 — Quando a diligência comporte mais de duas sessões, por cada sessão a mais.		3,00.
10 — Por cada presença, período da manhã ou da tarde, no âmbito das escalas de urgência, desde que não tenha sido efectuada qualquer diligência.		3,00.
13 — Outras intervenções de patronos oficiosos		8,00.

Notas

2 – Considera-se ocasional a intervenção num acto ou diligência isolados no processo.

4 – Os honorários devidos por aplicação do disposto no n.° 4.1.2, quando o divórcio por mútuo consentimento tenha lugar na conservatória do registo civil, são pagos pelo Cofre Geral dos Tribunais; o pedido é dirigido ao Instituto de Gestão Financeira e Patrimonial da Justiça, mas apresentado junto da respectiva conservatória.

5 – Os honorários devidos por aplicação do disposto no n.° 10 são pagos pelo Cofre Geral dos Tribunais, a pedido do interessado, apresentado na secção central ou na secretaria-geral do tribunal, quando exista; nos restantes casos, o pedido é dirigido ao Instituto de Gestão Financeira e Patrimonial da Justiça, mas apresentado junto das entidades respectivas.

Notas: Os n.os 11 e 12 da Tabela e as notas 1 e 3 foram revogados pela Portaria 210/2008, 29/02/08

3.9.

PORTARIA N.° 1085-B/2004
de 31 de Agosto

A Lei n.° 34/2004, de 29 de Julho, que altera o regime de acesso ao direito e aos tribunais, estabelece no seu artigo 22.° que o requerimento de protecção jurídica é formulado em modelo a aprovar por portaria conjunta dos ministros com a tutela da justiça e da segurança social.

Assim:

Manda o Governo, pelos Ministros da Justiça e da Segurança Social, da Família e da Criança, ao abrigo do disposto no n.° 2 do artigo 22.° da Lei n.° 34/2004, de 29 de Julho, o seguinte:

1.° – São aprovados os formulários de requerimento de protecção jurídica para pessoas singulares e para pessoas colectivas ou equiparadas, mod. PJ 1-DGSS e mod. PJ 2-DGSS, respectivamente, anexos à presente portaria e que dela fazem parte integrante.

2.° – É revogada a Portaria n.° 140/2002, de 12 de Fevereiro.

3.° – A presente portaria produz efeitos a partir de 1 de Setembro de 2004.

Em 26 de Agosto de 2004.

O Ministro da Justiça, *José Pedro Correia de Aguiar Branco*. – O Ministro da Segurança Social, da Família e da Criança, *Fernando Mimoso Negrão*.

SEGURANÇA SOCIAL

REGISTO DE ENTRADA

Requerimento de Protecção Jurídica

Pessoa Singular

ANTES DE PREENCHER LEIA COM ATENÇÃO AS INSTRUÇÕES DE PREENCHIMENTO

1. Identificação do Requerente

Nome Completo

Data de Nascimento (Dia Mês Ano) Nº Identificação de Seg. Social

Sexo (F ou M) Estado civil: Solteiro Casado Divorciado Outro

Naturalidade:

País Distrito Concelho

Freguesia Nacionalidade

Nº Identificação Fiscal

B.I. / Passaporte / Autorização de residência n.º de __/__/__

Entidade emissora

2. Outros Dados do Requerente

Morada (1)

Localidade Telef.

C. Postal País

Freguesia Concelho Distrito

Profissão: Trabalhador por Conta de Outrem Trabalhador Independente

Se casado, indique o regime de bens Comunhão de adquiridos Comunhão geral de bens Separação de bens

Profissão do cônjuge

(1) Se não tiver residência estável indique local de contacto

3. Composição e Situação Económica do Agregado Familiar

se tiver mais de 6 elementos peça a Folha de Continuação

3.1 Agregado Familiar (2)

	Nome (1º e último)	Data de Nascimento	Parentesco	Nº de Identificação de Segurança Social
1	Requerente			
2		__/__/__		
3		__/__/__		
4		__/__/__		
5		__/__/__		
6		__/__/__		

(2) Indique todas as pessoas que vivem em economia comum pela seguinte ordem: Cônjuge ou pessoa com quem vive em união de facto; descendentes; ascendentes; outras pessoas que façam parte do agregado familiar.

(continua no verso)

OS DADOS CONSTANTES NESTE DOCUMENTO SERÃO OBJECTO DE REGISTO INFORMÁTICO NA BASE DE DADOS DA SEGURANÇA SOCIAL. PODERÁ ACEDER À INFORMAÇÃO QUE LHES DIZ RESPEITO E PROCEDER À SUA CORRECÇÃO

3. Composição e Situação Económica do Agregado Familiar (continuação)

3.2 Rendimentos do Agregado Familiar

Rendimento Anual Líquido do Agregado Familiar € ____________________

3.3 Propriedade de Bens Imóveis por Agregado Familiar

O requerente ou as pessoas que vivem em economia comum têm bens imóveis? ☐ Sim ☐ Não

Se respondeu **sim**, preencha o quadro seguinte:

Tipo (3)	Localização	Artigo Matricial	Descrição Predial Nº	Urbano/ Rústico	Proprietário (4)	Forma de Aquisição (5)	Valor de Aquisição
CASA DE MORADA DE FAMÍLIA							

3.4 Propriedade de Veículos Automóveis por Agregado Familiar

O requerente ou as pessoas que vivem em economia comum têm veículos automóveis? ☐ Sim ☐ Não

Se respondeu **sim**, preencha o quadro seguinte:

Matrícula/Registo	Marca e Modelo	Ano	Proprietário (4)	Forma de Aquisição (5)	Valor de Aquisição

3.5 Propriedade de Outros Bens por Agregado Familiar

O requerente ou as pessoas que vivem em economia comum detêm participações sociais ou valores mobiliários? ☐ Sim ☐ Não

Se respondeu **sim**, preencha o quadro seguinte:

Proprietário (4)	Quantidade	Forma de Aquisição (5)	Descrição (6)	Valor Nominal por Unidade	Valor Total

3.6 Despesas com Habitação (7)

Renda da casa de morada de família - valor mensal € ____________________

Prestação para aquisição da casa de morada de família - valor mensal € ____________________

(3) Casa de morada de família e/ou outros
(4) Exemplo: Cônjuge, outros elementos do agregado familiar
(5) Exemplo: Compra, doação
(6) Exemplo: quotas, acções, obrigações, títulos de participação, unidades de participação em instituições de investimento colectivo
(7) Indicar o montante da renda ou da prestação pagas por qualquer elemento do agregado familiar

(continua na página seguinte)

4. Modalidades de Protecção Jurídica Pretendidas

Assinale com [X] a(s) modalidade(s) pretendida(s)

4.1 Consulta Jurídica ☐

4.2 Apoio Judiciário ☐

☐ Dispensa de taxa de justiça e demais encargos com o processo

☐ Nomeação e pagamento de honorários de patrono

☐ Pagamento da remuneração do solicitador de execução designado

☐ Pagamento faseado de taxa de justiça e demais encargos com o processo, de honorários de patrono nomeado e de remuneração do solicitador de execução designado

☐ Pagamento de honorários de defensor oficioso

Finalidade do pedido - Assinale apenas uma das opções

☐ Propor acção judicial - tipo de acção ____________________

☐ Contestar acção

Acção n.º __________ que corre termos no(a) ____º Juízo/Vara ____ º Secção do Tribunal __________

☐ Outro ____________________

Acção n.º __________ que corre termos no(a) ____º Juízo/Vara ____ º Secção do Tribunal __________

Qualidade em que intervem na opção pretendida: ☐ Autor ☐ Réu ☐ Arguido ☐ Assistente ☐ Outra __________

Valor da acção € __________

Oportunidade do pedido (8)

O requerimento é apresentado antes da primeira intervenção processual do requerente? ☐ Sim ☐ Não

Se respondeu **não**, indique se a situação de insuficiência económica se verificou no decurso do processo ou resulta de encargo excepcional ocorrido durante o mesmo? ☐ Sim ☐ Não

Se respondeu **sim** à pergunta anterior, diga se, após o conhecimento da situação de insuficiência económica, já interveio no processo ☐ Sim ☐ Não

4.3 Observações

Explique, por palavras suas, o que pretende:

____

____

____

(8) Não preencher no caso de o requerente ser arguido em processo penal

5. Certificação do Requerente

Tomei conhecimento de que devo:
- comunicar qualquer alteração da informação prestada até ao mês seguinte ao da sua verificação;
- entregar cópia do presente requerimento no tribunal onde decorre a acção, no prazo que me foi fixado na citação/notificação.

As declarações prestadas correspondem à verdade e não omitem qualquer informação relevante.

___/___/______

____
Assinatura do requerente conforme documento de identificação (*)

A preencher no caso de o requerimento ser apresentado pelo Ministério Público

Comarca ____________________

Tribunal ____________________

____
Assinatura sob carimbo do representante do requerente

(*) O requerimento pode, também, ser assinado por: legal representante do menor; rogado, no caso de o requerente não saber assinar.

(continua no verso)

6. Documentos a Apresentar

Assinale com X os documentos apresentados

Devem ser apresentados os documentos relativos ao requerente e demais pessoas que com ele vivam em economia comum.

Fotocópias de:

- ☐ Bilhete de Identidade/Passaporte/Autorização de residência ou documento análogo do requerente e demais pessoas que com ele vivem em economia comum, bem como do rogado ou do legal representante do menor, no caso de o requerimento não ter sido assinado pelo requerente.
- ☐ Última declaração de IRS e respectiva nota de liquidação (se já tiver sido emitida) ou, na falta da declaração, certidão emitida pelo serviço de finanças competente.
- ☐ Recibos de vencimento emitidos pela entidade patronal nos últimos seis meses, no caso de trabalhador por conta de outrem.
- ☐ Declarações de IVA referentes aos dois últimos trimestres e documentos comprovativos do respectivo pagamento e recibos emitidos nos últimos seis meses, no caso de trabalhador independente.
- ☐ Declaração de inscrição no centro de emprego, no caso de desempregado que não beneficie de qualquer subsídio.
- ☐ Documento comprovativo do valor actualizado de qualquer prestação social desde que não seja atribuída pelo sistema de segurança social português.
- ☐ Caderneta predial actualizada ou certidão de teor matricial relativa aos bens imóveis.
- ☐ Documento que titule a aquisição dos bens imóveis. (9)
- ☐ Contrato de arrendamento da casa de morada de família ou do último recibo de renda.
- ☐ Documento comprovativo do pagamento da última prestação relativa a empréstimo para aquisição da casa de morada de família.
- ☐ Documento comprovativo do valor da cotação verificada no dia anterior ao da apresentação do requerimento ou que haja titulado a respectiva aquisição, no caso de valores mobiliários cotados em mercado regulamentado ou de participações sociais.
- ☐ Livrete e registo de propriedade dos veículos automóveis.

Se o requerente ou as pessoas que com ele vivam em economia comum forem titulares dos órgãos de administração de pessoa colectiva ou sócios detentores de uma participação social igual ou superior a 10% do capital social de uma sociedade, devem ser ainda apresentados os seguintes documentos relativos à pessoa colectiva:

Fotocópias de:

- ☐ Última declaração de IRC e respectiva nota de liquidação (se já tiver sido emitida) ou, na falta da declaração, certidão emitida pelo serviço de finanças competente.
- ☐ Declarações de IVA referentes aos últimos 12 meses e documentos comprovativos do respectivo pagamento.
- ☐ Documentos de prestação de contas dos três últimos exercícios findos ou dos exercícios findos desde a constituição, no caso de esta ter ocorrido há menos de três anos.
- ☐ Balancete do último trimestre, no caso de se tratar de sociedade.

Outros documentos que comprovem as declarações prestadas, num total de ________

Indicar quais ____

____

Total de documentos entregues ________

(9) Exemplo: escritura pública

7. Local e Forma de Entrega do Requerimento

O requerimento pode ser apresentado em qualquer serviço de atendimento ao público dos serviços de segurança social, pessoalmente, por fax e por via postal.

A Preencher pelos Serviços

O requerimento foi apresentado por:

☐ Interessado ☐ Ministério Público ☐ Advogado ☐ Advogado estagiário ☐ Solicitador

AS FALSAS DECLARAÇÕES SÃO PUNIDAS NOS TERMOS DA LEI

SEGURANÇA SOCIAL

REGISTO DE ENTRADA

Requerimento de Protecção Jurídica

Pessoa Colectiva ou Equiparada

ANTES DE PREENCHER LEIA COM ATENÇÃO AS INSTRUÇÕES DE PREENCHIMENTO

1. Identificação do Requerente

Nome ou Firma

Nº Identificação de Seg. Social

Nº Identificação Fiscal

2. Outros Dados do Requerente

Domicílio ou Sede (1)

C. Postal –

Localidade

País

Freguesia

Concelho

Distrito

Telefone

Fax

Actividade

Início de actividade em

Dia Mês Ano

(1) Se não tiver domicílio/sede estável indique local de contacto

3. Composição e Situação Económica

Capital social

Nº de trabalhad. ao serviço

Vol. anual de negócios

Lucros distribuídos nos três últimos exercícios findos

3.1 ACTIVO

Valor	Descrição

3.2 PASSIVO

Valor	Descrição

(continua no verso)

OS DADOS CONSTANTES NESTE DOCUMENTO SERÃO OBJECTO DE REGISTO INFORMÁTICO NA BASE DE DADOS DA SEGURANÇA SOCIAL PODERÁ ACEDER À INFORMAÇÃO QUE LHES DIZ RESPEITO E PROCEDER À SUA CORRECÇÃO

4. Modalidades de Protecção Jurídica Pretendidas

Assinale com [X] a(s) modalidade(s) pretendida(s)

4.1 Consulta Jurídica (2) ☐

4.2 Apoio Judiciário ☐

☐ Dispensa total ou parcial de taxa de justiça e demais encargos com o processo
☐ Nomeação e pagamento de honorários de patrono
☐ Pagamento da remuneração do solicitador de execução designado
☐ Pagamento de honorários de defensor oficioso

Finalidade do pedido - Assinale apenas uma das opções

☐ Propor acção judicial - tipo de acção ____________

☐ Contestar acção

Acção n.° ______ que corre termos no(a) ____ ° Juízo/Vara ____ ° Secção do Tribunal ______

☐ Outro ____________

Acção n.° ______ que corre termos no(a) ____ ° Juízo/Vara ____ ° Secção do Tribunal ______

Qualidade em que intervem na opção pretendida: ☐ Autor ☐ Réu ☐ Arguido ☐ Assistente ☐ Outra ______

Valor da acção € ______

Oportunidade do pedido (3)

O requerimento é apresentado antes da primeira intervenção processual do requerente? ☐ Sim ☐ Não

Se respondeu **não**, indique se a situação de insuficiência económica se verificou no decurso do processo ou resulta de encargo excepcional ocorrido durante o mesmo? ☐ Sim ☐ Não

■ Se respondeu **sim** à pergunta anterior, diga se, após o conhecimento da situação de insuficiência económica, já interveio no processo ☐ Sim ☐ Não

4.3 Observações

Explique, por palavras suas, o que pretende:

______

(2) Não aplicável a pessoas colectivas.
(3) Não preencher, no caso de o requerente ser arguido em processo penal.

5. Certificação do Requerente

Tomei conhecimento de que devo:
- comunicar qualquer alteração da informação prestada até ao mês seguinte ao da sua verificação;
- entregar cópia do presente requerimento no tribunal onde decorre a acção, no prazo que me foi fixado na citação/notificação.

As declarações prestadas correspondem à verdade e não omitem qualquer informação relevante.

___/___/___

______
Assinatura do requerente conforme documento de identificação

A preencher no caso de o requerimento ser apresentado pelo Ministério Público

Comarca ______

Tribunal ______

______
Assinatura sob carimbo do representante do requerente

(continua na página seguinte)

6. Documentos a Apresentar

Assinale com [X] os documentos apresentados

Fotocópias de:

- [ ] Bilhetes de identidade / Passaporte / Autorização de residência ou documento análogo dos legais representantes da sociedade.
- [ ] Pacto social actualizado.
- [ ] Última declaração de IRC ou de IRS e respectiva nota de liquidação (se já tiver sido emitida) ou, na falta da declaração, certidão emitida pelo serviço de finanças competente.
- [ ] Declarações de IVA referentes aos últimos 12 meses e documentos comprovativos do respectivo pagamento
- [ ] Documentos de prestação de contas dos três últimos exercícios findos ou dos exercícios findos desde a constituição, no caso de esta ter ocorrido há menos de três anos.
- [ ] Balancete do último trimestre, no caso de se tratar de sociedade.
- [ ] Caderneta predial actualizada ou certidão de teor matricial relativa aos bens imóveis.
- [ ] Documento que titule a aquisição dos bens imóveis. (4)
- [ ] Documento comprovativo do valor da cotação verificada no dia anterior ao da apresentação do requerimento ou que haja titulado a respectiva aquisição, no caso de valores mobiliários cotados em mercado regulamentado ou de participações sociais.
- [ ] Livrete e registo de propriedade dos veículos automóveis.
- [ ] Registo de outros bens móveis sujeitos a registo.
- [ ] Relação de todos os bens móveis sujeitos a registo que o requerente detenha por contratos de locação financeira, de aluguer de longa duração ou outros similares (indicar tipo, matrícula ou registo, marca, modelo, ano e valor).
- [ ] Outros documentos que comprovem as declarações prestadas, num total de __________

Indicar quais ____

____

Total de documentos entregues __________

(4) Exemplo: escritura pública.

7. Local e Forma de Entrega do Requerimento

O requerimento pode ser apresentado em qualquer serviço de atendimento ao público da segurança social, pessoalmente, por fax, ou por via postal.

No caso de sociedade, estabelecimento individual de responsabilidade limitada ou comerciante em nome individual em causa relativa ao exercício do comércio o requerimento é apresentado em **duplicado**.

A Preencher pelos Serviços

O requerimento foi apresentado por:

[ ] Interessado [ ] Ministério Público [ ] Advogado [ ] Advogado estagiário [ ] Solicitador

AS FALSAS DECLARAÇÕES SÃO PUNIDAS NOS TERMOS DA LEI

3.10.

PORTARIA N.° 288/2005
de 21 de Março

(Alterou os artigos 1.°, 9.° do Anexo III e revogou o artigo 5.° e o n.° 4 do artigo 8.° da Portaria 1085/A/2004 de 31/08/04)

A Portaria n.° 1085-A/2004, de 31 de Agosto, veio concretizar a fórmula de cálculo do valor do rendimento relevante para efeitos de protecção jurídica, com base no qual é apreciada, de acordo com o disposto na Lei n.° 34/2004, de 29 de Julho, a situação de insuficiência económica do requerente de protecção jurídica.

Nos termos da referida portaria, aquele rendimento resulta da diferença entre o valor do rendimento líquido completo do agregado familiar e o valor da dedução relevante para efeitos de protecção jurídica, correspondendo este último à soma dos encargos do agregado familiar com necessidades básicas e com habitação.

Dispõe a portaria, no seu artigo 8.°, que o valor da dedução dos encargos com habitação é calculado, como regra, por referência a um coeficiente determinado em função do escalão de rendimento do requerente, mesmo no caso de não ter sido declarada qualquer despesa com a habitação do agregado familiar. No entanto, de acordo com a parte final daquele preceito e nos termos da fórmula de cálculo prevista no n.° 2 do artigo 9.°, sendo declaradas despesas com a habitação inferiores ao montante que resulta da aplicação do referido coeficiente, o valor considerado é o efectivamente despendido, o que tem ocasionado situações de injustiça que cumpre corrigir.

Procede-se, assim, à alteração das citadas disposições, estabelecendo-se que a dedução do montante de encargos com habitação é sempre calculada por referência ao coeficiente aplicável em cada caso e prescindindo-se da apresentação dos documentos relativos àqueles encargos, assim concorrendo, simultaneamente, para a simplificação do procedimento.

Aproveita-se ainda para deslocar a fórmula matemática constante do artigo 9.° para o anexo III da portaria, com o que se garante maior clareza na leitura do mesmo.

Assim:

Manda o Governo, pelos Ministros da Justiça e da Segurança Social, da Família e da Criança, ao abrigo do disposto na alínea c) do artigo 199.° da Constituição e na Lei n.° 34/2004, de 29 de Julho, o seguinte:

1.°

Alteração à Portaria n.° 1085-A/2004, de 31 de Agosto

Os artigos 1.° e 9.° e o anexo III da Portaria n.° 1085-A/2004, de 31 de Agosto, passam a ter a seguinte redacção:

«Artigo 1.°

[...]

1 – Com o requerimento de protecção jurídica devem ser juntos os documentos referidos nos artigos 3.°, 4.°, 14.° e 15.° da presente portaria.

2 – ....

3 – ....

Artigo 9.°

Cálculo do valor do rendimento relevante para efeitos de protecção jurídica

O valor do rendimento relevante para efeitos de protecção jurídica, especificado nos artigos anteriores, é calculado através da fórmula prevista no anexo III desta portaria.

ANEXO III

Fórmula a que se refere o artigo 9.°

A fórmula de cálculo do valor do rendimento relevante para efeitos de protecção jurídica é a seguinte:

$$Y_{AP} = [1 - (1 + \frac{n-1}{10}) \times d - h] \times Y_C$$

A fórmula de cálculo resulta das seguintes identidades algébricas:

$$Y_{AP} = Y_C - A$$
$$A = D + H$$

$$D = \left(1 + \frac{n-1}{10}\right) \times d \times Y_C$$

$$H = h \times Y_C$$

Portanto, por operações aritméticas elementares:

$$Y_{AP} = Y_C - (D+H)$$

$$\Leftrightarrow Y_{AP} = Y_C - \left[\left(1 + \frac{n-1}{10}\right) \times d \times Y_C + h \times Y_C\right]$$

$$\Leftrightarrow Y_{AP} = \left[1 - \left(1 + \frac{n-1}{10}\right) \times d - h\right] \times Y_C$$

2.°

Revogação

São revogados o artigo 5.° e o n.° 4 do artigo 8.° da Portaria n.° 1085--A/2004, de 31 de Agosto, passando este último artigo a ter a seguinte redacção:

«Artigo 8.°

[...]

1 – ....

2 – ....

3 – ....

4 – (Revogado.)»

3.°

Entrada em vigor

A presente portaria entra em vigor no dia seguinte ao da sua publicação.

Em 18 de Fevereiro de 2005.

O Ministro da Justiça, *José Pedro Aguiar Branco*. – O Ministro da Segurança Social, da Família e da Criança, *Fernando Mimoso Negrão*.

3.11.

DECRETO-LEI N.º 131/2009
de 1 de Junho

Embora a advocacia seja maioritariamente exercida como profissão liberal, alguns dos mais importantes actos profissionais são actos judiciais – julgamentos e outros actos processuais –, cuja marcação não depende dos próprios e a que não podem faltar, salvo nos termos previstos na lei. Por esse motivo, os advogados não gozam de certos direitos e regalias que a generalidade dos cidadãos tem, nomeadamente da dispensa de actividade durante certo período de tempo, em caso de maternidade ou paternidade, ou de falecimento de familiar próximo.

Importa, por isso, estender aos advogados esses direitos, de forma a compatibilizar o exercício da profissão com a vida familiar, em termos equilibrados, sem afectar excessivamente a necessária celeridade da justiça.

As garantias agora introduzidas em nada prejudicam os poderes do mandatário de substabelecer o mandato forense nos termos da lei, nem a escolha pessoal e livre do mandatário pelo mandante. Foram ouvidos o Conselho Superior da Magistratura, o Conselho Superior dos Tribunais Administrativos e Fiscais, o Conselho Superior do Ministério Público e a Ordem dos Advogados.

Assim:

Nos termos da alínea a) do n.º 1 do artigo 198.º da Constituição, o Governo decreta o seguinte:

ARTIGO 1.º
Objecto

O presente decreto-lei consagra o direito dos advogados ao adiamento de actos processuais em que devam intervir em caso de maternidade, paternidade e luto e regula o respectivo exercício.

ARTIGO 2.º
Maternidade ou paternidade

Em caso de maternidade ou paternidade, os advogados gozam do direito de obter, mediante comunicação ao tribunal, o adiamento dos actos processuais em que devessem intervir, nos termos seguintes:

a) Quando a diligência devesse ter lugar durante o primeiro mês após o nascimento, o adiamento não deve ser inferior a dois meses e quando devesse ter lugar durante o segundo mês, o adiamento não deverá ser inferior a um mês;
b) Em caso de processos urgentes, os prazos previstos na alínea anterior são reduzidos a duas semanas e uma semana, respectivamente, sem prejuízo do disposto na alínea seguinte;
c) Nos casos em que existam arguidos sujeitos a qualquer das medidas de coacção previstas nos artigos 201.º e 202.º do Código de Processo Penal, não têm aplicação as disposições previstas nas alíneas anteriores.

ARTIGO 3.º
Falecimento

Em caso de falecimento de progenitores ou de filhos, bem como de cônjuges ou de pessoas equiparadas, os advogados gozam do direito de obter, mediante comunicação ao tribunal, o adiamento dos actos processuais em que devessem intervir, no próprio dia do falecimento ou nos dois dias seguintes.

ARTIGO 4.º
Prova

1 – A comunicação ao tribunal deve, quando possível, ser acompanhada de documento comprovativo da gravidez ou do nascimento em caso de maternidade ou paternidade, ou dos documentos comprovativos do óbito.

2 – Quando não for possível apresentar os documentos comprovativos referidos no número anterior no momento da comunicação ao tribunal, o advogado deve fazê -lo nos 10 dias subsequentes.

ARTIGO 5.°
Disposição final

O direito ao adiamento dos actos processuais, nos casos previstos nos artigos 1.° e 2.° do presente decreto-lei, em nada prejudica os poderes do mandatário de substabelecer o mandato nos termos da lei, nem a liberdade de escolha do mandatário pelo mandante.

Visto e aprovado em Conselho de Ministros de 9 de Abril de 2009. – *José Sócrates Carvalho Pinto de Sousa – Alberto Bernardes Costa.*

Promulgado em 20 de Maio de 2009.
Publique -se.
O Presidente da República, ANÍBAL CAVACO SILVA.

Referendado em 21 de Maio de 2009.
O Primeiro-Ministro, *José Sócrates Carvalho Pinto de Sousa.*

4.

REGULAMENTAÇÃO COMPLEMENTAR

4.1.

CÓDIGO DE DEONTOLOGIA DOS ADVOGADOS EUROPEUS (C.D.A.E.)

- **Aprovado no C.C.B.E., em sessão plenário de 19 de Maio de 2006. O Conselho Geral aprovou a versão oficial em língua portuguesa pela sua Deliberação n.° 2511/2007 de 7 de Dezembro de 2007**

- **Publicado no D.R. II Série n.° 249 de 27/12/07**

- **Inclui Memorando Explicativo do Grupo de Deontológico do C.C.B.E.**

ÍNDICE

4. RELAÇÕES COM OS TRIBUNAIS

4.1. Deontologia aplicável à actividade judiciária
4.2. Dever de boa fé e de lealdade processual
4.3. Conduta em Tribunal
4.4. Informações falsas ou susceptíveis de induzir em erro
4.5. Extensão aos árbitros e a pessoas que exerçam funções semelhantes

5. RELAÇÕES ENTRE ADVOGADOS

5.1. Solidariedade profissional
5.2. Cooperação entre advogados de diferentes Estados-Membros
5.3. Correspondência entre advogados
5.4. Honorários de angariação
5.5. Comunicações com a parte contrária
5.6. (Eliminado por decisão da Sessão Plenária do CCBE, realizada em Dublin, em 6 de Dezembro de 2002)
5.7. Responsabilidade pelo pagamento de honorários
5.8. Formação profissional contínua
5.9. Litígios entre advogados de vários Estados-Membros

ORDEM DOS ADVOGADOS

Deliberação n.° 2511/2007

Aprova a tradução na língua portuguesa do Código de Deontologia dos Advogados Europeus, originalmente adoptado na sessão plenária do Conseil des Barreaux européens (CCBE) de 28 de Outubro de 1988 e subsequentemente alterado nas sessões plenárias do CCBE de 28 de Novembro de 1998, de 6 de Dezembro de 2002 e de 19 de Maio de 2006. Revoga o Regulamento n.° 25/2001, de 22 de Novembro.

O Conselho Geral da Ordem dos Advogados, reunido em plenário de 13 de Julho de 2007, delibera, ao abrigo do disposto nas alíneas d) e h), do n.° 1, do artigo 45.° do Estatuto da Ordem dos Advogados, aprovado pela n.° Lei n.° 15/2005, de 26 de Janeiro:

1 – Aprovar a tradução em língua portuguesa do Código de Deontologia dos Advogados Europeus e o respectivo memorando explicativo, originalmente adoptado na Sessão Plenária do Conseil des Barreaux européens (CCBE), de 28 de Outubro de 1988, e subsequentemente alterado nas Sessões Plenárias do CCBE de 28 de Novembro de 1998, de 6 de Dezembro de 2002 e de 19 de Maio de 2006, cujas versões autênticas em língua inglesa e em língua francesa, e a respectiva tradução em língua portuguesa ficam em anexo à presente deliberação, da qual fazem parte integrante.

2 – Revogar o Regulamento n.° 25/2001, de 22 de Novembro.

7 de Dezembro de 2007

O Presidente do Conselho Geral,

Rogério Alves.

ANEXO

CÓDIGO DE DEONTOLOGIA DOS ADVOGADOS EUROPEUS

1 – PREÂMBULO

1.1 – A função do advogado na sociedade

Numa sociedade baseada no respeito pelo primado da lei, o advogado desempenha um papel especial. Os deveres do advogado não se esgotam no cumprimento rigoroso do seu mandato dentro dos limites da lei. O advogado deve servir o propósito de uma boa administração da justiça ao mesmo tempo que serve os interesses daqueles que lhe confiaram a defesa e afirmação dos seus direitos e liberdades. Um advogado não deve ser apenas um pleiteador de causas, mas também um conselheiro do cliente. O respeito pela função do advogado assume-se como uma condição essencial para a garantia do Estado de Direito Democrático.

Por isso, a função do advogado impõe-lhe uma diversidade de obrigações legais e morais, muitas vezes conflituantes, perante:

- o cliente;
- os tribunais e outras autoridades junto das quais o advogado pleiteia ou representa o seu cliente;
- a advocacia em geral ou qualquer colega em particular;
- o público, para o qual a existência de uma profissão livre e independente, auto-regulada por normas vinculativas, é um elemento essencial para a defesa dos direitos humanos face ao poder do Estado e a outros instalados na sociedade.

1.2 – **A natureza das regras profissionais e deontológicas**

1.2 – 1 – As regras profissionais e deontológicas aplicáveis ao advogado estão adequadas a garantir, através da sua espontânea observância, o exercício correcto de uma função que é reconhecida como indispensável em todas as sociedades civilizadas. O incumprimento dessas regras pelo advogado é susceptível de ser objecto de sanções disciplinares.

1.2 – 2 – As regras próprias de cada Ordem ou organização de advogados decorrem das respectivas tradições e estão adaptadas à organização e âmbito de actividade em cada Estado Membro, aos procedimentos judiciais e administrativos e à legislação nacional. Não é possível nem desejável retirá-las do seu próprio contexto, nem deverá fazer-se uma aplicação genérica das regras que não sejam susceptíveis de tal aplicação.

Contudo, as regras próprias de cada Ordem ou organização de advogados baseiam-se em iguais valores e, na maioria dos casos, têm uma origem comum.

1.3 – **Os objectivos do Código**

1.3 – 1 – A integração progressiva da União Europeia (UE) e do Espaço Económico Europeu (EEE) e a intensificação da actividade transfronteiriça do advogado no interior do Espaço Económico Europeu tornaram necessária, na defesa do interesse público, a definição de regras uniformes aplicáveis a todos os advogados do espaço económico europeu na sua actividade transfronteiriça, qualquer que seja a Ordem de advogados a que pertençam. A definição de tais regras visa, nomeadamente, atenuar as dificuldades resultantes da aplicação de uma «dupla deontologia», designadamente conforme previsto no artigo 4.° e no n.° 2, do artigo 7.° da Directiva 77/249/CEE e nos artigos 6.° e 7.° da Directiva 98/5/CE.

1.3 – 2 – As organizações representativas da profissão de advogado reunidas no âmbito do CCBE propõem que as regras aqui codificadas:

Sejam desde já reconhecidas como a expressão da convicção comum de todas as ordens de advogados da União Europeia e do Espaço Económico Europeu;

Sejam adoptadas como regras vinculativas no mais curto prazo possível, de harmonia com os procedimentos nacionais ou do EEE, à actividade transfronteiriça do advogado na União Europeia e no Espaço Económico Europeu;

Sejam tidas em consideração em todas as revisões das regras deontológicas internas, com vista à progressiva harmonização das mesmas.

Pretendem ainda que, na medida do possível, as regras deontológicas internas, de cada Estado, sejam interpretadas e aplicadas de uma forma harmonizada com as do presente Código.

Após a adopção das regras do presente Código como vinculativas na actividade transfronteiriça, o advogado continuará sujeito à observância das regras da Ordem de advogados a que pertence, na medida em que estas sejam conformes com as do presente Código.

1.4 – **Âmbito de aplicação ratione personae**

Este código aplicar-se-á aos advogados, tal como definidos na Directiva 77/249/CEE e na Directiva 98/5/CE, assim como aos advogados sedeados em Membros-Observadores do CCBE.

1.5 – **Âmbito de aplicação ratione materiae**

Sem prejuízo do objectivo da progressiva harmonização das regras deontológicas ou profissionais aplicáveis internamente em cada Estado-Membro, as regras seguintes aplicar-se-ão às actividades transfronteiriças do advogado no interior da União Europeia e do Espaço Económico Europeu. Por actividade transfronteiriça considera-se:

Toda a relação profissional de um advogado de um Estado-Membro estabelecida com advogados de outro Estado-Membro;

As actividades profissionais de um advogado num Estado-Membro diferente do seu, mesmo que o advogado aí não se desloque.

1.6 – **Definições**

Neste Código:

«Estado-Membro» significa Estado-Membro da União Europeia ou qualquer outro estado cujos profissionais jurídicos estejam incluídos no artigo 1.4.

«Estado-Membro de Origem» significa o Estado-Membro no qual o advogado adquiriu o direito a usar o seu título profissional;

«Estado-Membro de Acolhimento» significa qualquer outro Estado-Membro no qual o advogado exerça uma actividade transfronteiriça;

«Autoridade competente» significa a ou as organizações profissionais ou autoridades do Estado-Membro em causa, responsáveis pela aprovação das regras profissionais e deontológicas e pelo exercício da jurisdição disciplinar sobre os advogados.

«Directiva 77/249/CEE» significa a Directiva 77/249/CEE do Conselho, de 22 Março de 1977 tendente a facilitar o exercício efectivo da livre prestação de serviços pelos advogados.

«Directiva 98/5/CE» significa a Directiva 98/5/CE do Parlamento e do Conselho Europeu de 16 Fevereiro de 1998 tendente a facilitar o exercício permanente da profissão de advogado num Estado-Membro diferente daquele em que foi adquirida a qualificação profissional.

2 – PRINCÍPIOS GERAIS

2.1 – **Independência**

2.1 – 1 – A multiplicidade de deveres a que o advogado está sujeito impõe-lhe uma independência absoluta, isenta de qualquer pressão, especialmente a que possa resultar dos seus próprios interesses ou de influências exteriores. Esta independência é tão necessária à confiança na justiça como a imparcialidade do juiz. O advogado deve, pois, evitar pôr em causa a sua independência e nunca negligenciar a ética profissional com a preocupação de agradar ao seu cliente, ao juiz ou a terceiros.

2.1 – 2 – Esta independência é necessária em toda e qualquer actividade do advogado, independentemente da existência ou não de um litígio concreto, não tendo qualquer valor o conselho dado ao cliente pelo advogado, se prestado apenas por complacência, ou por interesse pessoal ou sob o efeito de uma pressão exterior.

2.2 – **Confiança e integridade moral**

As relações de confiança só podem existir se a honestidade, a probidade, a rectidão e a sinceridade do advogado forem inquestionáveis. Para o advogado, estas virtudes tradicionais são obrigações profissionais.

2.3 – **Segredo profissional**

2.3 – 1 – É requisito essencial do livre exercício da advocacia a possibilidade do cliente revelar ao advogado informações que não confiaria a mais ninguém, e que este possa ser o destinatário de informações sigilosas só transmissíveis no pressuposto da confidencialidade. Sem a garantia de confidencialidade não pode haver confiança. O segredo profissional é, pois, reconhecido como direito e dever fundamental e primordial do advogado.

A obrigação do advogado de guardar segredo profissional visa garantir razões de interesse público, nomeadamente a administração da justiça e a defesa dos interesses dos clientes. Consequentemente, esta obrigação deve beneficiar de uma protecção especial por parte do Estado.

2.3 – 2 – O advogado deve respeitar a obrigação de guardar segredo relativamente a toda a informação confidencial de que tome conhecimento no âmbito da sua actividade profissional.

2.3 – 3 – A obrigação de guardar segredo profissional não está limitada no tempo.

2.3 – 4 – O advogado exigirá aos membros do seu pessoal e a todos aqueles que consigo colaborem na sua actividade profissional, a observância do dever de guardar segredo profissional a que o próprio está sujeito.

2.4 – Respeito pelas regras profissionais de outras organizações de advogados

Quando em actividade transfronteiriça, o advogado de um Estado-Membro pode ser obrigado a respeitar as regras profissionais da ordem de advogados do Estado-Membro de Acolhimento. Os advogados têm o dever de se informar acerca das regras a que estão sujeitos no exercício de qualquer actividade específica.

As organizações membros do CCBE estão obrigadas a depositar os seus códigos de deontologia no Secretariado do CCBE, a fim de que qualquer advogado possa obter uma cópia do código em vigor, junto do referido Secretariado.

2.5 – **Incompatibilidades**

2.5 – 1 – Para permitir ao advogado exercer a sua função com a independência necessária e em conformidade com o seu dever de colaborar na administração da justiça, o exercício de certas profissões ou funções pode ser declarado incompatível com a profissão de advogado.

2.5 – 2 – O advogado que assegure a representação ou a defesa de um cliente num processo judicial ou perante qualquer autoridade pública de um Estado-Membro de Acolhimento está sujeito às regras sobre incompatibilidades aplicáveis aos advogados desse Estado-Membro.

2.5 – 3 – O advogado estabelecido num Estado-Membro de Acolhimento que pretenda participar directamente numa actividade comercial ou noutra actividade diferente da advocacia respeitará as regras relativas a incompatibilidades, tais como são aplicadas aos advogados desse Estado-Membro.

2.6 – **Publicidade pessoal**

2.6 – 1 – O advogado pode informar o público dos serviços por si oferecidos, desde que tal informação seja verdadeira, objectiva, não induza em erro e respeite a obrigação de confidencialidade e outros deveres deontológicos essenciais.

2.6 – 2 – É permitida a publicidade pessoal do Advogado através de qualquer meio de comunicação, nomeadamente a imprensa, rádio, televisão, meios electrónicos ou outros, na medida em que cumpra os requisitos definidos no artigo 2.6.1.

2.7 – **Os interesses do cliente**

Sem prejuízo da estrita observância das normas legais e deontológicas, o advogado tem a obrigação de agir sempre em defesa dos interesses legítimos do seu cliente, em primazia sobre os seus próprios interesses ou dos colegas de profissão.

2.8 – **Limitação da responsabilidade do advogado face ao cliente**

Na medida em que a lei do Estado-Membro de Origem e a lei do Estado-Membro de Acolhimento o permitam, o advogado pode limitar a sua responsabilidade face ao cliente, de acordo com as normas profissionais a que se encontre sujeito.

3 – RELAÇÕES COM OS CLIENTES

3.1 – **Aceitação e renúncia do patrocínio**

3.1 – 1 – O advogado não pode aceitar o patrocínio se para tal não tiver sido mandatado pelo seu cliente. Contudo, o advogado pode ser mandatado por outro advogado que represente o cliente ou por uma entidade competente para cumprir esse mandato. O advogado deve esforçar-se, de forma razoável, por conhecer a identidade, a capacidade e os poderes de representação da pessoa ou da entidade que o tenha mandatado, quando as circunstâncias específicas revelem que essa identidade, capacidade e poderes de representação são incertos.

3.1 – 2 – O advogado deve aconselhar e defender o seu cliente com prontidão, consciência e diligência. O advogado assume pessoalmente a responsabilidade pelo cumprimento do mandato e deve informar o seu cliente da evolução do assunto que lhe foi confiado.

3.1 – 3 – O advogado não pode aceitar o patrocínio de uma questão para a qual saiba, ou deva saber, não ter a competência necessária, a não ser que actue conjuntamente com um advogado que tenha essa competência. O advogado só pode aceitar o patrocínio de uma questão se, tendo em conta as suas demais obrigações profissionais, puder ocupar-se dela de forma expedita.

3.1 – 4 – Não é legítimo ao advogado exercer o direito de renunciar ao patrocínio em circunstâncias donde possa resultar a impossibilidade do cliente obter, em tempo útil para evitar prejuízos, nova assistência jurídica.

3.2 – **Conflito de interesses**

3.2 – 1 – O advogado não pode aconselhar, representar ou agir por conta de dois ou mais clientes relativamente ao mesmo assunto, se existir um conflito ou um risco sério de conflito entre os interesses desses mesmos clientes.

3.2 – 2 – O advogado deve abster-se de se ocupar dos assuntos de ambos ou de todos os clientes envolvidos quando surja um conflito de interesses, quando exista risco de quebra de confidencialidade, ou quando a sua independência possa ser comprometida.

3.2 – 3 – O advogado deve abster-se de aceitar o patrocínio de um novo cliente se tal colocar em risco o cumprimento do dever de guardar sigilo profissional relativamente aos assuntos de um anterior cliente ou se do conhecimento desses assuntos resultarem vantagens injustificadas para o novo cliente.

3.2 – 4 – Quando os advogados exerçam a sua actividade em grupo, os n.os 3.2.1 a 3.2.3 são aplicáveis ao grupo no seu conjunto e a todos os seus membros.

3.3 – **Pacto de quota litis**

3.3 – 1 – É vedado ao advogado celebrar pactos de quota litis.

3.3 – 2 – Por pacto de quota litis entende-se o acordo entre o advogado e o seu cliente, antes da conclusão definitiva da questão em que este é parte, através do qual o cliente se compromete a entregar ao advogado uma parte do resultado que vier a obter, independentemente do resultado corresponder a uma soma em dinheiro ou a qualquer outro bem ou valor.

3.3 – 3 – Não constitui pacto de quota litis o acordo que preveja a determinação dos honorários em função do valor do assunto confiado ao advogado, desde que observe os termos de uma tabela oficial ou se tal acordo puder ser avaliado pela Autoridade Competente titular de jurisdição sobre o advogado.

3.4 – **Fixação dos honorários**

A conta de honorários apresentada pelo advogado deve conter a discriminação completa dos serviços prestados e o montante dos honorários deve ser moderado e justo, em conformidade com a lei e com as regras profissionais a que o advogado se encontra vinculado.

3.5 – **Provisões para honorários e despesas**

Se o advogado necessitar de uma provisão por conta dos honorários ou para pagamento de despesas, o montante da provisão não deverá exceder uma estimativa razoável dos honorários e das despesas prováveis. Não sendo entregue a provisão solicitada, o advogado pode recusar o patrocínio ou renunciar ao mesmo, sem prejuízo do cumprimento do disposto no n.° 3.1.4.

3.6 – **Partilha de honorários com quem não seja advogado**

3.6 – 1 – O advogado não pode partilhar os seus honorários com quem não seja advogado, excepto se a parceria entre o advogado e essa pessoa for autorizada pela lei e pelas regras profissionais a que o advogado se encontra vinculado.

3.6 – 2 – O disposto no n.° 3.6.1 não exime o advogado do pagamento dos honorários, comissões ou compensações devidas aos herdeiros de um colega falecido ou a um colega reformado a título da sua apresentação como sucessor da clientela desse colega.

3.7 – **Custos do litígio, possibilidade de recurso ao benefício de apoio judiciário**

3.7 – 1 – O advogado deve, a todo o tempo, procurar alcançar a solução economicamente mais adequada para o litígio do seu cliente e deverá, oportunamente, aconselhá-lo relativamente à viabilidade de tentar resolver o litígio por acordo e ou mediante meios alternativos de resolução de litígios.

3.7 – 2 – Se o cliente reunir condições para recorrer ao benefício de apoio judiciário, o advogado deve informá-lo dessa possibilidade.

3.8 – **Fundos dos clientes**

3.8 – 1. – Sempre que em qualquer momento o advogado detenha fundos por conta dos seus clientes ou de terceiros (doravante denominados «fundos dos clientes») deverá depositar esses montantes numa conta aberta num banco ou instituição similar sujeita à supervisão de uma autoridade pública (doravante designada «conta cliente»). A conta cliente será independente de qualquer outra conta do advogado. Todos os fundos dos clientes recebidos por um advogado devem ser depositados numa conta cliente, excepto se o titular dos fundos autorizar uma afectação diferente.

3.8 – 2. – O advogado deve manter registos completos e precisos relativos a todas as operações efectuadas com os fundos dos clientes, distinguindo-os de outras quantias por si detidas. Poderá ser exigido ao advogado que preserve esses registos durante um determinado período de tempo, de acordo com as regras nacionais.

3.8 – 3. – As contas-clientes não poderão ter saldo negativo, excepto em circunstâncias excepcionais expressamente previstas na legislação nacional ou devido a despesas bancárias, que não possam ser controladas pelo advogado. Estas contas não poderão em circunstância alguma ser utilizadas como garantia ou caução. Não poderá existir qualquer compensação ou fusão entre uma conta-cliente e qualquer outra conta bancária, nem poderão os fundos dos clientes numa conta-cliente ser disponibilizados para amortizar dívidas do advogado ao banco.

3.8 – 4. – Os fundos dos clientes devem ser entregues aos respectivos titulares no mais curto espaço de tempo ou de acordo com as condições por estes autorizadas.

3.8 – 5. – O advogado não pode transferir fundos de uma conta-cliente para a sua própria conta a título de pagamento de honorários sem informar o cliente por escrito.

3.8 – 6. – As Autoridades Competentes dos Estados-Membros estão autorizadas a verificar e a examinar quaisquer documentos relativos aos fundos dos clientes, respeitando a confidencialidade e a obrigação legal de guardar segredo profissional a que possam estar sujeitos.

3.9 – **Seguro de responsabilidade profissional**

3.9 – 1 – O advogado manterá um seguro de responsabilidade civil profissional num montante razoável e adequado à natureza e âmbito dos riscos a que está sujeito na sua actividade profissional.

3.9 – 2 – No caso de não ser possível ao advogado celebrar um seguro em conformidade com as regras precedentes, deve o advogado informar os seus clientes dessa situação e das suas possíveis consequências.

4 – RELAÇÕES COM OS TRIBUNAIS

4.1 – **Deontologia aplicável à actividade judiciária**

O advogado que se apresente ou participe num procedimento perante uma autoridade judicial ou Tribunal, terá de observar as regras deontológicas aplicáveis nessa jurisdição.

4.2 – **Dever de boa-fé e de lealdade processual**

O advogado deve, em todas as circunstâncias, observar o princípio da boa fé e da lealdade processual e o carácter contraditório dos debates.

4.3 – **Conduta em Tribunal**

Salvaguardando o respeito e a urbanidade devidos ao Tribunal, o advogado defenderá o seu cliente honradamente e sem medo, abstraindo-se dos seus próprios interesses e de quaisquer consequências que possam resultar para si ou qualquer outra pessoa.

4.4 – **Informações falsas ou susceptíveis de induzir em erro**

Em momento algum deve o advogado, conscientemente, fornecer ao Tribunal uma informação falsa ou susceptível de o induzir em erro.

4.5 – **Aplicação aos árbitros e a pessoas que exerçam funções semelhantes**

As regras aplicáveis às relações do advogado com os Tribunais aplicam-se igualmente às relações do advogado com árbitros, peritos ou com qualquer outra pessoa que exerça funções jurisdicionais ou quase-jurisdicionais, ainda que a título ocasional.

5 – RELAÇÕES ENTRE ADVOGADOS

5.1 – **Solidariedade profissional**

5.1 – 1 – A solidariedade profissional exige, em benefício dos clientes e a fim de evitar litígios inúteis, ou qualquer outro comportamento susceptível de denegrir a reputação da profissão, uma relação de confiança e de cooperação entre os advogados. Porém, a solidariedade profissional nunca pode ser invocada para colocar os interesses da profissão contra os interesses do cliente.

5.1 – 2 – O advogado deve reconhecer como colega todo o advogado de outro Estado-Membro, tratando-o com lealdade e com urbanidade.

5.2 – **Cooperação entre advogados de diferentes Estados-Membros**

5.2 – 1 – O advogado a quem um colega de outro Estado-Membro se dirija deve abster-se de aceitar um assunto para o qual não tenha competência. Nesse caso, deve procurar facultar ao colega as informações necessárias que lhe permitam contactar um advogado que esteja em condições de prestar o serviço pretendido.

5.2 – 2 – Sempre que advogados de dois Estados-Membros diferentes trabalhem em conjunto têm o dever de tomar em consideração as diferenças que possam existir entre os seus sistemas jurídicos e as suas ordens de advogados, e entre as competências e os deveres do advogado, nos respectivos Estados-Membros.

5.3 – **Correspondência entre advogados**

5.3 – 1 – O advogado que pretenda dirigir a um colega de um outro Estado-Membro uma comunicação que pretenda ter carácter «confidencial» ou «sob reserva» deve exprimir claramente essa intenção previamente ao envio dessa comunicação.

5.3 – 2 – No caso do destinatário da comunicação não estar em condições de assegurar o seu carácter «confidencial» ou «sob reserva», deve imediatamente informar o remetente dessa situação.

5.4 – **Honorários de angariação**

5.4 – 1 – O advogado não pode solicitar nem aceitar honorários, comissões ou qualquer outra compensação de um advogado ou de terceiros, por recomendar ou encaminhar um advogado a um cliente.

5.4 – 2 – O advogado não pode pagar a ninguém honorários, comissões ou qualquer outra compensação em contrapartida pela angariação de um cliente.

5.5 – **Comunicações com a parte contrária**

O advogado não pode contactar directamente uma pessoa que saiba encontrar-se representada ou assistida por um outro advogado, sobre determinado assunto, sem o consentimento deste (e, neste caso, deve manter o colega informado sobre os contactos que ocorram).

5.6 – (Revogado por deliberação da Sessão Plenária de Dublin, de 6 de Dezembro de 2002)

5.7 – **Responsabilidade pelo pagamento de honorários**

No âmbito das relações entre advogados de ordens de advogados de Estados-Membros diferentes, o advogado que, não se limitando a recomendar um colega ou a apresentá-lo a um cliente, lhe confie um assunto concreto ou lhe solicite colaboração, fica pessoalmente responsável pelo pagamento dos honorários, despesas e reembolsos devidos ao advogado estrangeiro, mesmo em caso de insolvência do cliente. Os advogados em questão podem, no entanto, acordar regras específicas quanto a esta matéria no início das suas relações. Além disso, o advogado mandante pode, a todo o momento, limitar a sua responsabilidade pessoal ao montante dos honorários, despesas e reembolsos realizados até à notificação ao colega estrangeiro da declaração de escusa de responsabilidade para o futuro.

5.8 – **Formação profissional contínua**

Os advogados devem actualizar e melhorar o seu nível de conhecimento e das suas competências profissionais, tendo em consideração a dimensão Europeia da sua profissão.

5.9 – **Litígios entre advogados de vários Estados-Membros**

5.9 – 1 – Quando um advogado considere que um colega de outro Estado-Membro violou uma regra profissional e deontológica deve chamar a atenção do colega para esse facto.

5.9 – 2 – Sempre que qualquer diferendo pessoal de natureza profissional surja entre advogados de vários Estados-Membros, devem os mesmos, em primeiro lugar, tentar resolver a questão de forma amigável.

5.9 – 3 – O advogado não deve iniciar um processo contra um colega de outro Estado-Membro, relativo a um litígio previsto nos n.os 5.9.1 e 5.9.2, sem previamente informar as ordens de advogados de que ambos dependem, por forma a conceder-lhes a oportunidade de mediarem a resolução amigável do diferendo.

MEMORANDO EXPLICATIVO

Este Memorando Explicativo foi preparado, a pedido do Comité Permanente do CCBE, pelo Grupo de Trabalho de Deontologia do CCBE, que já havia sido responsável pela elaboração da primeira versão do Código de Conduta propriamente dito. O seu objectivo é explicar o sentido e a origem das disposições contidas no Código, ilustrar os problemas para cuja resolução aquelas foram concebidas – particularmente no que respeita a actividades transfronteiriças – e auxiliar as Autoridades Competentes dos Estados-Membros na interpretação do Código. O Memorando Explicativo foi actualizado na Sessão Plenária do CCBE de 19 de Maio de 2006.

As versões originais do Código foram redigidas nas línguas Inglesa e Francesa. As traduções para outras línguas Comunitárias são da responsabilidade das respectivas delegações nacionais.

Comentário ao artigo 1.1 – *A função do Advogado na sociedade*

A Declaração de Perugia, adoptada pelo CCBE em 1977, estabeleceu os princípios fundamentais da deontologia profissional aplicáveis aos advogados na Comunidade Europeia. As disposições do artigo 1.1 reafirmam a declaração de princípios contida na Declaração de Perugia relativa à função do advogado na sociedade, a qual constitui o fundamento e base das regras que regulam o desempenho dessa função.

Comentário ao artigo 1.2 – *A Natureza das Regras Profissionais e Deontológicas*

Estas disposições reafirmam, no essencial, a explicação encontrada na Declaração de Perugia sobre a natureza das regras profissionais e deontológicas e como algumas dessas regras dependem das circunstâncias particulares locais, mas que mesmo nesses casos são baseadas em princípios gerais comuns.

Comentário ao artigo 1.3 – *Os Objectivos do Código*

Estas disposições explicam a evolução dos princípios contidos na Declaração de Perugia para um Código de Conduta específico para advogados na União Europeia e no Espaço Económico Europeu, assim como para advogados dos Membros-Observadores do CCBE, com especial referência às suas actividades transfronteiriças (definidas no artigo 1.5). As disposições do artigo 1.3.2 descrevem as intenções específicas do CCBE relativamente às disposições substantivas do Código.

Comentário ao artigo 1.4 – *Âmbito de Aplicação ratione personae*

As regras serão aplicáveis a todos os advogados tal como definido na Directiva relativa à livre prestação de serviços por advogados de 1977 e na Directiva relativa ao exercício permanente da profissão de advogado de 1998, e aos advogados dos Membros-Observadores do CCBE. Incluem-se os advogados dos Estados que subsequentemente aderiram às Directivas e cujos nomes foram acrescentados por revisão das mesmas. O Código aplica-se igualmente a todos os advogados representados no CCBE, sejam eles Membros ou Membros-Observadores, nomeadamente:

Alemanha Rechtsanwalt;

Áustria Rechtsanwalt;

Bélgica avocat / advocaat / Rechtsanwalt;

Bulgária advokat;

Croácia adjetnik;

Chipre dikegóros;

Dinamarca advokat;

Eslováquia advokát / advokátka;

Eslovénia advetnik / odvetnica;

Espanha abogado / advocat / abokatu / avogado

Estónia vandeadvokaat;

Finlândia asianajaja / advokat;

França avocat;

FYROM/Macedóni advokat;

Grécia dikegóros;

Holanda advocaat;

Hungria ügyvéd;

Irlanda barrister, solicitor;

Islândia lögmaõur;

Itália avvocato;

Letónia zverinãts advokãts;

Liechtenstein Rechtsanwalt;

Lituânia advokatas;

Luxemburgo avocat / Rechtsanwalt;

Malta avukat, procuratur legali;

Noruega advokat;

Polónia adwokat, radca prawny;

Portugal advogado;

Reino Unido advocate, barrister, solicitor;

República Checa advokát;

Roménia avocat;

Suécia advokat;

Suiça Rechtsanwalt / Anwalt / Fürsprech / Fürsprecher / avocat / avvocato / advokat;

Turquia avukat;

Ucrânia advocate.

Espera-se também que o Código seja aceitável para os profissionais jurídicos de Estados não-Membros do CCBE, na Europa e fora dela, possibilitando a sua aplicação através de convenções apropriadas entre os referidos Estados não-Membros e os Estados-Membros.

Comentário ao artigo 1.5 – *Âmbito de Aplicação ratione materiae*

Por força deste artigo as regras assumem aplicação directa apenas em «actividades transfronteiriças», tal como aqui definidas, de advogados sedeados na UE e no Espaço Económico Europeu, assim como de advogados sedeados em Membros-Observadores do CCBE – vide artigo 1.4 supra e a definição de «Estado-Membro» no artigo 1.6. (veja-se ainda a possibilidade de aplicação, no futuro, a advogados sedeados noutros estados). A definição de actividades transfronteiriças inclui, por exemplo, contactos no estado A sobre questões legais internas do estado A, entre um advogado sedeado no estado A e outro sedeado no estado B; excluir-se-iam os contactos no estado A entre advogados sedeados no estado A sobre questões emergentes no estado B, desde que nenhum dos advogados exercesse actividade no estado B; incluem-se quaisquer actividades no estado B, de advogados sedeados no estado A, ainda que tais actividades não passassem de comunicações enviadas do estado A para o estado B.

Comentário ao artigo 1.6 – *Definições*

Este artigo define vários termos utilizados no Código, «Estado-Membro», «Estado-Membro de Origem», «Estado-Membro de Acolhimento», «Autoridade Competente», «Directiva 77/249/CEE» e «Directiva 98/5/CE».

A referência a «onde o advogado desenvolve actividades transfronteiriças» deverá ser interpretada à luz da definição de «actividades transfronteiriças» do artigo 1.5.

Comentário ao artigo 2.1 – *Independência*

Esta disposição reafirma, no essencial, os princípios gerais contidos na Declaração de Perugia.

Comentário ao artigo 2.2 – *Confiança e Integridade Moral*

Esta disposição também reafirma um princípio geral da Declaração de Perugia.

Comentário ao artigo 2.3 – *Segredo Profissional*

Esta disposição começa, no artigo 2.3.1, por reafirmar princípios gerais da Declaração de Perugia e reconhecidos pelo TJCE no caso AM&S (157/79). Posteriormente, nos artigos 2.3.2 até 2.3.4, desenvolve esses princípios numa regra específica relacionada com a protecção da confidencialidade. O artigo 2.3.2 contém uma regra básica ao determinar a obrigatoriedade do respeito pela confidencialidade. O artigo 2.3.3 confirma que o advogado permanece vinculado a essa obrigação ainda que deixe de representar o cliente em questão. O artigo 2.3.4 confirma que o advogado deve respeitar não apenas ele próprio essa confidencialidade, mas também exigir a todos os membros e funcionários da sua firma que procedam da mesma forma.

Comentário ao artigo 2.4 – *Respeito pelas Regras Profissionais das outras organizações de advogados*

O artigo 4.° da Directiva 77/249/CEE «Livre Prestação de Serviços», a seguir transcrito, contém as disposições relativas às regras a observar por um advogado de um Estado-Membro, que preste serviços numa base ocasional ou temporária noutro Estado-Membro ao abrigo do artigo 49.° do Tratado da CE consolidado:

«Artigo 4.°

1 – As actividades relativas à representação e à defesa de um cliente em juízo ou perante autoridades públicas serão exercidas em cada Estado-Membro de acolhimento nas condições previstas quanto aos advogados estabelecidos nesse Estado, com exclusão de qualquer requisito de residência ou de inscrição numa organização profissional no referido Estado.

2 – No exercício destas actividades, o advogado respeitará as regras profissionais do Estado-Membro de acolhimento, sem prejuízo das obrigações a que esteja sujeito no Estado-Membro de proveniência.

3 – Se essas actividades forem exercidas no Reino Unido, entendem-se por «regras profissionais do Estado-Membro de acolhimento» as dos «solicitors», desde que tais actividades não estejam reservadas aos «barristers» ou aos «advocates». No caso contrário, serão aplicáveis as regras profissionais relativas aos últimos. Todavia, os «barristers» provenientes

da Irlanda ficarão sempre sujeitos às regras profissionais dos «barristers» ou dos «advocates» do Reino Unido.

Se essas actividades forem exercidas na Irlanda, entendem-se por «regras profissionais do Estado-Membro de acolhimento» as dos «barristers», desde que se trate de regras profissionais que regulamentem a apresentação oral de uma causa em tribunal. Em todos os demais casos, serão aplicáveis as regras profissionais dos «solicitors». Todavia, os «barristers» e os «advocates» provenientes do Reino Unido ficarão sempre sujeitos às regras profissionais dos «barristers» da Irlanda.

4 – No que respeita ao exercício de actividades diferentes das referidas no n.° 1, o advogado continuará sujeito às condições e regras profissionais do Estado-Membro de proveniência, sem prejuízo do respeito das regras, seja qual for a sua origem, que regulamentam a profissão no Estado-Membro de acolhimento, nomeadamente, as relativas às incompatibilidades entre o exercício das actividades de advogado e o de outras actividades nesse Estado, do segredo profissional, às relações entre colegas, à proibição de assistência pelo mesmo advogado a partes com interesses opostos, e à publicidade. Tais regras só serão aplicáveis se puderem ser cumpridas por um advogado não estabelecido no Estado membro de acolhimento e na medida em que o seu cumprimento se justifique objectivamente para assegurar, nesse Estado, o exercício correcto das actividades do advogado, a dignidade da profissão e o respeito das incompatibilidades.»

(JOCE, Edição especial portuguesa, 1985, Capítulo 06, Fascículo 1 p. 224)

A Directiva 98/5/CE («Exercício Permanente») contém as disposições, que a seguir se transcrevem, relativas às regras a observar por um advogado de um Estado-Membro que exerça a sua actividade a título permanente noutro Estado-Membro em conformidade com o artigo 43.° do Tratado CE consolidado:

«Artigo 6.°

Regras profissionais e deontológicas aplicáveis

1 – Independentemente das regras profissionais e deontológicas a que está sujeito no seu Estado-Membro de origem, o advogado que exerça com o título profissional de origem fica submetido às mesmas regras profissionais e deontológicas aplicáveis aos advogados que exerçam com

o título profissional adequado do Estado-Membro de acolhimento, relativamente a todas as actividades que desenvolva no território deste último.

(...)

3 – O Estado-Membro de acolhimento pode exigir que o advogado que exerça com o título profissional de origem subscreva um seguro de responsabilidade profissional ou se inscreva num fundo de garantia profissional, de acordo com as regras por si fixadas para as actividades profissionais exercidas no seu território. Contudo, o advogado que exerça com o título profissional de origem será dispensado dessa obrigação se provar estar coberto por um seguro ou por uma garantia subscrita de acordo com as regras do Estado-Membro de origem, desde que estes sejam equivalentes quanto às modalidades e ao âmbito de cobertura. Se essa equivalência for apenas parcial, a autoridade competente do Estado-Membro de acolhimento pode exigir um seguro ou uma garantia complementar que abranja os elementos ainda não cobertos pelo seguro ou pela garantia subscrita de acordo com as regras do Estado-Membro de origem.

(...)

Artigo 8.°
Exercício assalariado

O advogado inscrito no Estado-Membro de acolhimento com o título profissional de origem pode exercer na qualidade de advogado assalariado de outro advogado, de uma associação ou sociedade de advogados, ou de uma empresa pública ou privada, na medida em que o Estado-Membro de acolhimento o permita aos advogados inscritos com o título profissional desse Estado-Membro.»

(JOCE L 77, de 14.3.98.)

Nos casos não previstos em qualquer destas Directivas ou que ultrapassem os seus requisitos, a obrigação do advogado perante a lei Comunitária de observar as regras de outras Ordens de Advogados fica sujeita à interpretação das disposições aplicáveis, tais como a Directiva sobre Comércio Electrónico (2000/31/CE). Um dos objectivos principais do Código é minimizar e, se possível, eliminar completamente os problemas que possam emergir devido a «dupla deontologia», ou seja, da aplicação de mais do que um conjunto de regras nacionais potencialmente conflituantes numa determinada situação (vide artigo 1.3.1).

Comentário ao artigo 2.5 – *Incompatibilidades*

Existem diferenças entre estados e mesmo dentro de alguns estados relativamente aos termos em que é permitido aos advogados dedicarem-se a outras actividades, tais como actividades comerciais. O objectivo geral das regras que proíbem os advogados de exercer outras funções é protegê-los de influências que possam comprometer a sua independência ou o seu papel na administração da justiça. As variações nestas regras reflectem diferentes condições locais, diferentes perspectivas relativamente à função que o advogado deve desempenhar e diferentes técnicas de legislar. Por exemplo, em alguns casos existe uma proibição total do exercício de determinadas actividades, enquanto que noutros casos o exercício de outras actividades é, de uma forma geral, permitido, desde que sejam observadas determinadas medidas de salvaguarda da independência do advogado.

Os artigos 2.5.2 e 2.5.3 contêm regras para as diferentes circunstâncias nas quais um advogado de um determinado Estado-Membro exerce actividades transfronteiriças (tal como definido no artigo 1.5) num Estado-Membro de Acolhimento, sem estar inscrito como advogado neste Estado-Membro.

O artigo 2.5.2 impõe o estrito cumprimento das regras do Estado de Acolhimento relativas a incompatibilidades, por parte do advogado que exerça a sua actividade perante a jurisdição ou autoridades públicas no Estado de Acolhimento, independentemente de estar estabelecido nesse estado ou não.

O artigo 2.5.3, por outro lado, determina a obrigação de «respeito» pelas regras do Estado de Acolhimento relativas a actividades proibidas ou incompatíveis noutros casos, mas apenas quando o advogado se encontra estabelecido no Estado-Membro de Acolhimento e deseja participar directamente em actividades comerciais ou outras actividades não relacionadas com o exercício da advocacia.

Comentário ao artigo 2.6 – *Publicidade pessoal*

O termo «publicidade pessoal» refere-se à publicidade das sociedades de advogados, assim como à de advogados por conta própria, e não à publicidade organizada pelas Ordens de Advogados no sentido de promover a classe. As regras relativas à publicidade pessoal pelos advogados variam consideravelmente entre os Estados-Membros. O artigo 2.6 deixa bem claro que não existem objecções de carácter substantivo relativamente à publicidade pessoal em actividades transfronteiriças. Contudo, os advogados estão sempre sujeitos às proibições ou restrições impostas pelas regras profissionais do seu Estado de origem, e às regras do Estado de Acolhimento sempre que estas vinculem o advogado através da Directiva 77/249/CEE («Livre Prestação de Serviços») ou da Directiva 98/5/CE («Exercício Permanente»).

Comentário ao artigo 2.7 – *Os interesses do Cliente*

Esta disposição enfatiza o princípio geral de que o advogado deverá sempre colocar os interesses do seu cliente à frente dos seus próprios interesses e daqueles dos seus colegas de profissão.

Comentário ao artigo 2.8 – *Limitação da responsabilidade do advogado face ao cliente*

Esta disposição deixa claro que não existem objecções de carácter substantivo à limitação da responsabilidade do advogado relativamente ao seu cliente no desempenho de actividades transfronteiriças, seja através de contrato, ou mediante sociedades de responsabilidade limitada, sociedades em comandita simples ou sociedades por quotas. Contudo, ressalva que esta faculdade depende da sua conformidade com a legislação e as regras profissionais aplicáveis – e existem várias jurisdições em que a lei e as regras profissionais proíbem ou restringem a limitação de responsabilidade.

Comentário ao artigo 3.1 – *Aceitação e renúncia do patrocínio*

As disposições do artigo 3.1.1 foram elaboradas com o intuito de assegurar que existe uma relação real e efectiva entre o advogado e o seu cliente e que o advogado recebe de facto instruções do seu cliente, ainda que estas possam ser transmitidas através de um intermediário devidamente autorizado. Cabe ao advogado certificar-se da competência do intermediário e das intenções do seu cliente.

O artigo 3.1.2 refere-se à forma como o advogado deve desempenhar a sua função. A disposição que determina que o advogado será pessoalmente responsável pelo cumprimento das instruções do seu cliente significa que o advogado não poderá evitar a sua responsabilidade delegando o cumprimento das instruções noutras pessoas. Não obstante, o advogado pode procurar limitar a sua responsabilidade legal na medida em que tal for permitido pela legislação e regras profissionais aplicáveis – vide artigo 2.8.

O artigo 3.1.3 afirma um princípio que assume particular importância nas actividades transfronteiriças, por exemplo quando é pedido a um advogado que se encarregue de uma questão a pedido de um advogado ou cliente de um outro Estado que eventualmente não esteja familiarizado com a legislação e prática envolvida, ou quando é pedido a um advogado que se encarregue de uma questão relacionada com a lei de outro Estado e com a qual ele esteja pouco familiarizado.

O advogado tem geralmente o direito a recusar encarregar-se de um assunto. Porém, de acordo com o artigo 3.1.4, uma vez tendo aceite encarregar-se do assunto do cliente, só poderá deixar de se ocupar dele depois de assegurar que os interesses do cliente estão salvaguardados.

Comentário ao artigo 3.2 – *Conflito de Interesses*

As disposições do artigo 3.2.1 não impedem o advogado de representar dois ou mais clientes numa mesma questão desde que os interesses destes não estejam em conflito e desde que não exista risco significativo de que tal venha a acontecer. Quando o advogado já representa dois ou mais clientes desta forma e surge um conflito de interesses entre esses clientes ou existe risco de quebra de confidencialidade ou outras circunstâncias potencialmente comprometedoras da independência do advogado, este deverá cessar a representação de ambos ou de todos esses clientes.

Contudo, podem ocorrer situações de diferendo entre dois ou mais dos seus clientes onde se justifique que o advogado tente intervir como mediador. Nesses casos, cabe ao advogado julgar por si próprio se existe ou não um conflito de interesses que obrigue à cessação da representação dos seus clientes. Caso tal não se verifique, o advogado poderá considerar apropriado expor a situação aos clientes, obter o seu consentimento e tentar agir como mediador na resolução das suas diferenças. Nesse caso, o advogado só deverá cessar a representação dos clientes se a tentativa de mediação falhar.

O artigo 3.2.4 estende as disposições dos artigos precedentes – 3.2.1, 3.2.2 e 3.2.3 – aos advogados que exercem a sua actividade em grupo. Por exemplo, uma sociedade de advogados deverá cessar a sua representação quando exista um conflito de interesses entre dois dos seus clientes, ainda que esses clientes sejam acompanhados por diferentes advogados da sociedade. Por outro lado, na forma de associação tipo chambers utilizada pelos barristers Ingleses, onde cada advogado representa os clientes individualmente, é possível a diferentes advogados que trabalhem naquele tipo de associação representarem clientes com interesses conflituantes.

Comentário ao artigo 3.3 – *Pactum de Quota Litis*

Estas disposições reflectem a posição comum a todos os Estados-Membros de que um acordo de fixação de honorários que faça depender o recebimento destes do desfecho positivo da causa (Contigency Fees//Pactum de Quota Litis) não sujeito a regras adequadas, é contrário ao princípio da boa administração de justiça por encorajar a litigância de má-fé e ser passível de abusos. Não se pretende, contudo, impedir a continuidade ou a celebração de acordos segundo os quais os advogados são remunerados em função dos resultados ou apenas se a acção ou questão tiver um desfecho positivo, desde que tais acordos sejam adequadamente regulados e controlados no sentido de garantir a protecção do cliente e a boa administração da justiça.

Comentário ao artigo 3.4 – *Fixação dos Honorários*

O artigo 3.4 define três requisitos: um padrão geral de transparência dos honorários dos advogados relativamente ao cliente, que os honorários sejam justos e adequados, e a sua conformidade com a lei e com as regras profissionais aplicáveis.

Em muitos Estados-Membros existem mecanismos de regulação dos honorários dos advogados nos termos da legislação nacional ou das regras deontológicas, seja através da concessão às Ordens de advogados ou Autoridades Competentes da faculdade de mediar e arbitrar a fixação dos honorários ou através de outro mecanismo. Nas situações abrangidas pela

Directiva 98/5/CE («Exercício Permanente») em que o advogado está sujeito às regras do Estado de Origem assim como às do Estado de Acolhimento, a base para o cálculo dos honorários poderá ter que estar em conformidade com as regras de ambos os Estados.

Comentário ao artigo 3.5 – *Provisões para honorários e despesas*

O artigo 3.5 estipula que o advogado pode solicitar um adiantamento por conta dos seus honorários e ou despesas, mas estabelece um limite por referência a uma estimativa razoável desses honorários ou despesas. Ver também o artigo 3.1.4 relativamente ao direito de renunciar ao patrocínio.

Comentário ao artigo 3.6 – *Partilha de Honorários com quem não seja advogado*

Em alguns Estados-Membros é permitido aos advogados exercerem a sua actividade em associação com membros de determinadas profissões reguladas, sejam estas ou não relacionadas com o Direito. O disposto no artigo 3.6.1 não foi concebido com o intuito de impedir a partilha de honorários nessa forma de associação autorizada, nem a partilha de honorários entre advogados a quem o Código se aplica (vide artigo 1.4 supra) e outros «advogados», tais como, por exemplo, advogados de Estados não-Membros ou membros de outras profissões jurídicas nos Estados-Membros, tais como os notários.

Comentário ao artigo 3.7 – *Custos do litígio, possibilidade de recurso ao benefício de apoio judiciário*

O artigo 3.7.1 salienta a importância de tentar resolver os litígios de forma económica para o cliente, incluindo o aconselhamento relativamente a quando (ou) se deve tentar negociar um acordo, ou relativamente ao recurso a formas alternativas de resolução de litígios.

O artigo 3.7.2 impõe ao advogado o dever de informar o cliente da disponibilidade de apoio judiciário quando este exista. Existem regras muito diferentes entre os Estados-Membros relativamente à disponibilidade de apoio judiciário. Em actividades transfronteiriças, o advogado deverá ter em conta a possibilidade de apoio judiciário disponível segundo leis nacionais com as quais esteja pouco familiarizado.

Comentário ao artigo 3.8 – *Fundos dos Clientes*

O disposto no artigo 3.8 reflecte a recomendação adoptada pelo CCBE em Bruxelas, em Novembro de 1985, sobre a necessidade de criar e implementar regras mínimas para a gestão e utilização dos fundos dos clientes detidos pelos advogados na UE. O artigo 3.8 estabelece as regras mínimas que devem ser observadas, sem interferir com as especificidades dos sistemas nacionais que oferecem uma protecção mais abrangente ou mais restrita para os fundos dos clientes.

Os advogados que detenham fundos dos clientes, ainda que no decurso de actividades transfronteiriças, deverão observar as regras da Ordem de que dependem. Os advogados deverão estar cientes das questões que podem emergir da aplicação simultânea das regras de dois Estados-Membros, especialmente quando o advogado se encontre estabelecido num Estado de Acolhimento nos termos da Directiva 98/5/CE («Exercício Permanente»).

Comentário ao artigo 3.9 – *Seguro de responsabilidade profissional*

O artigo 3.9.1 reflecte uma recomendação, também adoptada pelo CCBE em Bruxelas em Novembro de 1985, relativa à necessidade de todos os advogados da Comunidade estarem segurados contra os riscos que possam emergir de queixas de negligência profissional.

O artigo 3.9.2. refere-se às situações em que não é possível obter um seguro nos termos definidos no artigo 3.9.1.

Comentário ao artigo 4.1 – *Deontologia aplicável à actividade judiciária*

Esta disposição concretiza o princípio de que um advogado é obrigado a respeitar as regras do tribunal ou jurisdição equivalente perante o qual se apresente ou participe.

Comentário ao artigo 4.2 – *Dever de boa-fé e de lealdade processual*

Este artigo concretiza o princípio geral de que em acções que devam respeitar o princípio do contraditório, o advogado não deve tentar aproveitar-se de forma desleal da parte contrária. O advogado não deverá, por exemplo, contactar um juiz sobre um caso sem informar previamente o advogado da parte contrária. Não pode enviar provas, exposições ou outros documentos a um juiz sem que os mesmos sejam comunicados em tempo útil ao advogado da parte contrária, salvo se tais actuações forem permitidas pela lei processual aplicável. Na medida em que a lei não o proíba, o advogado não pode divulgar ou submeter aos tribunais uma proposta para solucionar a questão apresentada pela parte contrária ou pelo seu advogado sem a autorização expressa do advogado da parte contrária. (Ver também artigo 4.5 infra).

Comentário ao artigo 4.3 – *Conduta em Tribunal*

Este artigo reflecte o equilíbrio necessário entre o respeito pelo tribunal e pela lei, por um lado, e a prossecução dos interesses do cliente, por outro.

Comentário ao artigo 4.4 – *Informações falsas ou susceptíveis de induzir em erro*

Este artigo concretiza o princípio de que o advogado nunca deverá conscientemente induzir o tribunal em erro. Esta é uma condição fundamental para que se crie uma relação de confiança entre os tribunais e os advogados.

Comentário ao artigo 4.5 – *Explicação aos árbitros e a pessoas que exerçam funções semelhantes*

Este artigo alarga o âmbito de aplicação dos artigos anteriores a outras entidades com funções jurisdicionais ou quase-jurisdicionais.

Comentário ao artigo 5.1 – *Solidariedade Profissional*

Estas disposições, baseadas na Declaração de Perugia, salientam que é do interesse público que os membros da classe profissional mantenham uma relação de confiança e cooperação entre si. Contudo, isto não pode ser utilizado para justificar a colocação dos interesses da classe profissional acima dos da justiça ou dos clientes (vide artigo 2.7).

Comentário ao artigo 5.2 – *Cooperação entre advogados de diferentes Estados-Membros*

Esta disposição consagra, igualmente, um princípio presente na Declaração de Perugia, com o objectivo de evitar mal-entendidos nas relações entre advogados de diferentes Estados-Membros.

Comentário ao artigo 5.3 – *Correspondência entre advogados*

Em determinados Estados-Membros as comunicações entre advogados (por escrito ou orais) são normalmente tidas como confidenciais entre os advogados. Isto significa que o conteúdo dessas comunicações não pode ser divulgado a terceiros, não pode, em regra, ser transmitido aos clientes dos advogados, e não pode, em circunstância alguma, constituir meio de prova em tribunal. Noutros Estados-Membros, essas regras de confidencialidade só serão consideradas se a correspondência for expressamente classificada como «confidencial».

Noutros Estados-Membros ainda, o advogado é obrigado a manter o cliente a par de todas as comunicações relevantes provenientes do advogado da outra parte, e a classificação da carta como «confidencial» significa apenas que se trata de um assunto legal dirigido ao advogado destinatário e ao seu cliente, e que não deverá ser utilizado indevidamente por terceiros.

Em alguns Estados, se um advogado pretende assinalar que uma carta é enviada numa tentativa de resolver um litígio, e que não deverá ser produzida em tribunal, deverá classificar a carta como «sob reserva» / «without prejudice».

Frequentemente, estas diferenças importantes entre países dão origem a numerosos mal-entendidos. Por este motivo, os advogados deverão ser muito cuidadosos relativamente à correspondência transfronteiriça.

Sempre que um advogado pretenda enviar uma carta a um colega de profissão de outro Estado-Membro numa base de confidencialidade, ou classificada como «sob reserva», deverá perguntar antecipadamente se a carta pode ser aceite nessa base. O advogado que pretenda que a comunicação dirigida a outro advogado tenha carácter confidencial, deve demonstrá-lo claramente no cabeçalho da comunicação ou na página de capa.

O advogado destinatário de tal comunicação, e que não esteja em posição de respeitar ou garantir a confidencialidade da mesma, deve informar o remetente imediatamente, de forma a que a comunicação não seja enviada. Caso a comunicação já tiver sido recebida, o destinatário deverá devolvê-la ao remetente sem revelar o respectivo conteúdo ou referir-se a este de forma alguma; se a lei ou demais regras nacionais do destinatário não permitirem a observância deste requisito, o destinatário deverá informar o remetente imediatamente.

Comentário ao artigo 5.4 – *Honorários de angariação*

Estas disposições reflectem o princípio que o advogado não deve pagar ou receber pagamento pelo simples facto de recomendar um advogado ou pelo encaminhamento de um cliente, na medida em que tal poderia colocar em risco a livre escolha de mandatário pelo cliente ou o interesse do cliente em ser encaminhado para o melhor serviço disponível. Isto não inviabiliza os acordos de repartição de honorários entre advogados devidamente fundamentados (cf. artigo 3.6 supra).

Em alguns Estados-Membros é permitido aos advogados aceitar e guardar comissões em certos casos, desde que no interesse do cliente, com pleno conhecimento deste e quando o cliente tenha consentido na retenção da comissão. Nestes casos, a retenção da comissão pelo advogado constitui uma parte da remuneração pelos serviços prestados ao cliente e não é abrangida pela proibição de recebimento de honorários por encaminhamento, a qual visa evitar que os advogados tenham proveitos secretos.

Comentário ao artigo 5.5 – *Comunicações com a parte contrária*

Este artigo reflecte um princípio geralmente aceite e que foi concebido para promover o bom relacionamento profissional entre advogados e impedir qualquer tentativa de aproveitamento do cliente de outro advogado.

Comentário ao artigo 5.6 – *Mudança de Advogado*

O artigo 5.6. referia-se à mudança de advogado. Foi revogado em 6 de Dezembro de 2002.

Comentário ao artigo 5.7 – *Responsabilidade pelo pagamento de honorários*

Estas disposições reafirmam, no essencial, o estipulado na Declaração de Perugia. Uma vez que os mal-entendidos emergentes da responsabilidade por honorários em dívida são uma causa comum de diferendos entre advogados de diferentes Estados-Membros, é importante que o advogado que pretenda excluir ou limitar a sua responsabilidade pessoal pelo pagamento dos honorários de um colega estrangeiro defina claramente essa questão no início da transacção.

Comentário ao artigo 5.8 – *Formação profissional contínua*

Manter-se a par da evolução do Direito é uma obrigação profissional. É particularmente importante que os advogados estejam conscientes da crescente importância do Direito Europeu na sua área de actividade.

Comentário ao artigo 5.9 – *Litígios entre advogados de vários Estados-Membros*

O advogado pode exigir de um colega de outro Estado-Membro uma reparação legal ou de outra ordem à qual tenha direito. Não obstante, é preferível que, nos casos que envolvam a violação de uma regra deontológica ou um diferendo de natureza profissional, todos os meios de resolução amigável de disputas sejam esgotados, se necessário com o auxílio das respectivas Ordens de Advogados, antes de tais reparações serem exercidas».

4.2.

REGULAMENTO DE INSCRIÇÃO DE ADVOGADOS E ADVOGADOS ESTAGIÁRIOS

Regulamento n.° 232/2007 OA (2.ª série), de 4 de Setembro de 2007 / Ordem dos Advogados. Conselho Geral. – Ao abrigo do disposto nas alíneas g) e h) do n.° 1 do artigo 45.° e no n.° 2 do artigo 180.°, ambos do Estatuto da Ordem dos Advogados (Lei n.° 15/2005, de 26 de Janeiro), foi aprovado em sessão plenária do conselho geral da Ordem dos Advogados de 6 de Julho de 2007 o Regulamento de Inscrição de Advogados e Advogados Estagiários. Diário da República. – S.2-E n.170 (4 Setembro 2007), p. 25601-25611.

Regulamento de Inscrição de Advogados e Advogados Estagiários

PREÂMBULO

A aprovação de um novo Regulamento de Inscrição de Advogados e Advogados Estagiários na Ordem dos Advogados decorre da atribuição expressa dessa competência ao Conselho Geral, nos termos do disposto na alínea g), do n.° 1, do artigo 45.°, do Estatuto da Ordem dos Advogados, aprovado pela Lei n.° 15/2005, de 26 de Janeiro (adiante EOA/2005).

Com efeito, nos termos da citada disposição legal compete ao Conselho Geral aprovar, no âmbito da inscrição ou registo na Ordem dos Advogados, os seguintes regulamentos:

a) Regulamento de inscrição dos advogados portugueses;

b) Regulamento de registo e inscrição dos advogados provenientes de outros estados;

c) Regulamento de inscrição dos advogados estagiários;

d) Regulamento de inscrição de juristas de reconhecido mérito, mestres e outros doutores em Direito.

Na vigência do Decreto-Lei n.° 84/84, de 16 de Março, com as alterações introduzidas pela Lei n.° 6/86, de 26 Março, pelos Decretos-Leis n.os 119/86, de 28 de Maio, e 325/88, de 23 de Setembro, e pelas Leis n.os 33/94, de 6 de Setembro, 30-E/2000, de 20 Dezembro, e alterado e republicado pela Lei n.° 80/2001, de 20 de Julho – adiante EOA/2001 – a matéria referente aos mencionados regulamentos (excepção feita ao mencionado na alínea d), que constitui uma novidade do novo EOA e é objecto de regulamento próprio) encontrava-se disciplinada pelo Regulamento de Inscrição de Advogados e Advogados Estagiários, Regulamento n.° 29/2002, de 19 de Junho de 2002, com as alterações subsequentes, e pelo Regulamento de Registo e Inscrição dos Advogados Provenientes de Outros Estados-Membros da União Europeia, publicado em anexo à Lei n.° 80/2001, de 20 de Julho.

Atenta a revogação do EOA/2001 – cf. artigo 206.°, da Lei n.° 15//2005, de 26 de Janeiro – deve entender-se que se operou a caducidade dos citados regulamentos, os quais apenas poderão continuar a ser aplicados na estrita medida da sua compatibilidade com o (novo) regime legal instituído pelo EOA/2005 e enquanto não forem elaborados os novos regulamentos de execução deste diploma.

Tal solução, embora pareça ser a única que permite harmonizar a caducidade dos referidos regulamentos, por força da revogação da lei habilitante, com a necessidade de evitar um vazio regulamentar que a lei não permite, não deixa, no entanto, de ser uma solução temporária.

Por outro lado, com a revogação do EOA/2001, ocorreu igualmente a revogação do regime de registo e inscrição dos advogados provenientes de outros Estados-Membros da União Europeia, publicado em anexo à Lei n.° 80/2001, matéria que também se revela necessário regulamentar.

Por último, verifica-se ainda que alguns regimes de inscrição na Ordem dos Advogados previstos no EOA não foram ainda objecto de regulamentação específica, lacuna que importa colmatar.

Ponderadas as diversas possibilidades, optou-se por unificar num único regulamento todas as disposições que regem a inscrição e registo na Ordem dos Advogados de advogados, advogados estagiários e nacionais de outros estados.

A competência para proceder à regulamentação de todos aqueles regimes, resulta da já citada alínea g), do n.° 1 do artigo 45.° do EOA, bem como da competência regulamentar residual prevista na alínea h), do mesmo número.

Finalmente, visa ainda o presente regulamento permitir a actualização e uniformização dos procedimentos adoptados pelos diferentes conselhos distritais, tendo já presente o Sistema de Informação da Ordem dos Advogados (SINOA).

Assim:

O Conselho Geral da Ordem dos Advogados, reunido em plenário de 6 de Julho de 2007, delibera, ao abrigo do disposto nas alíneas g) e h) do n.° 1, do artigo 45.° e do n.° 2 do artigo 180.°, ambos do Estatuto da Ordem dos Advogados, aprovado pela Lei n.° 15/2005, de 26 de Janeiro, aprovar o seguinte regulamento:

REGULAMENTO DE INSCRIÇÃO DE ADVOGADOS E ADVOGADOS ESTAGIÁRIOS

CAPÍTULO I
Disposições Comuns

ARTIGO 1.°
Âmbito de aplicação

1 – A inscrição de advogados e de advogados estagiários bem como o registo de advogados provenientes de outros Estados Membros da União Europeia, na Ordem dos Advogados, rege-se pelas disposições respectivas do Estatuto da Ordem dos Advogados (EOA) e pelo presente regulamento.

2 – A inscrição de juristas de reconhecido mérito, mestres e outros doutores em direito, para a prática de actos de consulta jurídica, rege-se por regulamento próprio.

ARTIGO 2.°
Inscrição e uso do título de advogado e de advogado estagiário

1 – Só podem inscrever-se na Ordem dos Advogados os titulares do grau académico necessário nos termos previstos no EOA, que reúnam os demais requisitos de inscrição prescritos no EOA e no presente regulamento.

2 – A inscrição e sua manutenção em vigor é condição do exercício dos direitos e do título de «advogado» e de «advogado estagiário».

ARTIGO 3.°
Restrições ao direito de inscrição

1 – É indeferida a inscrição bem como o levantamento da sua suspensão aos requerentes que:

a) Não possuam idoneidade moral para o exercício da profissão;

b) Não estejam no pleno gozo dos seus direitos civis;

c) Tenham sido declarados incapazes de administrar as suas pessoas e bens por decisão transitada em julgado;

d) Estejam em situação de incompatibilidade ou inibição para o exercício da advocacia;

e) Sendo magistrados, funcionários ou agentes, hajam sido demitidos, aposentados ou colocados na inactividade por falta de idoneidade moral mediante processo disciplinar.

2 – A verificação de inidoneidade moral dos candidatos à inscrição na Ordem dos Advogados é sempre objecto de processo próprio, que segue os termos do processo disciplinar, com as necessárias adaptações, conforme estatuído pelo n.° 5, do artigo 181.° do EOA.

3 – A competência para a instrução e decisão do processo previsto no número anterior cabe ao conselho de deontologia territorialmente competente, que o desencadeia oficiosamente ou a requerimento.

4 – O processo de averiguação de inidoneidade para o exercício da profissão de todos aqueles que se encontram sujeitos à jurisdição disciplinar da Ordem dos Advogados é instaurado nos mesmos termos em que o são os processos disciplinares, conforme o disposto nos artigos 171.° e seguintes do EOA e do regulamento disciplinar que estiver em vigor.

ARTIGO 4.º
Data da inscrição

1 – A data de inscrição na Ordem dos Advogados é a do dia em que produz efeitos a confirmação da inscrição preparatória pelo Conselho Geral, contando-se a antiguidade a partir dessa data.

2 – Cabe ao conselho distrital competente proceder à inscrição preparatória dos advogados e dos advogados estagiários, a qual passa a definitiva com a respectiva confirmação pelo Conselho Geral.

3 – Nos casos em que o Conselho Geral não confirme a inscrição preparatória, o conselho distrital competente procede ao cancelamento da mesma.

4 – Sem prejuízo do disposto no número anterior e a requerimento do interessado o conselho distrital competente pode proceder à renovação da inscrição preparatória, no prazo máximo de um ano a contar da decisão de não confirmação pelo Conselho Geral, desde que se tenham deixado de verificar as causas daquela decisão.

5 – As inscrições preparatórias efectuadas pelos conselhos distritais e a realização dos exames finais de admissão à Ordem dos Advogados não conferem qualquer direito adquirido aos candidatos relativamente à inscrição como advogado estagiário ou como advogado, as quais estão sempre sujeitas à confirmação do Conselho Geral.

ARTIGO 5.º
Nome profissional

1 – Os requerentes, no acto de inscrição, indicam o nome completo, podendo indicar, para uso no exercício da profissão, nome abreviado, o qual não é admitido se igual ou confundível com outro anteriormente requerido ou inscrito a nível nacional, excepto se o titular deste autorizar tal uso por escrito.

2 – Verificando-se que o nome abreviado de advogado ou de advogado estagiário indicado pelo requerente é igual ou confundível com outro já requerido ou inscrito a nível nacional e na ausência da autorização referida no número anterior, a inscrição é registada com o nome completo do requerente sem prejuízo do direito que a este assiste de indicar outro nome abreviado admissível.

3 – A autorização para uso do nome abreviado caduca em virtude da

suspensão voluntária da inscrição durante um período ininterrupto de dez anos.

4 – O disposto no número anterior aplica-se igualmente aos advogados reformados que se mantenham nessa situação durante um período ininterrupto de cinco anos, sem terem requerido autorização para advogar.

CAPÍTULO II
Inscrição de advogados e advogados estagiários portugueses

SECÇÃO I
Advogado estagiário

ARTIGO 6.º
Requerimento de inscrição de advogado estagiário

1 – O requerimento de inscrição de advogado estagiário é apresentado junto do conselho distrital competente em razão do domicílio do patrono, com a indicação deste, do nome completo e demais dados de identificação do requerente, cargos e actividades exercidos, telefone, fax, endereço de correio electrónico, bem como a sua morada.

2 – Sem prejuízo de outros elementos ou documentos que venham a ser considerados necessários por deliberação do Conselho Geral, o requerimento de inscrição de advogado estagiário é instruído com os seguintes documentos:

a) Boletim de inscrição com a assinatura pessoal e profissional do requerente;

b) Comprovativo da habilitação académica necessária em original ou pública-forma, com menção da data de conclusão e respectiva média final, ou, na sua falta, documento comprovativo de que aquele já foi requerido e se encontra em condições de ser expedido;

c) Certidão de narrativa do registo de nascimento;

d) Certificado do registo criminal;

e) Três fotografias iguais, a cores, tipo passe;

f) Cópia do Bilhete de Identidade e do Cartão de Contribuinte ou do Cartão do Cidadão, devendo ser exibidos os respectivos originais;

g) Impresso para emissão da cédula profissional de advogado estagiário;

h) Autorização do requerente para o tratamento dos seus dados pessoais e profissionais;

i) Declaração, sob compromisso de honra, datada e assinada pelo requerente, de não estar em situação de incompatibilidade com o exercício da advocacia, nos termos dos artigos 76.° e seguintes do EOA.

j) Cópia do contrato de trabalho, do documento comprovativo do título de provimento, ou de qualquer outro vínculo contratual, com indicação das funções e respectivo horário, quando o requerente declare exercer qualquer actividade e, em termos gerais, qualquer que seja o cargo, função ou actividade desempenhada;

k) Certidão do registo disciplinar, caso o requerente tenha sido funcionário ou agente da administração, ou magistrado;

l) Declaração do patrono com pelo menos cinco anos de exercício efectivo da profissão, sem punição disciplinar superior à de multa, em como aceita o patrocínio com todas as obrigações legais inerentes, declaração que pode ser aposta no próprio requerimento de inscrição.

ARTIGO 7.°
Inscrição preparatória e definitiva de advogado estagiário

1 – Com a entrega do requerimento de inscrição e respectivos documentos é constituído um processo ao qual é atribuído um número único nacional que coincide com o número da cédula profissional de advogado estagiário.

2 – O conselho distrital depois de ter verificado que o requerimento de inscrição está devidamente instruído e que nada obsta à inscrição, delibera a inscrição preparatória, a submeter à confirmação do Conselho Geral.

3 – A cédula profissional é entregue ao advogado estagiário no início da fase complementar do estágio.

SECÇÃO II
Inscrição de advogado

SUBSECÇÃO I
Inscrição precedida de estágio

ARTIGO 8.º
Cessação do estágio

1 – A inscrição como advogado depende do cumprimento das obrigações de estágio com classificação positiva e da aprovação no exame final de avaliação e agregação nos termos do regulamento de estágio que estiver em vigor.

2 – Considerado concluído o estágio nos termos do regulamento de estágio que estiver em vigor, fica o advogado estagiário obrigado a requerer a sua inscrição como advogado nos prazos aí definidos.

3 – O incumprimento da obrigação de requerer a inscrição como advogado determina a suspensão administrativa da inscrição de advogado estagiário, sem prejuízo de outras consequências determinadas pelo regulamento de estágio que estiver em vigor.

ARTIGO 9.º
Requerimento de inscrição de advogado

1 – O requerimento de inscrição de advogado é apresentado junto do conselho distrital competente em razão do domicílio escolhido como centro da sua vida profissional, com a indicação deste, do nome completo e demais dados de identificação do requerente, cargos e actividades exercidos, telefone, número de fax, endereço de correio electrónico, bem como a sua morada.

2 – Sem prejuízo de outros elementos ou documentos que venham a ser considerados necessários por deliberação do Conselho Geral, o requerimento de inscrição de advogado é instruído com os seguintes documentos:

a) Boletim de inscrição com a assinatura pessoal e profissional do requerente;

b) Comprovativo da habilitação académica necessária em original ou pública-forma, com menção da data de conclusão e respectiva média final, caso não conste do processo de advogado estagiário;

c) Certidão de narrativa do registo de nascimento;

d) Certificado do registo criminal;

e) Três fotografias iguais, a cores, tipo passe;

f) Cópia do Bilhete de Identidade e do Cartão de Contribuinte, ou do Cartão do Cidadão, devendo ser exibidos os respectivos originais;

g) Impresso para emissão da cédula profissional de advogado;

h) Cédula profissional de advogado estagiário;

i) Autorização do requerente para o tratamento dos seus dados pessoais e profissionais;

j) Declaração, sob compromisso de honra, datada e assinada pelo requerente, de não estar em situação de incompatibilidade com o exercício da advocacia, nos termos dos artigos 76.° e seguintes do EOA;

k) Cópia do contrato de trabalho, do documento comprovativo do título de provimento, ou de qualquer outro vínculo contratual, com indicação das funções e respectivo horário, quando o requerente declare exercer qualquer actividade e, em termos gerais, qualquer que seja o cargo, função ou actividade desempenhada;

l) Certidão do registo disciplinar, caso o requerente tenha sido funcionário ou agente da administração, ou magistrado;

m) Documentos exigidos pelo regulamento de estágio que estiver em vigor;

n) Declaração de autorização para eliminação da documentação não essencial relativa ao estágio, caso o requerente não proceda ao seu levantamento após notificação do respectivo conselho distrital.

ARTIGO 10.°

Inscrição preparatória e definitiva de advogado

1 – Concluída com classificação positiva a prova escrita do exame final de avaliação e agregação, o requerimento de inscrição de advogado é submetido para decisão ao conselho distrital competente.

2 – O conselho distrital depois de ter verificado que o requerimento de inscrição está devidamente instruído e que o requerente está em condições de vir a ser inscrito, delibera a inscrição preparatória, que é registada

e prepara todos os elementos necessários, para serem comunicados ao Conselho Geral, para efeitos de confirmação da inscrição.

3 – O Conselho Geral verificada a conformidade do processo de inscrição com o EOA e com o presente regulamento procede à confirmação da inscrição, a qual passará a definitiva, contando-se a antiguidade a partir desta data.

4 – O Conselho Geral pode sujeitar a confirmação da inscrição à verificação de condição suspensiva quando tal decisão seja proferida em data anterior à aprovação na prova oral do exame final de avaliação e agregação, caso em que a confirmação só produz efeitos na data da verificação de tal condição.

5 – A decisão do Conselho Geral proferida sob condição nos termos do número anterior caduca automaticamente se o requerente reprovar na prova oral do exame final de avaliação e agregação, no caso de ter de repetir a fase de formação complementar, bem como no caso de sobrevirem quaisquer factos impeditivos da inscrição.

ARTIGO 11.°
Tramitação subsequente à inscrição definitiva

1 – No prazo máximo de oito dias a contar da inscrição definitiva o conselho distrital competente procede à atribuição de um número sequencial nacional de advogado.

2 – Dentro do prazo previsto no número anterior o conselho distrital coloca à disposição do requerente uma declaração comprovativa da sua inscrição como advogado, válida por sessenta dias, a qual pode ser renovada pelos serviços do Conselho Geral, por iguais períodos de tempo, até à entrega da cédula profissional.

3 – Após a inscrição definitiva, o Conselho Geral procede à criação do processo individual de advogado e à emissão e entrega da respectiva cédula profissional.

4 – Com vista à criação do processo mencionado no número anterior, os conselhos distritais enviam ao Conselho Geral os seguintes documentos:

a) Cópia digitalizada do boletim de inscrição de advogado estagiário;

b) Cópia digitalizada do boletim de inscrição de advogado;

c) Cópia digitalizada da deliberação de confirmação da inscrição pelo Conselho Geral;

d) Cópia digitalizada da declaração, sob compromisso de honra, datada e assinada pelo requerente, de não estar em situação de incompatibilidade com o exercício da advocacia, nos termos dos artigos 76.° e seguintes do EOA.

5 – Os documentos referidos no número anterior podem ser enviados por via electrónica, dispensando-se o envio daqueles que se encontrem disponíveis, em suporte digital, no Sistema de Informação da Ordem dos Advogados (SINOA).

SUBSECÇÃO II
Inscrição com dispensa de estágio

ARTIGO 12.°
Inscrição de Doutores em Ciências Jurídicas e de antigos magistrados

1 – É admitida a inscrição como advogado a quem seja titular do grau de licenciado em Direito e de Mestre em Direito que cumulativamente sejam Doutores em Ciências Jurídicas com efectivo exercício da docência, bem como de antigos magistrados judiciais e do Ministério Público, com exercício profissional mínimo igual ao do estágio de advocacia, com classificação de bom ou superior, que reúnam as demais condições previstas neste regulamento para a inscrição como advogado, prescindindo-se da realização de estágio e da obrigatoriedade de se submeterem ao exame final de avaliação e agregação.

2 – O requerimento de inscrição é apresentado junto do conselho distrital competente em razão do domicílio escolhido como centro da sua vida profissional, com a indicação deste, do nome completo e demais dados de identificação do requerente, cargos e actividades exercidos, telefone, número de fax, endereço de correio electrónico, bem como a sua morada.

3 – Sem prejuízo de outros elementos ou documentos que venham a ser considerados necessários por deliberação do Conselho Geral, o requerimento de inscrição é instruído com os seguintes documentos:

a) Boletim de inscrição com a assinatura pessoal e profissional do requerente;

b) Certidão de narrativa do registo de nascimento;

c) Certificado do registo criminal;

d) Três fotografias iguais, a cores, tipo passe;

e) Cópia do Bilhete de Identidade e do Cartão de Contribuinte, ou do Cartão do Cidadão, devendo ser exibidos os respectivos originais;

f) Impresso para emissão da cédula profissional de advogado;

g) Autorização do requerente para o tratamento dos seus dados pessoais e profissionais;

h) Declaração, sob compromisso de honra, datada e assinada pelo requerente, de não estar em situação de incompatibilidade com o exercício da advocacia, nos termos dos artigos 76.° e seguintes do EOA;

i) Cópia do contrato de trabalho, do documento comprovativo do título de provimento, ou de qualquer outro vínculo contratual, com indicação das funções e respectivo horário, quando o requerente declare exercer qualquer actividade e, em termos gerais, qualquer que seja o cargo, função ou actividade desempenhada;

j) Certidão do registo disciplinar, caso o requerente tenha sido funcionário ou agente da administração, ou magistrado;

k) Comprovativo da habilitação académica necessária, bem como comprovativo do Doutoramento em Ciências Jurídicas e do exercício efectivo da docência em Faculdade de Direito, durante um período mínimo igual ao do estágio; ou,

l) Certidão comprovativa do exercício da magistratura, como titular efectivo do cargo, com classificação igual ou superior a bom, durante um período mínimo igual ao do estágio, devendo a avaliação reportar-se aos últimos anos de exercício de funções.

ARTIGO 13.°
Inscrição preparatória e definitiva

1 – O conselho distrital depois de ter verificado que o requerimento de inscrição está devidamente instruído e que nada obsta à inscrição, delibera a inscrição preparatória como advogado, procedendo ao seu registo.

2 – O Conselho Geral verificada a conformidade do processo de inscrição com o EOA e com o presente regulamento, procede à confirmação da inscrição, a qual passa a definitiva, seguindo-se o procedimento previsto no artigo 11.°, com as devidas adaptações.

CAPÍTULO III
Registo e inscrição de advogados estrangeiros

SECÇÃO I
Inscrição na ordem dos advogados em regime de reciprocidade

SUBSECÇÃO I
Advogados de outros Estados

ARTIGO 14.°
Inscrição de advogados estrangeiros em regime de reciprocidade

1 – Os advogados estrangeiros diplomados por qualquer Faculdade de Direito de Portugal podem inscrever-se na Ordem dos Advogados nos mesmos termos dos advogados portugueses, se a estes o país de origem daqueles conceder reciprocidade de tratamento.

2 – Considera-se existir reciprocidade para os efeitos previstos no número anterior desde que, mediante tratado internacional ou acordo escrito entre a Ordem dos Advogados e a organização profissional equivalente do Estado de origem do advogado estrangeiro, que deverá especificar as condições de reciprocidade, seja admitida a inscrição dos advogados portugueses naquela organização profissional.

ARTIGO 15.°
Requerimento de inscrição

1 – O requerimento de inscrição de advogado estrangeiro, em regime de reciprocidade, é apresentado junto do conselho distrital competente em razão do domicílio escolhido como centro da sua vida profissional, com a indicação deste, do nome completo e demais dados de identificação do requerente, cargos e actividades exercidos, telefone, número de fax, endereço de correio electrónico bem como a morada em Portugal.

2 – Sem prejuízo de outros elementos ou documentos que venham a ser considerados necessários por deliberação do Conselho Geral, o requerimento de inscrição é instruído com os seguintes documentos:

a) Boletim de inscrição com a assinatura pessoal e profissional do requerente;

b) Certidão do processo completo de inscrição na organização profissional equivalente à Ordem dos Advogados, do Estado de origem;

c) Comprovativo da habilitação académica necessária oficialmente reconhecida, por Faculdade de Direito de Portugal, com menção da data de conclusão e respectiva média final, documento que será dispensado se constar do processo de inscrição mencionado na alínea anterior;

d) Certidão de narrativa do registo de nascimento ou do documento equivalente do Estado de origem;

e) Certificado do registo criminal emitido pela entidade competente do Estado de origem;

f) Certificado do registo criminal emitido pela entidade competente do Estado português;

g) Três fotografias iguais, a cores, tipo passe;

h) Cópia do título de autorização de residência emitido pela autoridade competente do Estado português, devendo ser exibido o respectivo original;

i) Cópia do Cartão de Contribuinte, devendo ser exibido o respectivo original;

j) Impresso para emissão da cédula profissional de advogado;

k) Autorização do requerente para o tratamento dos seus dados pessoais e profissionais;

l) Declaração, sob compromisso de honra, datada e assinada pelo requerente, de não estar em situação de incompatibilidade com o exercício da advocacia, nos termos dos artigos 76.° e seguintes do EOA;

m) Cópia da cédula profissional de advogado ou do documento equivalente da organização profissional análoga à Ordem dos Advogados, do Estado de origem;

n) Cópia do contrato de trabalho, do documento comprovativo do título de provimento, ou de qualquer outro vínculo contratual, com indicação das funções e respectivo horário, quando o requerente declare exercer qualquer actividade e, em termos gerais, qualquer que seja o cargo, função ou actividade desempenhada.

3 – Todos os documentos emitidos no Estado de origem devem ser legalizados e, caso não estejam redigidos em língua portuguesa, serão ainda acompanhados da respectiva tradução, nos termos previstos na lei.

ARTIGO 16.°
Inscrição preparatória e definitiva

A inscrição preparatória e definitiva de advogado estrangeiro, em regime de reciprocidade, segue o disposto no artigo 13.°.

SUBSECÇÃO II
Inscrição de advogados brasileiros

ARTIGO 17.°
Inscrição de advogados de nacionalidade brasileira

1 – Por força do disposto no EOA, os cidadãos de nacionalidade brasileira diplomados por qualquer faculdade de Direito do Brasil ou de Portugal, legalmente habilitados a exercer a advocacia no Brasil, podem inscrever-se na Ordem dos Advogados desde que idêntico regime seja aplicável aos advogados de nacionalidade portuguesa inscritos na Ordem dos Advogados que se queiram inscrever na Ordem dos Advogados do Brasil.

2 – O regime de reciprocidade previsto no número anterior permite a inscrição de advogado brasileiro com dispensa da realização de estágio e da obrigatoriedade de realizar exame final de avaliação e agregação.

ARTIGO 18.°
Requerimento de Inscrição

1 – O requerimento de inscrição como advogado, nos termos do artigo anterior, é apresentado junto do conselho distrital competente em razão do domicílio escolhido como centro da sua vida profissional, com a indicação deste, do nome completo e demais dados de identificação do requerente, cargos e actividades exercidos, telefone, número de fax, endereço de correio electrónico bem como a morada em Portugal.

2 – Sem prejuízo de outros elementos ou documentos que venham a ser considerados necessários por deliberação do Conselho Geral, o requerimento de inscrição é instruído com os seguintes documentos:

a) Boletim de inscrição com a assinatura pessoal e profissional do requerente;

b) Certidão do processo completo da inscrição principal como advogado na Ordem dos Advogados do Brasil;

c) Certidão emitida pela Ordem dos Advogados do Brasil comprovativa da inscrição em vigor, da situação contributiva, e bem assim do registo disciplinar do requerente;

d) Comprovativo da habilitação académica necessária oficialmente reconhecida, por faculdade de Direito de Portugal, ou diploma em Direito emitido por instituição de ensino oficialmente credenciada no Brasil, com menção da data de conclusão e respectiva média final, documento que será dispensado se constar do processo de inscrição mencionado na alínea b);

e) Certidão de narrativa do registo de nascimento;

f) Certificado do registo criminal emitido pela entidade competente do Estado brasileiro;

g) Certificado do registo criminal emitido pela entidade competente do Estado português;

h) Três fotografias iguais, a cores, tipo passe;

i) Cópia do título de autorização de residência emitido pela autoridade competente do Estado português, devendo ser exibido o respectivo original;

j) Cópia do Passaporte, devendo ser exibido o original;

k) Cópia do Cartão de contribuinte, devendo ser exibido o original;

l) Impresso para emissão da cédula profissional de advogado;

m) Autorização do requerente para o tratamento dos seus dados pessoais e profissionais;

n) Declaração, sob compromisso de honra, datada e assinada pelo requerente, de não estar em situação de incompatibilidade com o exercício da advocacia, nos termos dos artigos 76.° e seguintes do EOA;

o) Cópia da carteira ou do cartão de identidade de advogado brasileiro, devendo ser exibido o original;

p) Cópia do contrato de trabalho, do documento comprovativo do título de provimento, ou de qualquer outro vínculo contratual, com indicação das funções e respectivo horário, quando o requerente declare exercer qualquer actividade e, em termos gerais, qualquer que seja o cargo, função ou actividade desempenhada;

q) Documento comprovativo dos requisitos necessários para que os advogados portugueses se possam inscrever na Ordem dos Advogados do Brasil.

3 – Todos os documentos emitidos no Brasil devem ser legalizados nos termos previstos na lei.

4 – Não é requisito da inscrição a residência habitual em Portugal se idêntico regime for aplicável aos advogados portugueses que se queiram inscrever na Ordem dos Advogados do Brasil, porém, nesse caso, o advogado brasileiro deve indicar e manter domicílio profissional em território nacional ou, juntar declaração, emitida por advogado, com inscrição em vigor na Ordem dos Advogados, autorizando a indicação do respectivo domicílio profissional como domicílio profissional do requerente e comprometendo-se a entregar todas as comunicações que lhe forem dirigidas.

ARTIGO 19.°
Inscrição preparatória e definitiva

A inscrição preparatória e definitiva de advogado brasileiro segue o disposto no artigo 13.°.

SECÇÃO II
Inscrição de estrangeiros não abrangidos por regimes de reciprocidade

ARTIGO 20.°
Inscrição de cidadãos estrangeiros como advogados estagiários

1 – Podem requerer a sua inscrição como advogados estagiários os cidadãos estrangeiros com habilitação académica necessária oficialmente reconhecida por Faculdade de Direito de Portugal.

2 – O processo de inscrição segue os termos previstos no artigo 7.° do presente regulamento, com as devidas adaptações.

ARTIGO 21.°
Requerimento de inscrição

1 – O requerimento de inscrição de cidadão estrangeiro como advogado estagiário é apresentado junto do conselho distrital competente em razão do domicílio do patrono, com a indicação deste, do nome completo e demais dados de identificação do requerente, cargos e actividades exercidos, telefone, fax, endereço de correio electrónico bem como a morada em Portugal.

2 – Sem prejuízo de outros elementos ou documentos que venham a ser considerados necessários por deliberação do Conselho Geral, o requerimento de inscrição é instruído com os seguintes documentos:

a) Boletim de inscrição com a assinatura pessoal e profissional do requerente;

b) Comprovativo da habilitação académica necessária, oficialmente reconhecida ou equiparada, em original ou pública-forma, com menção da data de conclusão e respectiva média final, ou, na sua falta, documento comprovativo de que aquele já foi requerido e se encontra em condições de ser expedido;

c) Certidão de narrativa do registo de nascimento ou documento equivalente do Estado de origem;

d) Certificado do registo criminal emitido pela entidade competente do Estado de origem;

e) Certificado do registo criminal emitido pela entidade competente do Estado português;

f) Três fotografias iguais, a cores, tipo passe;

g) Cópia do título de autorização de residência, emitido pela autoridade competente do Estado português, devendo ser exibido o respectivo original;

h) Cópia do Cartão de Contribuinte, devendo ser exibido o respectivo original;

i) Impresso para emissão da cédula profissional de advogado estagiário;

j) Autorização do requerente para o tratamento dos seus dados pessoais e profissionais;

k) Declaração, sob compromisso de honra, datada e assinada pelo requerente, de não estar em situação de incompatibilidade com o exercício da advocacia, nos termos dos artigos 76.° e seguintes do EOA;

l) Cópia do contrato de trabalho, do documento comprovativo do título de provimento, ou dc qualquer outro vínculo contratual, com indicação das funções e respectivo horário, quando o requerente declare exercer qualquer actividade e, em termos gerais, qualquer que seja o cargo, função ou actividade desempenhada;

m) Declaração do patrono com pelo menos cinco anos de exercício efectivo da profissão, sem punição disciplinar superior à de multa, em como aceita o patrocínio com todas as obrigações legais inerentes, declaração que pode ser aposta no próprio requerimento de inscrição.

3 – Todos os documentos emitidos no Estado de origem devem ser legalizados e, caso não estejam redigidos em língua portuguesa, são ainda acompanhados da respectiva tradução, nos termos previstos na lei.

ARTIGO 22.°
Inscrição de cidadãos estrangeiros como advogados precedida de estágio

1 – À inscrição de cidadãos estrangeiros que tenham realizado estágio é aplicável o disposto nos artigos 8.° a 11.°, com as adaptações previstas no presente artigo.

2 – Sem prejuízo de outros elementos ou documentos que venham a ser considerados necessários por deliberação do Conselho Geral, o requerimento de inscrição é instruído com os seguintes documentos:

a) Boletim de inscrição com a assinatura pessoal e profissional do requerente;

b) Comprovativo da habilitação académica necessária com menção da data de conclusão e respectiva média final, caso não conste do processo de advogado estagiário;

c) Certidão de narrativa do registo de nascimento ou do documento equivalente do Estado de origem;

d) Certificado do registo criminal emitido pela entidade competente do Estado de origem;

e) Certificado do registo criminal emitido pela entidade competente do Estado Português;

f) Cópia do título de autorização de residência, emitido pela autoridade competente do Estado português, devendo ser exibido o respectivo original;

g) Três fotografias iguais, a cores, tipo passe;

h) Cópia do Cartão de Contribuinte, devendo ser exibido o respectivo original;

i) Impresso para emissão da cédula profissional de advogado;

j) Cédula profissional de advogado estagiário;

k) Autorização do requerente para o tratamento dos seus dados pessoais e profissionais;

l) Declaração, sob compromisso de honra, datada e assinada pelo requerente, de não estar em situação de incompatibilidade com o exercício da advocacia, nos termos dos artigos 76.° e seguintes do EOA;

m) Cópia do contrato de trabalho, do documento comprovativo do título de provimento, ou de qualquer outro vínculo contratual, com indicação das funções e respectivo horário, quando o requerente declare exercer qualquer actividade e, em termos gerais, qualquer que seja o cargo, função ou actividade desempenhada;

n) Certidão do registo disciplinar, caso o requerente tenha sido funcionário ou agente da administração, ou magistrado;

o) Documentos exigidos pelo regulamento de estágio que estiver em vigor;

p) Declaração de autorização para eliminação da documentação não essencial relativa ao estágio, caso o requerente não proceda ao seu levantamento após notificação do respectivo conselho distrital.

3 – Todos os documentos emitidos no Estado de origem devem ser legalizados e, caso não estejam redigidos em língua portuguesa, são ainda acompanhados da respectiva tradução, nos termos previstos na lei.

SECÇÃO III
Registo e inscrição de advogados de outros Estados-Membros da União Europeia

SUBSECÇÃO I
Prestação ocasional e estabelecimento permanente

ARTIGO 23.º
Reconhecimento do título profissional

São reconhecidos em Portugal na qualidade de advogados, e como tal autorizados a exercer a respectiva profissão, nos termos dos artigos subsequentes, os nacionais de um dos Estados-Membros da União Euro-peia, adiante designados advogados da União Europeia, que estejam autorizados a exercer as actividades profissionais com um dos títulos profissionais seguintes:

Na Bélgica: *Avocat/Advocaat/Rechtsanwalt*;
Na Dinamarca: *Advokat*;
Na Alemanha: *Rechtsanwalt*;
Na Grécia: *διηγόρος;*
Em Espanha: *Abogado/Advocat/Avogado/Abokatu*;
Em França: *Avocat*;
Na Irlanda: *Barrister/Solicitor*;
Em Itália: *Avvocato*;
No Luxemburgo: *Avocat*;
Nos Países Baixos: *Advocaat*;
Na Áustria: *Rechtsanwalt*;
Na Finlândia: *Asianajaja/Advokat*;
Na Suécia: *Advokat*;
No Reino Unido: *Advocate/Barrister/Solicitor*;
Na República Checa: *Advokát*;
Na Estónia: *Vandeadvokaat*;
No Chipre: *διηγόρος;*
Na Letónia: *Zverinats advokats*;
Na Lituânia: *Advokatas*;
Na Hungria: *Ügyvéd*;

Em Malta: *Avukat/Prokuratur Legali*;
Na Polónia: *Advwokat/Radca prawny*;
Na Eslovénia: *Odvetnik/ Odvetnica*;
Na Eslováquia: *Advokát/ Komercn_ právnik*.

ARTIGO 24.°
Estatuto profissional

1 – Na prestação de serviços profissionais de advocacia em Portugal, os advogados da União Europeia que exerçam a sua actividade com o seu título profissional de origem estão sujeitos às regras profissionais e deontológicas aplicáveis aos advogados inscritos na Ordem dos Advogados, sem prejuízo das regras do Estado-Membro de origem a que continuam sujeitos.

2 – Os advogados da União Europeia, autorizados a exercer em Portugal nos termos previstos nos artigos seguintes, ficam obrigados a mencionar no exercício da sua actividade:

a) O título profissional de origem, expresso na ou numa das línguas do Estado-membro de origem;

b) A inscrição na organização profissional a que pertencem ou da jurisdição junto da qual se encontram admitidos nos termos da lei do Estado-Membro de origem;

c) O modo de exercício da actividade em Portugal indicando o número de registo na Ordem dos Advogados, no caso de estabelecimento permanente, ou mencionando o exercício em regime de prestação ocasional de serviços.

3 – Os advogados da União Europeia aos quais se refere o artigo 26.° ficam ainda obrigados a comunicar à Ordem dos Advogados qualquer alteração relativa ao estado da inscrição na organização profissional equivalente à Ordem dos Advogados do Estado-Membro de origem.

ARTIGO 25.°
Prestação ocasional de serviços

1 – A prestação ocasional de serviços profissionais de advocacia em Portugal por advogados da União Europeia, que exerçam a sua actividade

com o seu título profissional de origem é livre, sem prejuízo destes terem que dar prévio conhecimento desse facto à Ordem dos Advogados e do cumprimento do disposto no artigo 29.°.

2 – A comunicação prevista no número anterior é efectuada por escrito e dirigida ao Bastonário da Ordem dos Advogados, acompanhada de cópia do título comprovativo do direito a exercer a profissão no Estado-Membro de origem.

3 – Nos casos em que a prestação ocasional envolva a representação e o exercício do mandato judicial perante os tribunais portugueses, a comunicação é ainda acompanhada de declaração de advogado inscrito na Ordem dos Advogados em como assegura a orientação efectiva do patrocínio.

4 – Em caso de dúvida relativamente à inscrição na organização profissional equivalente à Ordem dos Advogados do Estado-Membro de origem pode ser exigida a apresentação de documentação complementar.

ARTIGO 26.°
Estabelecimento permanente em Portugal

O estabelecimento permanente em Portugal de advogados da União Europeia que pretendam exercer a sua actividade com o seu título profissional de origem depende de prévio registo na Ordem dos Advogados.

ARTIGO 27.°
Requerimento de registo

1 – O requerimento para realização do registo previsto no artigo anterior é apresentado junto do conselho distrital competente em razão do domicílio escolhido como centro da vida profissional em Portugal, com a indicação deste, nome completo e demais dados de identificação do requerente, telefone, número de fax, endereço de correio electrónico, bem como a morada em Portugal.

2 – Sem prejuízo de outros elementos ou documentos que venham a ser considerados necessários por deliberação do Conselho Geral, o requerimento de registo é instruído com os seguintes documentos:

a) Boletim de registo com a assinatura pessoal e profissional do requerente;

b) Certificado emitido há menos de três meses pela organização profissional equivalente à Ordem dos Advogados do Estado-Membro de origem, comprovativo da inscrição em vigor nesta organização, donde conste a situação contributiva e uma certificação do registo disciplinar do requerente;

c) Certidão de narrativa do registo de nascimento ou documento equivalente do Estado-membro de origem;

d) Certificado do registo criminal emitido pela entidade competente do Estado-Membro de origem;

e) Certificado do registo criminal emitido pela entidade competente do Estado Português;

f) Autorização do requerente para o tratamento dos seus dados pessoais e profissionais, nomeadamente autorizando a troca de toda a informação relevante relativa ao exercício da actividade profissional do requerente entre a Ordem dos Advogados e a organização profissional equivalente à Ordem dos Advogados do Estado-Membro de origem;

g) Três fotografias iguais, a cores, tipo passe;

h) Cópia do Bilhete de Identidade ou do Passaporte e do cartão de contribuinte, devendo ser exibidos os respectivos originais;

i) Cópia da cédula profissional ou do documento equivalente da organização profissional análoga à Ordem dos Advogados do Estado-Membro de origem;

j) Declaração, sob compromisso de honra, datada e assinada pelo requerente, de não estar em situação de incompatibilidade com o exercício da advocacia, nos termos dos artigos 76.° e seguintes do EOA;

k) Cópia do contrato de trabalho, do documento comprovativo do título de provimento, ou de qualquer outro vínculo contratual, com indicação das funções e respectivo horário, quando o requerente declare exercer qualquer actividade e, em termos gerais, qualquer que seja o cargo, função ou actividade desempenhada;

l) Comprovativo da existência, em vigor, de seguro de responsabilidade civil profissional com uma cobertura mínima igual à assegurada pelo seguro de responsabilidade civil de que beneficiam todos os advogados com inscrição em vigor na Ordem dos Advogados, nos termos do EOA.

3 – Todos os documentos emitidos no Estado-Membro de origem devem ser acompanhados da respectiva tradução para português, podendo ser exigida a legalização dos documentos nos termos da lei.

ARTIGO 28.º
Registo preparatório e definitivo

1 – O conselho distrital competente cria o respectivo processo individual e depois de ter verificado que o requerimento está devidamente documentado e que nada obsta ao registo delibera o registo preparatório.

2 – Confirmado o registo pelo Conselho Geral, o conselho distrital emite uma certidão probatória do registo que é entregue ao requerente.

3 – A certidão prevista no número anterior contém, pelo menos, os seguintes elementos:

a) Identificação do conselho distrital responsável pelo registo;

b) O título profissional de origem, expresso na ou numa das línguas do Estado-Membro de origem;

c) A identificação da organização profissional a que o advogado pertence ou da jurisdição junto da qual se encontra admitido nos termos da lei do Estado-Membro de origem;

d) O nome profissional adoptado no Estado-Membro de origem;

e) A fotografia do titular;

f) O número da certidão probatória correspondente ao processo de registo;

g) A norma estatutária ao abrigo da qual é emitida;

h) A data de emissão e o respectivo prazo de validade que não será superior a cinco anos;

i) A assinatura do titular;

j) A assinatura do Bastonário.

ARTIGO 29.º
Condição de exercício do mandato judicial

1 – A representação e o mandato judicial perante os tribunais portugueses só podem ser exercidos por advogados da União Europeia que exerçam a sua actividade com o seu título profissional de origem sob a orientação efectiva de advogado com a inscrição em vigor na Ordem dos Advogados.

2 – Para os efeitos previstos no número anterior a procuração forense passada a advogado da União Europeia deve mencionar expressamente que é emitida para os efeitos previstos no n.º 2, do artigo 197.º, do EOA,

e bem assim identificar devidamente o advogado inscrito na Ordem dos Advogados responsável pela orientação do patrocínio e a qualidade em que este intervém.

SUBSECÇÃO II
Inscrição de advogados da União Europeia

ARTIGO 30.°
Inscrição na Ordem dos Advogados

1 – O estabelecimento permanente em Portugal dos advogados da União Europeia mencionados no artigo 23.°, que pretendam exercer a sua actividade com o título profissional de «advogado», em plena igualdade de direitos e deveres com os advogados portugueses, depende de prévia inscrição na Ordem dos Advogados.

2 – A utilização do título profissional de «advogado» não prejudica o direito de utilização do título profissional de origem.

3 – A inscrição depende da aprovação em exame de aptidão escrito e oral, prestado em língua portuguesa, nos termos regulados nos artigos subsequentes.

ARTIGO 31.°
Requerimento de inscrição de advogado da União Europeia

1 – O requerimento de inscrição de advogado da União Europeia é apresentado junto do conselho distrital competente em razão do domicílio escolhido como centro da sua vida profissional, com a indicação deste, do nome completo e demais dados de identificação do requerente, cargos e actividades exercidos, telefone, fax, endereço de correio electrónico, bem como a morada em Portugal.

2 – Sem prejuízo de outros elementos ou documentos que venham a ser considerados necessários por deliberação do Conselho Geral, o requerimento de inscrição é instruído com os seguintes documentos:

a) Boletim de inscrição com a assinatura pessoal e profissional do requerente;

b) Certificado emitido há menos de três meses pela organização profissional equivalente à Ordem dos Advogados do Estado-Membro de origem, comprovativo da inscrição em vigor nesta organização, donde conste uma certificação do registo disciplinar do requerente;

c) Comprovativo da habilitação académica necessária, oficialmente reconhecida ou equiparada, com menção da data de conclusão e respectiva média final, em original ou pública-forma;

d) Certidão de narrativa do registo de nascimento ou documento equivalente do Estado-Membro de origem;

e) Certificado do registo criminal emitido pela entidade competente do Estado-Membro de origem;

f) Certificado do registo criminal emitido pela entidade competente do Estado português;

g) Três fotografias iguais, a cores, tipo passe;

h) Cópia do Bilhete de Identidade ou do Passaporte, devendo ser exibido o respectivo original;

i) Cópia do Cartão de Contribuinte, devendo ser exibido o original;

j) Impresso para emissão de cédula profissional de advogado;

k) Cópia da cédula profissional ou do documento equivalente da organização profissional análoga à Ordem dos Advogados do Estado-Membro de origem;

l) Autorização do requerente para o tratamento dos seus dados pessoais e profissionais, nomeadamente autorizando a troca de toda a informação relevante relativa ao exercício da actividade profissional do requerente entre a Ordem dos Advogados e a organização profissional equivalente à Ordem dos Advogados do Estado-Membro de origem;

m) Declaração, sob compromisso de honra, datada e assinada pelo requerente, de não estar em situação de incompatibilidade com o exercício da advocacia, nos termos dos artigos 76.° e seguintes do EOA.

n) Cópia do contrato de trabalho, do documento comprovativo do título de provimento, ou de qualquer outro vínculo contratual, com indicação das funções e respectivo horário, quando o requerente declare exercer qualquer actividade e, em termos gerais, qualquer que seja o cargo, função ou actividade desempenhada.

3 – Todos os documentos emitidos no Estado-Membro de origem devem ser acompanhados da respectiva tradução para português, podendo ser exigida a legalização dos documentos nos termos da lei.

ARTIGO 32.º
Inscrição preparatória de advogado da União Europeia

O conselho distrital competente depois de ter verificado que o requerimento está devidamente documentado e que o requerente está em condições de vir a ser inscrito, delibera a inscrição preparatória, procedendo ao seu registo.

ARTIGO 33.º
Exame de aptidão

1 – Cabe ao Conselho Geral a organização do exame de aptidão a prestar pelo requerente e a designação do júri respectivo nos termos do artigo seguinte.

2 – O exame de aptidão é composto por uma prova escrita e por uma prova oral, as quais podem incidir sobre as seguintes matérias:

a) Direito Civil e Direito Processual Civil;
b) Direito Penal e Direito Processual Penal;
c) Organização Judiciária;
d) Direito Comercial ou Direito Administrativo, à escolha do candidato;
e) Deontologia Profissional.

3 – A prova escrita e a prova oral são classificadas segundo uma tabela de zero a vinte, sendo a primeira corrigida por um relator designado por deliberação do júri.

4 – O requerente é admitido à prova oral desde que obtenha classificação igual ou superior a dez valores na prova escrita.

5 – Se o requerente obtiver classificação inferior a dez valores na prova escrita, é considerado reprovado, sendo, de imediato e em consequência, indeferido o seu processo de inscrição.

6 – A classificação final do exame de aptidão é expressa pela menção qualitativa de Aprovado ou Reprovado.

7 – A reprovação na prova escrita ou na prova oral e bem assim a falta injustificada do requerente a qualquer uma destas provas determina o indeferimento da inscrição.

8 – O indeferimento da inscrição nos termos do número anterior

determina a impossibilidade do candidato requerer novo pedido de inscrição antes de decorridos seis meses.

ARTIGO 34.°
Júri do exame de aptidão

1 – O júri do exame de aptidão é constituído por três a cinco membros, dos quais três são obrigatoriamente advogados com mais de dez anos de inscrição, designados pelo Conselho Geral, sendo um deles o Bastonário que preside, ou quem este designar.

2 – O Conselho Geral pode designar para constituir o júri, juízes desembargadores, juízes conselheiros ou docentes de faculdades de Direito de Portugal.

3 – O júri funciona obrigatoriamente com a presença de todos os seus membros, sendo as suas deliberações tomadas por maioria simples, não cabendo recurso das mesmas.

4 – Em caso de empate na votação o presidente tem voto de qualidade.

ARTIGO 35.°
Inscrição definitiva de advogado da União Europeia

Caso o candidato obtenha aprovação no exame de aptidão, a deliberação do júri é junta ao requerimento de inscrição e este é submetido ao Conselho Geral para confirmação da inscrição, seguindo-se o procedimento previsto no artigo 11.°, com as devidas adaptações.

ARTIGO 36.°
Dispensa do exame de aptidão

1 – Podem ser dispensados de realizar o exame de aptidão os advogados da União Europeia que, estando registados na Ordem dos Advogados, nos termos previstos nos artigos 26.°, 27.° e 28.° do presente regulamento, provem ter exercido em Portugal, com o seu título profissional de origem, por um período de, pelo menos, três anos, actividade efectiva e regular no domínio do direito interno português, incluindo o direito comunitário.

2 – Para os efeitos previstos no número anterior, considera-se actividade efectiva e regular o exercício real da advocacia sem outras interrupções para além das que possam resultar dos acontecimentos normais da vida corrente.

3 – A dispensa do exame de aptidão deve ser solicitada no requerimento de inscrição que, nesse caso, para além dos documentos exigidos no n.° 2, do artigo 31.°, é instruído com todos os documentos e outros meios de prova demonstrativos de que o requerente se encontra na situação descrita no n.° 1 do presente artigo, designadamente os relativos à localização e condições de funcionamento do seu escritório, incluindo as respectivas licenças administrativas, ao cumprimento das suas obrigações fiscais e ao número e natureza dos processos que tratou.

4 – O conselho distrital competente para efectuar a inscrição preparatória, delibera sobre a dispensa do exame de aptidão, devendo verificar o carácter regular e efectivo da actividade exercida, podendo solicitar ao requerente ou a terceiros, oralmente ou por escrito, os esclarecimentos ou comprovativos adicionais que entenda necessários.

ARTIGO 37.°
Outros casos de dispensa do exame de aptidão

1 – Podem ainda ser dispensados de realizar o exame de aptidão os advogados da União Europeia que provem ter exercido em Portugal, com o seu título profissional de origem, por um período de pelo menos três anos, actividade efectiva e regular, mas cuja actividade no domínio do direito interno português seja inferior a três anos, caso demonstrem ter conhecimentos e experiência profissional suficientes neste domínio, para exercer a profissão com a dignidade e a competência exigíveis aos advogados inscritos na Ordem dos Advogados.

2 – Para os efeitos previstos no número anterior é tomada em consideração a actividade efectiva e regular durante o período ali referido, quaisquer conhecimentos e experiência profissional no âmbito do direito interno português, bem como a participação em cursos ou seminários de direito interno português e de deontologia profissional.

3 – Sem prejuízo dos documentos e outros meios de prova juntos nos termos do n.° 3 do artigo anterior, a verificação do carácter regular e efectivo da actividade exercida em Portugal pelo requerente, bem como a avaliação da sua capacidade para prosseguir essa actividade no domínio do

direito interno português, é aferida mediante entrevista conduzida em língua portuguesa.

4 – A entrevista prevista no número anterior é conduzida por um júri, com um mínimo de três elementos, a designar pelo conselho distrital competente, que delibera a dispensa ou a obrigação de prestação do exame de aptidão.

ARTIGO 38.º
Indeferimento da dispensa do exame de aptidão

1 – Se pela análise da documentação apresentada ou pelos esclarecimentos prestados se verificar que o requerente não está nas condições estabelecidas no presente Regulamento para a dispensa do exame de aptidão, é, nessa parte, indeferido o respectivo requerimento, seguindo-se o disposto no artigo 33.º.

2 – A deliberação do conselho distrital que indefira o pedido de dispensa do exame de aptidão é obrigatoriamente fundamentada.

CAPÍTULO IV
Da cédula profissional

ARTIGO 39.º
Cédula profissional

1 – A cada advogado ou advogado estagiário é entregue a respectiva cédula profissional, a qual serve de prova da inscrição na Ordem dos Advogados.

2 – O advogado ou o advogado estagiário no exercício das respectivas funções deve, sempre que necessário, fazer prova da sua inscrição através de cédula profissional válida.

3 – A cédula profissional de advogado e de advogado estagiário deve conter obrigatoriamente os seguintes elementos:

a) A menção «Ordem dos Advogados» e o respectivo símbolo oficial;

b) A indicação «Cédula Profissional de Advogado» ou «Cédula Pro-fissional de Advogado Estagiário»;

c) O nome abreviado do titular, quando adoptado, para uso no exercício da profissão;

d) A data de inscrição na Ordem dos Advogados;

e) O número do Bilhete de Identidade ou do Cartão do Cidadão ou do Passaporte, quando aplicável e o número de identificação fiscal;

f) A assinatura digitalizada do titular, para uso no exercício da profissão;

g) A assinatura digitalizada do Bastonário;

h) O número da cédula profissional correspondente ao número de inscrição;

i) A fotografia digitalizada do titular;

j) A respectiva data de validade;

k) O selo digitalizado da Ordem dos Advogados.

4 – A cédula profissional de advogado estagiário deve conter, ainda, a data do final do estágio.

5 – As cédulas profissionais de advogado e de advogado estagiário têm um prazo máximo de validade de cinco e três anos, respectivamente.

6 – A cédula profissional pode conter um chip electrónico, utilizado para armazenar informação relativa ao estado da inscrição do titular e outros elementos úteis relacionados com o exercício da profissão.

ARTIGO 40.°
Renovação da cédula

1 – No caso de perda, extravio ou inutilização da cédula profissional, o requerente solicita a emissão de segunda via da mesma ao órgão que a tiver emitido, prestando os esclarecimentos e fornecendo os elementos que lhe forem solicitados para este efeito.

2 – O órgão competente, depois de apreciar o pedido, solicita a emissão de segunda via da cédula profissional, efectuando as comunicações e os averbamentos necessários.

3 – Ocorrendo caducidade da cédula profissional de advogado ou de advogado estagiário com a inscrição em vigor, compete ao Conselho Geral ou ao conselho distrital competente providenciar pela emissão e envio da nova cédula, devendo o titular proceder à devolução da cédula caducada.

4 – O requerimento de emissão de nova cédula é acompanhado do respectivo impresso e de uma fotografia, a cores, tipo passe, bem como da cédula inutilizada, quando aplicável.

ARTIGO 41.°
Entrega da cédula de Advogado

A cédula profissional dos novos advogados é entregue directamente ou em cerimónia pública precedida da prestação de juramento nos termos do artigo seguinte.

ARTIGO 42.°
Juramento

Na cerimónia pública referida no artigo anterior é, pelos novos advogados, prestado o seguinte juramento:

"Juro, pela minha honra, exercer a advocacia com independência, espírito de serviço, coragem e dignidade e, como servidor da humanidade, da justiça, do direito e da lei, cumprir escrupulosamente os deveres fundamentais, legais e deontológicos, da profissão".

CAPÍTULO V
Obrigações decorrentes da inscrição

ARTIGO 43.°
Deveres gerais

1 – Sem prejuízo das obrigações previstas no EOA, nos regulamentos e demais legislação a que estão vinculados, os advogados e os advogados estagiários, inscritos ou registados ao abrigo do presente regulamento, ficam sujeitos ao cumprimento dos seguintes deveres:

a) Suspender imediatamente o exercício da profissão e requerer no prazo máximo de trinta dias a suspensão da inscrição ou do registo quando ocorrer incompatibilidade superveniente;

b) Comunicar qualquer alteração do domicílio profissional e bem assim qualquer alteração dos seus dados profissionais, nos termos regulados no artigo seguinte;

c) Manter ou indicar, consoante o caso, um domicílio profissional em território nacional, dotado de uma estrutura que assegure o cumprimento dos seus deveres profissionais, nos termos de regulamento a aprovar pelo Conselho Geral.

2 – Os advogados inscritos na Ordem dos Advogados estão ainda obrigados a:

a) Pagar pontualmente as quotas e outros encargos devidos à Ordem dos Advogados;

b) Promover a sua própria formação contínua nos termos de regulamento a aprovar pelo Conselho Geral.

ARTIGO 44.°
Comunicação de alterações

1 – A alteração do domicílio profissional ou qualquer outro facto que possa influir na inscrição, deve ser comunicada pelo requerente ao Conselho Geral, ou ao conselho distrital competente no caso dos advogados estagiários, no prazo de trinta dias.

2 – A comunicação prevista no número anterior deve ser efectuada por escrito e remetida por qualquer meio que garanta a identificação do requerente, designadamente via postal, fax, ou mensagem de correio electrónico de conta de correio electrónico atribuída pela Ordem, com aposição de assinatura digital, sem prejuízo do disposto no número seguinte.

3 – As alterações aos dados pessoais ou profissionais podem também, em alternativa, ser indicadas on-line, pelo requerente, o qual, para o efeito, deve aceder à área reservada do portal da Ordem dos Advogados, na Internet, introduzindo a respectiva senha de acesso.

ARTIGO 45.°
Quotas

1 – A inscrição como advogado e sua manutenção em vigor na Ordem dos Advogados obriga ao pagamento de uma quota mensal cujo quantitativo é fixado pelo Conselho Geral.

2 – Não é exigível o pagamento de quotas aos advogados estagiários.

3 – Não é devido o pagamento da quota relativa ao mês em que ocorre:

a) A inscrição definitiva como advogado;
b) O levantamento da suspensão da inscrição.

4 – É devido o pagamento da quota correspondente ao mês em que é requerida ou decretada a suspensão da inscrição.

5 – O incumprimento da obrigação de proceder ao pagamento atempado das quotas impede o acesso aos serviços prestados pela Ordem dos Advogados, nomeadamente o acesso aos serviços prestados na área reservada do Portal Internet.

ARTIGO 46.°
Prazo e forma de pagamento

1 – A quota mensal tem de ser paga até ao último dia do mês a que respeita, sendo enviado para esse efeito, aos advogados com inscrição em vigor, aviso/recibo de pagamento da quota mensal.

2 – Sem prejuízo de outras formas de pagamento autorizadas pelo Conselho Geral, o pagamento da quota pode ser efectuado:

a) Em numerário, cheque ou Multibanco, na sede da Ordem dos Advogados;
b) Por cheque, remetido via postal para a sede da Ordem dos Advogados;
c) Nos CTT ou no Multibanco.

3 – O Conselho Geral pode definir outras modalidades de pagamento, designadamente, pagamento antecipado, anual ou semestral.

ARTIGO 47.°
Emolumentos

Pela emissão dos documentos ou pela prática dos actos previstos no presente regulamento são devidos os emolumentos fixados pelo Conselho Geral, nos termos da respectiva tabela, os quais constituem receitas dos conselhos distritais ou do Conselho Geral, consoante se tratem de actos praticados ou de documentos emitidos por aqueles ou por este.

ARTIGO 48.º
Certidões

1 – As certidões das inscrições não devem conter os averbamentos das penas disciplinares, salvo:

a) Quando tal for expressamente requerido pelos interessados e autorizado pelo órgão competente para o efeito;
b) Quando requerido e ordenado pelos órgãos da Ordem dos Advogados;
c) Quando se encontre em vigor pena disciplinar de suspensão.

2 – A emissão de certidão, quando o requerente seja advogado, está dependente do cumprimento integral da obrigação do pagamento de quotas.

CAPÍTULO VI
Alterações e averbamentos à inscrição

ARTIGO 49.º
Averbamentos à inscrição

1 – São averbados à inscrição mediante registo no respectivo processo individual:

a) O cancelamento da inscrição, com indicação da decisão ou facto que o motivou;
b) A suspensão da inscrição, com indicação da decisão que a motivou;
c) Qualquer pena disciplinar, determinada por decisão definitiva;
d) As condenações em processo criminal, após o trânsito em julgado da respectiva decisão;
e) O levantamento da suspensão da inscrição, com indicação da decisão ou do facto que o motivar;
f) Os cargos estatuários que o advogado exerça ou tenha exercido na Ordem dos Advogados;
g) As alterações de domicílio profissional, dos dados profissionais ou pessoais e bem assim quaisquer outros elementos que venham a ser determinados pelos órgãos competentes da Ordem dos Advogados;

h) O cumprimento das penas disciplinares e das sanções acessórias;
i) A passagem ao estado de advogado reformado e a autorização para advogar, quando requerida.

2 – Cabe ao Conselho Geral ou ao conselho distrital competente, consoante se trate de processo de advogado ou de advogado estagiário respectivamente, proceder aos averbamentos previstos no número anterior bem como arquivar no processo individual os documentos respectivos e, caso aqueles estejam sujeitos a publicação no Diário da República, arquivar o comprovativo da respectiva publicação.

ARTIGO 50.°
Suspensão da inscrição

1 – A inscrição do advogado ou do advogado estagiário é suspensa:

a) A pedido do requerente quando pretenda cessar temporariamente o exercício da advocacia;
b) Se for declarado em situação de incompatibilidade com o exercício da advocacia;
c) Se no âmbito de processo de verificação da existência de incompatibilidades não forem prestadas, pelo interessado, as informações que lhe tenham sido solicitadas;
d) Se for decretada a suspensão preventiva ou condenado na pena de suspensão efectiva.

2 – A inscrição de advogado estagiário será ainda suspensa:

a) Nos termos do n.° 3 do artigo 8.° do presente regulamento;
b) Nos demais casos previstos no regulamento de estágio que estiver em vigor.

ARTIGO 51.°
Suspensão a pedido do requerente

1 – O requerimento de suspensão da inscrição a pedido do interessado será dirigido ao Presidente do Conselho Geral ou ao presidente do conselho distrital competente, consoante se trate de advogado ou de advogado estagiário respectivamente, por escrito, e remetido por qualquer meio

que garanta a identificação do requerente, designadamente via postal, fax, ou mensagem de correio electrónico da conta de correio electrónico atribuída pela Ordem com aposição de assinatura digital.

2 – A decisão é notificada ao requerente com indicação expressa da data a partir da qual produz efeitos que é a data da recepção do requerimento.

3 – No caso de circunstâncias excepcionais, pode, nos termos da lei, ser atribuída eficácia retroactiva ou diferida à suspensão da inscrição desde que devidamente fundamentada.

ARTIGO 52.°
Suspensão por incompatibilidade

1 – A declaração de incompatibilidade com o exercício da advocacia e a consequente suspensão da inscrição são deliberadas pelo Conselho Geral ou pelo conselho distrital competente, nos termos dos artigos 76.° e seguintes do EOA.

2 – Os conselhos distritais ou o Conselho Geral podem solicitar às entidades com quem os advogados ou os advogados estagiários possam ter relações profissionais, bem como a estes, as informações que entendam necessárias para a verificação da existência de incompatibilidade.

3 – Os pedidos de informação aos advogados ou aos advogados estagiários são notificados por carta registada, com aviso de recepção.

4 – A deliberação final do Conselho Geral ou do conselho distrital, quando esteja proposta a declaração de incompatibilidade, é precedida da audiência do interessado.

5 – Para os efeitos previstos no número anterior, o interessado é notificado por carta registada, com a indicação do sentido provável da decisão, para, no prazo de quinze dias, vir dizer, por escrito, o que tiver por conveniente.

ARTIGO 53.°
Suspensão em consequência de processo disciplinar

As suspensões em consequência de processo disciplinar previstas na alínea d), do n.° 1, do artigo 50.°, são comunicadas ao Conselho Geral ou ao conselho distrital competente com cópia integral da decisão e identificação da publicação no Diário da República, quando tal publicação seja obrigatória.

ARTIGO 54.°
Efeitos da suspensão da inscrição

1 – A suspensão da inscrição impede o exercício da advocacia e o uso do título de «advogado» ou de «advogado estagiário».

2 – Durante o tempo de suspensão da inscrição o interessado continua sujeito à jurisdição disciplinar da Ordem dos Advogados.

3 – Sem prejuízo do disposto no n.° 4, do artigo 45.°, a suspensão da inscrição determina a suspensão da obrigação do pagamento de quotas.

ARTIGO 55.°
Levantamento da suspensão

1 – A suspensão da inscrição de advogado ou de advogado estagiário é levantada pelo Conselho Geral ou pelo conselho distrital competente, consoante o caso:

a) A prevista na alínea a) do n.° 1, do artigo 50.°, a requerimento do interessado que pretenda retomar o exercício da advocacia;

b) A prevista na alínea b), do n.° 1, do artigo 50.°, após comprovada a cessação da incompatibilidade que lhe deu causa;

c) As previstas na alínea c) e d), do n.° 1, do artigo 50.°, quando o órgão que determinou tal suspensão tiver decidido o levantamento da mesma;

d) Com o requerimento de inscrição de advogado, nos termos admitidos pelo regulamento de estágio em vigor;

e) Com o requerimento para repetição da prova escrita ou da prova oral do exame final de avaliação e agregação, nos termos admitidos pelo regulamento de estágio que estiver em vigor;

f) Com a autorização para repetir a fase complementar do estágio, quando aquela for condição do levantamento da suspensão, nos termos do regulamento de estágio que estiver em vigor.

2 – O requerimento do interessado com vista ao levantamento da suspensão da inscrição contém obrigatoriamente uma declaração, sob

compromisso de honra, datada e assinada pelo requerente, de como não está numa situação de incompatibilidade com o exercício da advocacia, nos termos dos artigos 76.° e seguintes do EOA, podendo o órgão competente para proceder à respectiva apreciação, recorrer ao procedimento previsto no n.° 2, do artigo 52.° deste regulamento.

ARTIGO 56.°
Cancelamento da inscrição

1 – O Conselho Geral ou o conselho distrital competente consoante se trate de advogado ou de advogado estagiário, respectivamente, determina o cancelamento da inscrição:

a) A requerimento do interessado que pretenda abandonar definitivamente o exercício da advocacia;
b) Após ser proferida decisão definitiva que julgue verificada a falta de idoneidade para o exercício da profissão, nos termos do EOA;
c) Após ser proferida decisão definitiva que condene na pena disciplinar de expulsão;

2 – O conselho distrital competente determina ainda o cancelamento:

a) Das inscrições preparatórias como advogado estagiário não confirmadas pelo Conselho Geral;
b) Das inscrições preparatórias como advogado não confirmadas pelo Conselho Geral;
c) Das inscrições de advogado estagiário quando este tenha repetido três vezes a fase de formação complementar sem reunir as condições necessárias para a inscrição como advogado, nos termos do regulamento de estágio que estiver em vigor.

ARTIGO 57.°
Efeitos do cancelamento da inscrição

1 – O cancelamento da inscrição impede o exercício da advocacia e o uso do título de «advogado» ou de «advogado estagiário».
2 – Com o cancelamento da inscrição o interessado deixa de estar sujeito à jurisdição disciplinar da Ordem dos Advogados.

3 – Exceptua-se do disposto no número anterior a responsabilidade disciplinar relativamente às infracções praticadas até à data da decisão que ordenou o cancelamento da inscrição.

ARTIGO 58.°
Publicação e comunicações

1 – As decisões de suspensão administrativa da inscrição, susceptíveis de recurso contencioso, bem como as de levantamento da suspensão, são publicadas na 2.ª série do Diário da República.

2 – Às decisões de suspensão ou de cancelamento da inscrição em consequência de processo disciplinar ou que sigam os seus respectivos termos, sem prejuízo do disposto no número anterior, será ainda dada publicidade nos termos previstos no EOA e no Regulamento Disciplinar que estiver em vigor.

3 – A suspensão, o levantamento e bem assim o cancelamento da inscrição, por qualquer motivo, são comunicadas pelo Conselho Geral ou pelo conselho distrital competente conforme o caso, à Caixa de Previdência dos Advogados e Solicitadores, aos tribunais, aos serviços do Ministério da Justiça e a outras entidades a designar pelo Conselho Geral, nos termos e formas que por este venham a ser definidos.

4 – Os levantamentos de suspensão de inscrição de advogados ou advogados estagiários são comunicados pela forma mais célere possível, às entidades referidas no número anterior.

ARTIGO 59.°
Restituição da cédula

1 – O advogado ou advogado estagiário cuja inscrição seja suspensa ou cancelada fica obrigado à restituição da cédula profissional no prazo de quinze dias a contar da notificação para o efeito, sob pena de a Ordem dos Advogados proceder à respectiva apreensão judicial.

2 – Sob pena de indeferimento liminar, nos casos de suspensão ou cancelamento da inscrição a pedido do interessado, deve este pedido ser acompanhado da restituição da respectiva cédula profissional.

3 – É aplicável à devolução da cédula, com as necessárias adaptações, o disposto no n.° 1 do artigo 40.°.

CAPÍTULO VII
Das notificações e recursos

ARTIGO 60.°
Regime das notificações

1 – Ao regime das notificações previstas no presente regulamento são aplicáveis as disposições correspondentes do Código do Procedimento Administrativo, com as adaptações previstas neste regulamento.

2 – As notificações são sempre efectuadas para o domicílio profissional principal do notificando por este comunicado à Ordem dos Advogados.

3 – O domicílio profissional do advogado estagiário é o do seu patrono.

4 – Exceptua-se do disposto no n.° 2, as notificações aos interessados cuja inscrição haja sido indeferida, suspensa ou cancelada, as quais são efectuadas para a última morada comunicada à Ordem dos Advogados.

ARTIGO 61.°
Forma das notificações

1 – As notificações no âmbito do presente regulamento podem ser efectuadas:

a) Pessoalmente;

b) Por via postal registada;

c) Por telefax;

d) Por correio electrónico, com aposição de assinatura electrónica digital, enviada para o endereço de correio electrónico disponibilizado a cada advogado pela Ordem dos Advogados;

e) Por telefone, se a urgência do caso assim o exigir ou recomendar.

2 – As notificações efectuadas por telefone são confirmadas nos termos das alíneas a), b), c) ou d) do número anterior, no dia útil seguinte, sem prejuízo de a notificação se considerar feita na data da primeira comunicação.

3 – As notificações previstas nas alíneas b), c) e d), do n.° 1, consideram-se efectuadas na data da respectiva expedição.

4 – As notificações dos actos praticados pelos membros do Conselho Geral, ao abrigo de delegação de competências, são cumpridas pelos serviços do Conselho Geral ou pelos serviços dos conselhos distritais.

ARTIGO 62.°
Indeferimento por falta de apresentação de documentos

A falta de junção de qualquer documento nos termos do presente Regulamento, após a notificação do interessado para esse efeito, dá lugar ao indeferimento do pedido.

ARTIGO 63.°
Recorribilidade das decisões

Sem prejuízo da eventual admissibilidade, nos termos gerais de direito, da interposição de recurso contencioso para os tribunais administrativos, as decisões previstas no presente Regulamento admitem os recursos preceituados no EOA e regulados nos artigos seguintes.

ARTIGO 64.°
Recursos das decisões dos conselhos distritais

Cabe recurso para o Conselho Geral das decisões dos conselhos distritais identificadas nas alíneas seguintes:

a) Do indeferimento de inscrição preparatória de advogado estagiário e de advogado;

b) Do indeferimento do registo preparatório previsto no n.° 1, do artigo 28.°;

c) Do indeferimento do pedido de dispensa do exame de aptidão, previsto nos artigos 36.° e 37.°;

d) Da declaração de incompatibilidade com o exercício da advocacia;

e) Da suspensão administrativa da inscrição nos termos do disposto no n.° 3 do artigo 8.°;

f) Do cancelamento da inscrição de advogado estagiário;

g) De outras decisões recorríveis, cuja competência para apreciação não esteja especialmente conferida a outro órgão.

ARTIGO 65.°
Recursos das decisões do Conselho Geral

Cabe recurso para o Conselho Superior das decisões do Conselho Geral identificadas nas alíneas seguintes:

a) Do indeferimento da inscrição definitiva de advogado estagiário e de advogado;

b) Do indeferimento do registo definitivo previsto no artigo 28.°;

c) Da decisão que determine a suspensão da inscrição;

d) Da declaração de incompatibilidade com o exercício da advocacia, quando proferida em primeira instância;

e) Das decisões proferidas pelo Conselho Geral em primeira instância, cuja competência para apreciação não esteja especialmente conferida a outro órgão.

ARTIGO 66.°
Prazo e forma dos recursos das decisões dos conselhos distritais e do Conselho Geral

1 – O prazo para a interposição de recurso é de quinze dias a contar da notificação da decisão ao interessado.

2 – O requerimento de interposição de recurso é apresentado junto do órgão recorrido e dirigido ao órgão competente para dele conhecer, contendo a respectiva fundamentação, sob pena de indeferimento liminar do mesmo.

3 – Assiste ao órgão recorrido a faculdade de suprir nulidades e, bem assim, de proceder à rectificação de erros materiais da decisão recorrida.

4 – Interposto o recurso, o órgão recorrido notifica o recorrente, consoante o caso:

a) Da remessa do recurso para o órgão competente para dele conhecer;

b) Da decisão proferida ao abrigo da faculdade prevista no n.º 3, quando aplicável.

5 – Cabe ao órgão competente para conhecer do recurso a apreciação de todas as questões prévias e incidentais incluindo a verificação dos respectivos pressupostos de admissibilidade.

ARTIGO 67.º
Recursos das decisões dos conselhos de deontologia

Cabe recurso para o Conselho Superior, nas condições e prazos previstos no EOA e no regulamento disciplinar, das decisões dos conselhos de deontologia que declarem a inidoneidade moral para o exercício da profissão, nos termos dos n.os 2 e 3, do artigo 3.º, do presente regulamento.

CAPÍTULO VIII
Disposições finais

ARTIGO 68.º
Simplificação de procedimentos

1 – Mediante deliberação do Conselho Geral pode ser admitida a apresentação por correio electrónico, em suporte digital ou digitalizado, de algum ou alguns dos documentos que devam instruir os requerimentos de inscrição ou de registo.

2 – O Conselho Geral pode, ainda, deliberar a admissibilidade da entrega dos requerimentos de inscrição ou de registo pelos meios descritos no número anterior ou mediante o preenchimento on-line, em área especialmente criada para o efeito, no Portal na Internet, de cada conselho distrital.

3 – Sempre que nos termos do presente regulamento seja necessário enviar aos órgãos da Ordem dos Advogados documentos que estejam arquivados noutros órgãos desta, devem estes facultar cópia dos docu-

mentos solicitados, dispensando-se, sempre que possível, a entrega de novos documentos.

4 – O arquivo de documentos previstos no presente regulamento pode ser efectuado em suporte digital e a respectiva transmissão por via electrónica desde que as capacidades técnicas dos serviços o permitam.

ARTIGO 69.°
Alteração ao Regulamento n.° 52-A/2005, de 1 de Agosto

O artigo 12.° do Regulamento n.° 52-A/2005, de 1 de Agosto, rectificado pela Declaração de Rectificação n.° 1379/2005, de 17 de Agosto, passa a ter a seguinte redacção:

"Artigo 12.°
[...]

1 – [...].
2 – [...].
3 – No caso previsto na alínea c) do número anterior o advogado estagiário fica sujeito às normas regulamentares em vigor à data do reinício da fase de formação complementar.
4 – [...].
5 – [...].
6 – [...].".

ARTIGO 70.°
Norma revogatória

É revogado o Regulamento de Inscrição de Advogados e Advogados Estagiários, aprovado em sessão do Conselho Geral de 7 de Julho de 1989, Regulamento n.° 29/2002, de 19 de Junho, com as alterações que posteriormente lhe foram introduzidas.

ARTIGO 71.º
Início de vigência

1 – O presente regulamento entra vigor no prazo de trinta dias a contar da sua publicação.

2 – O presente regulamento aplica-se a todos os pedidos de inscrição e de registo apresentados após a sua entrada em vigor.

Aprovado pelo Conselho Geral da Ordem dos Advogados, em Lisboa, em seis de Julho de dois mil e sete.

Publique-se.

O Presidente do Conselho Geral,

ROGÉRIO ALVES

4.3.

REGULAMENTO DE INSCRIÇÃO DE JURISTAS DE RECONHECIDO MÉRITO, MESTRES E DOUTORES EM DIREITO, PARA A PRÁTICA DE ACTOS DE CONSULTA JURÍDICA

Regulamento n.° 111/2006, aprovado em Plenário do Conselho Geral de 7 de Abril de 2006, publicado no DR II Série, n.° 120, de 23 de Junho de 2006.

ARTIGO 1.°
Objecto

O presente regulamento estabelece o regime de inscrição na Ordem dos Advogados de juristas de reconhecido mérito, mestres e doutores em Direito, exclusivamente para o exercício da consulta jurídica.

ARTIGO 2.°
Condições de inscrição

1 – É admitida a inscrição na Ordem dos Advogados para a prática de actos de consulta jurídica, de juristas de reconhecido mérito, mestres e doutores em Direito, cujo título seja reconhecido em Portugal.

2 – A inscrição prevista no número anterior depende da prévia realização de um exame de aptidão nos termos e com os fins previstos nos artigos seguintes.

ARTIGO 3.°
Requerimento de inscrição

1 – O requerimento de inscrição é entregue nos serviços do Conselho Distrital, a cuja área pertença o domicílio profissional escolhido como

centro da vida profissional, e dirigido ao Conselho Geral, com a indicação desse domicílio, nome completo do requerente, demais dados de identificação, cargos e actividades exercidos, telefone, fax, endereço de correio electrónico, bem como a residência habitual.

2 – No requerimento pode o interessado indicar, para uso no exercício da actividade de consulta jurídica, nome abreviado, que não é admitido se susceptível de provocar confusão com outro anteriormente requerido ou inscrito, excepto se o possuidor deste o autorizar.

3 – Sem prejuízo de outros elementos ou documentos que venham a ser considerados necessários por deliberação do Conselho Geral, o requerimento de inscrição é instruído com os seguintes documentos:

a) Boletim de inscrição com a assinatura pessoal e profissional do requerente;

b) Documento comprovativo, em original ou pública-forma, do grau académico em Direito do qual o requerente é titular;

c) Certificado do registo criminal;

d) Duas fotografias iguais, a cores, tipo passe;

e) Fotocópia do Bilhete de Identidade e do Cartão de Contribuinte, devendo ser exibidos os respectivos originais;

f) Impresso para emissão da cédula profissional;

g) Autorização do requerente para o tratamento dos seus dados pessoais e profissionais;

h) Declaração, sob compromisso de honra, datada e assinada pelo requerente, de não estar em situação de incompatibilidade com o exercício da actividade de consulta jurídica, nos termos dos artigos 76.° e seguintes do EOA.

i) Cópia do contrato de trabalho, documento comprovativo do título de provimento ou de qualquer outro vínculo contratual, com indicação das funções e respectivo horário, quando o requerente declare exercer qualquer actividade e, em termos gerais, qualquer que seja o cargo, função ou actividade desempenhada;

j) Certidão do registo disciplinar, caso o requerente tenha sido funcionário ou agente da administração, ou magistrado;

k) Currículo profissional do requerente e respectivos documentos comprovativos.

4 – Se o requerimento de inscrição não estiver devidamente instruído nos termos do número anterior, é o requerente notificado para, no prazo de

dez dias, apresentar a documentação em falta, e expressamente advertido para o disposto no número seguinte.

5 – Se decorrido o prazo fixado no número anterior, o requerente não tiver efectuado a junção da documentação em falta, o respectivo requerimento será indeferido.

ARTIGO 4.°
Apreciação preliminar

1 – Cabe ao Conselho Distrital a cuja área pertença o domicílio profissional indicado, a apreciação preliminar do requerimento de inscrição verificando, designadamente, se este está devidamente instruído e quaisquer restrições ao direito de inscrição, previstas nas disposições estatutárias e regulamentares da Ordem dos Advogados.

2 – O resultado da apreciação do Conselho Distrital é junto ao requerimento de inscrição e remetida ao Conselho Geral para decisão.

3 – Exceptua-se do disposto no número anterior, a decisão de indeferimento do requerimento de inscrição com fundamento na falta de junção de documentos que o devam instruir, prevista no n.° 5, do artigo 3.°, a qual é da competência do Conselho Distrital respectivo.

ARTIGO 5.°
Admissão ao exame de aptidão

1 – O Conselho Geral aprecia o requerimento de inscrição apresentado junto do Conselho Distrital a fim de verificar se o requerente reúne as condições para vir a ser inscrito e, se for o caso, notifica-o da admissão ao exame de aptidão previsto no artigo seguinte.

2 – A decisão prevista no número anterior pode ser tomada com base nos fundamentos da apreciação preliminar respectiva do Conselho Distrital, a qual, nesse caso, constitui parte integrante da decisão do Conselho Geral.

ARTIGO 6.°
Exame de aptidão

O exame de aptidão a que alude o n.° 2, do artigo 193.° do EOA, tendo por fim avaliar a experiência profissional e o conhecimento das regras deontológicas que regem o exercício da profissão de advogado, será realizado no prazo de noventa dias contados da notificação a que se refere o n.° 1, do artigo 5.° do presente Regulamento.

ARTIGO 7.°
Júri do exame de aptidão

O júri do exame de aptidão é composto por três elementos e será designado pelo Conselho Geral, de entre advogados com, pelo menos, dez anos de exercício da advocacia.

ARTIGO 8.°
Conteúdo e classificação do exame de aptidão

1 – O exame de aptidão consiste na prestação de uma prova pública oral, subordinada aos seguintes temas:

a) Currículo profissional apresentado pelo candidato;
b) A deontologia profissional.

2 – A deliberação do júri é adoptada por maioria e expressa pela menção «*Aprovado*» ou «*Não Aprovado*».

ARTIGO 9.°
Deliberação final de inscrição

Caso o candidato obtenha aprovação no exame de aptidão a deliberação do júri é junta ao requerimento de inscrição e este é submetido a deliberação final do Conselho Geral.

ARTIGO 10.°
Estatuto profissional

Na actividade de consulta jurídica os juristas de reconhecido mérito, mestres e doutores em direito, inscritos na Ordem dos Advogados ao abrigo do presente regulamento, ficam sujeitos à jurisdição disciplinar da Ordem dos Advogados e às regras profissionais e deontológicas aplicáveis aos advogados, com as devidas adaptações, sendo-lhes designadamente aplicáveis as disposições estatutárias e regulamentares relativas:

a) Às incompabitibilidades e impedimentos;
b) À deontologia profissional;
c) Ao pagamento de quota mensal e outros encargos devidos pela inscrição.

ARTIGO 11.°
Título profissional

O licenciado, mestre ou doutor em Direito, inscrito na Ordem dos Advogados ao abrigo do presente regulamento, identifica-se, no exercício da sua actividade, pelo título académico respectivo seguido da menção «*Inscrito na Ordem dos Advogados para o exercício de consulta jurídica*».

ARTIGO 12.°
Cédula profissional

A cada licenciado, mestre ou doutor em Direito, habilitado a praticar actos de consulta jurídica por força da inscrição na Ordem dos Advogados, é entregue uma cédula profissional comprovativa dessa qualidade, de acordo com o modelo a aprovar pelo Conselho Geral.

ARTIGO 13.°
Início de vigência

1 – O presente regulamento entra em vigor no prazo de trinta dias a contar da sua publicação.
2 – O artigo 12.° entra em vigor na data da aprovação pelo Conselho Geral do modelo da cédula profissional ali prevista.

Aprovado em reunião plenária do Conselho Geral, em Lisboa, 7 de Abril de 2006.

Publique-se.

4.4.

REGULAMENTO DE DISPENSA DE SEGREDO PROFISSINAL

Regulamento n.º 94/2006 (2.ª série), aprovado em Conselho Geral (Plenário) em 24/03/06 e publicado no DR II Série em 12/06/06

ARTIGO 1.º
Regime aplicável

A dispensa de segredo profissional rege-se pelos preceitos do Estatuto da Ordem dos Advogados (EOA) e do presente regulamento.

ARTIGO 2.º
Do pedido de autorização

1 – O pedido de autorização para a revelação de factos que o advogado tenha tido conhecimento e sujeitos a segredo profissional, nos termos do disposto nos n.ºs 1, 2, 3 e 7, do artigo 87.º do EOA, será efectuado mediante requerimento dirigido ao presidente do conselho distrital a cuja área geográfica pertença o domicílio profissional do advogado que pretenda a desvinculação e subscrito por este.

2 – A autorização para que o advogado possa revelar factos abrangidos pelo segredo profissional cabe ao Presidente do Conselho Distrital respectivo.

3 – O Presidente do Conselho Distrital pode delegar a sua competência, em matéria de segredo profissional, em algum ou alguns dos membros do Conselho Distrital.

4 – Caso o Presidente do Conselho Distrital se julgue impedido para proferir decisão num processo de dispensa de segredo profissional, lavrará

nos autos despacho justificativo e, verificado o impedimento pelo Conselho Distrital, caberá ao Vice-Presidente exercer essa competência.

ARTIGO 3.°
Forma e fundamentação do pedido

1 – O requerimento referido no artigo 2.° deve identificar de modo objectivo, concreto e exacto, qual o facto ou factos sobre os quais a desvinculação é pretendida, conter a identificação completa do advogado requerente, vir acompanhado com os documentos necessários à apreciação do pedido, e, se se tratar de pedido relativo a processo em curso, vir acompanhado das peças processuais pertinentes.

2 – O pedido de autorização é obrigatoriamente fundamentado sob pena de rejeição liminar.

3 – Sem prejuízo do disposto no número anterior, o Presidente do Conselho Distrital poderá solicitar ao requerente, sempre que entenda necessário, a prestação de esclarecimentos complementares, bem como a junção de documento ou documentos pertinentes para a apreciação do pedido, para tanto fixará um prazo de apresentação findo o qual os autos serão decididos com os elementos neles constantes.

4 – No caso de se pretender a dispensa de segredo para o advogado depor em processo em curso ou para juntar documentos a um qualquer processo, o requerimento deverá ser apresentado com antecedência em relação à data em que esteja marcada a diligência ou em que seja possível apresentar o documento, ressalvando-se situações de manifesta urgência ou excepcionais, devidamente justificadas, de modo a poder ser proferida uma decisão em tempo útil.

ARTIGO 4.°
Da decisão

1 – A dispensa do segredo profissional tem carácter de excepcionalidade.

2 – A autorização para revelar factos abrangidos pelo segredo profissional, apenas é permitida quando seja inequivocamente necessária para a defesa da dignidade, direitos e interesses legítimos do próprio advogado, cliente ou seus representantes.

3 – A decisão do Presidente do Conselho Distrital, nos termos do EOA e do presente regulamento, aferirá da essencialidade, actualidade, exclusividade e imprescindibilidade do meio de prova sujeito a segredo, considerando e apreciando livremente os elementos de facto trazidos aos autos pelo requerente da dispensa.

ARTIGO 5.°
Efeitos da decisão

1 – A decisão que negue autorização para dispensa de segredo é vinculativa, sem prejuízo do disposto no artigo seguinte.

2 – A decisão de deferimento da dispensa de segredo profissional é irrecorrível.

3 – O advogado autorizado a revelar facto ou factos sujeitos a segredo profissional pode optar por mantê-lo, em respeito e obediência ao princípio da independência e da reserva.

ARTIGO 6.°
Da admissibilidade do recurso

1 – Da decisão de indeferimento de dispensa de segredo profissional cabe recurso para o Bastonário.

2 – Apenas o requerente de dispensa de segredo profissional tem legitimidade para interpor o recurso previsto no número anterior.

ARTIGO 7.°
Prazo e forma de interposição do recurso

1 – O prazo para interposição de recurso é de quinze dias úteis a contar da notificação da decisão de indeferimento.

2 – O requerimento de interposição de recurso é sempre motivado, sob pena de não admissão do mesmo.

3 – Assiste ao órgão recorrido a faculdade de suprir nulidades, de proceder à rectificação de erros materiais e, bem assim, de reparar o recurso, alterando o sentido da decisão recorrida.

4 – Interposto o recurso, o órgão recorrido notifica, em alternativa, o recorrente da:

a) Não admissão do recurso por falta de fundamentação;
b) Decisão proferida ao abrigo da faculdade prevista no n.° 3;
c) Admissão e subida do recurso para o Bastonário.

ARTIGO 8.°
Da subida do recurso

1 – Recebido o recurso pelo Bastonário, poderão os autos ser distribuídos ao vogal do Conselho Geral com competência delegada para o efeito.

2 – Caso o Bastonário se julgue impedido para julgar o recurso lavrará nos autos despacho justificativo e, verificado o impedimento pelo Conselho Geral, caberá ao Vice-Presidente exercer essa competência.

3 – O Bastonário não está vinculado à admissão do recurso, podendo decidir pela sua não admissão com fundamento em extemporaneidade, falta de legitimidade do recorrente ou inadmissibilidade material do recurso.

4 – O Bastonário poderá pedir esclarecimentos ao recorrente e ordenar a junção de documento ou documentos que entenda pertinentes, fixando um prazo para o efeito.

5 – Sem prejuízo do disposto no número anterior, no recurso não serão atendidos factos que não tenham sido objecto de apreciação pelo Presidente do Conselho Distrital, excepto se os mesmos forem supervenientes.

6 – O Bastonário poderá, ainda, fazer baixar os autos ao conselho distrital, para suprir alguma nulidade que entenda ter sido praticada.

ARTIGO 9.°
Prazos de decisão

1 – No pedido de dispensa de segredo deverá ser proferida decisão em prazo que não exceda quinze dias úteis a contar da data da sua distribuição.

2 – A decisão do recurso deverá ser proferida em prazo igual ao estipulado no número anterior, a contar da data da sua distribuição.

3 – Os prazos estipulados nos números anteriores suspendem-se sempre que sejam pedidos esclarecimentos ou ordenada a junção de documentos, nos termos do disposto no n.° 3, do artigo 3.° e do n.° 4 do artigo 8.°, do presente regulamento, pelo período fixado para esse efeito.

4 – Por razões de especial complexidade dos autos ou de remessa destes ao conselho distrital, nos termos do disposto no n.° 6, do artigo 8.°, pode a decisão ser proferida em prazo alargado e desse facto deverá ser lavrado despacho justificativo.

ARTIGO 10.°
Casos Omissos

Os casos omissos e as dúvidas suscitadas na aplicação do presente Regulamento serão resolvidos pelo Conselho Geral.

Aprovado em sessão plenária do Conselho Geral, de 24 de Março de 2006.

Publique-se,

4.5.

REGULAMENTO DOS LAUDOS DE HONORÁRIOS

Regulamento n.º 40/2005 – Por deliberação do Conselho Superior da Ordem dos Advogados de 29 de Abril de 2005, nos termos do art. 43.º-1-i) do Estatuto da Ordem dos Advogados, foi alterado o Regulamento dos Laudos de Honorários n.º 36/2003, aprovado por deliberação do Conselho Geral da Ordem dos Advogados de 18 de Julho de 2003, publicado no Diário da República, II Série, de 6 de Agosto de 2003, cujo teor integral se publica em dois anexos.

Regulamento publicado no D.R., II Série, n.º 98 de 20/05/2005.

ANEXO I

Regulamento dos Laudos de Honorários
[art. 43.º-1-i) do Estatuto da Ordem dos Advogados]
Alteração aprovada, ouvido o Centro de Estudos da Ordem dos Advogados, em sessão do Conselho Superior de 29/04/02005

ARTIGO 1.º
Competência das Secções do Conselho Superior

Compete às Secções do Conselho Superior da Ordem dos Advogados dar laudo sobre honorários, nos termos da alínea e) do n.º 3 do artigo 43.º do Estatuto da Ordem dos Advogados, em relação aos serviços profissionais prestados por advogados nacionais ou estrangeiros inscritos na Ordem dos Advogados Portugueses e ainda aos legitimamente prestados pelos advogados estrangeiros registados na Ordem dos Advogados Portugueses sob o seu título profissional de origem.

ARTIGO 2.º
Laudo

O laudo sobre honorários constitui parecer técnico e juízo sobre a qualificação e valorização dos serviços prestados pelos advogados, tendo em atenção as normas do Estatuto da Ordem dos Advogados, a demais legislação aplicável e o presente Regulamento.

ARTIGO 3.º
Honorários

1 – Entende-se por "honorários" a retribuição dos serviços profissionais prestados por advogado na prática de actos próprios da profissão.

2 – O termo "advogado" inclui sempre, nas disposições deste regulamento, o advogado estagiário, com as necessárias adaptações.

ARTIGO 4.º
Despesas e encargos

1 – Na emissão do laudo as Secções do Conselho Superior da Ordem dos Advogados não devem pronunciar-se sobre as despesas e encargos inerentes à prestação de serviços do advogado, sem prejuízo de nele se poder qualificar como honorários qualquer verba indicada como despesa.

2 – No caso de patrocínio oficioso, as Secções do Conselho Superior da Ordem dos Advogados devem pronunciar-se sobre a razoabilidade das despesas apresentadas pelo defensor, ainda que não documentadas.

3 – O pagamento de serviços a terceiros que não sejam advogados é considerado como despesa para efeitos deste Regulamento.

ARTIGO 5.º
Da conta de honorários

1 – A conta de honorários deve ser apresentada ao cliente por escrito, mencionar o IVA que for devido e ser assinada pelo advogado ou por ordem e responsabilidade do advogado ou da sociedade de advogados.

2 – Os honorários devem ser fixados em euros, sem prejuízo da indicação da sua correspondência com qualquer outra moeda.

3 – A conta deve enumerar e discriminar os serviços prestados.

4 – Os honorários devem ser separados das despesas e encargos, sendo todos os valores especificados e datados.

5 – A conta deve mencionar todas as provisões recebidas.

6 – O advogado não pode agravar a conta apresentada ao cliente no caso de não pagamento oportuno ou de cobrança judicial, embora possa, querendo, exigir a indemnização devida pela mora nos termos legais.

ARTIGO 6.°
Legitimidade para pedir laudo

1 – O laudo sobre honorários pode ser solicitado pelos tribunais, por outros Conselhos da Ordem e, em relação às respectivas contas, pelo advogado, ou seu representante ou sucessor, pelas sociedades de advogados, ou pelo constituinte ou consulente, ou seus representantes ou sucessores.

2 – Pode ainda solicitar laudo quem, nos termos legais ou contratuais, seja responsável pelo pagamento dos honorários do advogado.

ARTIGO 7.°
Outros pressupostos da emissão de laudo

1 – É pressuposto da emissão de laudo a existência de conflito ou divergência, expresso ou tácito, entre o advogado e o constituinte ou consulente acerca do valor dos honorários estabelecidos em conta já apresentada.

2 – Presume-se a existência de divergência se a conta não estiver paga pelo constituinte ou consulente, três meses após a sua remessa.

3 – Para efeito do disposto no número anterior não é considerado pagamento da conta a compensação efectuada com as quantias recebidas a título de provisão antes da apresentação da conta final.

4 – Presume-se que todas as quantias recebidas antes da apresentação da conta final o são a título de provisão.

5 – Pode ser sujeita a laudo prévio a repartição de honorários entre advogados que tenham colaborado no mesmo processo ou trabalho, desde que fora do âmbito do exercício da advocacia em sociedades de advogados.

6 – O advogado ou sociedade de advogados só podem obter laudo sobre honorários por si apresentados estando em dia, o advogado ou os sócios da sociedade de advogados, com os pagamentos devidos à Ordem dos Advogados e se tiverem apresentado a sua conta de honorários nos termos do artigo 5.° do presente Regulamento, o que não impede que qualquer dos outros titulares do direito a requerer laudo possa exercê-lo.

ARTIGO 8.°
Pedido de laudo

1 – O pedido de laudo sobre honorários deve ser formulado por escrito dirigido ao Presidente do Conselho Superior e instruído com a conta.

2 – O pedido é apresentado directamente ou remetido à sede da Ordem, do Conselho Distrital ou da Delegação.

3 – O pedido de laudo tem de ser fundamentado, salvo se formulado por tribunal.

4 – O pedido tem de identificar o advogado ou a sociedade de advogados, pelo seu nome, firma ou denominação e domicílio profissional, e o constituinte ou consulente, também com o nome e o respectivo domicílio, e, se possível, o número de telefone, de telefax e o endereço electrónico de todas as partes envolvidas.

ARTIGO 9.°
Departamento de Processos

Ao Departamento de Processos cabe:

a) Registar e autuar os pedidos de laudo e proceder à sua distribuição;

b) Manter em ordem e actualizados os registos informáticos de entrada e da sequência do processo até final;

c) Prestar informação sobre o andamento dos processos, sem prejuízo do disposto no artigo 21.°;

d) Indicar anualmente o escrivão dos processos de laudo.

ARTIGO 10.º
Escrivão

1 – Compete ao escrivão autuar o processo e velar pela sua marcha de acordo com a tramitação prevista neste Regulamento, bem como com os despachos do instrutor, do relator adjunto ou do relator e as deliberações das Secções do Conselho Superior.

2 – Compete ao escrivão proceder à comunicação dos autos e ao seu registo nos termos previstos neste Regulamento.

3 – O escrivão deve juntar ao processo cópia das fichas pessoais do advogado ou dos sócios da sociedade de advogados cujos honorários são objecto do laudo e informação sobre se é devida ou não qualquer quota à Ordem dos Advogados.

ARTIGO 11.º
Relator e Relator Adjunto

1 – São relatores os membros do Conselho Superior designados por despacho do respectivo presidente.

2 – Compete ao relator superintender no processo de laudo ao longo de toda a sua tramitação e subscrever o parecer final a submeter a deliberação da Secção competente do Conselho Superior.

3 – O relator pode designar por despacho, como relator adjunto, advogado não membro do Conselho Superior, para, com ou sem remuneração, exercer funções e praticar os actos que lhe forem cometidos pelo relator.

4 – O presidente do Conselho Superior pode aceitar a escusa do relator quando este invoque razão atendível, ou substituí-lo em caso de suspeição fundamentada. O relator adjunto pode ser livremente exonerado a todo o tempo por despacho do relator.

5 – É competente para deliberar sobre o laudo a Secção do Conselho Superior que integre o relator.

ARTIGO 12.º
Distribuição

Registada e autuada, a petição é distribuída pelo presidente do Conselho Superior a um relator, sendo, no mesmo despacho, cometidos a advogado instrutor, contratado pela Ordem dos Advogados, a instrução e o expediente do processo, com exclusão da elaboração do parecer final mencionado no art. 15.° deste Regulamento.

ARTIGO 13.°
Despacho liminar

1 – O instrutor verifica liminarmente se a petição está devidamente fundamentada e instruída e se se verificam as condições de legitimidade do requerente e os demais pressupostos; em caso negativo, manda notificar o requerente para suprir as faltas, no prazo de 15 dias, informando que o não suprimento poderá dar causa ao arquivamento do processo.

2 – Sendo o requerente, ou os sócios da sociedade de advogados requerente, devedores de quotas à Ordem dos Advogados, serão os mesmos avisados para as satisfazer no prazo que for fixado, não inferior a 15 dias, com a informação de que o não cumprimento do prazo poderá dar causa ao arquivamento do processo.

ARTIGO 14.°
Instrução

1 – O instrutor deve sempre notificar o ou os requeridos para responderem, querendo, no prazo de 15 dias, remetendo-se com a notificação cópia do pedido e dos documentos que o acompanharam.

2 – Se o pedido tiver sido formulado por advogado ou por sociedade de advogados, o instrutor deve ordenar a sua notificação para se pronunciarem, querendo, sobre a resposta da entidade ou entidades requeridas.

3 – O instrutor pode solicitar aos tribunais o envio, a título devolutivo, nos termos do artigo 7.° do Estatuto da Ordem dos Advogados, dos autos em que se discutem os honorários e, bem assim, daqueles em que foram prestados serviços a eles relativos.

4 – Sempre que tenha conhecimento de que existe processo disciplinar pendente tendo por objecto a apreciação de condutas profissionais relacionadas com a conta de honorários que constitui objecto do pedido de laudo, o instrutor solicita ao competente órgão disciplinar os esclarecimentos necessários para se poder verificar se o objecto do processo disciplinar tem efectiva relação com a retribuição dos serviços a que se referem

os honorários e, em caso afirmativo, deve requisitar cópia do referido processo para dele retirar os elementos necessários para a devida instrução do pedido.

5 – O instrutor, quando considerar finda a instrução, determina que os autos sejam presentes ao relator, podendo ser determinada a realização de diligências complementares que porventura sejam julgadas necessárias.

ARTIGO 15.°
Parecer do relator

1 – Concluídas as diligências de instrução, o relator, tendo em consideração o enquadramento das divergências vertentes, poderá, oficiosamente ou a requerimento de qualquer interessado, convocar os intervenientes processuais para uma diligência compositória com vista à resolução da pendência por consenso.

2 – Optando por não realizar a diligência compositória ou caso esta se frustre, o relator, no prazo de trinta dias, formula o seu parecer e envia-o, se possível por por correio electrónico, para o departamento de processos da Ordem dos Advogados, devolvendo de imediato o processo ao mesmo departamento, acompanhado do original do parecer.

3 – O parecer deve ser fundamentado, deve conhecer dos pressupostos do pedido e de todas as questões susceptíveis de prejudicar o seu conhecimento, e deve, no caso de concluir por proposta no sentido de se conhecer do pedido, discriminar os serviços considerados prestados e os critérios seguidos na fixação dos honorários, concluindo por proposta de concessão ou negação do laudo requerido.

4 – O parecer deve concluir pela proposta de concessão de laudo se a diferença de valores entre os honorários fixados e os que o relator consideraria moderados for inferior a 10% dos primeiros.

5 – No caso de entender que não deve ser concedido laudo por imoderação dos honorários fixados, o relator deve propor o valor dos honorários que, se tivesse sido praticado, mereceria laudo favorável.

6 – O parecer que haja sido formulado por relator adjunto, no âmbito do exercício de funções consequente à designação a que se refere o n.° 3 do art. 11.° deste Regulamento, só poderá ser submetido a deliberação da Secção se obtiver a expressa concordância do Relator, sendo por ele assumido, subscrito e proposto a deliberação da Secção.

ARTIGO 16.°
Indícios de falta disciplinar

1 – O relator, se verificar a existência de indícios de que as condutas profissionais de advogado ou advogados, relacionadas com os serviços prestados a que se refere a conta de honorários, são susceptíveis de integrar ilícito disciplinar, deve, caso não ocorra já a respectiva pendência, propor no seu parecer a participação do facto ao órgão disciplinar competente.

2 – Sendo, nos termos do número anterior, as condutas profissionais susceptíveis de integrar ilícito disciplinar imputáveis ao advogado ou aos sócios da sociedade de advogados requerentes do laudo, o relator deve propor no seu parecer que não se conheça do pedido e que se ordene o arquivamento dos autos.

ARTIGO 17.°
Decisão final

1 – O parecer do relator é enviado, sempre que possível por via electrónica, pelo departamento de processos aos membros do Conselho Superior que terão de deliberar sobre ele, sendo objecto de apreciação na primeira reunião da Secção competente.

2 – No caso de rejeição do parecer do relator o processo é, por deliberação da Secção, distribuído a novo relator, escolhido de entre os membros que votaram no sentido da rejeição.

3 – Os membros da Secção do Conselho Superior que não aprovarem o parecer devem justificar por escrito o seu voto na acta da sessão.

4 – A decisão e o parecer proferidos são notificados ao requerente e demais interessados.

5 – A decisão final que conheça do pedido é nula quando faltem pressupostos para a emissão de laudo, não forem notificados os interessados nos termos do disposto nos n.os 1 e 2 do artigo 14.° ou não for fundamentada em conformidade com o n.° 3 do art. 15.°.

ARTIGO 18.°
Desistência e repetição do pedido

1 – Os requerentes podem desistir do pedido de laudo até ao mo-

mento em que o relator apresentar o seu parecer para deliberação na Secção, mas não podem repetir o pedido.

2 – Após a apresentação do parecer do relator para deliberação na Secção, a desistência dos requerentes só será admitida se obtiver a expressa aceitação dos demais intervenientes processuais interessados no laudo, que, caso a aceitem, não poderão requerer, eles próprios, outro laudo sobre a mesma conta de honorários.

ARTIGO 19.°
Arguição de nulidades e recurso

1 – É de 15 dias o prazo para a arguição de nulidades da decisão final.

2 – Não há recurso das deliberações das Secções proferidas nos processos de laudo.

ARTIGO 20.°
Revisão

1 – O requerente e o requerido podem requerer a revisão de deliberação proferida em processo de laudo, no prazo de um ano a contar da notificação da mesma deliberação, com fundamento em novos factos, que não pudessem ter sido invocados no decurso do processo.

2 – O pedido de revisão é dirigido ao presidente do Conselho Superior e deve invocar e justificar qualquer das condições de admissibilidade previstas no número anterior.

3 – Na instrução e na deliberação sobre o pedido de revisão não participam membros do Conselho Superior que tenham intervindo anteriormente no processo.

4 – O presidente do Conselho Superior nomeia como relator do processo de revisão um membro do mesmo Conselho, o qual deve apresentar parecer sobre a verificação das condições de admissibilidade da revisão e, caso considere que as mesmas se verificam, um novo parecer delas resultante, que submeterá a deliberação da Secção.

5 – Caso a Secção não concorde com o parecer do relator e entenda necessária a apresentação de um novo parecer, nomeia novo relator para o efeito, de entre os seus membros que tenham feito maioria, seguindo-se os demais trâmites previstos neste Regulamento.

ARTIGO 21.°
Confidencialidade

1 – Os processos de laudo são confidenciais, antes e depois de julgados, sem prejuízo do envio dos pareceres e decisões finais aos requerentes e demais interessados.

2 – O relator pode ordenar que se passem certidões ou cópias às partes interessadas, desde que julgue haver fundamento que justifique o pedido.

ARTIGO 22.°
Casos omissos

Os casos não previstos no presente Regulamento são resolvidos pelo Conselho Superior, em sessão plenária.

ARTIGO 23.°
Emolumentos

1 – Pelo pedido de laudo, excepto quando solicitado por outro conselho da Ordem dos Advogados, são devidos emolumentos fixados pelo Conselho Geral, a suportar pelo requerente e pelos interessados que queiram intervir no processo de laudo.

2 – Verificando-se resolução amigável da pendência a que alude o n.° 1 do art. 15.°, haverá lugar ao reembolso de 50% dos emolumentos pagos.

3 – Se o pedido for ordenado pelo juiz, deve a secretaria do tribunal assegurar o pagamento dos emolumentos, previsto no n.° 1 deste preceito, que serão suportados a final de acordo com as regras gerais.

4 – Por cada pedido de revisão são devidos emolumentos equivalentes a um quarto do montante pago pelo respectivo pedido de laudo.

ARTIGO 24.°
Alterações

Quaisquer alterações a este Regulamento serão deliberadas pelo Conselho Superior.

ARTIGO 25.°
Tabela de emolumentos

Mantém-se em vigor a Tabela de Emolumentos aprovada pelo Conselho Geral da Ordem dos Advogados e que constitui Anexo ao Regulamento n.° 36/2003, publicado no Diário da República, II Série, de 6 de Agosto de 2003, a qual é também publicada como Anexo do presente Regulamento.

ARTIGO 26.°
Entrada em vigor

Este Regulamento entra em vigor imediatamente após a sua publicação.

ANEXO II
Tabela de emolumentos
(artigo 23.° do Regulamento dos Laudos de Honorários)

Valor do Pedido	Emolumentos (Valor em Euros)
Até € 1250	100
Superior a € 1250 e até € 2500	200
Superior a € 2500 e até € 7500	300
Superior a € 7500 e até € 25 000	400
Superior a € 25 000 e até € 50 000	500
Superior a € 50 000	750

4.6.

REGULAMENTO NACIONAL DE ESTÁGIO
(aprovado em Conselho Geral no dia 15 de Julho de 2005)

- REPUBLICAÇÃO -

- **Regulamento 52-A/2005 D.R. 2.ª Série, n.º 146 (supl.) de 1 de Agosto de 2005**
- **Deliberação n.º 1898-A/2007, D.R. 2.ª Série n.º 184 (Supl.) de 24 de Setembro de 2007**
- **Deliberação n.º 2280/2008, D.R. 2.ª Série n.º 159 (Supl.) de 19 de Agosto de 2008**
- **Deliberação n.º 3333-A/2009, D.R. 2.ª Série n.º 242 (Parte E) de 16 de Dezembro de 2009**

REGULAMENTO NACIONAL DE ESTÁGIO

Preâmbulo

Conforme previsto no artigo 3.º da Lei n.º 15/2005, de 26 de Janeiro, que aprovou o Estatuto da Ordem dos Advogados, constituem atribuições da Ordem dos Advogados atribuir o título profissional de advogado e de advogado estagiário, bem como regulamentar o exercício da respectiva profissão e zelar pela função social, dignidade e prestígio da profissão de advogado, promovendo a formação inicial e permanente dos advogados e o respeito pelos valores e princípios deontológicos».

Logo, deve a Ordem dos Advogados zelar pela eficácia da formação e da valorização profissional, bem como acompanhar a evolução dos candidatos à advocacia na admissão à OA como membros efectivos.

Acontece que a massificação do ensino do direito em Portugal, devida sobretudo à multiplicação de universidades privadas, conduziu a uma diminuição generalizada da sua qualidade, com repercussões negativas em todas as profissões jurídicas.

No que à Advocacia diz respeito, verificou-se que a Ordem dos Advogados não foi capaz de, ao longo dos anos, obstar às consequências nefastas daquela situação. A Advocacia massificou-se, passando de cerca de 6.000 Advogados em meados dos anos 80, para mais de 30.000 na actualidade.

O resultado mais visível desse fenómeno foi a degradação da profissão, com perda da sua secular dignidade funcional e prestígio social.

Hoje, existem em Portugal milhares de Advogados que lutam desesperadamente pela sobrevivência profissional que só poucos conseguirão.

O rácio de Advogados por habitantes aproxima-se do dos países da América Latina, afastando Portugal dos modelos da Advocacia existente nos países desenvolvidos da Europa.

Embora com um atraso de vários anos ainda não é tarde para proceder às reformas que invertam a situação e criem as condições para que a Advocacia portuguesa volte a ser uma profissão com a dignidade e a qualidade que foram a individualizaram ao longo dos séculos.

E a primeira de todas as reformas tem, necessariamente, de incidir nos mecanismos de acesso à profissão, nomeadamente a formação profissional, a qual, em bom rigor, não é objecto de reformas de fundo, praticamente, desde a criação do actual modelo, ou seja, desde há cerca de 20 anos.

Por isso impõe-se proceder a alterações no Regulamento Nacional de Estágio de molde a adaptar a formação de novos Advogados às mudanças que ocorreram na sociedade, fazendo com que a preparação de novos Advogados incida predominantemente nos aspectos práticos da actividade profissional.

Nesse sentido, o eixo da formação deslocar-se-á dos centros de estágio para os patronos, pois é na observação da concreta actividade profissional que os candidatos à Advocacia deverão recolher os ensinamentos necessários à futura prática profissional.

O advogado deve considerar-se um servidor da justiça e do direito e, como tal, ter um comportamento público e profissional adequado à dignidade e responsabilidades da função que exerce, mantendo sempre a maior independência e isenção e cumprindo as regras deontológicas da profissão. Nessa medida, é o patrono quem está mais habilitado a transmitir tais ensinamentos aos candidatos à advocacia através do seu acompanhamento.

A acção dos centros de estágio deverá incidir predominantemente na formação em deontologia e em simulações de audiências e diligências processuais nos vários ramos do direito, designadamente civil, penal, trabalho, administrativo e fiscal e ainda na tramitação processual no Tribunal Constitucional e no Tribunal Europeu dos Direitos do Homem.

Importa, por outro lado, garantir que os licenciados que pretendem ingressar no estágio na Ordem possuam os conhecimentos jurídicos necessários à formação profissional que irão receber. Daí que a Ordem tenha o direito, que é simultaneamente um dever, de verificar previamente a preparação científica de que são portadores esses candidatos à Advocacia.

Este objectivo é essencial à boa formação profissional dos futuros Advogados, sobretudo num país onde o ensino jurídico se degradou acentuadamente devido à sua massificação, em consequência da proliferação de cursos de direito.

Por isso se institui um exame nacional de acesso ao estágio apenas para os licenciados com menos de cinco anos de formação académica e, ao mesmo tempo, se transforma o exame de aferição num exame nacional de acesso à segunda fase do estágio.

Por fim entende-se que é necessário conferir maior transparência no recrutamento dos formadores, instituindo-se a necessidade de a sua contratação ser efectuada através de concursos públicos de âmbito distrital.

Entendeu-se também que os dirigentes da OA não devem ser contratados como formadores, em obediência ao mesmo princípio de transparência.

Visa-se ainda diversificar os aspectos formativos, através da promoção de acções de formação, a nível nacional, orientadas na vertente prática em colaboração com outras entidades.

CAPÍTULO I
Princípios Gerais

ARTIGO 1.º
Fins do estágio

1 – Cabe ao Conselho Geral, no exercício das suas competências estatutárias e em obediência às normas programáticas estabelecidas no Estatuto da Ordem dos Advogados, definir os princípios orientadores do estágio e da formação do advogado estagiário, visando a formulação de um modelo de estágio que sirva os objectivos de rigor e exigência pedagógica e científica, assente numa lógica de simplicidade de procedimentos burocráticos e administrativos.

2 – O estágio tem por objectivo garantir uma formação adequada ao exercício da advocacia, de modo a que esta seja desempenhada de forma competente e responsável, designadamente nas suas vertentes técnica, científica e deontológica.

ARTIGO 2.º
Fases do estágio: formação inicial e formação complementar

1 – O estágio terá a duração de 24 meses e compreende duas fases de formação: a fase de formação inicial, com a duração de 6 meses, e a fase de formação complementar, com a duração de 18 meses.

2 – A fase de formação inicial destina-se a garantir a iniciação aos aspectos técnicos da profissão e um adequado conhecimento das suas regras e exigências deontológicas, assegurando que o advogado estagiário, ao transitar para a fase de formação complementar, está apto à realização dos actos próprios de advocacia no âmbito da sua competência.

3 – A fase de formação complementar visa o desenvolvimento e aprofundamento das exigências práticas da profissão, intensificando o contacto pessoal do advogado estagiário com o funcionamento dos escritórios de advocacia, dos tribunais, das repartições e outros serviços relacionados com o exercício da actividade profissional.

4 – Durante a fase de formação complementar, o advogado estagiário participa no sistema de acesso ao direito e aos tribunais no quadro legal e regulamentar vigente.

CAPÍTULO II
Estrutura orgânica do estágio

ARTIGO 3.°
Comissão Nacional de Estágio e Formação

1 – A prossecução coordenada dos objectivos referidos nos artigos 1.° e 2.° será assegurada pela Comissão Nacional de Estágio e Formação (CNEF), que funcionará na dependência do Conselho Geral.

2 – A CNEF é composta por 15 membros, sendo oito indicados pelo Conselho Geral, um dos quais presidirá com voto de qualidade, e os restantes sete indicados por cada um dos Conselhos Distritais.

3 – A CNEF poderá, sob proposta do seu presidente, convidar entidades terceiras para com ela colaborar no âmbito das suas atribuições.

ARTIGO 4.°
Poderes e competências da CNEF

1 – Cabe à CNEF emitir pareceres, efectivar a coordenação dos centros de estágio na realização concreta dos princípios gerais da formação e dos programas de estágio e apresentar propostas de regulamentação ao Conselho Geral, garantindo uma preparação profissional rigorosa e criteriosa de âmbito nacional.

2 – Compete, ainda, à CNEF assegurar a execução de um sistema de formação e qualificação justo e proporcionado às elevadas exigências do acesso à profissão, no respeito pelos princípios gerais definidos pelo Conselho Geral.

3 – Ao presidente da CNEF cabe, sempre que o Bastonário entender conveniente, a representação da Ordem dos Advogados nos eventos nacionais ou internacionais que se relacionem, pelo seu objecto, com interesses específicos do estágio ou da formação dos advogados.

4 – A CNEF poderá colaborar com outras instituições, nacionais ou internacionais, e propor ao Conselho Geral e aos Conselhos Distritais a celebração de convénios, protocolos e acordos com as universidades, escolas profissionais e organismos profissionais representativos de outras profissões jurídicas, coordenando o desenvolvimento desta atribuição com a intervenção dos Conselhos Distritais.

5 – A CNEF disporá de secretariado próprio e será dotada dos meios financeiros, logísticos e administrativos que forem aprovados em Conselho Geral.

ARTIGO 5.º
Funcionamento da CNEF

1 – A CNEF reunirá em plenário mediante convocação do seu Presidente ou do Bastonário.

2 – As convocatórias deverão ser remetidas com, pelo menos, cinco dias de antecedência, a todos os membros da CNEF e com conhecimento ao Bastonário, com indicação do local, dia e hora da reunião e ordem de trabalhos, devendo, sempre que possível, ser observado um critério de rotatividade no que respeita ao local das reuniões.

3 – A CNEF pode adoptar resoluções no âmbito das matérias que lhe estejam cometidas pelo presente regulamento ou por deliberação do Conselho Geral, as quais serão tomadas por maioria simples dos seus membros presentes.

4 – As resoluções adoptadas pela CNEF têm a natureza de recomendação e deverão ser aprovadas em Conselho Geral.

5 – Das reuniões em plenário será lavrada acta, onde constarão todos os assuntos tratados e resoluções tomadas para posterior conhecimento do Conselho Geral e dos Conselhos Distritais.

6 – As actas das reuniões do plenário da CNEF deverão ser aprovadas no início da reunião ordinária seguinte a que disserem respeito.

ARTIGO 6.º
Centros de estágio

1 – A execução e desenvolvimento concreto do estágio, de acordo com os princípios e regras definidos pelo Conselho Geral, compete aos centros de estágio dependentes de cada um dos Conselhos Distritais, os quais promoverão e realizarão, directamente ou em colaboração com as delegações, pólos de formação e demais entidades, as acções de formação profissional dos advogados estagiários que entenderem adequadas ao cumprimento dos objectivos do estágio por via da formação presencial ou à distância, utilizando as ferramentas do ensino e-learning.

2 – Na área de jurisdição de cada um dos Conselhos Distritais haverá, em regra, um centro de estágio, que será presidido por um membro designado pelo Conselho Distrital respectivo.

3 – Os Conselhos Distritais poderão delegar, nos termos legais, as suas competências estatutárias em matéria de estágio.

ARTIGO 7.°
Estrutura, formadores e meios dos centros de estágio

1 – Os centros de estágio são dotados de formadores e pessoal administrativo, instalações, equipamentos e outros meios que sejam necessários ao desempenho das suas atribuições.

2 – Os formadores são seleccionados por concurso público, a realizar de dois em dois anos, e exercem sua actividade mediante contrato remunerado de prestação de serviços, a celebrar com os Conselhos Distritais, pelo prazo de um ano, renovável por uma só vez.

3 – Os formadores devem ser advogados com, pelo menos, dez anos de inscrição na Ordem dos Advogados, não terem sido punidos com sanção disciplinar superior a multa e possuir reconhecida aptidão profissional.

4 – Os titulares de órgãos eleitos da Ordem dos Advogados e os membros da Comissão Nacional de Avaliação (CNA) e da CNEF não podem ser contratados como formadores.

CAPÍTULO III
Do Estágio

SECÇÃO I
Inscrição na Ordem dos Advogados

ARTIGO 8.°
Inscrição dos advogados estagiários

A inscrição dos advogados estagiários rege-se pelas disposições do Estatuto da Ordem dos Advogados e do Regulamento de Inscrição de Advogados e Advogados Estagiários.

ARTIGO 9.°
Deveres dos advogados estagiários

1 – São deveres dos advogados estagiários durante todo o seu período de estágio e formação:

a) Observar escrupulosamente as regras, condições e limitações admissíveis na utilização do escritório do patrono;
b) Guardar respeito e lealdade para com o patrono;
c) Submeter-se aos planos de estágio que vierem a ser definidos pelo escritório ou sociedade de advogados em que se insiram;
d) Colaborar com o patrono sempre que este o solicite e efectuar os trabalhos que lhe sejam determinados, desde que se revelem compatíveis com a actividade do estágio;
e) Colaborar com empenho, zelo e competência em todas as actividades, trabalhos e acções de formação que venha a frequentar no âmbito dos programas de estágio;
f) Guardar sigilo profissional;
g) Comunicar ao centro de estágio qualquer facto que possa condicionar ou limitar o pleno cumprimento das normas estatutárias e regulamentares inerentes ao estágio;
h) Cumprir em plenitude todas as demais obrigações deontológicas e regulamentares no exercício da actividade profissional.

ARTIGO 9.°-A
Exame nacional de acesso ao estágio

1 – A inscrição preparatória dos candidatos que tenham obtido a sua licenciatura após o Processo de Bolonha será antecedida de um exame de acesso ao estágio, com garantia de anonimato, organizado a nível nacional pela CNA ou por quem o Conselho Geral, designar.

2 – O exame nacional de acesso será constituído por uma única prova escrita e incidirá sobre algumas das seguintes disciplinas: de direito constitucional, direito criminal, direito administrativo, direito comercial, direito fiscal, direito das obrigações, direito das sucessões, direitos reais, direito da família, direito do trabalho e, ainda, direito processual penal, direito processual civil, processo do trabalho, procedimento administrativo e processo tributário.

3 – Os candidatos que tenham concluído a sua licenciatura, mas que não disponham de certidão comprovativa, poderão proceder à sua apresentação até dez dias antes da realização do exame nacional de acesso ao estágio, sob pena de não admissão à realização do mesmo.

4 – Os candidatos aprovados no exame nacional de acesso ao estágio poderão requerer a sua inscrição preparatória nos termos do artigo seguinte.

ARTIGO 10.°
Inscrição nos cursos de estágio

1 – A inscrição preparatória dos advogados estagiários é deliberada pelo Conselho Distrital competente e importa a inscrição no primeiro curso de estágio que se iniciar posteriormente no respectivo centro de estágio, sem prejuízo de tal inscrição se tornar ineficaz se o Conselho Geral não a confirmar.

2 – Os requerimentos para inscrição preparatória serão apresentados pelos candidatos até 15 dias antes do início de cada curso de estágio.

3 – Os candidatos que tenham concluído o grau de mestre, mas que não disponham de certidão comprovativa, poderão proceder à sua apresentação até dez dias antes do início do curso de estágio sob a cominação de não admissão ao mesmo.

4 – O estágio é cumprido de forma ininterrupta, com as excepções previstas no presente regulamento.

5 – A contagem do tempo de estágio é feita de forma contínua, tendo por termo inicial a data do início do curso de estágio, com as excepções previstas no presente regulamento.

6 – O Conselho Geral fixará as datas do início dos cursos de estágio, mediante previa audição da CNEF.

ARTIGO 11.°
Transferência de centro de estágio

1 – Havendo motivo ponderoso, poderá o advogado estagiário requerer à CNEF a sua transferência para outro centro de estágio, com recurso para o Conselho Geral.

2 – No caso previsto no número anterior, o processo individual do advogado estagiário transferido será integrado de todas as informações e

pareceres exigidos pelo presente Regulamento, com referência ao tempo de estágio decorrido sob a alçada do centro de estágio cessante.

3 – Cabe ao centro de estágio para o qual o estagiário foi transferido dar a informação e fazer-lhe a avaliação final.

ARTIGO 12.°
Suspensão do estágio

1 – O advogado estagiário pode requerer à CNEF a suspensão do seu estágio.

2 – A suspensão da inscrição do advogado estagiário, por qualquer motivo, importa sempre:

a) A suspensão do tempo de estágio;

b) Durante a fase de formação inicial, a obrigação de reinscrição em novo curso de estágio, que será regulado pelas regras em vigor à data da reinscrição;

c) Durante a fase de formação complementar, se a suspensão se prolongar por prazo superior a um ano, a obrigação de reiniciar a fase de formação complementar.

3 – No caso previsto na alínea c) do número anterior, o advogado estagiário fica sujeito às normas regulamentares em vigor à data do reinício da fase de formação complementar.

4 – Concluído que seja, com aprovação, o exame final de avaliação e agregação, fica o advogado estagiário obrigado a requerer, no prazo de 15 dias, a sua inscrição como advogado, determinando o incumprimento desta obrigação a suspensão automática da respectiva inscrição, com absoluto impedimento do exercício da profissão, devendo proceder à devolução da cédula profissional de advogado estagiário.

5 – O período de suspensão automática previsto no número anterior não pode prolongar-se por mais de 12 meses, após o que o levantamento da suspensão implicará a repetição da segunda fase do estágio.

6 – A inscrição como advogado estagiário será também automaticamente suspensa, com os mesmos efeitos previstos no número anterior, em qualquer das situações previstas nos artigos 31.°, n.° 2, 37.° e 42.°, n.° 3.

ARTIGO 13.º
Prorrogação do estágio

1 – O tempo de estágio poderá ser prorrogado:

a) A solicitação do advogado estagiário, ou
b) Em virtude da obrigatoriedade de repetição de qualquer uma das fases de formação.

2 – O pedido de prorrogação do estágio tem de ser justificado e acompanhado de parecer do patrono, sendo apreciado e decidido pela CNEF, com recurso para o Conselho Geral.
3 – A prorrogação a que se refere a alínea a) do n.º 1 só pode ser concedida por uma única vez e por período nunca superior a seis meses.
4 – A prorrogação a que se reporta a alínea b) do n.º 1 está sujeita ao limite temporal necessário à repetição da fase de formação inicial ou formação complementar.

ARTIGO 14.º
Inscrição definitiva, entrega de cédula e juramento

1 – Concluído o período de estágio do advogado estagiário, será o seu processo enviado ao Conselho Distrital competente, por forma a que o pedido de inscrição preparatória seja aí apreciado e, em caso de deferimento, submetido a inscrição definitiva pelo Conselho Geral.
2 – Os Conselhos Distritais, uma vez concedida a inscrição definitiva, disponibilizarão de imediato certificado comprovativo, podendo a entrega da cédula profissional ser feita em acto público com prestação de juramento solene, nos termos definidos em Conselho Geral.

SECÇÃO II
Dos Patronos

ARTIGO 15.º
Funções do patrono

1 – O patrono desempenha um papel fundamental e imprescindível

ao longo de todo o período do estágio, sendo o principal responsável pela orientação e direcção do exercício profissional do advogado estagiário.

2 – Ao patrono cabe promover e incentivar a formação durante o estágio e apreciar a aptidão e idoneidade ética e deontológica do estagiário para o exercício da profissão, emitindo para o efeito relatório final e participando directamente no processo de avaliação.

ARTIGO 16.°
Obrigações do patrono

Ao aceitar o tirocínio do advogado estagiário o patrono fica vinculado ao cumprimento dos seguintes deveres:

a) Permitir ao advogado estagiário o acesso ao seu escritório e a utilização deste, nas condições e com as limitações que venha a estabelecer;

b) Apoiar o advogado estagiário na condução dos processos de cujo patrocínio este venha a ser incumbido, no quadro legal e regulamentar vigente;

c) Aconselhar, orientar e informar o advogado estagiário durante todo o tempo de formação;

d) Compensar o advogado estagiário das despesas por este efectuadas nos processos em que actuem conjuntamente, ou que tenham sido confiados pelo patrono ao advogado estagiário, nomeadamente, no âmbito do sistema de acesso ao direito e aos tribunais em conformidade com o quadro legal e regulamentar vigente;

e) Fazer-se acompanhar do advogado estagiário em diligências judiciais quando este o solicite ou quando o interesse das questões em causa o recomende;

f) Permitir que o advogado estagiário tenha acesso a peças forenses da autoria do patrono e que assista a conferências com clientes;

g) Facilitar o acesso à utilização dos serviços do escritório, designadamente de telefones, telefax, computadores e outros nas condições e com as limitações que venha a determinar;

h) Consentir a aposição da assinatura do advogado estagiário, por si ou juntamente com a do patrono, em todos os trabalhos por aquele realizados;

i) Colaborar com o advogado estagiário na condução dos processos de cujo patrocínio venham a ser co-responsavelmente incumbidos;

j) Cumprir as formalidades legais inerentes à realização do estágio;

l) Acompanhar, salvo motivo de impedimento, o advogado estagiário na prova oral final, participando nela nos termos admitidos pelo presente Regulamento;

m) Não aceitar mais do que dois advogados estagiários, em simultâneo, em cada fase de estágio.

ARTIGO 17.°
Escusa pelo patrono

O patrono apenas pode escusar-se das suas funções quando ocorra um motivo fundamentado, devendo para o efeito dirigir solicitação escrita ao Conselho Distrital competente, cabendo recurso para o Conselho Geral.

SECÇÃO III
Fase de formação inicial

ARTIGO 18.°
Conteúdo e objectivos da formação inicial

1 – A fase de formação inicial é constituída pelo acompanhamento do escritório do patrono e pelo estudo das matérias constantes dos programas de estágio, devendo o advogado estagiário participar nas sessões de formação ministradas pelos centros de estágio que devem, primordialmente, ser vocacionadas para a componente prática dos actos inerentes ao exercício da profissão.

2 – Os programas de estágio da fase de formação inicial compreendem as áreas de deontologia profissional, direito constitucional e direitos humanos, prática processual civil, prática processual penal, organização judiciária e informática jurídica, cabendo a sua aprovação ao Conselho Geral, ouvida a CNEF.

3 – O Conselho Geral, ouvida a CNEF, poderá promover a nível nacional, acções de formação, na vertente prática, em colaboração com outras entidades.

4 – As sessões de formação a ministrar pelos centros de estágio deverão comportar, obrigatoriamente, a simulação de diligências processuais, nomeadamente audiências de julgamento, bem como a tramitação de processos em primeira instância e nos tribunais superiores.

ARTIGO 19.°
Prova de aferição

1 – No final da fase de formação inicial, o advogado estagiário inscrito no curso de estágio será submetido à prova de aferição, que terá âmbito nacional e garantia de anonimato.

2 – A prova nacional de aferição será organizada pela CNA e tem por objectivo avaliar a aquisição de conhecimentos sobre as matérias fixadas no n.° 2 do artigo 18.°

ARTIGO 20.°
Organização, conteúdo e execução da prova de aferição

1 – A prova de aferição é constituída por três testes escritos, cada um deles abrangendo duas matérias distintas.

2 – O enunciado dos testes que integram a prova de aferição deve conter indicação das cotações e a correcção deverá ser efectuada em obediência à grelha de correcção previamente organizada e distribuída pelos correctores.

3 – A prova será realizada até ao termo do período de seis meses da fase de formação inicial.

4 – Na execução dos diversos testes que integram a prova de aferição apenas poderá ser consultada legislação e regulamentação, ainda que anotada.

5 – A cada um dos testes da prova de aferição será atribuída classificação com notas na escala de 0 a 20, devendo a classificação obtida ser arredondada por excesso quando igual ou superior a 0,5 e por defeito quando inferior.

ARTIGO 21.°
Pedido de revisão de prova

1 – Constitui direito do advogado estagiário solicitar a revisão dos testes, devendo para o efeito dirigir a sua pretensão, por escrito e devidamente fundamentada, ao presidente da CNA no prazo de 15 dias contados da data da afixação da classificação, podendo para este efeito consultar a prova que realizou e ter acesso à grelha de correcção.

2 – A revisão dos testes escritos, limitada ao conteúdo da reclamação apresentada, será objecto de parecer fundamentado a emitir por avaliador da mesma área, mas distinto do que procedeu à classificação, devendo a decisão final da revisão ser tomada, sem recurso, pelo plenário da CNA.

3 – A CNEF poderá solicitar informações regulares sobre as classificações dos testes e resultados das revisões.

ARTIGO 22.°
Admissão à fase de formação complementar

Serão admitidos à fase de formação complementar os advogados estagiários que obtiverem aprovação nos testes que integram a prova de aferição.

ARTIGO 23.°
Repetição dos testes escritos da prova de aferição

1 – O advogado estagiário que falte justificadamente a todos ou algum dos exames da prova de aferição poderá realizar, por uma única vez, novo teste escrito na área ou áreas a que faltou, desde que o requeira no prazo de 10 dias a contar da publicação da pauta de classificação, sob pena de suspensão automática da inscrição.

2 – A falta injustificada implica a repetição da fase inicial do estágio.

3 – A repetição dos testes realizar-se-á com carácter de urgência.

4 – A desistência equivale a reprovação.

ARTIGO 24.°
Testes de repetição

1 – O registo de nova falta, ainda que justificada, ao teste de repetição, ou de obtenção de classificação negativa na prova de aferição, implica nova inscrição no curso de estágio e consequente repetição de todos os testes da prova de aferição.

2 – Nos casos previstos no número anterior, os advogados estagiários deverão ser integrados pelos centros de estágio no primeiro curso que se iniciar após a reinscrição.

3 – A fase de formação inicial só pode ser repetida uma vez.

4 – O advogado estagiário que não passe à fase complementar, na sequência da repetição da fase de formação inicial, ficará impedido de se reinscrever em novo curso de estágio pelo período de três anos.

SECÇÃO IV
Formação complementar

ARTIGO 25.°
Prática profissional tutelada

Durante a fase de formação complementar, o exercício da actividade profissional do advogado estagiário continuará a decorrer sob a direcção geral e permanente do patrono e sempre sob a alçada, orientação e intervenção da CNEF e dos centros de estágio, que deverão incrementar acções de formação especialmente vocacionadas para a prática forense, designadamente, simulações de diligências processuais e audiências de julgamento.

ARTIGO 26.°
Patronos formadores

O Conselho Geral poderá implementar programas de patronos formadores cuja função e objectivos serão estabelecidos pela CNEF em articulação com os Conselhos Distritais.

ARTIGO 27.°
Coordenação da fase de formação complementar

1 – A CNEF deverá assegurar, de forma coordenada com os centros de estágio, o acompanhamento dos advogados estagiários durante a fase de formação complementar, promovendo a sua intervenção no âmbito do Acesso ao Direito e aos Tribunais no quadro legal e regulamentar vigente, estabelecendo programas de formação prática que constituam um desenvolvimento da formação obtida nos escritórios dos patronos.

2 – A CNEF, ouvidos os centros de estágio, poderá designar um coordenador nacional para a fase de formação complementar.

ARTIGO 28.°
Acções de formação complementar

Compete em especial aos centros de estágio, em articulação com a CNEF e com os patronos e, sempre que possível, com o contributo das delegações e com a colaboração de outras entidades:

a) Executar e disponibilizar gratuitamente aos advogados estagiários sessões de formação que comportem a tramitação de processos, simulação e assistência a audiências de julgamento, no domínio das seguintes áreas, de acordo com recomendações da CNEF:

(i) Práticas Processuais Tributárias;
(ii) Práticas Processuais Administrativas;
(iii) Práticas Processuais Laborais;
(iv) Processo de Insolvência;
(v) Direito das Sociedades;
(vi) Direito Comunitário;
(vii) Direito Constitucional e tramitação processual no Tribunal constitucional;
(viii) Tramitação processual no Tribunal Europeu dos Direitos do Homem.

b) Promover a realização de conferências, seminários, colóquios, moot courts e outras acções de natureza prática que, pelo seu objecto ou finalidade, se enquadrem nos objectivos da segunda fase de formação, com especial atenção para as áreas dos contratos e do registo e notariado;

c) Incentivar a participação dos patronos nas tarefas do estágio e procurar solucionar divergências no domínio do seu relacionamento com os advogados estagiários;

d) Fornecer aos advogados estagiários informação sobre a formação e saídas profissionais.

ARTIGO 29.°
Deveres específicos dos advogados estagiários

1 – Para além dos deveres previstos no artigo 9.°, constituem, ainda, deveres do advogado estagiário durante a fase de formação complementar:

a) Participar nos processos judiciais que lhe forem confiados no quadro legal e regulamentar vigente e solicitar ao patrono apoio no patrocínio dos respectivos processos;

b) Participar no sistema de acesso ao direito e aos tribunais na modalidade prevista na alínea e), do n.° 1, do artigo 18.° da Portaria n.° 10/2008, de 3 de Janeiro, com a redacção que lhe foi introduzida pela Portaria n.° 210/2008, de 29 de Fevereiro, quando para tal seja nomeado;

c) A realização de 15 intervenções em procedimentos judiciais, independentemente de instância ou jurisdição, seja em regime de mandato, seja por substabelecimento, comprovadas pelas actas da audiência ou diligência em que tenham intervindo, ou por cópia das peças processuais por si subscritas individualmente ou conjuntamente com o patrono.

d) A apresentação de relatório final da sua autoria referente a todas as suas actividades de estágio.

2 – Os patronos devem permitir, sempre que possível, o patrocínio conjunto com os seus advogados estagiários e a subscrição por estes das peças em cuja elaboração tenham colaborado.

ARTIGO 30.°
Relatório do patrono

1 – No termo da fase de formação complementar, o patrono elaborará relatório final da actividade exercida pelo estagiário, devendo emitir parecer fundamentado sobre a aptidão ou inaptidão do estagiário para ser submetido ao exame final de agregação.

2 – O estagiário só poderá ser admitido a exame final de agregação após obter parecer favorável do seu patrono a atestar a sua aptidão profissional para o exercício da sua profissão.

3 – O relatório aqui consignado, bem como o que se encontra previsto na alínea d) do n.° 1 do artigo anterior, são apresentados sob compromisso de honra quanto aos seus conteúdos, o que constitui meio idóneo de comprovação da respectiva veracidade.

4 – Quando o estágio tiver decorrido sob a orientação de mais do que um patrono, deve o advogado estagiário apresentar tantos relatórios quanto o número de patronos, devendo a ponderação final daqueles ser efectuada pelo presidente do centro de estágio, sempre que tal se justifique.

5 – No caso de se verificar a recusa injustificada ou a impossibilidade do patrono para a elaboração do relatório referido no n.° 1, o presidente do centro de estágio respectivo poderá substituir-se ao patrono depois de analisado o trajecto formativo do estagiário e a documentação que for julgada necessária.

SECÇÃO V
Acesso ao exame final de avaliação e agregação

ARTIGO 31.°
Encerramento do processo de formação

1 – No processo individual do advogado estagiário os serviços administrativos incorporarão todos os elementos que forem apresentados por este e bem assim os registos disciplinares, informações e pareceres que respeitem ao estágio e que sejam relevantes para instruir a informação final, em especial a informação que venha a se rprestada pela instituição de ensino relativamente à duração lectiva da licenciatura.

2 – Tendo em vista a finalidade prevista no n.° 1, o advogado estagiário deverá apresentar no centro de estágio todos os relatórios e demais elementos impostos para a conclusão do seu processo de avaliação, no prazo máximo de 15 dias contados da data da conclusão dos 18 meses correspondentes à fase de formação complementar do estágio, devendo, ainda, requerer a sua admissão ao exame final de avaliação e agregação, apresentar o tema da exposição a efectuar na prova oral e requerer a sua inscrição como advogado sob pena de incorrer no disposto no artigo 12.°, n.° 4.

ARTIGO 32.°
Informação final

1 – Cumprido que esteja o disposto no artigo anterior, para qualquer uma das hipóteses aí consignadas, o centro de estágio dispõe de um prazo de 30 dias para a emissão da informação de “Admitido” ou “Não Admi-

tido", o que constitui o resultado de uma mera verificação do cumprimento das obrigações impostas pelo presente Regulamento.

2 – Verificando-se a emissão de informação positiva, o advogado estagiário fica automaticamente admitido, sem necessidade de outras formalidades, ao exame final de avaliação e agregação que se realizará no termo do estágio.

3 – Não sendo admitido poderá o advogado estagiário requerer ao conselho distrital no prazo de 10 dias, com sucinta exposição das razões da sua discordância, que o processo de inscrição seja reapreciado, devendo a decisão ser proferida no prazo máximo de 15 dias, mas sempre antes da realização do exame final de avaliação e agregação; mantendo-se a informação de não admitido, se não for pedida a prorrogação do tempo de estágio no prazo de 15 dias, ficará este automaticamente suspenso.

CAPÍTULO IV
Exame final de avaliação e agregação

ARTIGO 33.°
Exame final: objectivo e conteúdo

O exame final de avaliação e agregação é composto de uma prova escrita e de uma prova oral e corresponde à verificação da capacidade técnica e científica do advogado estagiário bem como da aferição da sua preparação deontológica para o exercício da actividade profissional de advocacia, com inerente atribuição do título de Advogado.

ARTIGO 34.°
Prova escrita

1 – A prova escrita será convocada, pelo menos, duas vezes em cada ano civil e terá carácter uniforme e de realização simultânea em todo o território nacional, ficando sujeita, na sua execução, ao regime estabelecido no artigo 20.°, n.° 4.

2 – A prova escrita deverá conter, pelo menos, um tema de deontologia profissional e a elaboração de peças processuais nas áreas de processo civil e de processo penal e, ainda, nas áreas consignadas na alínea a)

do artigo 28.°, das quais o advogado estagiário optará necessariamente por duas.

3 – Cabe à CNEF, ouvidos os centros de estágio, designar as datas de realização da prova escrita e à CNA definir o seu conteúdo, valoração e correspondente grelha de correcção.

4 – Fica a cargo dos centros de estágio a organização e atribuição da classificação da prova escrita segundo uma tabela de 0 a 20, devendo a classificação obtida ser arredondada por excesso quando igual ou superior a 0,5 e por defeito quando inferior.

5 – Das classificações atribuídas pelos centros de estágio cabe recurso para a CNA, a qual decidirá em termos definitivos, aplicando-se com as devidas adaptações o formalismo da revisão da prova de aferição.

6 – A desistência ou falta injustificada equivale a reprovação.

ARTIGO 35.°
Repetição da prova escrita

O advogado estagiário que obtiver na prova escrita classificação inferior a 10 valores é admitido a repetir esta prova, por uma só vez, no exame que vier a realizar-se em data imediatamente posterior, prorrogando-se o período de estágio pelo tempo correspondente.

ARTIGO 36.°
Repetição da fase de formação complementar

1 – O advogado estagiário que, tendo repetido a prova escrita nos termos do artigo anterior, volte a não alcançar nota positiva fica obrigado a reiniciar a fase de formação complementar.

2 – A fase de formação complementar apenas pode ser repetida uma vez e, no caso de se verificar a falta de aproveitamento depois desta repetição, o advogado estagiário fica impedido de se inscrever em novo curso de estágio pelo período de três anos, cancelando-se de imediato a sua inscrição.

3 – A desistência ou falta injustificada ao exame de repetição equivale a reprovação.

ARTIGO 37.°
Suspensão imediata da inscrição

O pedido de repetição da prova escrita e o pedido de repetição da fase de formação complementar, previsto nos artigos antecedentes, devem ser dirigido por escrito ao centro de estágio competente no prazo de 15 dias contados da data da afixação das classificações, sob pena de suspensão imediata da inscrição.

ARTIGO 38.°
Prova oral

O advogado estagiário que na prova escrita do exame final de avaliação e agregação obtiver classificação igual ou superior a 10 valores acede à prova oral, desde que, simultaneamente, tenha obtido nota positiva no teste de deontologia profissional.

ARTIGO 39.°
Componentes da prova oral

1 – A prova oral consistirá:

a) Numa exposição oral pelo advogado estagiário tendo por tema um caso concreto com tratamento doutrinário e ou jurisprudencial controverso, preferencialmente de que tenha tido conhecimento ao longo do seu processo de estágio, cabendo ao exponente, em alegação e debate com o júri, explicar as posições em confronto e defender uma das teses controvertidas;

b) Numa argumentação oral em que o advogado estagiário simulará com o júri uma intervenção em audiência de julgamento;

c) Na discussão teórico-prática de questões de índole profissional, com enquadramento nas matérias constantes do processo de estágio e, com total amplitude, sobre matérias de índole deontológica, tudo tendo em vista a avaliação do grau de aquisição pelo candidato dos níveis de qualificação técnica, científica e ética exigíveis na advocacia.

2 – A escolha do tema da prova oral deverá ser feita mediante a entrega de original em suporte de papel, em quadruplicado, ou em alter-

nativa em suporte digital, devidamente sumariado, com indicação das referências doutrinárias e cópia das decisões jurisprudenciais referidas pelo examinando, relativas à questão jurídica suscitada.

ARTIGO 40.°
Composição e designação do júri

1 – A prova oral será prestada nos centros de estágio perante um júri composto por três membros, competindo aos respectivos Conselhos Distritais nomear, com prévia audição da CNEF, os respectivos júris.

2 – Dois dos membros do júri serão necessariamente advogados de reconhecido mérito e competência, podendo o terceiro ser magistrado ou jurista de reconhecida capacidade técnica.

3 – Os membros do júri deverão ter mais de 10 anos de exercício efectivo da profissão e não ter sido punidos com sanção disciplinar superior a multa.

4 – Os membros do júri elegem o respectivo presidente.

ARTIGO 41.°
Classificações a atribuir na prova oral

1 – O júri atribuirá ao candidato fundamentadamente e em função da prova oral e demais elementos de avaliação constantes do processo individual do advogado estagiário, a classificação final de Não Aprovado ou Aprovado por maioria de votos dos seus membros.

2 – Poderá, ainda, o júri atribuir ao candidato a classificação máxima de Aprovado com Distinção se o advogado estagiário, não tendo registado qualquer nota negativa durante o estágio, alcançar uma classificação média na prova de aferição e exame escrito final da prova de avaliação e agregação de 15 valores e cumprir na prova oral os seguintes requisitos:

a) Domínio da oralidade;

b) Domínio da retórica argumentativa;

c) Sustentados conhecimentos jurídicos do tema tratado na prova oral; e

d) Capacidade de resolução de questões práticas sobre deontologia profissional.

3 – O patrono do advogado estagiário será notificado para estar presente na prestação da prova oral, podendo nela participar, com direito a emitir parecer sobre a forma como a prova decorreu e intervir na discussão da classificação, mas não na votação desta.

ARTIGO 42.°
Efeitos da classificação negativa na prova oral

1 – No caso de reprovação na prova oral, é admitida, a requerimento do interessado, com inerente escolha do tema nos termos deste regulamento, a apresentar no prazo de quinze dias após a realização, a sua repetição por uma só vez, prorrogando-se o estágio pelo tempo necessário; o Conselho Distrital procederá à marcação de nova prova no prazo de 60 dias após o requerimento.

2 – A prova oral de repetição não pode ser prestada perante o mesmo júri, devendo o novo júri ser inteiramente composto por membros que não tenham participado na anterior avaliação, não podendo ainda incidir sobre o mesmo tema escolhido para a prova anterior.

3 – Caso não seja requerida a repetição da prova oral ou, tendo esta sido realizada, ocorra nova insuficiência, deverá o advogado estagiário repetir a fase de formação complementar, o que deverá ser requerido ao centro de estágio competente no prazo de 10 dias a contar da data de realização da prova, sob pena de suspensão automática da inscrição.

4 – No caso de repetição da fase de formação complementar e verificando-se a reprovação em prova oral, o advogado estagiário pode repetir esta prova por uma única vez.

5 – Verificando-se nova reprovação é cancelada a inscrição, ficando o advogado estagiário impedido de se inscrever em novo curso de estágio pelo período de três anos.

ARTIGO 43.°
Faltas às provas do exame final de avaliação e agregação

1 – Uma falta injustificada ou duas faltas, mesmo que justificadas, à prova oral que integra o exame final de avaliação e agregação importa a repetição da fase complementar do estágio, sem prejuízo do disposto no artigo 36.°, n.° 2.

2 – Só são consideradas justificadas as faltas que decorram de motivo atendível, devendo a justificação ser requerida, perante o presidente do centro de estágio, no prazo de 5 dias a contar da data designada para a realização da prova, em requerimento devidamente fundamentado.

3 – Os advogados estagiários que faltem à prova escrita, sendo a falta considerada justificada, poderão realizar a mesma na data que vier a ser designada para a prova escrita seguinte, ficando para ela automaticamente admitidos e mantendo até lá inalterada a sua situação estatutária.

4 – Os advogados estagiários que faltem à prova oral, e cuja falta seja considerada justificada, poderão realizar a mesma em data que lhes for designada e notificada pelo centro de estágio, mantendo inalterada, até essa data, a sua situação estatutária.

5 – A desistência equivale a reprovação.

CAPÍTULO V
Rede nacional e formação à distância

ARTIGO 44.º
Rede nacional e formação à distância

1 – Os Conselhos Distritais, em permanente articulação com a CNEF, devem promover a instalação de pólos de formação geograficamente distribuídos pela área de intervenção de cada conselho, especialmente vocacionados para a concretização das exigências de estágio impostas por este regulamento.

2 – Os Conselhos Distritais devem, ainda, incrementar a formação à distância, em sistema e-learning, potenciando a utilização das ferramentas informáticas proporcionadas pelas plataformas de ensino desenvolvidas pela Ordem dos Advogados, orientando, no quadro do estágio, os temas das formações para as áreas definidas por este regulamento.

3 – As acções de formação, seminários, conferências, workshops que, pela sua especificidade, revelem particular interesse para a formação dos advogados estagiários podem ser integradas nos programas de estágio, como formação complementar, mas facultativa.

CAPÍTULO VI
Dos recursos

ARTIGO 44.º-A
Prazo

O prazo de interposição dos recursos previstos no presente regulamento é de 15 dias a contar da notificação da decisão a recorrer.

ARTIGO 44.º-B
Forma

1 – O requerimento de interposição do recurso é sempre motivado, sob pena de não admissão do mesmo.

2 – Interposto o recurso, o órgão recorrido notifica o recorrente da:

a) Não admissão do recurso por falta de motivação;
b) Admissão do recurso para o órgão competente.

Disposições finais e transitórias

ARTIGO 45.º
Alterações ao Regulamento n.º 52-A/2005

1 – As alterações introduzidas ao Regulamento n.º 52-A/2005, de 1 de Agosto entram em vigor no dia 1 de Janeiro de 2010.

2 – A nova redacção do Regulamento Nacional de Estágio aplicar-se-á aos cursos de estágio que se iniciem após a sua entrada em vigor.

3 – Aos cursos de estágio iniciados antes da entrada em vigor das presentes alterações é aplicável o Regulamento Nacional de Estágio na sua anterior redacção.

4 – Os advogados estagiários que se encontrem a cumprir a segunda fase do estágio ao abrigo dos regulamentos anteriores ficam sujeitos à nova redacção do regulamento se:

a) Obtiverem por duas vezes classificação negativa no exame final de avaliação e agregação;

b) Tiverem suspendido, por período de tempo superior a um ano, a realização do estágio, independentemente da causa da suspensão.

ARTIGO 45.º-A
Contagem de Prazos

A contagem dos prazos previstos neste regulamento suspende-se aos Sábados, Domingos e feriados.

ARTIGO 46.º
Regimes especiais

Havendo dificuldade relevante e atendível de qualquer conselho distrital na aplicação plena do presente Regulamento, deverá o Conselho Geral, após audição prévia da CNEF reunida em sessão plenária, deliberar sobre as medidas que, satisfazendo os interesses gerais da formação e o princípio da igualdade dos advogados estagiários perante a Ordem dos Advogados, se revelem justas e adequadas à superação de tais dificuldades.

4.7.

REGULAMENTO DA COMISSÃO NACIONAL DE AVALIAÇÃO

Regulamento n.º 500-A/2009 de 14/12/2009

Ao abrigo do disposto nas alíneas g) e h), do n.º 1, do artigo 45.º do Estatuto da Ordem dos Advogados, aprovado pela Lei n.º 15/2005, de 26 deJaneiro, o Conselho Geral da Ordem dos Advogados, em sessão plenária de 28 de Outubro de 2009 e 10 de Dezembro de 2009, deliberou revogar o Regulamento n.º 37/2003, publicado no Diário da República, 2.ª série, n.º 181, de 7 de Agosto de 2003, com as alterações introduzidas pela deliberação n.º 142/2005, publicada no Diário da República, 2.ª série, n.º 28, de 9 de Fevereiro de 2005 e aprovou o presente Regulamento da Comissão Nacional de Avaliação com a seguinte redacção:

Regulamento da Comissão Nacional de Avaliação

ARTIGO 1.º
Composição e fins da CNA

1 – A Comissão Nacional de Avaliação, doravante designada por CNA, é composta por sete Advogados, um dos quais presidirá, com mais de dez anos de inscrição, sem punição disciplinar superior a multa, que serão nomeados pelo Conselho Geral.

2 – O presidente da CNA, que terá voto de qualidade, deverá estar inscrito na Ordem dos Advogados, há pelo menos, quinze anos e não ter sido sancionado com pena superior a censura.

3 – A CNA tem por finalidade específica a realização, sob a égide do Conselho Geral, do exame nacional de acesso a estágio e da prova de aferição.

4 – As provas relativas aos exames finais de avaliação e agregação são também elaboradas pela CNA, em articulação com a Comissão Nacional de Estágio e Formação.

5 – O Conselho Geral, sob proposta da CNA, pode nomear ainda juristas de reconhecido mérito, não advogados, até um máximo de três.

ARTIGO 2.º
Meios de funcionamento

Cabe ao Conselho Geral garantir as necessárias condições logísticas e financeiras, bem como o apoio administrativo adequado ao bom funcionamento da CNA.

ARTIGO 3.º
Avaliadores

1 – A CNA escolherá um número adequado de Advogados e ou juristas de reconhecido mérito com a função de elaborar e corrigir a prova escrita do exame nacional de acesso a estágio e as provas de aferição, os quais serão remunerados em termos a fixar pelo Conselho Geral.

2 – As provas serão elaboradas tendo em conta as matérias, as disciplinas jurídicas e os conteúdos fixados no Regulamento Nacional de Estágio.

ARTIGO 4.º
Convocação das reuniões

A CNA reunirá sempre que for convocada pelo seu presidente ou pelo Bastonário.

ARTIGO 5.º
Convocatórias

As convocatórias deverão ser remetidas aos seus membros por qualquer meio de comunicação com, pelo menos, oito dias de antecedência, com indicação do local, dia e hora da reunião e ordem de trabalhos.

ARTIGO 6.º
Decisões intercalares

Nos períodos intercalares das suas reuniões, as competências da CNA serão, em caso de urgência, asseguradas pelo seu presidente.

ARTIGO 7.º
Resoluções

A CNA não possui poderes regulamentares próprios mas pode, no âmbito das suas atribuições, tomar resoluções por maioria simples dos seus membros.

ARTIGO 8.º
Ratificação das resoluções

As resoluções da CNA assumem natureza vinculativa desde que ratificadas pelo Conselho Geral.

ARTIGO 9.º
Livro de actas

A CNA disporá de livro de actas próprio, das quais dará conhecimento ao Conselho Geral.

ARTIGO 10.º
Competências

Tendo em vista a realização das provas escritas referidas nos artigos 1.º e 3.º, compete ainda à CNA definir o seu conteúdo temático, elaborar a correspondente grelha de correcção, coordenar as tarefas de correcção e publicar as classificações finais.

ARTIGO 11.º
Natureza da avaliação nas provas escritas

Na elaboração dos testes escritos deverá a CNA tomar em consideração que através deles se pretende formular, na componente de comunicação escrita, um juízo de valor sobre a preparação dos candidatos para a prática da actividade profissional de advocacia e do conhecimento das normas deontológicas.

ARTIGO 12.º
Conteúdo base das provas

1 – Tendo em conta o disposto no artigo antecedente, deverá a prova escrita do exame nacional de acesso a estágio ter por base a averiguação dos conhecimentos jurídicos e científicos adquiridos pelos candidatos nas universidades necessários para sustentar a formação profissional dos advogados.

2 – No caso das provas de aferição, os testes escritos deverão assentar predominantemente numa avaliação dos conhecimentos adquiridos na primeira fase do estágio, tendo em conta as áreas temáticas indicadas no artigo 18.º, n.º 2 do Regulamento Nacional de Estágio.

ARTIGO 13.º
Confidencialidade

A CNA levará a cabo todos os procedimentos necessários a assegurar a absoluta confidencialidade das provas e o anonimato dos examinandos no momento da respectiva correcção.

ARTIGO 14.º
Representantes da CNA nas provas

Na realização das provas nacionais a CNA far-se-á representar pelos membros por si indicados.

ARTIGO 15.º
Uniformização dos critérios de avaliação

A correcção e classificação das provas escritas nacionais basear-se-ão em critérios previamente definidos pela CNA, depois de ouvida a Comissão Nacional de Estágio e Formação.

ARTIGO 16.º
Prazo de correcção

1 – A correcção, classificação e publicação das notas das provas escritas nacionais terão de estar concluídas no prazo de trinta dias, após a realização do último dos testes, devendo as classificações ser objecto de prévia aferição pela CNA antes da sua divulgação.

2 – O prazo previsto no número anterior poderá ser prorrogado por deliberação do Conselho Geral.

ARTIGO 17.º
Afixação das classificações

A afixação das classificações deverá ser efectuada no portal da Ordem dos Advogados e nos Conselhos Distritais.

ARTIGO 18.º
Revisão das Provas

Das classificações das provas cabe pedido de revisão para a CNA, a apresentar por escrito no prazo de quinze dias contados da data da sua publicação no portal da Ordem dos Advogados.

ARTIGO 19.º
Procedimentos da revisão

1 – Para a emissão de pareceres nos pedidos de revisão que venham a ser apresentados, poderá a CNA solicitar a participação de advogados

formadores ou de outros advogados com mais de quinze anos de inscrição na Ordem dos Advogados, sem punição disciplinar superior a multa.

2 – Quer a emissão dos pareceres, quer a revisão das classificações, serão confiadas a pessoa distinta da que atribuiu a classificação.

ARTIGO 20.º
Prazo para a revisão

Os pedidos de revisão deverão estar decididos no prazo de quinze dias contados do termo do prazo previsto no artigo 18.º.

ARTIGO 21.º
Certificação final das classificações

Uma vez decididos os pedidos de revisão e estando definitivamente atribuídas todas as classificações, a CNA encerrará o processo de avaliação e remeterá os mapas finais das classificações, devidamente certificadas, ao Conselho Geral, à Comissão Nacional de Estágio e Formação e aos centros de estágio, para os fins previstos no Regulamento Nacional de Estágio.

ARTIGO 22.º
Casos omissos

1 – Os casos omissos e as lacunas serão resolvidos subsidiariamente com recurso ao Regulamento Nacional de Estágio ou, se subsistir a omissão, por resolução da CNA, a ratificar pelo Conselho Geral.

2 – Subsistindo dificuldade relevante e atendível na aplicação do presente Regulamento ou de qualquer das suas normas, deverá o Conselho Geral deliberar sobre as medidas que se revelem justas e adequadas à superação de tais dificuldades.

Artigo 23.º
Início de vigência

O presente regulamento entra em vigor no dia 1 de Janeiro de 2010.

ARTIGO 24.º
Norma revogatória

É revogado o Regulamento da Comissão Nacional de Avaliação, aprovado em sessão do Conselho Geral de 18 de Julho de 2003, Regulamento n.º 37/2003, de 7 de Agosto, com as alterações introduzidas pela deliberação aprovada em sessão do Conselho Geral de 17 de Janeiro de 2005, Deliberação n.º 142/2005, de 9 de Fevereiro.

Lisboa, 14 de Dezembro de 2009. – O Presidente do Conselho Geral, *António Marinho e Pinto.*

4.8.

REGULAMENTO GERAL DAS ESPECIALIDADES

Regulamento n.º 204/2006 OA (2ª Série), de 30 de Outubro de 2006 – Define o regime de atribuição do título de advogado especialista e as áreas de prática consideradas especialidades. In Diário da República. – S.2 n. 209 (30 de Outubro 2006), p. 23834-23836.

PREÂMBULO

O desenvolvimento sócio-económico ampliou a necessidade, a diversidade e a complexidade de assistência jurídica, o que, juntamente com o aumento do número de advogados provocou uma reorientação do exercício da advocacia no sentido da acentuação da especificidade do conhecimento e da prática jurídica, para corresponder à procura cada vez mais selectiva que privilegia a competência específica.

Atenta a esta realidade, a Ordem dos Advogados, no sentido de habilitar a sociedade com uma informação segura sobre as competências específicas dos advogados, sentiu o dever de diferenciar com a qualidade de especialista os advogados que, pela sua formação e prática, demonstrem habilitação específica em determinada área do direito.

A primeira referência normativa à especialização dos advogados surge no n.º 5 do artigo 80.º, do Estatuto da Ordem dos Advogados, aprovado pelo Decreto-Lei n.º 84/84, de 16 de Março.

Uma das conclusões do II Congresso da Ordem dos Advogados, em Dezembro de 1985, recomenda a criação do título de advogado especialista em áreas de especialização em função do interesse público e da realidade sociológica, o que é reiterado no V Congresso, em Maio de 2000.

No seguimento destas recomendações foi aprovado o Regulamento n.º 15/2004, denominado Regulamento Geral das Especialidades, publicado em 5 de Abril de 2004, que estabelecia um regime transitório até à aprovação de um regulamento definitivo, tarefa que agora se cumpre.

O presente regulamento beneficia da experiência colhida na vigência do anterior e pretende conferir verdade à atribuição da qualidade de advogado especialista, assentando a sua avaliação no conhecimento adquirido e na prática demonstrada pelo advogado candidato. Estabeleceu-se, para tanto, uma análise aprofundada das candidaturas, com apreciação pelo Colégio das Especialidades do nível de conhecimento e prática do candidato dentro da área da respectiva especialidade.

O exame de especialidade, com aprovação, será, por regra, requisito imprescindível à atribuição da qualidade de especialista pelo Conselho Geral.

Nestes termos:

O Conselho Geral da Ordem dos Advogados, em sessão plenária de 14 de Julho de 2006, delibera, ao abrigo do disposto na alínea g), do n.° 1, do artigo 45.° do Estatuto da Ordem dos Advogados, aprovado pela Lei n.° 15/2005, de 26 de Janeiro, aprovar o seguinte regulamento:

REGULAMENTO GERAL DAS ESPECIALIDADES

SECÇÃO I
Parte geral

ARTIGO 1.°
Âmbito e aplicação

1 – O presente regulamento define o regime de atribuição do título de advogado especialista e define as áreas de prática que, dentro do exercício da advocacia, são consideradas especialidades.

2 – As disposições deste diploma aplicam-se a todos os advogados com inscrição em vigor na Ordem dos Advogados.

ARTIGO 2.°
Natureza do título

1 – O título de advogado especialista constitui uma certificação de competência específica na área da respectiva especialidade, mas não limita a prática jurídica do titular, nem impede qualquer advogado de exercer a advocacia na área das especialidades reconhecidas pelo presente Regulamento.

2 – O advogado especialista pode usar e divulgar o seu título, nos termos permitidos pelo Estatuto da Ordem dos Advogados.

ARTIGO 3.°
Requisitos mínimos

Podem adquirir o título de advogado especialista os advogados com inscrição em vigor na Ordem dos Advogados, ininterrupta há mais de dez anos, com igual período mínimo de exercício efectivo da advocacia na área da especialidade invocada e a quem seja reconhecida competência específica, teórica e prática.

ARTIGO 4.°
Exercício da Especialidade

1 – O advogado especialista, enquanto tal, deve manter a prática e adquirir formação contínua na área da respectiva especialidade.

2 – No fim de cada período de cinco anos, a partir da atribuição do título, o advogado especialista entregará no Colégio das Especialidades um curriculum profissional elaborado nos termos do artigo 7.° deste Regulamento, demonstrativo da prática exercida e da formação adquirida na área da especialidade respectiva, nos cinco anos anteriores.

ARTIGO 5.°
Definição das especialidades

1 – As áreas de prática jurídica consideradas especialidades são estabelecidas pelo Conselho Geral, que definirá também os respectivos conteúdos.

2 – A lista anexa a este Regulamento que é parte integrante deste, contém as especialidades actualmente reconhecidas, cabendo ao Conselho Geral, em qualquer altura, reconhecer outras especialidades ou eliminar qualquer das existentes.

SECÇÃO II
Da atribuição do título

ARTIGO 6.º
Da candidatura

1 – O pedido de atribuição do título de advogado especialista deverá ser formalizado através de requerimento, apresentado na sede da Ordem dos Advogados e dirigido ao Conselho Geral.

2 – No requerimento o candidato demonstrará possuir capacidade para a aquisição do título, devendo descrever, circunstanciadamente, a sua formação e prática jurídica.

3 – O candidato fará acompanhar o requerimento com os documentos, ou outros meios de reprodução, confirmativos da descrição curricular, com especial relevância para os actos de prática jurídica.

4 – O candidato poderá apresentar declarações de pessoas e entidades abonadoras das suas qualidades profissionais ou informadoras da sua formação e prática.

ARTIGO 7.º
Curriculum profissional

1 – Na descrição curricular o candidato evidenciará a formação académica adquirida e a participação em acções formativas na área da especialidade a que se candidata, juntando a certificação documental respectiva que possua.

2 – A prática efectiva na área da especialidade deverá ser circunstanciadamente descrita com a identificação de casos e assuntos que o candidato tenha patrocinado como advogado, indicando o tipo de assessoria prestada e o nome do cliente assistido e apresentando cópias de peças

escritas que o candidato tenha produzido no exercício dessa assessoria específica.

3 – As informações prestadas ao abrigo do número anterior estão sujeitas a sigilo profissional, nos termos do artigo 87.° do Estatuto da Ordem dos Advogados.

4 – O candidato indicará, ainda, os trabalhos que tenha publicado e as publicações em que comprovadamente tenha participado, juntando um exemplar de cada, quando a publicação não seja de grande divulgação ou de fácil acesso ou sempre que lhe seja solicitado pelo relator do processo de candidatura.

ARTIGO 8.°
Autuação do processo de candidatura

1 – O processo de candidatura, uma vez autuado, é apresentado ao Conselho Geral, que para ele nomeia um relator, de entre os seus membros.

2 – O Conselho Geral pode rejeitar liminarmente a candidatura se constatar que não se verificam os requisitos relativos aos períodos mínimos de inscrição ou de prática efectiva da advocacia, previstos no artigo 3.°, se o título pretendido for para uma especialidade não reconhecível ou se o candidato não reunir manifestamente as condições para lhe ser atribuído o título pretendido.

3 – Se o Conselho Geral não rejeitar a candidatura, o relator nomeado envia o processo para o Colégio das Especialidades a fim de ser marcada prova oral pública para acesso à especialidade.

4 – O Conselho Geral pode solicitar ao candidato, aos Conselhos Distritais, Delegações ou a qualquer entidade, informações adicionais sobre o curriculum profissional daquele.

ARTIGO 9.°
Colégio das Especialidades

1 – Fica criado o Colégio das Especialidades que é constituído por todos os advogados especialistas, com inscrição em vigor na Ordem dos Advogados.

2 – Ao Colégio das Especialidades cabe definir o conteúdo de cada uma das especialidades reconhecíveis nos termos deste Regulamento,

aprovar ou não os candidatos ao título de advogado especialista em prova oral pública e promover a formação contínua na área das especialidades.

3 – De entre os advogados especialistas, o Conselho Geral nomeia o Presidente do Colégio das Especialidades, a quem cabe nomear e substituir o responsável por cada uma das especialidades.

4 – O Presidente exercerá as suas funções enquanto não for substituído pelo Conselho Geral e a sua substituição implica a cessação das funções dos responsáveis pelas especialidades, sem prejuízo da possibilidade de recondução destes pelo novo Presidente.

5 – O Presidente tem a seu cargo a coordenação geral do funcionamento do Colégio das Especialidades, zelando pela observância do respectivo Regimento e pela satisfação das necessidades logísticas junto dos serviços da Ordem dos Advogados.

6 – Os responsáveis das especialidades têm a incumbência de constituir o Júri da prova oral pública nos termos do artigo 10.° e do n.° 1, do artigo 11.° e de determinar as datas de realização da prova.

7 – O advogado especialista está obrigado a integrar o Júri, quando para tal for nomeado.

8 – Não deverão ser nomeados para o Júri os advogados cujo relacionamento com o candidato seja susceptível de influenciar a avaliação.

9 – O Conselho Geral poderá extinguir o Colégio das Especialidades e criar tantos Colégios quantas as especialidades reconhecidas e atribuídas, desde que o número de advogados especialistas, as condições e necessidades de funcionamento e estruturação organizativa do Colégios das Especialidades e a disponibilidade e racionalização de meios o justifiquem.

10 – Os Colégios de cada uma das especialidades terão, em relação à respectiva área de prática, a organização e as atribuições previstas neste diploma para o Colégio das Especialidades.

ARTIGO 10.°
Da prova pública

1 – A prova oral pública é prestada perante três advogados especialistas da área da especialidade em candidatura, que constituirão o júri da prova.

2 – A prova oral pública consiste em:

a) Debate sobre o currículo profissional apresentado pelo proponente;

b) Debate sobre questões, à escolha do júri, relacionadas com a especialidade em candidatura.

3 – O júri decide, por maioria, considerar o candidato aprovado ou não aprovado.

4 – O júri pode, na preparação da prova oral pública, solicitar ao candidato, aos órgãos da Ordem dos Advogados ou a qualquer entidade, informações adicionais sobre o curriculum profissional daquele.

5 – Depois de concluída a prova oral pública, o processo é remetido ao Conselho Geral, com a informação da avaliação atribuída pelo júri.

ARTIGO 11.°
Atribuição do título

1 – O título de advogado especialista é atribuído por deliberação do Conselho Geral, precedida necessariamente da aprovação do candidato na prova oral pública, prestada perante o Colégio das Especialidades.

2 – A não atribuição do título de advogado especialista inibe o candidato de se recandidatar durante os dois anos seguintes.

3 – Se a não atribuição se tiver devido ao não preenchimento dos períodos mínimos referidos no artigo 3.°, a candidatura poderá ser reapreciada quando cumpridos esses períodos.

ARTIGO 12.°
Dispensa de prova oral pública

O Colégio das Especialidades poderá, excepcionalmente, dispensar a prestação de prova oral pública pelo candidato, nos casos em que o seu curriculum profissional, apresentado nos termos do artigo 7.°, demonstre manifesta e notória competência específica na área de alguma das especialidades reconhecíveis e desde que reúna os requisitos mínimos estabelecidos no artigo 3.°.

SECÇÃO III
Recursos

ARTIGO 13.º
Recursos

1 – Das deliberações do Conselho Geral que rejeitem liminarmente a candidatura, que não atribuam o título de advogado especialista ou que determinem a perda desse título, cabe recurso para o Conselho Superior.

2 – O Conselho Superior pode solicitar ao candidato, ou a qualquer entidade, informações sobre o curriculum profissional daquele ou sobre o objecto específico do recurso.

3 – Não há recurso da qualificação dada pelo júri ao candidato em resultado da prova oral pública.

SECÇÃO IV
Perda do título de especialidade

ARTIGO 14.º
Perda do título

1 – O advogado especialista perde o respectivo título de especialista:

a) Com a suspensão da inscrição na Ordem dos Advogados por um período superior a 5 anos;

b) Se não remeter periodicamente, ao Colégio das Especialidades, o curriculum previsto no n.º 2 do artigo 4.º;

c) Se da análise do curriculum profissional entregue nos termos do disposto no n.º 2 do artigo 4.º, se constatar que o advogado especialista não manteve uma prática, nem adquiriu formação consistente com o título de especialidade que lhe foi atribuído.

2 – A perda do título de advogado especialista é decretada por decisão do Conselho Geral, sendo que no caso da alínea c) do número anterior a decisão do Conselho Geral terá de ser precedida de parecer do Colégio das Especialidades.

SECÇÃO V
Disposições transitórias

ARTIGO 15.º
Instalação do Colégio das Especialidades

1 – O Colégio das Especialidades considera-se instalado após o Conselho Geral ter nomeado e conferido posse ao seu Presidente.

2 – O primeiro Presidente elaborará, com a colaboração dos responsáveis das especialidades, o Regimento do Colégio das Especialidades onde se determinarão as regras do respectivo funcionamento, com observância do que se encontra estabelecido no presente regulamento.

ARTIGO 16.º
Do Júri

1 – Enquanto não estiver instalado o Colégio das Especialidades, a prova oral pública, a que se refere o artigo 10.º, será prestada perante um júri, constituído por três advogados, nomeados pelo Conselho Geral.

2 – Os membros do júri serão recrutados de entre advogados de reconhecida competência e prática na área da especialidade em candidatura.

3 – O júri regulará a sua actuação pelo disposto no artigo 10.º e exercerá transitoriamente as demais funções cometidas, neste regulamento, ao Colégio das Especialidades.

ARTIGO 17.º
Revogação

Fica revogado o Regulamento n.º15/2004, aprovado em sessão do Conselho Geral de 9 de Janeiro de 2004, publicado no Diário da República, 2.ª série, n.º 81, de 5 de Abril de 2004, a Deliberação n.º 832/2004, aprovada em sessão do Conselho Geral de 14 de Maio de 2004, publicada no Diário da República, 2.ª série, n.º 137, de 12 de Junho de 2004, o Regulamento n.º 32/2004, aprovado em sessão do Conselho Geral, de 16 de Julho de 2004, publicado no Diário da República, 2.ª série, n.º 183, de 5 de Agosto de 2004, e o Regimento n.º 1/2005, aprovado em sessão do Conselho Geral de 1 de Julho de 2005, publicado no Diário da República, 2.ª série, n.° 202, de 20 de Outubro de 2005.

ARTIGO 18.°
Aplicação no tempo

1 – O presente regulamento aplica-se aos processos de candidatura que sejam autuados depois da data da publicação no Diário da República.

2 – A confirmação dos títulos de advogado especialista atribuídos ao abrigo do Regulamento n.° 15/2004, de 9 de Janeiro de 2004, será feita com observância e cominação do disposto no n.° 2, do artigo 4.°, e nas alíneas a), b) e c), do n.° 1 e do n.° 2, do artigo 14.°, do presente Regulamento.

Lisboa, 17 de Outubro de 2006.

O Presidente do Conselho Geral,
Rogério Alves

ANEXO
Especialidades reconhecíveis
(a que se refere o n.° 2 do artigo 5.°)

Direito Administrativo;
Direito Fiscal;
Direito do Trabalho;
Direito Financeiro;
Direito Europeu e da Concorrência;
Direito da Propriedade Intelectual;
Direito Constitucional.

4.9.

REGULAMENTO DE ORGANIZAÇÃO E FUNCIONAMENTO DO SISTEMA DE ACESSO AO DIREITO E AOS TRIBUNAIS NA ORDEM DOS ADVOGADOS

Regulamento n.° 330-A/2008 de 24 de Junho, publicado na 2.ª Série, DR n.° 120, Suplemento de 2008-06-24, p. 27648(2) a 27648(4)

O Conselho Geral da Ordem dos Advogados, em sessão plenária de 16 de Junho de 2008, deliberou, ao abrigo do disposto nas alíneas h) e dd), do n.° 1, do artigo 45.° do Estatuto da Ordem dos Advogados, aprovado pela Lei n.° 15/2005, de 26 de Janeiro, conjugado com o disposto na Portaria n.° 10/2008, de 3 de Janeiro, com a redacção que lhe foi introduzida pela Portaria n.° 210/2008, de 29 de Fevereiro, aprovar o seguinte Regulamento.

CAPÍTULO I
Âmbito de aplicação

ARTIGO 1.°
Objecto

O presente Regulamento tem por objecto a definição e regulamentação das regras e procedimentos relativos à organização e funcionamento do sistema de acesso ao direito e aos tribunais, no âmbito das competências atribuídas à Ordem dos Advogados pela Portaria n.° 10/2008, de 3 de Janeiro, com a redacção que lhe foi introduzida pela Portaria n.° 210/2008, de 29 de Fevereiro.

CAPÍTULO II
Participação

ARTIGO 2.°
Participação de Advogados e Advogados Estagiários no sistema de acesso ao direito e aos tribunais

1 – Compete ao Conselho Geral a definição dos termos da selecção dos Advogados e Advogados Estagiários que tenham apresentado candidatura para participação no sistema de acesso ao direito e aos tribunais.

2 – Os Advogados com inscrição definitiva e em vigor na Ordem dos Advogados e com as quotas regularizadas podem apresentar candidatura com vista à participação no sistema de acesso ao direito e aos tribunais para prestação de qualquer das modalidades de prestação de serviços previstas no n.° 1, do artigo 18.° da Portaria n.° 10/2008, de 3 de Janeiro.

3 – Os Advogados Estagiários com inscrição em vigor na Ordem dos Advogados podem participar no sistema de acesso ao direito e aos tribunais, em todos os processos atribuídos ao seu patrono, intervindo nas diligências e processos, com substabelecimento com reserva.

4 – Os Advogados Estagiários com inscrição em vigor na Ordem dos Advogados podem apresentar candidatura para participação no sistema de acesso ao direito e aos tribunais na modalidade de prestação de serviços previstos na alínea e), do n.° 1, do artigo 18.° da Portaria n.° 10/2008, de 3 de Janeiro.

ARTIGO 3.°
Processo de inscrição

1 – Os Advogados e Advogados Estagiários que pretendam participar no sistema de acesso ao direito e aos tribunais devem apresentar candidatura junto da Ordem dos Advogados, através do preenchimento electrónico de Formulário de Inscrição disponibilizado pelo Conselho Geral, na área reservada do portal da Ordem dos Advogados.

2 – No momento da inscrição os Advogados devem indicar obrigatoriamente os seguintes dados:

a) Nome profissional;

b) Domicílio profissional;
c) Número e data de validade da Cédula Profissional;
d) Telefone;
e) Fax;
f) Telemóvel;
g) Endereço de correio electrónico (Conta de E-mail O.A.);
h) Área(s) preferencial(ais) de intervenção;
i) Indicação da modalidade de participação no sistema, nos termos do disposto no n.° 1, do artigo 18.° da Portaria n.° 10/2008, de 3 de Janeiro;
j) Indicação da composição dos lotes, nos termos do disposto nos n.ºs 2 e 3, do artigo 18.° da Portaria n.° 10/2008, de 3 de Janeiro;
k) N.° de Identificação Fiscal;
l) N.° de Identificação Bancária;
m) Enquadramento fiscal em sede de IVA e IRS.

3 – No momento da inscrição os Advogados Estagiários devem indicar obrigatoriamente os seguintes dados:

a) Nome profissional;
b) Indicação do Patrono;
c) Domicílio profissional;
d) Número e data de validade da Cédula Profissional de Advogado Estagiário;
e) Telefone;
f) Fax;
g) Telemóvel;
h) Endereço de correio electrónico (Conta de E-mail O.A.);
i) N.° de Identificação Fiscal;
j) N.° de Identificação Bancária;
k) Enquadramento fiscal em sede de IVA e IRS.

4 – Os Advogados e Advogados Estagiários comprometem-se a manter actualizados todos os dados referidos nos números anteriores, sendo da sua única e exclusiva responsabilidade a veracidade e autenticidade dos mesmos.

5 – Os dados referidos nos n.ºs 2 e 3, do presente artigo são objecto de registo na base de dados da Ordem dos Advogados.

6 – A inscrição no sistema é acompanhada de declaração de autorização do interessado para o tratamento informatizado dos seus dados pessoais e profissionais.

7 – O processo de participação no sistema de acesso ao direito e aos tribunais é efectuado pelo menos duas vezes em cada ano civil, em data e termos a definir por deliberação do Conselho Geral, sem prejuízo da obrigação dos advogados de acompanharem os processos para os quais tenham sido nomeados até final.

CAPÍTULO III
Regras de participação

ARTIGO 4.°
Critérios de atribuição das modalidades de prestação de serviços e hierarquização dos Advogados e Advogados Estagiários

1 – No momento da apresentação da candidatura, os Advogados devem optar pela designação para as modalidades de prestação de serviços no sistema de acesso ao direito e aos tribunais, nos termos do disposto no artigo 18.° da Portaria n.° 10/2008, de 10 de Janeiro.

2 – No momento da apresentação da candidatura, os Advogados Estagiários devem indicar a modalidade de prestação de serviços prevista na alínea e), do n.° 1, do artigo 18.° da Portaria n.° 10/2008 de 10 de Janeiro, que será prestada exclusivamente nos gabinetes de consulta jurídica.

3 – Os Advogados e os Advogados Estagiários são hierarquizados atendendo à ordem cronológica de inscrição no sistema e, em caso desta se revelar coincidente, considera-se a antiguidade da inscrição na Ordem dos Advogados.

ARTIGO 5.°
Número de lotes por comarca

O número de lotes com a composição referida nos n.ºs 2 e 3, do artigo 18.° da Portaria n.° 10/2008, de 10 de Janeiro, é definido pelo Conselho Geral, após audição dos Conselhos Distritais, com a periodicidade prevista no n.° 7, do artigo 3.°, do presente Regulamento.

ARTIGO 6.°
Preenchimento dos lotes de processos

1 – Os lotes são de preenchimento sucessivo, pelo que em cada comarca só se inicia o preenchimento de um lote após o total preenchimento do lote anterior.

2 – Os Advogados que optem por lotes de maior dimensão têm prioridade no preenchimento dos lotes.

3 – A ordem de preenchimento dos lotes é determinada por aplicação dos critérios definidos n.° 3, do artigo 4.° do presente Regulamento, com as necessárias adaptações.

4 – A indicação da área preferencial de intervenção, prevista na alínea h), do n.° 2, do artigo 3.° do presente Regulamento, será atendida, na medida do possível, com respeito pelas regras de preenchimento dos lotes de processos.

ARTIGO 7.°
Causas de exclusão

1 – São causas de exclusão do sistema de acesso ao direito e aos tribunais, designadamente as seguintes:

a) A falsificação, o fabrico ou a elaboração de factos ou informações falsas sobre qualquer componente destinada a corporizar a informação gerida e gerada pelo sistema;

b) O atraso injustificado na transmissão da informação relevante para o funcionamento do sistema;

c) A omissão de qualquer informação relevante com vista à corporização da informação gerida e gerada pelo sistema;

d) O incumprimento da prestação dos serviços correspondente a qualquer uma das modalidades previstas no n.° 1, do artigo 18.° da Portaria n.° 10/2008, de 3 de Janeiro, designada, pelo Advogado ou Advogado Estagiário, no momento de apresentação da respectiva candidatura ao sistema.

2 – A decisão de exclusão do sistema de acesso ao direito e aos tribunais cabe ao Conselho Distrital territorialmente competente em razão da área geográfica a que pertença o domicílio profissional do Advogado ou do Advogado Estagiário.

3 – Da decisão prevista no número anterior cabe recurso para o Conselho Geral.

4 – A exclusão do sistema é independente da responsabilidade disciplinar, civil e criminal do Advogado e do Advogado Estagiário.

5 – Em caso de exclusão do sistema são restituídas ao Instituto de Gestão Financeira e de Infra-Estruturas da Justiça, I.P., as quantias recebidas, no prazo de 30 (trinta) dias, a contar da data da notificação da decisão final.

ARTIGO 8.°
Saída do sistema

1 – O Advogado que pretenda sair do sistema, antes do trânsito em julgado de um processo ou do termo definitivo de uma diligência para que esteja nomeado, têm de apresentar justificação, mediante requerimento dirigido ao Presidente do Conselho Distrital, territorialmente competente em razão da área geográfica a que pertença o respectivo domicílio profissional, sob pena de restituição, no prazo de 30 (trinta) dias, de todas as quantias entregues por conta de cada processo ou diligência em curso.

2 – O Advogado Estagiário que pretenda sair do sistema tem de apresentar justificação, mediante requerimento dirigido ao Presidente do Conselho Distrital, territorialmente competente em razão da área geográfica a que pertença o respectivo domicílio profissional.

3 – O requerimentos referidos nos números anteriores devem ser fundamentados e acompanhados da prova necessária à respectiva apreciação.

4 – A decisão do pedido de saída do sistema é da competência do Presidente do Conselho Distrital territorialmente competente em razão da área geográfica a que pertença o domicílio profissional do Advogado ou do Advogado Estagiário.

5 – O Presidente do Conselho Distrital pode delegar a competência definida no número anterior em algum ou alguns dos seus membros.

6 – Da decisão prevista no n.° 4 do presente artigo cabe recurso para o Bastonário.

7 – Após a saída do sistema a substituição integral do lote será assegurada por Advogado inscrito para a mesma modalidade de prestação de serviços.

8 – No caso de integral substituição do Advogado, a quem foi atribuído um lote de processos, a repartição dos honorários, obedecerá, com as necessárias adaptações, ao disposto no artigo 9.° do presente Regulamento.

9 – Não se revelando possível a substituição integral num lote ou sendo julgada injustificada a saída do sistema, o Advogado restituirá todas as quantias entregues por conta de cada processo ou diligência em curso.

10 – O Advogado procederá à restituição de todas as quantias recebidas por conta de cada processo ou diligência em curso ao Instituto de Gestão Financeira e de Infra-Estruturas da Justiça, IP, no prazo de 30 (trinta dias) a contar da notificação da decisão final.

ARTIGO 9.°
Pedido de escusa

1 – Nos termos e para os efeitos do disposto no artigo 16.°, conjugada com a matéria prevista no artigo 25.°, ambos da Portaria n.° 10/2008, de 3 de Janeiro, sendo requerido pedido de escusa ou dispensa de patrocínio, o patrono ou o defensor nomeado e o substituto ajustam com os intervenientes seguintes a repartição dos honorários.

2 – Não havendo acordo de todos os intervenientes quanto à repartição de honorários, a sua determinação compete ao Presidente do Conselho Distrital, no âmbito da sua competência territorial, devendo a informação ser registada no sistema.

3 – O Presidente do Conselho Distrital pode delegar a competência definida no número anterior em algum ou alguns dos seus membros.

CAPÍTULO IV
Deveres dos Advogados e Advogados EstagiáriosParticipantes no sistema de acesso ao direito e aos tribunais

ARTIGO 10.°
Deveres dos Advogados

Sem prejuízo dos deveres previstos no Estatuto da Ordem dos Advogados, na Lei de Acesso ao Direito e aos Tribunais e na Regulamentação em vigor, constituem deveres dos Advogados, designadamente os seguintes:

a) Exercer o patrocínio judiciário, por nomeação da Ordem dos Advogados, no rigoroso cumprimento de todas as regras deontológicas;

b) Assegurar o patrocínio, praticando todos os actos necessários à defesa dos interesses do patrocinado do apoio judiciário, não obstante, as limitações e dificuldades, decorrentes do seu desinteresse ou da sua falta de colaboração;

c) Recusar a nomeação para acto ou diligência efectuada em desconformidade com a designação feita pela Ordem dos Advogados constante da lista de escalas de prevenção de Advogados.

d) Prestar com rigor, verdade e atempadamente todas as informações sobre os elementos previstos nos artigos 3.° e 12.° do presente Regulamento.

e) Indicar, através do portal da Ordem dos Advogados, no prazo de 5 (cinco) dias, após notificação da nomeação que ocorra para processo pendente, o respectivo número, vara/juízo, secção, tipo de acção, natureza de Processo, identificação das partes, o fim para o qual foi requerido o apoio judiciário;

f) Indicar, através do portal da Ordem dos Advogados, no prazo máximo de 30 (trinta) dias, após notificação da nomeação que se destine a um processo ou uma acção a instaurar, o respectivo número, vara/juízo, secção, tipo de acção, natureza de Processo, identificação das partes, o fim para o qual foi requerido o apoio judiciário;

g) Confirmar na área reservada do portal da Ordem dos Advogados, no prazo máximo de 5 (cinco) dias após a prestação da Consulta Jurídica, os elementos referentes à consulta, para efeitos de corporização da informação com vista à transmissão e processamento dos honorários;

h) Transmitir a data de propositura da acção ou processo, bem como a data do trânsito em julgado da respectiva sentença ou acórdão, para efeitos de corporização da informação com vista à transmissão e ao processamento dos honorários;

i) Enviar o recibo para o Instituto de Gestão Financeira e de Infra-Estruturas da Justiça, I.P., no prazo de 30 (trinta) dias, a contar da data em que foi dado conhecimento ao Advogado da realização do pagamento, por transferência bancária;

j) Cooperar com a Ordem dos Advogados em todas as acções ou medidas que esta venha a prosseguir com vista a melhorar a gestão da participação dos Advogados no sistema de acesso ao direito e aos tribunais.

ARTIGO 11.°
Deveres dos Advogados Estagiários

Sem prejuízo dos deveres previstos no Estatuto da Ordem dos Advogados, na Lei de Acesso ao Direito e aos Tribunais e na regulamentação em vigor, constituem deveres dos Advogados Estagiários, designadamente os seguintes:

a) Dar opinião conscienciosa sobre o merecimento do direito ou pretensão invocada pelo beneficiário da consulta jurídica, no rigoroso cumprimento de todas as regras deontológicas;
b) Prestar com rigor, verdade e atempadamente todas as informações sobre os elementos previstos nos artigos 3.° e 12.° do presente Regulamento;
c) Confirmar na área reservada do portal da Ordem dos Advogados, no prazo máximo de 5 (cinco) dias após a prestação da consulta jurídica, os elementos referentes à consulta, para efeitos de corporização da informação com vista à transmissão e processamento dos honorários;
d) Enviar o recibo para o Instituto de Gestão Financeira e de Infra-Estruturas da Justiça, I.P., no prazo de 30 (trinta) dias a contar da data em que foi dado conhecimento ao advogado estagiário da realização do pagamento, por transferência bancária.

CAPÍTULO V
Honorários e pagamentos

ARTIGO 12.°
Pagamento de honorários

1 – A remuneração dos Advogados e Advogados Estagiários pelos serviços prestados no âmbito do sistema de acesso ao direito e aos tribunais é devida pelo Estado Português, sendo assegurada através do Instituto de Gestão Financeira e de Infra-Estruturas da Justiça, I.P., nos termos da Portaria n.°10/2008, de 3 de Janeiro.

2 – No âmbito do disposto no n.° 1 do presente artigo, a informação para efeitos de processamento dos valores dos honorários e das despesas é da exclusiva responsabilidade dos Advogados ou dos Advogados Estagiá-

rios que, na área reservada do portal da Ordem dos Advogados, devem indicar os elementos necessários ao respectivo processamento.

3 – Os elementos de informação transmitidos, através da área reservada do portal da Ordem dos Advogados, são transmitidos informaticamente para o Instituto de Gestão Financeira e de Infra-Estruturas da Justiça, I.P., que procederá ao pagamento por transferência bancária.

ARTIGO 13.°
Conta Corrente do Advogado

1 – A Conta Corrente é o registo dos honorários e das despesas fixadas a cada Advogado.

2 – A Conta Corrente é pessoal e intransmissível, sendo da responsabilidade do respectivo Advogado a prestação de informação necessária ao processamento dos lançamentos contabilísticos.

ARTIGO 14.°
Conta Corrente do Advogado Estagiário

1 – A Conta Corrente é o registo dos honorários referente à prestação da consulta jurídica.

2 – A Conta Corrente é pessoal e intransmissível, sendo da responsabilidade do respectivo Advogado Estagiário a prestação de informação necessária ao processamento dos lançamentos contabilísticos.

CAPÍTULO VI
Dos Recursos

ARTIGO 15.°
Prazo

O prazo para interposição dos recursos previstos no presente Regulamento é de 15 (quinze dias) a contar da notificação da decisão.

ARTIGO 16.º
Forma

1 – O requerimento de interposição de recurso é sempre motivado, sob pena de não admissão do mesmo.

2 – Interposto o recurso, o órgão recorrido notifica, através de e.mail, o recorrente, designadamente, de:

a) Não admissão do recurso por falta de fundamentação;

b) Admissão e subida do recurso para o Bastonário ou para o Conselho Geral.

ARTIGO 17.º
Prazos de decisão

1 – A decisão do recurso deverá ser proferida em 15 (quinze) dias, a contar da data da sua distribuição.

2 – Por razões de especial complexidade pode a decisão ser proferida em prazo alargado e desse facto deverá ser lavrado despacho justificativo.

CAPÍTULO VII
Disposições finais

ARTIGO 18.º
Casos omissos

Os casos omissos serão resolvidos por Deliberação do Conselho Geral.

ARTIGO 19.º
Entrada em vigor

1 – Sem prejuízo do disposto no número seguinte o presente Regulamento entra em vigor no dia 1 de Setembro de 2008.

2 – Os artigos 3.º, 4.º, 5.º e 7.º entram em vigor no dia seguinte à publicação do presente Regulamento.

19 de Junho de 2008. – O Presidente do Conselho Geral, *António Marinho e Pinto.*

4.10.

REGULAMENTO DISCIPLINAR

Regulamento n.° 42/2002. – Ao abrigo do disposto no artigo 40.°, n.° 1, alínea j), do Estatuto da Ordem dos Advogados, aprovado pelo Decreto-Lei n.° 84/84, de 16 de Março, com a redacção dada pela Lei n.° 80/2001, de 20 de Julho, foi aprovado pelo conselho superior da Ordem dos Advogados, em sessão plenária de 10 de Setembro de 2002, o regulamento disciplinar.

[com as rectificações materiais aprovadas em sessão plenária do Conselho Superior da Ordem dos Advogados, de 4 de Julho de 2003 – Deliberação n.° 1268/2003 OA (2.ª série), de 21 de Agosto // In: Diário da República. – s.2 n.° 192 (21 Agosto 2003), p. 12959].

ANEXO

O conselho superior da Ordem dos Advogados, reunido em Lisboa, em sessão plenária de 10 de Setembro de 2002, deliberou, ao abrigo do artigo 40.°, n.° 1, alínea j), do Estatuto da Ordem dos Advogados, aprovar o seguinte regulamento disciplinar:

CAPÍTULO I
Disposições gerais

ARTIGO 1.°

1 – A acção disciplinar da Ordem dos Advogados rege-se pelos preceitos do Estatuto da Ordem dos Advogados e do presente regulamento e é exercida pelo conselho superior, ou em pleno ou pelas suas secções, e pelos conselhos de deontologia.

2 – Salvo se o Estatuto ou o presente regulamento determinarem expressamente outra solução, a competência para a tomada de decisões em matéria disciplinar cabe ao conselho de deontologia, às secções do conselho superior ou ao pleno do conselho superior, em função das normas de competência do Estatuto.

3 – Os casos omissos serão resolvidos de harmonia com os preceitos do Estatuto da Ordem, e do presente regulamento, e subsidiariamente pelo Código Penal em matéria substantiva e pelo Código de Processo Penal em matéria processual.

ARTIGO 2.º

O procedimento disciplinar pode ser instaurado, independentemente de participação, por decisão do bastonário ou do presidente do conselho superior, ou por deliberação do conselho superior, do conselho geral, de qualquer dos conselhos distritais ou de qualquer dos conselhos de deontologia da Ordem.

ARTIGO 3.º

1 – O procedimento disciplinar pode ser instaurado com fundamento em participação dirigida à Ordem, pelos tribunais, por qualquer autoridade ou pessoa com conhecimento de factos susceptíveis de integrarem infracção disciplinar, ou com base em certidão, recebida do Ministério Público ou de entidades com poderes de investigação criminal ou policial, das denúncias, participações ou queixas apresentadas contra advogados.

2 – Quando apresentada por escrito e por pessoa que não seja advogado ou entidade oficial, a assinatura do participante deverá ser reconhecida pelos meios legalmente admissíveis; se verbal, levantar-se-á auto de notícia.

ARTIGO 4.º

1 – No caso de, em apreciação liminar, a participação se revelar manifestamente inviável, ou não se verificar a possibilidade de a conduta participada constituir infracção disciplinar, na versão relatada na partici-

pação, o relator a quem for distribuída a participação, ou o presidente do conselho competente, proporá, em parecer fundamentado, o arquivamento da participação.

2 – Para proceder à apreciação liminar, o presidente ou o relator poderá ordenar as diligências necessárias à clara identificação do advogado visado, nos termos do artigo 118.° do Estatuto, bem como ouvi-lo ao abrigo da alínea b) do artigo 48.°-C do Estatuto, ou pedir ao participante esclarecimentos sobre a participação, sem que tais diligências, tal audição ou tal pedido de esclarecimento constituam actos de instrução.

3 – A decisão de arquivamento ou de instauração de procedimento disciplinar caberá ao conselho respectivo.

ARTIGO 5.°

1 – As pessoas com interesse directo relativamente aos factos participados, e nomeadamente os participantes e o participado, são admitidas a intervir no processo, por si ou por intermédio de advogado.

2 – No entanto, não poderão patrocinar os interesses das pessoas referidas no n.° 1 os advogados que tiverem exercido funções nos órgãos da Ordem com competência disciplinar nos últimos seis anos.

ARTIGO 6.°

Quando o advogado visado mudar o seu domicílio profissional para a área de outro conselho após o cometimento da alegada falta ou após a instauração de procedimento disciplinar, tal mudança não afecta a competência do primeiro conselho, podendo no entanto o novo conselho passar a exercer a acção disciplinar, se tal for acordado entre este e o conselho originariamente competente.

ARTIGO 7.°

1 – A desistência do procedimento disciplinar pelo titular do interesse directo nos factos participados extingue a responsabilidade disciplinar, excepto se a falta imputada afectar a dignidade do visado, ou o prestígio da Ordem ou da profissão.

2 – A desistência só produz efeitos se aceite pelo visado e homologada pelo conselho, tendo em conta os factores referidos no n.º 1.

ARTIGO 8.º

1 – A instrução do processo disciplinar é sumária, e, através dela, deve o relator tentar atingir a verdade material, remover os obstáculos ao seu regular e rápido andamento e recusar o que for impertinente, inútil ou dilatório.

2 – A forma dos actos, quando não esteja expressamente regulada, deve ajustar-se ao fim em vista e limitar-se ao indispensável para o atingir.

ARTIGO 9.º

1 – A natureza secreta do processo, até ao despacho da acusação, não impede a sua consulta pelo participante ou titular do interesse directo nos factos participados, ou pelo arguido, ou pelos respectivos advogados, quando autorizada pelo relator, caso não exista inconveniente para a instrução.

2 – Pode ainda o relator, no interesse da instrução, fornecer ao titular do interesse directo nos factos participados e ao arguido cópia de peças do processo a fim de sobre elas se pronunciarem.

3 – A passagem de certidões só pode ser autorizada por deliberação do conselho, mediante requerimento em que se indique o fim a que se destinam.

4 – Só serão passadas certidões destinadas à defesa de interesses legítimos do requerente, podendo o seu uso ser condicionado, sob pena de o infractor, quando advogado, incorrer em infracção disciplinar com suspensão, para além da responsabilidade criminal a que houver lugar.

5 – O arguido e o titular do interesse directo nos factos participados, quando advogado, e os funcionários da Ordem com acesso ao processo, que não respeitem a natureza secreta do processo incorrem em responsabilidade disciplinar.

ARTIGO 10.º

1 – Se contra o mesmo arguido penderem vários processos disciplinares, ainda que em conselhos diversos, serão todos apensados ao mais

antigo, de forma a ser proferida uma só decisão, excepto se da apensação resultar manifesto inconveniente, caso em que os processos se manterão sem ser apensos ou em que poderão ser apensos, com base em diferente critério.

2 – Os processos só serão apensos depois de concluída a respectiva instrução de modo que apenas seja deduzida uma única acusação no processo principal e os termos subsequentes corram apenas neste processo.

ARTIGO 11.°

1 – Os actos processuais valem desde que assinados e rubricados por quem presida à diligência e por quem os escreva. O participante, o interessado e o acusado, nos actos em que intervenham, devem também ser convidados a assiná-los e rubricá-los.

2 – Todos os actos e termos do processo, incluindo os despachos e acórdãos, podem ser dactilografados e, quando o não sejam, deverá a letra ser perfeitamente legível.

3 – Poderão ser utilizados modelos impressos a completar por quem os deve escrever.

4 – Os termos, autos e certidões não deverão conter espaços em branco que não sejam inutilizados, nem entrelinhas, rasuras ou emendas que não sejam devidamente ressalvadas.

ARTIGO 12.°

1 – Na falta de disposição especial, será de 10 dias o prazo para a prática dos actos processuais.

2 – Este prazo, tal como os demais especialmente previstos no Estatuto e neste regulamento, conta-se pela forma estabelecida na legislação processual civil.

ARTIGO 13.°

1 – Os actos de expediente e a apresentação de requerimentos e demais papéis processuais devem ser praticados durante o período de abertura da secretaria.

2 – A data de entrada dos papéis será neles aposta no acto de apresentação, bem como nos duplicados que os apresentantes exibam, incorrendo em responsabilidade disciplinar quem a alterar, seja para que fim for.

O artigo 13.° foi rectificado por Deliberação do Conselho Superior de 4 de Julho de 2003: Deliberação n.° 1268/2003 OA (2.ª série), de 21 de Agosto // In: Diário da República. – s.2 n.° 192 (21 Agosto 2003), p.12959

ARTIGO 14.°

O chefe da secretaria do conselho respectivo é responsável pela guarda dos processos e não poderá mostrá-los, salvo nos casos especiais previstos na lei, sem autorização do relator e, se findos, do presidente do conselho respectivo.

ARTIGO 15.°

1 – Quando outra formalidade não seja expressamente exigida, as comunicações dos actos processuais e as notificações das mesmas serão feitas por registo postal com aviso de recepção, ou por protocolo.

2 – Os arguidos e demais advogados intervenientes no processo consideram-se notificados desde que as comunicações sejam enviadas ou apresentadas no escritório que constitua seu domicílio necessário, independentemente de recepção.

CAPÍTULO II
Da forma do processo

ARTIGO 16.°

1 – O processo disciplinar é comum ou de inquérito.

2 – O processo comum será usado sempre que ao advogado ou advogado estagiário seja imputada falta determinada.

3 – O de inquérito, que se regula pelas normas aplicáveis ao processo disciplinar em tudo o que não esteja especialmente previsto, quando qualquer dos órgãos da Ordem, advogado ou advogado estagiário o re-

queira, ou, por não ser concretizada a falta ou conhecido o infractor, se torne necessário proceder a averiguações destinadas ao esclarecimento dos factos.

ARTIGO 17.°

1 – A forma de processo comum é a regulada nos capítulos seguintes.

2 – O processo de inquérito está sujeito às mesmas normas mas com as seguintes alterações:

a) O relator, para além das diligências normais que considere necessárias, poderá chamar, por meio de anúncios, sem identificação do visado, a depor as pessoas que tenham conhecimento de factos respeitantes à matéria a averiguar;

b) Finda a instrução, o relator emitirá parecer fundamentado em que proporá o prosseguimento do processo disciplinar, como processo comum ou o seu arquivamento, consoante considere existirem, ou não, indícios bastantes da prática de infracção disciplinar;

c) Tal parecer será apreciado na primeira sessão do conselho e aí deliberado se o processo deve prosseguir como disciplinar, se arquivado ou realizadas diligências complementares de prova;

d) Caso o processo siga como disciplinar, o até então processado valerá como corpo de delito;

e) Se o parecer não obtiver aprovação, será designado novo relator dentre os membros do conselho que tenham feito vencimento.

CAPÍTULO III
Da organização do processo

ARTIGO 18.°

1 – Instaurado procedimento disciplinar, as participações, queixas ou autos de notícia serão distribuídos pelo presidente, sem prejuízo de delegação dessa tarefa em qualquer dos seus membros.

2 – A distribuição será feita de acordo com a orientação do presidente do conselho.

3 – Será feita nova distribuição no impedimento permanente do relator, ou nos seus impedimentos temporários, sempre que as circunstâncias o justifiquem, e ainda quando o conselho aceite a sua escusa.

4 – Os conselhos podem também nomear relatores ou cometer no todo ou em parte a instrução do processo a advogado inscrito pelo respectivo distrito há mais de cinco anos, e sem qualquer punição de carácter disciplinar superior à advertência.

ARTIGO 19.º

1 – A instrução do processo realiza-se na sede do conselho competente, com excepção das diligências que, pela sua natureza, se mostre conveniente serem efectuadas em local diferente.

2 – Neste caso, as diligências serão efectuadas directamente pelo relator, ou requisitadas, por ofício, telecópia, correio electrónico ou telegrama precatório, dirigido ao órgão competente, com indicação do prazo para cumprimento e da matéria sobre que deverão incidir.

ARTIGO 20.º

1 – Expirado o prazo dado pelo relator para o cumprimento das diligências, o processo seguirá os termos normais, juntando-se o precatório logo que devolvido.

2 – Se, porém, o relator entender ser indispensável para a descoberta da verdade a realização prévia das diligências deprecadas, o processo aguardará o cumprimento e devolução do precatório.

ARTIGO 21.º

Os peritos, tradutores, intérpretes, declarantes e testemunhas prestarão compromisso, sob juramento legal, de desempenharem conscienciosamente os deveres de cargo e de dizerem a verdade.

CAPÍTULO IV
Da fase instrutória

ARTIGO 22.°

1 – Entende-se por "fase instrutória" o conjunto de diligências destinadas à organização do processo, até ser proferido o despacho de acusação.

2 – Nesta fase são admissíveis todos os meios de prova permitidos em direito.

ARTIGO 23.°

1 – O relator, para além de ouvir o participante, o titular do interesse directo nos factos participados, se distinto do participante, e as testemunhas por estes indicadas, dentro dos limites do artigo 121.°, n.° 9, do Estatuto e sem prejuízo do artigo 29.° deste regulamento, deverá sempre notificar o arguido para responder, querendo, à matéria da participação ou queixa.

2 – Poderá também ordenar exames, fazer juntar documentos, requisitar processos e, de um modo geral, proceder a todas as diligências susceptíveis de contribuir para o apuramento da verdade.

3 – Considera-se ouvida a pessoa a quem for dada oportunidade para prestar declarações sobre determinado facto ou imputação e que, por razões não consideradas justificadas, não tenha prestado declarações sobre os mesmos.

ARTIGO 24.°

1 – Por sua vez, o participante, o titular de interesse directo nos factos participados se distinto daquele, e o arguido podem requerer ao relator, nesta fase do processo, a realização das diligências de prova que considerem necessárias ao apuramento da verdade.

2 – Porém, só será dado deferimento a esse requerimento se lhe for reconhecida utilidade e pertinência, mas serão mandados juntar aos autos todos os papéis recebidos de um e outro, que respeitem ao processo.

3 – Tanto o participante como o arguido não podem recusar-se a estar pessoalmente presentes nos casos em que o relator o ordene.

SECÇÃO I
Da prova documental

ARTIGO 25.°

1 – Com a participação ou queixa serão juntos os documentos destinados à prova dos factos em que assenta a arguição.

2 – Será, todavia, admitida a junção, até às alegações inclusive, de qualquer documento que não tenha sido possível obter anteriormente ou quando, por razões atendíveis, tenha sido prorrogado o prazo para a sua junção.

3 – O relator poderá oficiosamente determinar a junção de documentos até à sessão do julgamento.

ARTIGO 26.°

Se qualquer declarante ou testemunha, ao ser ouvido, apresentar algum documento para corroborar as suas afirmações, o relator poderá ordenar a sua junção aos autos.

SECÇÃO II
Dos exames

ARTIGO 27.°

Os exames serão requeridos pelos interessados ou determinados pelo relator até ao encerramento da fase instrutória e efectuados pelos meios mais adequados ao fim pretendido, tal como definido pelo relator.

SECÇÃO III
Da prova testemunhal

ARTIGO 28.°

Aplicam-se ao depoimento das testemunhas as restrições do artigo 133.° do Código de Processo Penal.

ARTIGO 29.°

1 – Na fase de instrução do processo o número de testemunhas a inquirir será o que o relator entender necessário à descoberta da verdade, podendo dispensar as testemunhas que julgar desnecessárias, mesmo que dentro do limite do artigo 121.°, n.° 9.

2 – Sem prejuízo das limitações estabelecidas pelo artigo 121.°, n.° 9, do Estatuto da Ordem dos Advogados, é aplicável à inquirição de testemunhas o disposto nos n.os 1 e 2 do artigo 24.°

O n.° 2 do artigo 29.° foi rectificado por Deliberação do Conselho Superior de 4 de Julho de 2003: Deliberação n.° 1268/2003 OA (2.ª série), de 21 de Agosto // In: Diário da República. – s.2 n.° 192 (21 Agosto 2003), p.12959.

ARTIGO 30.°

1 – As testemunhas e declarantes serão notificados do dia, da hora e do local em que devem comparecer para serem ouvidos; mas o relator poderá ouvir outras pessoas que, porventura, se encontrem presentes.

2 – O relator pode optar entre ouvir as testemunhas sem a presença do participante ou do participado, ou com a presença de qualquer deles, que nesse caso será notificado para, querendo, estar presente.

ARTIGO 31.°

1 – Os depoimentos e declarações serão reduzidos a escrito, cuja redacção competirá aos próprios; porém, se não quiserem usar deste direito ou o fizerem por forma defeituosa ou inconveniente, serão redigidos pelo relator.

2 – O participante, o titular do interesse directo nos factos participados e o arguido, ou o seu advogado, quando presentes, poderão, findo o interrogatório, requerer ao relator que formule novas perguntas tendentes ao completo esclarecimento do depoimento ou declarações prestadas.

3 – No final, os depoimentos e declarações serão lidos a quem os produziu, que os assinará e rubricará.

4 – Pode o participante ou o arguido requerer o registo magnético dos depoimentos, se estiverem disponíveis os meios técnicos necessários,

podendo também o relator determiná-lo. Neste caso, será dispensada a redução a escrito dos depoimentos.

ARTIGO 32.°

São admitidas acareações e impugnações, com os fundamentos e nos termos do Código de Processo Penal.

ARTIGO 33.°

1 – Finda a instrução, o relator profere despacho de acusação ou emite parecer fundamentado a propor o arquivamento do processo ou que este aguarde produção de melhor prova.

2 – Não sendo proferido despacho de acusação, o processo com o parecer do relator será presente à primeira sessão do conselho para deliberação, sendo aplicável no caso o disposto na alínea e) do n.° 2 do artigo 17.°.

CAPÍTULO V
Dos incidentes

ARTIGO 34.°

1 – São incidentes em processo disciplinar:

a) A suspensão preventiva do arguido;
b) Os impedimentos dos que devem instruir ou julgar os processos;
c) A falsidade.

2 – Os incidentes são autuados por apenso ao processo em que forem deduzidos.

SECÇÃO I
Da suspensão preventiva

ARTIGO 35.°

1 – Proferido despacho de acusação, pode ser ordenada a suspensão

preventiva do arguido, nos casos e pela forma prevista no artigo 124.° do Estatuto da Ordem dos Advogados.

2 – A deliberação será notificada ao arguido, pessoalmente, por protocolo ou por registo postal com aviso de recepção, com entrega da cópia respectiva e a advertência de que, a partir dessa notificação, se deverá abster da prática de qualquer acto profissional, sob pena de ser dada publicidade plena à suspensão e sem prejuízo de procedimento criminal.

3 – Será comunicada a suspensão ao tribunal da comarca por onde o advogado arguido se encontre inscrito e ao tribunal da relação da mesma área desse tribunal de comarca, e a outros tribunais, ou entidades, tal como seja julgado conveniente pelo relator.

ARTIGO 36.°

Os processos disciplinares com arguido suspenso preventivamente preferem, no julgamento, a todos os demais e os seus termos correm mesmo em férias.

SECÇÃO II
Dos impedimentos

ARTIGO 37.°

Nenhum membro dos conselhos pode intervir na instrução e julgamento de processos disciplinares ou de inquérito:

a) Quando ele ou o seu cônjuge seja participante, titular de interesse directo nos factos participados ou arguido;

b) Quando for participante, titular de interesse directo nos factos participados ou arguido algum seu parente ou afim na linha recta ou até ao 3.° grau na linha colateral, bem como seu tutelado ou curatelado;

c) Quando o participante, titular de interesse directo nos factos participados ou o arguido for, ou tenha sido, seu constituinte e os factos em causa tenham relação, directa ou indirecta, com o mandato;

d) Quando tiver de depor como testemunha, ressalvado o disposto no n.° 2 do artigo seguinte;

e) Quando se verificar qualquer dos casos previstos no n.° 1 do artigo 39.° do Código de Processo Penal.

ARTIGO 38.º

1 – Quem se considerar impedido por alguma destas causas, assim o declarará no processo, logo que deste tenha conhecimento.

2 – O que for indicado como testemunha deve declarar nos autos, sob juramento legal, se tem conhecimento de factos que possam influir na decisão do processo e só em caso afirmativo se admitirá o impedimento.

ARTIGO 39.º

1 – Os impedimentos podem ser deduzidos pelas partes em qualquer altura do processo em simples requerimento dirigido ao presidente do conselho, com imediato oferecimento de provas.

2 – Recebido o requerimento será ouvido o visado que responderá, por escrito, no prazo que lhe for fixado, entre cinco a oito dias.

3 – Se forem admitidos pelo visado os factos justificativos do impedimento, o incidente é considerado findo e o visado substituído, se tal se mostrar necessário; no caso contrário, serão produzidas as provas e o julgamento do incidente far-se-á dentro dos 10 dias seguintes.

ARTIGO 40.º

1 – Compete ao presidente do conselho o julgamento do incidente, mas da sua decisão cabe recurso para o conselho.

2 – No caso de ser visado o presidente, o julgamento caberá ao conselho em pleno.

ARTIGO 41.º

1 – Qualquer outra razão que pareça de natureza impeditiva deverá ser exposta verbalmente ao presidente do conselho, que resolverá.

2 – Se o presidente o considerar necessário ou conveniente poderá levar o assunto à primeira sessão do conselho e colher a opinião dos seus membros antes de decidir.

3 – No caso de o presidente julgar que existe razão impeditiva lavrará despacho, não carecido de fundamentação, no processo.

SECÇÃO III
Da falsidade

ARTIGO 42.°

1 – O incidente da falsidade apenas pode ser deduzido contra documento que influa no julgamento, e no prazo de 10 dias a contar da notificação da sua junção aos autos.

2 – Quando admitido, será instruído e julgado com o processo principal.

CAPÍTULO VI
Das excepções

ARTIGO 43.°

1 – São excepções em processo disciplinar:

a) A incompetência;
b) A ilegitimidade;
c) A litispendência;
d) O caso julgado;
e) A prescrição.

2 – Estas excepções são todas de conhecimento oficioso, e podem ser deduzidas em qualquer altura do processo, até às alegações finais, em simples requerimento com indicação dos factos que a fundamentam, e da prova respectiva.

3 – Antes da decisão e julgamento será cumprido o disposto no n.° 2 do artigo 39.° deste regulamento, em relação à parte contrária.

4 – Não poderão ser indicadas mais de três testemunhas por cada parte para prova dos factos justificativos das excepções.

ARTIGO 44.°

A prescrição do procedimento disciplinar pela prática de certa infracção não impede que o mesmo facto seja considerado na avaliação da idoneidade moral do advogado pelo órgão competente.

ARTIGO 45.°

O arguido que beneficiar da prescrição do procedimento disciplinar poderá, quando notificado, requerer que o processo continue os seus termos.

CAPÍTULO VII
Das nulidades

ARTIGO 46.°

1 – Em processo disciplinar apenas constitui nulidade insuprível a falta de audiência do arguido em artigos de acusação, nos quais as infracções sejam suficientemente individualizadas como factos concretos.

2 – As nulidades resultantes da preterição de outras formalidades processuais que possam influenciar a decisão final consideram-se supridas se não forem reclamadas pelo arguido ou pelo participante até à decisão final.

CAPÍTULO VIII
Da acusação

ARTIGO 47.°

Quando da instrução resultarem indícios suficientes da existência de falta disciplinar, o relator fará juntar aos autos extracto do registo disciplinar do arguido e redigirá a acusação, observando-se o artigo 123.° do Estatuto.

ARTIGO 48.°

Da acusação será extraída cópia no prazo de quarenta e oito horas, e logo em seguida será notificado o arguido, nos termos do artigo 125.° do Estatuto.

O artigo 48.° foi rectificado por Deliberação do Conselho Superior de 4 de Julho de 2003: Deliberação n.° 1268/2003 OA (2.ª série), de 21 de Agosto // In: Diário da República. – s.2 n.° 192 (21 Agosto 2003), p. 12959.

CAPÍTULO IX
Da defesa

ARTIGO 49.°

1 – O prazo de 20 dias para apresentar a defesa é peremptório, prorrogável por igual período em caso de especial complexidade, e só em caso de justo impedimento poderá ser excedido, cabendo ao relator, em despacho fundamentado, deferir ou indeferir o requerimento respectivo, de que não cabe recurso.

2 – A notificação para apresentar a defesa vale como audiência efectiva do arguido e a falta de resposta, dentro do prazo marcado, torna o arguido revel.

ARTIGO 50.°

1 – O arguido pode organizar a sua defesa pessoalmente ou nomear advogado para esse efeito.

2 – Se estiver impossibilitado de exercer esse direito por motivo devidamente comprovado, o relator nomear-lhe-á um curador, preferindo a pessoa a quem competiria a tutela, no caso de interdição.

3 – A nomeação nos termos dos números anteriores dá ao mandatário ou curador o direito de usar de todos os meios de defesa facultados ao arguido.

ARTIGO 51.°

1 – Durante o prazo para a apresentação da defesa, o processo pode ser consultado na secretaria, ou confiado ao arguido ou a advogado constituído para exame no seu escritório.

2 – Compete à secretaria a confiança do processo, mediante recibo assinado em que claramente se assuma a obrigação de o devolver, dentro do prazo da defesa.

3 – A falta de cumprimento da obrigação referida no número anterior constitui infracção disciplinar.

ARTIGO 52.°

À defesa do arguido aplicar-se-á o disposto no artigo 127.° do Estatuto.

ARTIGO 53.°

1 – Com a defesa, o arguido deve precisar os factos sobre os quais incidirá a prova oferecida, sendo convidado a fazê-lo, sob pena de indeferimento, na falta de indicação.

2 – As testemunhas domiciliadas fora da sede do conselho deverão ser apresentadas pelo arguido. Porém, em caso de impossibilidade devidamente fundamentada, poderá ele requerer a sua inquirição por ofício precatório.

ARTIGO 54.°

Serão recusadas as provas e diligências manifestamente impertinentes ou desnecessárias à descoberta da verdade dos factos, podendo ser mandados desentranhar os documentos nessas condições.

ARTIGO 55.°

Finda a produção da prova da defesa, o relator pode ordenar em despacho fundamentado novas diligências que considere necessárias ao esclarecimento da verdade, dentro do prazo fixado pelo artigo 128.° do Estatuto.

ARTIGO 56.°

Realizadas as diligências referidas no artigo anterior quando a elas houver lugar, ou logo a seguir à conclusão da prova da defesa, o relator elabora um relatório, nos termos do artigo 129.° do Estatuto, indicando sempre se, face à pena proposta no relatório, ou face a prévio requerimento do arguido, a audiência será pública.

ARTIGO 57.°

Das decisões do relator não cabe recurso, salvo nos casos expressamente previstos.

CAPÍTULO X
Do julgamento

SECÇÃO I

ARTIGO 58.°

Se não houver lugar a audiência pública o relator submeterá o relatório ao conselho na próxima sessão deste.

ARTIGO 59.°

1 – Se todos os membros do conselho presentes se considerarem para tanto habilitados, é votada a deliberação e assinado o acórdão, nos termos do artigo 130.° dos Estatutos.

2 – Se algum dos membros do conselho presentes se declarar não habilitado a deliberar, o processo é-lhe dado para vista por cinco dias, findo o que é novamente presente a julgamento.

ARTIGO 60.°

O julgamento deve ser efectuado em audiência pública sempre que o arguido o requeira e independentemente de requerimento, sempre que seja proposta pelo relator pena de suspensão superior a um ano ou de expulsão.

ARTIGO 61.°

1 – Quando o relator ficar vencido, o acórdão será lavrado pelo primeiro dos vogais que fizerem vencimento.

2 – Os votos de vencido devem ser fundamentados.

ARTIGO 62.°

1 – Os acórdãos serão assinados pelo presidente da secção ou do conselho e pelos vogais presentes que o tenham votado.

2 – Na falta de qualquer assinatura, o relator consignará o seu motivo.

ARTIGO 63.°

1 – Quando em acórdão de uma secção for votada pena a que se refere o artigo 109.°, n.° 2, do Estatuto da Ordem dos Advogados, o processo será imediatamente concluso ao presidente do conselho.

2 – Este, de seguida, convocará a sessão plenária do conselho e aí apresentará o processo para o fim previsto nesse preceito.

ARTIGO 64.°

1 – Os acórdãos serão notificados ao arguido, ao participante, aos titulares do interesse directo nos factos participados e ao bastonário.

2 – Se a participação tiver sido feita por magistrado judicial ou do Ministério Público, o acórdão final é-lhe notificado, ainda que não tenha interesse directo no processo.

3 – A notificação ao arguido será efectuada nos termos do artigo 15.° deste regulamento.

ARTIGO 65.°

1 – Notificados os acórdãos, poderá ser requerida a sua aclaração.

2 – As nulidades da decisão deverão ser arguidas nos requerimentos de interposição de recursos graciosos ou contenciosos da decisão, podendo no entanto o órgão que proferiu a decisão recorrida, sob proposta do relator, declarar desde logo a nulidade.

ARTIGO 66.°

As decisões finais serão levadas ao registo disciplinar do advogado punido, competindo às secretarias dos conselhos distritais manter actualizados esses documentos, sob coordenação da secretaria do conselho superior.

ARTIGO 67.°

1 – O despacho que fixar a data da audiência indicará logo a nova data da mesma em caso de adiamento nos termos do artigo 131.°, n.° 3.

2 – Apenas será produzida na audiência a prova complementar requerida pelo arguido ao abrigo do artigo 131.°, n.° 5, que não for considerada pelo relator como desnecessária, impertinente ou repetida, nos termos do artigo 127.° do Estatuto.

CAPÍTULO XI
Dos recursos

ARTIGO 68.°

1 – Das decisões dos conselhos de deontologia cabe recurso para o conselho superior, e podem interpô-lo o arguido, o participante, os titulares de interesses directos nos factos participados e o bastonário.

2 – Das decisões das secções do conselho superior, nos termos do n.° 1 da alínea a) do artigo 40.° do Estatuto da Ordem dos Advogados, cabe recurso para pleno do mesmo conselho.

3 – Não são susceptíveis de recurso as decisões do conselho superior em reunião plena, sem prejuízo do disposto no artigo 5.°, n.° 3, do Estatuto da Ordem dos Advogados.

4 – Não admitem recurso, em qualquer instância, as decisões de mero expediente ou de disciplina dos trabalhos.

5 – São igualmente irrecorríveis as decisões que respeitem a diligências de prova determinadas pelo relator, pela secção ou pelo conselho.

ARTIGO 69.°

Não é permitida a renúncia ao recurso antes do conhecimento da decisão.

ARTIGO 70.°

1 – Os recursos serão interpostos em simples requerimento onde se manifeste claramente o interesse de recorrer, no prazo de 10 dias a contar da notificação ou de 15 dias a contar da afixação do edital, podendo no entanto conter a fundamentação respectiva.

2 – Se o requerimento suscitar dúvidas sobre se se pretende efectivamente recorrer, o requerente será notificado para, em 10 dias, vir esclarecer se pretende efectivamente recorrer.

3 – O bastonário pode, todavia, recorrer no prazo de 15 dias e mandar seguir o recurso mediante simples despacho, com indicação sumária dos fundamentos, quando não pretenda alegar.

4 – No caso de ter sido pedida aclaração, o prazo para interposição do recurso conta-se a partir da notificação do acórdão que decidiu a aclaração.

ARTIGO 71.°

1 – Os recursos dos acórdãos interlocutórios sobem com o da decisão final.

2 – Têm efeito suspensivo os recursos interpostos pelo bastonário e os das decisões finais para outros órgãos da Ordem.

ARTIGO 72.°

1 – Admitido recurso, o recorrente, os participantes e os titulares de interesses directos nos factos participados são notificados para apresentar alegações escritas, observando-se o disposto no artigo 56.° na parte aplicável.

2 – O bastonário pode deixar de alegar, nos termos do n.° 3 do artigo 70.°.

3 – Mesmo que participante, o bastonário não tem de responder a alegações, pois não é em caso algum recorrido.

4 – Nos recursos interpostos pelo bastonário, só o recorrido pode apresentar alegações, para o que será notificado.

5 – Se o recorrente não oferecer alegações, o recurso será julgado deserto, salvo se a petição de recurso incluir a fundamentação do mesmo.

ARTIGO 73.º

Julgado definitivamente qualquer recurso, o processo baixará ao conselho a que pertence.

ARTIGO 74.º

No julgamento de processos e recursos no conselho superior seguem-se os termos prescritos nos artigos anteriores, na parte aplicável.

CAPÍTULO XII
Da revisão

ARTIGO 75.º

1 – Só o conselho superior, reunido em pleno, pode conceder a revisão das decisões que hajam constituído caso resolvido, quando requerida pelo arguido condenado, por qualquer interessado directo afectado pela decisão ou, sendo estes falecidos, pelos seus descendentes, ascendentes, cônjuges ou irmãos, ou sob proposta do bastonário.

2 – A proposta ou requerimento tem sempre de ser devidamente fundamentado.

ARTIGO 76.º

A decisão que haja formado caso resolvido só pode ser revista quando se verifiquem circunstâncias ou meios de prova susceptíveis de demonstrar a inexistência dos factos que determinaram a condenação e que não pudessem ter sido utilizados pelo arguido no processo disciplinar, designadamente:

a) Quando se tenham descoberto novos factos ou novas provas documentais susceptíveis de alterar a decisão proferida;

b) Quando uma outra decisão, transitada em julgado, declarar falsos quaisquer elementos de prova susceptíveis de terem determinado o sentido da decisão anterior;

c) Quando, por exame psiquiátrico ou outras diligências, se mostrar que a falta de integridade mental do arguido condenado poderia ter determinado a sua inimputabilidade.

ARTIGO 77.º

1 – A proposta ou pedido de revisão é apresentado no conselho superior e objecto de distribuição, bem como será requisitado ao conselho competente o processo em que foi proferida a decisão a rever.

2 – O arguido condenado ou os participantes e titulares de interesses directos afectados pelos factos participados serão, de seguida, notificados para responder ao pedido de revisão, no prazo de 20 dias.

3 – Com o pedido e a resposta será oferecida toda a prova.

4 – Tratando-se de proposta do bastonário, os interessados e o arguido condenado ou absolvido serão notificados para, em prazos sucessivos de 20 dias, alegarem e oferecerem prova.

ARTIGO 78.º

1 – Realizadas as diligências requeridas e as que tenham sido consideradas necessárias, o relator elabora o seu parecer e, depois, o processo vai com vista a cada um dos vogais do conselho e por último ao presidente.

2 – Findo o prazo de vista, o processo é apresentado, para decisão, ao conselho que, antes de deliberar, pode ordenar a realização de novas diligências.

3 – Se o relator ficar vencido ou se contra o parecer for ordenada a realização de novas diligências, será efectuada nova distribuição do processo a um dos vogais que tenha votado nesse sentido.

ARTIGO 79.º

A revisão só será concedida por voto da maioria de dois terços dos membros do conselho, e da decisão tomada não cabe recurso.

ARTIGO 80.º

1 – O processo, depois de julgada a proposta ou o pedido de revisão, baixa ao conselho competente, o qual, se a revisão tiver sido concedida, o instruirá e julgará de novo.

2 – Se a revisão tiver sido concedida a pedido do arguido condenado, e houver lugar a aplicação de nova pena, esta não poderá ser agravada.

3 – No caso da absolvição, será cancelado o averbamento da decisão condenatória e dada publicidade ao acórdão de revisão se a condenação tiver tido publicidade.

4 – Em todos os demais casos serão feitos os averbamentos necessários no cadastro disciplinar do arguido condenado.

CAPÍTULO XIII
Da execução das penas

ARTIGO 81.°

O bastonário, a solicitação do conselho de deontologia, instaura, com base em certidão do acórdão do conselho que aplicou a pena, as acções judiciais necessárias com vista à cobrança das quantias devidas como penas disciplinares ou sanções acessórias que não sejam pagas no prazo previsto.

ARTIGO 82.°

1 – Compete ao secretário do conselho que tiver exercido a acção disciplinar promover, no prazo de 30 dias após a formação de caso resolvido, a publicação das penas disciplinares aplicadas nos termos previstos no artigo 111.° do Estatuto, e ainda, ouvido o relator e de acordo com a sua orientação, a publicação por extracto das mesmas no Diário da República e a sua comunicação a autoridades oficiais ou a outras entidades.

2 – O conselho que tiver exercido a acção disciplinar mandará publicar, por inteiro ou por extracto, na Revista da Ordem dos Advogados, ou noutra publicação periódica da Ordem, todas as decisões que aplicarem penas disciplinares, uma vez que tenham formado caso resolvido.

ARTIGO 83.°

As penas disciplinares começam a produzir os seus efeitos legais no dia seguinte ao da notificação ao arguido da deliberação que as aplicou e da qual não caiba recurso para outro órgão da Ordem, tendo formado caso resolvido.

ARTIGO 84.°

O incumprimento das obrigações impostas como penas pecuniárias ou sanções acessórias no prazo prescrito constitui infracção disciplinar.

CAPÍTULO XIV
Disposições diversas

ARTIGO 85.°

A duração mínima da pena de suspensão será de um mês.

ORDEM DOS ADVOGADOS

Deliberação n.° 1268 / 2003. – Ao abrigo do disposto no artigo 40.°, n.° 1, alínea j), do Estatuto da Ordem dos Advogados, aprovado pelo Decreto-Lei n.° 84/84, de 16 de Março, com a redacção dada pela Lei n.° 80/2001, de 20 de Julho, o Conselho Superior da Ordem dos Advogados, reunido em Plenário, no dia 4 de Julho de 2003, deliberou rectificar os seguintes erros materiais detectados no Regulamento Disciplinar, aprovado em sessão plenária de 10 de Setembro de 2002 e publicado no Diário da República, 2.ª série, n.° 234, de 10 de Outubro de 2002, nos seguintes termos:

No n.° 1 do artigo 13.°, onde se lê "requerimento" deverá ler-se "requerimentos";

No n.° 2 do artigo 13.°, onde se lê "neles posta" deverá ler-se "neles aposta";

No n.° 2 do artigo 29.°, onde se lê "pelo artigo 121.°, n.° 9, do Código de Processo Penal" deverá ler-se "pelo artigo 121.°, n.° 9, do Estatuto da Ordem dos Advogados";

No artigo 48.°, onde se lê "nos termos do artigo 124.° do Estatuto" deverá ler-se "nos termos do artigo 125.° do Estatuto".

8 de Agosto de 2003.

A Directora-Geral,

CRISTINA SALGADO.

4.11.

REGULAMENTO ELEITORAL

– Regulamento n.° 146/2007 de 6 de Julho
– Deliberação n.º 1640/2007 OA (2.ª Série), de 27 de Agosto de 2007/Ordem dos Advogados. Diário da República, S.2 n.° 164 (27 de Agosto de 2007), p. 24646-24649.

REPUBLICAÇÃO

ARTIGO 1.°
Das eleições em geral

1 – As eleições para Bastonário, Conselho Geral, Conselho Superior, conselhos distritais, conselhos de deontologia e direcção da Caixa de Previdência, quando os órgãos desta assim o deliberarem, realizar-se-ão, simultaneamente, no mesmo dia e com o mesmo horário no continente e Regiões Autónomas, nos termos do artigo 13.° do Estatuto da Ordem dos Advogados.

2 – A eleição para os órgãos da Ordem dos Advogados referidos no número anterior, realiza se entre os dias 15 e 30 de Novembro do ano imediatamente anterior ao do início do triénio subsequente, em data a designar pelo Bastonário.

ARTIGO 2.°
Das candidaturas

1 – As propostas de candidatura deverão ser apresentadas perante o Bastonário em exercício até ao dia 30 de Setembro do ano imediatamente

anterior ao do início do triénio subsequente, nos termos do artigo 12.° do Estatuto da Ordem dos Advogados.

2 – Às eleições concorrerão as candidaturas aceites pelo Bastonário, identificadas por listas concorrentes inseridas nos boletins de voto.

ARTIGO 3.°
Das propostas dos candidatos

Os proponentes das diversas candidaturas aos órgãos nacionais e distritais da Ordem dos Advogados devem subscrever as propostas dos candidatos identificados pelo nome e número de cédula profissional.

ARTIGO 4.°
Dos processos dos candidatos

Nos processos de candidatura a apresentar à Ordem dos Advogados devem constar unicamente candidatos efectivos aos diversos órgãos.

ARTIGO 5.°
Dos mandatários e das notificações

Com a apresentação das candidaturas devem, igualmente, ser indicados os respectivos mandatários com plenos poderes para decidir, que indicarão os respectivos números de fax e endereço de correio electrónico, de onde e para onde deverão ser remetidas todas as notificações e citações, ou um único mandatário, no caso de os candidatos assim o indicarem.

ARTIGO 6.°

Da verificação da regularidade das candidaturas

Findo o prazo para a apresentação das candidaturas, o Bastonário verificará, dentro dos cinco dias úteis subsequentes, a regularidade do processo, a autenticidade dos documentos que o integram e a elegibilidade dos candidatos.

ARTIGO 7.º
Das irregularidades

Verificando-se irregularidades processuais, o Bastonário mandará notificar imediatamente o mandatário do candidato, que deverá supri-las no prazo máximo de vinte e quatro horas a contar do momento da notificação.

ARTIGO 8.º
Da rejeição dos candidatos

São rejeitados os candidatos inelegíveis.

ARTIGO 9.º
Da notificação ao mandatário

O mandatário da lista é imediatamente notificado para proceder à substituição do candidato ou candidatos inelegíveis, no prazo de vinte e quatro horas a contar do momento da notificação, sob pena de rejeição de toda a lista.

ARTIGO 10.º
Do complemento de lista

No caso de a lista não conter o número total de candidatos o mandatário deve completá-la, no prazo de vinte e quatro horas a contar do momento da notificação, sob pena de rejeição de toda a lista.

ARTIGO 11.º
Das rectificações ou aditamentos

Findos os prazos estipulados nos artigos 9.º e 10.º do presente regulamento, o Bastonário deve decidir, em vinte e quatro horas, das rectificações ou aditamentos mencionados nesses artigos.

ARTIGO 12.°
Da interposição de recurso

Das decisões do Bastonário relativas à apresentação das candidaturas cabe recurso para o Presidente do Conselho Superior da Ordem dos Advogados, subscrito pelo mandatário, a interpor no prazo de vinte e quatro horas a contar da notificação da decisão.

ARTIGO 13.°
Da motivação do recurso

O requerimento de interposição de recurso deverá conter a fundamentação e as conclusões do interessado.

ARTIGO 14.°
Da recusa do despacho de admissão

Tratando-se de recurso apresentado contra o despacho de admissão de qualquer candidatura, o Presidente do Conselho Superior manda notificar imediatamente o mandatário da respectiva lista para responder, querendo, no prazo de vinte e quatro horas a contar da notificação para o efeito.

ARTIGO 15.°
Da recusa do despacho de não admissão

Tratando-se de recurso apresentado contra a não admissão de qualquer uma das candidaturas, o Presidente do Conselho Superior manda notificar imediatamente os mandatários das respectivas listas, ainda que não admitidas, para, querendo, responderem no prazo de vinte e quatro horas a contar da notificação.

ARTIGO 16.°
Da decisão do recurso

O Presidente do Conselho Superior decide o recurso no prazo de vinte e quatro horas a contar do termo dos prazos previstos nos artigos 14.° e 15.° do presente regulamento.

ARTIGO 17.°
Do sorteio das listas

1 - Até ao 15.° dia após o fim do prazo para a apresentação das candidaturas, o Bastonário procederá ao sorteio das listas, para efeitos de lhes ser atribuída uma letra identificadora, que corresponderá ao conjunto de listas representadas por cada mandatário.

2 – Os mandatários das listas serão notificados com, pelo menos, quarenta e oito horas de antecedência para, querendo, estarem presentes no acto do sorteio.

ARTIGO 18.°
Das publicações

As listas definitivas dos candidatos serão publicadas no Diário da República, 2.ª série, no Boletim da Ordem dos Advogados, no endereço Internet da Ordem dos Advogados – www.oa.pt e afixadas na sede da Ordem dos Advogados e nos conselhos distritais.

ARTIGO 19.°
Dos boletins de voto

Os boletins de voto para o Bastonário e Conselho Geral, para o Conselho Superior, conselhos distritais, para os conselhos de deontologia e para a direcção da Caixa de Previdência serão de forma rectangular com as dimensões apropriadas para neles se conter a indicação das letras correspondentes a cada lista e os nomes dos respectivos candidatos.

ARTIGO 20.°
Dos cadernos eleitorais

O Conselho Geral fornecerá a cada um dos conselhos distritais, até à véspera da data designada para as eleições, cadernos eleitorais actualizados dos advogados inscritos na Ordem dos Advogados.

ARTIGO 21.°
Do envio dos boletins de voto

O Conselho Geral enviará a cada advogado carta explicativa sobre o processo eleitoral, um exemplar de cada uma das listas concorrentes, boletins de voto e envelopes, com indicação do número da cédula profissional, seguido da letra inicial correspondente ao conselho distrital da primeira inscrição.

ARTIGO 22.°
Do envio dos boletins de voto relativos à Caixa de Previdência

Do mesmo modo procederá a direcção da Caixa de Previdência para a respectiva eleição, se aquela assim o deliberar.

ARTIGO 23.°
Das secções eleitorais

São criadas sete secções eleitorais correspondentes a cada conselho distrital, como subdivisão dentro da assembleia geral ordinária destinada à eleição do Bastonário do Conselho Geral e do Conselho Superior, nos termos das disposições conjugadas do n.° 1 do artigo 33.°, do n.° 1 do artigo 34.°, e do n.° 3 do artigo 13.° do Estatuto da Ordem dos Advogados.

ARTIGO 24.°
Da organização das secções

Cada conselho distrital organizará, sob a supervisão e coordenação do Bastonário, o processo de votação dentro da área da sua jurisdição, para todos os órgãos referidos no artigo 1.°, podendo constituir tantos desdobramentos da secção, dentro da mesma sede, quantos os necessários ao regular funcionamento do acto eleitoral.

ARTIGO 25.º
Da organização das mesas de votos na sede da Ordem dos Advogados

1 - Na sede da Ordem dos Advogados funcionarão oito mesas de voto, com cinco urnas cada, destinando-se uma das urnas aos votos para Bastonário e Conselho Geral, outra para o Conselho Superior, outra para o Conselho Distrital de Lisboa e outra para o Conselho de Deontologia de Lisboa e outra ainda para a Caixa de Previdência.

2 – As 5.ª, 6.ª, 7.ª e 8.ª mesas destinam-se, exclusivamente, aos votos enviados por correspondência.

3 – Os eleitores serão distribuídos pelas quatro mesas de voto, atendendo ao número da respectiva cédula profissional.

ARTIGO 26.º
Da composição das mesas de voto

Para cada uma das mesas será nomeado um presidente e quatro secretários, bem como um representante de cada uma das listas concorrentes.

ARTIGO 27.º
Da distribuição dos cadernos eleitorais pelas mesas

A cada presidente de mesa serão distribuídos quatro cadernos eleitorais relativos aos advogados com direito de voto e quatro relativos aos advogados sem direito de voto.

ARTIGO 28.º
Da distribuição dos cadernos eleitorais pelas listas concorrentes

Aos representantes das listas concorrentes será atribuído um caderno eleitoral relativo aos advogados com direito de voto e um relativo aos advogados sem direito de voto.

ARTIGO 29.º
Das formalidades no acto eleitoral

1 – Na votação presencial, verificada a identificação do eleitor e o seu direito de voto pelo presidente da mesa e após ser dada baixa do mesmo eleitor nos cadernos eleitorais, pelo secretário da mesa, o presidente da mesa procederá à entrega ao eleitor dos boletins de voto correspondentes às listas concorrentes a cada uma das eleições.

2 – O eleitor dirigir-se-á à câmara de voto, onde seleccionará os boletins correspondentes às listas onde pretende votar, os quais, devidamente dobrados em quatro, deverão ser entregues ao presidente da mesa, que os introduzirá nas urnas respectivas.

ARTIGO 30.º
Da afixação das listas nas secções eleitorais

Em todas as secções eleitorais deverão ser afixadas, em local visível, as listas concorrentes e a respectiva composição.

ARTIGO 31.º
Dos votos nulos e em branco

1 – São nulos os boletins de voto que tenham qualquer risco, desenho, rasura ou escrito, ou aqueles cujos sobrescritos contenham mais do que uma lista.

2 – São considerados votos em branco os boletins ou os sobrescritos que não contenham qualquer lista.

ARTIGO 32.º
Dos delegados das listas

Os delegados das listas concorrentes deverão ser indicados ao Conselho Geral e aos respectivos conselhos distritais, pelos mandatários das mesmas listas, até uma semana antes do dia designado para as eleições.

ARTIGO 33.º
Da identificação dos eleitores

A identificação dos eleitores será efectuada através da apresentação da respectiva cédula profissional.

ARTIGO 34.º
Do voto por correspondência

Pode ser exercido voto por correspondência, observando-se o disposto nos números 1, 2 e 3, do artigo 14.º do Estatuto da Ordem dos Advogados, devendo o sobrescrito enviado ao conselho distrital respectivo, identificar exteriormente a entidade a quem se dirige, o nome profissional do remetente e o número da sua cédula profissional.

ARTIGO 35.º
Da data da validade do voto por correspondência

1 - O voto por correspondência, previsto no artigo 14.º do Estatuto da Ordem dos Advogados, deverá ser expedido, em relação a todos os órgãos referidos no artigo 1.º do presente regulamento, para a sede de cada um dos conselhos distritais em que os advogados eleitores se achem inscritos, com excepção dos advogados inscritos no Conselho Distrital de Lisboa, os quais remeterão os seus votos para a sede do Conselho Geral.

2 – O voto por correspondência deverá ser expedido de modo a que dê entrada até ao fecho da votação presencial.

ARTIGO 36.º
Da descarga dos votos por correspondência

Os serviços de secretaria registarão a entrada diária dos votos por correspondência, os quais devem ser ordenados por número de cédula profissional e devidamente guardados.

ARTIGO 37.°
Da contagem dos votos por correspondência

No dia designado para as eleições funcionará em cada conselho distrital e, no caso de Lisboa, na sede da Ordem dos Advogados, um serviço especial para abertura dos votos por correspondência, que serão remetidos à mesa a que correspondam e serão abertos e escrutinados após o termo da votação presencial.

ARTIGO 38.°
Do apuramento eleitoral

Logo que em qualquer sede de distrito se encerre a votação na secção eleitoral, proceder se-á ao apuramento final dos votos.

ARTIGO 39.°
Das formalidades referentes à contagem dos votos

1 – Na contagem dos votos poderão intervir os secretários das mesas e os representantes das listas, devidamente credenciados pelos presidentes dos respectivos conselhos.

2 – Sempre que a contagem dos votos não possa prosseguir em condições de normalidade, devem os trabalhos de apuramento ser suspensos e os boletins de voto devidamente acondicionados até ao dia imediato, sendo a correspondente decisão tomada nos termos do disposto no artigo 42.° do presente regulamento.

ARTIGO 40.°
Do encerramento das mesas de voto

Terminado o apuramento, o presidente, os secretários e os representantes das listas concorrentes, em cada secção, deverão proceder ao encerramento, em recipiente adequado, dos votos entrados nas urnas, dos cadernos eleitorais, da respectiva acta provisória e de outros documentos, os quais serão lacrados e assinados pelos membros e representantes presentes.

ARTIGO 41.º
Da comunicação dos resultados eleitorais

Os resultados apurados serão comunicados ao Bastonário, na sede da Ordem dos Advogados, em Lisboa, onde funcionará a assembleia-geral sob sua presidência, secretariado por outros dois elementos designados pelo Conselho Geral, com a presença de um representante de cada uma das listas concorrentes.

ARTIGO 42.º
Das reclamações no decurso do acto eleitoral

1 – As reclamações que se suscitarem no decurso do acto eleitoral serão decididas, pelos presidentes dos respectivos conselhos distritais no prazo de duas horas após a apresentação da reclamação.

2 – Caso os presidentes dos conselhos distritais estejam impedidos por constarem nas listas em votação, as reclamações serão decididas respectiva e sucessivamente pelos 1.º, 2.º ou 3.º vice-presidentes, havendo-os, ou, na falta destes, pelo vogal mais antigo.

3 – Nas decisões das reclamações deverão ser ouvidos os mandatários das listas concorrentes, desde que contactáveis.

ARTIGO 43.º
Dos recursos no decurso do acto eleitoral

1 – Da decisão proferida nos termos do artigo anterior, caberá recurso imediato, a decidir no prazo de vinte e quatro horas:

a) Para o Bastonário, no que respeita às eleições para Bastonário e Conselho Geral, para o Conselho Superior e para a direcção da Caixa de Previdência;

b) Para o Presidente do Conselho Superior, no que respeita às eleições para os conselhos distritais e conselhos de deontologia.

2 – Das decisões proferidas nos termos da alínea a) do número anterior cabe recurso para o Presidente do Conselho Superior, que decidirá igualmente no prazo de vinte e quatro horas.

ARTIGO 44.°
Do resultado oficial do apuramento

O resultado oficial do apuramento será obtido após a recepção, pelas mesas da assembleia geral ordinária eleitoral, das actas de todas as secções eleitorais, as quais poderão ser transmitidas por telefax, ou para o endereço de correio electrónico do Bastonário – bastonario@cg.oa.pt, sem prejuízo do envio subsequente do original.

ARTIGO 45.°
Da publicação oficial dos resultados eleitorais

Uma vez recebidos os resultados correspondentes a todas as secções eleitorais pela mesa da assembleia geral, o Bastonário fará publicar no Diário da República, 2.ª série, bem como no endereço Internet da Ordem dos Advogados – www.oa.pt, o resultado oficial do apuramento.

ARTIGO 46.°
Prazos

Todos os prazos previstos neste regulamento, com excepção do mencionado no artigo 6.°, são contínuos, não se suspendendo ao sábado, domingo, dias feriados e férias judiciais.

ARTIGO 47.°
Revogação

É revogado o Regulamento Eleitoral aprovado em 18 de Setembro de 1998, alterado por deliberação do Conselho Geral de 14 de Setembro de 2001 e por deliberação do Conselho Geral de 16 de Julho de 2004, publicado no Diário da República, 2.ª série, n.° 190, de 13 de Agosto de 2004.

ARTIGO 48.°
Início de vigência

O presente regulamento entra em vigor no dia seguinte ao da sua publicação em Diário da República.

4.12.

REGULAMENTO DA COMISSÃO DOS DIREITOS HUMANOS

D.R. 2.ª Série, n.º 157 de 14/Agosto/2009

Regulamento n.º 358/2009 – O Conselho Geral da Ordem dos Advogados, reunido em sessão plenária de 30 de Abril de 2008, ao abrigo do disposto nas alíneas h) e p), do n.º 1, do artigo 45.º do Estatuto da Ordem dos Advogados, aprovado pela Lei n.º 15/2005, de 26 de Janeiro, deliberou aprovar o seguinte Regulamento

Regulamento da Comissão dos Direitos Humanos da Ordem dos Advogados

A) *Natureza, Sede e Composição*

ARTIGO 1.º
Natureza e Sede

1 – A "Comissão dos Direitos Humanos da Ordem dos Advogados" é uma estrutura operacional de trabalho criada no âmbito da instituição representativa dos advogados portugueses e que desenvolve a sua actividade específica de defesa dos direitos fundamentais da pessoa, enquadrada na acção geral da referida associação pública.

2 – A "Comissão dos Direitos Humanos da Ordem dos Advogados" tem a sua sede no Largo de S. Domingos, n.º 14, 1.º, em Lisboa.

ARTIGO 2.º
Composição

1 – Podem ser membros da "Comissão dos Direitos Humanos da Ordem dos Advogados" aqueles que estejam regularmente inscritos na dita ordem profissional e na posse de todos os seus direitos estatutários.

2 – A "Comissão dos Direitos Humanos da Ordem dos Advogados" é constituída por um Presidente, dois Vice -Presidentes e dez Vogais.

3 – Na ausência ou por impedimento do Presidente o exercício das suas funções será assumido por um dos Vice -Presidentes por forma rotativa.

4 – Os membros da "Comissão dos Direitos Humanos da Ordem dos Advogados", bem como os respectivos cargos, são designados e nomeados nos termos consagrados nas normas do estatuto que rege a referida organização profissional.

B) *Competência e Áreas de Especialização*

ARTIGO 3.º
Competência

1 – Compete à "Comissão dos Direitos Humanos da Ordem dos Advogados":

a) Participar na actividade geral da Ordem dos Advogados;

b) Funcionar como observatório social da evolução do respeito pelos direitos fundamentais dos cidadãos, nos termos consagrados na Constituição da República Portuguesa e nas diversas convenções internacionais que versam sobre esta matéria;

c) Promover por todos os meios ao seu alcance os direitos, liberdades e garantias da pessoa;

d) Colaborar activamente com organizações cívicas e institucionais congéneres, nacionais e internacionais;

e) Denunciar situações violadoras dos princípios universalmente aceites como símbolos dos direitos humanos;

f) Emitir parecer sobre temas e questões pelos quais seja chamada a pronunciar-se;

g) Exercer a sua acção por iniciativa própria, a pedido dos órgãos competentes da Ordem dos Advogados ou quando solicitada por um advogado.

2 – A "Comissão dos Direitos Humanos da Ordem dos Advogados" pode cometer a alguns dos seus membros qualquer uma das atribuições indicadas no seu número antecedente.

ARTIGO 4.º
Áreas de Especialização

A "Comissão dos Direitos Humanos da Ordem dos Advogados" no exercício da sua actividade compreenderá a título exemplificativo as seguintes áreas de especialização:

a) Criminal;
b) Asilo, minorias e imigração;
c) Família, menores e violência doméstica;
d) Trabalho;
e) Saúde;
f) Condições Sociais;
g) Cultura e Educação;
h) Ambiente;
i) Relações Externas;
j) Administração da Justiça;
k) Administração Pública.

ARTIGO 5.º
Observatório das Prisões Portuguesas

1 – A "Comissão dos Direitos Humanos da Ordem dos Advogados" dará especial atenção à situação das prisões portuguesas, procurando contribuir para uma boa cultura e uma adequada política prisionais, assim como, para que a reeducação e socialização dos reclusos readquira o seu sentido estratégico original.

2 – Com vista ao cumprimento dos objectivos enunciados no número anterior será criado um Observatório das Prisões Portuguesas, objecto de regulamento próprio e que funcionará no âmbito da "Comissão dos Direitos Humanos da Ordem dos Advogados".

C) *Reuniões e Seu Regime*

ARTIGO 6.º
Reuniões

A "Comissão dos Direitos Humanos da Ordem dos Advogados" reunirá uma vez por mês e, em casos de excepção, mediante pedido justificado de algum dos seus membros.

ARTIGO 7.º
Convocatória

1 – As reuniões da "Comissão dos Direitos Humanos da Ordem dos Advogados" são convocadas pelo respectivo Presidente ou pelo Vice-Presidente em sua substituição, com a antecedência mínima de dez dias.

2 – A convocatória de cada reunião da "Comissão dos Direitos Humanos da Ordem dos Advogados" deverá especificar a ordem dos trabalhos.

ARTIGO 8.º
Local

A "Comissão dos Direitos Humanos da Ordem dos Advogados" reunirá normalmente na sua sede.

ARTIGO 9.º
Acta

Das reuniões será sempre lavrada uma acta, que será aprovada na reunião seguinte a que se reporta.

ARTIGO 10.º
Quórum

1 – Para a "Comissão dos Direitos Humanos da Ordem dos Advoga-

dos" deliberar é necessária a presença de, pelo menos, seis dos seus membros.

2 – As deliberações serão tomadas por maioria dos membros presentes, tendo o Presidente, ou o Vice-Presidente em sua substituição, além do seu voto, direito ao voto de desempate.

ARTIGO 11.º
Norma revogatória

É revogado o Regulamento da Comissão dos Direitos Humanos da Ordem dos Advogados, aprovado em sessão plenária do Conselho Geral de 10 de Julho de 2002, Regulamento n.º 61/2003, de 2 de Dezembro, com a redacção que lhe foi introduzida pela deliberação n.º 96/2004, de 28 de Janeiro.

4.13.

REGULAMENTO DE IDENTIFICAÇÃO DOS EMPREGADOS FORENSES

Regulamento n.° 2/96. – Regulamento de Identificação dos Empregados Forenses dos Advogados.

Considerando que o Código de Processo Civil, na redacção que lhe é dada pelo Decreto-Lei n.° 329-A/95, de 12-12, determina, no seu artigo 161.°, n.° 4, que as pessoas que prestam serviços no interesse e por conta dos advogados devem ser identificadas por cartão de modelo emitido pela Ordem dos Advogados;

Considerando que, por força do disposto no mesmo diploma, tais pessoas podem praticar actos processuais e designadamente, citações;

Considerando, por outro lado, que a criação do cartão de identificação de empregados forenses pode contribuir para o combate à procuradoria clandestina:

O Conselho Geral da Ordem dos Advogados, em sua reunião de 1-3-1996, deliberou, ao abrigo do disposto no artigo 42.°, n.° 1, alínea f), do Estatuto da Ordem dos Advogados, aprovado pelo Decreto-Lei n.° 84/84, de 16-3, aprovar o Regulamento do Cartão de Identificação dos Empregados Forenses dos Advogados, nos termos seguintes:

ARTIGO 1.°

Os advogados e sociedades de advogados que tenham ao seu serviço empregados que exercem funções junto das secretarias judiciais e que sejam incumbidos de promover diligências de citação e notificação, nos termos do disposto no art. 246.°, n.° 2, do Código do Processo Civil, para além das demais incumbências que lhes devem ser atribuídas, deverão providenciar para que tais empregados sejam cultural e deontologicamente qualificados e aptos para o exercício de tais funções.

ARTIGO 2.°

A credenciação de tais empregados é feita mediante titulação de cartão de identificação, a emitir nos termos do presente Regulamento, que aprova o modelo de identificação dos empregados forenses de advogados.

ARTIGO 3.°

Compete ao conselho distrital onde se encontre inscrito o advogado interessado a emissão do referido cartão.

ARTIGO 4.°

Do cartão constarão obrigatoriamente:

1) Conselho distrital emitente;
2) Número de ordem do cartão;
3) Identificação completa do advogado ou sociedade de advogados para quem, no seu interesse e por conta, o funcionário presta serviços;
4) Identificação completa do empregado forense;
5) Número de identificação fiscal e de beneficiário da segurança social do empregado forense;
6) Assinatura, reconhecida pela Ordem dos Advogados, do advogado ou sociedade de advogados interessados;
7) Fotografia do funcionário forense;
8) Assinatura do funcionário forense.

§ único. No caso de exercício de advocacia em grupo, verificar-se-ão os requisitos dos n.° 3) e 6), desde que preenchidos em relação a um dos advogados agrupados, que será o responsável.

ARTIGO 5.°

A emissão do cartão de empregado forense do advogado é feita mediante requerimento conjunto do advogado e funcionário interessados, dirigido ao conselho distrital competente, acompanhado de fotocópia dos bilhetes de identidade e dos cartões referidos no n.° 5) do artigo anterior.

Para além dos elementos constantes dos n.º 3), 4) e 5) e § único do artigo anterior, do requerimento deve constar ainda compromisso, por sua honra, do empregado forense de que desempenhará as funções que lhe forem incumbidas com fidelidade, rigor e zelo e que respeitará a obrigação de sigilo profissional respeitante a todos os factos de natureza reservada ou confidencial de que tenha conhecimento no exercício das suas funções.

Tal compromisso passa a fazer parte integrante do contrato individual de trabalho do empregado forense.

ARTIGO 6.º

O conselho distrital competente pode solicitar aos advogados ou às sociedades de advogados requisitantes informações e meios de prova que entenda necessários, designadamente para esclarecer quaisquer dúvidas ou em ordem a assegurar-se de que os titulares dos cartões a emitir ou a ser objecto de prorrogação de prazo de validade mantêm com os requisitantes a relação laboral declarada.

ARTIGO 7.º

O período de validade do cartão é de um ano, sem prejuízo de sucessivas prorrogações por iguais períodos, a requerimento conjunto do advogados ou sociedades de advogados e do funcionário forense requisitantes.

ARTIGO 8.º

Terminado o período de validade inicial ou prorrogado ou finda a relação profissional entre o empregado forense e o advogado ou sociedade de advogados, aquele devolverá a este o referido cartão, que o remeterá ao conselho distrital emitente para cancelamento.

ARTIGO 9.º

O extravio do cartão deve ser comunicado de imediato ao conselho distrital emitente.

ARTIGO 10.º

O cartão emitido é propriedade da Ordem dos Advogados que, através dos conselhos distritais competentes, pode a todo o tempo determinar fundamentadamente o cancelamento da sua validade e exigir a sua restituição, designadamente quando os titulares revelem indignidade no exercício da sua actividade.

ARTIGO 11.º

O empregado forense do advogado, quando no exercício desta actividade em tribunais ou em quaisquer repartições públicas, deve fazer-se acompanhar do cartão e exibi-lo sempre que lhe seja solicitado.

ARTIGO 12.º

Constituem deveres dos advogados requisitantes:

a) Comunicar ao conselho distrital competente o extravio do cartão emitido no prazo de cinco dias;

b) Restituir ao conselho distrital competente o cartão cujo período de validade se tenha esgotado no prazo de cinco dias a contar do termo desse prazo;

c) Restituir ao conselho distrital competente o cartão de empregado forense cujo contrato individual de trabalho tenha cessado no prazo de cinco dias a contar dessa cessação;

d) Dar conhecimento em igual prazo ao conselho distrital competente da impossibilidade de dar conhecimento ao disposto nas als. b) e c) anteriores e das diligências por si efectuadas para recuperar o cartão e do destino que ele poderá ter levado.

ARTIGO 13.º

Em cada conselho distrital haverá um registo dos cartões emitidos, com indicação do seu número de ordem e identificação do advogado e empregado requisitantes, devendo os requerimentos inicial e de prorrogações, bem como os despachos de emissão, prorrogação ou cancelamento, ser averbados a esse registo e arquivados em maço próprio.

ARTIGO 14.º

Pela emissão de cartões e prorrogação do seu prazo de validade, os conselhos distritais emitentes cobrarão como receita própria as quantias que forem fixadas por deliberação anual do Conselho Geral.

ARTIGO 15.º

Em caso de lacunas ou dúvidas suscitadas na aplicação do presente Regulamento, compete ao Conselho Geral proceder à sua integração ou esclarecimento.

4.14.

REGULAMENTO DO TRAJO E INSÍGNIA PROFISSIONAL

Regulamento n.° 31/2006, aprovado em 17/02/06 e publicado no D.R. II Série n.° 81 de 26/04/06

O Regulamento do Trajo e Insígnia Profissional, Regulamento n.° 31/ 2006, foi publicado no Diário da República, 2.ª série, n.° 81 de 26 de Abril de 2006.

Regulamento n.° 31/ 2006. – O Conselho Geral da Ordem dos Advogados em sessão plenária de 17 de Fevereiro de 2006, deliberou, ao abrigo do disposto na alínea g) do n.° 1, do artigo 45.° e do artigo 69.°, ambos do Estatuto da Ordem dos Advogados, aprovado pela Lei n.° 15/2005, de 26 de Janeiro, aprovar o seguinte Regulamento:

ARTIGO 1.°
Trajo profissional

O trajo profissional do advogado e do advogado estagiário compõe-se da toga e do barrete.

ARTIGO 2.°
Toga

A toga, de cor preta, terá a forma do modelo publicado em anexo, que é parte integrante do presente Regulamento.

ARTIGO 3.º
Barrete

O barrete é também preto, de formato octogonal, com 11 centímetros de altura e uma cercadura de veludo, de 3 centímetros, sobreposta de outra de cetim carmesim, de 1 centímetro, ambas na base da copa, tudo conforme o modelo publicado em anexo.

ARTIGO 4.º
Uso do trajo

É obrigatório para o advogado e para o advogado estagiário, quando pleiteiem oralmente, o uso da toga, e facultativo, o do barrete.

ARTIGO 5.º
Dever de zelo

É dever do advogado e do advogado estagiário, sob pena de procedimento disciplinar, zelar pela completa compostura e asseio do trajo profissional.

ARTIGO 6.º
Insígnia

1 – A insígnia é constituída pela medalha da Ordem dos Advogados em que se destaca:

a) A conhecida representação gráfica das tábuas da lei, de esmalte branco com letras douradas, sobre a cruz de Cristo – símbolo do sacrifício – de esmalte encarnado e branco, a significar o dever de obediência aos princípios da moral e da lei;
b) Os dizeres de «Ordem dos Advogados Portugueses», «Bastonário», «Presidente do Conselho Superior», «Presidente do Conselho Distrital», «Conselho Superior», «Conselho Geral», «Presidente do Conselho de Deontologia», «Conselho Distrital», «Conselho de Deontologia» e «Delegação», conforme a categoria dos membros da Ordem, com relação a estes cargos.

2 – A medalha será de esmalte encarnado com dizeres dourados, em campo dourado, para, o Bastonário, o Presidente do Conselho Superior, os membros do Conselho Superior, os membros do Conselho Geral e para os presidentes dos conselhos distritais; em campo prateado, para, os presidentes dos conselhos de deontologia, os membros dos conselhos distritais e os membros dos conselhos de deontologia; e em campo de cobre polido para os restantes membros da Ordem.

3 – Para suspender a medalha usará o Bastonário, sobre o peito, um colar dourado, formado daquelas tábuas da lei, de esmalte branco com letras douradas; e os restantes membros da Ordem, uma fita vermelha de 6 centímetros de largura.

ARTIGO 7.º
Uso da insígnia

É facultativo o uso da insígnia.

ARTIGO 8.º
Uso da medalha

O advogado poderá usar a medalha correspondente ao cargo mais elevado que tenha desempenhado na Ordem.

ARTIGO 9.º
Casos omissos

Os casos omissos serão resolvidos por deliberação do Conselho Geral.

ANEXO

Lisboa, 07 de Abril de 2006.

O Presidente do Conselho Geral,

ROGÉRIO ALVES.

4.15.

REGULAMENTO DA BIBLIOTECA DA ORDEM DOS ADVOGADOS

Regulamento n.º 209/2006 OA (2.ª série), de 13 de Novembro de 2006/Ordem dos Advogados. Conselho Geral. – Regulamento da Biblioteca da Ordem dos Advogados, aprovado em sessão plenária do conselho geral da Ordem dos Advogados de 8 de Setembro de 2006. Diário da República. – S.2 n.218 (13 Novembro 2006), p. 25239-25243.

PREÂMBULO

A Biblioteca da Ordem dos Advogados abriu ao público em 1 de Março de 1932, à consulta dos advogados inscritos na Ordem, assim como aos magistrados. O seu acervo documental inicial compreendia cerca de 5 000 volumes que lhe foram doados em 1929 pela Associação dos Advogados de Lisboa. O primeiro Director da Biblioteca foi o Bastonário Vicente Rodrigues Monteiro e seu bibliotecário o Sr. Theotónio de Malta Jotta, que exerceria tais funções durante mais de quatro décadas.

O primeiro Regulamento da Biblioteca data de 1941, tendo sido seu autor o Dr. Fernando Caetano Pereira.

Nos mandatos do Bastonário Adelino da Palma Carlos (1951-1956), a Biblioteca alcançou notável desenvolvimento pela mão do seu então Director, Dr. Fernando de Abranches Ferrão, transformando-se numa das primeiras bibliotecas jurídicas portuguesas.

A actividade da Biblioteca viria a ser interrompida entre Junho de 1989 e Fevereiro de 1992, por motivo das extensas obras de beneficiação que, nesse período, tiveram lugar no edifício sede da Ordem dos Advogados. Desde então, a Biblioteca conheceu um período de ampla remodelação e modernização em várias vertentes, sendo seu Director, entre 1993 e 2003, o Bastonário António Osório de Castro, salientando-se o aumento crescente e significativo do seu acervo documental, bem como do número de utilizadores, a contratação de técnicos com formação específica na área de ciências documentais, a informatização dos seus serviços e dos diversos procedimentos relacionados com o tratamento documental, oferecendo presentemente aos seus utilizadores um conjunto amplo e diversificado de serviços.

Por força da entrada em vigor do novo Estatuto da Ordem dos Advogados, aprovado pela Lei n.° 15/2005, de 26 de Janeiro, incumbe ao Conselho Geral a aprovação dos regulamentos necessários à execução deste diploma, designadamente o Regulamento ora em apreço.

A Proposta de Regulamento da Biblioteca esteve em consulta pública no Portal da Ordem dos Advogados na Internet.

Assim:

O Conselho Geral da Ordem dos Advogados, reunido em plenário de 8 de Setembro de 2006, delibera, ao abrigo do disposto na alínea h), do n.° 1, do artigo 45.° da Lei n.° 15/2005, de 26 de Janeiro, aprovar o seguinte regulamento:

REGULAMENTO DA BIBLIOTECA DA ORDEM DOS ADVOGADOS

CAPÍTULO I
Informações gerais

ARTIGO 1.°
Missão e atribuições

1 – A Biblioteca da Ordem dos Advogados é um serviço técnico especializado que tem como missão essencial a satisfação, em tempo oportuno, das necessidades de informação jurídica dos advogados inscritos na Ordem.

2 – São, designadamente, atribuições da Biblioteca:

a) Proceder à recolha, tratamento técnico-documental, preservação e difusão de publicações jurídicas nacionais e estrangeiras;

b) Fomentar e acompanhar a utilização, para pesquisa, das novas fontes de informação;

c) Pesquisar e difundir informação jurídica necessária aos utilizadores com recurso às novas tecnologias da informação;

d) Dar resposta a quaisquer solicitações que lhe sejam dirigidas, no âmbito das suas competências.

ARTIGO 2.°
Horário de funcionamento

1 – Os serviços da Biblioteca funcionam abertos ao público, todos os dias úteis das 9 horas e 30 minutos às 12 horas e 30 minutos e das 14 às 18 horas.

2 – Qualquer alteração previsível do horário será comunicada aos utilizadores com, pelo menos, quarenta e oito horas de antecedência.

ARTIGO 3.°
Acervo documental

1 – A Biblioteca detém um valioso acervo documental constituído por documentos dos diversos ramos e temáticas do Direito e de outras ciências como a Economia, a História e a Informática.

2 – O acervo documental compreende, designadamente:

a) Monografias, organizadas numericamente e classificadas por ramos do direito;

b) Publicações periódicas – revistas e outros periódicos nacionais e estrangeiros, parte dos quais com assinatura activa;

c) Fundos documentais especiais reservados – Biblioteca Bastonário Adelino da Palma Carlos, Fundo de Livro Antigo, espólios documentais pessoais e manuscritos;

d) Material não-livro – colecção de CD-ROM e disquetes que incluem enciclopédias, dicionários, bases de dados de legislação e jurisprudência, nacional e estrangeira, códigos e tratados internacionais;

e) Catálogo informático – registos bibliográficos pesquisáveis presencialmente e on-line, correspondentes a monografias, analíticos de monografias e analíticos de periódicos.

ARTIGO 4.°
Sistema de segurança

1 – A Biblioteca, através do seu Chefe de Serviços, deverá verificar e garantir a existência de sistemas de segurança contra furto, incêndio ou outra forma de deterioração do seu acervo documental e bem assim a existência de seguro contra todos os danos. Para esse efeito, deverá anualmente certificar a existência e validade dos mesmos, junto do órgão competente.

2 – A Biblioteca da Ordem dos Advogados está equipada com um sistema electrónico de segurança, para evitar o furto de documentos.

ARTIGO 5.°
Tabela de preços

A tabela de preços dos serviços prestados pela Biblioteca está disponível para consulta na Sala de Leitura, sendo periodicamente actualizada de acordo com a tabela de preços e emolumentos aprovada pelo Conselho Geral.

CAPÍTULO II
Utilizadores

ARTIGO 6.°
Categorias de utilizadores

1 – Os utilizadores distinguem-se em duas categorias: utilizadores internos e utilizadores externos.

2 – Consideram-se utilizadores internos os advogados, os advogados estagiários e os funcionários ou colaboradores da Ordem dos Advogados.

3 – Consideram-se utilizadores externos as pessoas singulares ou entidades autorizadas a aceder aos serviços prestados pela Biblioteca.

ARTIGO 7.º
Direitos dos utilizadores

Constituem direitos dos utilizadores:

a) Solicitar informações sobre a organização, os serviços prestados e as normas da Biblioteca;
b) Consultar os catálogos e as bases de dados existentes;
c) Utilizar os meios informáticos disponíveis na Sala de Leitura;
d) Aceder à Internet e realizar trabalhos de processamento de texto, nos computadores disponíveis para o efeito;
e) Realizar leitura presencial das publicações que se encontrem nas estantes e expositores em livre acesso;
f) Solicitar a consulta de documentação que se encontre em depósito, bem como o empréstimo de obras, nos termos constantes no presente Regulamento;
g) Requerer a reprodução de documentos, desde que respeitada a legislação aplicável;
h) Apresentar propostas de aquisição de obras, sujeitas a aprovação e às disponibilidades orçamentais existentes.

ARTIGO 8.º
Deveres dos utilizadores

1 – Constituem deveres dos utilizadores:

a) Cumprir o presente Regulamento e respeitar a integridade das instalações e dos fundos documentais da Biblioteca;
b) Informar os funcionários de eventuais danos observados nas espécies documentais consultadas, tendo em vista a adopção das necessárias providências;
c) Devolver, dentro do prazo estabelecido, as obras requisitadas ou solicitar, antes do termo do prazo, a renovação do respectivo empréstimo;
d) Respeitar o horário de funcionamento da Biblioteca, saindo da Sala de Leitura antes do seu encerramento.

2 – Não é permitido aos utilizadores da Biblioteca:

a) Danificar os documentos consultados, designadamente com anotações, sublinhados ou marcações;

b) Falar alto, fumar, comer ou perturbar de outro modo o ambiente de trabalho da Sala de Leitura;

c) Ligar, desligar os computadores ou utilizá-los para fins que não sejam os de apoio à investigação;

d) Arrumar ou retirar os livros das estantes, sem autorização de um funcionário, com excepção das publicações que se encontrem em livre acesso;

e) Retirar quaisquer publicações da Biblioteca, sem a devida autorização;

f) Usar ou manter ligados telefones móveis;

g) Utilizar disquetes, CD-ROM ou outros suportes informáticos pessoais nos computadores da Sala de Leitura;

h) Fazer download e impressão de documentos, utilizar serviços de correio electrónico, FTP, TELNET ou outros, sem autorização prévia de um técnico;

i) Deixar objectos pessoais abandonados na Sala de Leitura.

CAPÍTULO III
Serviços prestados

ARTIGO 9.°
Serviços da Biblioteca

1 – Os serviços da Biblioteca dividem-se em duas áreas principais: os serviços técnicos e o serviço de referência ou de apoio aos utilizadores.

2 – Os serviços técnicos compreendem, designadamente, as aquisições, o tratamento técnico-documental realizado de acordo com as normas nacionais e internacionais em vigor, a elaboração de instrumentos de descrição documental, a pesquisa e difusão da informação, a preservação das espécies bibliográficas e a gestão e desenvolvimento das bases de dados e do software documental.

3 – O serviço de referência tem por objectivo, designadamente, apoiar os utilizadores, satisfazer os seus pedidos de informação, auxiliar à boa utilização dos fundos da Biblioteca, explicar os modos de pesquisa nas diversas bases de dados, gerir e controlar a leitura presencial, o empréstimo domiciliário e os pedidos de fotocópias.

ARTIGO 10.º
Aquisições

1 – A responsabilidade das propostas de aquisições de obras é do Chefe de Serviços que as deverá apresentar ao representante do Conselho Geral com o pelouro da Biblioteca o qual, dentro das disponibilidades orçamentais, tem competência para a respectiva decisão.

2 – A competência para decidir as aquisições de obras prevista no número anterior pode ser delegada no Chefe de Serviços da Biblioteca.

ARTIGO 11.º
Preservação dos fundos

No âmbito da preservação do seu acervo documental, compete à Biblioteca colocar em prática as medidas necessárias à manutenção da integridade física das espécies documentais, designadamente, a encadernação, o devido acondicionamento e, se necessário, o expurgo de instalações e obras.

ARTIGO 12.º
Sala de Leitura

A Sala de Leitura é o espaço de acolhimento e orientação, onde os utilizadores podem, designadamente, realizar leitura presencial, dispor de computadores para pesquisa de informação jurídica, aceder a um conjunto diversificado de publicações em livre acesso ou requisitar obras no âmbito do regime de empréstimo domiciliário.

ARTIGO 13.º
Leitura presencial

1 – Para consulta local das obras o utilizador deverá preencher uma ficha de requisição com os seus elementos de identificação e os dados respeitantes ao título, autor e cota do documento e apresentá-la ao técnico do atendimento.

2 – O técnico da Sala de Leitura indicará ao utilizador o seu lugar e procederá à entrega das obras solicitadas.

3 – Terminada a consulta, o utilizador deverá entregar os documentos consultados ao funcionário.

4 – Os utilizadores que pretendam prosseguir a consulta de obras requisitadas no dia subsequente ao da requisição, poderão solicitar a sua reserva para esse dia.

ARTIGO 14.º
Leitura presencial – livre acesso

1 – As publicações em livre acesso encontram-se em estantes e expositores devidamente identificados, não sendo necessário aos utilizadores o preenchimento de requisição, podendo retirar directamente as obras das estantes e consultá-las.

2 – Os utilizadores têm livre acesso à seguinte documentação:

a) Códigos e colectâneas de legislação;

b) Colectânea de jurisprudência e Boletim do Ministério da Justiça;

c) Estantes com uma selecção de doutrina recente e relevante dos principais ramos do direito;

d) Expositores de revistas e monografias adquiridas recentemente;

e) Expositores contendo diversos instrumentos de descrição documental, designadamente, guias, catálogos e inventários bibliográficos;

f) Expositores de revistas, jornais e informações diversas referentes a Congressos, Seminários, etc.

ARTIGO 15.º
Leitura presencial – reservados

1 – Sem prejuízo de regulamentação específica, a consulta presencial dos fundos documentais especiais reservados decorre nos seguintes termos:

a) Por razões de preservação, o acesso depende de autorização prévia do responsável do Departamento;

b) A consulta será efectuada em sala própria, com o apoio de um técnico;

c) Considerando a fragilidade e raridade destes documentos, os utilizadores deverão usar de especial cuidado no seu manuseamento.

2 – As espécies documentais em mau estado de conservação não poderão ser objecto de consulta.

ARTIGO 16.°
Pesquisa de informação

1 – Todos os utilizadores podem aceder às bases de dados disponíveis localmente na Biblioteca, ou via Internet.

2 – Na Sala de Leitura existem postos de pesquisa através dos quais os utilizadores poderão aceder às seguintes fontes de informação:

a) Catálogo informatizado contendo cerca de 60 000 registos bibliográficos, correspondentes a monografias, analíticos de monografias e analíticos de periódicos; este catálogo, que permite a recuperação da informação contida nos documentos, de forma rápida e eficaz, encontra-se também acessível via Internet, no Portal da Ordem dos Advogados;

b) Bases de dados jurídicos, nacionais e estrangeiros, de legislação, jurisprudência e doutrina;

c) Internet.

3 – A pesquisa poderá ser efectuada com o apoio de um técnico, se o utilizador assim o solicitar.

4 – Cada utilizador só poderá ocupar o posto de pesquisa durante trinta minutos, caso o mesmo seja necessário a outro utilizador.

5 – Compete aos técnicos a instalação de CD-ROM ou disquetes nos computadores de pesquisa e a digitação das palavras de acesso às bases de dados.

6 – As impressões e os downloads só poderão ser realizados na presença e com o apoio de um funcionário.

ARTIGO 17.°
Pedidos de informação

Os técnicos da Biblioteca poderão dar resposta presencialmente, por telefone, telecópia ou correio electrónico, a pedidos de informação jurídica, designadamente, de doutrina, legislação e jurisprudência que serão atendidos de acordo com a extensão da pesquisa e a disponibilidade dos serviços.

ARTIGO 18.º
Serviço de fotocópias

1 – O pedido de fotocópias deverá ser solicitado directamente na Sala de Leitura, por telefone, telecópia ou via correio electrónico.

2 – O pedido poderá ser recusado se a respectiva formulação não for suficientemente clara ou se respeitar a um número exageradamente disperso de documentos.

3 – O atendimento dos pedidos de fotocópias será concretizado, sempre que possível, nos momentos seguintes à respectiva solicitação ou, em caso de excesso de volume de trabalho, no prazo de 2 dias úteis.

4 – Só poderão ser fornecidas, a cada utilizador, até 200 cópias, por dia. Este número poderá, no entanto, ser reduzido se a disponibilidade do serviço não permitir satisfazer aquele limite.

5 – É dada prioridade à fotocópia de documentos que não possam ser objecto de empréstimo domiciliário.

6 – Não podem solicitar-se fotocópias de documentos de carácter reservado, com data de edição anterior a 1900 ou que se encontrem em deficiente estado de conservação.

7 – Só serão realizadas as fotocópias de documentos correspondentes a pedidos que não contrariem o disposto em sede de direito de autor e direitos conexos.

8 – Os pedidos de fotocópias só poderão ser efectuados até às 12 horas e 15 minutos, no período da manhã e até às 17 horas e 30 minutos, no período da tarde.

ARTIGO 19.º
Envio postal à cobrança

1 – As fotocópias de um documento podem, a pedido do utilizador, ser enviadas à cobrança, por correio.

2 – Alternativamente, os pedidos de fotocópias poderão ser acompanhados de um meio de pagamento, designadamente, cheque ou vale postal, em nome da Ordem dos Advogados.

3 – Em qualquer dos casos previstos nos números anteriores os recibos respectivos serão, posteriormente, enviados por correio.

ARTIGO 20.°
Serviço de telecópia

1 – O envio de documentação por telecópia destina-se preferencialmente aos utilizadores internos.

2 – Para o mesmo escritório ou sociedade de advogados, não pode ser expedida mais do que uma telecópia diária, com um limite de 5 páginas com destino a Lisboa e de 10 páginas para outro destino, no País ou no estrangeiro.

3 – Os limites de páginas referidos no número anterior não podem ser ultrapassados por pedidos simultâneos ou sucessivos de várias partes do mesmo documento.

4 – A Biblioteca reserva-se o direito de recusar a satisfação de pedidos manifestamente excessivos.

5 – O envio de telecópias é gratuito.

ARTIGO 21.°
Empréstimo domiciliário – disposições comuns

1 – O empréstimo domiciliário destina-se, preferencialmente, aos utilizadores internos.

2 – Os restantes utilizadores podem, também, requisitar por empréstimo publicações, mediante pagamento de caução, no valor a fixar pelo Conselho Geral.

3 – Não podem ser objecto de empréstimo domiciliário:

a) As obras de referência – enciclopédias, dicionários, formulários, etc;

b) Edições recentes de Códigos e colectâneas de legislação;

c) Publicações periódicas;

d) Novidades bibliográficas, colocadas no expositor;

e) Obras pertencentes aos fundos documentais especiais reservados;

f) Material não-livro;

g) Publicações com data de edição anterior a 1900 ou em deficiente estado de conservação;

h) Monografias de consulta frequente, assinaladas com um círculo vermelho na lombada;

i) Obras recebidas no âmbito do serviço de empréstimo inter-bibliotecas.

4 – Compete ao técnico afecto ao serviço de atendimento proceder ao registo, em suporte informático, do empréstimo domiciliário.

5 – O utilizador deverá restituir as obras no estado de conservação em que se encontravam, antes de efectuado o empréstimo.

6 – No acto de devolução, é entregue ao utilizador um talão comprovativo da restituição da obra.

7 – As publicações requisitadas não podem ser cedidas a terceiros, devendo ser devolvidas à Biblioteca até ao termo do prazo de requisição.

8 – Não poderá ser efectuado novo empréstimo enquanto o utilizador não tiver cumprido o prazo de restituição dos documentos requisitados.

9 – O prazo de empréstimo poderá ser renovado, no máximo, duas vezes, por igual período, mediante solicitação, até à véspera da data limite de entrega, por telefone, telecópia ou via correio electrónico, desde que não tenha sido efectuada nenhuma reserva sobre o documento.

ARTIGO 22.°
Empréstimo normal

1 – Poderão ser requisitados até um máximo de 3 documentos, em simultâneo.

2 – O prazo máximo de empréstimo é de 8 dias úteis para os utilizadores residentes no Distrito de Lisboa e de 12 dias úteis para os restantes.

3 – Nas situações em que um utilizador dispuser de uma obra em período de empréstimo renovado e a mesma for requerida por outro utilizador, a Biblioteca solicitará ao primeiro a sua devolução, no prazo de 3 dias úteis.

ARTIGO 23.°
Empréstimo especial

1 – O empréstimo especial é concedido mediante autorização do responsável da Biblioteca e tem por objectivo atender a situações específicas, designadamente, teses académicas ou outros trabalhos de investigação.

2 – O utilizador que beneficie deste regime poderá requisitar até ao máximo de 10 documentos em simultâneo.

3 – O prazo máximo de empréstimo é de 30 dias úteis.

4 – Nas situações em que um utilizador dispuser de uma obra, ao abrigo deste regime especial, em período de empréstimo renovado e a mesma for requerida por outro utilizador, a Biblioteca solicitará ao primeiro a sua devolução, no prazo de 5 dias úteis.

ARTIGO 24.°
Empréstimo inter-bibliotecas

1 – O serviço de empréstimo inter-bibliotecas tem o propósito de permitir, em regime de reciprocidade, a partilha de recursos bibliográficos, para melhor satisfazer os pedidos de informação dos utilizadores.

2 – As bibliotecas ou centros de documentação que beneficiem deste regime, poderão requisitar até ao máximo de 10 documentos em simultâneo.

3 – O prazo máximo de empréstimo é de 20 dias úteis.

4 – As obras obtidas por empréstimo inter-bibliotecas são consultadas apenas na Biblioteca, não podendo ser levadas para o exterior da Sala de Leitura.

5 – De igual modo, o empréstimo de obras da Biblioteca da Ordem dos Advogados destina-se, apenas, a leitura presencial nas instituições requisitantes.

6 – Os documentos que tenham que transitar por correio deverão ser enviados sob registo, ficando os custos respectivos a cargo do utilizador requisitante.

7 – Nas situações em que uma Biblioteca, beneficiária deste regime, dispuser de uma obra, em período de empréstimo renovado e a mesma for requerida por um utilizador ou instituição, a Biblioteca solicitará à primeira a sua devolução, no prazo de 5 dias úteis.

8 – A Biblioteca da Ordem dos Advogados reserva-se o direito de não proceder ao empréstimo inter-bibliotecas, nos casos em que o interesse dos seus utilizadores possa ser prejudicado.

ARTIGO 25.°
Empréstimo para efeitos de exposição e actividades culturais similares

1 – A Biblioteca da Ordem dos Advogados poderá ceder, por

empréstimo, publicações do seu acervo documental, para efeitos de exposição ou outras actividades culturais similares.

2 – As entidades que beneficiem deste empréstimo, poderão requisitar até ao máximo de 20 documentos em simultâneo.

3 – O prazo máximo de empréstimo é de 45 dias úteis.

4 – O levantamento das obras será feito nas instalações da Biblioteca da Ordem dos Advogados, assim como a sua restituição, que deverá acontecer até 7 dias úteis após o encerramento da exposição.

5 – No acto de levantamento será lavrada uma declaração de recepção das obras, assinada pela entidade requisitante, onde deverá constar a discriminação daquelas, bem como as condições do empréstimo.

6 – A entidade requisitante assume a responsabilidade e as despesas relativas ao transporte, segurança, condições de preservação e seguro das publicações emprestadas.

7 – As espécies documentais expostas não poderão ser reproduzidas sem autorização expressa do responsável da Biblioteca e, sempre que tal autorização for concedida, as respectivas imagens deverão identificar, de forma clara, a Biblioteca da Ordem dos Advogados como entidade detentora.

ARTIGO 26.°
Reserva de documentos

1 – Entende-se por reserva a possibilidade de vir a reter uma obra na Biblioteca que, no momento do pedido, se encontre requisitada.

2 – A reserva de documentos poderá ser efectuada directamente na Sala de Leitura, por telefone, telecópia ou via correio electrónico.

3 – Após a devolução, o utilizador que tiver feito a reserva será informado da disponibilidade da obra que permanecerá reservada durante o período de 2 dias úteis.

4 – Caso o autor da reserva não proceda ao levantamento da obra no prazo referido no número anterior, a reserva será cancelada, passando aquela para o utilizador seguinte em lista de espera ou, não havendo outra reserva, será arrumada na estante respectiva.

ARTIGO 27.°
Domínio virtual

Integradas no Portal da Ordem dos Advogados, na Internet, as páginas da Biblioteca disponibilizam variada informação jurídica e documental, periodicamente actualizada, bem como o acesso ao catálogo bibliográfico informatizado.

ARTIGO 28.°
Oferta de duplicados

Verificando-se a existência de publicações em duplicado que não se revelem necessárias, poderão as mesmas ser oferecidas a Conselhos Distritais ou Delegações da Ordem dos Advogados interessadas.

CAPÍTULO IV
Sanções

ARTIGO 29.°
Consequências do incumprimento das regras estabelecidas no Regulamento

1 – Ao incumprimento dos prazos de entrega das obras objecto de empréstimo, corresponderá a proibição de utilizar os serviços da Biblioteca por um período de tempo igual ao período do incumprimento.

2 – Os utilizadores perdem o direito à renovação do prazo de empréstimo, se aquela for solicitada fora do prazo de devolução da obra.

3 – Os utilizadores ou entidades requisitantes são responsáveis pela integridade das obras que se encontram em seu poder, devendo:

a) Assumir os encargos do seu restauro, em caso de dano;

b) Proceder à reposição de novo exemplar ou indemnizar integralmente a Biblioteca pelo valor económico da obra, em caso de extravio.

4 – O utilizador que não proceda ao levantamento das fotocópias solicitadas até um mês, após terem sido colocadas à sua disposição, não poderá solicitar idêntico serviço durante o período de seis meses.

5 – Havendo grave e reiterado incumprimento das regras mencionadas no presente Regulamento, será chamado a intervir o representante do Con-selho Geral com o pelouro da Biblioteca e bem assim deverá ser dado conhecimento do mesmo ao órgão competente para efeitos de apreciação disciplinar.

CAPÍTULO V
Disposições finais

ARTIGO 30.°
Interpretação e integração de lacunas

As eventuais lacunas, omissões e dúvidas suscitadas pelo presente Regulamento serão analisadas, interpretadas e integradas pelo Bibliotecário responsável pelos serviços e, em última instância, pelo representante do Conselho Geral com o pelouro da Biblioteca.

ARTIGO 31.°
Norma revogatória

1 – É revogado o Regulamento da Biblioteca e Centro de Documentação Jurídica, aprovado por Deliberação do Conselho Geral de 23 de Novembro de 2001 – Regulamento n.° 26/2001, publicado em Diário da República, 2.ª série, n.° 282, de 6 de Dezembro de 2001.

2 – É revogado o Despacho n.° 3925/2003, publicado em Diário da República, 2.ª série, n.° 47, de 25 de Fevereiro de 2003.

ARTIGO 32.°
Início de vigência

O presente Regulamento entra em vigor no dia seguinte ao da sua publicação em Diário da República.

24 de Outubro de 2006.

O Presidente do Conselho Geral

ROGÉRIO ALVES.

4.16.

REGULAMENTO DAS MEDALHAS DA ORDEM DOS ADVOGADOS

Regulamento n.º 107/2007 OA (2.ª série), de 6 de Junho de 2007 / Ordem dos Advogados. Conselho Geral. – Ao abrigo do disposto nas alíneas g) e h) do n.º 1 do artigo 45.º do Estatuto da Ordem dos Advogados, aprovado pela Lei n.º 15/2005, de 26 de Janeiro, o conselho geral deliberou em sessão plenária de 20 de Abril de 2007, aprovar o Regulamento das Medalhas da Ordem dos Advogados. Diário da República – S.2 n.109-E de 6 Junho de 2007.

PREÂMBULO

1 – A insígnia ou medalha da Ordem já consta do Regulamento do Trajo e Insígnia Profissional, aprovado em 2006 pelo conselho geral (regulamento n.° 31/2006, de 26 de Abril).

Não obstante, sem o propósito de introduzir qualquer alteração naquele regulamento, afigura-se útil, para melhor sistematização da medalhística da Ordem, reproduzir no presente regulamento a matéria da insígnia própria da Ordem, por ser a mais característica e, por assim dizer, matriciar as restantes.

Por isso, será tratada em primeiro lugar nesta colectânea das diversas medalhas utilizadas na e pela Ordem dos Advogados portugueses.

2 – O conselho geral da Ordem dos Advogados, presidido pelo bastonário Augusto Lopes Cardoso, na sua reunião de 10 de Novembro de 1989, deliberou instituir o galardão «medalha de ouro da Ordem dos Advogados», aprovando do mesmo passo o respectivo Regulamento.

Considerou o conselho que se tornava adequado instituir uma distinção a atribuir pela Ordem dos Advogados a advogados que, pela sua acção e mérito pessoal, tenham contribuído de forma inequivocamente relevante para a defesa dos direitos, liberdades e garantias dos cidadãos e que, de igual modo, se identifiquem com os grandes ideais da Ordem dos Advogados.

Até esta data, foram distinguidos com aquele galardão os colegas Mário Alberto Nobre Lopes Soares (11 de Dezembro de 1989), Adelino da Palma Carlos (13 de Dezembro de 1991), Ângelo Vidal de Almeida Ribeiro (8 de Janeiro de 1993), Francisco Salgado Zenha (16 de Dezembro de 1998), Reginaldo Óscar de Castro (31 de Janeiro de 2001), Luís Martí Mingarro (15 de Maio de 2001), Rubens Aprobatto Machado (1 de Fevereiro de 2004), Jorge Fernando Branco de Sampaio (26 de Outubro de 2004) e Francisco Sá Carneiro (4 de Dezembro de 2006).

3 – Por sua vez, por sua deliberação de 16 de Abril de 2004, durante o mandato do bastonário José Miguel Júdice, o conselho geral da Ordem dos Advogados instituiu a medalha de honra. Destina-se este galardão a distinguir os advogados nacionais e estrangeiros que, pelo seu mérito, honorabilidade e modo de exercício da profissão, tenham contribuído relevantemente para a dignidade e prestígio da advocacia e também que pelo exercício empenhado de funções ao serviço da Ordem, nomeadamente no âmbito dos seus órgãos, tenham contribuído relevantemente para o reforço e prestígio da Ordem dos Advogados, bem como os cidadãos nacionais e estrangeiros que tenham prestado serviços relevantes na defesa do Estado de direito ou à advocacia.

Até esta data, foram distinguidos com esta medalha os advogados Hans Jurgen Hellwig (então presidente do CCBE – 22 de Abril de 2004), José Mário Machado Ruivo (28 de Janeiro de 2005), Flávio Sardo, João de Almeida, Mário Gaioso, Fernando Oliveira e Joaquim da Silveira (9 de Fevereiro de 2007).

4 – Por deliberação do conselho geral de 13 de Novembro de 1991, era bastonária Maria de Jesus Serra Lopes, foi criada a medalha comemorativa dos 50 anos de inscrição, também designada por medalha das bodas de ouro.

Destina-se esta medalha a galardoar os advogados com exercício impoluto e competente da advocacia durante, pelo menos, 50 anos. É costume proceder à atribuição deste galardão no Dia de Santo Ivo, ou Dia do Advogado (19 de Maio), podendo, todavia, ocorrer por ocasião de outra cerimónia considerada adequada.

Esta medalha foi já atribuída a um grande número de advogados.

5 – As alíneas s) e x) do n.º 1 do artigo 50.º do Estatuto da Ordem dos Advogados dão abertura para os conselhos distritais criarem os galar-

dões que entendam adequados à respectiva realidade distrital, que, por o serem, não deixam de ter repercussão e aplicação nacional desde que sejam adoptados por cada um dos restantes conselhos distritais ou até pelo conselho geral.

No uso dessa prerrogativa, o conselho distrital de Coimbra, sob a presidência de José Augusto Ferreira da Silva, criou, em Março de 2001, a medalha dos 35 anos, ou medalha comemorativa dos 35 anos de inscrição.

Destina-se esta medalha a galardoar os advogados que, pela sua qualidade e honorabilidade no exercício da advocacia, estejam inscritos como advogados há mais de 35 anos.

Esta medalha foi atribuída a vários advogados do distrito judicial de Coimbra.

Para a eventualidade desta insígnia poder ser adoptada a nível nacional, insere-se a sua regulamentação na presente colectânea.

Por força da entrada em vigor do novo Estatuto da Ordem dos Advogados, aprovado pela Lei n.º 15/2005, de 26 de Janeiro, incumbe ao conselho geral a aprovação dos regulamentos necessários à execução deste diploma, designadamente o Regulamento ora em apreço.

Assim:

O conselho geral da Ordem dos Advogados, reunido em plenário de 20 de Abril de 2007, delibera, ao abrigo do disposto nas alíneas g) e h) do n.º 1 do artigo 45.º do Estatuto da Ordem dos Advogados, aprovado pela Lei n.º 15/2005, de 26 de Janeiro, aprovar o Regulamento das Medalhas da Ordem dos Advogados:

CAPÍTULO I
Medalha da Ordem dos Advogados

ARTIGO 1.º
Insígnia

A insígnia da Ordem dos Advogados é constituída por uma medalha com o desenho e o formato constantes do anexo I, o qual faz parte inte-grante deste Regulamento, na qual se destacam:

a) A representação gráfica das tábuas da lei, de esmalte branco com letras douradas, sobre a cruz – símbolo do sacrifício – de esmalte encarnado e branco, a significar o dever de obediência aos princípios da moral e da lei;

b) Os dizeres «Ordem dos Advogados Portugueses», na frente e em redor, e, na base, os dizeres «Bastonário», «Presidente do Conselho Superior», «Presidente do Conselho Distrital», «Conselho Superior», «Conselho Geral», «Presidente do Conselho de Deontologia», «Conselho Distrital», «Conselho de Deontologia» e «Delegação», conforme a categoria dos membros da Ordem em relação a estes cargos, devendo no verso conter o nome do portador da medalha e o período temporal do respectivo mandato.

ARTIGO 2.º
Características da medalha da Ordem dos Advogados

A medalha será de esmalte encarnado com dizeres dourados, em campo dourado, para o bastonário, o presidente do conselho superior, os membros do conselho superior, os membros do conselho geral e para os presidentes dos conselhos distritais; em campo prateado para os presidentes dos conselhos de deontologia, os membros dos conselhos distritais e os membros dos conselhos de deontologia e em campo de cobre polido para os restantes membros da Ordem.

ARTIGO 3.º
Colar

Para suspender a medalha usará o bastonário, sobre o peito, um colar dourado, formado das tábuas da lei, de esmalte branco com letras dou-radas, e os restantes membros da Ordem, uma fita vermelha de 6 cm de largura.

ARTIGO 4.º
Uso da medalha da Ordem dos Advogados

O advogado poderá usar a medalha correspondente ao cargo mais elevado que tenha exercido na Ordem.

CAPÍTULO II
Medalha de ouro da Ordem dos Advogados

ARTIGO 5.º
Medalha de ouro

É instituído o galardão da medalha de ouro da Ordem dos Advogados, a atribuir a individualidades que, sendo ou tendo sido advogados, tenham contribuído relevantemente, pela sua acção e mérito pessoal, para defesa dos direitos, liberdades e garantias dos cidadãos, identificando-se com os ideais da justiça, da defesa do acesso ao direito e da construção do Estado de direito, ideais que norteiam a acção da Ordem dos Advogados.

ARTIGO 6.º
Deliberação de atribuição da medalha de ouro

A atribuição deste galardão depende de deliberação do conselho geral.

ARTIGO 7.º
Características da medalha de ouro

1 – A medalha de ouro da Ordem dos Advogados deverá ter um banho de ouro sobre prata, ter o desenho e formato constantes do anexo II, que faz parte integrante do presente Regulamento, com os dizeres «ORDEM DOS ADVOGADOS PORTUGUESES», na frente e em redor, e na base «MEDALHA DE OURO», devendo no verso conter o nome do homenageado e a data da atribuição.

2 – A medalha de ouro da Ordem dos Advogados será suspensa numa fita dourada.

ARTIGO 8.º
Cerimónia de entrega da medalha de ouro

A entrega aos homenageados da medalha de ouro da Ordem dos Advogados deverá ser efectuada com a devida solenidade pelo bastonário, acompanhada do título de outorga com os dizeres constantes do anexo III, que faz parte integrante do presente Regulamento, dando-se a necessária publicidade ao evento.

ARTIGO 9.º
Uso da Medalha de Ouro

Os homenageados com a medalha de ouro da Ordem dos Advogados terão direito a usar a respectiva insígnia em todas as cerimónias solenes promovidas pela Ordem dos Advogados ou naquelas em que compareçam nessa qualidade.

CAPÍTULO III
Medalha de honra da ordem dos Advogados

ARTIGO 10.º
Medalha de honra

É instituído o galardão da medalha de honra da Ordem dos Advogados, que se destina a distinguir os advogados que, pelo seu mérito, honorabilidade e modo de exercício da profissão, tenham contribuído relevantemente para a dignidade e prestígio da advocacia, ou que, pelo exercício empenhado de funções ao serviço da Ordem dos Advogados portugueses, nomeadamente no âmbito dos seus órgãos, tenham contribuído relevantemente para o reforço e prestígio da Ordem e, bem assim, a distinguir os cidadãos nacionais e estrangeiros que tenham prestado serviços relevantes na defesa do Estado de direito ou à advocacia.

ARTIGO 11.º
Deliberação de atribuição da medalha de honra

A atribuição deste galardão depende de deliberação do conselho geral.

ARTIGO 12.º
Características da medalha de honra

1 – A medalha de honra da Ordem dos Advogados deverá ter um banho de ouro sobre prata e ter o desenho e formato constantes do anexo IV, que é parte integrante do presente Regulamento, com os dizeres «ORDEM DOS ADVOGADOS PORTUGUESES», na frente e em redor, e, na base, «MEDALHA DE HONRA», devendo no verso conter o nome do homenageado e a data da atribuição.

2 – A medalha de honra da Ordem dos Advogados será suspensa numa fita cor de laranja.

ARTIGO 13.º
Cerimónia de entrega da medalha de honra

A entrega aos homenageados da medalha de honra da Ordem dos Advogados deverá ser efectuada com a devida solenidade pelo bastonário, acompanhada do título de outorga com os dizeres constantes do anexo V, que faz parte integrante do presente Regulamento, dando-se a necessária publicidade ao evento.

ARTIGO 14.º
Uso da medalha de honra

Os homenageados com a medalha de honra da Ordem dos Advogados terão direito a usar a respectiva insígnia em todas as cerimónias solenes promovidas pela Ordem dos Advogados ou naquelas em que compareçam nessa qualidade.

CAPÍTULO IV
Medalha comemorativa dos 50 anos de inscrição

ARTIGO 15.º
Medalha comemorativa dos 50 anos de inscrição

É instituído o galardão da medalha comemorativa dos 50 anos de inscrição, que se destina a distinguir os advogados que tenham exercido a sua profissão durante, pelo menos, 50 anos, sem punição de carácter disciplinar superior à multa.

ARTIGO 16.º
Competência para a atribuição

A atribuição deste galardão depende de deliberação do conselho geral.

ARTIGO 17.º
Características da medalha dos 50 anos de inscrição

1 – A medalha comemorativa dos 50 anos de inscrição deverá ser em campo dourado e ter o desenho e formato constantes do anexo VI, que faz parte integrante do presente Regulamento, com os dizeres «ORDEM DOS ADVOGADOS PORTUGUESES», na frente e em redor, e, na base, «50 ANOS DE INSCRIÇÃO», devendo no verso conter o nome do homenageado e a data da atribuição.

2 – A medalha comemorativa dos 50 anos de inscrição será suspensa numa fita branca.

ARTIGO 18.º
Cerimónia de entrega

A entrega aos homenageados da medalha comemorativa dos 50 anos de inscrição deverá ser efectuada com a devida solenidade pelo bastonário, no Dia do Advogado (19 de Maio), podendo também ocorrer por ocasião de outra cerimónia considerada adequada, devendo ser acompanhada do título de outorga com os dizeres constantes do anexo VII, que faz parte integrante do presente Regulamento, dando-se, em qualquer caso, a devida publicidade ao evento.

ARTIGO 19.º
Uso da medalha

Os homenageados com a medalha comemorativa dos 50 anos de inscrição terão direito a usar a respectiva insígnia em todas as cerimónias solenes promovidas pela Ordem dos Advogados ou naquelas em que compareçam nessa qualidade.

CAPÍTULO V
Medalha comemorativa dos 35 anos de inscrição

ARTIGO 20.º
Medalha dos 35 anos de inscrição

É instituído o galardão da medalha comemorativa dos 35 anos de inscrição que se destina a distinguir os advogados que exerceram a sua profissão durante, pelo menos, 35 anos, sem punição de carácter disciplinar superior à multa.

ARTIGO 21.º
Competência para atribuição

A atribuição deste galardão depende de deliberação dos conselhos distritais.

ARTIGO 22.º
Características da medalha dos 35 anos de inscrição

1 – A medalha comemorativa dos 35 anos de inscrição deverá ser em campo prateado e ter o desenho e formato constantes do anexo VIII, com os dizeres «ORDEM DOS ADVOGADOS PORTUGUESES», na frente e em redor, e, na base, «35 ANOS DE INSCRIÇÃO», devendo no verso conter o nome do homenageado e a data da atribuição.

2 – A medalha comemorativa dos 35 anos de inscrição será suspensa numa fita prateada.

ARTIGO 23.º
Cerimónia de entrega da medalha dos 35 anos de inscrição

A entrega aos homenageados da medalha comemorativa dos 35 anos de inscrição deverá ser efectuada com a devida solenidade pelo presidente do conselho distrital que atribuiu a medalha, devendo ser acompanhada do título de outorga com os dizeres constantes do anexo IX, dando-se, em qualquer caso, a devida publicidade ao evento.

ARTIGO 24.º
Uso da medalha dos 35 anos de inscrição

Os homenageados com a medalha comemorativa dos 35 anos de inscrição terão direito a usar a respectiva insígnia em todas as cerimónias solenes promovidas pela Ordem dos Advogados ou naquelas em que compareçam nessa qualidade.

CAPÍTULO VI
Disposições finais

ARTIGO 25.º
Revogação

É revogado o Regulamento da Medalha de Ouro, aprovado em 10 de Novembro de 1989.

ARTIGO 26.º
Início de vigência

O presente Regulamento entra em vigor no dia seguinte ao da sua publicação no Diário da República.

20 de Abril de 2007.

O Presidente do Conselho Geral,

ROGÉRIO ALVES.

4.17.

REGULAMENTO DO PRÉMIO LITERÁRIO DA ORDEM DOS ADVOGADOS

1. – O Prémio Literário da Ordem dos Advogados, instituído em 2006, por proposta do Conselho Geral da Ordem dos Advogados, e eventualmente patrocinado por entidades externas à Ordem, destina-se a galardoar, anualmente, duas obras literárias inéditas (uma na vertente de narrativa e outra na vertente de poesia), em português, escritas por Advogado ou Advogado Estagiário regularmente inscrito na Ordem dos Advogados.

2. – O Prémio consistirá na publicação das obras premiadas, pela Editora Sopa de Letras (uma marca da Principia Editora), devendo os respectivos autores celebrar com a Ordem dos Advogados, a título gratuito, contratos de cedência a esta dos direitos de autor relativos às mesmas.

3. – A Ordem dos Advogados divulgará o presente Regulamento através do Boletim da Ordem dos Advogados e/ou de Circulares, postais e electrónicas, por forma a que os candidatos enviem ao Conselho Geral da Ordem dos Advogados os originais em quatro cópias, em papel e em suporte digital, destinadas aos membros do Júri e à biblioteca.

§1.° – A dimensão dos trabalhos pode variar, no caso de ficção, entre 200.000 caracteres e 300.000 caracteres (incluindo espaços), e, tratando-se de poesia, entre 96 e 120 páginas.

4. – As cópias serão enviadas, sob pseudónimo, à Ordem dos Advogados (Conselho Geral), através de correio registado com aviso de recepção.

§1.° – No pacote que contem os originais dever ser incluído um envelope lacrado com a identificação pessoal e profissional do Autor e uma Declaração de Cedência de Direitos de Autor.

5. – O Júri será constituído pelo Coordenador do Prémio, a designar pelo Conselho Geral da Ordem dos Advogados, por um representante do Editor, e por um terceiro membro, convidado expressamente para cada sessão do Prémio, pelo Conselho Geral, por indicação do Coordenador.

6. – Nenhum membro do júri poderá ter obras suas a concurso.

7. – Disporá o Júri de trinta dias para deliberar, reunindo, nesse período de tempo, sempre que o achar conveniente, podendo este prazo ser prorrogado se o número de originais a concurso o justificar.

§1.° – A deliberação do Júri será tomada por unanimidade ou maioria simples, excluindo-se a posição de abstenção, no quadro de uma impossibilidade de atribuição "ex aequo" do Prémio, podendo, no entanto, ser atribuídas menções honrosas.

§2.° – Tomada a deliberação, de que não cabe recurso, o Júri lavrará uma circunstanciada acta final, que, em anexo, conterá as declarações individuais de voto dos seus membros, podendo eles, se assim o entenderem, não atribuir o Prémio, por nenhuma das obras a concurso o justificar.

8. – Far-se-á o anúncio da obra premiada logo após a deliberação do Júri, dando-se mais tarde a conhecer, em momento oportuno e pelos meios considerados idóneos, os fundamentos da opção deste, designadamente, através da divulgação das declarações individuais de voto.

9. – A entrega do Prémio ao autor galardoado ocorrerá numa cerimónia pública, coincidindo com o lançamento da obra premiada.

10. – As edições da obra premiada deverão referenciar, na contracapa, as eventuais entidades patrocinadoras do Prémio, bem como, na capa ou em cinta: Prémio Literário da Ordem dos Advogados.

4.18.

REGULAMENTO DA CAIXA DE PREVIDÊNCIA DOS ADVOGADOS E SOLICITADORES

Aprovado pela Portaria n.º 487/83, de 27 de Abril, e alterado pela Portaria n.º 623/88, de 8 de Setembro, pela Portaria n.º 884/94, de 1 de Outubro e pelo Despacho n.º 22.665/2007, de 7 de Setembro de 2007, dos Ministros da Justiça e do Trabalho e da Solidariedade Social, publicado no DR, 2.ª série, n.º 188, de 28/09/2007

CAPÍTULO I
Disposições gerais

ARTIGO 1.º
Natureza e regime aplicável

1 – A Caixa de Previdência dos Advogados e Solicitadores é uma instituição de previdência reconhecida pela Lei n.º 2115, de 18 de Junho de 1962, e pertence à 2.ª categoria prevista no n.º 3 da base III da mesma lei.

2 – A Caixa rege-se pelo presente diploma e, na parte em que este for omisso, pelas disposições em vigor do Decreto n.º 46 548, de 23 de Setembro de 1965, e demais legislação aplicável às caixas de reforma ou de previdência.

ARTIGO 2.°
Sede, âmbito e organização

1 – A Caixa tem a sua sede em Lisboa e a sua acção estende-se a todo o território nacional.

2 – Em matéria de organização e cadastro, a Caixa colaborará estreitamente com a Ordem dos Advogados e a Câmara dos Solicitadores, podendo com estas instituições estabelecer acordos para a realização de serviços de interesse comum.

ARTIGO 3.°
Finalidades

1 – A Caixa tem por fim conceder pensões de reforma por velhice aos beneficiários e subsídios por morte às respectivas famílias, sem prejuízo de outros benefícios que venham a ser estabelecidos nos termos legais.

2 – A Caixa poderá conceder ainda subsídios por invalidez aos beneficiários, subsídios de sobrevivência aos respectivos familiares, subsídios de doença aos beneficiários e antigos advogados e solicitadores, de harmonia com as disponibilidades anuais do fundo de assistência.

3 – Em complemento dos benefícios referidos nos números anteriores, a Caixa promoverá com instituições de seguro contratos de grupo, com vista à cobertura de riscos dos seus beneficiários, nomeadamente os de vida e acidentes pessoais, assistência médica e medicamentosa e incapacidade temporária para o trabalho.

CAPÍTULO II
Dos beneficiários

SECÇÃO I
Da inscrição

*ARTIGO 4.°
(Categorias dos beneficiários)

1 – Os beneficiários da Caixa, advogados ou solicitadores, poderão ter a categoria de ordinários ou extraordinários.

2 – Poderá ser atribuída, por decisão da direcção com parecer favorável do conselho geral, a categoria de beneficiário honorário às pessoas que por actos de elevado mérito e natureza exemplar tenham contribuído para o prestígio da Caixa de Previdência na sua existência e na prossecução dos seus fins.

ARTIGO 5.°
Inscrições ordinárias

1 – São inscritos obrigatoriamente como beneficiários ordinários todos os advogados inscritos na Ordem dos Advogados e todos os solicitadores inscritos na Câmara dos Solicitadores, desde que não tenham mais de 60 anos de idade à data da inscrição.

2 – A inscrição na Caixa contar-se-á, para todos os efeitos, a partir do 1.° dia do mês seguinte àquele em que se verifique a inscrição no organismo profissional respectivo.

3 – Os estagiários podem inscrever-se facultativamente, a seu pedido, contando-se a inscrição desde o 1.° dia do mês seguinte ao da sua admissão.

*4 – Os advogados e solicitadores, até ao final do mês seguinte ao da comunicação da sua inscrição inicial na Caixa, podem requerer, uma única

* Redacção da Portaria n.° 884/94, de 1 de Outubro.

vez, a suspensão provisória dos efeitos da sua inscrição por início da actividade, até três anos a contar dessa sua inscrição inicial.

[1]5 – Os conselhos gerais da ordem dos Advogados e da Câmara dos Solicitadores comunicarão à direcção da Caixa, no prazo de 10 dias, o nome completo e abreviado dos profissionais inscritos, as datas do seu nascimento, da formatura, havendo-a, e da inscrição no organismo e ainda o endereço do respectivo escritório, juntando certidão do registo de nascimento ou outro documento de identificação bastante.

*ARTIGO 5.°-A
Prazo para requerer o pagamento das contribuições

1 – Os beneficiários podem, em qualquer momento, requerer o pagamento das contribuições correspondentes ao tempo de estágio em que não tenham estado inscritos, bem como requerer o pagamento das contribuições correspondentes ao tempo em que se tenha verificado a suspensão provisória dos efeitos da inscrição.

2 – As contribuições serão calculadas pelo valor correspondente a um, se mais não forem escolhidos, salário mínimo nacional que estiver em vigor no ano em que o pagamento for requerido.

3 – O tempo de inscrição decorrente dos pagamentos previstos nos números anteriores conta-se para efeitos de prazo de garantia, de pensão de reforma e de subsídios de invalidez e de sobrevivência.

ARTIGO 6.°
Subsistência da inscrição ordinária

Mantêm a inscrição como beneficiários ordinários os advogados e solicitadores que estejam cumprindo pena disciplinar ou criminal.

[1] Constituía o n.° 4 na redacção da Portaria n.° 487/83, de 27 de Abril, passando a n.° 5 com a Portaria n.° 884/94, de 1 de Outubro.

* Redacção da Portaria n.° 884/94, de 1 de Outubro.

ARTIGO 7.º
Inscrições extraordinárias

1 – São inscritos obrigatoriamente como beneficiários extraordinários os advogados e solicitadores que:

[2]*a) Optarem pela inscrição no regime geral de previdência dos trabalhadores independentes*
b) Tenham a sua inscrição suspensa no respectivo organismo profissional, desde que requeiram a manutenção da sua inscrição na Caixa.

*2 – As inscrições extraordinárias asseguram aos beneficiários os mesmo direitos que decorrem das inscrições ordinárias quanto aos benefícios diferidos.

3 – A inscrição do beneficiário extraordinário reportar-se-á ao 1.º dia do mês seguinte ao da verificação de qualquer dos eventos referidos nas alíneas a) e b) do n.º 1 do presente artigo.

4 – Será convertida em ordinária a inscrição do beneficiário a quem seja levantada a suspensão da sua inscrição no organismo profissional competente.

ARTIGO 8.º
Princípio da cumulação de inscrições obrigatórias

1 – A obrigatoriedade de inscrição na Caixa dos Advogados e Solicitadores mantém-se nos casos de vinculação simultânea a outro regime de inscrição obrigatória, desde que resulte do exercício cumulativo de actividades que determinem uma e outra inscrição.

2 – A cumulação de actividades determina a inscrição para cada uma delas, mantendo-se as respectivas situações autonomizadas quando correspondam a diferentes regimes de incidência contributiva.

---

[2] Revogada tacitamente pelo artigo 13.º do Decreto-Lei n.º 328/93, de 25 de Setembro.

* Redacção da Portaria n.º 884/94, de 1 de Outubro.

ARTIGO 9.°
Suspensão da inscrição

1 – Fica suspensa a inscrição do beneficiário que tenha contribuições em dívida à Caixa há mais de 120 dias.

2 – A suspensão da inscrição determina:

a) A interrupção da contagem do tempo de inscrição;
b) A suspensão dos benefícios de carácter imediato.

3 – Os beneficiários serão notificados da suspensão prevista no n.° 1 do presente artigo por carta registada com aviso de recepção.

4 – O pagamento das contribuições em dívida, depois da notificação acima referida, não produzirá o levantamento da suspensão e a contagem do tempo da inscrição a que respeita, salvo se a direcção considerar justificado o facto determinante da mora.

ARTIGO 10.°
Cancelamento da inscrição

1 – Será cancelada a inscrição do beneficiário ordinário que passe a exercer actividade legalmente incompatível com a de advogado ou solicitador, sem prejuízo dos artigos 6.° e 7.°.

2 – O efeito do cancelamento será retrotraído à data em que se tiverem produzido os factos que lhe deram origem.

*3 – Cancelada a inscrição, pode, a todo o tempo, o beneficiário requerer o resgate das contribuições pagas, excepto das destinadas à acção de assistência e da percentagem afecta a despesas de administração, deduzidas dos benefícios recebidos.

*4 – O beneficiário com mais de 15 anos de inscrição na Caixa, se não tiver recebido o resgate, tem direito ao valor das pensões e subsídios.

* Redacção da Portaria n.° 884/94, de 1 de Outubro.

SECÇÃO II
Da reinscrição

ARTIGO 11.°
Regime

*1 – Serão obrigatoriamente reinscritos na Caixa os antigos beneficiários que voltem a encontrar-se na situação prevista no artigo 5.° do presente diploma.

2 – No caso de reinscrição, o tempo das inscrições anteriores será adicionado ao da reinscrição, desde que não tenha sido exercido o direito de resgate das contribuições.

CAPÍTULO III
Das eventualidades e benefícios

SECÇÃO I
Disposições gerais

ARTIGO 12.°
Esquema de prestações

Os beneficiários da Caixa e respectivos familiares têm direito às prestações do regime de previdência regulado no presente diploma.

---

* Redacção da Portaria n.° 884/94, de 1 de Outubro.

SECÇÃO II
Da reforma

ARTIGO 13.°
(Direito à reforma)

1 – O direito à reforma é reconhecido:

*a) Aos beneficiários que tenham completado 65 anos de idade e tenham, pelo menos, 15 anos de inscrição;

b) Aos beneficiários que tenham mais de 60 anos de idade e pelo menos 36 anos de exercício da profissão.

2 – A reforma depende de requerimento do interessado.

*3 – Concedida a reforma, será mantida a inscrição na Caixa se o beneficiário continuar a exercer a profissão, exercício que se presume decorrer da manutenção da inscrição no respectivo organismo profissional, obrigatoriamente até aos 70 anos e facultativamente depois dessa data.

*ARTIGO 14.°
Pensão de reforma

1 – A pensão de reforma e o subsídio de invalidez serão iguais à soma, arredondada para a centena de escudos superior, dos seguintes quantitativos:

a) 2% da remuneração de referência que serve de base de cálculo à pensão, e ao subsídio, por cada ano completo de inscrição;

b) 2500$ por cada ano completo de inscrição com pagamento de contribuições, além de 25 anos ou de 15 anos de inscrição, respectivamente nos casos de pensão de reforma ou de subsídio de invalidez;

c) 0,6% ou 1,2% da remuneração mínima nacional em vigor no ano anterior ao do requerimento da pensão de reforma ou do subsídio de invalidez, respectivamente, por cada grupo de 12 salários mínimos declar-

* Redacção da Portaria n.° 884/94, de 1 de Outubro.

ados durante todo o tempo de inscrição na Caixa e sobre os quais incidiram contribuições.

2 – A remuneração de referência para efeitos de cálculo da pensão de reforma e de subsídio de invalidez é definida pela fórmula *R*: 140, em que *R* representa o total das remunerações dos 10 anos civis a que correspondem remunerações mais elevadas, com registo de contribuições/remunerações.

3 – Estando o beneficiário reformado, as melhorias da pensão de reforma decorrentes da continuação do exercício da actividade e do pagamento de contribuições são as que resultarem da aplicação do dobro dos factores indicados, respectivamente, nas alíneas b) e c) do n.° 1 ao período de tempo e às remunerações escolhidas após a reforma.

4 – O valor do subsídio de invalidez não poderá ser superior ao valor da pensão por uma carreira contributiva de 36 anos, supondo constantes as contribuições pagas no último ano civil.

* ARTIGO 15.°
Registo das contribuições

Serão registados nas contas correntes dos beneficiários, em cada ano, os valores das contribuições pagas, o valor que constitui a base para o cálculo das contribuições e o número de salários

*ARTIGO 16.°
Valor das contribuições pagas até 1 de Julho de 1983

1 – Cada mês de contribuições pagas ao abrigo dos regulamentos anteriores ao aprovado pela Portaria n.° 487/83, de 27 de Abril, corresponde a um salário mínimo nacional para efeito de determinação da base remuneratória e do número de salários mínimos a considerar na determinação da pensão de reforma e de subsídio por invalidez.

2 – Será considerado o valor do salário mínimo nacional mais elevado de cada ano se houver que considerar o valor das contribuições até Julho de 1983.

---

* Redacção da Portaria n.° 884/94, de 1 de Outubro.

3 – O valor do salário mínimo nacional mais elevado de 1974 será considerado se houver que considerar o valor das contribuições até 1974.

ARTIGO 17.°
Valor mínimo da pensão

*1 – A pensão de reforma e o subsídio de invalidez não serão inferiores ao valor do salário mínimo nacional se o beneficiário tiver 20 ou mais anos de inscrição e ao valor mínimo estabelecido para os pensionistas de invalidez e velhice de regime geral se o beneficiário tiver entre 15 e 20 anos de inscrição.

2 – A diferença entre a pensão mínima e a pensão regulamentar será suportada pelo fundo de assistência.

*3 – Nos meses de Julho e Novembro de cada ano os titulares das pensões de reforma têm direito a receber, além da pensão mensal que lhes corresponda, um montante adicional de igual quantitativo.

*ARTIGO 18.°
Pagamento da pensão

1 – A pensão de reforma é devida pela Caixa a partir da data em que o beneficiário passe à situação de reformado.

2 – A pensão vence-se no fim do mês a que respeita e é paga nos serviços da Caixa mediante prova periódica de vida a efectuar nos termos do artigo 23.°.

ARTIGOS 19.° A 22.°
REVOGADOS

(Portaria n.° 884/94, de 1 de Outubro)

* Redacção da Portaria n.° 884/94, de 1 de Outubro.

ARTIGO 23.º
Prova de vida

Os pensionistas deverão apresentar prova de vida, em Janeiro de cada ano, mediante atestado administrativo ou por outra forma estabelecida pela direcção, sob pena de suspensão da pensão

ARTIGO 24.º
Subvenções às pensões

As subvenções à pensão de reforma serão fixadas pelo conselho geral mediante deliberação tomada por maioria dos seus membros sobre proposta da direcção e parecer actuarial.

ARTIGO 25.º
Prescrição das pensões

1 –As pensões de reforma prescrevem no prazo de 1 ano a contar da data do vencimento de cada uma.

2 – O valor das pensões prescritas reverte para o fundo de assistência da Caixa.

ARTIGO 26.º
Extinção da pensão

O direito à pensão de reforma extingue-se por:

a) Renúncia;
b) Prescrição;
c) Falecimento do beneficiário.

SECÇÃO III
Da invalidez

ARTIGO 27.°
Regime de atribuição do subsídio de invalidez

1 – Os beneficiários com, pelo menos, 10 anos de inscrição e que não tenham atingido a idade de reforma poderão requerer a atribuição do subsídio de invalidez quando, por motivo de doença ou acidente, sejam julgados definitivamente incapazes para o exercício da profissão pela junta médica da Caixa, de cuja decisão pode ser interposto recurso, no prazo de 30 dias, para nova junta, composta por um médico designado pelo bastonário da Ordem dos Advogados, que presidirá, um pela Ordem dos Advogados e outro pela Câmara dos Solicitadores.

2 – A atribuição do subsídio de invalidez depende de requerimento do interessado.

3 – Concedido o subsídio de invalidez, será cancelada a respectiva inscrição na Caixa, mas sem prejuízo da passagem à situação de reforma na idade regulamentar.

ARTIGO 28.°
REVOGADO

(Portaria n.° 884/94, de 1 de Outubro)

ARTIGO 29.°
Pagamento do subsídio

O subsídio de invalidez será pago nos termos previsto no n.° 2 do artigo 18.°

ARTIGO 30.°
Restrições à concessão do subsídio

A invalidez resultante de acto intencional do beneficiário não dá direito à atribuição do subsídio.

ARTIGO 31.º
Conversão do subsídio em pensão de reforma

Atingida a idade regulamentar para a reforma, o subsídio de invalidez será, sem alteração de valor, convertido em pensão de reforma.

ARTIGO 32.º
Exames médicos de verificação e revisão

1 – Os subsidiados por invalidez, enquanto não completarem a idade regulamentar da reforma, serão sucessivamente sujeitos a novos exames, nos prazos que houverem sido indicados no relatório do exame anterior ou sempre que a direcção o entenda e, em qualquer caso, com intervalo nunca inferior a 3 anos, salvo impossibilidade física devidamente comprovada.

2 – Os novos exames destinar-se-ão a verificar a subsistência do estado de invalidez ou a sua eventual redução, podendo dos seus resultados recorrer-se nos termos previstos para os primeiros exames.

3 – As despesas de deslocação e estada que os subsidiados hajam de fazer por causa dos novos exames correrão por conta da Caixa.

ARTIGO 33.º
Suspensão e prescrição do subsídio

1 – O subsídio de invalidez será suspenso:

a) Se o subsidiado não fizer prova anual de vida, nos termos previstos no artigo 23.º;

b) Se o subsidiado continuar a praticar actos próprios da sua profissão de advogado ou solicitador.

2 – O subsídio de invalidez será suprimido desde que se verifique não subsistirem razões que justifiquem o reconhecimento da invalidez, através de exame, nos termos do artigo 32.º

3 – As pensões vencidas prescrevem no prazo de um ano, nos termos do artigo 25.º

SECÇÃO IV
Subsídio por morte

ARTIGO 34.°
Direito ao subsídio por morte

Por morte do beneficiário que tenha completado 5 anos de inscrição, os seus familiares terão direito a receber da Caixa um subsídio.

ARTIGO 35.°
Valor do subsídio

*1 – O subsídio por morte é de seis vezes o valor do salário mínimo nacional ou da pensão de reforma ou do subsídio de invalidez, consoante o beneficiário não estiver reformado, estiver reformado ou for titular de subsídio de invalidez e consoante o que for mais elevado.

2 – A direcção da Caixa pode estabelecer subvenções aos subsídios por morte, que serão suportadas pelo fundo de assistência.

ARTIGO 36.°
Regime legal

Ao subsídio por morte é aplicável o regime geral de previdência social.

ARTIGOS 37.° A 40.°
REVOGADOS

(Portaria n.° 884/94, de 1 de Outubro)

---

* Redacção da Portaria n.° 884/94, de 1 de Outubro.

SECÇÃO VI
Do subsídio de sobrevivência

ARTIGO 41.°
(Regime de atribuição do subsídio de sobrevivência)

**1 – Por morte do beneficiário que tenha completado 70 anos de idade, reformado ou não, ou tenha 10 anos de inscrição, poderão os seus familiares requerer a atribuição do subsídio de sobrevivência.

2 – Os familiares contemplados no n.° 1 do presente artigo são:

a) O cônjuge sobrevivo;

b) Os descendentes ou ascendentes, na falta daqueles.

ARTIGO 42.°
Valor do subsídio

O montante do subsídio de sobrevivência será determinado pelas seguintes percentagens da pensão de reforma que o beneficiário efectivamente recebia ou daquela a que teria direito se fosse reformado na data do falecimento, não podendo, em qualquer caso, exceder 90% desta pensão:

a) 60% para o cônjuge sobrevivo;

b) 20%, 30% ou 40% para os filhos, consoante forem 1, 2 ou mais de 2, se houver cônjuge sobrevivo, e o dobro destas percentagens caso não haja;

c) 15% ou 25% para os ascendentes, consoante forem 1 ou 2 interessados, se houver cônjuge sobrevivo, e o dobro destas percentagens caso não haja.

ARTIGO 43.°
Divisão do subsídio

O subsídio de sobrevivência será dividido em partes iguais pelos beneficiários referidos nas alíneas b) ou c) do artigo anterior.

** Redacção da Portaria n.° 623/88, de 8 de Setembro; as restantes normas têm a redacção da Portaria n.° 487/83, de 27 de Abril.

ARTIGO 44.°
Restrições do direito ao subsídio

1 – O cônjuge sobrevivo só terá direito ao subsídio se for casado com o beneficiário há, pelo menos, 1 ano à data do falecimento deste.

2 – O cônjuge com menos de 35 anos de idade só terá direito ao subsídio durante 5 anos a contar do falecimento do beneficiário, salvo se for inválido.

3 – Os filhos terão direito ao subsídio até perfazerem 18 anos, ou 21 e 25, enquanto frequentarem com aproveitamento, respectivamente, o ensino médio ou superior, e sem limite de idade os que sofrerem de incapacidade permanente e total para o trabalho.

4 – Os ascendentes terão direito ao subsídio se estiverem incapacitados total e permanentemente para o trabalho.

**ARTIGO 45.°
Vigência do subsídio

O subsídio de sobrevivência é devido a partir do início de mês em que der entrada na Caixa o respectivo requerimento, mas nunca antes do início do mês seguinte ao do falecimento do beneficiário, e até final do mês que extinga o direito do subsidiado.

ARTIGO 46.°
Pagamento do subsídio

O subsídio de sobrevivência será pago nos termos previstos no n.° 2 do artigo 18.°

ARTIGO 47.°
Documentos para requerer o subsídio

1 – Qualquer dos interessados pode requerer o subsídio de sobrevivência que lhe couber, juntando ao requerimento a certidão de óbito do

---

** Redacção da Portaria n.° 623/88, de 8 de Setembro; as restantes normas têm a redacção da Portaria n.° 487/83, de 27 de Abril.

beneficiário e os documentos dos demais factos condicionantes da sua concessão.

2 – A Caixa pode exigir outros documentos que considere necessários.

ARTIGO 48.°
REVOGADO

(Portaria n.° 623/88, de 8 de Setembro)

ARTIGO 49.°
Prescrição do subsídio

O subsídio de sobrevivência prescreve a favor do fundo de assistência da Caixa no prazo de 1 ano a contar do seu vencimento.

ARTIGO 50.°
Suspensão do subsídio

1 – O pagamento do subsídio de sobrevivência será suspenso se o subsidiado, dentro do prazo estipulado pela direcção da Caixa, não fizer a prova anual de que subsiste o seu direito.

2 – A suspensão decorrerá até ao fim do mês em que for feita essa prova, sendo aplicável aos subsídios suspensos a prescrição estabelecida no artigo seguinte.

ARTIGO 51.°
Extinção do subsídio

O subsídio de sobrevivência extinguese:

a) Pela morte do subsidiado;

b) Pelo casamento dos subsidiados que sejam cônjuge, descendentes e ascendentes do beneficiário;

c) Pela maioridade regulamentar dos subsidiados, quando perfizerem

18 anos, ou 21 e 25, frequentando com aproveitamento, respectivamente o ensino médio ou superior;

d) Pela cessação ou modificação do estado de incapacidade do subsidiado;

e) Nos demais casos previstos na lei

SECÇÃO VII
Do subsídio por doença

ARTIGO 52.°
Regime de atribuição do subsídio por doença

Aos beneficiários activos que tenham completado 65 anos de idade e 5 anos de inscrição e que por motivo de doença estejam incapacitados temporária e totalmente de exercer a profissão poderão ser concedidos, a seu pedido, subsídios pecuniários de montante igual a 60% da pensão de reforma que teriam direito à data da verificação da doença.

ARTIGO 53.°
Pagamento do subsídio

O subsídio por doença será pago mensalmente pelos serviços da Caixa no último dia do mês a que disser respeito.

ARTIGO 54.°
Vigência do subsídio

O beneficiário terá direito ao subsídio por doença a partir do 31.° dia da baixa médica e pelo prazo máximo de 1095 dias em cada impedimento por doença, considerando-se para o preenchimento desse prazo os períodos de impedimento cujo início se verifica nos 90 dias imediatos à alta anterior.

ARTIGO 55.°
Redução do subsídio

O subsídio por doença será reduzido a 30% durante o 2.° e o 3.° anos da doença; se se mantiver a incapacidade, será convertido em subsídio de invalidez, observados que sejam os requisitos exigidos para este.

ARTIGO 56.°
Exame médico

1 – A consideração da incapacidade temporária total para o trabalho será baseada num exame clínico pormenorizado e atestada pelo médico assistente.

2 – O atestado médico, no qual se descreverá a natureza da doença e ou lesão e o tempo da baixa, será apresentado à Caixa no prazo de 5 dias a contar do 3.° dia da doença.

3 – A alta deverá ser também comprovada por atestado médico, acompanhado de comunicação do beneficiário.

4 – Terminado o período de baixa e se se mantiver a incapacidade temporária total, deve ser apresentado novo atestado médico.

5 – A Caixa poderá, sempre que o entenda necessário, adoptar as medidas necessárias à verificação do estado de incapacidade.

ARTIGO 57.°
Extinção do subsídio

O direito ao subsídio por doença caduca nos seguintes casos:

a) Quando o beneficiário, por si ou por interposta pessoa, procure por qualquer forma iludir a Caixa sobre as circunstâncias e consequências da doença ou acidente;

b) Quando o beneficiário se recusar a seguir as prescrições do seu médico assistente;

c) Quando o beneficiário, devendo recorrer a cuidados médicos, se abstiver de o fazer;

d) Quando o beneficiário não consentir ou por qualquer forma se escuse a ser examinado pelo médico da Caixa;

e) Quando o beneficiário não quiser prestar à Caixa os esclarecimentos indispensáveis para elucidação das circunstâncias da doença ou acidente ou negar-se a prestar informações sobre a sua evolução.

SECÇÃO VIII
Da assistência

ARTIGO 58.°
Regime da acção de assistência

1 – A acção de assistência será exercida pela atribuição de subsídios a beneficiários ou a antigos advogados e solicitadores, bem como, por sua morte, ao cônjuge ou ex-cônjuge, aos descendentes e aos ascendentes.

2 – Os subsídios poderão resultar de pedido formulado pelo interessado ou de medidas genericamente tomadas pela direcção da Caixa.

ARTIGO 59.°
Âmbito da assistência

1 – A assistência só será concedida aos reformados, aos beneficiários que, por motivo da sua idade, não possam estar abrangidos pelo seguro de grupo e às pessoas referidas no n.° 1 do artigo antecedente que se encontrem em estado de carência económica.

*2 – Presume-se em estado de carência económica o interessado cujos rendimentos médios não excedam o correspondente ao valor de dois salários mínimos nacionais, a que acresce o valor de mais um salário mínimo nacional por cada familiar a seu cargo.

*ARTIGO 60.°
Prova do estado de carência económica

A prova do estado de carência económica poderá ser feita pela apresentação de atestado da junta de freguesia da residência, de declaração

* Redacção da Portaria n.° 884/94, de 1 de Outubro.

para efeitos fiscais e outros documentos considerados necessários ou bastantes pela Caixa, que pode mandar proceder às diligências convenientes, incluindo a colaboração dos organismos profissionais.

ARTIGO 61.º
Espécies de subsídios

1 – Os subsídios podem ser normais ou eventuais.

*2 – Os subsídios normais serão atribuídos por períodos anuais renováveis e destinar-se-ão à subsistência dos assistidos, à assistência permanente de terceira pessoa ao reformado ou ao inválido que se encontre em situação de dependência, à comparticipação nos custos com estabelecimento de apoio social ou de saúde onde o reformado ou inválido tenha necessidade de se manter internado e ao auxílio nos estudos dos seus filhos, desde que estes tenham aproveitamento.

3 – Os subsídios eventuais destinarse-ão a auxiliar os assistidos nas seguintes despesas:

a) Assistência médica;
b) Aquisição de medicamentos;
c) Internamento hospitalar;
d) Cuidados de enfermagem;
g) Outros casos especiais, segundo critério da direcção da Caixa.

SUBSECÇÃO I
Dos subsídios normais

ARTIGO 62.º
Valor do subsídio

O montante dos subsídios normais será estabelecido pela direcção da Caixa, em função dos elementos que constarem do respectivo processo e das possibilidades financeiras da Caixa anualmente consideradas.

* Redacção da Portaria n.º 884/94, de 1 de Outubro.

ARTIGO 63.º
Formulação e instrução do pedido

1 – Para efeito da atribuição de subsídio, deverá o requerente justificar a sua qualidade e descrever a situação de carência com a devida precisão, terminando, quanto possível, por um pedido em quantia certa adequada à situação.

2 – Com a petição serão juntos os documentos comprovativos da situação de carência, bem como dos rendimentos próprios do requerente e do agregado familiar.

3 – Na falta de documentos bastantes, deverá o requerente preencher o competente boletim de inquérito, indicando as provas.

ARTIGO 64.º
Preparação da decisão

1 – Reunidos os elementos referidos no artigo anterior, o processo será distribuído entre os vogais da direcção, para efeito de relatar e dar parecer final.

2 – O relator providenciará previamente, no prazo de 5 dias, pela realização das diligências de prova que hajam sido requeridas ou que, a seu juízo, se tornem necessárias, solicitando aos conselhos distrital ou regional do respectivo organismo profissional que proceda às inquirições, havendo lugar a elas, e, em qualquer caso, se pronuncie sobre o mérito.

3 – O prazo para a intervenção dos conselhos é de 30 ou 15 dias, conforme haja ou não lugar a realização de inquirição, salvo prorrogação da direcção da Caixa a bem do esclarecimento da verdade.

4 – Para esclarecimento da matéria do processo poderão ser solicitadas a quaisquer entidades públicas ou privadas as informações que se julgarem necessárias.

ARTIGO 65.º
Processo em caso de urgência

1 – No caso de urgência, recebida a petição, o presidente da direcção fará apresentar o processo na próxima sessão, com os elementos que verbalmente ou por escrito houver conseguido obter.

2 – Quando o caso não permita, mesmo assim, que se aguarde a realização da próxima sessão, o presidente tomará desde logo as providências mínimas indispensáveis, de que dará conta na próxima reunião a que houver lugar, sem prejuízo do subsequente andamento normal, sendo caso disso.

ARTIGO 66.°
Vencimento dos subsídios

Os subsídios normais consideram-se vencidos no 1.° dia do mês em que houver entrado na Caixa o boletim de inquérito que lhe respeita ou documento equivalente.

ARTIGO 67.°
Revisão dos processos

1 – Aquando da renovação do subsídio ou sempre que o julgue conveniente, a Caixa procederá à revisão dos processos de assistência.

2 – Para efeito do disposto no número anterior, deverão de 2 em 2 anos, pelo menos, ser apresentados documentos comprovativos da situação de carência, devidamente actualizados, ou preencher-se novo boletim de inquérito, consoante os casos.

3 – Sempre que a direcção o entenda necessário, poderão ser levados a efeito, a propósito da renovação dos subsídios, as diligências previstas no artigo 64.°, n.os 2 e 4.

ARTIGO 68.°
Deveres dos assistidos

1 – Os assistidos deverão comunicar imediatamente à Caixa qualquer mudança do seu estado ou de residência e, bem assim, quaisquer circunstâncias que alterem a sua situação económica.

2 – O subsídio deve ser imediatamente cancelado:

a) Se deixarem de se verificar as circunstâncias determinantes da sua atribuição;

b) Se o interessado houver prestado declarações falsas ou por outra forma tiver procurado induzir a Caixa em erro, com vista à obtenção do subsídio;

c) Se o interessado mudar de estado ou atingir a maioridade, salvo se justificar o subsequente estado de carência;

d) Se, tratando-se de subsídio de estudo, não houver aproveitamento, salvo por motivo de doença ou outro atendível.

SUBSECÇÃO II
Dos subsídios eventuais

ARTIGO 69.º
Valor do subsídio

O valor dos subsídios eventuais corresponderá a uma percentagem, a fixar anualmente pela direcção da Caixa, da despesa efectivamente feita pelo assistido e comprovada por documentos idóneos, segundo o critério da direcção.

ARTIGO 70.º
Pagamento do subsídio

Os subsídios eventuais serão pagos de uma só vez pelos serviços da Caixa, independentemente da instrução de qualquer processo, após deliberação da direcção.

SECÇÃO IX
Do seguro de grupo

ARTIGO 71.º
Âmbito do seguro

A Caixa promoverá a celebração com uma instituição de seguros de um contrato pelo qual os beneficiários possam, querendo, ficar garantidos, nomeadamente, contra risco de doença.

CAPÍTULO IV
Das contribuições

*ARTIGO 72.°
Contribuições dos beneficiários ordinários

1 – Os beneficiários pagarão até ao último dia de cada mês contribuições calculadas pela aplicação da taxa de 17% a uma remuneração convencional, escolhida pelo beneficiário de entre os seguintes escalões indexados à remuneração mínima mensal mais elevada garantida por lei:

Escalões	Remunerações convencionais Base: remuneração mínima nacional
1.°	1
2.°	2
3.°	3
4.°	4
5.°	5
6.°	6
7.°	8
8.°	10
9.°	12
10.°	15

2 – Os beneficiários devem declarar, nos meses de Outubro e Novembro de cada ano, ou no prazo de 30 dias a contar da reinscrição ou mudança de situação, o escalão de remunerações convencional escolhido para base de incidência das contribuições que, fora os casos previstos expressamente na lei, deve ser igual ou superior ao 2.° escalão.

* Redacção da Portaria n.° 884/94, de 1 de Outubro.

3 – Quando o beneficiário não indique o escalão da remuneração convencional escolhido como base de incidência é fixado:

a) O 1.° escalão, para os beneficiários extraordinários;
b) O 1.° escalão, para os beneficiários reformados que continuem a trabalhar;
c) O 1.° escalão, até ao fim do terceiro ano civil dos primeiros três anos civis de exercício da actividade após a primeira inscrição ou do decurso do prazo da suspensão provisória dos efeitos da inscrição inicial;
d) O 3.° escalão, nos restantes casos, salvo se já tiver vigorado escalão superior no ano anterior, caso em que continuará a ser este.

4 – Os beneficiários, na declaração referida no n.° 2, podem alterar o escalão da remuneração convencional escolhido ou fixado oficiosamente, produzindo o novo valor efeitos a partir de 1 de Janeiro do ano seguinte.
5 – Respeitando o limite mínimo referido no n.° 2, a alteração do escalão que vinha vigorando:

a) É sempre permitida se for para escalão inferior;
b) Só é permitida para até dois escalões imediatamente superiores, em cada ano, mas apenas até ao ano, inclusive, em que o beneficiário perfaça 57 anos de idade.

6 – A alteração resultante da declaração a que se refere o n.° 4 não prejudica a actualização determinada pelo aumento anual da remuneração mínima mensal garantida por lei, que produzirá efeitos a partir de 1 de Janeiro do respectivo ano.

*ARTIGO 73.°
Contribuições dos beneficiários extraordinários

1 – Os beneficiários reformados que mantiverem a actividade não cancelando a sua inscrição no organismo profissional devem, no prazo de 30 dias a contar do aviso da Caixa com essa finalidade, declarar o escalão de remuneração convencional escolhido, do 1.° ao 10.°, tendo em conta as limitações decorrentes do n.° 5 por referência ao escalão praticado antes da reforma, sem o limite, todavia, da idade.

* Redacção da Portaria n.° 884/94, de 1 de Outubro.

2 – Os beneficiários extraordinários devem, no prazo de 30 dias a contar do aviso da Caixa com essa finalidade, declarar o escalão de remuneração convencional escolhido, do 1.° ao 10.°, tendo em conta as limitações decorrentes no n.° 5, por referência ao escalão praticado antes da mudança de situação, sem o limite, todavia, da idade.

3 – As contribuições referentes ao período de estágio e período de suspensão provisória dos efeitos da inscrição serão definidas pelo valor da remuneração mínima e pelo escalão de remuneração convencional que estiver em vigor, e o beneficiário a praticar, no ano em que o pagamento for requerido.

ARTIGO 74.°
Pagamento das contribuições

1 – As contribuições a que se referem os artigos anteriores são devidas a partir do início do mês seguinte ao da inscrição na Ordem dos Advogados ou na Câmara dos Solicitadores até à data em que o cancelamento da inscrição deva produzir os seus efeitos.

2 – A cobrança das contribuições poderá ser feita conjuntamente com a das quotas da Ordem dos Advogados ou da Câmara dos Solicitadores que tiverem a mesma periodicidade.

3 – A partir do mês seguinte ao do vencimento das contribuições estas serão acrescidas de juros de mora.

4 – A taxa de juros de mora por cada mês de calendário ou fracção é igual à estabelecida para o regime geral de previdência.[3]

5 – As contribuições em dívida vencidas há mais de 120 dias serão objecto de cobrança coerciva, nos termos estabelecidos para o regime geral de previdência.

[3] Ver o artigo 16.° n.os 1 e 2 do Decreto-Lei n.° 411/91, de 17 de Outubro, e o artigo 3.° n.° 1 do Decreto-Lei n.° 73/99, de 16 de Março.

CAPÍTULO V
Dos órgãos da Caixa

SECÇÃO I
Da direcção

ARTIGO 75.º
Constituição e duração do mandato

1 – A direcção da Caixa é constituída por 5 membros, sendo 4 advogados e 1 solicitador.

2 – O mandato da direcção terá a duração de 3 anos, prorrogáveis automaticamente até à tomada de posse da direcção seguinte.

ARTIGO 76.º
Designação

1 – Os membros da direcção serão eleitos pelas assembleias da Ordem dos beneficiários ordinários que:

a) Tenham a nacionalidade portuguesa;

b) Se encontrem no pleno uso dos seus direitos;

c) Não tenham sofrido pena disciplinar superior a censura.

3 – Só é permitida a reeleição para além de 2 mandatos continuados de 2 membros da direcção.

ARTIGO 77.º
(Cargos directivos)

1 – O presidente da direcção será o advogado cujo nome figure à cabeça da lista vencedora.

2 – A direcção escolherá, de entre os restantes membros, 1 vice-presidente, 1 secretário e 1 tesoureiro, podendo, além disso, confiar especialmente a qualquer dos seus membros os pelouros que venha a criar.

ARTIGO 78.°
Substituição dos membros da direcção

Na falta ou impedimento dos membros da direcção, o presidente será substituído pelo vice-presidente e os restantes membros, sendo o impedimento prolongado, por quaisquer beneficiários escolhidos pela direcção que, observado o disposto no artigo 75.°, n.° 1, satisfaçam às condições do artigo 76.°, n.os 2 e 3.

ARTIGO 79.°
(Competência)

1 – Incumbe à direcção administrar a Caixa e, em geral, praticar todos os actos necessários à consecução dos seus objectivos e à execução das leis e regulamentos, sem prejuízo da competência dos demais órgãos da Caixa.

2 – No exercício da sua competência, poderá a direcção elaborar os regulamentos internos que se mostrarem necessários.

3 – quando os regulamentos mencionados no número anterior se referirem à execução dos benefícios ou à situação dos beneficiários, a sua aprovação deve ser precedida de parecer do conselho geral.

ARTIGO 80.°
Poderes de representação

1 – A representação da Caixa, em juízo e fora dele, será assegurada pelo presidente ou, tratando-se de cobrança de dívidas, pelo tesoureiro, salvo deliberação em contrário.

2 – A Caixa considera-se obrigada pela assinatura conjunta do presidente ou vice-presidente e de outro vogal.

3 – As certidões serão subscritas pelo secretário ou pelo tesoureiro.

SECÇÃO II
Do conselho geral

ARTIGO 81.°
Constituição

1 – O conselho geral da Caixa será constituído pelo bastonário da Ordem dos Advogados, que presidirá, com voto de qualidade no caso de empate, e pelos seguintes vogais eleitos:

a) 3 pelo conselho geral da Ordem;
b) 1 por cada conselho distrital da Ordem;
c) 1 pelo conselho geral e outro por cada um dos conselhos regionais da Câmara dos Solicitadores;
d) 3 advogados, dos quais 2 em situação de reforma ou de invalidez, designados pelo conselho geral da Ordem;
e) 2 solicitadores, um dos quais em situação de reforma ou de invalidez, designados pelo conselho geral da Câmara dos Solicitadores.

2 – A duração do mandato dos vogais será a dos conselhos que os elegerem.
3 – Os conselhos distritais poderão delegar em advogados com escritório fora da área da sua competência a sua representação no conselho geral.
4 – Considera-se caducado o mandato do membro do conselho geral que falte a mais do que uma reunião, ainda que justifique a falta.
5 – A direcção assistirá, sem voto, às sessões do conselho geral.
6 – Todos os advogados e solicitadores que estejam no uso dos seus direitos perante a Caixa poderão assistir às reuniões do conselho geral, sem direito a voto, sendo-lhes concedidos, no conjunto, antes do início da ordem dos trabalhos, 30 minutos para usarem da palavra.

ARTIGO 82.°
Competência

1 – Compete ao conselho geral:

a) Apreciar anualmente o relatório e contas da direcção;

b) Pronunciar-se sobre os esquemas de benefícios e sobre o seu financiamento;

c) Deliberar, anualmente, sobre o financiamento do fundo de assistência e sobre os benefícios a conceder por intermédio deste;

d) Destituir, decorrido 1 ano de exercício do respectivo mandato, por motivos ponderosos, qualquer membro da direcção, mediante deliberação tomada por maioria de dois terços dos seus membros em efectividade de funções, e designar, no prazo de 30 dias, o substituto;

e) Pronunciar-se sobre quaisquer questões que lhe sejam submetidas por força do regulamento ou por iniciativa da direcção.

2 – Quando a natureza do assunto o justifique, poderá o conselho geral deliberar que a matéria sujeita à sua apreciação seja previamente submetida às assembleias de advogados e solicitadores.

SECÇÃO III
Das assembleias da Ordem dos Advogados e da Câmara dos Solicitadores

ARTIGO 83.°
Constituição e funcionamento

1 – As assembleias são constituídas separadamente pelos advogados e solicitadores que, como beneficiários ordinários, se encontrem no pleno gozo dos seus direitos.

2 –As assembleias poderão reunir em plenário ou por secções correspondentes às circunscrições em que se divida a organização territorial da Ordem dos Advogados e da Câmara dos Solicitadores.

ARTIGO 84.°
Mesas

1 – As mesas das assembleias, em sessão plenária, serão presididas pelo presidente do conselho geral do respectivo organismo profissional e terão um 1.° secretário e um 2.° secretário, eleitos pelo mesmo conselho.

2 – Funcionando as assembleias por secções, as mesmas serão presididas pelos presidentes dos conselhos distritais ou regionais dos mesmos

ARTIGO 85.°
Competência

1 – Compete às assembleias:

a) Eleger os membros da direcção;

b) Pronunciar-se sobre quaisquer assuntos de interesse para os advogados ou solicitadores, dentro do âmbito da Caixa.

2 – Compete ainda às assembleias aprovar os regulamentos necessários ao seu próprio funcionamento.

3 – As providências que vierem a ser adoptadas com base no voto das assembleias deverão considerar-se em vigor desde a data que as mesmas assembleias houverem fixado.

ARTIGO 86.°
Processo eleitoral. Candidaturas

***1 – Devendo proceder-se a eleições para a direcção, as propostas de candidatura, quer dos advogados, quer dos solicitadores, constarão de lista discriminando os nomes dos propostos e serão apresentadas aos presidentes das mesas das respectivas assembleias até 15 de Outubro do ano em que a eleição deva ter lugar.

2 – As propostas deverão ser subscritas por um número de 60 eleitores para os advogados e de 20 para os solicitadores, acompanhadas da declaração de aceitação por parte dos candidatos.

3 – As mesas deverão, nos 3 dias úteis subsequentes, verificar a elegibilidade dos candidatos, podendo os subscritores da proposta proceder, em igual prazo, à substituição dos que forem considerados inelegíveis, sob pena de anulação da proposta, de tudo se lavrando acta, que será comunicada imediatamente à direcção da Caixa.

*** Redacção do Despacho N.° 22.665/2007, de 7 de Setembro de 2007.

4 – A direcção providenciará para que as listas de candidatos sejam remetidas aos eleitores conjuntamente com os manifestos que os proponentes lhe apresentem para esse fim, desde que a sua extensão não ultrapasse a de uma folha de papel de formato A4.

ARTIGO 87.º
Processo eleitoral. Sufrágio

1 -As assembleias reunirão por sessões, no mesmo dia e com início à mesma hora, de 25 de Novembro a 30 de Dezembro, conforme for fixado pelos presidentes das mesas das respectivas assembleias, ouvidos os das secções.

2 – O voto é secreto e poderá ser enviado por carta dirigida ao presidente da mesa acompanhando lista encerrada em sobrescrito fechado, desde que a assinatura da carta seja reconhecida pelos órgãos do respectivo organismo profissional com jurisdição sobre o eleitor, pelo tribunal da comarca ou por notário.

ARTIGO 88.º
(Obrigatoriedade do voto)

1 – É obrigatório o exercício de voto, sob pena de multa, cujo montante será fixado anualmente pelo conselho geral.

2 – A multa a que se refere o número anterior reverterá para a Caixa e será cobrada pelos respectivos conselhos distritais ou regionais.

3 – Os beneficiários cujos nomes não hajam sido descarregados nos respectivos cadernos serão notificados, pela mesa da secção a que pertençam, mediante carta registada com aviso de recepção, para, no prazo de 5 dias, pagarem a multa ou se justificarem, alegando o que tiverem em sua defesa e apresentando as provas.

4 – Os processos serão instruídos e julgados pelos conselhos gerais da Ordem dos Advogados ou da Câmara dos Solicitadores.

ARTIGO 89.º
(Convocação para outros fins)

Nos demais casos, as assembleias serão convocadas a solicitação da direcção ou do conselho geral ou ainda a requerimento de um número de beneficiários ordinários não inferior a 100 para os advogados e a 40 para os solicitadores, tratando-se de sessões plenárias, ou, sendo por secções, de metade daqueles mínimos.

ARTIGO 90.º
Formalidades da convocação

Quando, para convocação de quaisquer assembleias, não seja possível expedir avisos pelo correio, serão os mesmos publicados em 2 jornais diários de Lisboa e Porto e num que se publique em cada uma das sedes das circunscrições territoriais da Ordem dos Advogados e da Câmara dos Solicitadores ou, na sua falta, num dos que aí sejam mais lidos, tratando-se de sessões plenárias, ou só nos jornais locais, sendo as sessões por secção, com a antecedência de 8 dias, pelo menos, além de serem comunicados, com o pedido de afixação, aos presidentes dos tribunais de comarca.

CAPÍTULO VI
Da gestão financeira

SECÇÃO I
Das receitas

ARTIGO 91.º
(Classificação)

1 – Constituem receitas da Caixa:

a) As contribuições dos beneficiários;

b) A parte que lhe caiba das verbas atribuídas a título de procuradoria e de remuneração relativa ao patrocínio oficioso, nos termos da lei;

c) A parte que lhe caiba nas multas processuais, quer em civil, quer no crime, ou outros, nos termos da lei;

d) O produto das penas pecuniárias

e) Os juros e outros rendimentos dos valores e bens próprios;

f) Os subsídios, donativos, legados ou heranças estabelecidos a seu favor;

g) As pensões e subsídios prescritos;

h) Outros valores pagos ou entregues pelos beneficiários para benefícios seus;

i) Outras receitas de natureza extraordinária.

2 – A aceitação de liberalidades instituídas com encargos será feita pela direcção, ouvido o conselho geral.

*ARTIGO 92.°
Distribuição das contribuições

As contribuições mensais pagas pelos beneficiários serão distribuídas do seguinte modo:

a) 15% para o fundo de assistência;

b) 5% para o fundo de reserva e administração;

c) O restante para o fundo de previdência.

SECÇÃO II
Das despesas

ARTIGO 93.°
Classificação

1 – As despesas da Caixa serão classificadas do seguinte modo:

a) De previdência;

b) De assistência;

---

* Redacção da Portaria n.° 884/94, de 1 de Outubro.

c) De administração.

2 – Além das referidas no número anterior, poderão ser criadas outras classificações de despesas que se tornem necessárias.

ARTIGO 94.º
Despesas de administração

As despesas de administração serão suportadas por força da verba inscrita no orçamento, de valor não superior a 20% das receitas totais da Caixa.

SECÇÃO III
Da tesouraria

ARTIGO 95.º
Da movimentação de dinheiro ou valores

1 – O dinheiro ou os valores serão movimentados mediante a assinatura do presidente da direcção e do tesoureiro. Na falta ou impedimento do presidente, a sua assinatura poderá ser substituída pela do vice-presidente ou, na falta deste, pela do vogal por aquele designado. Na falta do tesoureiro, a sua assinatura poderá ser substituída pela do vogal que as suas vezes fizer.

2 – O pessoal da Caixa terá os poderes resultantes das funções que lhe estão cometidas no âmbito do respectivo contrato de trabalho, sem prejuízo dos que a direcção lhe confira expressamente para a prática de actos determinados.

ARTIGO 96.º
Da guarda de dinheiro ou valores

1 – A guarda de dinheiro ou valores será da responsabilidade do tesoureiro, o qual não deverá ter em caixa quantia superior a 5 salários mínimos nacionais.

2 – O pessoal de tesouraria e cobrança deverá prestar caução nos termos que a direcção fixar.

SECÇÃO IV
Dos fundos

ARTIGO 97.°
Enumeração

1 – A Caixa terá os seguintes fundos:

a) De reservas matemáticas;
b) De reserva;
c) De assistência;
d) De administração.

2 – A Caixa poderá constituir outros fundos que se mostrem convenientes.

ARTIGO 98.°
Fundo de reservas matemáticas

1 – O fundo de reservas matemáticas destina-se a assegurar a cobertura actuarial dos compromissos regulamentares.
2 – Este fundo é constituído segundo os resultados dos balanços actuariais.
3 – Constituir-se-ão também anualmente reservas matemáticas relativamente aos encargos contraídos no ano anterior com a atribuição de subvenções às pensões de reforma e de subsídios de invalidez, bem como a quaisquer outros que se julgue convenientes.
4 – Será prioritariamente levada a reservas matemáticas, em cada ano, a importância necessária à respectiva cobertura, de acordo com o balanço técnico desse ano.

ARTIGO 99.°
Fundo de reserva

1 – O fundo de reserva destina-se a garantir a Caixa contra qualquer emergência imprevista.

2 – Este fundo é constituído pela parte do saldo anual da conta de gerência que lhe for destinada.

ARTIGO 100.°
Fundo de assistência

1 – O fundo de assistência destina-se a garantir o equilíbrio financeiro da acção de assistência.

2 – Este fundo é constituído:

a) Pela parte das contribuições que lhe seja destinada;
b) Pela parte que lhe caiba do saldo anual da conta de gerência;
c) Pelas liberalidades feitas a seu favor;
d) Pelas quantias que se destinem à Caixa em consequência da aplicação de multas e penas pecuniárias;
e) Pelas importâncias das pensões e subsídios prescritos;
f) Pelos rendimentos do fundo de reserva;
g) Pelos rendimentos do próprio fundo de assistência;
h) Pela parte das receitas atribuídas à Caixa a título de procuradoria e de remuneração relativa ao patrocínio oficioso que exceda a que em cada ano for reservada para fins de previdência, a qual, por sua vez, não pode ser inferior à média dos últimos 3 anos.

3 – Pelo fundo de assistência serão pagas as prestações pecuniárias provenientes dos subsídios de invalidez, de sobrevivência, por doença e de assistência, quando não garantidas por reservas matemáticas.

ARTIGO 101.°
Fundo de administração

1 – O fundo de administração destinase a assegurar o equilíbrio financeira da gestão dos serviços administrativos.

2 – Este fundo é constituído pelos saldos anuais da respectiva conta.

SECÇÃO V
Dos resultados

ARTIGO 102.°
Destino

Satisfeito o que fica disposto no artigo 98.°, n.° 4, o saldo anual da conta de gerência será destinado, primeiramente, na medida julgada indispensável, ao reforço do fundo de reserva e, na parte restante, ao fundo de assistência.

CAPÍTULO VII
Do controle de gestão

SECÇÃO I
Do relatório e contas

ARTIGO 103.°
Organização do relatório e contas

1 – Até 30 de Março de cada ano, a direcção elaborará o relatório e as contas do exercício, com referência a 31 de Dezembro do ano anterior.

2 – O relatório da direcção terá como anexo um relatório actuarial, de que constem, separadamente:

a) Os encargos relativos aos beneficiários;

b) A comparação entre os riscos previstos e os que efectivamente se verificaram;

c) Os restantes elementos necessários à apreciação da situação financeira e actuarial da Caixa.

3 – O relatório e contas estarão patentes de 1 a 15 de Abril na sede da Caixa, a fim de poderem ser examinados pelos interessados, e serão enviadas, dentro do mesmo prazo, cópias desses documentos à Ordem dos Advogados e à Câmara dos Solicitadores, a fim de serem

afixadas nas respectivas sedes e delegações para o conhecimento dos seus associados.

ARTIGO 104.°
Parecer e aprovação

O relatório e contas serão remetidos ao conselho geral para, até 30 de Abril, emitir parecer e, instruídos com este, serão sujeitos à aprovação dos Ministros da Justiça e dos Assuntos Sociais.

SECÇÃO II
Da inspecção

ARTIGO 105.°
Regime

A inspecção dos serviços da Caixa poderá ser efectuada pelos organismos competentes da previdência social, a solicitação dos Ministros da Justiça e dos Assuntos Sociais.

CAPÍTULO VIII
Das isenções e regalias

ARTIGO 106.°
Regime

A Caixa goza das isenções e regalias indicadas nos artigos 118.°, 119.° e 120.° do Decreto n.° 46 548, de 23 de Setembro de 1965, e na demais legislação que lhe seja aplicável.

CAPÍTULO IX
Das penalidades

ARTIGO 107.°
Regime

1 – Os beneficiários da Caixa serão suspensos de benefícios:

a) Por 1 a 6 meses, se tentarem iludir, por actos ou omissões, os serviços da Caixa com o fim de obterem benefícios indevidos ou de se subtraírem às obrigações regulamentares;
b) Por 2 meses a 1 ano, se, com intenção fraudulenta, tiverem obtido benefícios indevidos.

2 – A suspensão de benefícios tem por efeito a perda das prestações pecuniárias vincendas e não isentas do pagamento das contribuições.
3 – Na hipótese da alínea b) do n.° 1 há lugar à restituição do valor das prestações indevidamente pagas, podendo a mesma ser efectivada por dedução nos benefícios pecuniários futuros.

ARTIGO 108.°
Regime subsidiário

1 – Em tudo o que não se encontra especialmente regulado neste diploma quando a penalização pela não entrega das declarações dos rendimentos colectáveis, quando devida, e quanto ao regime de não pagamento ou pagamento em mora das contribuições aplicar-se-ão as disposições em vigor para o regime geral de previdência.
2 – Para os efeitos do n.° 1, consideram-se como contribuintes os beneficiários, sendo equiparada à folha de remunerações a declaração referida no n.° 2 do artigo 72.°
3 – A falta de pagamento das contribuições pelos beneficiários determina a suspensão do direito às prestações

CAPÍTULO X
Disposições finais e transitórias

*ARTIGO 109.°
Atribuições dos Ministros da Justiça e do Emprego e da Segurança Social

1 – A Caixa de Previdência dos Advogados e Solicitadores está subordinada aos Ministros da Justiça e do Emprego e da segurança Social e sujeita à sua fiscalização.

2 – Compete aos Ministros da Justiça e do Emprego e da Segurança Social exercer em relação à Caixa as atribuições que a lei geral confere ao Ministro do Emprego e da Segurança Social.

*ARTIGO 110.°
Alteração ao Regulamento

Justiça e do Emprego e da Segurança Social proferido:

a) Sobre requerimento assinado pela direcção, acompanhado do parecer do conselho geral;

b) Oficiosamente, sob proposta dos serviços competentes.

ARTIGO 111.°
Cumulação de benefícios

Os benefícios referidos neste diploma serão acumuláveis com os recebidos de outros regimes de segurança social pelos quais os advogados e solicitadores estejam abrangidos.

* Redacção da Portaria n.° 884/94, de 1 de Outubro.

ARTIGO 112.º
Serviço social

Para a realização dos seus fins, designadamente no âmbito de prestações de assistência, a Caixa poderá dispor de um serviço social especializado.

ARTIGO 113.º
Aplicação quanto ao passado

1 – Sempre que das disposições do presente diploma resulte um regime jurídico mais favorável para os beneficiários, podem estes apresentar, no prazo de 1 ano, ao abrigo das novas disposições, as pretensões que tiverem.

2 – Os casos serão apreciados de forma a produzirem o efeito previsto, como se a decisão houvesse sido tornada no momento próprio.

3 – Havendo lugar ao pagamento de contribuições referentes ao período transacto, a aplicação deste preceito fica dependente desse pagamento.

ARTIGO 114.º
Retroacção de direitos

1 – Os beneficiários que tenham exercido a advocacia ou a solicitadoria em território português não abrangido pela área de competência da Ordem dos Advogados ou da Câmara dos Solicitadores poderão requerer à Caixa, até 31 de Dezembro de 1983, a retroacção dos seus direitos relativamente ao período, total ou parcial, do exercício comprovado daquelas actividades.

2 – Os beneficiários mencionados no número anterior efectuarão o pagamento à Caixa das respectivas contribuições, determinadas pelos correspondentes valores actuariais, acrescidas das reservas matemáticas relativas à retroacção pretendida.

3 – O rendimento colectável a considerar para o efeito do pagamento das contribuições será igual ao valor apurado com base no dobro do salário mínimo nacional.

ARTIGO 115.°
Inscrições extraordinárias

1 – Os advogados e solicitadores com mais de 60 anos de idade poderão ser inscritos na Caixa se o requererem até 31 de Dezembro de 1983.

2 – Pela inscrição a que se refere o número anterior, os beneficiários efectuarão à Caixa o pagamento da reserva matemática necessária para a cobertura dos correspondentes benefícios, acrescido das contribuições que forem devidas.

*ARTIGO 115.°-A
Inscrições extraordinárias

1 – Até ao fim do ano de 1994, os beneficiários, independentemente da idade, poderão optar livremente, entre todos os previstos, pelo escalão de remuneração convencional para base de incidência das contribuições a vigorar durante o ano de 1995.

2 – No ano de 1996 e seguintes o escalão de remuneração só poderá ser o que decorrer da sua escolha nos termos do artigo 72.°.

*ARTIGO 115.°-B
Taxa de contribuições

A taxa de contribuições será de 14% em 1995 e de 16% em 1996.

*ARTIGO 115.°-C
Subsídio de sobrevivência

Os cônjuges sobrevivos dos beneficiários e ou os seus descendentes têm direito a requerer a concessão do subsídio de sobrevivência, com efeitos a partir do mês seguinte ao requerimento, independentemente da idade (do falecimento) do beneficiário, à data do falecimento desde que verificados os demais requisitos da atribuição.

* Redacção da Portaria n.° 884/94, de 1 de Outubro.

*ARTIGO 115.°-D

Devolução das reservas matemáticas dos beneficiários

1 – Os valores pagos por subscrição de subsídios por morte complementares serão restituídos aos beneficiários por devolução das suas reservas matemáticas.

2 – Os valores pagos por subscrição de pensões de reforma complementares serão restituídos aos beneficiários por devolução das suas reservas matemáticas.

*ARTIGO 115.°-E

Aumento extraordinário das pensões

As pensões reduzidas, se inferiores, são elevadas a partir do mês de Janeiro seguinte ao da publicação do presente diploma para o valor mínimo geral garantido aos pensionistas do regime geral.

ARTIGO 116.°

Legislação revogada

O presente diploma revoga o Decreto-Lei n.° 36 550, de 22 de Outubro de 1947, o Decreto-Lei n.° 43 274, de 28 de Outubro de 1960, o Decreto-Lei n.° 402/78, de 15 de Dezembro, a Portaria n.° 402/79, de 7 de Agosto, a Portaria n.° 754/80, de 30 de Setembro, a Portaria n.° 157/80, de 5 de Abril, a Portaria n.° 754/80, de 30 de Setembro, a Portaria n.° 837/81, de 24 de Setembro.

ARTIGO 117.°

Entrada em vigor

O presente diploma entra em vigor no dia 1 de Julho de 1983.

---

* Redacção da Portaria n.° 884/94, de 1 de Outubro.

5.

ÍNDICE TEMÁTICO ORDENADO

com remissão para os artigos e notas do Estatuto da Ordem dos Advogados

1. **Acção disciplinar**

2. **Advogados – Estatuto profissional e deontológico:**

6.

ÍNDICE SISTEMÁTICO

ADENDA

Quando a presente edição se encontrava já impressa, foram publicadas em Diário da República a **Lei n.° 12/2010, de 25 de Junho** e a **Portaria n.° 654/2010, de 11 de Agosto,** que alteraram respectivamente o próprio Estatuto da Ordem dos Advogados e a Portaria n.° 10/2008, de 3 de Janeiro, esta contida na legislação complementar da presente obra e que assim foi republicada.

São essas alterações que se deixam na presente adenda, com **inclusão da versão actualizada do artigo 196.° do EOA e com a REPUBLICAÇÂO integral da Portaria n.° 10/2008** (que regulamenta a Lei 34/2004 de 29 de Julho, com as alterações introduzidas pela Lei 47/2007 de 28 de Agosto) **em função das recentes alterações da Portaria n.° 654/2010, de 11 de Agosto.**

Não obstante esta republicação na presente adenda, aconselha-se a leitura integral do teor da Portaria n.° 654/2010, de 11 de Agosto de 2010.

A

LEI N.° 12/2010, DE 25 DE JUNHO

ARTIGO ÚNICO
Alteração à Lei n.° 15/2005, de 26 de Janeiro

O artigo 196.° do Estatuto da Ordem dos Advogados, aprovado pela Lei n.° 15/2005, de 26 de Janeiro, e alterado pelo Decreto-Lei n.° 226/2008, de 20 de Novembro, passa a ter a seguinte redacção:

«ARTIGO 196.°

[...]

São reconhecidas em Portugal, na qualidade de advogados, e como tal autorizadas a exercer a respectiva profissão, nos termos dos artigos subsequentes, as pessoas que, nos respectivos países membros da União Europeia, estejam autorizadas a exercer as actividades profissionais com um dos títulos profissionais seguintes:

Na Bélgica — Avocat/Advocaat/Rechtsanwalt;
Na Dinamarca — Advokat;
Na Alemanha — Rechtsanwalt;
Na Grécia — dijgcóqoy;
Em Espanha — Abogado/Advocat/Avogado/Abokatu;
Em França — Avocat;
Na Irlanda — Barrister/Solicitor;
Em Itália — Avvocato;
No Luxemburgo — Avocat;
Nos Países Baixos — Advocaat;
Na Áustria — Rechtsanwalt;
Na Finlândia — Asianajaja/Advokat;
Na Suécia — Advokat;
No Reino Unido — Advocate/Barrister/Solicitor;
Na República Checa — Advokát;
Na Estónia — Vandeadvokaat;
No Chipre — dijgcóqoy;
Na Letónia — Zverinats advokáts;
Na Lituânia — Advokatas;
Na Hungria — Ügyvéd;
Em Malta — Avukat/Prokuratur Legali;
Na Polónia — Adwwokat/Radca prawny;
Na Eslovénia — Odvetnik/Odvetnica;
Na Eslováquia — Advokát/Komer*y' právnik;
Na Bulgária — адвокат;
Na Roménia — Avocat.»

B

REPUBLICAÇÃO
da
PORTARIA N.° 10/2008, DE 3 DE JANEIRO
com as alterações introduzidas pela Portaria n.° 654/2010, de 11 de Agosto

(Regulamenta a Lei n.° 34/2004, de 29 de Julho,
com as modificações da Lei n.° 47/2007 de 28 de Agosto)

CAPÍTULO I – **Protecção jurídica**

SECÇÃO I – **Consulta jurídica**

ARTIGO 1.° – **Prestação de consulta jurídica**

1 – Sem prejuízo do disposto nos números seguintes, a prestação de consulta jurídica gratuita ou sujeita ao pagamento de uma taxa, nos termos da Lei n.° 34/2004, de 29 de Julho, na redacção dada pela Lei n.° 47/2007, de 28 de Agosto, é definida por protocolo a celebrar entre o Ministério da Justiça e a Ordem dos Advogados.

2 – A consulta jurídica pode ser prestada nos gabinetes de consulta jurídica e nos escritórios dos advogados participantes no sistema de acesso ao direito.

3 – A nomeação dos profissionais forenses para a prestação de consulta jurídica é efectuada pela Ordem dos Advogados a pedido dos serviços de segurança social, podendo essa nomeação ser efectuada de forma totalmente automática, através de sistema electrónico gerido por aquela entidade.

4 – A consulta jurídica a prestar às vítimas de violência doméstica nos termos do n.° 1 do artigo 25.° da Lei n.° 112/2009, de 16 de Setembro, é efectuada por advogado, aplicando-se, para efeitos de nomeação, o disposto no número anterior.

5 – O valor da taxa devida pela prestação da consulta jurídica, nos termos do n.° 4 do artigo 8.°-A da Lei n.° 34/2004, de 29 de Julho, é de ? 30.

6 – Sendo a consulta jurídica prestada em escritório de advogado, o pagamento da taxa a que se refere o número anterior é efectuado até ao momento da prestação da consulta jurídica, a favor do Instituto de Gestão Financeira e de Infra-Estruturas da Justiça, I. P. (IGFIJ, I. P.), por meio de documento único de cobrança (DUC), aplicando-se, com as necessárias adaptações, o disposto no n.° 1 do artigo 9.° da Portaria n.° 419-A/2009, de 17 de Abril.

7 – O profissional forense nomeado para prestar consulta jurídica colabora com o beneficiário para efeitos de emissão do DUC.

8 – Sendo a consulta jurídica prestada em gabinete de consulta jurídica, o pagamento da taxa a que se refere o n.° 5 efectua-se junto do mesmo, revertendo o produto da taxa para o referido gabinete.

9 – O Gabinete para a Resolução Alternativa de Litígios (GRAL) acompanha a actividade dos gabinetes de consulta jurídica e divulga publicamente informação acerca do seu funcionamento.

SECÇÃO II –**Apoio judiciário**

ARTIGO 2.° **Nomeação de patrono e de defensor**

1 – Sem prejuízo do disposto no artigo seguinte, a nomeação de patrono ou de defensor é efectuada pela Ordem dos Advogados, podendo ser realizada de forma totalmente automática, através de sistema electrónico gerido por esta entidade.

2 – Para efeitos do disposto no número anterior, os tribunais, as secretarias ou serviços do Ministério Público, os órgãos de polícia criminal e os serviços de segurança social devem solicitar a nomeação de patrono ou de defensor à Ordem dos Advogados, sempre que, nos termos da lei, se mostre necessária.

ARTIGO 3.° – **Nomeação para diligências urgentes**

1 – A nomeação para assistência ao primeiro interrogatório de arguido detido, para audiência em processo sumário ou para outras diligências urgentes previstas no Código de Processo Penal é efectuada pelo tribunal através da secretaria, com base na designação feita pela Ordem dos Advogados constante da lista de escala de prevenção de advogados e de advogados estagiários.

2 – A nomeação referida no número anterior pode ser feita:

a) Pelo Ministério Público, através da secretaria ou dos seus serviços, e pelos órgãos de polícia criminal, nos casos previstos na alínea c) do n.° 1 do artigo 64.° do Código de Processo Penal;

b) Pelo Ministério Público, através da secretaria ou dos seus serviços, nos casos previstos no n.° 3 do artigo 64.° e no n.° 2 do artigo 143.° do Código de Processo Penal.

3 – *(Revogado.)*
4 – *(Revogado.)*
5 – A nomeação efectuada nos termos dos números anteriores é mantida para as restantes diligências do processo quando:

a) Não exista mandatário constituído ou defensor nomeado, salvo se o arguido afirmar pretender constituir mandatário para as restantes diligências do processo;
b) Exista defensor nomeado e este tenha faltado a diligência em que devesse estar presente.

6 – A nomeação efectuada nas situações referidas na alínea b) do número anterior implica a substituição do defensor anteriormente nomeado, aplicando-se, com as necessárias adaptações, o disposto no n.° 3 do artigo 15.°
7 – Havendo mandatário constituído, a nomeação efectuada nos termos do n.° 1 é feita apenas para a diligência em causa.

ARTIGO 4.° – **Escalas de prevenção**

1 – A Ordem dos Advogados elabora listas de escalas de prevenção de advogados e de advogados estagiários disponíveis para se deslocar, quando tal for solicitado, ao local em que decorra determinada diligência urgente.
2 – A escala de prevenção não importa a efectiva permanência do advogado ou advogado estagiário no local da eventual realização da diligência, salvo nos casos em que a Direcção-Geral da Administração da Justiça o solicite à Ordem dos Advogados, com, pelo menos, um mês de antecedência relativamente à data da escala de prevenção.
3 – No caso de haver lugar a diligências urgentes, as entidades referidas nos n.°s 1 e 2 do artigo anterior devem contactar, directamente e por qualquer meio idóneo, os advogados ou advogados estagiários constantes da lista, em número estritamente necessário à assistência e defesa dos beneficiários envolvidos.
4 – Os advogados ou advogados estagiários contactados nos termos do número anterior devem deslocar-se ao local da diligência no prazo máximo de uma hora após o contacto.
5 – Os advogados ou advogados estagiários de escala de prevenção podem ser contactados para a participação em mais de uma diligência, mesmo que estas se reportem a processos distintos.

ARTIGO 5.° – **Apreciação da insuficiência económica do arguido**

Para efeitos do disposto no n.° 4 do artigo 39.° da Lei n.° 34/2004, de 29 de Julho, a secretaria do tribunal aprecia a insuficiência económica do arguido, em função da declaração emitida e dos critérios estabelecidos na lei, mediante o recurso, sempre que possível, a simulador electrónico.

ARTIGO 6.° – **Nomeação de patrono na sequência de acto tácito de deferimento**

Quando o pedido de protecção jurídica tenha sido concedido tacitamente nos termos do n.° 2 do artigo 25.° da Lei n.° 34/2004, de 29 de Julho, e esteja em causa um pedido de nomeação de patrono sem que se encontre pendente uma acção judicial, o interessado deve pedir a nomeação de patrono junto da segurança social, para que esta, no prazo máximo de dois dias úteis, solicite a nomeação à Ordem dos Advogados.

ARTIGO 7.° – **Pluralidade de processos resultantes do mesmo facto**

1 – Quando o mesmo facto der causa a diversos processos, o sistema deve assegurar, preferencialmente, a nomeação do mesmo patrono ou defensor oficioso ao beneficiário.

2 – *(Revogado.)*

3 – Nos casos em que o profissional forense intente apenso ou incidente no processo para que tenha sido nomeado, informa o representado de tal facto, bem como do objectivo a atingir com a criação do apenso ou incidente, por carta registada, com aviso de recepção.

ARTIGO 8.° – **Encargos e despesas decorrentes da concessão de apoio judiciário**

1 – Para efeitos do disposto no n.° 2 do artigo 36.° da Lei n.° 34/2004, de 29 de Julho, o valor dos encargos decorrentes da concessão de apoio judiciário, nas modalidades previstas nas alíneas b), c), e) e f) do n.° 1 do artigo 16.° do mesmo diploma, é de € 150 por processo.

2 – Para além do disposto no presente artigo, as despesas dos profissionais forenses que participam no sistema de acesso ao direito são reguladas pelos artigos 8.°-A a 8.°-D.

3 – O pagamento de quaisquer despesas suportadas pelo profissional forense nomeado para apoio judiciário depende da apresentação de nota de despesas junto do processo, a homologar pela Ordem dos Advogados.

4 – Não há lugar ao pagamento de deslocações que ocorram dentro da comarca de inscrição.

5 – Só é assegurado o pagamento de deslocações quando na comarca de destino não houver profissional forense inscrito no sistema de acesso ao direito.

ARTIGO 8.°-A – **Deslocações efectuadas nas Regiões Autónomas**

1 – Sempre que se verifique a indispensabilidade de deslocação de patrono ou defensor nomeado para ilha diversa da do seu domicílio, e que nesta não haja profissional forense inscrito no sistema de acesso ao direito, o Ministério da Justiça, através do IGFIJ, I. P., assegura antecipadamente o pagamento dos custos inerentes àquela deslocação.

2 – Entende-se por «custo inerente à deslocação»:

a) Passagem aérea em classe económica entre ilhas;

b) Quando necessário, alojamento de uma noite, em estabelecimento hoteleiro, classificado como «3 estrelas», nos termos da Portaria n.° 327/2008, de 28 de Abril.

3 – Sempre que a duração da diligência a realizar implique a permanência do patrono ou defensor nomeado por mais de 24 horas no local, o tempo de aloja-

mento previsto na alínea b) do número anterior prolonga-se pelo tempo estritamente necessário.

ARTIGO 8.°-B – **Adiantamento do pagamento de despesas nas Regiões Autónomas**

1 – Compete à Ordem dos Advogados autorizar o adiantamento do pagamento dos custos inerentes à deslocação do patrono ou defensor nomeado, verificadas as condições previstas no n.° 1 do artigo anterior.

2 – É obrigatória, antes da autorização referida no número anterior, a verificação prévia de que inexiste profissional forense inscrito no sistema de acesso ao direito, em cumprimento do disposto no n.° 5 do artigo 8.°

3 – Não há lugar ao pagamento antecipado de despesas de deslocação que ocorram dentro de Portugal continental.

ARTIGO 8.°-C – **Comprovativo da realização de despesas nas Regiões Autónomas**

1 – No prazo máximo de 30 dias após a realização da despesa, o patrono ou defensor nomeado remete cópia dos documentos que comprovem a mesma para o IGFIJ, I. P.

2 – O não cumprimento do disposto no número anterior implica a dedução do valor da despesa, previamente assegurado pelo IGFIJ, I. P., na compensação a receber pelo patrono ou defensor nomeado.

ARTIGO 8.°-D – **Reembolso de despesas**

1 – O reembolso das despesas de deslocação realizadas dentro de Portugal continental, bem como de todas as despesas referentes ao processo, apresentadas pelos profissionais forenses participantes no sistema de acesso ao direito fica dependente de homologação da Ordem dos Advogados.

2 – Para efeitos do número anterior, o patrono ou defensor nomeado remete à Ordem dos Advogados, juntamente com o pedido de reembolso, os documentos originais que comprovem a realização da despesa, podendo esta exigir àquele a prestação de quaisquer informações e documentos de suporte que repute necessários para comprovar a sua efectiva realização.

ARTIGO 9.° – **Estruturas de resolução alternativa de litígios**

Para efeitos do disposto no n.° 1 do artigo 17.° da Lei n.° 34/2004, de 29 de Julho, as estruturas de resolução alternativa de litígios em que se aplica o regime do apoio judiciário são as constantes do anexo do presente diploma e do qual faz parte integrante.

CAPÍTULO II – **Participação dos profissionais forenses no sistema de acesso ao direito**

SECÇÃO I – **Profissionais forenses e admissão ao sistema de acesso ao direito**

ARTIGO 10.° – **Selecção dos profissionais forenses**

1 – Sem prejuízo do disposto no Estatuto da Ordem dos Advogados e no Estatuto da Câmara dos Solicitadores, a candidatura para participar no sistema de acesso ao direito é voluntária.

2 – A selecção dos profissionais forenses para participar no sistema de acesso ao direito é efectuada em termos a definir pela Ordem dos Advogados.

3 – A selecção deve procurar assegurar a qualidade dos serviços prestados aos beneficiários de protecção jurídica no âmbito do sistema de acesso ao direito.

ARTIGO 11.° – **Solicitadores**

A participação de solicitadores no sistema de acesso ao direito é efectuada de acordo com critérios definidos em protocolo celebrado entre a Câmara dos Solicitadores, a Ordem dos Advogados e o Ministério da Justiça, devendo constar do mesmo, designadamente, os termos de acesso ao sistema electrónico gerido pela Ordem dos Advogados e o modo como as comunicações entre os vários intervenientes se processam.

ARTIGO 12.° – **Advogados estagiários**

1 – Sem prejuízo das competências estatutárias que lhes estão cometidas, os advogados estagiários podem participar no sistema de acesso ao direito, mediante acompanhamento por parte do seu patrono, em todas as diligências e processos a este atribuídos.

2 – A Ordem dos Advogados define os termos da participação dos advogados estagiários, em diligências e processos que não estejam atribuídos ao seu patrono.

SECÇÃO II
Regras de participação no sistema de acesso ao direito

ARTIGO 13.° – **Utilização de meios electrónicos**

Os profissionais forenses participantes no sistema de acesso ao direito devem utilizar todos os meios electrónicos disponíveis no contacto com os tribunais, designadamente no que respeita ao envio de peças processuais e documentos por transmissão electrónica de dados, nos termos definidos no artigo 150.° do Código de Processo Civil e na portaria prevista no n.° 1 do artigo 138.°-A do mesmo Código.

ARTIGO 14.° – **Exclusão do sistema de acesso ao direito**

1 – A exclusão do sistema de acesso ao direito de profissionais forenses que não observem as regras de exercício do patrocínio e da defesa oficiosas é efectuada nos termos definidos pela Ordem dos Advogados.

2 – O juiz e o Ministério Público devem informar a Ordem dos Advogados da inobservância, por parte de um profissional forense, das regras de exercício do patrocínio e da defesa oficiosas.

ARTIGO 15.° – **Saída do sistema de acesso ao direito**

1 – Os profissionais forenses participantes no sistema de acesso ao direito que saiam do sistema, independentemente do motivo, antes do trânsito em julgado de um processo ou do termo definitivo de uma diligência para que estejam nomeados devem restituir, no prazo máximo de 30 dias, todas as quantias entregues por conta de cada processo ou diligência em curso.

2 – Exceptuam-se do disposto no número anterior as situações em que haja lugar a integral substituição do profissional forense a quem foi atribuído um dos lotes referidos no n.° 2 do artigo 18.° por outro participante do sistema.

3 – Compete à Ordem dos Advogados a determinação dos termos em que se deve processar a integral substituição num lote referida no número anterior, bem como a forma de repartição entre os profissionais forenses das quantias entregues.

4 – *(Revogado.)*

ARTIGO 16.° – **Escusa e dispensa de patrocínio**

O disposto no artigo anterior aplica-se aos casos de escusa e de dispensa de patrocínio, relativamente aos processos em que cesse o patrocínio e a defesa oficiosas.

ARTIGO 17.° – **Substituição em diligência processual**

1 – O patrono ou defensor nomeado pode substabelecer, com reserva, para diligência determinada, desde que indique substituto.

2 – A remuneração do substabelecido é da responsabilidade do patrono ou defensor nomeado.

CAPÍTULO III – **Lotes de processos e escalas de prevenção**

ARTIGO 18.° – **Lotes**

1 – Os profissionais forenses devem optar, no momento da sua candidatura, pela designação para as seguintes modalidades de prestação de serviços no sistema de acesso ao direito:

a) Lotes de processos;
b) Nomeação isolada para processos;
c) Lotes de escalas de prevenção;

d) Designação isolada para escalas de prevenção;
e) Designação para consulta jurídica.

2 – Os lotes de processos podem ter a seguinte composição:

a) Lote de acompanhamento de 50 processos em simultâneo;
b) Lote de acompanhamento de 30 processos em simultâneo;
c) Lote de acompanhamento de 20 processos em simultâneo;
d) Lote de acompanhamento de 10 processos em simultâneo.

3 – Os lotes de escalas de prevenção podem ter a seguinte composição:

a) Lote de 36 escalas de prevenção por ano;
b) Lote de 24 escalas de prevenção por ano;
c) Lote de 12 escalas de prevenção por ano;
d) Lote de 6 escalas de prevenção por ano.

4 – O profissional forense não pode inscrever-se:

a) Para mais de um lote de processos;
b) Para um lote de processos e para nomeação isolada para processos;
c) Para mais de um lote de escalas de prevenção;
d) Para um lote de escalas de prevenção e para designação isolada para escalas de prevenção.

ARTIGO 19.° – **Limites geográficos**

1 – Os lotes, nomeações e designações definidos no artigo anterior têm de respeitar a processos, escalas de prevenção e consultas jurídicas da mesma circunscrição.

2 – Para os efeitos definidos no número anterior, a Ordem dos Advogados pode agregar comarcas para formar circunscrições de maiores dimensões.

3 – Para os efeitos deste artigo são consideradas como pertencentes à mesma circunscrição:

a) As comarcas da área metropolitana de Lisboa;
b) As comarcas da área metropolitana do Porto.

ARTIGO 20.° – **Número de lotes por circunscrição**

1 – Compete à Ordem dos Advogados determinar o número de lotes de processos e de escalas de prevenção e a respectiva composição, bem como definir as circunscrições em que se justifica a sua existência.

2 – *(Revogado.)*

ARTIGO 21.° – **Preenchimento dos lotes**

1 – Os lotes são de preenchimento sucessivo, pelo que dentro de cada circunscrição só se inicia o preenchimento de um lote após o total preenchimento do lote anterior.

2 – Compete à Ordem dos Advogados hierarquizar os profissionais forenses pertencentes ao sistema de acesso ao direito, determinando por essa via a ordem de preenchimento dos lotes.

3 – Independentemente da competência da Ordem dos Advogados a que se refere o número anterior, os profissionais forenses que optarem por lotes de maior dimensão têm prioridade no preenchimento dos lotes e aqueles que optarem por lotes têm prioridade relativamente aos que se inscreverem para as modalidades referidas nas alíneas b) e d) do n.° 1 do artigo 18.°

4 – Nos lotes de processos, a remoção de um processo do lote, designadamente por trânsito em julgado ou constituição de mandatário pelo beneficiário, determina a substituição automática por outro processo, respeitando sempre as regras de prioridade no preenchimento dos lotes.

5 – *(Revogado.)*

6 – Apenas são contabilizadas para efeitos de preenchimento dos lotes as escalas de prevenção em que tenha ocorrido efectiva deslocação ao local de realização da diligência.

7 – Para todos os efeitos, é contabilizada em duplicado a escala de prevenção que, em virtude do número de diligências ou da particular complexidade de uma ou de algumas delas, implique a permanência no local das diligências por período superior a seis horas.

8 – Sem prejuízo do disposto no n.° 3 do artigo 26.°, a nomeação para as restantes diligências do processo, nos termos do n.° 5 do artigo 3.°, não obsta à contabilização dessa diligência para efeitos de preenchimento do lote de escalas de prevenção.

9 – A Ordem dos Advogados disponibiliza electronicamente no seu sítio da Internet informação relativa ao preenchimento dos lotes.

ARTIGO 22.° – **Regras especiais de preenchimento dos lotes**

1 – Caso o profissional forense se encontre inscrito para lotes de processos, a nomeação efectuada nos termos do n.° 5 do artigo 3.° é contabilizada para efeitos de preenchimento do lote, mesmo que isso signifique o aumento temporário do número de processos correspondentes ao seu lote.

2 – Verificando-se a situação prevista na parte final do número anterior, não há lugar a substituição de um processo que tenha sido removido do lote enquanto o número de processos não for inferior ao valor máximo previsto para esse lote.

3 – Se o profissional forense não se encontrar inscrito para lote de processos, a nomeação efectuada nos termos do n.° 5 do artigo 3.° é considerada, para todo os efeitos, como nomeação isolada para processo, nos termos da alínea b) do n.° 1 do artigo 18.°

ARTIGO 23.° – **Renovação de lotes de escalas de prevenção**

1 – *(Revogado.)*

2 – O profissional forense que não pretenda a renovação do lote de escalas de prevenção em que se encontra inscrito deve comunicá-lo à Ordem dos Advogados, em termos a definir por esta entidade.

ARTIGO 24.° – **Nomeações e designações isoladas**

1 – As nomeações isoladas para processos consistem na nomeação ocasional dos profissionais forenses para um processo concreto.

2 – Não está limitado o número de processos em que o profissional forense, que optou pela modalidade de nomeação isolada para processos, pode ser nomeado, mas as nomeações devem respeitar sempre as regras de prioridade na atribuição de processos.

3 – Salvo nos casos especialmente previstos, não se considera nomeação isolada para um processo a nomeação para uma diligência durante uma escala de prevenção.

4 – As designações isoladas para escalas de prevenção consistem na designação ocasional dos profissionais forenses para uma escala de prevenção em concreto, aplicando-se o disposto no n.° 2.

CAPÍTULO IV – **Compensação dos profissionais forenses**

ARTIGO 25.° – **Tabela de compensações pelas nomeações para processos**

1 – Os valores das compensações devidas aos profissionais forenses pela inscrição em lotes de processos ou pela nomeação isolada para processo são os estabelecidos na Portaria n.° 1386/2004, de 10 de Novembro.

2 – *(Revogado.)*

3 – Sem prejuízo do disposto no número seguinte, caso o profissional forense se encontre inscrito em lote de processos, o pagamento da compensação é efectuado nos seguintes moldes:

a) Pagamento de 30 % do valor, tendo em conta apenas o procedimento em 1.ª instância, de cada processo inserido no lote, no momento da atribuição do lote;

b) Pagamento do remanescente da compensação devida pelo processo específico, quando ocorra o trânsito em julgado do processo ou a constituição de mandatário;

c) Aplica-se o disposto na alínea a) sempre que haja a entrada de um novo processo para o lote.

4 – Acresce à remuneração referida no n.° 1 duas unidades de referência após a resolução do litígio que ponha termo ao processo, se esta ocorrer antes da audiência de julgamento, e, tratando-se de processo penal, desde que tenha havido acusação.

5 – *(Revogado.)*

6 – Nas nomeações isoladas para processos, o pagamento da compensação é efectuado quando ocorra o trânsito em julgado do processo ou a constituição de mandatário.

7 – No caso previsto na alínea a) do n.° 3, tendo o processo de apoio judiciário por finalidade a propositura de uma acção ou instauração de um processo e vindo a concluir-se pela inexistência de fundamento para a pretensão do beneficiário, é devida apenas ao patrono nomeado uma compensação correspondente ao montante de uma unidade de referência.

8 – *(Revogado.)*

9 – Sem prejuízo do disposto no n.ºs 1, 3 e 6, nos casos em que a nomeação referida no n.ºs 1 e 2 do artigo 3.º resulte da não comparência de mandatário constituído, o arguido suporta a quantia prevista para o caso de nomeação para diligência isolada em processo, que entra em regra de custas.

10 – Sem prejuízo do disposto nos n.ºs 1, 3 e 6, o disposto no n.º 7 aplica-se aos casos em que o disposto na alínea a) do n.º 5 do artigo 3.º não é aplicável porque o arguido afirmou pretender constituir mandatário para as restantes diligências do processo.

ARTIGO 26.º – **Tabela de compensações pelas designações para escalas de prevenção**

1 – Os valores das compensações devidas aos profissionais forenses pela inscrição em lotes de escalas de prevenção ou pela designação isolada para escalas de prevenção são os estabelecidos na Portaria n.º 1386/2004, de 10 de Novembro.

2 – As compensações das escalas de prevenção previstas no número anterior são devidas após a realização da escala de prevenção com efectiva deslocação ao local da diligência.

3 – Se o profissional forense for nomeado para as restantes diligências do processo, nos termos do n.º 5 do artigo 3.º, apenas é devida compensação pelo processo.

ARTIGO 27.º – **Tabela de compensação da consulta jurídica**

Pela realização de uma consulta jurídica em escritório de advogado é devido o pagamento de € 25, após a efectiva realização da consulta.

ARTIGO 28.º – **Processamento e meio de pagamento da compensação**

1 – O pagamento da compensação devida aos profissionais forenses deve ser processado pelo IGFIJ, I. P., até ao termo do mês seguinte àquele em que se verifica o facto determinante da compensação.

2 – Para efeitos do disposto no número anterior, os factos determinantes da compensação são os seguintes:

a) No caso previsto na alínea a) do n.º 3 do artigo 25.º, a atribuição de um lote de processos;

b) No caso previsto na alínea b) do n.º 3 e no n.º 6 do artigo 25.º, o trânsito em julgado ou a constituição de mandatário;

c) No caso previsto na alínea c) do n.º 3 do artigo 25.º, a entrada de um novo processo no lote;

d) No caso previsto no n.º 1 do artigo 26.º, a realização da escala de prevenção com efectiva deslocação ao local da diligência;

e) Na consulta jurídica realizada em escritório de advogado, a sua realização e a introdução no sistema informático do número de autorização de pagamento ao mandatário, emitido pela Segurança Social, constante da notificação enviada ao requerente de apoio judiciário ou a requerimento do mandatário em caso de deferimento tácito do pedido.

3 – O pagamento é sempre efectuado por via electrónica, tendo em conta a informação remetida pela Ordem dos Advogados ao IGFIJ, I. P.

4 – O IGFIJ, I. P., pode realizar auditorias ao sistema de acesso ao direito e aos tribunais, bem como solicitar informação aos tribunais e às entidades referidas no n.° 2 do artigo 3.°, para efeitos de confirmação da informação remetida pela Ordem dos Advogados.

ARTIGO 28.°-A – **Constituição de mandatário**

Sempre que o beneficiário de apoio judiciário constitua mandatário após ter sido nomeado profissional forense é devido a este:

a) Caso não tenha tido qualquer intervenção processual, uma unidade de referência;

b) Caso tenha tido intervenção processual, quatro unidades de referência ou, mediante requerimento, o montante previsto para os actos ou diligências em que comprovadamente participou até ao limite correspondente ao valor dos honorários aplicáveis ao processo em causa.

CAPÍTULO V – **Sistema de gestão, monitorização e informação do acesso ao direito**

ARTIGO 29.° – **Notificações, pedidos de nomeação e outras comunicações**

Todas as notificações, pedidos de nomeações e outras comunicações entre a Ordem dos Advogados e os tribunais, as secretarias ou serviços do Ministério Público, os órgãos de polícia criminal, os profissionais forenses participantes no sistema de acesso ao direito, os serviços da segurança social e o IGFIJ, I. P., devem realizar-se por via electrónica, através de sistema gerido pela Ordem dos Advogados.

ARTIGO 30.° – **Informação financeira**

O sistema referido no artigo anterior deve assegurar a produção, por via informática, da informação financeira relevante para garantir a verificação da elegibilidade das despesas e a transparência e auditabilidade das contraprestações financiadas.

ARTIGO 31.° – **Informação estatística**

A Ordem dos Advogados deve disponibilizar periodicamente e por meios electrónicos informação estatística sobre o sistema de acesso ao direito à Direcção-Geral da Política de Justiça.

ARTIGO 32.° – **Comissão de acompanhamento do sistema de acesso ao direito**

1 – Sem prejuízo das competências da Ordem dos Advogados e do Ministério da Justiça, a monitorização do sistema de acesso ao direito compete a uma comissão de acompanhamento do acesso ao direito.

2 – A comissão é composta por quatro representantes designados pelo membro do Governo responsável pela área da justiça, quatro representantes designados pela

Ordem dos Advogados e um representante designado pelo membro do Governo responsável pela área da segurança social.

3 – Os representantes designados pelo membro do Governo responsável pela área da justiça pertencem às seguintes áreas de competência:

a) Política de justiça;
b) Gestão financeira da justiça;
c) Administração da justiça;
d) Meios de resolução alternativa de litígios.

4 – A comissão tem por competência a apresentação de relatórios anuais de monitorização do sistema de acesso ao direito, bem como apresentar propostas de aperfeiçoamento do sistema.

5 – O primeiro relatório de monitorização, acompanhado de propostas de aperfeiçoamento do sistema, deve ser apresentado ao membro do Governo responsável pela área da justiça até 1 de Setembro de 2009.

6 – Por meio de deliberação adoptada em reunião da comissão, esta pode convidar quaisquer pessoas ou entidades a participarem nos trabalhos que sejam realizados no âmbito da mesma.

CAPÍTULO VI – **Disposições finais e transitórias**

ARTIGO 33.° – **Encargos decorrentes da gestão do sistema de acesso ao direito**

Os encargos decorrentes da gestão do sistema de acesso ao direito são suportados em termos a definir por protocolo celebrado entre o Ministério da Justiça e a Ordem dos Advogados.

ARTIGO 34.° – **Aperfeiçoamento do sistema de acesso ao direito**

1 – O sistema de acesso ao direito deve ser objecto de revisão e aperfeiçoamento decorridos 18 meses da sua entrada em funcionamento.

2 – A revisão referida no número anterior deve ser realizada com a participação da Ordem dos Advogados e ter em conta o relatório de monitorização e as propostas de aperfeiçoamento da comissão de acompanhamento do sistema de acesso ao direito, referidas no n.° 4 do artigo 32.°

ARTIGO 35.° – **Aplicação no tempo e direito transitório**

1 – A presente portaria aplica-se aos pedidos, dirigidos à Ordem dos Advogados, de nomeação de patrono, defensor e de consulta jurídica realizados após a sua entrada em vigor.

2 – Até 31 de Agosto de 2008 mantêm-se em vigor as regras relativas à selecção e participação dos profissionais forenses envolvidos no sistema de acesso ao direito, bem como as relativas ao pagamento dos honorários e à compensação das despesas.

3 – As nomeações efectuadas antes de 1 de Janeiro de 2008 para escalas a realizar após essa data são reguladas pelo regime anterior ao estabelecido pela presente portaria.

ARTIGO 36.° – **Norma revogatória**

(Revogado.)

ARTIGO 37.° – **Entrada em vigor**

1 – Sem prejuízo do disposto no número seguinte, a presente portaria entra em vigor em 1 de Janeiro de 2008.

2 – O n.°s 1 a 3 do artigo 1.°, 5 a 7 do artigo 3.° e 2 do artigo 7.° e os artigos 10.°, 12.° a 16.°, 18.° a 26.° e 28.° a 33.° entram em vigor em 1 de Setembro de 2008.

ANEXO – (a que faz referência o artigo 9.°)

a) Julgados de Paz.

b) Sistema de Mediação Laboral, criado pelo protocolo celebrado em 5 de Maio de 2006 entre o Ministério da Justiça e a Confederação da Indústria Portuguesa, Confederação do Comércio e Serviços de Portugal, Confederação do Turismo Português, Confederação dos Agricultores de Portugal, Confederação Geral dos Trabalhadores Portugueses – Intersindical Nacional e a União Geral dos Trabalhadores.

c) Sistema de Mediação Familiar, criado pelo despacho n.° 18 778/2007, publicado no *Diário da República*, 2.ª série, de 22 de Agosto de 2007.

d) Sistema de Mediação Penal, criado pela Lei n.° 21/2007, de 12 de Junho.

e) Centro de Arbitragem de Conflitos de Consumo de Lisboa, autorizado nos termos conjugados dos despachos n.°s 5/90, de 2 de Fevereiro, 20/93, de 4 de Maio, publicado no *Diário da República*, 2.ª série, de 21 de Maio de 1993, e 21 620/2004, de 13 de Outubro, publicado no *Diário da República*, 2.ª série, de 22 de Outubro de 2004.

f) Centro de Arbitragem do Sector Automóvel, autorizado nos termos conjugados dos despachos n.°s 36/93, de 3 de Agosto, publicado no *Diário da República*, 2.ª série, de 24 de Agosto de 1993, 532/99, de 23 de Dezembro de 1998, publicado no *Diário da República*, 2.ª série, de 13 de Janeiro de 1999, e 26 196/2002, de 27 de Novembro, publicado no *Diário da República*, 2.ª série, de 11 de Dezembro de 2002.

g) Centro de Informação de Consumo e Arbitragem do Porto, autorizado nos termos conjugados dos despachos n.°s 79/95, de 2 de Junho, publicado no *Diário da República*, 2.ª série, de 24 Junho de 1995, 3294/2001, de 5 de Fevereiro, publicado no *Diário da República*, 2.ª série, de 16 Fevereiro de 2001, 10 685/2001, de 8 de Maio, publicado no *Diário da República*, 2.ª série, de 22 Maio de 2001, e 13 518/2001, de 11 de Junho, publicado no *Diário da República*, 2.ª série, de 29 de Junho de 2001.

h) Centro de Informação, Mediação e Arbitragem de Consumo do Vale do Cávado, autorizado nos termos conjugados dos despachos n.°s 147/95, de 27 de Setembro, publicado no *Diário da República*, 2.ª série, de 14 de Outubro de 1995,

9968/97, de 14 de Outubro, publicado no *Diário da República*, 2.ª série, de 28 de Outubro de 1997, e 5479/2003, de 11 de Março, publicado no *Diário da República*, 2.ª série, n.° 67, de 20 de Março de 2003.

i) Centro de Arbitragem de Conflitos de Consumo do Distrito de Coimbra, autorizado nos termos conjugados dos despachos n.°s 166/95, de 23 de Outubro, publicado no *Diário da República*, 2.ª série, de 9 de Novembro de 1995, e 19 533/2000, de 11 de Setembro, publicado no *Diário da República*, 2.ª série, de 29 de Setembro de 2000.

j) Centro de Arbitragem de Conflitos de Consumo do Vale do Ave/Tribunal Arbitral, autorizado nos termos conjugados dos despachos n.°s 53/93, de 30 de Outubro, publicado no *Diário da República*, 2.ª série, de 23 de Novembro de 1993, 26-A/SEAMJ/97, de 28 de Fevereiro, publicado no *Diário da República*, 2.ª série, de 22 de Março de 1997.

l) Centro de Informação, Mediação e Arbitragem de Conflitos de Consumo do Algarve, autorizado nos termos conjugados dos despachos n.°s 10 478/2000, de 11 de Maio, publicado no *Diário da República*, 2.ª série, de 23 de Maio de 2000, 10 185/2004, de 7 de Maio, publicado no *Diário da República*, 2.ª série, de 24 de Maio de 2004, e 20 779/2009, de 8 de Setembro, publicado no *Diário da República*, 2.ª série, de 16 de Setembro de 2009.

m) Centro de Informação, Mediação e Arbitragem de Seguros Automóveis, autorizado nos termos do despacho n.° 25 380/2000, de 28 de Novembro, publicado no *Diário da República*, 2.ª série, de 13 de Dezembro de 2000.

n) Centro Nacional de Informação e Arbitragem de Conflitos de Consumo, autorizado nos termos do despacho n.° 20 778/2009, de 8 de Setembro, publicado no *Diário da República*, 2.ª série, de 16 de Setembro de 2009.

o) Centro de Arbitragem para a Propriedade Industrial, Nomes de Domínio, Firmas e Denominações, autorizado nos termos do despacho n.° 28 519/2008, de 22 de Outubro, publicado no *Diário da República*, 2.ª série, de 6 de Novembro de 2008.

p) Centro de Arbitragem Administrativa, autorizado nos termos do despacho n.° 5097/2009, de 27 de Janeiro, publicado no *Diário da República*, 2.ª série, de 12 de Fevereiro de 2009.